Zu unserem Leben als Personen gehört, daß wir uns Gedanken über unser Handeln und Leben machen. Wir möchten wissen, was für uns zu tun und wie für uns zu leben gut ist. *Orientierung am Guten* versucht, die Struktur der Überlegungen, die wir dabei anstellen, aufzuhellen. Dies geschieht unter weitgehendem Verzicht auf normative Vorgaben. Gefragt wird nicht vordringlich, was wir im eigenen Interesse tun sollten oder was moralisch geboten ist, sondern wie wir überhaupt jene Grundorientierungen gewinnen können, die uns praktisch leiten. Es geht um eine Rekonstruktion der Fundamente unseres praktisch-evaluativen Welt- und Selbstverhältnisses und damit zugleich des Prozesses, in dem wir uns zu den Subjekten machen, die wir als je einzelne sind.

Holmer Steinfath ist Hochschuldozent für Philosophie an der Universität Konstanz. Er ist Herausgeber von *Was ist ein gutes Leben? Philosophische Reflexionen* (stw 1323).

Holmer Steinfath
Orientierung am Guten

Praktisches Überlegen und die Konstitution von Personen

Suhrkamp

Für Ute

Die Deutsche Bibliothek – CIP-Einheitsaufnahme
Ein Titeldatensatz für diese Publikation
ist bei Der Deutschen Bibliothek erhältlich.

suhrkamp taschenbuch wissenschaft 1531
Erste Auflage 2001

Druck: Nomos Verlagsgesellschaft, Baden-Baden
Printed in Germany
Umschlag nach Entwürfen von
Willy Fleckhaus und Rolf Staudt

1 2 3 4 5 6 - 06 05 04 03 02 01

Inhalt

Vorbemerkung

Die vorliegende Arbeit ist die leicht überarbeitete Fassung meiner Habilitationsschrift, die im Winter 1999 von der Philosophischen Fakultät der Universität Konstanz angenommen worden ist. Ohne die vielfältige Hilfe anderer wäre sie sicherlich nicht so und vermutlich überhaupt nicht zustande gekommen.

Noch in meiner Berliner Zeit haben mir Stefan Gosepath, Marcus Otto, Walter Pfannkuche, Beate Rössler und Bernhard Thöle in einer gemeinsamen Arbeitsgruppe den nötigen Rückhalt gegeben, um trotz beruflicher Unsicherheit an einer ernsthaften Beschäftigung mit Philosophie festzuhalten. Mit meinem Wechsel nach Konstanz war die Aufnahme in eine Fachgruppe Philosophie verbunden, die ich mir kollegialer und fachlich anregender kaum wünschen konnte. Gottfried Seebaß habe ich dafür zu danken, dies möglich gemacht und mir als seinem Wissenschaftlichen Assistenten allen erdenklichen Freiraum eingeräumt zu haben. Zudem war er stets bereit, auch ihm zunächst fremde Gedanken offen und sachkundig zu diskutieren. Viel profitiert habe ich sodann von Gesprächen mit meinen anderen Konstanzer Kollegen, insbesondere mit Dunja Jaber, Neil Roughley, Peter Stemmer und Margit Sutrop. Für fruchtbare Diskussionen möchte ich mich auch bei den übrigen Teilnehmern des Konstanz-Zürich-Kolloquiums für Praktische Philosophie und des Kolloquiums von Gottfried Seebaß bedanken. Eric Hilgendorf und Ursula Wolf waren so freundlich, das fachfremde resp. externe Gutachten zu meiner Habilitationsschrift zu übernehmen. Leider nur noch unzureichend habe ich die Kritik von Ernst Tugendhat an Teilen meiner Arbeit berücksichtigen können; vielleicht kann ich ihr an anderer Stelle gerecht werden. Dunja Jaber und Tino Warthmann haben bei der Arbeit mit dem PC geholfen, Matthias Erling, Jens Kistenfeger und Timo Pache bei der Erstellung des Registers. Ute Berns schließlich hat diese Arbeit von Anfang an mit Einwürfen und Anregungen begleitet und mich dadurch sehr ermutigt; ihr möchte ich dieses Buch widmen.

Konstanz, im Oktober 2000, H.S.

1. Einleitung: Personen und die Orientierung am Guten

1.1 Philosophie als Selbstdeutung

Was Philosophie ist, gilt bekanntlich selbst als philosophische Frage. Dieser Arbeit liegt ein Verständnis von Philosophie zugrunde, wonach Philosophie im Kern *Selbstdeutung* ist. Sie ist, so gesehen, der Versuch, mit begrifflichen Mitteln uns über uns selbst und unsere Stellung in der Welt klarzuwerden. In dieser Weise philosophierend, fragen wir, wer wir sind, was uns ausmacht und auszeichnet. »Wir« hat dabei keine von vornherein festgelegte Referenz. »Wir« sind weder einfach meine Bekannten und ich noch die Durchschnittseuropäer oder -nordamerikaner zu Beginn des einundzwanzigsten Jahrhunderts. Das »Wir«, von dem in philosophischen Selbstdeutungen und so auch in dieser Arbeit die Rede ist, bezeichnet, recht verstanden, ein »Wir« der Einladung.[1] Seine tatsächliche Reichweite ist unbestimmt. Es kann sich herausstellen, daß der Kreis des »Wir«, der in einer besonderen philosophischen Selbstdeutung umrissen wird, in Wirklichkeit sehr klein ist. Dann gilt es ihn zu erweitern. Das »Wir« philosophischer Selbstverständigung ist mit einem eigenen Anspruch (oder jedenfalls der Hoffnung) auf Allgemeingültigkeit verbunden, gerade dadurch aber grundsätzlich offen für die »Möglichkeit einer progressiven Entrelativierung«,[2] eines hermeneutischen Einbezugs erweiternder Perspektiven durch die Berücksichtigung zunächst abgeblendeter Erfahrungen. Jede philosophische Selbstdeutung ist ein *Vorschlag* zur Selbstverständigung, der mit Gründen angenommen oder abgelehnt werden kann. Typischerweise zielt er darauf, einen bestimmten Satz sehr genereller Eigenschaften und Fähigkeiten als besonders charakteristisch und wichtig für uns und als fundierend für einen unbestimmten Satz spezieller Eigenschaften und Fähigkeiten herauszuheben. Dabei verschränken sich deskriptive mit evaluativ-normativen Betrachtungen. Wer wir sind, was uns ausmacht und auszeichnet, ist

1 Ich übernehme diese Redeweise von Williams 1993, S. 171, Anm. 7.
2 So Tugendhat 1989, S. 316.

eine Sache zugleich von Aufdeckung und Auslegung, von Entdeckung und Entscheidung. Wer wir sind, hängt immer auch davon ab, als wen oder was wir uns nehmen.

In einem großen Teil der philosophischen Tradition ist das Projekt philosophischer Selbstdeutung als Fragen danach, was der Mensch sei, oder als Suche nach dem Wesen des Menschen begriffen worden. Daran wird heute vor allem als problematisch empfunden, daß der Begriff des Menschen primär eine biologische Kategorie ist, die Klärung des Funktionierens des Menschen als biologisches Wesen aber nicht zu den Aufgaben der Philosophie gerechnet werden kann. In vielen philosophischen Untersuchungen, die der Sache nach, obgleich in veränderter Einstellung, die alte Suche nach dem Wesen des Menschen weitertragen, ist deswegen an die Stelle der Rede vom »Menschen« die von der »Person« getreten. Selbst wer »Person« und »Mensch« als Begriffe von gleicher Extension betrachtet, behandelt »Person« nicht als biologische Kategorie. Oft ist »Person« eine moralische oder – noch enger – eine forensische Kategorie. Alltagssprachlich meint »Person« in etwa so viel wie »menschliches Individuum«. Mit Blick auf die philosophische Literatur, die für die in dieser Arbeit angestellten Überlegungen wichtig ist, läßt sich »Person« jedoch am treffendsten als »Selbstdeutungskategorie« fassen. In diesem Sinn schreibt Harry Frankfurt, die Kriterien des Personseins seien

> »designed to capture those attributes which are subject to our most humane concern with ourselves and the source of what we regard as most important and most problematical in our lives.«[3]

Davon inspiriert können die hier entwickelten Gedanken als Beitrag zu einer Theorie der Person in selbstdeutender Absicht verstanden werden, bei einem weiten Verständnis des Ausdrucks auch als Elemente einer »philosophischen Anthropologie«.

Mein Anspruch ist nicht, eine auch nur annährend umfassende Theorie der Person zu liefern. Ich wüßte auch nicht, wie dies zu leisten wäre. Wenn, wer wir sind, immer auch davon abhängt, als wen oder was wir uns nehmen, ist jede Selbstdeutung – jede philosophische nicht anders als jede lebensweltliche –

3 Frankfurt 1971 [1988], S. 12.

prinzipiell unabschließbar. Wer wir sind – bzw. wer wir als Personen sind –, kann letztlich immer nur unter einem begrenzten und modifikationsoffenen Blickwinkel angegangen werden. Allerdings kann dieser unterschiedlich allgemein und grundsätzlich ausfallen. Der, wie ich hoffe, sehr allgemeine und grundsätzliche Ausgangs- und Endpunkt dieser Arbeit ist die Überzeugung, daß wir als Personen praktisch überlegende Wesen sind, die in ihrem Handeln und Leben an Vorstellungen vom Guten orientiert sind. Personen sind, so mein Vorschlag, praktisch deliberierende und evaluierende Wesen. Sie sind Wesen, für die etwas zählt, für die etwas evaluative und sodann auch normative Bedeutung hat und die im Blick darauf praktische Überlegungen anstellen.

Vor dem Hintergrund dieser Grundüberzeugung verfolge ich zwei Ziele: Zum einen möchte ich zur Aufklärung der Struktur praktischer Überlegungen und der Orientierung am Guten, die sich in ihnen manifestiert, beisteuern. Zum anderen möchte ich zeigen, wie und in welchem Umfang wir uns durch praktische Überlegungen generell als Personen und speziell als die Personen, die wir als je einzelne sind, konstituieren. Beide, im Titel und Untertitel dieser Arbeit kenntlich gemachte Anliegen greifen ineinander. Sofern sie zu trennen sind, liegt das Hauptgewicht auf dem ersten Vorhaben. Ihm sind schwerpunktmäßig die Kapitel zwei bis acht gewidmet. Das zweite Vorhaben kommt als separates erst im neunten Kapitel zum Tragen. Es wird jedoch von Anfang an mitgeführt und bildet den Fluchtpunkt der gesamten Arbeit.

Zu beiden Anliegen sind einleitend einige Bemerkungen am Platz. Sie haben vordringlich den Zweck, Mißverständnisse vermeiden zu helfen und falschen Erwartungen vorzubeugen.

1.2 Praktische Überlegungen und das Gute

Der vorklärenden Erläuterung bedarf insbesondere die schillernde Rede von einer »Orientierung am Guten«. Der Sinn, den ich mit ihr verbinde, ergibt sich aus der ›Logik‹ praktischer Überlegungen.

Praktische Überlegungen kontrastieren mit theoretischen Überlegungen. Während diese den Sinn haben herauszufinden, was der Fall ist oder wie sich etwas verhält, haben jene den Sinn, unser Entscheiden, Handeln und Leben zu steuern und zu überprüfen.[4] Praktische Überlegungen können ihre Aufgabe ohne theoretische Überlegungen nicht sinnvoll erfüllen; durch ihren intrinsischen Bezug auf Entscheidungen, Handlungen und Lebensführungen haben sie jedoch eine deutlich andere Funktion als diese. Praktische Überlegungen werden geleitet von der in erster Person Singular gestellten Frage »Was soll ich tun?« bzw. – in umfassenderer Absicht – »Wie soll ich leben?«.[5] Es bietet sich an, diese Frage als »praktische Grundfrage« zu bezeichnen.[8] Praktische Überlegungen anzustellen heißt, sich die praktische Grundfrage zu stellen, wie ausdrücklich oder unausdrücklich dies auch immer geschehen mag.

Das Verständnis der praktischen Grundfrage – und mit ihm das Verständnis praktischer Überlegungen – hängt vom Verständnis des in ihm angesprochenen ›Sollens‹ ab.[7] Wer sich in praktischen Überlegungen fragt, was er tun oder wie er leben soll, fragt nicht, was ihm befohlen wird (obwohl genau dies in besonderen Kontexten mit der Frage »Was soll ich tun?« gemeint sein kann). Er fragt aber auch nicht, was seine moralische Pflicht ist (obwohl auch dies in besonderen Kontexten mit der Frage »Was soll ich tun?« gemeint sein kann). Das ›Sollen‹ der praktischen Grundfrage ist kein spezifisches, sondern ein generelles praktisches Sollen. Wer sich im Sinn der praktischen Grundfrage fragt, was er tun soll, fragt sich, was für ihn zu tun *alles in allem* ratsam oder auch: vernünftig ist. Was dies *inhaltlich* ist – ob es beispielsweise der Gehorsam gegenüber einem

4 Ähnlich Audi 1989, S. 1 sowie Millgram 1997, S. 1.

5 Die praktische Überlegungen leitende Frage kann auch in erster Person Plural gestellt werden. Es ist eines der Defizite (nicht nur) dieser Arbeit, daß sie die Besonderheiten gemeinsamen praktischen Überlegens nicht eigens thematisiert. Allerdings ist zu bedenken, daß auch die Frage »Was sollen *wir* tun?« immer von einer Person gestellt wird, die selbst ein »Ich« ist. Insofern hat die in erster Person Singular gestellte Frage »Was soll *ich* tun?« einen logischen Vorrang vor der in erster Person Plural gestellten Frage »Was sollen *wir* tun?«.

6 Von »praktischer Grundfrage« spreche ich im Anschluß an Tugendhat 1976, S. 118. Tugendhat behält den Ausdruck jedoch, anders als ich, für die ohne ungeprüfte Vorgaben gestellte Frage danach vor, wie man insgesamt leben soll.

7 Für das Folgende sind hilfreich Tugendhat 1976, 7. Vorlesung und Williams 1985, 1. Kap.; vgl. außerdem U. Wolf 1998 und Steinfath 1998a, 3. Abschnitt.

Befehl oder die Erfüllung eines moralischen Gebots ist –, ist zunächst offen. So hat schon Platon die praktische Grundfrage verstanden, als er seinem Sokrates die Frage »Wie ist zu leben?« in den Mund legte.[8]

Auf die praktische Grundfrage läßt sich jedoch ohne inhaltliches Präjudiz eine allgemeine *formale* Antwort geben. Wer fragt »Was soll ich tun?« bzw. »Wie soll ich leben?«, dem kann geantwortet werden: »Tue das, was für dich zu tun gut, besser oder am besten ist!« bzw. »Lebe so, wie für dich zu leben gut, besser oder am besten ist!«. Das, was für eine bestimmte Person zu tun alles in allem ratsam oder vernünftig ist, ist das, was für sie zu tun gut, besser oder am besten ist. Praktische Überlegungen zielen insofern auf das für eine Person zu tun Gute, Bessere oder Beste. Und in eben diesem Sinn gehört die ›Orientierung am Guten‹ zur ›Logik‹ praktischer Überlegungen.

Die formale Antwort, eine Person solle tun, was für sie zu tun gut, besser, am besten ist, wirft die – gemeinhin zu wenig beachtete – Frage nach dem Verhältnis des Guten in seiner grammatischen Grundform zu ihrer komparativen und superlativischen Abwandlung in praktischen Überlegungen auf. Zählt für uns, wenn wir praktisch überlegen, einfach nur das Gute oder das Bessere oder das Beste?

In den meisten Fällen zielt die praktische Grundfrage, zumal wenn sie in umfassender Absicht gestellt wird, sicherlich auf das Beste. Insofern sind wir als praktisch überlegende Personen ›Maximierer‹ oder besser: ›Optimierer‹. Auch scheint nur aus dem praktisch Besten unter allen Umständen ein praktisches Sollen zu folgen. Denn wenn einer Person viele gute Optionen offenstehen, weiß sie, was sie tun soll, erst, wenn sie weiß, welche von ihnen die beste ist. Die beste Option ist dabei die, die besser ist als alle anderen. Deswegen wird die Person, so scheint es, auch das Bessere vernünftigerweise nur wählen, wenn es nichts gibt, das noch besser ist. Und auch das Gute würde sie demnach vernünftigerweise nur wählen, wenn es nur eines gäbe, das gut ist, so daß das Gute zugleich das Beste wäre.

Diese Darstellung ist jedoch verkürzt. Nicht selten nämlich kann sich eine überlegende Person auch mit dem ›erstbesten‹, d.h. dem, was gerade ›gut genug‹ ist, begnügen. Sie kann ihre

8 Platon, *Gorgias* 492d5, 500d4, 512a7; *Staat* 303b2; *Gesetze* 808d3.

Suche nach einer Antwort auf die praktische Grundfrage beenden, sobald sie auf eine Handlungs- oder Lebensmöglichkeit gestoßen ist, die wenigstens nicht allzu schlecht ist. Da jedes Handeln einen Spielraum von Möglichkeiten voraussetzt – sei es auch nur die Alternative, X zu tun oder X nicht zu tun –, ließe sich allerdings auch in diesem Fall sagen, eine Entscheidung für die Option, die gerade gut genug ist, sei immer noch eine Entscheidung für die bessere Option. Aber sie ist nicht notwendig eine Entscheidung für die beste Option. Indem eine Person für das Gute oder Bessere optiert, kann ihr das Beste entgehen. Und darin muß nichts Unvernünftiges liegen. Im Gegenteil: Es kann alles in allem ratsam sein, sich mit dem zufriedenzugeben, was gerade gut genug ist und nicht den Anspruch erheben kann, das Beste zu sein. Die Strategie des bewußten Sichzufriedengebens kann vernünftiger sein als die Strategie des Optimierens.[9] Und insoweit dies der Fall ist, kann die Antwort auf die Frage »Was soll ich tun?« lauten: »Tue das, was für dich zu tun gut, d.h. gut genug ist!«

Auch das ist jedoch noch ungenau. Denn wenn es wirklich vernünftiger ist, sich mit dem, was gut genug ist, zufriedenzugeben, dann ist eben dies das beste. Es kann am besten sein, nicht dem Besten nachzujagen. Wer stets das Beste zu erlangen versucht, kann am Ende mit leeren Händen dastehen. Das Bemühen um Optimierung kann zur Obsession werden, die der Person jede Zufriedenheit mit dem, was ist, verstellt. Dieser Sachverhalt enthüllt eine Ambivalenz in der Rede von einer »Orientierung am Guten«. Daß das Beste nicht das beste sein muß, ist nur möglich, weil das Gute, Bessere, Beste eine Frage der Perspektive ist. Wenn es das beste ist, nicht das Beste anzustreben, dann gilt dies aus der Perspektive der vernünftig überlegenden Person: in *ihrer* Situation, mit *ihren* emotionalen, volitiven und kognitiven Ausstattungen und Fähigkeiten ist es am besten, sich mit dem Suboptimalen zufriedenzugeben. Das Optimale, das sie fahren lassen muß, ist dagegen das Beste aus einer Perspektive, die von den Kosten des Überlegens selbst abstrahiert. Es ist ein wichtiges Merkmal von überlegenden Wesen wie uns, daß das Überlegen selbst einen Preis haben kann

9 Zur Kritik des Optimierungsgedankens vgl. (aus meiner Sicht überzogen) Slote 1989 und (moderater) Schmidtz 1995, 2. Kap.; außerdem, an Slote anschließend, Pothast 1998, S. 58-63.

(es kostet Zeit, Anstrengung usw.) *und* daß wir, dies erkennend, überlegterweise den Kreis unserer Überlegungen einschränken können. Ersteres verweist darauf, daß wir endliche und vor allem: daß wir nicht nur überlegende Wesen sind, letzteres darauf, daß wir uns dessen bewußt sein können.

Daß es am besten sein kann, nicht dem Besten nachzujagen, gilt allerdings nur so lange, wie das, was zu tun am besten ist, nicht allzu schlecht ist. Wir können vor die Entscheidung zwischen verschiedenen Übeln gestellt sein, und daß ein Übel relativ zu einem anderen besser oder am besten ist, macht es nicht zu etwas Gutem. Praktisch überlegend am Guten orientiert zu sein heißt auch, die Konfrontation mit lauter Übeln möglichst zu vermeiden. Es ist wichtiger sicherzustellen, in einer Welt zu leben, die überhaupt gut (oder zumindest nicht allzu schlecht) ist, als dafür Sorge zu tragen, in der besten aller möglichen Welten zu leben.

Ein weiteres Problem betrifft die Frage, ob mit der Rede von einer »Orientierung am Guten« eine Ausrichtung am (bloß) ›subjektiv‹ oder am ›objektiv‹ Guten gemeint und wie dieser Unterschied selbst zu verstehen ist.

In einer bestimmten Hinsicht sind wir als praktisch überlegende Personen notwendig am *objektiv* Guten orientiert. Wenn wir uns überlegen, was zu tun am besten ist, überlegen wir, was zu tun *wirklich* am besten ist. Das objektiv Gute, um das es uns so überlegend geht, ist »objektiv« im Sinn von »nicht scheinhaft«, »nicht bloß vorgespiegelt«. Die damit eingeräumte Differenz von Sein und Schein eröffnet die Möglichkeit der intra- und interpersonalen Kritik von praktischen Überlegungen. Das Gute als Zielpunkt praktischer Überlegungen übernimmt insofern eine Maßstabfunktion analog zum Wahren als Zielpunkt theoretischer Überlegungen.

Damit ist jedoch erstens nichts über den *ontologischen Status* dessen, was objektiv gut ist, entschieden. Das, was wirklich gut ist, mag sich so an der Verfaßtheit der Welt bemessen, wie es wertrealistische Ansätze naturalistischer oder nicht-naturalistischer Provenienz behaupten. Alternativ mag es sich an der Möglichkeit eines Konsenses mit allen oder bestimmten anderen bemessen. Oder es mag ›subjektivistisch‹ als Funktion der je besonderen Gefühle oder Wünsche der überlegenden Person aufgefaßt werden. Die Differenz zwischen Sein und Schein, die wir einräumen, wenn wir uns fragen, was wirklich gut, besser, am besten ist, kann auf unterschiedliche Weise theoretisch rekonstruiert werden.

Zweitens darf die Inanspruchnahme eines objektiv Guten nicht vergessen machen, daß die auf das Gute zielende praktische Grundfrage in bestimmter Weise unhintergehbar an die *Perspektive der sie stellenden Person* gebunden bleibt. Was zu tun gut, besser, am besten ist, ist immer von einer bestimmten Person in einer bestimmten Situation vor dem Hintergrund eines bestimmten Lebens mit allen ihm eigenen Besonderheiten zu tun. Das ist gerade dann wichtig, wenn die praktische Grundfrage in umfassender, auf das Leben als Ganzes gerichteter Absicht gestellt wird. In aller Konkretion kann die Antwort auf die Frage »Wie soll ich leben?« nur eine sein, die auf die jeweils aus der Gegenwart ihres Lebens heraus fragende Person zugeschnitten ist und die im übrigen die Philosophie aufgrund ihrer Bindung an allgemeine Begriffe und Argumentationen nicht zu geben vermag.[10] Darüber täuscht Platons subjekt- und zeitlose Fragefassung »Wie ist zu leben?« leicht hinweg.[11] Praktisches Überlegen ist, mit Bernard Williams gesprochen, »radically first-personal«.[12] Und es ist dies nicht nur seiner Form, sondern auch seinem Ergebnis nach. Gewiß kann sich herausstellen, daß wie für mich zu leben gut ist in seinen wesentlichen Zügen dem entspricht, wie für andere zu leben gut ist. Aber da keine zwei Personen einander völlig gleich sind, sich auch nie in genau derselben Situation befinden, muß jede inhaltliche Antwort auf die praktische Grundfrage ein untilgbar individuelles Moment haben. Insofern bleibt auch das, was für mich zu tun ›objektiv‹ gut ist, etwas ›Subjektives‹, d.h. ein zu mir als besonderem Individuum Passendes. Was für mich zu tun objektiv gut ist, muß nicht auch für andere, geschweige denn für alle anderen zu tun objektiv gut sein; Objektivität ist, in dieser Weise verstanden, nicht mit Universalität zu verwechseln.

Ist so einerseits von vornherein vor *falschen Objektivierungen* zu warnen, so gibt es andererseits auch eine *falsche Subjektivierung* der Rede vom Guten, die gerade in der philosophi-

10 Zu letzterem vgl. U. Wolf 1998.

11 Kritisch dazu Williams 1985, S. 4 f. und S. 19 ff.

12 Williams 1985, S. 21. Vgl. dazu auch sein komplementäres Diktum: »The correct perspective on one's life is *from now*«; Williams 1976 [1981], S. 13.

schen Literatur zu praktischem Überlegen und praktischer Rationalität vorwaltet. Alltagssprachlich ist die Rede vom »Guten« nur sehr schwer von moralischen Konnotationen abzulösen. Deswegen sei mit Nachdruck betont, daß das »Gute«, um das es in dieser Arbeit geht, nicht, jedenfalls nicht notwendig und nicht vordringlich, das moralisch Gute ist; von Moral wird hier fast überhaupt nicht die Rede sein. Das ›Gute‹, an dem wir in praktischen Überlegungen orientiert sind, ist zunächst so ein generelles praktisches Gutsein, wie das ›Sollen‹ der praktischen Grundfrage ein generelles praktisches Sollen ist. Es liegt vor allen Konkretisierungen, die die Rede vom Guten annehmen kann (und sodann natürlich auch annehmen muß). Vor *allen* Konkretisierungen meint jedoch auch: vor der Zuspitzung auf das sogenannte egoistische Eigeninteresse. Wer sich aus der Perspektive der ersten Person Singular fragt, was zu tun gut ist, fragt sich, was *für ihn zu tun* gut ist, weniger, was zu tun *gut für ihn* ist. Er fragt nicht *eo ipso* danach, was in seinem ›Interesse‹ liegt, was ihm ›nützt‹. Es kann durchaus so sein, daß er zu der Überzeugung gelangt, daß das in einer bestimmten Situation für ihn zu tun Gute gerade im Zurückstellen eigener, auf speziell sein Wohlbefinden abzielender Ansprüche besteht. Der Titel »Orientierung am Guten« ist also weit und unspezifisch aufzufassen; bis auf weiteres ist er von moralischen *wie* egoistischen Anklängen freizuhalten.

Das gleiche läßt sich auch in einer etwas anderen, in einem Teil der philosophischen Literatur recht verbreiteten Terminologie sagen: Wer sich fragt, was er tun soll, fragt sich, was zu tun er *Grund* hat zu tun. Die Gründe für unser Tun können jedoch von vielfältiger Art sein. Selbst für ein und dieselbe Handlung können wir – oft sogar gleichzeitig – eine ganze Reihe von Gründen haben: So kann ich einen Freund besuchen, weil ich es ihm versprochen habe, also aus einem Grund, den viele »moralisch« nennen würden, oder weil es allgemeine Sitte ist, also aus Gründen der Konvention, oder weil ich gerne mit ihm zusammen bin, also aus einem hedonischen, vielleicht »egoistisch« zu nennenden Grund, oder weil ich Geld von ihm brauche, also aus einem instrumentellen Grund, usw. Im Licht dieser ganz verschiedenen Gründe kann es mir – in der einen oder anderen Hinsicht – gut (wenn auch nicht notwendig am besten) erscheinen, meinen Freund zu besuchen. Daß das Gute, das in praktischen Überlegungen im Blick steht, ein generelles praktisches Gutsein ist, heißt, in einer Terminologie von »Gründen« gesprochen, daß nicht von vornherein ausgemacht ist, welche Gründe – oder auch nur welche Art von Gründen – für welches Tun (in welcher Situation für welche Person) sprechen.[13]

Damit kann ich jetzt das *erste* Anliegen, um das es mir in dieser Arbeit zu tun sein wird, etwas genauer fassen. Ich werde mich darum bemühen, die Struktur praktischer Überlegungen und der Orientierung am Guten, die sich in ihnen manifestiert, so zu erläutern, wie sie sich aus der Perspektive der ersten Person Singular darstellt. Die ›Logik‹ praktischer Überlegungen wird aus der Teilnehmer-, nicht der Beobachterperspektive nachgezeichnet. Den Leitfaden bildet dabei die praktische Grundfrage, und zwar zunächst in beschränkter, auf einzelne Handlungssituationen bezogener Reichweite und sodann im umfassenden, auf das Leben als Ganzes bezogenen Sinn. Mein primäres Interesse gilt der Frage, wie wir als praktisch überlegende Personen Vorstellungen vom Guten, an denen wir unser Handeln und Leben auszurichten versuchen, gewinnen. Als gut erscheint uns etwas dadurch, daß wir uns zu ihm in wertender Weise verhalten. Aber was heißt es überhaupt, sich wertend zu etwas zu verhalten? Welche mentalen Einstellungen liegen Wertungen zugrunde, welche Ansprüche gehen in sie ein, welche Struktur haben sie? Geleitet von diesen Fragen, nimmt die von mir vorgeschlagene Rekonstruktion praktischer Überlegungen über weite Strecken die Gestalt einer Rekonstruktion des wertenden Welt- und Selbstverhältnisses von Personen an.

Mit der Konzentration auf das Problem, was es für Personen im Rahmen praktischer Überlegungen bedeutet, sich wertend zu etwas zu verhalten, geht einher, daß für mich die Frage, was unsere Wertungen zu *richtigen* Wertungen macht, von untergeordnetem Interesse ist. Formelhaft ausgedrückt: Im Vordergrund steht die *Orientierung* am Guten, nicht das *Gute* selbst. Diese Schwerpunktsetzung scheint mir sachlich gerechtfertigt: Zu einer angemessenen Theorie dessen, was etwas in der einen oder anderen Hinsicht objektiv gut macht, ist nur auf dem Weg einer Klärung dessen, was es heißt, etwas für gut zu nehmen

13 Ich gehe im dritten Kapitel näher darauf ein, was (praktische) Gründe sind; an dieser Stelle muß dies wenige genügen.

oder sich wertend zu etwas zu verhalten, zu gelangen. Objektiv gut ist das, was subjektiv so für gut gehalten wird, daß es sich nicht weiter kritisieren läßt. Daß es mir primär um eine Analyse der Tätigkeit des – weit verstandenen – Wertens geht und nur sekundär um eine Erörterung etwa von ›Werten‹ und ›Werteigenschaften‹, hat eine weitgehende (wenn auch nicht völlige) Vernachlässigung ontologischer Fragen zur Folge.

Indem die Rekonstruktion praktischer Überlegungen, die in dieser Arbeit versucht wird, eine begriffliche und phänomenologische Rekonstruktion aus der Teilnehmerperspektive ist, unterscheidet sie sich deutlich von jenen Theorien praktischen Überlegens, die in der gegenwärtigen philosophischen Literatur – insbesondere in Form von Varianten der Entscheidungstheorie – vorherrschen. Diese Theorien treten als Theorien praktischer Rationalität auf, die entweder den Anspruch erheben, Beschreibungen personaler Entscheidungen und Handlungen zu einer deskriptiven Entscheidungs- und Handlungswissenschaft auszubauen, oder von der Hoffnung getragen sind, in präskriptiver Absicht allgemein verbindliche Regeln praktischen Überlegens aufstellen zu können.[14]

Der Anspruch einer *Wissenschaft* des Entscheidens und Handelns von Personen ist aus meiner Sicht jedoch nicht einlösbar, zumal nicht von seiten der Philosophie. Es ist bekannt, daß sich Personen faktisch nicht so verhalten, wie es Theorien wie die Entscheidungs- und die Spieltheorie prognostizieren müßten.[15] Letztlich dürfte dies seinen Grund weniger in der Fehleranfälligkeit der praktischen Überlegungen von Personen als in ihrer Freiheit haben, die den Gedanken einer prädiktiven Wissenschaft des Entscheidens und Handelns und die damit verbundene Behauptung psychologischer Gesetze als solche obsolet macht. In jedem Fall wäre eine deskriptive Entscheidungs- und Handlungswissenschaft eine Theorie praktischen Überlegens, die dieses aus der Beobachter-, nicht aus der Teilnehmerperspektive beschriebe. Sie würde damit unser Selbst-

14 Zum deskriptiv-präskriptiven Doppelcharakter von Theorien der praktischen Rationalität, insbesondere der Entscheidungstheorie, vgl. Spohn 1993.

15 Vor allem Tversky und Kahneman haben in zahlreichen Studien belegt, daß sich die Entscheidungstheorie nicht für empirische Voraussagen des Verhaltens von individuellen Personen eignet; vgl. z.B. Tversky/Kahneman 1990.

verständnis als praktisch überlegende Personen aus dem Blick verlieren und so Ausdruck eines anderen Verständnisses von Philosophie sein, als es dieser Arbeit zugrunde liegt.

Für verfehlt halte ich jedoch auch die Hoffnung, *normativ verbindliche Regeln* für die praktischen Überlegungen von Personen aufzustellen, die ihnen in einem nennenswerten Maße bei der lebensweltlichen Suche nach praktischer Orientierung zu helfen vermöchten. Gewiß kann und muß sich eine philosophische Untersuchung zur Struktur praktischer Überlegungen an der Aufdeckung typischer Fehlerquellen und schlechter Gründe beteiligen. Es läßt sich aufweisen, daß und warum es sinnvoll ist, die wichtigsten der eigenen Ziele in eine halbwegs konsistente Vorzugsordnung zu bringen, für die Transitivität zumindest zentraler Präferenzen zu sorgen, sicherzustellen, daß das eigene Fühlen und Wünschen auf richtigen Informationen über die Welt und einen selbst beruhen u.ä.m. Aber die Berücksichtigung solcher Gesichtspunkte kann keiner Person die Mühe ersparen, immer wieder neu für sich herauszufinden, was in ihrer Situation vor dem Hintergrund ihres Lebens mit allen ihm eigenen Besonderheiten das für sie zu tun Gute, Bessere, Beste ist. Praktisches Überlegen ist ein kreativer, immer nur situativ abschließbarer Prozeß. Primäre Aufgabe der Philosophie ist es, für ihn einen begrifflichen und möglichst phänomengerechten Rahmen zu entwerfen.

1.3 Konstitution von Personen und praktisches Selbstverhältnis

Mein *zweites* Anliegen, zu zeigen, wie und in welchem Umfang wir uns durch praktische Überlegungen generell als Personen und speziell als die Personen, die wir als je einzelne sind, konstituieren, sollte in seinem ersten Teil unkontrovers sein. Mit der These, wir konstituierten uns in praktischen Überlegungen zumindest in einem gewissen Umfang *generell als Personen*, meine ich nichts anderes, als daß zu unserem Personsein zentral gehört, praktische Überlegungen anzustellen. Auch dies ist nur ein Vorschlag zur Selbstverständigung. Aber es ist ein Vorschlag, dessen Angemessenheit von niemandem ernsthaft angezweifelt werden dürfte.

Überlegungen anzustellen – oder zumindest die Fähigkeit dazu – wird in der Philosophie seit jeher als Charakteristikum und Spezifikum von Menschen oder Personen herausgehoben (in der Tradition meist unter dem Titel der »Vernunft«). Zwar steht dabei häufig die Erörterung theoretischer Überlegungen im Vordergrund. In diesem Fall gilt das Interesse unserer Fähigkeit, Erkenntnisse über die Welt, Wissen von faktischen, gegebenenfalls auch logischen und begrifflichen Zusammenhängen zu erlangen. Noch die Auszeichnung von Personen als Wesen, die über Selbstbewußtsein verfügen, wird in der Regel so verstanden, daß sie ein theoretisches Vermögen in Form eines epistemischen Selbstbezugs namhaft macht. Aber selbst Philosophen, die vordringlich unser theoretisches Welt- und Selbstverhältnis als uns ausmachend und auszeichnend behaupten, räumen zumeist auch unserem Vermögen, handlungs- und lebensbezogene Überlegungen anzustellen, einen hohen Stellenwert ein. Aristoteles beispielsweise glaubt zwar die Dignität des Menschen letztlich in seiner Fähigkeit zur *Theoria*, der Erkenntnis dessen, was keiner Veränderung unterliegt, sondern sich immer gleich bleibt, begründet.[16] Doch wenn er im Überlegen das *Ergon* des Menschen sieht,[17] so umfaßt dieses Überlegen gerade auch das praktische, für die eigene Lebensführung und das sittlich-moralische Zusammensein mit anderen maßgebliche Überlegen. Ähnlich ist z.B. bei Descartes die Auszeichnung des Menschen als über Selbstbewußtsein und epistemische Selbstgewißheit verfügend eng mit seinem Glauben an die menschliche Willensfreiheit verbunden.[18] Und in philosophischen Selbstdeutungen, die ausdrücklich um den Begriff der Person kreisen, erhält, in erster Linie motiviert durch das Interesse an Fragen von Verantwortung für und Zurechenbarkeit von Handlungen, die praktische Seite der Überlegungsfähigkeit deutlich das größere Gewicht gegenüber ihrer theoretischen Seite.[19] Eine vergleichbare Ausrichtung, aller-

16 Vgl. z.B. *Nikomachische Ethik* X und *Metaphysik* I 1-2.
17 *Nikomachische Ethik* I 7.
18 Zur Willensfreiheit bei Descartes vgl. z.B. *Les Passions de l'Ame*, Art. 152.
19 Das ließe sich schon an Lockes Behandlung der Identität von Personen über die Zeit in seinem *Essay* (Buch II, Kap. xxvii) zeigen, erst recht an Kant. Zu Locke und seiner Betonung der praktischen Seite der Identitätsproblematik vgl. Thiel 1983.

dings um den Preis der Überbetonung des Voluntativen gegenüber dem Deliberativen, kennzeichnet existenzphilosophische Deutungen von uns selbst.

Mit der in dieser Arbeit vorgenommenen Herausstreichung des praktischen Überlegens als zentrales Merkmal von Personen ist keine Abwertung des theoretischen Überlegens verbunden. Zwar glaube ich tatsächlich, daß der Umstand, daß wir über Überlegungen unser Entscheiden, Handeln und Leben zu steuern und zu überprüfen vermögen, für uns von größerer Bedeutung ist als unsere Fähigkeit, in theoretischen Überlegungen zu ergründen, was der Fall ist. Aber das eine ist schon deshalb nicht gegen das andere auszuspielen, weil theoretische Überlegungen unverzichtbarer Bestandteil praktischer Überlegungen sind. In der Fokussierung auf praktische Überlegungen liegt einfach eine bewußte Begrenzung des Gegenstandsbereichs dieser Arbeit.

Kontroverser als der erste Teil meines zweiten Anliegens dürfte sein zweiter Teil sein: die Behauptung, wir konstituierten uns in praktischen Überlegungen, in welchem Umfang immer, *speziell als die Personen, die wir als je einzelne sind.* Diese Behauptung ist nämlich mit einer bestimmten Auffassung von der Gestalt praktischer Überlegungen verbunden, die keineswegs von allen geteilt wird.

Praktische Überlegungen, wie sie hier begriffen werden, schließen ein praktisches Sichzusichverhalten ein; in ihnen manifestiert sich ein *praktisches Selbstverhältnis.*[20] Die praktischen Überlegungen, die wir als Personen anstellen, führen zur Ausbildung höherstufiger Einstellungen, in denen wir zu unseren eigenen mentalen Einstellungen – und damit zu uns selbst – reflexiv Stellung nehmen und im Ausgang von denen wir auf unsere mentale Verfaßtheit einen stabilisierenden oder verändernden Einfluß auszuüben versuchen können. In einem mehr oder minder großen Ausmaß bestimmen wir in praktischen Überlegungen, wer wir sind und wer wir sein wollen.

Diese Sicht praktischen Überlegens hebt sich entschieden gegen jene nach wie vor dominierenden Theorien ab, die praktischen Überlegungen allein die Aufgabe zuweisen, die geeig-

20 Ich übernehme den Ausdruck »praktisches Selbstverhältnis« (wie auch den Ausdruck »epistemisches Selbstverhältnis«) von Tugendhat 1979.

neten Mittel für feststehende Zwecke aufzufinden und verschiedene Zwecke in eine nach Gewichtigkeit und Dringlichkeit gestaffelte Vorzugsordnung zu bringen.[21] In der Nachfolge von Hume wird die Erfüllung dieser doppelten Funktion meist als ein Prozeß des *theoretischen* Überlegens im Dienst der Praxis, d.h. der Einlösung von Zwecken, konzeptualisiert. Dagegen werde ich erstens plausibel zu machen versuchen, daß schon Zweck-Mittel-Überlegungen und Überlegungen zur Ordnung eigener Zwecke einen *genuin* praktischen Charakter haben, der eine Form des praktischen Sichzusichverhaltens einschließt. Und zweitens meine ich, daß die wichtigste Aufgabe praktischen Überlegens weder im Auffinden von geeigneten Mitteln zu gegebenen Zwecken noch im Ordnen gegebener Zwecke besteht.

Am wichtigsten ist vielmehr die Aufgabe der Festsetzung und Revision von für das eigene Handeln und Leben maßgeblichen Zwecken. Es gibt nicht nur einen Überlegungsgang im Ausgang von Zwecken, sondern auch einen Überlegungsgang zu ihnen hin. Unser primäres Problem als praktisch deliberierende Wesen besteht nicht in der Umsetzung dessen, was wir wollen, sondern in der Klärung und Bildung unseres eigenen Wollens. Wir sind auf praktische Überlegungen angewiesen, weil wir keine rein instinktgeleiteten Wesen sind; der Mensch, die Person ist, wie Nietzsche sagt, »unfestgestellter als irgendein Thier sonst«.[22] Das aber bedeutet, daß wir die Ziele unseres Handelns nicht schlicht in uns vorfinden; wir sind es, die sie in die Welt bringen, und dazu bedarf es der Anstrengung des Überlegens. Und dieses hinter Zwecke zurückgehende Überlegen ist nicht einfach und nicht vordringlich ein konstatierendes Erkunden unserer äußeren und inneren Umstände, der Gegebenheiten unserer jeweiligen Situation und unserer physischen und psychischen Verfaßtheit. Wäre es so, dann würde sich im zweckefundierenden Überlegen lediglich ein epistemisches Welt- und Selbstverhältnis konstituieren. Statt dessen ist der Umgang mit der Welt und – worauf es mir vor allem ankommt – mit uns selbst, der sich in diesem Überlegen zeigt, ein *interpretierender*, *evaluierender* und *praktischer* Umgang.

21 Über die adäquate Lösung *beider* Aufgaben hat Max Weber bekanntlich Zweckrationalität definiert; Weber 1972, S. 13.

24 Nietzsche, *Zur Genealogie der Moral*, Kritische Studienausgabe 5, S. 367.

Als überlegend um die Klärung und Bildung des eigenen Wollens besorgte Wesen sind wir erstens *interpretierende* und insonderheit *selbstinterpretierende* Wesen.[23] Indem wir uns im Zuge der Verständigung über unsere äußere Situation über unsere eigene Haltung zur Welt, unser Fühlen, Wünschen und selbst Meinen klarzuwerden versuchen, stellen wir nicht lediglich fest, daß wir Gefühle, Wünsche und Meinungen von der und der Art haben. Vielmehr versuchen wir, für etwas, das zunächst und zumeist keine klare Gestalt hat, eine Form zu finden. In den Interpretationen und Selbstinterpretationen, die wir in praktischen Überlegungen vornehmen, verschränken sich nicht anders als in philosophischen Selbstdeutungen (die im Grunde genommen nur ihre reflektierten, generalisierten und handlungsentkoppelten Verlängerungen sind) Aufdeckung und Auslegung, Entdeckung und Entscheidung. Wir haben, wie J. David Velleman etwas übertrieben, aber im Kern richtig sagt, »to invent our predicament before we can resolve it, and most of the work [of deliberation; H.S.] gets done in the invention, not the resolution«.[24]

Als interpretierende und selbstinterpretierende Wesen sind wir zweitens auch *evaluierende* und *selbstevaluierende* Wesen.[25] Indem wir uns über unser eigenes Wollen auf dem Weg der Deutung unserer Situation und unserer mentalen Einstellungen klarzuwerden versuchen, nehmen wir zu diesen immer auch Stellung; wir bejahen oder verneinen sie, und wir bewerten sie nach ›gut‹ und ›schlecht‹. Dabei greifen wir, wie zu zeigen sein wird, in der Regel auf bestimmte Wertungsstandards zurück, in deren Licht wir unsere Situation und uns selbst beurteilen. Praktische Überlegungen schließen auch und gerade als zweckefundierende Überlegungen eine Orientierung am Guten ein.

Schließlich kommt in Selbstinterpretationen und -evaluationen drittens ein *praktisches* Selbstverhältnis zum Ausdruck. Dies gilt zum einen, weil unsere selbstinterpretierenden und

23 Die Bestimmung von Personen als »selbstinterpretierende Wesen« stammt von Charles Taylor; siehe Ch. Taylor 1977b.

24 Velleman 1989, S. 258.

25 Vgl. dazu außer den Arbeiten von Taylor auch Frankfurts Bestimmung von Personen als Wesen, die eine »capacity for reflective self-evaluation« haben; Frankfurt 1971 [1988], S. 12.

-evaluierenden Bemühungen letztlich auf die Ausbildung handlungsleitender Zwecke gerichtet sind; und es gilt zum anderen, weil es uns in ihnen immer auch um eine Stabilisierung oder Veränderung unserer selbst zu tun ist.

Durch die Analyse von praktischen Selbstverhältnissen, die sich in praktischen Überlegungen herstellen, gewinnt der Gedanke Faßlichkeit, daß wir uns in praktischen Überlegungen, sei es auch nur in einem gewissen Umfang, als die Personen, die wir als je einzelne sind, konstituieren. Gilt dies grundsätzlich für alle praktischen Überlegungen, so gilt es in besonderer Weise für jene Überlegungen, die im Horizont der auf das eigene Leben als Ganzes bezogenen praktischen Grundfrage angestellt werden. Eine rudimentäre Form praktischen Sichzusichverhaltens liegt schon in jeder Handlungsabsicht, weil Absichten – im Unterschied etwa zu den meisten bloßen Wünschen – eine reflexive Struktur haben.[26] Aber in einem emphatischen Sinn zu uns selbst verhalten wir uns doch erst in Absichten und Entscheidungen, die zentrale Aspekte unseres Lebens betreffen und unumgänglich auf die Frage verweisen, wer wir als je einzelne sind und sein wollen und wie wir überhaupt zu leben gedenken. Erst auf dieser Ebene ist auch aus dem Gedanken ein greifbarer Sinn zu machen, dem zufolge sich über bestimmte fundamentale Wertorientierungen bestimmt, worin unsere »Identität« besteht.[27] Darüber hinaus ist zu bedenken, daß die Konstitution von uns als je einzelne Personen durch praktische und insbesondere grundlegende praktische Überlegungen auf eine eher fremd- oder eher selbstbestimmte Weise ausfallen kann. Personen entscheiden, handeln und leben noch nicht dadurch selbstbestimmt, daß sie überhaupt praktische Überlegungen anstellen und sich zu sich selbst verhalten. Unser Verständnis von uns selbst als Personen verweist auf Selbstbestimmung nur als Ideal, wenn auch vielleicht unvermeidlicherweise.

Die These, wir konstituierten uns in praktischen Überlegungen zumindest in gewissem Umfang generell als Personen und speziell als die Personen, die wir als je einzelne sind, bildet, wie gesagt, den Fluchtpunkt dieser Arbeit. Sie könnte und müßte

26 Dazu Harman 1976.

27 Vgl. z.B. Ch. Taylor 1977a [1985], S. 34 f. und 1989, Teil I. Ich werde von dem allzu schillernden Begriff der »Identität« kaum Gebrauch machen.

weiter ausgearbeitet werden. Es gibt vor allem drei systematische Problemkomplexe, die eine Vertiefung verdienten, welche von mir nicht geleistet wird: Erstens habe ich wenig zur Konstitution des deliberativen Standpunktes zu sagen, von dem aus praktische Überlegungen erfolgen. Daß wir uns in praktischen Überlegungen zu uns selbst verhalten, heißt, daß wir uns zu unseren eigenen mentalen Einstellungen und zu unserem Leben verhalten. Aber dies setzt bereits ein »Selbst«, eben das Selbst der Überlegung voraus. Zu erkunden, wie dieses Selbst verfaßt ist (ob es etwa eine Substanz oder nicht vielmehr eine Tätigkeit oder ein Prozeß ist), hätte verlangt, sich stärker auf die Selbstbewußtseinsproblematik einzulassen, als es mir für die Zwecke dieser Arbeit sinnvoll erschien. Zweitens habe ich ebenfalls wenig zur (manchmal als »metaphysisch« deklarierten) Frage der Willensfreiheit zu sagen. M.E. gehört es zu unserem Selbstverständnis als Personen, in unseren praktischen, auf die Klärung und Bildung unseres Wollens abzielenden Überlegungen nicht determiniert zu sein. Aber wie dies positiv zu denken ist, werde ich offenlassen. Drittens endlich werde ich Fragen der sozialen oder intersubjektiven Konstitution von Personen trotz einiger Hinweise nur streifen können.

1.4 Der Aufbau der Arbeit

Neu sind weder der Gedanke, daß praktische Überlegungen primär der Festsetzung und Revision von Zwecken dienen, noch der Gedanke, daß sich Personen in solchen Überlegungen zu sich selbst verhalten und sich zumindest partiell als die Personen, die sie als je einzelne sind, konstituieren. Es ließe sich argumentieren, daß beide Gedanken schon bei Aristoteles präsent sind, und es gibt eine ganze Reihe neuerer Philosophen, die in dieser Hinsicht bewußt oder unbewußt an Aristoteles anknüpfen.[28] So wird alles auf die konkrete Durchführung meiner

28 Aristoteles wird oft so verstanden, als würde er die Funktion von Entscheidung (*prohairesis*) und Überlegen (*bouleusis*) auf die Wahl von Mitteln eingrenzen. Dieses Verständnis stützt sich insbesondere auf Ausführungen im dritten Buch der *Nikomachischen Ethik*, wonach Entscheiden und Überlegen anders als das Wollen (*boulesis*) nicht auf ein *telos*, sondern »*pros to telos*« gehe (111b26, 1112b11-12 u.ö.). Zum einen ist jedoch fraglich, ob mit den Dingen »*pros to telos*« nur Mittel gemeint sind; und zum anderen wird

diesbezüglichen Überlegungen ankommen; ich bin überzeugt, daß die philosophische Klärung praktischen Überlegens und der Konstitution von Personen immer noch in den Anfängen steckt.

Ich beginne im nächsten, *zweiten* Kapitel nach kurzen Vorklärungen zum Zusammenhang von Handlungen und Überlegungen mit einer Kritik der erwähnten dominierenden Auffassung, der zufolge die Aufgaben praktischen Überlegens auf die Auffindung geeigneter Mittel zu bestehenden Zwecken und das Ordnen dieser Zwecke zu beschränken sind. Ich bezeichne diese Auffassung als »Instrumentalismus«. Ihre größte Schwäche sehe ich in ihrer impliziten oder expliziten Unterstellung, uns seien unsere Zwecke vorgegeben. Sie verkennt, daß wir an der Bildung unserer Zwecke aktiv beteiligt sind, und zwar auf eine Weise, die ohne wenigstens rudimentäre Überlegungen kaum zu denken ist.

Wenn es richtig ist, daß wir in praktischen Überlegungen hinter unsere Zwecke zurückgehen können, ja müssen, worauf rekurrieren wir dann? Eine verbreitete Antwort besagt: auf unsere Wünsche. Häufig wird sie in der Form gegeben, daß Wünsche als die eigentlichen »Gründe« für unsere Zwecksetzungen geltend gemacht werden. Mit dieser Antwort setze ich mich im *dritten* Kapitel auseinander. Sind unsere Wünsche die Gründe unseres Wollens, die Instanzen, auf die wir bei der Bildung unserer Zwecke letztlich rekurrieren? Ich meine, daß sich dies zumeist nicht so verhält. In der Regel, so versuche ich zu zeigen, gelten uns unsere Wünsche nur dann als Gründe für unsere Zwecke, wenn sie einen evaluativen Gehalt haben. Normalerweise verfügen zweckefundierende Wünsche über »Wünsch-

der Kreis des Überlegens in *Nikomachische Ethik* VI und VII sowie in *de anima* III. 7 m.E. auch auf Ziele hin erweitert; vgl. zu beiden Punkten Wiggins 1975/76. Daß wir uns durch praktische Überlegungen zu dem machen (können), was wir als je einzelne sind, ist ein Gedanke, der sich beispielsweise Aristoteles' Reflexionen über unsere Verantwortlichkeit für Haltungen (*hexeis*), fest verankerte Handlungsdispositionen oder Charakterzüge, ablesen läßt (z.B. *Nik. Ethik* 1114a7-13); dazu sowie generell zu praktischen Selbstverhältnissen bei Aristoteles: Müller 1982. – Unter den neueren Autoren, die praktische Überlegungen auf die Klärung und Bildung von Zwecken beziehen, seien stellvertretend genannt: Wiggins 1975/76, Velleman 1989, Richardson 1994 und Millgram 1997. Praktische Selbstverhältnisse, auch im Zusammenhang mit Überlegungen, werden thematisiert z.B. von Frankfurt 1971, Ch. Taylor 1977a und Tugendhat 1979.

barkeitscharakteristika« (Anscombe) oder Wertaspekte, die nicht den Kern des Wünschens ausmachen. Doch woher können Wünsche ihren evaluativen Gehalt beziehen?

Eine erste Antwort auf diese letzte Frage gebe ich im *vierten* Kapitel. In ihm diskutiere ich die zentrale Rolle, die Gefühle in praktischen Überlegungen spielen. Ohne Gefühle, so meine These, würden wir nichts als in sich gut oder schlecht, wertvoll oder wertlos erfahren können. Gefühle sind das primäre und unverzichtbare Medium für Werterfahrungen. Wünsche können deswegen ihren evaluativen Gehalt aus ihrer Verbindung mit Gefühlen beziehen. Um dies darzulegen, werde ich gezwungen sein, das weite und diffuse Feld der Gefühle so weit abzustecken, daß klar wird, genau welche Arten von Gefühlen ein evaluatives Moment haben, worin dieses Moment genau besteht und wie es sich vom Kernmoment allen Wünschens unterscheidet. In der Vernachlässigung von Gefühlen (bzw. jener Arten von Gefühlen, die ich »wertende Gefühle« nennen werde) und ihrer eigenständigen Rolle in praktischen Überlegungen sehe ich eines der größten Defizite bisheriger, meist mit einem starren Meinung-Wunsch-Schema arbeitender Theorien praktischen Überlegens und darüber hinaus generell von Theorien, die sich die Klärung unseres Welt- und Selbstverhältnisses zur Aufgabe machen.

Die Thematisierung von Gefühlen wird im *fünften* Kapitel fortgesetzt. Gefühle können als Gründe für unsere Entscheidungen und Zwecksetzungen dienen, aber auch sie sind nicht – jedenfalls nicht notwendig – ein Letztes. Gerade unsere gefühlsmäßigen Reaktionen sind interpretationsbedürftig. Anders auch als Wünsche weisen sie uns oft nicht in eine bestimmte Richtung; vielfach zeigen sie uns nur ungefähr an, daß etwas ›(nicht) stimmt‹, etwas ›(nicht) in Ordnung‹ ist. Sie zwingen uns dazu, ihren Ursachen nachzugehen und ihre evaluative Seite auszudeuten. Wir müssen Gefühle in Wünsche und schließlich in Absichten ›übersetzen‹. Solche ›Übersetzungen‹, in denen wir uns als selbstinterpretierende Wesen erweisen, finden in Form praktischer Überlegungen statt, die die Ausbildung höherstufiger Einstellungen einschließen. Der größere Teil des fünften Kapitels ist der Analyse dieser Einstellungen gewidmet. In der neueren Literatur ist das Nachdenken über sie vor allem von Harry Frankfurt angestoßen worden. Ich nehme

Frankfurts Kerngedanken gegen Kritik in Schutz, versuche ansonsten aber ein differenzierteres Bild als Frankfurt zu liefern.

Die Erörterung höherstufiger Einstellungen als Weisen, zu unseren eigenen mentalen Einstellungen, insbesondere zu unseren Gefühlen und den aus ihnen hervorgehenden Wünschen, Stellung zu beziehen, führt mich im *sechsten* Kapitel zu einer ausführlichen Diskussion von Werturteilen. Höherstufige Einstellungen entspringen nicht immer, aber sehr häufig aus Werturteilen oder nehmen selbst die Gestalt von Werturteilen an, und Werturteile sind die zweite mögliche Quelle des evaluativen Gehalts von Wünschen. Häufig sind Werturteile auch schon in unseren Gefühlen impliziert, so daß deren Interpretation zur Freilegung zuvor nur vage bewußter Werturteile führen kann. Der Angelpunkt meiner Analyse von Werturteilen ist der Begriff des »Standards« bzw. »Wertungsstandards«. In Werturteilen beziehen wir uns so wertend auf etwas, daß wir es in bezug auf bestimmte Standards prüfen. Auf diese Weise kommt ein stark objektivierendes Moment in unser überlegend-wertendes Welt- und Selbstverhältnis.

Zwecksetzungen, Wünsche, Gefühle, höherstufige Einstellungen und Werturteile haben sowohl in begrenzten Handlungssituationen wie in Fragen der umfassenderen Lebensführung eine wichtige orientierende Funktion. Auf praktische Überlegungen, die im Horizont der auf größere Kontexte unseres Lebens bezogenen praktischen Grundfrage angestellt werden, gehe ich ausdrücklich jedoch erst im *siebenten* Kapitel ein. Wir führen unser Leben nicht von Augenblick zu Augenblick, von einer Handlungssituation in die nächste stolpernd, sondern im Bewußtsein einer offenen und weiteren Zukunft wie auch im Wissen um eine schon zurückgelegte Lebensstrecke. Konfrontiert mit konkreten Handlungsoptionen können wir uns deswegen fragen, ob und wie sie sich in unser Leben in seiner zeitlichen Erstreckung fügen. Daß wir in praktischen Überlegungen über den engen Horizont begrenzter Handlungskontexte hinausgreifen, ist jedoch leichter gesagt als gezeigt und begrifflich erläutert. Läßt sich der Rede, wir würden uns in praktischen Überlegungen auf unser Leben »als Ganzes« beziehen, ein Sinn abgewinnen? Um den verteidigenswerten Kern dieser Rede herauszuschälen, werde ich einige Unterscheidungen einführen: Ich werde von »Zielen«, »Idealen«,

»Grundeinstellungen« und »Lebensverlaufsmustern« als wichtigen Koordinaten ausgreifenderer praktischer Überlegungen sprechen und ihren Beitrag zur Herstellung einer spezifischen Form von Einheit im Leben von Personen transparent zu machen versuchen. Das Kapitel schließt mit Reflexionen über ›Sinn‹ und ›Glück‹ als möglichen letzten Orientierungspunkten praktischer Überlegungen.

Von der Frage, wie umfassend praktische Überlegungen ausfallen, ob sie sich auf einzelne Handlungssituationen oder auf das Leben als solches beziehen, ist die Frage zu trennen, inwiefern sie besser oder schlechter angestellt werden können. Personen sind nicht nur im Durchführen theoretischer Überlegungen unterschiedlich kompetent; sie sind es auch im Hinblick auf entscheidungs-, handlungs- und lebensbezogene Überlegungen. Aber nach welchen Hinsichten lassen sich praktische Überlegungen als besser oder schlechter einstufen, und inwiefern können die Antworten, die Personen im Zuge dieser Überlegungen auf die praktische Grundfrage geben, beanspruchen, richtige oder gute Antworten zu sein? Die Auseinandersetzung mit diesem Problem – dem Problem der »Objektivität« in und von praktischen Überlegungen – ist Gegenstand des *achten* Kapitels. Ich gehe es *via negationis* über eine Typologie verschiedener Formen der Kritik an praktischen Überlegungen und Orientierungen an, um dann nach den objektiven und normativen Grundlagen dieser Kritikformen zu fragen. Da ich meine, daß das, was für eine Person zu tun und wie für sie zu leben *wirklich* gut ist, sich an ihren auf Welt- und Selbstkenntnis beruhenden affektiven und volitiven Einstellungen bemißt, vertrete ich eine qualifiziert subjektivistische Konzeption des Guten. Sie ist so angelegt, daß sie Raum für die Möglichkeit läßt, zu objektivierbaren Aussagen über allgemeine Bedingungen und Bestandteile eines guten Lebens zu gelangen. Nur betrachte ich solche Aussagen als generelle empirische Feststellungen, die zu treffen allenfalls bedingt Aufgabe der Philosophie sein kann.

Mit dem Durchgang durch die Kapitel zwei bis acht sollten die wichtigsten Strukturmomente praktischer Überlegungen hinreichend analytisch aufgehellt worden sein. Im *neunten* Kapitel kommt, wie erwähnt, stärker das zweite Anliegen dieser Arbeit, die Erörterung der Konstitution von Personen durch praktische Überlegungen, zum Tragen. Vordringlich widmet es sich möglichen Kriterien für die Selbstbestimmtheit praktischer Überlegungen. Praktische Überlegungen dienen, so wie sie hier verstanden werden, der Klärung und Bildung des eigenen Wollens. Aber wann können wir ein Wollen wirklich unser eigenes Wollen nennen? Was muß gegeben sein, damit wir in unseren praktischen Überlegungen nicht so fremdgesteuert sind, daß wir gerade in dem, was uns wichtig und wertvoll erscheint, einer uns äußeren Macht unterstehen? Praktische Überlegungen entscheiden sehr weitgehend darüber, wer wir sind und sein wollen. Aber nur in dem Maße, in dem sie im Modus der Selbstbestimmung erfolgen, entscheiden wirklich wir selbst darüber, wer wir sind und sein wollen. Es wird zu fragen sein, was dies heißt und inwieweit es überhaupt möglich ist.

Im letzten und *zehnten*, »Personsein« überschriebenen Kapitel werden die in den anderen Kapiteln ausgezogenen Überlegungen noch einmal resümierend zusammengenommen. Ich werde ausdrücklicher als zuvor fragen, welches Bild von uns selbst sich aufgrund der vorgeschlagenen Sicht praktischen Überlegens ergibt, der Verankerung des im neunten Kapitel umrissenen Ideals der Selbstbestimmung in unserem Selbstverständnis als Personen nachgehen und auf einige unerledigte Fragen hinweisen.

Die Kapitel sind dem Anspruch nach so verfaßt, daß sie Glieder einer durchgehenden Argumentationskette bilden. Die wichtigsten Ergebnisse der einzelnen Kapitel werden in der Regel zu Beginn des jeweils anschließenden Kapitels knapp wiedergegeben. Die Auseinandersetzung mit alternativen (klassischen wie modernen) Ansätzen erfolgt überwiegend in den Anmerkungen, um so den Argumentationsgang selbst zu entlasten und leichter nachvollziehbar zu machen.

2. Praktisches Überlegen und Instrumentalismus

Als Personen, so haben wir unterstellt, orientieren wir uns in unseren einzelnen Handlungen wie im Vollzug unseres Lebens überhaupt am Guten bzw. an dem, was wir dafür halten. Wir tun dies in Ausübung der für uns als Personen charakteristischen Fähigkeit, praktische Überlegungen anzustellen, die den Sinn haben, unsere Entscheidungen, Handlungen und Lebensweisen zu steuern und zu überprüfen. In praktischen Überlegungen zeigt sich, daß uns daran liegt, daß unsere Handlungen und unser Leben zum Guten und nicht zum Schlechten führen. Aber in welcher Weise orientieren wir uns in praktischen Überlegungen am Guten oder an Vorstellungen vom Guten? Woran halten wir uns, welche Gesichtspunkte leiten uns, wenn wir überlegen, was zu tun oder wie zu leben gut, besser oder am besten ist?

Der Einfachheit halber sollten wir uns fürs erste auf die Analyse von praktischen Überlegungen konzentrieren, die sich auf konkrete Handlungsentscheidungen und nicht auf das Leben »überhaupt« oder »als Ganzes« beziehen. Gewiß beeinflussen sich die Frage, was zu tun gut, besser oder am besten ist, und die Frage, wie zu leben gut, besser oder am besten ist, wechselseitig. In einem bestimmten, noch zu explizierenden Sinn vollziehen wir unsere einzelnen Handlungen im Horizont unseres Lebens überhaupt. Unsere Vorstellungen davon, wie zu handeln gut, besser oder am besten ist, sind mehr oder minder deutlich von unseren Vorstellungen davon, wie zu leben gut, besser oder am besten ist, geprägt. Umgekehrt entwickeln sich unsere Vorstellungen von einem guten Leben oft erst aus unseren Vorstellungen von guten Handlungen. Schließlich gestalten wir unser Leben in unseren einzelnen Handlungen. Auch entzündet sich die Frage, wie zu leben gut, besser oder am besten ist, typischerweise an einzelnen, besonders gewichtigen Handlungsentscheidungen. Aber wir können die beiden unterschiedlich weit reichenden Fragen zumindest für heuristische Zwecke trennen. Es ist einfacher und auch unkontroverser, in einem ersten Schritt der in einzelnen Handlungsüberlegungen liegenden Orientierung am Guten bzw. an Vorstellungen vom Guten nachzugehen. In einem zweiten Schritt werden wir dann sehen, wie uns die ›Logik‹ praktischer Überlegungen gleichsam von selbst über den Kreis einzelner Handlungen hinausführt.

Nun heißt, daß wir uns in Handlungen dadurch am Guten bzw. an Vorstellungen vom Guten orientieren, daß wir von der praktischen Grundfrage geleitete Überlegungen anstellen, nicht notwendig, daß wir uns in *allen* Handlungen am Guten bzw. Vorstellungen vom Guten orientieren. Das wäre nur dann der Fall, wenn es einen analytischen Zusammenhang zwischen Handlungen und praktischen Überlegungen gäbe. Dagegen scheint jedoch zu sprechen, daß wir viele unserer Handlungen ohne großes Nachdenken und allem Anschein nach auch ohne bestimmten Grund vollziehen. Ich möchte zeigen, daß dessenungeachtet das Band zwischen Handlungen und praktischen Überlegungen so eng ist, daß wir uns zumindest in einer sehr großen Zahl unserer Handlungen an das Gute bzw. an Vorstellungen davon halten. Mit der Thematisierung praktischer Überlegungen und der sie leitenden praktischen Grundfrage wird nicht nur ein kleiner, relativ unbedeutender Teil unseres Lebens erfaßt (*2.1*).

Nach dieser wichtigen Vorklärung werden wir uns dann ohne weitere Umschweife der Frage zuwenden können, was es überhaupt heißen soll, sich in praktischen Überlegungen und Handlungen nach dem zu richten, was man für gut, besser oder am besten hält. Die einfachste Antwort darauf besagt, sich am Guten zu orientieren, bedeute, sich an den eigenen Zwecken zu orientieren. Gut sei, was unseren Zwecken dient, und praktische Überlegungen hätten dementsprechend die Aufgabe, die für unsere Zwecke geeigneten Mittel aufzufinden. Diese Antwort ist die Hauptthese einer Konzeption praktischen Überlegens, die ich »Instrumentalismus« nenne. Auf der Grundlage einer knappen Skizze des Instrumentalismus (*2.2*) werde ich deutlich zu machen versuchen, daß und warum die instrumentalistische Antwort zu kurz greift (*2.3 - 2.6*). Das zentrale Argument ist dabei denkbar einfach: Unsere Zwecke verdanken sich unseren Absichten; Absichten aber sind in Wahlakten fundiert, für die wir Gründe anführen können. Da diese Gründe in letzter Instanz nicht ihrerseits in Absichten wurzeln, gibt es nicht nur Überlegungen, die ihren Ausgang von Zwecken nehmen, sondern auch Überlegungen, die zu ihnen hinführen.

2.1 Handeln und praktisches Überlegen

Inwieweit lassen sich Handlungen auf die in praktischen Überlegungen leitende Frage, was zu tun gut, besser oder am besten ist und aufgrund dessen getan werden sollte, beziehen? Kann ein solcher Bezug immer oder auch nur meistenteils hergestellt werden?

2.1.1 Gewohnheitsmäßiges Handeln und Absichten

John Dewey hat bemerkt, daß wir praktische Überlegungen erst anstellen, wenn wir im vertrauten Gang unserer alltäglichen Verrichtungen auf Hindernisse stoßen oder sonstwie – etwa durch das unerwartete Auftauchen attraktiver Alternativen – vom gewohnten Tun abgelenkt werden.[1] Das ist sicherlich richtig, wenn wir bei praktischen Überlegungen an Abwägungen denken, in denen wir das Für und Wider verschiedener Handlungsoptionen explizit und *en détail* durchgehen. Zwar geschieht dies vermutlich häufiger, als Dewey suggeriert. Zumindest in unserer modernen Welt werden wir ständig mit neuen Sachverhalten konfrontiert, die uns zu expliziten praktischen Überlegungen und Entscheidungen nötigen, und es ließe sich argumentieren, daß der Zwang, auf immer neue Situationen mit praktischen Überlegungen zu reagieren, letztlich für alles menschliche Leben bestimmend ist. Aber es ist unstrittig, daß auch unsere heutigen alltäglichen Lebensvollzüge aus einer Unzahl habitualisierter Schritte bestehen, die wir ohne großes Nachdenken tun. Bei diesen Schritten handelt es sich nicht um reflexhafte oder rein instinktive Reaktionen, die wir schwerlich als »Handlungen« qualifizieren könnten, sondern um eingeschliffene und wenig reflektierte Verhaltensformen, die wir alltagssprachlich durchaus als »Handlungen« bezeichnen. Es wäre deswegen unfruchtbar, den Hinweis auf solche Verhaltensformen mit einem engeren Handlungsbegriff zu parieren. Müssen wir also einräumen, daß wenigstens unsere gewohnheitsmäßigen Handlungen von praktischen Überlegungen und damit auch von der Frage, was zu tun gut, besser oder am besten ist, weitgehend entkoppelt sind?

1 Dewey 1922 [1983], S. 127 und S. 133 f.

Dagegen läßt sich zum einen anführen, daß sich habitualisierte Verhaltensformen oftmals Einübungen und Lernprozessen verdanken, die ursprünglich von expliziten praktischen Überlegungen geleitet wurden. Die verschiedenen Teilhandlungen beispielsweise, die die komplexe Handlung des Autofahrens ausmachen und von einem erfahrenen Autofahrer automatisch vollzogen werden, mußten anfänglich Schritt für Schritt erworben werden, und dazu bedurfte es einzelner, überlegungsgeleiteter Akte. Deswegen fällt es uns zumeist nicht schwer, Antworten auf die Frage zu geben, warum wir tun, was wir selbstverständlich und ohne großes Nachdenken tun. Einmal von Überlegungen in Gang gesetzt, bleibt unser Tun auch als habitualisiertes in Handlungsgründen fundiert, wie wir sie in einer praktischen Überlegung anführen. Und zum zweiten sind viele unserer habitualisierten Handlungen Teil von Handlungen, die nicht habitualisiert, sondern mit expliziten praktischen Überlegungen verbunden sind. So kann sich der Autofahrer überlegen, zuerst zum Einkaufen und dann an den Strand zu fahren. Handelt er gemäß dieser Überlegung, stellt er sein habitualisiertes Fahrverhalten in den Dienst ihrer Ausführung; sein mehr oder minder automatisiertes Tun entfaltet sich dann in den durch sein bewußt gesetztes Ziel projektierten Bahnen. Die Selbstläufigkeit habitualisierter Verhaltensformen spielt sich insofern in einem Rahmen ab, der unserer überlegungsgeleiteten Kontrolle unterliegt.

Dies gilt auch, wenn eingeräumt wird, daß selbst die gezielt verrichteten Handlungen, auf die sich in dieser Weise gewohnheitsmäßige Handlungen zurückführen oder mit denen sie sich verbinden lassen, nicht Resultat *ausführlicher* praktischer Überlegungen sein müssen. Es genügt, daß es Handlungen sind, die wir mit einer bestimmten Absicht oder aus einem bestimmten Grund tun. In bezug auf solche Handlungen können wir nämlich zumindest von einer »*rudimentären*« oder »*minimalen* praktischen Überlegung« sprechen, denn die Bildung von Absichten und die Orientierung an Gründen lassen sich immer als Antworten auf die Frage, was zu tun gut, besser oder am besten ist, begreifen.[2] Um auf diese Frage zu reagieren, müssen wir sie uns nicht ausdrücklich stellen (obwohl wir sie uns

2 Dazu Tugendhat 1979, S. 182 f. und S. 193.

immer stellen *können* müssen). Wir sind ihr einfach dadurch ausgesetzt, daß zum Haben einer Absicht das Haben eines Spielraums von Möglichkeiten gehört, zwischen denen wir uns nach Maßgabe einer Bewertungsskala, die durch die Gegensätze von »gut« und »schlecht« aufgespannt wird, so oder so entscheiden müssen, wenn wir handeln wollen. Eine Handlung mit einer Absicht oder aus einem bestimmten Grund ist eine Handlung, in der wir zu dem Sachverhalt, dessen Verwirklichung unser Tun gilt, positiv Stellung nehmen, weil wir seine Verrichtung (in irgendeiner Hinsicht) für gut oder besser oder am besten halten. Insofern schränkt der Verweis auf die Vielzahl gewohnheitsmäßiger Handlungen, die wir ohne großes Nachdenken tun, die Reichweite der Behauptung, wir würden uns im Handeln an Vorstellungen vom Guten orientieren, indem wir von unserer Fähigkeit, praktische Überlegungen anzustellen, Gebrauch machten, nicht ernsthaft ein.

2.1.2 Handeln ohne Absicht und Grund

Selbst bei Zugrundelegung eines »rudimentären« oder »minimalen« Begriffs praktischen Überlegens wird man jedoch kaum behaupten können, *alle* unsere Handlungen seien überlegungsgeleitet. Es gibt Handlungen, die wir ohne bestimmte Absicht und ohne Grund ausführen.[3]

Das gilt einmal für gewohnheitsmäßige Handlungen, die sich gegenüber den Absichten, die sie ursprünglich in Gang gesetzt haben mögen, verselbständigt haben. So mag sich einer ursprünglich in einer besonderen Weise gekleidet haben, weil er sich damit von der herrschenden Mode absetzen wollte. Später behält er seine Kleidung bei, obwohl sie inzwischen der herrschenden Mode entspricht. Er hat kein Interesse, sich jetzt so zu kleiden, wie andere es auch tun; aber er hat auch kein Interesse mehr, sich von ihnen abzuheben. Er tut, was er tut, aus »bloßer Gewohnheit«, wie wir sagen. Sodann gibt es viele Handlungen, für die wir vielleicht nie einen Grund hatten. Daß jemand seinen Haarscheitel links und nicht rechts zieht, mag ein Beispiel dafür sein; daß ich in unregelmäßigen Abständen

3 Ähnliche Überlegungen, wie ich sie in diesem Unterabschnitt anstelle, finden sich bei Iorio 1998, 7. Kap.

von meinem Schreibtisch aus aus dem Fenster schaue, ein anderes. Was so getan wird, wird absichtlich getan, aber nicht mit einer Absicht oder aus einem Grund.[4] Weitere Beispiele können Handlungen aus Langeweile oder aus Spaß sein. Wenn ich vor lauter Langeweile im Zimmer auf und ab gehe oder mit den Fingern nervös auf der Tischplatte trommele, verfolge ich damit nicht notwendig eine Absicht, nicht einmal die, mir die Langeweile zu vertreiben. Ähnlich verhält es sich, wenn ich nur so zum Spaß eine Melodie pfeife oder schrille Figuren auf ein Blatt Papier zeichne, das ich zufällig zur Hand habe. Viele Handlungen »aus Spaß« tut man, um Spaß zu haben, und d.h. mit einer Absicht. Aber eine Melodie kann ich auch pfeifen, weil ich einfach guter Laune bin. Viele unserer Handlungen sind, ohne deswegen zu bloßen Reflexen (wie etwa ein Lidschlag) zu degenerieren, Ausdruck von Gemütszuständen und nicht-willentlichen Strebungen – und nichts anderes. Man könnte sie als »expressive Handlungen« bezeichnen.

Anders als gewohnheitsmäßige Handlungen, die auf die eine oder andere Weise in Absichten und Gründen wurzeln, schränken Handlungen, die ohne Absicht und Grund erfolgen, die Reichweite der Behauptung, wir seien im Handeln am Guten bzw. an Vorstellungen vom Guten orientiert, tatsächlich ein. Des öfteren lassen sich auch solche Handlungen zu praktischen Überlegungen in Beziehung setzen. So gilt für Handlungen, die wir aus »bloßer Gewohnheit« fortführen, daß wir für ihre Verlängerung häufig den schwachen Grund haben, keinen Grund für ihre Aufgabe oder Änderung zu haben. Daß sich einer so kleidet, wie er sich kleidet, mag einmal einen bestimmten Grund gehabt haben, den es jetzt nicht mehr gibt; aber warum sollte er sich deswegen anders kleiden? Da er sich ja irgendwie kleiden muß, ist er vielleicht froh, wenigstens eine Gewohnheit zu haben, wo ihm andere, stärkere Gründe fehlen. Analog könnte jemand, der seinen Scheitel ohne bestimmten Grund so trägt, wie er ihn trägt, fragen, warum er ihn anders tragen sollte. Handlungen, die Ausdruck von Langeweile, guter Laune oder anderen Gemütszuständen

4 Ob alle absichtlichen Handlungen mit einer Absicht geschehen, ist seit Anscombe 1957 eine der in der Analytischen Handlungstheorie häufiger gestellten Fragen. Anscombe meinte noch, daß beides zusammenfallen müßte; anderer Meinung – und m.E. zu Recht – ist z.B. Bratman (1987, 8. Kap.).

sind, sind schwieriger mit Gründen und praktischen Überlegungen zu verknüpfen. Da sie z.T. kaum noch von rein instinktiven Verhaltensweisen zu unterscheiden sind, bilden sie einen Grenzbereich des Handelns. Immerhin ließe sich von Handlungen dieser Art sagen, daß wir in ihnen oft Erfahrungen machen, die für spätere praktische Überlegungen wichtig werden können. Vielleicht vertreibt das Auf- und Abgehen im Zimmer wirklich die Langeweile; dann kann ich dieses Tun später bewußt einsetzen, um meine Langeweile loszuwerden. Und was ich aus einer guten Laune heraus tue, kann so mein Wohlgefallen finden, daß ich es fortan regelmäßig pflege, um auf diese Weise »Spaß« zu haben. Wir können uns unsere expressiven Handlungen bewußt aneignen und damit in Handlungen mit einer Absicht transformieren. Es könnte sogar sein, daß sich ursprünglich alle Handlungen mit einer Absicht der reflexiven Aneignung von Handlungen verdanken, die Ausfluß von Gemütszuständen und nicht-willentlichen Strebungen sind.[5] Aber ungeachtet derartiger Möglichkeiten bleibt doch zuzugestehen, daß es in dem, was wir gemeinhin als unser Handeln bezeichnen, eine Grauzone gibt, in die praktische Überlegungen nur eingeschränkt und manchmal auch gar nicht hineinwirken. Nur meine ich, daß wir diesen Umstand nicht überbewerten sollten. Direkt oder indirekt bestimmen praktische Überlegungen den Bereich unseres Handelns sehr weitgehend. Das Band zwischen Handlungen und praktischen Überlegungen ist so eng, daß mit der Behauptung, wir orientierten uns im Handeln dadurch am Guten, daß wir praktische Überlegungen anstellen, jedenfalls ein sehr großer Teil unseres Handelns erfaßt wird.

2.2 Die instrumentalistische Sicht praktischen Überlegens

Aber was soll es nun heißen, daß wir uns in praktischen Überlegungen (und vermittels ihrer in Handlungen) am Guten bzw. Vorstellungen vom Guten orientieren? Gewiß, wir richten uns

5 Dazu prägnant Scheler 1913/16 [1980], S. 59 ff.

dadurch am Guten[6] aus, daß wir uns fragen, was zu tun gut, besser oder am besten ist. Aber das Gutsein, auf das diese Frage zielt, ist zunächst kein spezifisches, sondern ein allgemeines praktisches Gutsein. Wie wir in der Einleitung gesehen hatten, liegt es vor allen Konkretisierungen, die die Rede vom »Guten« annehmen kann (*1.2*). Eben deshalb ist unklar, was es heißen soll, sich in praktischen Überlegungen am Guten auszurichten. Das Gute ist das *formale* Objekt unserer praktischen Überlegungen, so wie die Wahrheit das formale Objekt unserer theoretischen Überlegungen ist.[7] Wenn wir in theoretischen Überlegungen unsere Meinungen darüber, was der Fall ist, richtigzustellen versuchen, können wir sie nicht direkt an der Wahrheit überprüfen. Wir brauchen irgendwelche Anhaltspunkte, Kriterien, Evidenzen, Gründe dafür, daß dies oder das wahr, der Fall ist. Und genausowenig können wir unsere Entscheidungen und Handlungen direkt am Guten überprüfen, wenn wir uns in praktischen Überlegungen ihrer Richtigkeit versichern wollen.

2.2.1 Der Grundgedanke des Instrumentalismus

Nun gibt es eine sehr verbreitete Auffassung praktischen Überlegens, die für dieses Problem eine Lösung zu liefern verspricht. Ihr zufolge ist praktisches Überlegen *instrumentalistisch* zu verstehen.[8]

6 Aus stilistischen Gründen werde ich im weiteren häufig den Zusatz »bzw. an Vorstellungen vom Guten« fallenlassen; soweit nicht anders erläutert oder aus dem Zusammenhang erkennbar, soll mit Wendungen wie »Orientierung am Guten« immer die Ausrichtung an einer subjektiven Vorstellung vom Guten gemeint sein.

7 Vgl. dazu und zum folgenden Millgram 1997, S. 24 f.

8 Die »instrumentalistische« Sicht praktischen Überlegens, wie ich sie (mit anderen Autoren wie z.B. Nozick 1993, Baier 1995, Hampton 1996 und Millgram 1997) nennen möchte, wird in der Philosophie meist im Anschluß an Hume (vgl. *Treatise* ii, iii, ii), teilweise aber auch im Anschluß an Aristoteles (vgl. *Nikomachische Ethik* 1112b12) vertreten. Auf Hume (und Hobbes) stützt sich z.B. Gauthier 1986, 2. Kap., (überwiegend) auf Aristoteles z.B. Audi 1989. In der gegenwärtigen Diskussion beherrscht der Instrumentalismus insbesondere Konzeptionen praktischen Überlegens und praktischer Rationalität, die von der Entscheidungstheorie inspiriert sind, obwohl es eine offene Frage ist, ob die Entscheidungstheorie überhaupt instrumentalistisch zu deuten ist (vgl. dazu Hampton 1994 sowie die nächste Anm.).

Es ist nicht ganz leicht, eine unkontroverse Formulierung der instrumentalistischen Sicht vorzuschlagen.[9] So wie ich den Instrumentalismus verstehe, besagt er vor allem zweierlei: Er behauptet erstens, das Gutsein von etwas bemesse sich daran, ob es unseren *Zwecken* entspricht, und meint zweitens, primäre Aufgabe praktischen Überlegens sei das Auffinden von geeigneten *Mitteln* zur Realisierung unserer Zwecke. Die erste Behauptung wird fast immer in der einen oder anderen Hinsicht qualifiziert, und eine wesentliche Schwierigkeit bei der Formulierung des Instrumentalismus besteht darin, Qualifizierungen anzugeben, die instrumentalistisch begründet sind und nicht etwa Anleihen bei einem nichtinstrumentalistischen Vernunftverständnis machen. Die zweite Behauptung wird in der Regel so interpretiert, daß praktisches Überlegen theoretisches Überlegen im Dienst der Praxis, d.h. der Verwirklichung unserer Zwecke, ist; *genuin* praktisches Überlegen würde es insofern nicht geben. Für den Instrumentalismus, wie er üblicherweise vertreten wird, gibt es also nur eine Vernunft – und die ist theoretischer Natur. Ich möchte die Leugnung einer genuin praktischen Vernunft jedoch nur als typisches und nicht als definierendes Element des Instrumentalismus ansehen. In meinem Verständnis ist das Kernstück des Instrumentalismus der Gedanke, daß sich unsere Zwecke nicht selbst praktischen Überlegungen verdanken, weil alle praktischen Überlegungen von ihnen ausgehen. Wäre die instrumentalistische Sicht prak-

9 Es gibt sowohl Konzeptionen praktischen Überlegens, die von ihren Vertretern instrumentalistisch charakterisiert werden, ohne es zweifelsohne zu sein, als auch Konzeptionen, die als nichtinstrumentalistisch charakterisiert werden, ohne es zweifelsohne zu sein. Entscheidungstheoretische Konzeptionen praktischen Überlegens sind ein Beispiel für die erste Kategorie; ob sie sich instrumentalistisch verstehen lassen, hängt vor allem davon ab, ob sich die Kohärenzaxiome der Entscheidungstheorie (Transitivität, Reflexivität, Substitution usw.) instrumentalistisch rechtfertigen lassen. Ein Beispiel für die zweite Kategorie sind »spezifikationistische« Konzeptionen, für die praktische Überlegungen (u.a.) die Aufgabe übernehmen, neue Endzwecke aus der Konkretisierung (bzw. »Spezifikation«) sehr genereller und vager Zwecke zu gewinnen; vgl. dazu Kolnai 1961, Wiggins 1975/76 und Richardson 1994. Diese Konzeptionen ließen sich gegen die Intention ihrer Vertreter instrumentalistisch deuten, wenn sich der Vorgang der Spezifikation als eine Variante der Zweck-Mittel-Überlegung rekonstruieren ließe (so Schmidtz 1995, 3. Kap.). Um die Argumentation nicht zu komplex werden zu lassen, gehe ich auf diese Schwierigkeiten nur nach und nach ein.

tischen Überlegens richtig, würde die Frage »Was ist für uns zu tun gut?« einen klaren Sinn bekommen. Wir könnten sie einfach in die Frage »Was dient unseren Zwecken?« übersetzen. Und zumindest in Umrissen wäre auch klar, was wir zu ihrer Beantwortung zu tun hätten. Im wesentlichen würden wir in zwei Schritten vorgehen: Wir würden zuerst feststellen, worin unsere Zwecke bestehen, um uns daraufhin in der Welt danach umzusehen, wie wir ihnen genügen können. Am Guten orientiert zu sein hieße dementsprechend, ein Interesse an geeigneten Instrumenten zur Verwirklichung unserer Zwecke zu haben, und würde sich darin auch erschöpfen.

Ich glaube nicht, daß uns der (so verstandene) Instrumentalismus ein korrektes Bild unserer Ausrichtung am Guten bzw. an Vorstellungen vom Guten vermittelt. Er trifft allenfalls einen Aspekt der praktischen Überlegungen, die für uns als Personen typisch sind. Anders als der Instrumentalismus unterstellt, kann sich praktisches Überlegen sehr wohl auf unsere Zwecke, und zwar auch auf unsere obersten Zwecke erstrecken, und es gibt auch ein genuin praktisches Überlegen im Unterschied zu einem Überlegen, das zwar im Kontext praktischer Fragen statthat, aber dennoch theoretischer Art ist, weil es allein auf die Feststellung dessen, was der Fall ist, zielt. Aber der beste Weg, um zu einer angemesseneren Konzeption praktischen Überlegens und der darin liegenden Orientierung am Guten zu gelangen, verläuft über eine Kritik des Instrumentalismus. Um weiter zu kommen, müssen wir uns klarmachen, warum der Instrumentalismus verkürzt ist.

2.2.2 Das Problem der Vielfalt von Mitteln und Zwecken

Der Instrumentalismus ist nicht einfach aus der Luft gegriffen. Zunächst ist ja nichts natürlicher, als sich bei der Beantwortung der Frage, was in einer bestimmten Situation zu tun gut, besser oder am besten ist, an die eigenen Zwecke zu halten. So mag jemand beabsichtigen, zu einem bestimmten Zeitpunkt einen bestimmten, weiter entfernten Ort zu besuchen; der Besuch des entfernten Orts ist ein Zweck, den er verfolgt. Er wird sich also überlegen, wie er den Ort termingerecht erreichen kann. Gibt es einen Bus, der den Ort anfährt? Fährt vielleicht ein Zug dorthin, oder ist der Ort nur mit dem Schiff zu erreichen? Wenn die einzige Möglichkeit, zu dem Ort zu gelangen, eine Schiffahrt ist, wo sind dann die Schiffskarten zu besorgen? Und wie kommt man dorthin, wo es die Schiffskarten gibt? Im Blick auf Überlegungen dieser Art hat Aristoteles praktisches Überlegen als ein schrittweises gedankliches Zurückgehen vom Zweck auf die Sphäre der direkten Einwirkungsmöglichkeit der überlegenden Person beschrieben, das sich spiegelbildlich zu der aus ihm hervorgehenden Folge von kausal verbundenen Handlungsschritten verhält.[10] Ein solcher Überlegungsgang setzt voraus, daß die überlegende Person über ein hinreichendes, in Meinungen repräsentiertes Wissen verfügt, das insbesondere die für die Verwirklichung des Zwecks relevanten Kausalverhältnisse betrifft. Andernfalls könnte sie dem Zweck keine Anweisungen über die zu seiner Realisierung notwendigen Mittel entnehmen, womit ihm jene handlungssteuernde und -selegierende Funktion abgehen würde, die ihn allererst zum *Handlungs*zweck macht. Aristoteles' Beschreibung paßt jedoch nur auf bestimmte Überlegungssituationen. Meist sind die Situationen, die uns zu praktischen Überlegungen nötigen, komplexer als Aristoteles implizit präsupponiert.

Einmal kann es mehrere, für uns unmittelbar zugängliche Wege und Mittel geben, die zum angestrebten Zweck führen. Der vom Zweck auf die Mittel zurückgehende Überlegungsgang kann sich verzweigen. Dementsprechend wird es auf die Frage »Was zu tun ist gut?« bzw. »Was dient meinem Zweck?« oft mehrere Antworten geben. Darin liegt für einen über Aristoteles' Darstellung ein wenig hinausgehenden Instrumentalismus jedoch kein Problem. Die Vielzahl möglicher Mittel läßt sich nämlich als entscheidender Grund dafür verstehen, daß wir oft eben nicht nur fragen, was zu tun *gut* ist, sondern auch wissen möchten, was zu tun *besser* und vor allem: *am besten* ist. ›Gut‹ sind, folgt man der instrumentalistischen Sicht, alle Mittel, die überhaupt geeignet sind, den jeweils verfolgten Zweck zu realisieren, ›besser‹ sind bestimmte Mittel gegenüber anderen und ›am besten‹ ist jenes Mittel, das am geeignetsten ist, den angestrebten Zweck zu verwirklichen. Erst

10 *Nikomachische Ethik* 1112b2-20; *Metaphysik* 1032b6 ff.

wenn wir wissen, welches von mehreren guten (d.h. geeigneten) Mitteln das beste (d.h. geeignetste) ist, wissen wir, was wir vernünftigerweise zu tun haben oder tun *sollten*. Allerdings folgt daraus nicht, daß wir *immer* nach dem geeignetsten Mittel für unseren Zweck suchen. Manchmal, so hatte sich schon im einleitenden Kapitel gezeigt, können wir uns auch mit dem Mittel zufriedengeben, das für die Realisierung unseres Zwecks gerade ausreicht. Da mit praktischen Überlegungen selbst Kosten (in Form von Zeit, Anstrengung usw.) verbunden sind, kann es vielfach vernünftiger sein, sich mit dem ›erstbesten‹ zufriedenzugeben. Was wir tun *sollten*, ergibt sich dann aus der Kenntnis dessen, was für die Verwirklichung eines bestimmten Zwecks gerade ›gut genug‹ ist.

Ist die Vielfalt möglicher Mittel ein Problem für Aristoteles' Darstellung praktischen Überlegens, so ist die Vielfalt unserer Zwecke ein anderes. Nicht selten haben wir verschiedene Zwecke, die wir nicht gleichzeitig und u.U. überhaupt nicht zusammen realisieren können. Wir sind dann gezwungen, Abwägungen zwischen verschiedenen Zwecken zu treffen, und auch das gehört zu den Aufgaben praktischen Überlegens. Zu wissen, auf welchem Weg man am besten zu einem bestimmten Ziel gelangen kann, nützt wenig, wenn man nicht auch weiß, welches seiner vielen Ziele man vorrangig oder zuerst anvisieren soll.

Faßt man das instrumentalistische Überlegungsmodell sehr eng auf, so scheitert es schon an der Pluralität unserer Zwecke. Aber man kann es so zu modifizieren versuchen, daß es auch einer Vielzahl von Zwecken Rechnung zu tragen vermag. Auf die Entscheidungsprobleme, die daraus resultieren, daß es uns in der Regel um die Verwirklichung von mehr als einem einzigen Zweck geht, versucht u.a. die Entscheidungstheorie Antworten zu geben, und die Entscheidungstheorie wird von vielen als instrumentalistische Theorie gedeutet.[11] Auf ihrer Grundlage läßt sich praktisches Überlegen als Erstellen einer Präferenzordnung von Zwecken begreifen. Unsere Zwecke sind uns unterschiedlich wichtig, und ihre Erfüllung kann uns mehr oder

11 Dazu Hampton 1994. Ein besonders klares Beispiel für eine instrumentalistische Auslegung der Entscheidungstheorie ist Kusser 1989, S. 18 ff.; vgl. außerdem Gauthier 1986, 2. Kap. Ich komme darauf in kritischer Absicht in *8.2.2* zurück.

minder dringlich sein. Außerdem stellen wir normalerweise in Rechnung, daß wir, was wir anstreben, nur mit mehr oder minder großer Wahrscheinlichkeit erreichen werden. Dies können wir uns bei der Beantwortung der Frage, was zu tun gut bzw. am besten ist, zunutze machen. Wenn wir hinlänglich rational sind, werden wir uns für die Handlung entscheiden, die vor dem Hintergrund unserer Wahrscheinlichkeitsannahmen am besten der nach Gewicht und Dringlichkeit strukturierten Ordnung unserer Zwecke entspricht. Und es ist diese Handlung, die wir als »gut« bzw. »am besten« auszeichnen werden.

Ich will unerörtert lassen, welche Regeln es im einzelnen sind, nach denen sich der Entscheidungstheorie zufolge die Erstellung einer Ordnung von Zwecken und eine darauf gegründete Auswahl von Handlungsoptionen vollzieht bzw. vollziehen soll. Es ist nicht einmal von besonderem Belang, ob sich die Entscheidungstheorie überhaupt sinnvoll in der für instrumentalistische Theorien einschlägigen Begrifflichkeit von »Zwekken« und »Mitteln« formulieren läßt (bevorzugt wird sie ja in Begriffen von »Präferenzen« oder von »Wünschen« und »Meinungen« formuliert). Für unsere Belange reicht eine ungefähre Vorstellung davon, wie ein Ordnen von Zwecken nach subjektiver Gewichtigkeit aussehen könnte – und dafür liefert die Entscheidungstheorie *ein* Modell. Solange sich das Ordnen von Zwecken darauf beschränkt, festzustellen, welche Zwecke welches subjektive Gewicht haben und ob die Verwirklichung bestimmter Zwecke der bestimmter anderer im Wege steht, widerspricht es nicht den zentralen Annahmen des Instrumentalismus.

Zugleich wird damit deutlich, daß der Instrumentalismus den Kreis der Aufgaben des praktischen Überlegens über die primäre Aufgabe der Auffindung geeigneter Mittel hinaus erweitern kann. Bei Anerkennung des Faktums der Pluralität unserer Zwecke kann sich praktisches Überlegen, instrumentalistisch verstanden, eben auch auf die Erkundung des Verhältnisses unserer Zwecke zueinander erstrecken. Außerdem lassen sich noch zwei weitere Aufgaben nennen, die der Instrumentalismus dem Überlegen zuschreiben kann, ohne seine Hauptvoraussetzungen zu verletzen: die Aufgabe, unsere Zwecke nicht nur in ihrer Beziehung zueinander zu bestimmen, sondern auch in ihrer Beziehung zur Wirklichkeit, sowie die Aufgabe festzustellen, welche Zwecke wir haben. Beide Aufgaben lassen sich mit den Grundgedanken des Instrumentalismus dann ohne weiteres vereinbaren, wenn sich praktische Überlegungen in ihrem Vollzug strukturell als theoretische Überlegungen erweisen. So können wir uns in Handlungssituationen fragen, ob die Zwecke, die wir verfolgen, auf richtigen Informationen über die Welt und uns selbst beruhen. Wir verfolgen Zwecke aufgrund bestimmter, realitätsbezogener Annahmen. Manche Zwecke ziehen wir nur in Erwägung, weil wir glauben, sie zu realisieren sei notwendig, um bestimmte andere Zwecke zu verwirklichen, die wir um ihrer selbst willen, also als Endzwecke, anstreben. Und die Endzwecke, die wir haben, sind abhängig von Annahmen darüber, was es bedeuten würde, sie zu realisieren, und zuweilen auch von Annahmen über ihre Genese. Die Aufklärung über das Verhältnis von instrumentellen Zwecken zu Endzwecken und über die tatsächlichen Erfüllungsumstände und motivationalen Ursprünge von Endzwecken fällt im Prinzip in den Kompetenzbereich der theoretischen Vernunft. Nur sind Informationen über entsprechende Fakten natürlich auch praktisch wichtig, denn welche Zwecke wir verfolgen, hängt faktisch von den Meinungen ab, die wir über die Welt und uns selbst haben. Ähnlich verhält es sich mit der Feststellung der eigenen Zwecke. Wir verfolgen im Leben viele Zwecke, kurz- wie langfristige, und es kann sein, daß wir zuweilen sozusagen den Überblick über unsere Zwecke verlieren. Manchmal müssen wir sie uns erst wieder bewußt machen, und auch das ist eine theoretische Vergewisserung (bzw. Selbstvergewisserung), die für unser Handeln relevant ist und insofern (aber auch nur insofern) als ein Bestandteil praktischen Überlegens genommen werden kann.

2.2.3 Die Möglichkeit einer instrumentalistischen Kritik von Zwecken

Die Einbeziehung von Aufgaben des praktischen Überlegens – oder besser schlicht: des Überlegens – über die Auffindung zweckdienlicher Mittel hinaus eröffnet im Rahmen des Instrumentalismus Möglichkeiten, mittels Überlegungen *indirekt* auch auf unsere Zwecke Einfluß zu nehmen. Das trägt nicht unerheblich zur Attraktivität des Instrumentalismus bei. Es scheint ihm zu erlauben, drei Grundüberzeugungen miteinander zu verbinden: die Überzeugung, daß das Gutsein von etwas immer relational zu unseren Zwecken ist, die Überzeugung, daß Überlegen und Vernunft instrumentell und im wesentlichen theoretisch zu verstehen sind, und die Überzeugung, daß es, ungeachtet der ersten beiden Überzeugungen, Spielräume für eine Kritik von Zwecken gibt.

Die erste Überzeugung ist attraktiv, weil sie jeden Wertplatonismus vermeidet. Werden Zwecke als Korrelat von Bewußtseinsakten individueller Bewußtseinssubjekte gedacht – etwa so, daß sie aus Wünschen einzelner Personen hervorgehen –, läuft die Bindung des Gutseins von etwas an Zwecke auf eine subjektivistische Wertkonzeption hinaus, die sich gut in das vorherrschende wissenschaftliche Weltbild fügt. Auf Bewußtseinsakte wie Wünsche zurückgehende Zwecke stellen anders als etwa reale Werteigenschaften kein ernsthaftes Hindernis für eine »naturalistische« Weltsicht dar. Ähnliche Überlegungen stützen die zweite Überzeugung. Soll mit der ersten Überzeugung jede Form von Wertplatonismus vermieden werden, so mit der zweiten ein »starker« Vernunftbegriff, wie er sich beispielsweise bei Kant findet. Auch das ist attraktiv, weil allzuoft Zwecke als irrational verdammt werden, gegen die in Wahrheit nur die anders gearteten Vorlieben derer sprechen, die sie verdammen. Das gilt insbesondere für als unmoralisch empfundene Zwecke. Nicht daß der Instrumentalismus, wie es eine verbreitete Meinung will, dem Egoismus das Wort reden müßte. Im Hinblick auf was für Zwecke jemand praktische Überlegungen anstrengt, läßt er völlig offen. Nichts spricht dagegen, daß zu jemandes Zwecken auch altruistische Ziele gehören und diese in seiner Präferenzordnung besonders hoch angesiedelt sind. Richtig ist allerdings, daß der Instrumentalismus keine Handhabe bietet, einen radikalen Egoisten von vornherein (d.h. ohne Ansehung seiner Zwecke und epistemischen Annahmen) für irrational zu erklären. Aber es liegt ja auch alles andere als auf der Hand, daß unvernünftig ist, wer nicht auf die Moral hört. (Um einen entsprechenden Nachweis haben sich zahlreiche Moralphilosophen von Platon an ohne durchschlagenden Erfolg bemüht.) Andererseits würde der Instrumentalismus kaum jemanden überzeugen, böte er trotz subjektivistischer Wertkonzeption und instrumentellem Vernunftbegriff nicht doch Möglichkeiten einer Kritik von Zwecken, denn schließlich ist die Kritik von Zwecken ein fester Bestandteil unserer Verständigungs- und Selbstverständigungspraxis. Wir qualifizieren nicht nur Mittel als »gut« und »schlecht« für irgendeinen Zweck, sondern stufen auch Zwecke nach »gut« und »schlecht« ein. Daß sich manche unserer Zwecke als verfehlt erweisen, gehört genauso zu unserer Lebenserfahrung wie die Untauglichkeit vieler Mittel. Deswegen ist die dritte Überzeugung für den Instrumentalismus unverzichtbar. Ihr zufolge können wir das, was an unserer Kritik von Zwecken berechtigt ist, über die Möglichkeit verständlich machen, Zwecke zueinander in Verhältnis zu setzen, was z.B. heißt, Inkonsistenzen zu bereinigen, und Zwecke an der Wirklichkeit abzugleichen, d.h., die Tragfähigkeit ihrer epistemischen Voraussetzungen zu überprüfen. Und das wiederum erscheint als attraktive Lösung, weil eine epistemische Kritik von Zwecken sehr weit reichen kann und sich dennoch nicht anheischig macht, sie von einem zweckexternen Standpunkt aus in Frage zu stellen. Um eine Person (gegebenenfalls uns selbst) zu einer Änderung ihrer Zwecke zu bewegen, können wir sie mit den *verschiedensten* Fakten konfrontieren. Wir können ihr, um nur einiges zu nennen, die erwartbaren Folgen der Verwirklichung ihrer Zwecke vorhalten, sie an die faktischen normativen Ansprüche anderer Personen erinnern, auf die verborgenen Motive aufmerksam machen, die hinter ihren Zwecken stehen, oder Alternativen zu ihren Zwecken aufzeigen. Entsprechend gefaßt, könnten eventuell auch die Methoden der Psychoanalyse oder die Lebensratschläge der hellenistischen Ethiken als Formen der epistemischen Zweckkritik verstanden werden. Eine epistemische Kritik von Zwecken betrifft *direkt* aber immer nur die meinungsförmigen Annahmen, die mit unseren Zwecken verbunden sind, nicht diese selbst.

2.3 Zwecke, neigungsförmige Wünsche und Absichten

Wenn die instrumentalistische Sicht praktischen Überlegens auf den ersten Blick so viele Vorzüge hat, warum soll sie dann dennoch ein verkürztes Bild praktischen Überlegens und der darin liegenden Orientierung am Guten liefern? Etwas verklausuliert läßt sich darauf antworten: Der Instrumentalismus ist verkürzt, weil er, solange er praktische Überlegungen strukturell als theoretische begreift, nicht befriedigend zu erklären vermag, wie wir mit Hilfe von Überlegungen unser Handeln und unsere Entscheidungen steuern, er aber, wenn er praktische Überlegungen als genuin praktische auffaßt, keine guten Gründe mehr hat, den Gedanken einer überlegungsgeleiteten Generierung von Zwecken, Endzwecke eingeschlossen, zurückzuweisen. Um diese zweigeteilte Antwort verständlicher zu machen, ist es notwendig, ein wenig auszuholen und eine wichtige Unterscheidung vorzunehmen.

2.3.1 Wünsche als Ursprung von Zwecken

Ich habe bisher die Rede von »Zwecken« nur sehr spärlich erläutert. Erwähnt hatte ich, daß der Instrumentalismus zu einer subjektivistischen Konzeption des Guten führt, wenn Zwecke als Korrelat von mentalen Einstellungen begriffen werden, und ich bin stillschweigend davon ausgegangen, daß es vernünftig ist, Zwecke so zu begreifen. Immerhin wäre ein Instrumentalismus denkbar, der Zwecke nicht an Mentales zurückbindet, sondern für etwas uns objektiv Vorgegebenes hält. Praktisches Überlegen würde dann primär die Funktion haben, geeignete Mittel zu *diesen* Zwecken aufzufinden. Aber ich meine, daß wir diese Idee zurückweisen sollten. Ohne Rekurs auf Bewußtseinseinstellungen läßt sich aus dem Begriff des Zwecks kein greifbarer Sinn gewinnen. Zwecke sind nicht einfach Wirkungen von Ursachen, Durchgangs- oder Endpunkte einer kausalen Verkettung von Ereignissen. Von einem Zweck sprechen wir erst, wenn eine Ereignisreihe *um* des Punktes *willen*, auf den sie zuläuft, geschieht. Es ist jedoch unklar, wie sich dieses ›Umwillen‹ verständlich machen lassen soll, wenn nicht über eine mentale Einstellung, die einen Zweck als etwas Künftiges konstituiert, mit Blick auf das Mittel zu seiner kausalen Hervorbringung eingesetzt werden. Der Gedanke einer bewußtseinsunabhängigen, objektiven Teleologie ist deswegen nicht haltbar (es sei denn, er wird metaphorisch, im Sinn eines »Als-ob«, verstanden).[12] Die Frage ist nur, welcher Art die mentalen Einstellungen sein sollen, durch die Zwecke in die Welt kommen. Sicherlich handelt es sich bei diesen Einstellungen um Einstellungen individueller Bewußtseinssubjekte (was eine soziale Vermittlung individueller Zwecke und ihre Bündelung zu kollektiven Zwecken natürlich nicht ausschließt); Zwecke sind immer Zwecke von jemandem. Doch individuelle Bewußtseinssubjekte können viele mentale Einstellungen haben.

Nun hatte ich beiläufig ebenfalls schon erwähnt, auf welche mentalen Einstellungen die meisten Instrumentalisten verweisen, um die Konstitution von Zwecken zu explizieren: auf Wünsche. Im Anschluß an die in der Analytischen Handlungstheorie dominierende Erklärung von Handlungen als kausalen Resultaten von Meinungen (beliefs) und Wünschen (desires) wird dabei üblicherweise von einem weiten Begriff des Wünschens ausgegangen. Sich etwas im alltagssprachlichen Sinn zu wünschen soll nur *eine* Ausformung der Einstellung des Wünschens sein. Andere Tätigkeitswörter, die Formen des Wünschens bezeichnen sollen, sind z.B.: wollen, beabsichtigen, anstreben, herbeisehnen, erhoffen, befürchten[13] und sich verpflichtet fühlen (zu etwas).[14] Unter den so verstandenen Begriff

12 Zwecke könnten uns allerdings in einem anderen Sinn objektiv vorgegeben sein. Es könnte z.B. sein, daß sie uns von einem Gott diktiert werden; in diesem Fall würden Zwecke Korrelate von Bewußtseinsakten sein, aber nicht notwendig von unseren. Ich möchte diese Möglichkeit ohne weiteres Argument ausscheiden. Viel naheliegender ist eine andere Möglichkeit, nämlich die, daß uns unsere Bewußtseinsakte, die Zwecke konstituieren, vorgegeben sind (etwa genetisch) und darüber vermittelt auch unsere Zwecke. Doch in diesem Fall blieben Zwecke in dem Sinn »subjektiv«, daß sie durch Bewußtseinsakte von uns, von individuellen Subjekten, bedingt wären; mehr soll im Text zunächst nicht behauptet werden.

13 Da man sich nicht nur wünschen kann, daß etwas der Fall sei, sondern auch, daß etwas nicht der Fall sei, fallen auch negative Wünsche oder Aversionen unter einen weiten Begriff des Wünschens; Befürchtungen lassen sich als affektiv getönte Aversionen unter Bedingungen epistemischer Unsicherheit bestimmen.

14 Eine kurze Liste sehr verschiedener wunschförmiger Einstellungen, die trotz ihrer Kürze von »desires« bis zu »aesthetic principles« und »public

des Wünschens fallen alle Einstellungen, die eine motivationale Seite haben und insofern intrinsisch handlungsbezogen sind.[15] Sie werden kontrastiert mit – unter einem weiten Begriff des Meinens subsumierten – faktenbezogenen Einstellungen, in denen auf die eine oder andere Weise konstatiert wird, daß etwas der Fall ist oder nicht der Fall ist.[16] In einem Teil der Analytischen Sprach- und Handlungstheorie hat sich eingebürgert, diesen Gegensatz zwischen einer weit gefaßten Einstellung des Wünschens und einer weit gefaßten Einstellung des Meinens mit Hilfe der Metapher der Passensrichtung (direction of fit) zu untermauern.[17] Meinungen charakterisiert danach eine Welt-Geist-Passensrichtung, während Wünsche eine Geist-Welt-Passensrichtung definieren soll. Das ›Passensmuster‹ von Meinungen sei die Welt; sie seien gleichsam daraufhin angelegt, mit der Welt übereinzustimmen. Im Fall von Wünschen sei es dagegen umgekehrt so, daß diese selbst als ›Passensmuster‹ für die Welt fungieren; Wünsche seien gleichsam daraufhin angelegt, die Welt in Übereinstimmung mit sich zu bringen. Insofern kennzeichne Meinungen ein intrinsischer Wahrheitsbezug und Wünsche ein intrinsischer Handlungsbezug, obwohl Meinungen natürlich falsch sein könnten und Wünsche nicht handlungs*wirksam* werden müßten. In Meinungen werde die Welt als *factum* repräsentiert, in Wünschen als *faciendum*. Es ist

and private goals and values« reicht, findet sich bei Davidson 1963 [1980], S. 4 (dort unter dem Begriff der »pro-attitudes« zusammengefaßt), eine sehr lange Liste bei Spohn 1978, S. 4 (dort ist die Rede von »Wunschdispositionen«); vgl. außerdem Seebaß 1993, S. 72 (dort wird von Formen des »Wollens« gesprochen).

15 In der Regel werden diese Einstellungen als *propositionale* Einstellungen gedeutet (vgl. z.B. Spohn 1978, S. 14 und Seebaß 1993, S. 70 f.). Für viele der Einstellungen, die unter einen weiten Wunschbegriff subsumiert werden, ist dies tatsächlich die naheliegendste Interpretation. Aber auch für alle? Spohn 1978, S. 4 beispielsweise möchte auch »alle Sorten von Trieben« unter seinen Begriff von »Wunschdispositionen« fassen, und Davidson 1963 [1980], S. 4 spricht außer von »desires« und »wantings« auch von »urges«; ob wir hier noch angemessen von propositionalen (oder vorsichtiger: sachverhaltsbezogenen) Einstellungen sprechen können, wage ich zu bezweifeln.

16 Neben den Einstellungen des Glaubens und Behauptens gehören hierher z.B. auch die Einstellungen des Vermutens, Erinnerns, Erwartens, Erahnens und Bezweifelns; vgl. wieder Spohn 1978, S. 2f. und Seebaß 1993, S. 266.

17 Vgl. Anscombe 1957, S. 4f., S. 56 f.; Kenny 1963, S. 221; Tugendhat 1976, S. 510; Searle 1983, S. 7 ff., S. 167 ff.; Velleman 1992; Humberstone 1992; Seebaß 1993, S. 71; Smith 1994, S. 111 ff.

strittig, ob und in welcher Weise sich die Metapher der Passensrichtung weiter nicht-metaphorisch explizieren läßt.[18] Außerdem kann bezweifelt werden, ob sie auf all das, was wir alltagssprachlich als eine Form des Wünschens bezeichnen, zutrifft, denn es gibt auch Wünsche, die zumindest *prima facie* zu nichts motivieren und daher keinen intrinsischen Handlungsbezug haben (z.B. Wünsche in bezug auf die Vergangenheit und allgemein Wünsche, von denen wir wissen, daß wir keinen Einfluß auf ihre Erfüllung haben). Aber für die Wünsche, die einen solchen Bezug haben, bietet sie einen Ansatzpunkt zur Erläuterung eben dieses Bezugs.[19] Und genau dadurch vermag sie tatsächlich den Vorschlag, Zwecke auf Wünsche zurückzuführen, plausibel zu machen. Denn da Zwecke eine handlungsleitende Funktion haben, können sie sich nur solchen Faktoren unmittelbar verdanken, die aufgrund ihrer Passensrichtung einen motivationalen Zug haben; lediglich faktenbezogene Einstellungen wie Meinungen vermögen, jedenfalls für sich genommen, keine Zwecke in die Welt zu bringen.

2.3.2 Passivische und aktivische Wünsche

Wir sollten uns mit dieser Antwort auf die Frage nach dem Ursprung von Zwecken jedoch noch nicht zufriedengeben. Im Rahmen der ersten Teilantwort, die wir auf die Frage nach den Defiziten des Instrumentalismus gegeben haben, muß für uns von besonderem Interesse sein, *in welcher Weise* zweckkonstituierende Wünsche uns zum Handeln bestimmen sollen. Und zur Befriedigung dieses Interesses hilft uns der Verweis darauf, daß Wünsche aufgrund ihrer spezifischen Passensrichtung einen motivationalen Zug haben, nicht viel weiter. Gerade weil

18 Vgl. Seebaß 1993, S. 86 ff., der anders als z.B. Searle 1983, S. 173 die Metapher der Passensrichtung glaubt näher explizieren zu können (ich gehe darauf unten im Abschnitt *3.5.2* ein). Für Versuche einer nicht-metaphorischen Erklärung des Passens vgl. außer Seebaß Velleman 1992 und Humberstone 1992.

19 Smith 1994, 4. Kap. kann deswegen versuchen, die Humesche Motivationstheorie mit Hilfe einer Erläuterung von Wünschen über die Metapher der Passensrichtung zu rechtfertigen. Allerdings ist es verfehlt, Motivation als solche und generell über eine Welt-Geist-Passensrichtung zu erklären. Rein triebhafte Impulse beispielsweise repräsentieren die Welt nicht als *faciendum*; sie haben überhaupt keinen repräsentationalen Gehalt, haben aber dennoch einen motivationalen Zug (s.u. *3.4.1* zusammen mit *3.5.2*).

der dabei zugrunde gelegte Wunschbegriff sehr weit zu verstehen ist, ist der Verweis auf Wünsche als Quellen von Zwecken zu unscharf. Mehr noch: Aufgrund seiner Allgemeinheit verwischt er einen für unsere Fragestellung entscheidenden Unterschied, der sich zwischen den verschiedenen Einstellungen, die unter einen weiten Begriff des Wünschens versammelt werden sollen, ausmachen läßt: den Unterschied zwischen solchen motivationalen Einstellungen, die uns widerfahren (oder vorsichtiger: *eher* widerfahren) und insofern *passivischer* Natur sind, und solchen, für die wir uns (mehr oder minder bewußt) entscheiden und die insofern *aktivischer* Natur sind.

Sehr viele unserer Wünsche widerfahren uns in dem Sinn, daß wir sie nicht willentlich direkt und instantan (sondern allenfalls indirekt und sukzessive) erzeugen können. Für vieles, wenn nicht das meiste von dem, was wir uns wünschen, gilt, daß wir uns für es nicht entschieden haben. Wünsche stehen in dieser Hinsicht auf einer Stufe nicht nur mit Gefühlen (von denen sie sich oft nicht klar unterscheiden lassen)[20], sondern auch mit Meinungen. Nicht nur von der Furcht angesichts eines herannahenden Unwetters, dem Zorn über oder der Verliebtheit in eine andere Person, von Hoffnung, Interesse, Scham usw. müssen wir sagen, wir hätten sie, weil wir nicht anders könnten und nicht weil wir es so wollten. Wir müssen dies auch von dem Glauben, daß »2+2« »4« ergibt, der Ansicht, die Farbe jener Blume sei ein sattes Rot, und der Meinung, das prasselnde Geräusch da draußen sei auf den Regen zurückzuführen, sagen. Von Ausnahmefällen abgesehen, können wir uns nicht entscheiden, dies oder jenes für wahr zu halten.[21] Der Widerfahrnischarakter von Wünschen, Gefühlen und Meinungen kann unterschiedliche phänomenale Ausprägungen annehmen; Gefühle etwa können uns in einer Weise ›überfallen‹, wie dies für Meinungen trotz plötzlicher ›Evidenzschübe‹ wohl nicht möglich ist. Aber verstanden als eine Gegebenheitsform, die nicht in unserer unmittelbaren, entscheidungshaften Verfügung liegt, ist er ihnen allen gemeinsam. Der passivische Zug von Wünschen, Gefühlen und Meinungen ist ein Grundzug eines Großteils unserer mentalen Zustände und Einstellungen.

20 Ich werde im vierten und fünften Kapitel genauer auf das Verhältnis von Wünschen und Gefühlen eingehen.

21 Vgl. Williams 1970 und J. Cohen 1992, § 4.

Im Fall von Wünschen zeigt er sich am deutlichsten dort, wo sich Wünsche im Gefolge von Gefühlen (vermutlich kausal) einstellen. Heftige Furcht zieht unweigerlich den Wunsch zu fliehen nach sich, selbst wenn ihm dann widerstanden wird. Der Wunsch, mit einer bestimmten Person zusammenzusein, kann sich so unwillkürlich einstellen wie das Verspüren einer geistigen oder körperlichen Nähe zu ihr. Von Ehrgeiz umgetriebene Menschen können sich geradezu obsessiv das Erreichen eines bestimmten Ziels wünschen. Daneben gibt es zahlreiche weniger heftige und gefühlsbetonte Wünsche, die wir ohne unser aktives Zutun haben, die da sind, ohne daß wir genau wüßten, warum und woher. Der Widerfahrnischarakter von Wünschen wird dadurch unterstrichen, daß wir zu unserer Bestürzung oder zu unserer Freude entdecken können, dies oder jenes (nicht) zu wünschen. Wir können in die Lage kommen, uns selbst oder anderen eingestehen zu müssen, daß wir etwas wünschen, von dem wir wünschten, es nicht zu wünschen, wobei der Wunsch, entgegen dem eigenen Wünschen etwas nicht oder anders zu wünschen, eben nicht bedeutet, es auch tatsächlich zu tun.[22] Mir scheint es deswegen – ungeachtet notorischer epistemologischer Schwierigkeiten – auch relativ unproblematisch, die Existenz un- und vorbewußter Wünsche anzunehmen.

Es ist nützlich, all die Wünsche, die uns eher widerfahren, als daß wir sie hervorbrächten, und die insofern passivischer Natur sind, mit einem eigenen Ausdruck als Elemente einer besonderen Klasse von Wünschen kenntlich zu machen: Mein Vorschlag ist, sie als »neigungsförmige« oder »passivische Wünsche« zu bezeichnen.[23] Oft werde ich auch einfach nur von »Neigungen« sprechen.

Von neigungsförmigen Wünschen sind motivationale Einstellungen abzuheben, die unserer direkten willentlichen Kontrolle unterliegen. Gibt es überhaupt solche Einstellungen? Ich meine, hierher gehört vor allem der ganze Bereich des Beabsichtigens und Planens.[24] Eine Absicht fasse ich, einen Plan

22 Das damit angeschnittene Phänomen höherstufiger Wünsche wird uns im fünften Kapitel noch genauer beschäftigen.

23 Ich werde im nächsten Kapitel den Bereich der neigungsförmigen Wünsche weiter differenzieren. In diesem Kapitel muß ich mich mit einer sehr schematischen Darstellung begnügen.

schmiede und entwickele ich. Der Gegenstand unserer Absichten kann zugleich der Gegenstand unserer Neigungen sein. Ich kann geneigt sein, meinen Urlaub wieder in Italien zu verbringen, und ich kann beabsichtigen, dies zu tun. Aber deswegen sind das Haben einer Neigung und das Haben einer Absicht nicht das gleiche. Die Absicht, nach Italien zu fahren, setzt voraus, daß ich mich dafür entschieden habe, die (bloße, wenn auch vielleicht sehr starke) Neigung dazu nicht. Ich hatte am Anfang, in meiner kurzen Einlassung zum generellen Zusammenhang von Handlungen und praktischen Überlegungen, schon herausgestellt, daß das Haben einer Absicht das Haben eines Entscheidungsspielraums impliziert (*2.1.1*). Im Fassen einer Absicht nehme ich positiv zu einer Handlungsoption Stellung, die ich als eine von mehreren in einem Spektrum von Handlungsalternativen (die Alternative, nicht zu handeln, eingeschlossen) angesiedelt weiß. Von daher läßt sich sagen, daß in das Fassen einer Absicht ein Akt des Wählens eingeht, gleich wie ausführlich und bewußt wir das damit verbundene Für und Wider abgewogen haben mögen. Ähnlich wie das Beabsichtigen von etwas, setzt auch das Planen von etwas eine aktive Beteiligung unsererseits voraus. Absichten sind typischerweise Teil umfassenderer Pläne, und Pläne sind eine Art Absichten »writ large«.[25] Planend auf ein Ziel zuzusteuern ist etwas anderes, als sich zu einem Ziel hingezogen zu fühlen; entgegenkommende äußere Verhältnisse unterstellt, ist es ein Vorgang, den wir kontrollieren, nicht ein Vorgang, der uns kontrolliert.

Absichten und Pläne sind nicht die einzigen Formen aktiven »Wünschens«. Andere Beispiele sind höherstufige Wünsche, in denen wir überlegend zu unseren – dann typischerweise passivischen – mentalen Einstellungen Stellung beziehen, und das Akzeptieren von Werten und Normen. Wir werden darauf später noch zu sprechen kommen. Im Kontext einzelner Handlungen sind Absichten und Pläne zunächst die augenfälligsten Weisen eines aktivischen Bezugs zur Welt.

24 Vgl. J. Cohen 1992, 2. Kap.

25 Bratman 1987, S. 29. Zum Zusammenhang von Absichten und Plänen vgl. auch Harman 1976.

2.4 Die passivisch-theoretische Fassung des Instrumentalismus und ihre Probleme

Damit haben wir das Material zusammen, um unsere Antwort auf die Frage nach den Defiziten der instrumentalistischen Sicht praktischen Überlegens zu substantiieren, und zwar zuerst im Hinblick auf den ersten Teil dieser Antwort, danach im Hinblick auf ihren zweiten Teil. Zu fragen ist, ob wir Zwecke auf neigungsförmige Wünsche oder auf Absichten als ihre unmittelbaren Quellen zurückführen sollen. (Der Zusatz »unmittelbar« ist wichtig, weil Absichten eventuell ihrerseits auf neigungsförmige Wünsche zurückgeführt werden können und vielleicht sogar neigungsförmige Wünsche auf Absichten.) Es empfiehlt sich, beide Möglichkeiten durchzuspielen. Beginnen sollten wir mit der Auffassung, Zwecke entsprängen Neigungen, denn diese Auffassung entspricht besser dem Geist des Instrumentalismus. Jedenfalls ist das dann der Fall, wenn – wie wir im Rahmen der ersten Teilantwort auf die Frage nach dem Mangel des Instrumentalismus unterstellen wollten – das in Handlungskontexten wirksame Überlegen als der Sache nach theoretisches Überlegen begriffen wird. Alle Aufgaben dieses Überlegens, die wir als mit dem Instrumentalismus ohne weiteres vereinbar herausgestellt haben, implizieren die Gegebenheit unserer Zwecke: Beim Auffinden geeigneter Mittel geht es um Mittel zu vorhandenen Zwecken; das Abwägen zwischen Zwecken sollte sich auf ein Feststellen bereits gegebener subjektiver Gewichtungen und ein entsprechendes Ordnen von Zwecken beschränken; die Überprüfung von Zwecken an der Wirklichkeit sollte lediglich die Richtigkeit ihrer epistemischen Implikationen betreffen; und das Feststellen von Zwecken kann, wo uns unsere Zwecke nicht unmittelbar gewiß sind, als ein Aufdecken vorhandener, nur zeitweilig aus dem Blick geratener Zwecke gedacht werden. All das suggeriert, daß die Gegebenheit unserer Zwecke eine Gegebenheit für und nicht durch uns, also eher ein Widerfahrnis und nicht ein Entscheidungsresultat ist. Daß uns unsere Zwecke bzw. die Wünsche, auf die sie zurückführbar sein sollen, in dem Sinn gegeben sind, daß wir sie gleichsam in uns vorfinden, entspricht auch den Vorstellungen von David Hume, der von vielen als Stammvater des Instrumentalismus reklamiert wird.[26] Hume hat den rein instrumentellen Charakter der Vernunft in den vielzitierten Slogan gefaßt: »Reason is, and ought only to be the slave of the passions«.[27] »Passions«, »Leidenschaften«, für Hume die Quelle von Zwecken, sind aber, wie der Name sagt, mentale Einstellungen oder Zustände, die uns eher widerfahren, als daß wir sie hervorbringen würden. Sie entsprechen unserer generellen Charakterisierung von neigungsförmigen Wünschen. Wenn wir uns so Zwecke als Korrelate von neigungsförmigen Wünschen und praktische Überlegungen als der Sache nach theoretische denken, wie ist dann noch ein überlegungsgeleitetes Handeln möglich, dessen Existenz wir doch schwerlich leugnen können? Ein solches Handeln wird durch diese Prämissen nicht schlechterdings undenkbar, aber es nimmt eine seltsame Gestalt an, die ihrerseits eine unerfreuliche Nebenfolge hat.

2.4.1 Überlegungsgeleitetes Handeln als indirekte Kausalsteuerung

Um die Sache nicht unnötig komplex zu machen, können wir uns an den einfachen Fall einer Person halten, von der viererlei gilt:

(1) Sie wünscht sich neigungsförmig A; A ist ihr Zweck.

(2) Sie hat außer A noch andere Zwecke, die unmittelbar aus ihren neigungsförmigen Wünschen entspringen, aber von keinem dieser Zwecke gilt *zugleich*, daß er ihr wichtiger als A ist (a) und daß seine Verwirklichung der von A (bzw. die Verwirklichung von A seiner Verwirklichung) entgegensteht (b). (Dagegen kann sie andere Zwecke als A haben, von denen entweder (a) oder (b) gilt.)

(3) Sie glaubt, daß B das einzige Mittel zur Verwirklichung von A ist.

(4) Und da (2) gilt, gilt auch, daß der Einsatz von B keinem Zweck zuwiderläuft, der ihr wichtiger ist als A.

Vorausgesetzt, daß dem Ergreifen von B nichts im Weg steht,

26 Hampton 1996 zeigt allerdings überzeugend, wie zweischneidig und fragwürdig es ist, Hume als »Instrumentalisten« zu bezeichnen.

27 *Treatise*, ii. iii. iii., S. 415. Gauthier 1986, S. 22 setzt sich in seiner Version des Instrumentalismus ausdrücklich zur Aufgabe, diesen Slogan zu verteidigen.

sollte man erwarten, daß diese vier Bedingungen ausreichen, um die Person dazu zu bewegen, B zu tun, oder sich zumindest dazu zu entschließen, B zu tun. Diese Erwartung steht hinter dem Satz, daß, wer den Zweck wolle, auch die Mittel wolle. Sie liegt auch der Auffassung zugrunde, praktisches Überlegen vollziehe sich in Form eines »praktischen Syllogismus«, wonach aus (1) und (3) als Ober- bzw. Unterprämisse der Entschluß zu B (oder sogar die Ausführung von B) folgt.[28] Aber was berechtigt zu der Erwartung, daß sich die vorgestellte Person zu B entschließt?

Unter der Voraussetzung, daß Wünsche neigungsförmige Wünsche sind und praktische Überlegungen theoretischer Natur, besteht der naheliegendste Versuch, diese Erwartung zu fundieren, in der Unterstellung eines entsprechenden psychologischen Gesetzes. Es würde dann angenommen werden, daß Personen wie wir so verfaßt sind, daß das (passivisch verstandene) Wollen des Zwecks das (ebenfalls passivisch verstandene) Wollen des Mittels kausal nach sich zieht. Aus (1) und (3) (gegeben (2) und (4)) würde sich der Entschluß zu oder das Wollen von B nach Maßgabe eines generellen kausalen Verknüpfungsgesetzes ergeben. Die Erfahrung spricht jedoch gegen diese Unterstellung. Die Behauptung, daß, wer – unter den genannten vier Bedingungen – den Zweck will, auch das Mittel will (wobei »Wollen« immer als neigungsförmiges Wünschen zu verstehen ist), ist als generelle empirische Aussage klarerweise falsch.

Nehmen wir an, ich habe Zahnschmerzen.[29] Ich möchte keine Zahnschmerzen haben und weiß, daß nur ein Besuch beim Zahnarzt Abhilfe schaffen kann. Ich kann jetzt zum Zahnarzt gehen, aber ich möchte einen angefangenen Roman zu Ende lesen. Ich könnte den Roman auch am Abend durch-

28 Zur syllogistischen Deutung praktischen Überlegens vgl. Aristoteles *Nikomachische Ethik* 1147a25 f. sowie *de motu animalium* 701a11 ff. (dazu ausführlich Müller 1982; knapp Anscombe 1957, S. 57 ff.). Eine neuere Übersicht und Verteidigung gibt Audi 1989. Einschlägig sind von Wrights Überlegungen, deren kontroverse Diskussion in Schilpp/Hahn 1989 (bes. durch die Aufsätze von Anscombe und Black sowie v. Wrights »Reply« darauf) dokumentiert ist. Zur Kritik am praktischen Syllogismus vgl. Kusser 1989, S. 27-29 (aus entscheidungstheoretischer Sicht) und Richardson 1994, § 5.

29 Dieses Beispiel nimmt ein Beispiel von Hampton 1996, S. 99 f. auf, das nächste ein Beispiel von Müller 1982, S. 248.

lesen, und meine Präferenzen sind so geordnet, daß ich einen zahnschmerzfreien Zustand unzweifelhaft dem Lesen des Romans vorziehe; außerdem schließen sich der Gang zum Zahnarzt und das Lesen des Romans nicht permanent, sondern nur temporär, nämlich jetzt, aus. Alles, was ich tun müßte, wäre, jetzt zum Zahnarzt zu gehen, um später schmerzfrei lesen zu können. Dennoch ist die Annahme keineswegs unrealistisch, daß ich jetzt nicht zum Zahnarzt gehen, sondern den Roman beenden möchte. Trotz meines dringenden Wunsches, meine Zahnschmerzen loszuwerden, und meines Wissens, daß mir dabei nur der Gang zum Zahnarzt helfen kann, verspüre ich keinerlei Wunsch, den Arzt aufzusuchen. Eher schon verspüre ich eine Aversion dagegen. Meine theoretische Überlegung, daß der Gang zum Arzt das einzige Mittel zur Befriedigung meines dringenden Wunsches nach Schmerzbefreiung ist, eines Wunsches, dem keine anderen, gewichtigeren Wünsche entgegenstehen, läuft gewissermaßen ins Leere; sie operiert auf einer *rein* theoretischen Ebene. Ein zweites Beispiel mag diese Möglichkeit noch plastischer vor Augen führen. Sagen wir, eine Person habe den Wunsch, etwas für ihre Gesundheit zu tun, und der Realisierung dieses Wunsches sollen keine anderen, gewichtigeren Wünsche von ihr entgegenstehen. Bei der betreffenden Person handele es sich um eine Ärztin, also eine Expertin für Gesundheitsfragen. In dieser Eigenschaft nimmt sie regelmäßig an Expertenrunden teil, in denen Maßnahmen zur Gesundheitsförderung besprochen werden und sie durch besonders konstruktive Vorschläge hervortritt. Wir können uns vorstellen, daß diese Person ihre Expertenvorschläge in ihrem eigenen Leben umsetzt. Aber ebensogut können wir uns vorstellen, daß dies nicht geschieht, obwohl die Person – aus ihrer eigenen Sicht – keinen guten und ausschlaggebenden Grund hat, ihren Vorschlägen nicht zu folgen. Wir können uns dies vorstellen, weil die Expertenvorschläge rein theoretischer Natur sind.

Ein Verteidiger eines Instrumentalismus, dessen Grundelemente neigungsförmige Wünsche und theoretische Überlegungen sind, hat angesichts dieser Beispiele zwei Möglichkeiten. Entweder gibt er die Idee auf, daß es eine zwingende kausale Verbindung zwischen dem Wollen des Zwecks und dem Wollen des Mittels gibt. Dann müßte er aber einen anderen Weg vorschlagen, um den Übergang vom Wollen des Zwecks zu dem des Mittels zu erklären, und ich sehe nicht, wie ein solcher Weg aussehen könnte, solange nur mit neigungsförmigen Wünschen und theoretischen Überlegungen gearbeitet wird. Oder er hält ungeachtet der Beispiele an der Behauptung eines Kausalnexus zwischen Zweckwollen und Mittelwollen fest. Dann muß er die Beispiele umdeuten. Dazu könnte er sie als Fälle einer temporären Präferenz für gegenwärtige gegenüber zukünftigen Optionen interpretieren.[30] Für mich, der ich jetzt keinen Wunsch verspüre, zum Zahnarzt zu gehen, würde dann nicht gelten, daß ich jetzt den schmerzlosen Zustand (plus Gang zum Zahnarzt) der Romanlektüre vorziehe. Vielmehr würde ich jetzt, zum Zeitpunkt t_3, die Romanlektüre der Schmerzfreiheit (verbunden mit dem Gang zum Zahnarzt) vorziehen. Wäre es umgekehrt, so das Argument, würde ich tatsächlich den vorrangigen Wunsch haben, zum Zahnarzt zu gehen. Der Wunsch, die Zahnschmerzen loszuwerden, wäre nach dieser Lesart die ganze Zeit vor t_3, von t_0 bis t_2, der mir wichtigere Wunsch gewesen und könnte es später, zu t_4, wieder werden. Nur jetzt, zu t_3, soll es anders sein; meine Präferenz soll sich von t_2 zu t_3 umgekehrt haben. Daß ich zu t_3 nicht das Mittel zum Zweck will, würde somit daher rühren, daß sich mein Zweck (bzw. mein vordringlicher Zweck) geändert hat. Diese Deutung unseres ersten Beispiels, zu der sich leicht eine analoge Interpretation unseres zweiten Beispiels anführen ließe, kann für den Instrumentalisten natürlich nur ein erster Schritt zur Rettung seiner Theorie sein. In einem zweiten Schritt muß er erklären, wie wir einen ständigen Präferenzwechsel verhindern oder doch vermeiden können, daß wir ihm gemäß handeln. Sehen wir von selbstzweckhaften Aktivitäten ab, sind der Einsatz eines Mittels zum Zweck und das Erreichen des Zwecks immer zeitlich getrennt, so daß beim gedanklichen Rückgang vom Zweck auf das Mittel jederzeit mit dem Auftauchen von Neigungen zu rechnen ist, die in der Gegenwart ihres Auftauchens schwerer

30 In der ökonomischen und psychologischen Literatur, die sich mit individuellen Nützlichkeitserwägungen beschäftigt, hat sich für ein solches »Diskontieren« der Zukunft der Ausdruck »time-« resp. »temporary-preference« eingebürgert; vgl. Ainslie 1992, 3. Kap. Von philosophischer Seite wird das Phänomen u.a. von Nozick 1993, S. 14 ff. und Bratman 1996 diskutiert. Meine eigene Sicht ist von derjenigen Bratmans inspiriert.

wiegen als die Neigung, die dem zukünftigen Zweck gilt. Gerade wenn wir lediglich von neigungsförmigen Wünschen und theoretischen Überlegungen ausgehen, würde ein ständiger Präferenzwechsel ein auch nur einigermaßen stabiles, überlegungsgeleitetes Handeln unmöglich machen. Der Instrumentalist muß uns also sagen können, wie wir auf der Grundlage seiner Annahmen diese Gefahr abwehren können. Aber kann er das nicht auch?

Er kann gleich auf eine ganze Reihe von Steuerungsmöglichkeiten verweisen. Wenn ich mit einem Präferenzwechsel zu t_3 rechnen kann (und manchmal kann ich das ja wirklich), kann ich in der Zeit vor t_3 Maßnahmen ergreifen, die entweder den Präferenzwechsel zu t_3 verhindern oder ihn wenigstens nicht handlungswirksam werden lassen. Wenn ich jetzt, zu t_2, den vordringlichen Wunsch habe, meine Zahnschmerzen loszuwerden, kann ich dem erwarteten Präferenzwechsel zugunsten des Wunsches, die Romanlektüre zu beenden, beispielsweise dadurch begegnen, daß ich rechtzeitig den Roman aus meiner Reichweite schaffe. Ich binde mich dadurch ganz ähnlich, wie sich Odysseus hat binden lassen, um dem Gesang der Sirenen zu widerstehen. Oder ich kann mir in möglichst grellen Farben ausmalen, was geschehen wird, wenn ich nicht bald zum Zahnarzt gehe. Oder ich kann mit einem Freund wetten, daß ich es schaffen werde, zum Zahnarzt zu gehen, so daß der Wunsch, nicht die Wette zu verlieren, gegen den Wunsch, die Romanlektüre zu beenden, in die Waagschale geworfen werden kann.[31] In Steuerungsmöglichkeiten dieser Art machen wir uns auf die eine oder andere Weise kausale Einflüsse auf unsere Wünsche oder ihre Realisierungsmöglichkeiten zunutze. Wir lenken gleichsam den Apparat unseres Handelns durch die gezielte Veränderung von Situationsparametern in die eine oder andere Richtung.[32] Und der Instrumentalist könnte uns entgegenhalten, daß genau darin überlegungsgelei-

31 Elster 1979, bes. 2. Kap. analysiert ein ganzes Arsenal solcher Möglichkeiten der Einflußnahme auf die eigenen, zukünftigen Wünsche (und darüber vermittelt auf das eigene, zukünftige Handeln); vgl. auch Ainslie 1992.

32 Zu fragen wäre allerdings, ob nicht auch diese Lenkung eine Aktivität voraussetzt, die allein auf der Grundlage von neigungsförmigen Wünschen nicht zu erklären ist; ich will um der Argumentation willen unterstellen, daß dem nicht so ist, halte aber das Gegenteil für richtig.

tetes Handeln besteht. Überlegungsgeleitetes Handeln ließe sich so als »indirekte Kausalsteuerung« des eigenen Tuns umschreiben.

Doch es ist genau diese Vorstellung überlegungsgeleiteten Handelns, die meiner Meinung nach unser tatsächliches Handeln verzerrt, ihm eine seltsame Gestalt verleiht. Nicht daß ich bestreiten möchte, daß wir hin und wieder unser Handeln auf dem Weg einer indirekten Kausalsteuerung in die gewünschten Bahnen zu bringen versuchen. Odysseus ist keine reine Phantasiegestalt. Aber erstens ist dies eher die Ausnahme als die Regel. Es ist nicht der Normalfall überlegungsgeleiteten Handelns, und zwar auch nicht angesichts divergierender Neigungen. In Prozessen der indirekten Kausalsteuerung verhalten wir uns zu uns selbst wie zu einer anderen Person, die wir durch wohl dosierte Informationen oder deren Vorenthaltung, durch zusätzliche Anreize oder auch durch Formen von physischem Zwang zu manipulieren versuchen. Auf die Dauer müßte sich ein solches Selbstverhältnis zu einer problematischen (vor allem höchst anstrengenden) Selbstspaltung auswachsen. Sodann ist zweitens ein solcher Umgang mit sich selbst, obwohl manchmal sicherlich ratsam und notwendig, erfahrungsgemäß nur sehr eingeschränkt erfolgreich. Formen der kausalen *Selbst*manipulation sind extrem labil, gerade weil wir in ihnen zugleich Manipulierende und Manipulierte sind. Wir haben schon genug Schwierigkeiten, auf andere in dieser Weise Einfluß zu nehmen. Wenn es überhaupt psychologische Gesetze gibt, die bei einem Zusammentreffen von Neigungen und Situationsparametern ein bestimmtes Ergebnis (in Form eines Entschlusses oder einer Handlung) determinieren, so sind sie uns nicht oder nur so lückenhaft bekannt, daß wir im Rekurs auf sie unser Handeln nicht so sicher steuern können, wie wir es faktisch tun. Drittens schließlich scheint mir die skizzierte instrumentalistische Replik auf unsere beiden Beispiele schon im Ansatz verfehlt, weil die ihr zugrunde liegende Umdeutung der Beispiele nicht zu überzeugen vermag. Zwar ist es ein wichtiges Faktum unserer Psychologie, daß wir häufig die Zukunft zugunsten der Gegenwart »diskontieren«. Aber die in unseren beiden Beispielen geschilderten Fälle müssen nicht von dieser Art sein. Es ist sehr wohl möglich, daß ich zu t_3 keine Neigung in mir verspüre, zum Zahnarzt zu gehen, und dennoch am

Zweck festhalte, meine Zahnschmerzen loszuwerden, und dieser Zweck für mich auch nach wie vor höher rangiert als der Wunsch, die Romanlektüre abzuschließen. Obwohl ich jetzt lieber den Roman zu Ende lesen möchte, als zum Zahnarzt zu gehen, ist es doch nicht ausgeschlossen, daß ich es jetzt wichtiger finde, meine Zahnschmerzen loszuwerden, als den Roman zu Ende zu bringen, und zwar selbst dann, wenn ich in Rechnung stelle, daß nur der Gang zum Zahnarzt mich von meinen Schmerzen befreien kann. Gewiß, in einer Hinsicht ziehe ich jetzt den Roman dem Zahnarzt vor. Aber in einer anderen Hinsicht tue ich dies gerade nicht. Dieser Hinsicht kann ich dadurch Ausdruck verleihen, daß ich mir (oder anderen) sage, es wäre eigentlich *besser*, jetzt zum Zahnarzt zu gehen. Und die Ärztin, die nicht ihren eigenen Expertenvorschlägen folgt, würde vermutlich das gleiche sagen. Die vorgeschlagene instrumentalistische Reinterpretation unserer Beispiele macht diese Rede unverständlich. Und nicht nur das. Unverständlich werden zugleich das Phänomen der Willensschwäche und der Sinn hypothetischer Imperative. Dies ist die angedeutete unerfreuliche Nebenfolge einer instrumentalistischen Sicht, die unser Handeln allein mit Hilfe von neigungsförmigen Wünschen und theoretischen Überlegungen erklären möchte. Ihre Berücksichtigung schließt die Explikation unserer ersten Teilantwort auf die Frage nach dem Mangel des Instrumentalismus ab.

2.4.2 Willensschwäche und hypothetische Imperative als Probleme für den Instrumentalismus

Willensschwäche und hypothetische Imperative hängen zusammen. Willensschwach verhalten wir uns, grob gesprochen, wenn wir nicht das tun, was wir eigentlich wollen, obwohl einem solchen Tun keine äußeren Hindernisse im Weg stünden. Hypothetische Imperative besagen, daß unter Bedingungen, wie wir sie in unserem ›einfachen Fall‹ angegeben haben, das Mittel ergreifen *soll*, wer den Zweck will. Sie haben normativen, nicht deskriptiven Charakter. (Sie sagen also nicht, daß, wer den Zweck will, das Mittel will, und auch nicht, daß der Zweck nicht ohne das Mittel zu erreichen ist, obwohl sie dies als Kausalzusammenhang voraussetzen.) Eine normative Aufforderung ist aber nur für Wesen wie uns notwendig, die nicht ohnehin immer schon tun, was sie sollen.[33] Wir sollen das Mittel ergreifen, weil wir es eben nicht stets tun, sondern manchmal »schwach« werden. Aber worin soll in unserem Zahnarztbeispiel, auf das wir uns hier beschränken können, die Willensschwäche bestehen? Wenn wir der instrumentalistischen Reinterpretation folgen, tun wir zu t_3 nichts, was wir nicht auch tun wollen. Indem ich die Romanlektüre dem Gang zum Zahnarzt vorziehe, tue ich genau das, was ich zu t_3 möchte bzw. am meisten möchte. Es gibt hier kein »eigentliches« Wollen, gegen das ich verstoßen würde. Und wenn es mir zu t_2 mittels indirekter Kausalsteuerung gelingt, einen Präferenzwechsel zu t_3 zu verhindern, stellt sich ebenfalls keine Schwierigkeit ein; auch dann tue ich genau das, was ich möchte. Doch selbst wenn wir der instrumentalistischen Reinterpretation nicht folgen und davon ausgehen, daß ich die Romanlektüre dem Gang zum Zahnarzt vorziehe, obwohl mir die Befreiung von meinen Zahnschmerzen wichtiger ist als der Abschluß der Romanlektüre, können wir auf der Basis von neigungsförmigen Wünschen und theoretischen Überlegungen weder Willensschwäche noch hypothetische Imperative verstehen. Nach Voraussetzung habe ich ja zu t_3 nach wie vor keine Neigung, zum Zahnarzt zu gehen. Unterlasse ich es, unterlasse ich also nichts, was ich will. Gewiß: Ich will dringend meine Schmerzen loswerden, und dazu ist der Gang zum Zahnarzt, wie ich weiß, das einzige Mittel. Aber dieses Wollen, verstanden als neigungsförmiges Wünschen, erstreckt sich nicht automatisch auf das Mittel; das sollte unser Beispiel zeigen. Die Neigung zum Ergreifen des Mittels ist weder eine faktische (kausale) noch eine logische Implikation der Neigung zum Zweck. Dennoch *sollte* ich das Mittel ergreifen, das Wollen des Zwecks gibt mir dafür einen *guten* und – unter den angegebenen Bedingungen – *ausschlaggebenden Grund*; es nicht zu ergreifen wäre, wenn auch vielleicht nur schwach und entschuldbar, *irrational*. Mit welchem Recht wir dies sagen können, bleibt jedoch unerfindlich, solange wir zur Erklärung unseres Handelns mit nichts anderem als mit neigungsförmigen Wünschen und theoretischen Überlegungen operieren. Hume hat seinen Scharfsinn nicht zu-

33 Vgl. Kant, *Grundlegung zur Metaphysik der Sitten*, Akademie-Ausgabe, Band IV, S. 413 f.

letzt darin bewiesen, dies klar gesehen und akzeptiert zu haben.[34] Da er Leidenschaften und Wünsche als Neigungen auffaßt und dem Überlegen allein die Aufgabe der Informationsbeschaffung und der logischen Ableitung zugesteht, sagt er nicht nur, es sei – entsprechende Wünsche unterstellt – nicht »wider die Vernunft«, die Zerstörung der Welt einer Verletzung des eigenen Fingers oder den eigenen Ruin der Verhinderung der geringsten Unbequemlichkeit einer Person, die einem völlig unbekannt ist, vorzuziehen.[35] Er sagt vielmehr auch, es sei nicht wider die Vernunft,

»to prefer even my own acknowledg'd lesser good to my greater, and have a more ardent affection for the former than the latter«.[36]

Auf unser ursprüngliches Zahnarztbeispiel angewandt, heißt das: Es ist nicht irrational, die Romanlektüre dem Gang zum Zahnarzt und damit der Beseitigung der Zahnschmerzen vorzuziehen, obwohl mir letzteres wichtiger ist (bzw. besser zu sein scheint) als ersteres. Irrational wäre ein solches Verhalten für Hume allein, wenn sich meine gegenwärtige Wunschkonstellation, die zum Vorzug der Romanlektüre führt, falschen Informationen verdankte (ich also z.B. glauben würde, daß die Zahnschmerzen von selbst verschwinden werden, der Zahnarztbesuch meine Schmerzen nur vergrößern wird, der Roman spannender ist, als es sich am Ende erweist, u.ä.m.).[37] Hume löst das Problem der Normativität von hypothetischen Imperativen, indem er es auflöst. Zu sagen, daß ich zum Zahnarzt gehen sollte, daß ich dafür nicht nur einen Grund habe (denn den habe ich auch für die Romanlektüre), sondern einen guten und ausschlaggebenden und daß es unvernünftig ist, im Handeln nicht

34 Vgl. Hampton 1996, S. 99 ff. und S. 103 ff. Instruktiv und in die gleiche Richtung gehend ist auch die Hume-Diskussion in Korsgaard 1997, S. 220 ff.

35 *Treatise*, ii. iii. iii., S. 416.

36 Ebenda. Im direkten Anschluß heißt es: »A trivial good may, from certain circumstances, produce a desire superior to what arises from the greatest and most valuable enjoyment; nor is there any thing more extraordinary in this, than in mechanics to see one pound weight raise up a hundred by the advantage of its situation.«

37 Das in der vorangegangenen Anm. gebrachte Zitat geht deswegen so weiter: »In short, a passion must be accompany'd with some false judgement, in order to it being unreasonable; and even then 'tis not the passion, properly speaking, which is unreasonable, but the judgement.«

diesem Grund zu folgen, verliert damit jeden Sinn. Vielleicht könnten wir uns weiterhin fragen, was zu tun gut und was am besten ist, aber weder die Erkenntnis des Guten noch die des Besten hätten irgendeine normative Relevanz; weder aus der einen noch aus der anderen würde ein praktisches Sollen fließen.

Wie läßt sich diese unerfreuliche Konsequenz vermeiden? Eine Möglichkeit wäre, an dieser Stelle auf eine Vernunftnorm zu rekurrieren.[38] Wir würden Hume dann entgegenhalten, daß die Vernunft eben mehr als ein Vermögen zur Informationsbeschaffung und logischen Ableitung ist und uns unter bestimmten Voraussetzungen gebietet zu tun, was am besten unsere Zwecke befördert. Interessanterweise würde das bedeuten, daß wir zur Rekonstruktion instrumenteller Rationalität auf ein nichtinstrumentelles Vernunftverständnis angewiesen wären. Nur ist nicht recht deutlich, was diese Antwort eigentlich besagt. Sie ist ähnlich schwer verständlich, wie der Appell an »normative Fakten«. Außerdem wirkt sie *ad hoc*. Es empfiehlt sich deswegen, nach einem anderen Weg Ausschau zu halten. Ein solcher Weg eröffnet sich genau dort, wo wir ihn nach der bisherigen Argumentation erwarten dürfen: bei der weiter oben genannten Möglichkeit, Zwecke auf Absichten zurückzuführen. Von hier aus ist es möglich, sowohl eine unverzerrte Sicht auf überlegungsgeleitete Handlungen zu gewinnen als auch Licht in das Problem der Normativität hypothetischer Imperative zu bringen. Und nachdem das geleistet ist, werden wir genug festen Boden unter die Füße bekommen haben, um am Ende auch unsere zweite Teilantwort auf die Frage nach den Defiziten des Instrumentalismus transparenter machen zu können.

38 Darauf laufen die, stark an Kant orientierten, Überlegungen von Hampton 1996 hinaus.

2.5 Die aktivisch-praktische Fassung des Instrumentalismus und ihre Implikationen

2.5.1 Absichten als Ursprung von Zwecken

Rein sprachlich ist die Rückbindung von Zwecken an Absichten ohnehin viel plausibler als die Betrachtung von neigungsförmigen Wünschen oder Neigungen als Quelle von Zwecken. Neigungen *haben* wir, Zwecke *setzen* wir uns. Zwecke sind Orientierungspunkte, im Hinblick auf die wir unser Handeln *entwerfen*. Und wir sagen auch, daß Zwecke das sind, was wir in Absichten und Plänen zu verwirklichen anstreben. Zwecke *verfolgen* wir, und wir tun dies, indem wir Absichten fassen und Pläne schmieden. Das schließt wieder nicht aus, daß Zwecke zugleich Gegenstand von neigungsförmigen Wünschen sind. Aber wir haben viel mehr neigungsförmige Wünsche als Zwecke. Neigungsförmige Wünsche müssen erst in signifikanter Weise transformiert werden, um zur Schaffung von Zwecken zu führen. Zwecke sind das Umwillen unseres Tuns, und das bedeutet normalerweise, daß wir im Verfolgen eines Zwecks etwas, nämlich ein Mittel, um willen von etwas anderem, nämlich dem Zweck, anstreben (»normalerweise«, weil im Fall selbstzweckhaften Tuns Mittel und Zweck zusammenfallen). Ein neigungsförmiger Wunsch muß deswegen, um zu einem Zweck zu werden, so transformiert werden, daß er als Quelle einer »Um-zu«-Struktur fungieren kann. Das setzt aber einen aktiven Akt des Entscheidens voraus: Einen neigungsförmigen Wunsch zu einem Zweck zu machen heißt, sich dazu zu entscheiden, daß anderes im Hinblick auf seine Verwirklichung unternommen wird. Wenn wir B um A willen verfolgen – A relativ zu B also unser Zweck ist –, betrachten wir A als legitime Regulationsinstanz für B.[39] Und während wir eben diese regulatorische Funktion von Zwecken im Ausgang von neigungsförmigen Wünschen nicht angemessen rekonstruieren können, erschließt sie sich uns unschwer im Ausgang von Absichten (sowie von Plänen als Absichten »writ large«).[40] Denn

39 Ähnlich Richardson 1994, S. 55.

40 Zum Folgenden s. Bratman 1987, 2. Kap. Der wesentliche Unterschied zwischen meiner Betrachtungsweise und derjenigen Bratmans besteht darin,

die aktivische Natur von Absichten bedingt, daß sie unser Handeln in anderer Weise bestimmen als neigungsförmige Wünsche. Neigungsförmige Wünsche beeinflussen unser Tun, Absichten leiten und kontrollieren es. Wenn ich die Neigung habe, heute abend ins Kino zu gehen, so sehe ich meinen Kinobesuch nicht als entschieden an. Vielleicht sage ich mir, daß es, so wie ich nun einmal bin, sehr wahrscheinlich ist, daß ich wieder einmal meiner Neigung folgen und abends im Kino landen werde. Aber so stark meine Neigung auch sein mag, ich kann immer noch überlegen, ob ich nicht besser etwas anderes tun sollte. Die Absicht, heute abend ins Kino zu gehen, schneidet dagegen diese Möglichkeit ab. Natürlich können mich neue Umstände dazu bringen, meine Absicht zu ändern (während ich meine Neigungen gerade nicht so ohne weiteres ändern kann); doch das hindert nicht, daß ich mein künftiges Tun als durch meine Absicht fixiert betrachte, solange diese Umstände nicht aufgetreten sind. Aufgrund dieser Fixierung kanalisiert meine Absicht mein weiteres Handeln. Meine Absicht, abends das Kino aufzusuchen, bestimmt mein weiteres Handeln in doppelter Weise: Einerseits führt sie zur Ausbildung von Folgeabsichten, die ihre konkrete Umsetzung betreffen. So kann ich zu der Folgeabsicht gelangen, früher als gewöhnlich mein Abendbrot zu mir zu nehmen, um so rechtzeitig zum Kino zu kommen, und darüber hinaus zu der Absicht, Kinokarten telefonisch vorzubestellen. Andererseits wird meine einmal getroffene Absicht negativ auf andere Absichten wirken, oder besser: andere Absichten blockieren. Wenn ich die Absicht habe, abends ins Kino zu gehen, werde ich mir nicht gleichzeitig vornehmen, bis morgen noch ein Buch durchzulesen. Vom Fassen von Absichten geht daher ein ganz anderer Konsistenzdruck aus als vom Haben von neigungsförmigen Wünschen. Auch Absichten können konfligieren: Ich kann die Absicht haben, heute abend auf ein Fest zu gehen, sowie die Absicht, in dieser Woche einen Aufsatz fertigzustellen. Und ich kann zu meinem Bedauern feststellen, daß die Durchführung der einen Absicht die der anderen ausschließt. Diese Feststellung zwingt mich jedoch dazu, eine meiner beiden Absichten aufzugeben. Im Fassen von Ab-

daß Bratman eine rein funktionalistische Analyse von Absichten entwickelt, die, anders als meine Analyse, der Aktiv-passiv-Unterscheidung keinen Platz einräumt.

sichten stellen wir von vornherein darauf ab, unsere verschiedenen Absichten so aufeinander abzustimmen, daß sie zu unseren Meinungen hinsichtlich ihrer Realisierungsbedingungen passen. Würde ich zwei Absichten wie die, das Fest zu besuchen und den Aufsatz abzuschließen, trotz meines Wissens um ihre Unvereinbarkeit aufrechterhalten, würde ich mir gewissermaßen selbst widersprechen. Nichts spricht jedoch dagegen, daß ich weiterhin sowohl einen neigungsförmigen Wunsch habe, das Fest zu besuchen, als auch einen neigungsförmigen Wunsch, den Aufsatz abzuschließen. Die häufig anzutreffende Vorstellung, es sei ein Gebot der Rationalität, unsere Wünsche in eine konsistente Ordnung zu bringen, ist bezogen auf neigungsförmige Wünsche unbegründet, und zwar gleich wie stark oder schwach die jeweils zugrunde gelegten Konsistenzkriterien sind.[41] Gewiß, unter bestimmten Bedingungen kann es ratsam sein, die einen Neigungen zugunsten anderer loszuwerden, z.B. dann, wenn mit ihrer unabänderlichen oder sogar (höherstufig) erwünschten Nichtverwirklichung ein großer Leidensdruck verbunden ist. Aber oft sind Spannungen zwischen unseren Neigungen für unser Leben eher bereichernd; selbst wenn wir in der Lage wären, sie vollständig zu glätten, könnte dies am Ende statt einer Lebenserleichterung eine Lebensverödung bedeuten. Daß uns nicht vergönnt ist, alle unsere Neigungen auszuleben und verwirklicht zu sehen, *kann* ein Unglück sein und *kann* doch auch zu unserem Glück beitragen. Demgegenüber machte uns ein dauerhafter Konflikt zwischen unseren Absichten handlungsunfähig; er würde uns in fataler Weise lähmen.

2.5.2 Absichten und genuin praktisches Überlegen

Die Tatsache, daß Absichten in anderer Weise unsere Handlungen bestimmen als neigungsförmige Wünsche und damit die regulatorische Funktion von Zwecken verständlich zu machen vermögen, bedeutet nun aber zugleich auch, daß Überlegungen

41 Diese Vorstellung ist in entscheidungstheoretischen Überlegungs- und Rationalitätsmodellen anzutreffen, die auf der Basis einer belief-desire-Psychologie arbeiten, desgleichen bei Rawls, wo sie der Lebensplanidee zugrunde liegt (Rawls 1971, § 63).

im Kontext von Absichten eine andere Rolle spielen und eine andere Gestalt annehmen als im Kontext von neigungsförmigen Wünschen. So gelange ich von der Absicht, ins Kino zu gehen, zu der untergeordneten Absicht, früher zu Abend zu essen, ja nicht irgendwie, sondern aufgrund von Überlegung. Die Ausbildung von Folgeabsichten im Licht einer leitenden Absicht ist nichts anderes als ein Prozeß des Überlegens. Dieses Überlegen ist jetzt jedoch *genuin* praktischer Natur. Es steht von Anfang an unter der Leitung einer Handlungsabsicht, und es führt zur Entwicklung neuer, subordinierter Handlungsabsichten. Wir können diese Form des Überlegens nicht angemessen analysieren, indem wir sie auf die (theoretischen) Vermögen der Faktenregistrierung und der logischen Ableitung reduzieren. Sicherlich geht die Aufnahme von Informationen und die Beachtung logischer Zusammenhänge in meine Überlegungen ein; aber als absichtsgeleitet und absichtshervorbringend haben sie ein irreduzibel praktisches Moment. Ebenso werden die zu Absichten gehörenden Konsistenzerwägungen von vornherein mit Blick auf die Realisierung von Zwecken angestellt, so daß auch sie über ihren theoretischen Anteil hinaus einen genuin praktischen Zug haben. Die Überlegungen, die von Absichten ausgehen, sind praktischer Natur, weil sie von der jeweils leitenden Absicht nicht nur initiiert, sondern sozusagen von Anfang bis Ende dirigiert werden. Unsere Absichten dirigieren durch unsere praktischen Überlegungen hindurch unser Handeln – und überlegungsgesteuert zu handeln heißt genau dies.

2.5.3 Absichten und hypothetische Imperative

Wir können dieses andere und, wie ich meine, unverzerrte Bild überlegungsgesteuerten Handelns noch etwas stärker konturieren, wenn wir uns, wie angekündigt, in seinem Rahmen noch einmal der Problematik hypothetischer Imperative zuwenden. Unter Voraussetzungen, wie wir sie weiter oben in unserem ›einfachen Fall‹ formuliert haben, sagen hypothetische Imperative, daß das Mittel ergreifen *soll*, wer den Zweck will, und die Frage ist, woher dieses Sollen kommt. Die einfachste Antwort darauf ist, daß das Sollen des Mittels dem Wollen des Zwecks entspringt. So zu antworten hat jedoch erst Sinn, wenn wir das

Zweckwollen nicht mehr als ein neigungsförmiges, passivisches Wünschen, sondern als eine aktivische Absicht betrachten. Daß ich den Zweck will, heißt, daß ich mich dazu entschieden habe, das in ihm manifestierte Ziel zu verfolgen. Wir können diese Entscheidung als eine Art Selbstaufforderung begreifen. Ihr Gehalt ergibt sich aus unseren Erläuterungen zur handlungsbestimmenden Funktion von Absichten: Wir verpflichten uns in ihr, unsere Absicht zum Ausgangspunkt praktischer Überlegungen zu machen, entsprechende Folgeabsichten auszubilden und die Ausbildung anderer Absichten im Hinblick auf die gefaßte Absicht nach Konsistenzgesichtspunkten einzuschränken. Zugleich verpflichten wir uns dazu, die Folgeabsichten auch auszuführen, auf die uns unsere praktischen Überlegungen führen – und das heißt eben, die geeigneten Mittel einzusetzen. Wir können so sagen, daß Absichten unsere Überlegungen und darüber vermittelt unser Handeln auf dem Weg der Selbstaufforderung dirigieren. Der Ursprung der Normativität hypothetischer Imperative ist diese Selbstaufforderung.[42] Wie gegen alle Aufforderungen können wir allerdings auch gegen die in Absichten liegende Selbstaufforderung verstoßen. Im wesentlichen kann dies auf zweierlei Weise geschehen: Zum einen können wir den Schritt vom Fassen einer Folgeabsicht – dem Wollen des Mittels – zur Handlungsausführung unterlassen. Geschieht dies aufgrund einer interferierenden Neigung, können wir von Willensschwäche sprechen.[43] Zum anderen ist es aber auch nicht ausgeschlossen, daß ich, ungeachtet meiner auf einen bestimmten Sachverhalt gerichteten Absicht, nicht zur Ausbildung der zu ihrer Durchführung notwendigen Folgeabsichten fortschreite. Selbst wenn wir mit »Wollen« »Beabsichtigen« meinen, also ein aktives Wünschen, ist es m.E. keine begriffliche Wahrheit, daß, wer den Zweck will, auch die Mittel will.[44] Wenn wir an unser Zahn-

42 So auch, im Anschluß an Kant, Korsgaard 1997, S. 245.

43 Im Rahmen einer genaueren Analyse wären verschiedene Fälle zu differenzieren, vor allem der Fall, wo wir von einer Neigung ›fortgerissen‹ werden wie in typischen Affekthandlungen, und der (interessantere und wohl auch häufigere) Fall, wo wir trotz gegenteiliger Absicht der Neigung ›nachgeben‹, was eine Form von Einwilligung ist.

44 Anderer Ansicht scheinen J. Cohen 1992, S. 47 und Seebaß 1993, S. 236 zu sein. Bei Kant, *a.a.O.*, S. 417 heißt es: »Wie ein Imperativ der Geschicklich-

arztbeispiel zurückdenken, so kann ich die Absicht haben, die Ursachen für meine Zahnschmerzen zu beseitigen, und dennoch nicht beabsichtigen, zum Zahnarzt zu gehen. In diesem Fall, in dem ich es versäume, die Folgerungen aus einer selbst gesetzten Norm nicht nur theoretisch, sondern auch praktisch zu ziehen, verhalte ich mich strikt irrational.

2.6 Zurückweisung des Instrumentalismus

2.6.1 Absichten als Ausgangs- und Endpunkt von praktischen Überlegungen

Wohin haben uns diese Überlegungen geführt? Wir haben gesehen, daß uns die instrumentalistische Sicht praktischen Überlegens ein unzureichendes Bild davon vermittelt, wie wir unser Handeln durch Überlegungen steuern, wenn sie Zwecke auf neigungsförmige Wünsche zurückführt und praktisches Überlegen als seiner Natur nach theoretisches deutet. Eine Folge davon war, daß hypothetische Imperative rätselhaft werden. Wir haben dieses Bild dann korrigiert, indem wir Zwecke als Korrelate von Absichten und praktisches Überlegen als genuin praktisches begriffen haben. Dadurch ist uns die Struktur hypothetischer Imperative durchsichtig geworden. All dies würde uns aber nur zu einer anderen, plausibleren Form des Instrumentalismus und nicht über ihn hinaus führen, wenn wir es nicht auch zur Grundlage der Explikation unserer zweiten Teilantwort auf die Frage nach den Mängeln der instrumentalistischen Sicht machen könnten. Was haben wir also mit Blick auf die Behauptung gewonnen, ein genuin praktischer Begriff

keit [= hypothetischer Imperativ] möglich sei, bedarf wohl keiner besonderen Erörterung. Wer den Zweck will, will (*sofern die Vernunft auf seine Handlungen entscheidenden Einfluß hat*) auch das dazu unentbehrlich notwendige Mittel, das in seiner Gewalt ist. Dieser Satz ist, was das Wollen betrifft, analytisch; denn in dem Wollen eines Objekts als meiner Wirkung wird schon meine Kausalität als handelnde Ursache, d.i. der Gebrauch der Mittel, gedacht ...« Die Frage ist jedoch, welcher Satz hier analytisch sein soll: der von mir unterstrichene Satz oder dieser Satz mit Einschluß des von mir kursiv gesetzten Klammerausdrucks? M.E. ist ersteres falsch, letzteres richtig.

von Überlegen unterminiere die instrumentalistische Zentralthese, praktisches Überlegen betreffe nur die Mittel zu Zwecken und nicht die Zwecke selbst? Aus dem bisher Gesagten ergibt sich nahtlos, daß diese These falsch ist, wenn unter »Zwecke« auch untergeordnete Zwecke verstanden werden sollen, denn im Kinobeispiel etwa generiert meine praktische Überlegung mit der subordinierten Absicht, früher zu Abend zu essen, ja zugleich einen eigenen Zweck, eben den, früher zu Abend zu essen. Doch untergeordnete Zwecke sind in gewisser Hinsicht nichts anderes als Mittel zu weiteren Zwecken, so daß dieser Gedanke den Instrumentalismus nicht ernsthaft anficht. Die Frage ist, ob auch *End*zwecke, Zwecke, die wir um ihrer selbst willen anstreben, aus Überlegungen entspringen können. Die Antwort darauf scheint mir ein klares Ja zu sein, wenn wir Zwecke als Korrelate von Absichten auffassen. Denn es gibt nicht nur einen Überlegungsgang, der von einer einmal gefaßten Absicht *ausgeht*, sondern auch einen, der zur Fassung der Absicht *hinführt*. Absichten gleich welcher Art – also auch solche, die Endzwecke konstituieren – sind anders als neigungsförmige Wünsche das Resultat unserer Entscheidungen und gerade dadurch für Überlegungen zugänglich. Die Möglichkeit eines überlegenden Zugriffs noch auf unsere Endzwecke ergibt sich somit aus genau der Unterscheidung, die uns überhaupt erst den Weg zu einem genuin praktischen Begriff des Überlegens gebahnt hat.

Im Grunde genommen hatte ich auf diese Einsicht schon ganz zu Anfang, in meinen Bemerkungen zum generellen Zusammenhang von Handlungen und praktischen Überlegungen (*2.1.1*), und dann noch einmal bei der ersten Kontrastierung von neigungsförmigen Wünschen und Absichten (*2.3.2*) vorgegriffen. Ich hatte dort darauf hingewiesen, daß sich Absichten Entscheidungen oder Wahlakten verdanken und dies einen Spielraum von Möglichkeiten voraussetzt, innerhalb dessen wir eine Entscheidung oder Wahl treffen. Im Fassen einer Absicht, so hatte ich gesagt, liegt ein positives Stellungnehmen zum Gegenstand der Absicht, das wir als eine zumindest rudimentäre oder minimale Form des Überlegens verstehen können. Genauer wäre es gewesen, zu sagen, daß das positive Stellungnehmen eine zumindest minimale Überlegung voraussetzt, soll es kein blindes sein. Aber in der Regel (wenn auch vielleicht nicht immer) sagen wir ja nicht einfach so »ja« zu etwas, sondern aus irgendeinem – und sei es noch so diffusen – Grund und vor dem Hintergrund anderer Dinge, zu denen wir »nein« sagen. Dabei ist auch das im positiven Stellungnehmen involvierte Überlegen ein praktisches Überlegen, weil das Stellungnehmen selbst ein praktisches, nämlich handlungsbezogenes ist (es ist allerdings in der Hinsicht ein theoretischeres, daß es weiter vom Handeln entfernt ist als das vom Zweck zu den Mitteln fortschreitende Überlegen). Von dieser Erläuterung des Zusammenhangs von Handlungen und praktischen Überlegungen gelangen wir direkt zu unserer zweiten Teilantwort auf die Frage nach den Defiziten des Instrumentalismus, sofern wir sie nur ausdrücklich auch auf endzweckkonstituierende Absichten beziehen. Und tatsächlich gibt es nichts, was einem solchen Bezug entgegenstünde. Zur Illustration können wir ein letztes Mal das Kinobeispiel bemühen.

2.6.2 Absichten- und zweckegenerierende praktische Überlegungen

Meine Absicht, heute abend ins Kino zu gehen, muß nicht weiteren, übergeordneten Absichten geschuldet sein. Ins Kino zu gehen kann für mich ein Endzweck sein, etwas, das ich um seiner selbst willen zu tun beabsichtige. Aber auch diese Absicht fällt nicht einfach vom Himmel. Ich finde sie auch nicht irgendwie in mir vor. Vielmehr gelange ich zu ihr auf dem Weg einer ausführlichen oder knappen, stark oder schwach reflektierten Abwägung verschiedener Möglichkeiten. Schließlich könnte ich meinen Abend auf viele verschiedene Weisen verbringen. Ich könnte, statt ins Kino zu gehen, z.B. ein Fest besuchen, endlich den Abwasch erledigen, die Steuererklärung ausfüllen, ein Buch lesen u.v.m. Keine dieser Optionen ist einer meiner Zwecke, bevor ich mich nicht für sie entschieden und eine entsprechende Absicht gefaßt habe. Je nachdem für welche Option ich mich entscheide, wird meine Entscheidung entweder einen Endzweck generieren (z.B. bei einer Entscheidung für den Festbesuch) oder einen untergeordneten Zweck (z.B. bei einer Entscheidung für das Ausfüllen der Steuererklärung). Welche Entscheidung ich letztlich treffe, hängt von den – wie immer deutlich oder undeutlich artikulierten – Gründen ab, die in meinen Augen für oder gegen die jeweiligen Handlungsoptionen sprechen. Auf diesem Weg kommt auch unsere alte Frage nach dem Guten wieder ins Spiel. Denn die am Ende getroffene Entscheidung zugunsten des Kinobesuchs ist meine Antwort auf die Frage, welche der möglichen Handlungsoptionen gut bzw. am besten ist. Natürlich kann es sein, daß mir viele der Möglichkeiten, meinen Abend zu verbringen, gleich gut erscheinen und keine am besten anmutet und ich so zu einer in diesem Punkt willkürlichen Entscheidung gezwungen bin; aber auch diese Entscheidung würde eine Wahl zwischen verschiedenen Handlungsoptionen sein, die ich aus dem Bereich theoretisch möglicher Handlungsoptionen als grundsätzlich gut ausgegrenzt haben muß. Auf diese Weise rücken auch Endzwecke in den Fokus der Frage nach dem Guten. Sie tun dies, wie gesagt, gerade weil sie etwas sind, für das wir uns entscheiden, das wir uns setzen. Und wenn das richtig ist – und damit schließt sich dieser Kreis unserer Überlegungen –, kann die in praktischen Überlegungen liegende Orientierung am Guten bzw. an Vorstellungen vom Guten nicht mit der Orientierung an unseren Zwecken identifiziert werden, jedenfalls nicht vollständig. Wenn wir uns fragen, was zu tun gut ist, fragen wir nicht allein nach den geeigneten Mitteln für unsere Zwecke; unser Fragen kann auch unsere Zwecke selbst betreffen und tut es in der Regel auch. Unser Leben wäre in vielerlei Hinsicht leichter, wenn wir uns lediglich zu fragen hätten, wie wir unsere Zwecke, das, was wir wollen, am besten umsetzen können. Da unsere Zwecke nicht von vornherein feststehen, treibt uns gerade um, was für Zwecke wir verfolgen und so wollen sollen.

2.6.3 Zwischenergebnis

Wir sind somit nicht sehr viel vorangekommen. Aber ein wenig weiter sind wir doch. Die Auseinandersetzung mit dem Instrumentalismus ist kein Umweg, der in einer Sackgasse endet. Ihr wichtigster Ertrag ist die Differenzierung zwischen »neigungsförmigen Wünschen« und »Absichten« als Wünsche passivischer resp. aktivischer Natur; sie wird unsere weitere Diskussion nicht unwesentlich strukturieren. Außerdem sollten wir nicht verkennen, daß der Instrumentalismus durchaus eine Teilantwort auf die Frage danach, was zu tun gut ist, liefert: Die

Suche nach geeigneten Mitteln für die Verwirklichung unserer Zwecke ist ein wichtiger und unverzichtbarer Bestandteil unserer praktischen Orientierung in der Welt. An Zwecken bemißt sich das Gutsein – wenn auch eben das *zweckrelative* Gutsein – von Mitteln, und vor allem gilt, daß Zwecke als Korrelate von Absichten, die ein spezifischer Selbstaufforderungscharakter kennzeichnet, Ursprung eines Sollens sind, des Sollens hypothetischer Imperative. Wenn wir den Instrumentalismus aus den Fesseln einer zu engen Humeschen Deutung befreien, liefert er uns ein fruchtbares Modell praktischen Überlegens als eines gedanklichen Fortschreitens von Absichten zu Folgeabsichten und der Abstimmung und Restriktion neuer Absichten im Licht bereits gefaßter. Gewiß ändert das nichts daran, daß der Instrumentalismus nur einen, obzwar wichtigen Teilaspekt unserer Orientierung am Guten heraushebt. Nur markiert genau diese Einsicht ebenfalls einen Schritt vorwärts. Die Kritik an der Begrenztheit des Instrumentalismus gibt uns nämlich einen Faden an die Hand, an dem entlang wir unsere Überlegungen weiterentwickeln können. Bevor wir uns auf den Instrumentalismus eingelassen hatten, standen wir vor der Frage, was es überhaupt heißen soll, sich im Handeln am Guten bzw. an Vorstellungen vom Guten zu orientieren, da eine direkte Überprüfung unseres Tuns am »Guten« ja nicht möglich ist. Jetzt können wir diese Frage zu der Frage konkretisieren, wie wir überlegungsgeleitet zu unseren Zwecken, insbesondere zu unseren Endzwecken, kommen. Natürlich besagt auch das nicht viel, solange wir nicht wissen, worauf wir in Überlegungen zur Setzung von Zwecken rekurrieren können. Aber auch zur Lösung dieses Problems stellt uns unsere Auseinandersetzung mit dem Instrumentalismus einen Ansatzpunkt bereit. Denn was liegt näher, als die Ausbildung unserer Zwecke und Absichten von unseren Neigungen, den uns in der einen oder anderen Weise gegebenen Wünschen, abhängig zu machen? Woraus sollen wir sonst unsere Zwecke schöpfen, da wir sie ja nicht aus dem Nichts schöpfen? Unsere neigungsförmigen Wünsche sind, so scheint es, der beste Kandidat für jene Handlungsgründe, aus deren Abwägung unsere Entscheidungen und Absichten hervorgehen.

3. Wünsche und Gründe

Daß wir zweckeverfolgende und planende Wesen sind, gehört zentral zu unserem Selbstverständnis als Personen. Mit der Setzung von Zwecken und dem Entwickeln von Plänen greifen wir aktiv in die Zukunft aus. Zwecke und Pläne stellen Entwürfe für Handlungsbahnen dar, durch die wir unsere jeweilige, momentane Gegenwart überschreiten und unserem Leben über eine mehr oder minder lange Zeit hinweg eine eigene praktische Einheit verleihen. Sie erfüllen diese einheitgebende Funktion unter anderem auch dadurch, daß sie Gesichtspunkte für die Beurteilung unserer neigungsförmigen Wünsche abgeben. Im Licht einmal gesetzter Zwecke und entworfener Pläne können wir Neigungen, auf deren Kommen und Gehen wir keinen direkten und instantanen Einfluß haben, auf ihre Zweckförderlichkeit hin überprüfen. Nicht immer bestimmt dies unser Handeln in der erwarteten Weise. Unsere Neigungen können sich als stärker erweisen denn unsere Zwecke und Pläne. Aber häufig gelingt es uns doch, dem motivationalen Druck zweckwidriger Neigungen zu widerstehen; wir können verhindern, daß sie handlungs*wirksam* werden, obwohl sie handlungs*bezogen* bleiben mögen. Möglich ist dies, weil unsere Zwecke und Pläne nicht selbst unmittelbar unseren neigungsförmigen Wünschen entspringen, sondern sich unseren entscheidungsabhängigen Absichten verdanken bzw. selbst Absichten »writ large« (Bratman) sind. Im Ausgang von unseren Zwecken und Plänen können wir darüber hinaus indirekt und sukzessive sogar in die Formierung unserer neigungsförmigen Wünsche eingreifen. Manchmal verlieren die Neigungen, die unseren Zwecken und Plänen entgegenstehen, ja schon durch den einigermaßen stetigen Erfolg in der Umsetzung unserer Zwecke und Pläne an Gewicht oder lösen sich gänzlich auf. In anderen Fällen müssen wir zu Mitteln wie dem der indirekten Kausalsteuerung greifen. Ich werde auf die konstruktive Rolle, die Zwecke und Pläne nicht nur in einzelnen Handlungen, sondern in unserem Leben überhaupt spielen, später, insbesondere im siebenten Kapitel, noch einmal zu sprechen kommen. Jetzt jedoch müssen wir die Blickrichtung umkehren.

Zunächst müssen wir noch einmal etwas deutlicher machen,

was uns zwingt, in unseren praktischen Überlegungen hinter unsere Zwecke zurückzugehen (*3.1*). Um diesem Rückgang Konturen geben zu können, müssen wir uns dann fragen, was es ist, worauf wir unsere Zwecke basieren können. Eine Antwort darauf lautet: auf Gründe (*3.2*). Diese Antwort ist jedoch eine eher formale Antwort. Sie auszufüllen bedeutet, nach Instanzen für Gründe zu suchen. Am Ende des letzten Kapitels hatte sich angeboten, Wünsche bzw. neigungsförmige Wünsche als Gründe für unsere Zwecke anzusehen. Dieser Sichtweise lassen sich eine ganze Reihe theoretischer Ansätze und sachlicher Erwägungen zuordnen (*3.3*). Ihre Prüfung wird uns zu weiteren Differenzierungen im Bereich des Wünschens nötigen (*3.4; 3.5*). Am Ende werden wir sehen, daß Wünsche normalerweise nur dann als Gründe für unsere Zwecke fungieren können, wenn sie einen evaluativen Gehalt haben, der nicht zum Kern des Wünschens selbst gehört (*3.6*).

3.1 Diesseits von Zwecken

Unsere Zwecke, Endzwecke eingeschlossen, fallen, so hatten wir im vorangegangenen Kapitel festgestellt, nicht vom Himmel. Da sie aus Absichten entspringen, in die ein aktives Entscheidungsmoment eingeht, finden wir sie auch nicht einfach in uns vor. Zuweilen setzen wir unsere Zwecke rein dezisionistisch. Aber in der Regel tun wir dies nur, weil wir meinen, daß für verschiedene Alternativen gleich viel spricht. Selbst in diesen Fällen greifen wir also hinter unsere Zwecke zurück. Natürlich können wir die Ausbildung von einzelnen Zwecken – auch von Endzwecken – von unseren anderen Zwecken abhängig machen. Vermutlich verfahren wir so mit zunehmender Lebensdauer, bedingt durch die Verfestigung unserer Zwecke, Pläne, Projekte usw., immer häufiger. Doch irgendwann sind wir gezwungen, nach Gesichtspunkten für unsere Entscheidungen Ausschau zu halten, die außerhalb des Gebiets unserer bereits gesetzten Zwecke liegen. Wir kommen nicht mit einem Satz feststehender Zwecke auf die Welt, und selbst wenn wir früher oder später über einen solchen Satz verfügen, können wir nicht allein mit ihm unser Handeln leiten und unser Leben führen. Als endliche Wesen mit begrenztem Wissen in einer veränderlichen Umwelt sind wir unweigerlich immer wieder neuen Situationen ausgesetzt, die Fragen aufwerfen, auf die unsere einmal gesetzten Zwecke keine Antworten zu geben vermögen. Außerdem betrifft die Notwendigkeit, hinter unsere Zwecke zurückzugreifen, nicht nur die *Ausbildung* von Zwecken. Vielmehr erstreckt sie sich auch auf ihre *Konkretisierung* sowie ihre *Gewichtung*.

Gerade viele unserer zentralen Zwecke sind eher unspezifischer Art. Sie lassen einen mehr oder minder weiten Spielraum für Ausfüllungen. Der Zweck oder die Absicht, einen Beruf zu ergreifen, sagt mir noch nicht, welchen ich wählen soll. Ich kann vorhaben zu studieren, ohne schon zu wissen, was. Ähnliches gilt für unsere – zumal längerfristigen – Pläne, die wir im Ausgang von Zwecksetzungen entwickeln. Unsere Pläne sind oft sehr grobmaschig.[1] Mein gegenwärtiger Plan, den nächsten Sommer in Schweden zu verbringen, läßt fast alle Schritte offen, die ich zu seiner Realisierung werde tun müssen. Ich lege nicht schon jetzt fest, wann genau ich nach Schweden aufbrechen und ob ich das Flugzeug oder Zug und Schiff nehmen werde. Wir konkretisieren unsere Pläne, indem wir mit der Zeit generellere Pläne durch speziellere ergänzen. Unsere Pläne tragen damit unserem begrenzten Wissen von der Zukunft und auch unserer begrenzten Überlegungszeit Rechnung. Ihre Grobmaschigkeit ist Bedingung für ihre Erfahrungsoffenheit. Nur so sind wir einigermaßen sicher, mit ihnen keinen Schiffbruch an einer sich beständig wandelnden Wirklichkeit zu erleiden. Die Frage ist jedoch, *wie* wir im Laufe der Zeit unsere Zwecke ausfüllen und unsere Pläne konkretisieren können. Dies *kann* eine Frage der Auswahl der geeigneten Mittel sein, und ob Mittel geeignet sind, *kann* einfach eine Frage der – vor allem kausalen – Beschaffenheit der Welt sein. Aber zum einen spielen oft schon bei der Auswahl der Mittel andere als reine Effizienzgesichtspunkte eine Rolle. Vielleicht ist es sowohl am schnellsten als auch am billigsten, mit dem Flugzeug nach Schweden zu kommen; aber dagegen mag meine Aversion gegen die sterile Atmosphäre von Flughäfen sprechen. Und zum anderen ist die Spezifikation allgemeiner Zwecke und Pläne zu konkreten nicht immer ein Problem der Auswahl geeigneter Mittel. Wenn ich die Absicht habe, ein Studium aufzunehmen,

1 Dazu Bratman 1987, 3. Kap.; ähnlich Rawls 1971, S. 410 f.

ohne schon zu wissen, welches, bin ich nicht auf der Suche nach geeigneten Mitteln für meinen Zweck. In gewisser Hinsicht ist mein Zweck noch gar kein Handlungszweck, dem ich Anweisungen zum Einsatz geeigneter Mittel entnehmen könnte. Meinem Zweck fehlt der Handlungszwecke definierende handlungs- und mittelselegierende Charakter.[2] In dieser Situation mag mir erneut die Vergegenwärtigung meiner übrigen Zwecke weiterhelfen. Doch meine Situation kann so beschaffen sein, daß mir keiner meiner anderen Zwecke Auskunft darüber zu geben vermag, wie ich von meinen ganz allgemeinen Zwecken zu einem konkreten Handlungszweck gelangen kann. In diesem Fall bin ich auf anderes als auf Zwecke und ein Wissen um Kausalzusammenhänge angewiesen.

Ebenso kann es einem bei der Gewichtung der eigenen Zwecke und Pläne ergehen. Manchmal genügt es, die verschiedenen Zwecke, die man verfolgt, in die richtige zeitliche Abfolge zu bringen; planen heißt nichts anderes. Doch wie wir bereits gesehen hatten, können unsere zweckesetzenden Absichten auch in dem Sinn konfligieren, daß sie sich weder simultan noch sukzessive gemeinsam realisieren lassen; wir können gezwungen sein, eine Absicht zugunsten einer anderen fahrenzulassen. Aber *wie* tun wir dies? Wir können feststellen, daß uns der Erfolg der einen Absicht »wichtiger« ist als der der anderen. Nur ist nicht recht klar, was das genau heißt. Es ist eine interessante Eigenschaft von Absichten, daß sie als solche nicht graduiert sind. Eine Absicht und einen Zweck habe ich, oder ich habe sie nicht; ich habe sie nicht mehr oder minder (allenfalls habe ich sie unter Vorbehalt). So scheinen wir auch zur Gewichtung unserer Zwecke auf anderes als auf unsere Zwecke selbst angewiesen zu sein.

2 Da die Reflexion auf generelle Zwecke wie den, überhaupt einen Beruf zu ergreifen, zur Ausbildung von handlungsleitenden Zwecken, Endzwecke eingeschlossen, führen kann, bezeichnet sie Schmidtz 1995, S. 60 ff. treffend als »maieutische Zwecke« (maieutic ends).

3.2 Gründe

Doch wonach halten wir Ausschau, wenn wir uns nach Gesichtspunkten umsehen, die uns bei der Ausbildung, Konkretisierung und Gewichtung unserer Zwecke leiten können? Eine Antwort ist, daß es uns dabei um mögliche *Gründe* geht, und zwar um Gründe für unsere Entscheidungen und die daraus hervorgehenden Absichten und Pläne. Vermittelt handelt es sich bei diesen Gründen auch um Handlungsgründe. Um der Klarheit willen sollten wir jedoch zwischen Entscheidungs- und Handlungsgründen differenzieren. Jene sind diesen vorgeordnet, denn Entscheidungsgründe begründen Entscheidungen und Absichten, während Entscheidungen und Absichten ihrerseits Handlungen begründen.

3.2.1 Gründe und Ursachen

Gründe gibt es nicht nur für Handlungen und Entscheidungen, sondern z.B. auch für Meinungen, also nicht nur im praktischen, sondern auch im theoretischen Bereich. Retrospektiv betrachtet sind Gründe gleich welcher Art Antworten auf die Warum-Frage. Bei Handlungen fragen wir, warum jemand sie getan hat, bei Entscheidungen, warum jemand sie getroffen hat, und bei Meinungen, warum jemand meint, daß etwas (nicht) der Fall ist. Und wir beantworten diese Fragen (so es eine Antwort gibt), indem wir diesen oder jenen Grund anführen.

Die Angabe des Grunds kann eine *explanatorische* Funktion haben. Der Grund erklärt dann, auf welchem Weg es zu der betreffenden Handlung, Entscheidung oder Meinung kam. Solche Erklärungen haben zumeist einen kausalen Charakter: Der angegebene Grund benennt eine Kausalursache. Einen Grund anzugeben kann jedoch auch einen *rationalisierenden* oder *legitimierenden* Sinn haben.[3] Der Grund rechtfertigt dann, warum es zu dem von ihm Begründeten kam. Er gibt an, was für

3 Die Rede von einem »rationalisierenden« Sinn von Gründen ist freizuhalten von psychoanalytischen Assoziationen, desgleichen die von einem »legitimierenden« Sinn von moralischen oder juridischen Assoziationen. Statt »rationalisierend« oder »legitimierend« könnte man z.B. auch »sinngebend« sagen (dazu weiter unten im Text).

die Handlung, Entscheidung oder Meinung sprach bzw. spricht.

Wir können die erste Art von Gründen »Ursachen« und meist auch »Motive« nennen und den Begriff »Grund« für die zweite Art von Gründen reservieren. Damit soll nicht ausgeschlossen werden, daß etwas zugleich Grund und Ursache bzw. Motiv ist. Ganz im Gegenteil. Indem Gründe im engeren Sinn eine rationalisierende oder legitimierende Rolle ausfüllen, haben sie eine *normative* Funktion. Die Normativität von Gründen setzt mindestens dreierlei voraus: erstens die Möglichkeit, ihnen im Handeln, Entscheiden oder Denken zu entsprechen, zweitens die Möglichkeit, ihnen nicht zu entsprechen, und drittens eine Art Aufforderung zur Entsprechung, die eine Brücke zwischen den ersten beiden Möglichkeiten schlägt.

Die erste Möglichkeit, für die der bekannte Slogan »Sollen impliziert Können« geprägt worden ist, wäre aber kaum verständlich zu machen, wenn Gründe nicht auch als Ursachen bzw. Motive fungieren und so Teil explanatorischer Erklärungen sein *könnten*. Wird gesagt, eine Person habe einen Grund für eine Handlung, eine Entscheidung oder eine Meinung, so muß es grundsätzlich einen Weg geben, auf dem die Person durch die Kenntnis des Grunds dazu bewegt werden könnte, die entsprechende Handlung auszuführen, Entscheidung zu treffen oder Meinung zu übernehmen.[4] Mit dem Hinweis auf Gründe versuchen wir, unsere eigenen Handlungen und Einstellungen sowie die anderer Personen zu steuern. Und diese steuernde Funktion könnten Gründe nicht übernehmen, würden sie (bzw. die Einsicht in ihr Gegebensein) sich nicht in Ursachen und Motive transformieren lassen.

Andererseits ist eine solche Transformation – und das ist die zweite Implikation der Normativität von Gründen – kein Automatismus. Es kann sein, daß wir gar nicht wissen, daß wir eigentlich Grund hätten, etwas Bestimmtes zu tun, zu entscheiden oder zu meinen; oder es kann sein, daß unser Wissen nichts an unserem Verhalten ändert. Unsere Gründe und unsere Mo-

4 Bei Williams 1980 [1981] findet sich ein ähnlicher Gedanke. Seite 102 heißt es bezogen auf Handlungsgründe: »If there are reasons for action, it must be that people sometimes act for those reasons, and if they do, their reasons must figure in some correct explanation of their action.«

tive können auseinanderklaffen. Häufig haben wir es dann mit irgendeiner Form von Irrationalität zu tun.

Ebendeswegen haben Gründe – die dritte Implikation ihrer Normativität – eine Art Aufforderungscharakter. Meinen wir, für eine Handlung, Entscheidung oder Meinung einen Grund zu haben, so geht davon eine Aufforderung aus, ihm durch eine entsprechende Handlung, Entscheidung oder Meinung Rechnung zu tragen (sofern die Handlung nicht schon ausgeführt, die Entscheidung nicht schon getroffen und die Meinung nicht schon gefaßt oder übernommen worden ist). Dabei ist jedoch zu beachten, daß die Aufforderung, die von einem Grund ausgeht, in der Regel keine sozusagen nackte Aufforderung ist. Zwar kann ich eine Handlung ausführen und auch eine Entscheidung treffen, weil eine andere Person mir dies (ohne weitere Begründung) befiehlt. Aber einen rationalisierenden oder legitimierenden Grund kann ein solcher Befehl erst dann für mich darstellen, wenn ich meine, daß es in irgendeiner Hinsicht (z.B. zwecks Sanktionsvermeidung) gut ist, Befehlen zu gehorchen. Die Normativität eines Grunds muß insofern eine irgendwie fundierte sein. Das, was ein Grund begründet, muß, wie ich zu sagen vorschlagen möchte, im Licht des Grunds einen »*Sinn*« ergeben.[5]

Gründe und Ursachen bzw. Motive hängen also durchaus miteinander zusammen. Aber selbst dort, wo Gründe zugleich Ursachen bzw. Motive sind, müssen beide begrifflich auseinandergehalten werden. Denn sowohl in praktischen wie in theoretischen Überlegungen geht es uns primär um Gründe im engeren Sinn, mithin nicht primär um Ursachen oder Motive. Das ist gerade bei der überlegenden Begründung von Entscheidungen und Absichten offensichtlich, zumal dann, wenn wir eine Entscheidung noch nicht getroffen haben, wir auf sie also voraus- und nicht zurückblicken. Frage ich mich, wie ich jetzt entscheiden soll, frage ich nicht, was mich kausal dazu bewegen oder motivieren wird, mich so oder so zu entscheiden, sondern ich frage, was für diese oder jene Entscheidung sprechen, ihr einen Sinn geben könnte. Aber auch im Rückblick bleibt das rationalisierende oder legitimierende Interesse erhalten: Wenn mir Zweifel an meiner Entscheidung kommen, frage ich nicht,

5 Vgl. Velleman 1989, S. 264 ff.

was sie verursacht oder mich zu ihr motiviert hat, sondern ob wirklich etwas dafür sprach, sie zu treffen.

3.2.2 Subjektive und objektive Gründe

Eine weitere Differenzierung im Hinblick auf die Gründe, die wir für unsere Entscheidungen, Absichten und Zwecke suchen, verdient berührt zu werden. Die Bestimmung von Gründen als normative und sinngebende Antworten auf die in rationalisierender oder legitimierender Absicht gestellte Warum-Frage läßt nämlich offen, aus welcher Perspektive sich etwas als Grund ausnimmt.

Ich bin bisher stillschweigend davon ausgegangen, daß sich eine Person für sich selbst die Warum-Frage stellt und nach eigenen Antworten auf sie sucht. Natürlich kann die Person eine Antwort auch auf eine von einer anderen Person an sie gerichtete Warum-Frage geben. Aber solange sie es ist, die die Antwort gibt, ist der Grund, der in ihr namhaft gemacht wird, ein, wie ich sagen möchte, »*subjektiver*« Grund. *Ich* habe einen Grund dafür, dies oder jenes zu tun, mich so oder so zu entscheiden, dies oder jenes zu glauben. Im Licht *meiner* Gründe erscheint *mir* meine Handlung, Absicht oder Meinung gerechtfertigt. Gilt von Gründen generell, daß sie eine bestimmte Form von Aufforderungen darstellen, so gilt von subjektiven Gründen, daß sie *interne* Aufforderungen sind. Indem ich subjektiv etwas für einen Grund halte, fühle ich mich intern dazu aufgefordert, ihm durch eine Handlung, Entscheidung oder Meinung (bzw. deren Revision) zu entsprechen. Es liegt nahe, dies so zu verstehen, daß die in subjektiven Gründen liegende Aufforderung nicht nur an die Person, die sie für sich selbst gegeben sieht, adressiert ist, sondern auch von ihr ausgeht. Das entspräche der Beschreibung von Absichten als »Selbstaufforderungen«, wie ich sie im vorigen Kapitel im Rahmen der Rekonstruktion hypothetischer Imperative gegeben hatte (*2.5.3*). Wir sollten uns jedoch nicht zu verfrühten Schlüssen verleiten lassen. Für den Augenblick genügt ein eher intuitives Verständnis von »internen« Aufforderungen im Unterschied zu Aufforderungen, die von anderen Personen an uns gerichtet werden. Dabei können wir nicht einmal ohne weiteres voraussetzen, daß wir uns durch subjektive Gründe motiviert fühlen, der in ihnen liegenden Aufforderung zu entsprechen, jedenfalls nicht in dem Sinn, daß wir dazu tendieren oder dazu disponiert sind. Vielleicht gibt es faktisch keine Person, die anerkennt, daß sie für etwas einen Grund hat, sich aber dennoch in keiner Weise motiviert fühlt, dem Grund zu genügen. Das liegt aber nur daran, daß Personen zumindest minimal rationale Wesen sind. Minimal rationale Wesen tendieren dazu, den Aufforderungen, die in den von ihnen anerkannten Gründen liegen, nachzukommen. Für sie haben subjektive Gründe einen motivierenden Zug. Insofern sind Gründe rationale Motive.

Eine andere Frage ist, wie stark der motivationale Zug von Gründen unter Voraussetzung wenigstens minimaler Rationalität ist. Daß subjektive Gründe qua interne Aufforderungen motivierend wirken, heißt nicht, daß sie *motivational durchschlagend* sein müssen. Denn zum einen heißt, Grund für etwas zu haben, zunächst nur, *einen* Grund für es zu haben; der Grund muß nicht *ausschlaggebend* sein, weil ihm andere entgegenstehen können. Und zum anderen muß selbst ein Grund, den wir für uns als ausschlaggebend betrachten, nicht motivational durchschlagend sein. Wäre er es automatisch, könnte es keine Willensschwäche und analoge Phänomene sei es praktischer, sei es theoretischer Irrationalität geben, die nicht schon durch die Voraussetzung minimaler Rationalität ausgeschlossen sind. Nicht nur unsere Gründe und unsere Motive, sondern gerade auch ihr Gewicht können auseinanderfallen. Gründe verlieren auch als subjektive und interne nicht ihre Normativität.

Dagegen können subjektive Gründe *schlechte* Gründe sein. Etwas, das mich aus meiner Sicht als Grund dafür anmutet, dies oder jenes zu tun, mich so oder so zu entscheiden oder dies oder jenes zu meinen, kann sich aus einer objektiveren Perspektive als fragwürdig erweisen. Es kann sich herausstellen, daß mein Grund auf schwachen Füßen steht, daß er in Wahrheit nicht trägt. Ich glaube, daß die Kriminalitätsrate aufgrund der gewachsenen Arbeitslosigkeit gestiegen ist. Aber vielleicht gibt es gar keinen Zusammenhang zwischen Kriminalitäts- und Arbeitslosenrate. Wenn ich den Bus nehme, um rechtzeitig zur Arbeit zu kommen, so gehe ich davon aus, daß der Bus zur Arbeit fährt. Aber damit kann ich mich irren. Sollen wir dann im ersten, theoretischen Fall, sagen, ich hätte keinen Grund für meine Meinung zu den Ursachen der Kriminalität, und im zweiten, praktischen Fall, ich hätte keinen Grund, den Bus zu nehmen? Das ist eine erwägenswerte Möglichkeit. Falsche Meinungen und verfehlte Handlungen wären dann *eo ipso* grundlos. Nur könnten wir bei einer strikten Anwendung dieser Sicht nicht mehr, wie wir es doch tun, von »schlechten« Gründen reden. Ich ziehe es deswegen vor zu sagen, ich hätte in Fällen wie den geschilderten einen Grund für meine Meinung bzw. mein Tun, aber keinen guten oder objektiven.

Selbst *gute, objektive* Gründe müssen nicht *ausschlaggebende* Gründe sein, denn ein guter Grund wird nicht dadurch schlecht, daß er durch andere Gründe aufgewogen wird. Wann können wir aber überhaupt von einem Grund sagen, es sei ein guter oder objektiver Grund? Das hängt wesentlich davon ab, was jeweils begründet werden soll. Bei Meinungen können wir sagen, es gäbe dann einen guten Grund für sie, wenn sie wahr sind. Eine etwas schwächere Anforderung verlangt, daß es für das Wahrsein der Meinung zumindest gute Anhaltspunkte geben muß, auch wenn diese sich am Ende als unzureichend erweisen können. Bei mittelbezogenen Handlungen könnte man sagen, daß es für sie dann einen guten Grund gibt, wenn sich die Folgeabsichten, auf denen sie beruhen, richtigen Einschätzungen über bestimmte Zweck-Mittel-Verhältnisse verdanken oder zumindest Einschätzungen, für deren Richtigkeit es gute Anhaltspunkte gibt. Können wir jedoch auch noch die hinter ihnen stehenden Zwecksetzungen hinterfragen, so hängt die Begründetheit einer Handlung letztlich von der Begründetheit unserer Entscheidungen und Absichten ab, und um zu klären, was dies heißen könnte, haben wir bisher zu wenig Material beisammen. M.E. läßt sich nur eine sehr allgemeine und schwache *negative* Bestimmung von guten und objektiven Gründen geben, die ungeachtet der Vielzahl von Begründungsgegenständen plausibel erscheint: Gute und objektive Gründe sind danach subjektive Gründe, die keine Defizite aufweisen und sich deswegen nicht mehr kritisieren lassen. Subjektive Gründe haben sozusagen eine epistemologische Priorität gegenüber objektiven. Diese Auffassung läßt sich als Korollarium zu der Behauptung begreifen, Gründe müßten prinzipiell als Ursachen bzw. Motive und damit als Teil explanatorischer Erklärungen fungieren können. Objektive Gründe müssen sich prinzipiell in subjektive Gründe qua interne Aufforderungen übersetzen lassen; andernfalls bliebe die zu ihnen gehörende Normativität unverständlich.[6]

Wenn wir nach Gesichtspunkten für die Ausbildung, Konkretisierung und Gewichtung unserer Zwecke Ausschau halten, suchen wir natürlich nach guten und letztlich nach ausschlaggebenden Gründen. Aber wir tun dies unweigerlich von unserem eigenen, je subjektiven Standpunkt aus. Da es uns um eine Rekonstruktion praktischer Überlegungen am Leitfaden der praktischen Grundfrage zu tun ist und diese Überlegungen in der ersten Person Singular durchgeführt werden, können wir das Problem der Objektivität von Gründen sogar bis auf weiteres zurückstellen. Viel dringlicher ist zunächst eine andere Schwierigkeit. Der Vorschlag, bei der Ausbildung unserer Zwecke Gründe in Betracht zu ziehen, führt uns nämlich als solcher nicht viel weiter. Unsere erste Antwort auf die Frage, wonach wir bei der Ausbildung, Konkretisierung und Ge-

6 Trägt das zur Klärung des Disputs zwischen »internalistischen« und »externalistischen« Theorien zum Status von Gründen bei? In der gegenwärtigen metaethischen Diskussion werden die Begriffe »Internalismus« und »Externalismus« in einer verwirrenden Vielzahl von Bedeutungen verwendet; vgl. z.B. Smith 1994, S. 60 ff. und Audi 1997. Ich verstehe den Streit zwischen Internalisten und Externalisten als einen Streit um den Status von guten, objektiven Gründen insbesondere für Entscheidungen und Handlungen. Eine starke Variante des Internalismus behauptet, gute, objektive Gründe müßten Motive sein. Das ist aber klarerweise falsch: Ich kann einen Grund haben, mich für x zu entscheiden oder x zu tun, ohne auch nur um die Existenz dieses Grunds zu wissen. Z.B. kann ein bestimmter Zweck Z von mir ein Grund dafür sein, ein bestimmtes Mittel M zu ergreifen. Aber es kann sein, daß ich keine Kenntnis von M habe und so auch nicht motiviert bin, M zu wählen. Eine schwächere Variante des Internalismus fordert deswegen, daß ein Grund mich motivieren würde, wenn ich über alle relevanten Informationen verfügte; die Verbindung zwischen Grund und Motiv würde so auf dem Weg einer hypothetischen Überlegung hergestellt werden. Aber selbst im einfachen instrumentellen Fall von Z und M steht nicht *a priori* fest, daß ich nach Überlegung zur Ausführung von M motiviert wäre. Dazu müßte meine Überlegung eine zumindest minimal rationale Überlegung sein. So gelangt man zu einer dritten, noch schwächeren Variante des Internalismus: Danach muß ein Grund eine Person *via* eine zumindest minimal rationale Überlegung motivieren können. Dies entspricht meiner Position. Aber ist es angemessen, diese Position noch eine »internalistische« zu nennen? Ganz ähnliche Überlegungen stellt Hampton (1998, 2. Kap.) in ihrer Auseinandersetzung mit Williams 1980 an. Sie bezeichnet ihre Position als »externalistisch«.

wichtung unserer Zwecke Ausschau halten, ist zu abstrakt, um mehr als ein erster Schritt sein zu können. Um weiter zu kommen, müssen wir wissen, was die Rolle von Gründen für Zwecke, also von Entscheidungsgründen, übernehmen kann. Auf was für eine Art von Gründen rekurrieren wir bei der Fundierung unserer Zwecke? Die Antwort, die sich am Ende des letzten Kapitels nahezulegen schien, lautete: Wir rekurrieren auf neigungsförmige Wünsche. Was ist von dieser Antwort zu halten?

3.3 Neigungsförmige Wünsche als Gründe

»Neigungsförmige Wünsche« hatte ich als passivische Wünsche charakterisiert (*2.3.2*), wobei ich mir den in der Literatur verbreiteten (umgangssprachlich nur partiell gedeckten) Vorschlag zu eigen gemacht hatte, »Wünsche« sehr weit zu verstehen, so weit, daß alle Einstellungen darunter fallen, die einen (direkten) motivationalen Zug haben (ohne deswegen motivational *durchschlagend* oder handlungs*wirksam* sein zu müssen). Man kann zumindest einen Teil dieser motivationalen Einstellungen mit Hilfe der Metapher der Passensrichtung (direction of fit) von konstatierend-epistemischen Einstellungen wie Meinungen abheben; allerdings hatte ich offengelassen, wieweit sich diese Metapher in nicht-metaphorischer Weise explizieren läßt (*2.3.1*). Wir werden gleich sehen, daß wir uns damit nicht begnügen können. Für den Moment können wir es jedoch bei der groben Charakterisierung von neigungsförmigen Wünschen als passivisch motivationalen Einstellungen belassen und ganz allgemein fragen, ob neigungsförmige Wünsche als Entscheidungsgründe, Gründe für unsere Zwecke, fungieren können.

3.3.1 Theorien der Bestimmung von neigungsförmigen Wünschen als Gründen

Die Annahme, sie könnten es, ist sehr verbreitet. Im Prinzip läßt sie sich all den Theorien zuschreiben, die wir schon im Rahmen unserer Auseinandersetzung mit dem Instrumentalismus gestreift hatten. Nur unterscheiden die angesprochenen Theorien in der Regel nicht zwischen Neigungen und Absichten und infolgedessen auch nicht zwischen Gründen für Entscheidungen und Gründen für Handlungen.

So sind der Standardauffassung innerhalb der Analytischen Handlungstheorie zufolge Wünsche (in Verbindung mit Meinungen) sowohl Ursachen als auch Gründe für unsere Handlungen, wobei unter »Wünsche« (desires) wieder alle (direkt) motivationalen Einstellungen gefaßt werden.[7] Neigungsförmige Wünsche gehören zweifellos dazu, aber ohne eine Unterscheidung zwischen Neigungen und Absichten ist nicht klar, was sie (unmittelbar) begründen. Immerhin läßt sich sagen, daß die Standardauffassung innerhalb der Analytischen Handlungstheorie mit der Annahme gut vereinbar ist, neigungsförmige Wünsche seien Gründe für unsere Entscheidungen (und darüber vermittelt für unsere Handlungen). Und sofern dies der Fall ist, ist sie ein Beispiel für eine Theorie, die neigungsförmige Wünsche als Gründe für unsere Zwecke betrachtet.

Mit den gleichen Ambivalenzen gehören die verschiedenen Spielarten einer Wunschtheorie des Guten hierher.[8] Diesen Theorien läßt sich zugleich ein Vorschlag zur Unterscheidung zwischen schlechten und guten Gründen entnehmen. Die heute prominenten Wunschtheorien des Guten sind *qualifiziert* subjektivistische Werttheorien.[9] Sie machen einen Unterschied zwischen einerseits dem, was einer Person als gut erscheint – und ihr insofern, wie ich sagen möchte, überhaupt einen Grund, wenn auch gegebenenfalls einen schlechten, gibt –, und andererseits dem, was wirklich gut ist – und ihr insofern, wie ich sagen möchte, einen guten und objektiven (wenn auch nicht notwendig ausschlaggebenden) Grund liefert. Gut *erscheinen* soll einer Person etwas im Licht ihrer Wünsche. Aber etwas soll nicht schon dadurch gut *sein*, daß es überhaupt gewünscht

7 Stellvertretend sei auf Davidson 1963, Goldman 1970 und Beckermann 1977 als Formulierungen der Standardauffassung innerhalb der Analytischen Handlungstheorie verwiesen.

8 Als Vertreter einer solchen Theorie seien stellvertretend genannt: Gauthier 1986, Griffin 1986 und Stemmer 1998.

9 Es ist schwer, überhaupt Vertreter einer *unqualifiziert* subjektivistischen Werttheorie namhaft zu machen. Einige Formulierungen bei Hobbes (1991, S. 31) und bei Spinoza (*Ethica*, III, Prop. IX, Scholium) kommen einer solchen Theorie am nächsten.

wird, sondern erst dadurch, daß es auf die richtige Weise gewünscht wird. Ob ein Wünschen richtig ist wiederum, soll nicht – wie in objektivistischen Werttheorien – von seinem Was, sondern allein von seinem Wie abhängen. Meist wird gesagt, unsere Wünsche müßten wohl bedacht und gut informiert sein, um als Quellen des Guten fungieren zu können.[10] Gedacht wird dann an die Möglichkeit einer Kritik der epistemischen Voraussetzungen unseres Wünschens, die ganz analog zur epistemischen Zweckkritik zu verstehen ist, wie ich sie im vorigen Kapitel skizziert hatte (*2.2.2*). Sobald seine epistemischen Implikationen stimmen, soll jedes Wünschen grundsätzlich zur Konstitution von etwas Gutem führen.

Zu den Kriterien einer – dem Anspruch nach wert- und inhaltsneutralen – epistemischen Wunschkritik können im engeren Sinn formale Prüfkriterien hinzukommen. Solche Kriterien, die ebenfalls nicht die Inhalte unseres Wünschens als solche betreffen, sind beispielsweise die Kohärenzaxiome der Entscheidungstheorie.[11] Die Entscheidungstheorie läßt sich dann wohl auch am eindeutigsten als eine Theorie qualifizieren, die in neigungsförmigen Wünschen Entscheidungsgründe sieht. In dieser Weise interpretiert, ist sie eine Theorie darüber, wie wir auf dem Weg einer wahrscheinlichkeitsproportionalen Abwägung unserer neigungsförmigen Wünsche zu Entscheidungen und Absichten gelangen bzw. rationalerweise gelangen.[12] Sie würde uns so den Weg zu unseren Zwecken weisen, während für den Weg von den Zwecken zum Handeln Zweck-Mittel-Überlegungen eigener Art zuständig sein könnten.[13] Da sie eine Theorie der *rationalen* Wahl ist, könnte mit ihrer Hilfe

10 So z.B. Gauthier 1986, 2. Kap. und Stemmer 1998.

11 Die meisten dieser formalen Kriterien sind genaugenommen jedoch nur auf Präferenzen (oder Präferenzpaare), nicht auf einzelne Wünsche anwendbar.

12 Es werden unterschiedliche motivationale Einstellungen als Grunddaten der Entscheidungstheorie vorgeschlagen. Die Rede ist z.B. von »Wünschen« bzw. »Evaluationen« (Kusser 1989, S. 17 ff., S. 110), »Wunschdispositionen« (Spohn 1978), »Präferenzen« (Jeffrey 1983) und »Zielsetzungen« (J. Cohen 1992, S. 61). Diese Einstellungen können ihrerseits unterschiedlich interpretiert werden, wobei es im Fall von Präferenzen auch nicht-psychologische Deutungen gibt.

13 Es wäre eine Erwägung wert, ob sich auf diese Weise die Entscheidungstheorie nicht mit der aus der aristotelischen Tradition kommenden syllogistischen Deutung praktischen Überlegens (s.o. 2. Kap. Anm. 28) verbinden

ebenfalls zwischen schlechten und guten bzw. objektiven Gründen unterschieden werden.

3.3.2 Sachliche Gründe für die Bestimmung von neigungsförmigen Wünschen als Gründen

Abgesehen von seiner Verbreitung ist der Gedanke, neigungsförmige Wünsche als Begründungsinstanz für unsere Zwecke zu betrachten, auch sachlich attraktiv. Zum einen spricht für ihn eine sehr grundsätzliche Erwägung: Wenn sich unsere Zwecke dadurch Überlegungen öffnen, daß sie von uns gesetzt werden, dann dürfen die für ihre Ausbildung, Konkretisierung und Gewichtung relevanten Gründe in letzter Instanz nicht ihrerseits ausschließlich Produkte unserer Setzung sein, soll ein infiniter Regreß oder ein rein dezisionistischer Akt vermieden werden. Diese Bedingung erfüllen neigungsförmige Wünsche *per definitionem*. Zum zweiten gilt von neigungsförmigen Wünschen anders als von Absichten, daß sie in der Regel graduiert vorliegen: Wir fühlen uns zu etwas immer mehr oder minder hingezogen und können deswegen auf der Grundlage von neigungsförmigen Wünschen Präferenzen formulieren. Das scheint sie für die Gewichtung unserer Zwecke zu prädestinieren. Und zum dritten können wir auf neigungsförmige Wünsche als Antwort auf die Frage nach dem Warum unserer Entscheidungen und Absichten verweisen. Was etwa den Plan anbelangt, den nächsten Sommer in Schweden zu verbringen, so kann ich auf die Frage, warum es ausgerechnet Schweden sein soll, antworten, ich hätte eine Abneigung gegen allzu warme Länder und hätte mir schon immer gewünscht, einen komfortablen Urlaub an der Ostsee zu verbringen. Und wenn ich mich am Ende dafür entschieden habe, Zug und Schiff zu nehmen, um nach Schweden zu kommen, kann ich auf die Frage, warum ich statt dessen nicht das Flugzeug gewählt habe, antworten, ich hätte mir schon immer gewünscht, eine Schiffsreise auf der Ostsee zu unternehmen, oder auch: meine Abneigung gegen Flughäfen wäre zu stark gewesen. In beiden Fällen

ließe, statt beide gegeneinander auszuspielen (wie es z.B. Kusser 1989, S. 27-29 tut).

– sowohl bei der über- wie bei der untergeordneten Entscheidung – erscheint mir etwas im Licht meiner neigungsförmigen Wünsche als gut, und zwar nicht nur als instrumentell, sondern als intrinsisch gut. Meine Entscheidungen und – über sie vermittelt – meine Handlungen haben, so scheint es zumindest, vor dem Hintergrund meiner neigungsförmigen Wünsche einen Sinn.

Läßt sich so einiges für die Auffassung, neigungsförmige Wünsche seien Gründe für unsere Zwecke, ins Feld führen, so verlangt sie doch nach einer genaueren Prüfung. Gewiß sagen wir des öfteren, wir verfolgten diesen oder jenen Zweck, weil wir uns etwas Bestimmtes wünschten oder es unseren Neigungen entspräche. Aber die Frage ist, was wir damit genau meinen. Neigungsförmige Wünsche, so möchte ich zeigen, können zumindest nicht ohne weiteres als Gründe für unsere Zwecke fungieren. Sie müssen dazu vielmehr von einer bestimmten Art sein.

3.4 Rein motivationale Antriebe

So wie in weiten Teilen der Literatur von Neigungen bzw. Wünschen oder Begehrensformen (desires) gesprochen wird, fallen darunter auch Phänomene, die keine begründende Funktion übernehmen können. Werden »neigungsförmige Wünsche« so weit gefaßt, daß dazu alle (direkt) verhaltensbeeinflussenden Faktoren gehören, die uns insofern widerfahren, als wir uns nicht für sie entschieden haben, müßte uns bei einer umstandslosen Betrachtung von ihnen als Gründen alles, was auch nur irgendeine (direkt) motivationale Rolle in unserem Verhalten spielen kann, einen, sei es auch schwachen, Grund, sich in seinem Sinn zu entscheiden, liefern. Wie fragwürdig das ist, können wir uns an einem Beispiel klarmachen, das von David Copp stammt.[14]

14 Copp 1995, S. 169 ff.

3.4.1 Ein Gegenbeispiel

Stellen wir uns eine Person vor, die einen hohen Turm bestiegen hat, um von dort die Aussicht zu genießen. Auf der obersten Aussichtsplattform angelangt, verspürt sie plötzlich einen mächtigen Drang, sich in die Tiefe zu stürzen. Dieser Drang droht sie zu überwältigen, ganz und gar von ihr Besitz zu ergreifen. Er okkupiert sie so sehr, daß nichts anderes neben ihm Bestand zu haben scheint. Die Person denkt nur noch: Ich muß hinunterspringen. Ihr Drang, sich in die Tiefe zu stürzen, ist mit keinen anderen Vorstellungen verbunden. Sie sagt sich nicht, daß der Sprung in die Tiefe eine Befreiung bedeuten würde, einen Moment des Glücks, so kurz er auch währen und so fatal er auch enden mag. Es drückt sie keine Last, von der sie, für einen Augenblick nur, loskommen möchte; sie ist mit ihrem Leben zufrieden, war selten so sorglos wie an diesem Tag. Sie sucht nicht ein ungewöhnliches Abenteuer, nicht den Rausch des Fliegens, das aufregende Spiel mit dem Tod. Sie sieht sich einfach nur wie unwiderstehlich in die Tiefe gezogen. Gibt dieses Verlangen – für sich genommen – der Person einen Grund, sich in die Tiefe zu stürzen?

Ich halte es für evident, daß wir diese Frage verneinen müssen. Allemal hat die Person keinen *guten* Grund, ihrem Drang zu folgen. Im Gegenteil: Je stärker sich der Drang bemerkbar macht, je unaufhaltsamer er sich Bahn zu brechen droht, desto mehr spricht dafür, gegen ihn anzugehen. Doch warum ist das so? Hält man sich an die epistemischen Wunschqualifikationen, die von Wunschtheorien des Guten propagiert werden, so liegt die Vermutung nahe, daß ein Wunsch wie der, sich an einem Tag, an dem man zufrieden ist, von einem hohen Turm in die Tiefe zu stürzen, auf falschen epistemischen Annahmen beruht. Wir haben jedoch stipuliert, daß das die Person überkommende Verlangen nicht mit weiteren Vorstellungen verbunden sein soll. Sie glaubt nicht irrigerweise, daß sie den Sturz genießen wird, daß sie nur leichte Verletzungen davontragen wird u.ä.m. Aber vielleicht *fehlen* ihr entscheidende Informationen? Wüßte sie mehr, so würde das Verlangen verschwinden. Richard Brandt hat vorgeschlagen, Wünsche (desires) dann als rational auszuzeichnen – und statt »rational« können wir auch »gründeliefernd« sagen –, wenn sie Resultat einer »kognitiven

Psychotherapie« sind oder eine solche Therapie überstehen könnten.[15] Rational sollen die Wünsche sein, die einer »wertfreien Reflexion« standhalten, in der sich eine Person alle »relevanten« Fakteninformationen »wiederholt« und in »ideal-lebendiger Weise« »zum rechten Zeitpunkt« vor Augen führt.[16] Aber gleich wie wir Qualifikationen wie »relevant«, »wiederholt« oder »ideal-lebendig« verstehen wollen – nichts garantiert, daß ein Verlangen wie das, sich von einem hohen Turm in die Tiefe zu stürzen, eine »kognitive Psychotherapie« nicht überstehen kann. Einige motivationale Antriebe erweisen sich gerade dadurch als a- oder irrational und u.U. als pathologisch, daß sie gegenüber jeder Meinungsänderung immun sind; keine noch so eindringliche Vergegenwärtigung ihrer Genese, Gestalt und Folgen kann sie zum Verschwinden bringen.[17] Und selbst wenn sie es könnte, würde dies nicht viel besagen: Es wäre eine kontingente Folge unserer Psychologie, die uns für sich genommen nichts darüber sagen würde, was etwas zu einem Grund macht. Daß der mächtige Drang, sich in die Tiefe zu stürzen, der geschilderten Person keinen guten Grund liefert, ihm nachzugeben, kann also nicht an ihrer Uninformiertheit liegen.

Liegt es dann daran, daß die Realisierung des Drangs der Realisierung anderer Wünsche der Person entgegensteht? Schließlich kann der Sprung in die Tiefe tödlich enden und damit alles sonstige Wünschen hinfällig machen. Doch auch diese Strategie fruchtet nichts. Copps Beispiel ist so angelegt, daß die Person in dem Moment, in dem sie das Verlangen spürt, sich in die Tiefe zu stürzen, keine anderen Wünsche hat; das Verlangen kann sie so okkupieren, daß sie gleichsam eins mit ihm wird. Um ein Gegengewicht zu schaffen, müßten daher Wünsche in

15 Brandt 1979, bes. 6. Kap.

16 Brandt 1979, S. 113.

17 Gibbard 1990, S. 20 führt gegen Brandt das Beispiel einer Person an, die einen Händewaschzwang hat. An pathologischen und pathologieverdächtigen Neigungen scheitern auch Versionen einer Wunschtheorie des Guten, die mit der Figur des »idealen Beobachters« (bzw. »Beraters«) arbeiten. Solche Versionen finden sich z.B. bei Rawls 1971, S. 417 ff., Railton 1986 und Stemmer 1998; vgl. auch schon Sidgwick 1907 [1981], S. 111 f. Für weitere Einwände gegen Brandt und Ideale-Beobachter-Theorien vgl. Rosati 1995 (die allerdings fälschlicherweise auch Brandt in ihre Liste von Vertretern der Ideale-Beobachter-Theorie aufnimmt).

die Waagschale geworfen werden, die die Person früher hatte und später hätte, würde sie nicht springen. Grundsätzlich ist das ein gangbarer Weg, obwohl noch genauer gefragt werden müßte, was mit seiner Wahl unterstellt wird (z.B.: die Identität der Person über die Zeit und der Vorrang längerfristiger Neigungen vor augenblickshaften). Nur verfehlt ein solches Vorgehen unsere Fragestellung. Es geht ja nicht darum, ob die Person noch andere, ebenfalls gute, aber bessere Gründe hat, die gegen den Sprung in die Tiefe sprechen. Um einen guten Grund abzugeben, muß der mächtige Drang nicht zugleich einen *ausschlaggebenden*, entscheidenden Grund liefern. Das Problem ist, daß sich nicht sehen läßt, wie das *pure* Verlangen zu springen überhaupt je irgendeinen Entscheidungsgrund darstellen kann. Als solches ist das Verlangen einfach eine Einstellung der falschen Art, um als Grund für eine Entscheidung (und darüber vermittelt eine Handlung) fungieren zu können. Infolgedessen liefert es der Person unter den geschilderten Bedingungen nicht einmal einen *schlechten* Grund. Selbst wenn der Drang übermächtig werden und die Person am Ende springen sollte, wird auch sie selbst, so sie den Sprung überlebt, nicht sagen können, etwas hätte dafür gesprochen, zu springen, zu springen wäre ihr jedenfalls in bestimmten Hinsichten als gut erschienen. Auch in ihren Augen wird der mächtige Drang allenfalls in sekundärer Hinsicht einen Grund liefern, ihm zu folgen, nämlich den, die durch den Drang selbst erst entstandene physisch-psychische Spannung durch den Sprung aufzulösen und damit den Drang sozusagen durch seine Erfüllung zu vernichten. Selbst dann ist es jedoch nicht das Dranghafte des Drangs, das einen Grund liefert, sondern etwa die mit der Spannungsminderung verbundene Erleichterung. Sofern der Person ihr Drang überhaupt noch Raum zum Überlegen bietet, wird sie ihn als einen abstrusen motivationalen Schub empfinden, dem zu folgen keinerlei Sinn ergibt. Auf der Aussichtsplattform stehend, zwischen Sturz und Standhalten schwankend, wägt sie nicht zwischen verschiedenen Gründen ab. Der Drang scheidet als Grund aus; weder ist er ein ausschlaggebender noch ein guter, noch auch nur ein schlechter Grund.

An Copps Beispiel zeigt sich, daß neigungsförmige Wünsche zumindest *als rein motivationale Antriebe* keine Gründe für unsere Zwecke abgeben können. Es illustriert auf dramatische

Weise, daß unser Verhalten nicht durch jeden Faktor, der es (direkt) zu beeinflussen vermag, in der für Gründe relevanten Weise rationalisiert, legitimiert oder sinnhaft gemacht wird. Eine Einstellung fungiert nicht schon allein dadurch als Entscheidungs- und (darüber vermittelt) Handlungsgrund, daß sie von Haus aus darauf angelegt ist, ihre Befriedigung in der Welt zu suchen. Wird die Metapher der »Passensrichtung« in dieser Weise erläutert und der Begriff des Wünschens so weit gefaßt, daß auch ein plötzlich durchbrechender, purer Drang darunterfällt, dann ist auch die Auffassung zurückzuweisen, daß uns das Objekt unseres Wünschens notwendig als gut erscheint (bzw. bei negativen Wünschen als schlecht). Unter der Voraussetzung eines entsprechend weiten Wunschbegriffs lassen sich Wünsche nicht, wie häufig behauptet wird, so mit Meinungen parallelisieren, daß das Gute so als ihr formales Objekt angesehen wird wie die Wahrheit als formales Objekt von Meinungen. Das Wünschen zielt aufgrund seiner motivationalen Kraft und Passensrichtung auf Erfüllung in der Welt, so wie das Meinen aufgrund seiner Passensrichtung auf Übereinstimmung mit der Welt zielt. Aber während letzteres sich mit Hilfe des Begriffs der Wahrheit explizieren läßt, läßt sich ersteres ohne Zusätze nicht mit Hilfe des Begriffs des Guten explizieren.

3.4.2 Objektive Bedürfnisse als Gründe?

Was folgt daraus? Copp ist der Auffassung, Gründe für unser Tun seien unabhängig von unserer psychologischen Verfassung oder könnten es doch sein.[18] Daß der Drang, sich in die Tiefe zu stürzen, keinen Grund an die Hand gibt, ihm zu folgen, erklärt er daraus, daß ihm zu folgen gegen ein »basales Bedürfnis« (basic need) der betreffenden Person verstoßen und ihr einen irreparablen »Schaden« (harm) zufügen würde, wobei sowohl der Begriff des »basalen Bedürfnisses« als auch der des »Schadens« ohne Rekurs auf mentale Einstellungen der Person explizierbar sein sollen.[19] Ich halte diese Schlußfolgerung für voreilig, obwohl ich mit Copp glaube, daß Wunschtheorien des Guten verkürzt sind.

18 Copp 1995, S. 169, S. 172 u.ö.
19 Copp 1995, S. 172 ff.

Erstens erscheint es mir fragwürdig, daß sich der Bedürfnis- und Schadensbegriff sinnvoll und nicht-metaphorisch ohne Rekurs auf mentale Einstellungen erklären läßt. »Bedürfnisse« sind das, dessen Befriedigung wir *zu etwas* bedürfen oder *für etwas* brauchen, und was sollte dieses etwas sein, wenn nicht etwas, das für uns von bewußter Bedeutung ist? Wird dagegen doch von einem »objektiven« Bedürfnis- und Schadensbegriff ausgegangen, so ist zweitens gerade dann unklar, wieso Bedürfnisse Gründe für irgend etwas liefern sollen. Warum soll mich kümmern, was mir »objektiv« schadet, d.h. so schadet, daß ich nichts dabei empfinde, daß es nicht berührt, was ich will, was ich bezwecke, was mir wichtig ist usw. (jedenfalls nicht so, daß *darin* der Schaden oder ein Teil des Schadens liegt)? Können wir keinerlei Verbindung zwischen einem »objektiven« Bedürfnis einerseits und Neigungen, Gefühlen, Absichten u.ä. andererseits herstellen, ist auch kein Weg auszumachen, auf dem sich der vermeintlich objektive Grund in einen subjektiven Grund und ein Motiv transformieren ließe. Statt Copps Lösung zu akzeptieren, sollten wir uns deswegen besser nach Alternativen umsehen.

Dazu müssen wir zunächst noch einmal einen Schritt zurückgehen. Copp verfällt auf seine Lösung unter anderem, weil er glaubt, daß eine Wunschtheorie des Guten Neigungen wie den beschriebenen mächtigen Drang nur willkürlich als gründeliefernd ausscheiden kann.[20] Aber stimmt das? Als rein motivationale Antriebe liefern neigungsförmige Wünsche keine Gründe – daran ist festzuhalten. Vielleicht jedoch läßt sich ein Verständnis von »neigungsförmigen Wünschen« (oder einer Teilklasse davon) herausschälen, das erklärlich macht, daß sie als Gründe für Entscheidungen und Handlungen fungieren, ohne an Beispielen wie Copps Fall eines übermächtigen Verlangens zu scheitern.

20 Copp 1995, S. 172 mit Anm. 9.

3.5 Optativische Stellungnahmen und Einstellungen

3.5.1 Unzureichende Einschränkungen des Wunschbegriffs

Sollte man nicht überhaupt Phänomene wie das im Anschluß an Copp geschilderte als *pathologieverdächtige* Randphänomene ausscheiden? Die meisten der Beispiele, die gegen Theorien angeführt werden, die in neigungsförmigen Wünschen Gründe für Entscheidungen und Handlungen sehen oder das, was gut für eine Person ist, als Funktion ihrer Wünsche betrachten, wirken randständig und zurechtgemacht; sie fallen aus dem Bereich des als »normal« Anerkannten heraus.[21]

Daß Beispiele wie das von Copp vorgebrachte konstruiert anmuten, ist jedoch kein schlagender Einwand gegen sie. Ihre Realitätsferne beraubt sie nicht ihres heuristischen Werts. Am besten sind sie als Herausforderungen zu nehmen, die Implikationen freizulegen, die der Verweis auf neigungsförmige Wünsche enthält, die *prima facie* unproblematischerweise als Gründe für Entscheidungen und Handlungen zitiert werden können. Würde sich dabei z.B. ergeben, daß diese Wünsche starke kognitive Elemente enthalten (etwa in Form von Werturteilen), spräche dies entscheidend gegen das nonkognitivistische Selbstverständnis, das für Theorien wie die verschiedenen Varianten einer Wunschtheorie des Guten maßgeblich ist. Von daher brächte uns die undifferenzierte Ausscheidung von pathologieverdächtigen Strebungen aus dem Bereich der gründeliefernden Wünsche nicht wirklich weiter.

Ebensowenig hilfreich ist der Vorschlag, Beispiele wie Copps mächtigen, gar übermächtigen Drang, sich in die Tiefe zu stürzen, als *zwanghafte* Impulse zu begreifen und deswegen

21 Pathologisch ist der Händewaschzwang, den Gibbard gegen Brandt ins Feld führt (s.o. Anm. 17). Leicht abstrus wirkt auch das von Quinn 1993, S. 236 ff. gegen subjektivistische Rationalitätskonzepte geltend gemachte Beispiel eines Menschen, der dazu disponiert ist, ausgeschaltete Radios ohne weiteren Zweck anzustellen. Und auch einige der Beispiele, die Stocker 1979 bringt, um die Behauptung eines notwendigen Zusammenhangs zwischen Wünschen und dem für eine Person Guten in Frage zu stellen, sind wenig alltäglich.

zurückzuweisen. Zum einen nämlich fragt sich, ob ein Verhalten nicht gerade dadurch zu einem zwanghaften wird, daß es sich der Beeinflussung durch ein gründegeleitetes praktisches Überlegen entzieht. In diesem Fall könnten wir den Bereich möglicher Gründe nicht über eine Ausscheidung des Zwanghaften eingrenzen, sondern wären im Gegenteil schon auf ein Verständnis von Gründen angewiesen, um einen Bereich des Zwanghaften ausgrenzen zu können. Und zum anderen ist es nicht einmal ausgemacht, daß zwanghafte Strebungen in keinem Fall Entscheidungs- und Handlungsgründe abgeben können: Von einer Person, die sich zwanghaft etwas wünscht, kann sehr wohl gelten, daß zumindest sie selbst ihr Tun im Licht ihres Wünschens gerechtfertigt sieht und als gut und sinngebend betrachtet. Wenigstens ist das so lange der Fall, wie sie sich nicht auch selbst als zwanghaft einschätzt. Zwanghafte Wünsche könnten so zwar wahrscheinlich nicht als gute und objektive Gründe fungieren, aber als subjektive und schlechte. Wenn wir die Innenperspektive von Personen, die nach Gründen und Anhaltspunkten für ihre Zwecke suchen, ernst nehmen wollen, brauchen wir einen Begriff von Neigungen, Wünschen oder Begehrensformen, der nicht automatisch jede Form von Zwanghaftigkeit ausschließt und gleichwohl enger ist als ein Begriff, der alle motivationalen Einstellungen und Zustände umfaßt, die einen direkten Einfluß auf unser Verhalten haben können. Zu diesem Zweck könnte der Wunschbegriff hilfreich sein, den Gottfried Seebaß im Rahmen seines Bemühens entwickelt hat, die Metapher der Passensrichtung näher zu explizieren.

3.5.2 Wünsche als optativische Stellungnahmen und Einstellungen

Seebaß begreift Wünsche als optativische »Stellungnahmen« zur »Frage der Realität« von Sachverhalten.[22] In Wünschen würden wir den »Anspruch« erheben, daß etwas, ein Sachverhalt p, der Fall sein soll oder möge.[23] In ihnen liege eine »Aufforderung«, für die Realität von p »Sorge zu tragen«,[24] wo-

22 Seebaß 1993, S. 71.
23 Seebaß 1993, S. 86 f.
24 Seebaß 1993, S. 87 ff.

bei diese Aufforderung in der Regel eine Aufforderung an uns selbst sei, so daß wir zugleich Auffordernde und Aufgeforderte seien.[25] Die Aufforderung, für die Realität von p Sorge zu tragen, wiederum komme unter bestimmten Umständen einer Aufforderung zum Handeln gleich, so daß der Aufforderungsinhalt von Wünschen ihren intrinsischen (gegebenenfalls sehr indirekten) Handlungsbezug sicherstellen würde.[26] Daraus läßt sich der Vorschlag entnehmen, die für die Begründung unserer Zwecke relevanten Neigungen, Wünsche oder Begehrensformen als mentale Einstellungen zu qualifizieren, in denen der Einstellungsträger zu einem Sachverhalt in einer Weise positiv Stellung nimmt, die sein Gegebensein als seinsollend oder seinmögend markiert.

Ohne Abstriche können wir diesen Vorschlag allerdings nicht übernehmen. Das Problem ist nicht so sehr, daß wir den Begriff der Stellungnahme schon bei der Erläuterung dessen, was es heißt, eine Absicht zu haben, in Anspruch genommen haben. Schließlich haben wir das Phänomen der Absicht nicht über das Stellungnehmen *definiert*. Es gibt andere mentale Einstellungen, die sich ebenfalls sinnvoll und problemlos als Formen des Stellungnehmens begreifen lassen, beispielsweise das Akzeptieren von Normen und (bestimmte) Weisen des höherstufigen Wünschens (auf beides werden wir, wie angekündigt, noch zu sprechen kommen). Problematisch ist jedoch, daß die Rede vom »Stellungnehmen« sehr leicht Vorstellungen von Aktivität und Überlegung und Reflektiertheit aufruft; genau deswegen hatten wir sie mit dem Begriff der Absicht zusammengebracht. In Seebaß' Ausführungen schlagen diese Konnotationen – zumindest was das Moment der Aktivität anbelangt – besonders stark durch, so in der Rede davon, in Wünschen würden wir einen Anspruch »erheben« oder uns selbst zu etwas »auffordern«. Das macht es schwer, den Begriff der Stellungnahme mit unserer Beobachtung zu verbinden, daß ein Großteil unserer Wünsche uns eher widerfährt, als daß wir ihn hervorbrächten. Viele unserer Wünsche, so hatten wir gesagt, sind insofern passivischer Natur, als sie nicht das Resultat einer Entscheidung sind; sie sind von daher keine mentalen *Akte*,

25 Seebaß 1993, S. 90.
26 Zum Handlungsbezug von Wünschen und den Kautelen, die dabei zu beachten sind, vgl. Seebaß 1993, Kap. IV, 5.

nichts, das wir in einem signifikanten Sinn tätigen. Ich *erhebe* nicht den Anspruch, zu den Lottogewinnern zu gehören, wenn ich mir wünsche, im Lotto zu gewinnen. Nichts dergleichen tue ich auch, wenn ich mich nach jemandem sehne, wenn ich begierig bin, einen exotisch wirkenden Nachtisch zu probieren, wenn ich etwas erhoffe oder nach etwas schmachte.[27] Und mit keiner dieser Einstellungen *erlasse* ich eine – wie immer unreflektierte – Aufforderung an mich. Wünsche dieser Art unterliegen nicht unserer Willkür; aus diesem Grund hatte ich vorgeschlagen, sie unter einen eigenen Begriff, den der »neigungsförmigen Wünsche«, zu versammeln.

Trotzdem trifft die Charakterisierung auch von neigungsförmigen Wünschen als einer Form des »Stellungnehmens« etwas Richtiges. Wir stehen nicht beteiligungslos neben ihnen. Obwohl sie nicht von uns erzeugt werden, gehören sie doch in einer Weise »zu uns«, zu unserem Personsein, wie dies für den im Anschluß an Copp beschriebenen übermächtigen Drang nicht gilt. Selbst die Rede von einem »Anspruch« ist in bezug auf neigungsförmige Wünsche nicht ohne phänomenalen Anhalt. Nur ergeht ein solcher Anspruch eher an uns, als daß wir ihn kreieren würden, was aber wiederum nicht heißt, daß wir ihn als etwas uns Fremdes erfahren. Es zeigen sich hier die Grenzen einer zu starren Dichotomisierung unserer mentalen Zustände und Einstellungen, wie ich ihr selbst durch die Differenzierung von »Neigungen« und »Absichten« entlang der binären Aktiv-passiv-Unterscheidung Vorschub geleistet habe. Der Bereich des Mentalen zerfällt nicht in reine Widerfahrnisse und reine mentale Akte nach dem Vorbild von reflektierten Entscheidungen und Willensakten. Angemessener ist das Bild eines zwischen diesen beiden Polen aufgespannten Spektrums mit Aktiv-passiv-Mischformen oder Zwischenstufen. Man könnte von »Graden der personalen Beteiligung« sprechen. Bei vielen neigungsförmigen Wünschen liegt ein Grad der personalen Beteiligung vor, der sicherlich höher ist als bei einem bloßen Drang, aber niedriger als bei paradigmatischen Stellungnahmen wie Willensakten oder auch reflektierteren Wünschen, die zwar keine Entscheidungen und Absichten sind, sich aber dennoch unseren Überlegungen verdanken.

27 Alle diese Einstellungen möchte Seebaß unter seinen Wunschbegriff fassen; vgl. 1993, S. 72.

Der entscheidende Punkt ist, daß in neigungsförmigen Wünschen, die keine rein motivationalen Antriebe sind, überhaupt ein Sachverhalt als seinsollend oder seinmögend repräsentiert wird, unabhängig davon, ob sich diese Repräsentation sinnvoll als aktive Leistung eines Bewußtseinssubjekts begreifen läßt. Kann es irreführend sein, sie als »Stellungnahmen« zu bezeichnen, so haben sie doch ein quasi-stellungnehmendes Moment.[28] Bei rein motivationalen Antrieben kann es sich dagegen um im Prinzip bewußtseinsunabhängige Strebungen handeln, die nichts und damit *a fortiori* auch nichts als seinsollend oder seinmögend repräsentieren. Dränge und Impulse von der Art, wie sie in Copps Beispiel exemplarisch dargestellt werden, sind anders als übliche neigungsförmige Wünsche keine propositionalen optativischen Einstellungen. Die von Copp kritisierten Wunschtheorien des Guten könnten mithin versuchen, den Geltungsrahmen ihrer Theorie auf Wünsche zu beschränken, die propositionale optativische Einstellungen sind, ohne im engeren Sinn als Stellungnahmen aufgefaßt werden zu müssen.

Aber reicht das, um zu unserer eigentlichen Frage zurückzukehren, aus, um plausibel zu machen, daß und warum so bestimmte Neigungen und Wünsche Gründe – oder gar: die eigentlichen und basalen Gründe – für unsere Entscheidungen resp. Zwecke sind?

3.6 Wünsche und Wertungen

Auf den ersten Blick legt sich eine affirmative Antwort nahe. Werden Neigungen und Wünsche nicht mehr als bloße motivationale Antriebe bestimmt, sondern als propositionale, optativische Einstellungen oder sogar Stellungnahmen, in denen ein – vorzugsweise (noch) nicht bestehender – Sachverhalt als der Fall sein sollend oder sein mögend repräsentiert wird, lassen sie sich als eine Form interner Aufforderungen begreifen. Sie erfüllen damit ein zentrales Charakteristikum von subjektiven

28 Aus sprachlichen Gründen werde ich im weiteren häufig dennoch das »quasi« einklammern und auch dort schlicht von einem »Stellungnehmen« sprechen, wo keine besondere Aktivität oder Reflektiertheit im Spiel ist; mir ist kein passendes Ersatzwort für »Stellung nehmen« eingefallen, das unerwünschte Konnotationen vermeiden würde.

Gründen (*3.2.1*). Von ihnen geht, wie es scheint, zumindest aus der Sicht der betroffenen Person ein normativer Druck aus, wie schwach dieser auch immer sei. Sind objektive Gründe nicht weiter kritisierbare subjektive Gründe, könnte sich auch eine Möglichkeit eröffnen, (bestimmte) Neigungen und Wünsche als objektive Gründe zu erweisen. Sind Neigungen und Wünsche aber entweder subjektive oder (auch) objektive Gründe für etwas, dann sind sie es sicherlich für unsere Entscheidungen und Handlungen, denn das, wozu wir uns in ihnen aufgefordert sehen, ist normalerweise die handlungsmäßige Realisierung des erwünschten Sachverhalts.

3.6.1 Wünsche mit und ohne evaluativen Gehalt

M.E. ist zuzugestehen, daß Neigungen und Wünsche qua optativische Einstellungen und Stellungnahmen zumindest subjektive Entscheidungsgründe abgeben können. Zugleich meine ich jedoch, daß die Fälle, in denen sie es tun, seltene und eher prekäre Grenzfälle sind. Ich kann, zu einer Antwort gedrängt, der Frage, warum ich etwas Bestimmtes (aktivisch) will, mit dem Bescheid begegnen, daß ich es einfach (passivisch) wünsche bzw. dazu geneigt bin. Ich oder etwas in mir sagt: »Es sei der Fall!«, und diese Aufforderung mache ich mir in meinem Wollen, meiner zweckesetzenden Absicht zu eigen. Vielleicht werde ich noch hinzufügen, daß es zwar eine bloße Neigung ist, die mir meine Entscheidung und mein Tun sinnhaft erscheinen läßt, diese Neigung aber schließlich *meine* Neigung ist. Sieht man über die – obzwar wichtige – Aktiv-passiv-Differenz hinweg, entspricht diese Art der Begründung des eigenen Entscheidens dem existentialistischen Verständnis von uns selbst, dem zufolge wir uns unsere Ziele in einem Akt nicht weiter fundierter und insofern ›absurder‹ Freiheit setzen.[29] Wir statuieren einfach, daß etwas der Fall sein soll, und weil wir es selbst sind, die dies tun, reicht diese Aufforderung, um unserem *an sich* bodenlosen Entscheiden und Handeln ein *für uns* tragfähiges Fundament zu verleihen. Das »Ich will es!« bzw. im gegenwärtigen Zusammenhang das »Ich wünsche es!« ist dann ein

29 Vgl. Sartre 1943 [1993], S. 829 zur Absurdität und Grundlosigkeit von existentiellen Wahlakten.

Letztes; es ist der Punkt, an dem alle weiteren in rationalisierender oder legitimierender Absicht gestellten Warum-Fragen abprallen. Daß es sich in bestimmten Fällen so verhält, halte ich, wie gesagt, für denkbar. Doch fast immer ist es nicht so.

Zwar ist es durchaus üblich, auf die für Gründe relevante Frage nach dem Warum unserer Absichten und Zwecke auf Neigungen und Wünsche zu verweisen (*3.3.2*). Aber in der Regel verweisen wir dabei nicht auf Neigungen und Wünsche nur qua optativische Einstellungen und Stellungnahmen. Auf die Frage, warum ich eigentlich nach Schweden zu fahren beabsichtige, sage ich normalerweise nicht nur, dies entspreche halt meiner Neigung, ich wünsche es einfach. Mein Wünschen ist normalerweise nicht in dieser Weise unartikuliert, zumal dann, wenn es nicht eine reine Neigung, sondern ein reflektierteres Wünschen ist. Vielmehr verweise ich in aller Regel darüber hinaus auf bestimmte Züge des Gegenstands meiner Neigung oder meines Wunsches wie etwa auf das in Schweden vorherrschende Klima, den Komfort schwedischer Hotels oder die Unberührtheit der Natur im nördlichen Schweden. Es sind diese Züge, die in meinen Augen für meine Entscheidung, meinen Urlaub in Schweden zu verbringen, sprechen, die sie mir gut und sinnvoll erscheinen lassen. Sie geben meinen Neigungen und Wünschen einen, wie ich sagen möchte, *evaluativen Gehalt*. Daß es einen solchen Gehalt gibt, unterstellen wir gemeinhin bei der Zuschreibung von Neigungen und Wünschen. Ist er (oder zumindest irgendein Äquivalent für ihn) absolut nicht auszumachen, zweifeln wir, ob überhaupt eine Neigung oder ein Wunsch gegeben ist. Eine Person kann, um ein bekanntes Beispiel von G.E.M. Anscombe aufzugreifen, *sagen*, sie wünsche sich »eine Schüssel voll Schlamm«;[30] aber wenn sie auf die Frage, warum sie dies wünsche, »einfach nur so« antwortet (und sie damit nicht lästige Einmischungen in ihre privaten Angelegenheiten abwehren will), haben wir den Verdacht, daß sie »schieren Unsinn« (Anscombe) redet. Natürlich gibt es alle möglichen bizarren Neigungen und Wünsche, und manchmal wissen wir einfach nicht recht, warum wir uns etwas wünschen. Aber es gibt eben auch sehr bizarre Weisen, an etwas etwas Gutes zu sehen, und wo wir nicht wissen, warum wir

30 Anscombe 1957, § 37.

etwas wünschen, können wir Anstrengungen unternehmen, herauszufinden, was hinter unseren Neigungen und Wünschen steht und ihnen einen Sinn zu geben vermag. Der evaluative Gehalt einer Neigung oder eines Wunsches muß nicht offen zu Tage liegen; er kann auch unbewußt sein. Noch bei pathologischen Ticks sind wir geneigt, nach einer verborgenen Bedeutung zu suchen, die das durch ihn ausgelöste Verhalten als in den Augen der betreffenden Person irgendwie attraktiv erscheinen läßt.

Vor diesem Hintergrund fällt auch ein anderes Licht auf Copps Beispiel eines Drangs, sich von einem hohen Turm in die Tiefe zu stürzen (*3.4.1*). Ich hatte mit Copp stipuliert, daß der geschilderte Drang mit »keinen anderen Vorstellungen verbunden« ist. Die Person sollte nichts anderes als den Drang verspüren. Genauer: Sie sollte sich nicht denken, der Sturz könne eine Befreiung bedeuten, einen Moment des Glücks darstellen, ein besonderes Abenteuer sein. Der Drang, der die Person auf der Spitze des Turmes ergreift, sollte ein *bloßes* Streben sein, und d.h., wie wir jetzt sagen können, ein Streben ohne jeden evaluativen Gehalt. Das scheint mir der primäre Grund dafür zu sein, daß wir zögern, dem Drang den Status eines auch nur schwachen Grunds zuzubilligen. Wir hätten diese Schwierigkeit nicht, wenn die Person unter einer Sorge litte, von der sie sich durch ihren Sprung in die Tiefe erlösen möchte, und selbst dann nicht, wenn sie ihrem Leben durch den Sprung absurderweise eine aufregende Note zu verleihen wünschte.

Zieht man diese Überlegungen zusammen, so ergibt sich die Vermutung, daß, von schwierigen Grenzfällen abgesehen, Neigungen und Wünsche nur dann Gründe für unsere Entscheidungen und Zwecke liefern, diese nur dann rationalisieren und legitimieren, wenn sie einen evaluativen Gehalt haben. Dem wird nicht Rechnung getragen, wenn Neigungen und Wünsche lediglich als propositionale, optativische Einstellungen und Stellungnahmen gefaßt werden, in denen etwas als der Fall seinsollend oder -mögend repräsentiert wird. Die Berücksichtigung des evaluativen Gehalts, den unsere Neigungen und Wünsche normalerweise haben, kann uns bei der Suche nach Gründen für unsere Zwecke sogar über den Kreis der Neigungen und Wünsche als solcher hinaustragen. Erst einmal ist das nur eine These. Wieweit sie zu überzeugen vermag, hängt davon ab, ob und wie sich die Rede von einem »evaluativen Gehalt« weiter explizieren läßt.

3.6.2 Das Verhältnis von Wertung und Stellungnahme im Wünschen

Zunächst ist hervorzuheben, daß der mögliche evaluative Gehalt von Neigungen jedenfalls nicht schlicht identisch ist mit ihrem stellungnehmenden oder quasi-stellungnehmenden Moment. Für eine solche Gleichsetzung bietet unsere bisherige Erläuterung von Neigungen und Wünschen als optativischen Einstellungen und Stellungnahmen keinen Anhaltspunkt. Im Verständnis von Seebaß, dem wir weitgehend gefolgt sind, hat »optativ Stellung nehmen« – und so auch die nicht weiter qualifizierte Rede von »optativischen Einstellungen« – einen im Prinzip imperativischen Sinn.[31] Ihr Gehalt läßt sich als ein »Es soll/möge der Fall sein, daß« versprachlichen. Dies aber ist *begrifflich* verschieden von einer Evaluation oder Wertung. In Evaluationen wird etwas nicht, jedenfalls nicht primär, als seinsollend, sondern als gut aufgefaßt. Deswegen machen wir auch einen Unterschied zwischen Sollsätzen und Wertsätzen. Grundsätzlich sind Sollensäußerungen vorstellbar, die keine Wertäußerungen sind, und nicht jede Wertäußerung enthält ein Sollensmoment. Wir können uns einen Befehl denken, mit dem der Befehlsgeber nichts bezweckt, was ihm in irgendeiner Hinsicht gut erscheint; umgekehrt können wir Dingen z.B. einen ästhetischen Wert zuschreiben, ohne damit irgendwelche Forderungen oder Ansprüche zu verknüpfen.

Allerdings könnte das gemeinsame Vorliegen der stellungnehmenden und der wertenden Seite von Neigungen und Wünschen eine begriffliche Implikation unserer Rede von »Neigungen« oder jedenfalls von »Wünschen« sein. Unsere Schwierigkeiten, etwas als Wunsch gelten zu lassen, von dem absolut nicht zu sehen ist, wie es mit irgendwelchen evaluativen Vorstellungen verbunden ist, könnten begrifflicher Natur

31 Seebaß 1993, S. 90 f. unterscheidet zwischen »Aufforderungen« und »Imperativen«, indem er letztere als »›dramatische‹ Variante intrasubjektiver Aufforderungen« charakterisiert, die einen besonderen Grad von Reflektiertheit und Artikuliertheit voraussetze. Dessenungeachtet ist sein Verständnis von »Aufforderungen« an dem von Imperativen orientiert.

sein.[32] Aber auch das scheint mir nicht der Fall zu sein; ich sehe nicht, daß es von unserem Sprachgebrauch erzwungen würde. Zum einen sollten wir die Möglichkeit *strikt* irrationaler Wünsche offenhalten. Wünsche, für die selbst aus der Sicht der wünschenden Person nichts spricht, könnten solche strikt irrationalen Wünsche sein, ohne deswegen gleich aufzuhören, überhaupt Wünsche zu sein. Wir würden dann lediglich sagen können, daß Wünsche notwendig einen evaluativen Aspekt haben, sofern die wünschende Person wenigstens minimalen Rationalitätsstandards genügt. Selbst das dürfte jedoch noch zu viel behauptet sein. Manchmal, in Verfassungen der Verzweiflung, des Lebensüberdrusses, der Interesselosigkeit u.ä.m., wünschen wir uns genau das, was wir als schlecht, auch schlecht für uns erachten und in keiner Weise gerechtfertigt finden.[33] Darin mag eine Pervertierung des Wünschens liegen, aber auch ein pervertiertes Wünschen ist ein Wünschen, wenn auch eben eines ohne evaluatives Fundament.

Das Verhältnis zwischen optativischer Einstellung bzw. Stellungnahme einerseits und Wertungen andererseits in Neigungen und Wünschen kann versuchsweise noch auf eine dritte Art bestimmt werden, nämlich so, daß das evaluative Moment ein Reflex des stellungnehmenden ist. Wenn ich recht sehe, steht dieser Gedanke hinter einigen subjektivistischen Wertkonzeptionen. Man würde dann sagen, daß uns etwas gut, attraktiv oder sinnvoll erscheint, weil wir es wünschen, und d.h., weil wir finden, es solle der Fall sein. Behauptet würde so ein Vorrang des Sollens vor dem Gutsein: Nicht würde gelten, daß etwas sein soll, weil es gut ist, sondern genau umgekehrt: etwas würde gut sein, weil es sein soll.

Wenn wir uns an die sachlich angemessene Seite der instrumentalistischen Sicht praktischen Überlegens erinnern, gibt es durchaus einen Sinn, in dem das Sollen dem Gutsein vorgeordnet ist. In hypothetischen Imperativen sagen wir, daß das Mittel ergreifen soll, wer den Zweck will. Dieses Sollen hängt insofern mit einem Gutsein zusammen, als wir das Mittel ergreifen sollen, das geeignet ist, die Realisierung des Zwecks herbeizuführen, und in dieser Hinsicht ein gutes oder sogar das beste

32 *Cum grano salis* ist dies Anscombes Position in 1957 (bes. §§ 37 ff.).
33 Vgl. Stocker 1979.

Mittel ist. Welches Mittel gut oder am besten ist, ist, geht es allein um Verwirklichungseffizienz, eine rein deskriptive Frage. Von daher wäre es auch falsch zu meinen, das Gutsein eines Mittels könne aus einem Sollen irgendwie abgeleitet werden. Aber die Suche nach geeigneten Mitteln wird von dem Zweck geleitet, der Gegenstand einer Absicht oder eines Wollens ist. Diese Absicht hatten wir als eine Form der Selbstaufforderung gedeutet, um den Übergang vom Wollen des Zwecks zum Wollen des Mittels erklären zu können (*2.5.3*). Was Zweck ist, entspringt einem (spezifischen) Stellungnehmen, einem »Es sei der Fall, daß«. Und da die Mittel im Hinblick auf den Zweck gesucht werden, ist trivialerweise auch ihr Gutsein für den Zweck von eben diesem Zweck und damit von einem Sollen abhängig, das seinerseits in einer Absicht (oder einem Wollen) liegt. Das Gutsein von Mitteln verweist immer auf ein Wollen zurück, das die Quelle eines (sei es auch schwachen) Sollens ist.

Doch diese Art der Vorgängigkeit des Sollens vor dem Gutsein kommt jetzt nicht mehr in Frage. Jetzt geht es uns ja um die (zweckexterne) Fundierung von Zwecken und Absichten selbst und damit um die Fundierung des Sollens, das dem Gutsein von Mitteln vorgeordnet ist. Sicherlich ist theoretisch nicht auszuschließen, daß sich das in einem Zweckwollen liegende Sollen seinerseits auf ein anderes Sollen, nämlich das von Neigungen und Wünschen als optativischen Einstellungen und Stellungnahmen, gründet (ohne deswegen von diesem ableitbar sein zu müssen). Aber dort, wo dieses zweite Sollen mit evaluativen Vorstellungen verbunden ist, die nicht mehr ein instrumentelles, sondern ein intrinsisches Gutsein betreffen, ist es viel naheliegender, von einem Primat dieser Vorstellungen vor dem Sollen von Neigungen und Wünschen auszugehen. Wir sagen, wir wünschten etwas um seiner selbst willen, weil es uns als in sich attraktiv, gut oder sinnvoll erscheint. Das Umgekehrte zu behaupten, also zu sagen, uns erscheine etwas als in sich attraktiv, gut oder sinnvoll, weil wir es um seiner selbst willen wünschten, wirkt wie eine Verdrehung der wahren Sachlage. Gewiß, dies mag eine Täuschung sein. Aber wenn es überhaupt eine Täuschung ist, bedarf sie einer tiefergehenden Erklärung. Die Beweislasten sind hier so verteilt, daß die Auffassung, der evaluative Gehalt unserer Neigungen und Wünsche sei bloßer Reflex, eine Art Projektion ihres stellungnehmenden und quasi-stellungnehmenden, im Prinzip imperativischen Moments, nur eine Rückfallposition sein kann. Ihre Plausibilität hängt von der Implausibilität von Versuchen ab, den evaluativen Gehalt von Neigungen und Wünschen in etwas anderem als in einem »Es sei der Fall, daß« begründet zu sehen. Die Frage ist also, wie solche Versuche aussehen könnten und wie erfolgversprechend sie sind. Anhaltspunkte für ihre Beantwortung könnten sich aus der Beobachtung ergeben, daß wir zur Begründung unserer Absichten und Zwecke selten auf unsere nicht weiter artikulierten Neigungen und Wünsche verweisen.

3.6.3 Auf der Suche nach dem evaluativen Fundament von Wünschen

Ich hatte gesagt, wir würden normalerweise bestimmte Züge des von uns Gewünschten benennen, um unser Wünschen verständlich zu machen (*3.6.1*). Im Beispiel des geplanten Schwedenaufenthalts könnten dies der Komfort von Hotels und die Unberührtheit der Natur sein. Daß ich statt des Flugzeugs Zug und Schiff nach Schweden nehmen will, kann ich mit Hinweis auf die Sterilität von Flughäfen und die Romantik von Schiffsreisen erläutern. In anderen Beispielen könnte eine Neigung oder ein Wunsch durch das Aufführen wieder anderer Eigenschaften des Gewünschten verständlich gemacht werden: Ich möchte ein Buch lesen, weil es interessant ist, Antonia einen Besuch abstatten, weil Antonia liebenswert und die Gespräche mit ihr anregend sind, schwimmen gehen, weil es eine Abkühlung bedeuten würde usw. Die Züge, auf die wir so zur Stützung unserer Neigungen und Wünsche Bezug nehmen, sind nicht irgendwelche Züge, sondern Züge, die für uns wertbesetzt sind, aufgrund deren wir etwas attraktiv oder gut finden. Doch was ist dafür verantwortlich, daß uns Züge der Wirklichkeit wertbesetzt erscheinen?

Ein Wunschtheoretiker des Guten würde darauf antworten: (in letzter Instanz) unsere Wünsche. Doch diese Antwort ist so lange unklar, wie nicht offengelegt wird, was als »Wunsch« zählen und in Wünschen impliziert sein soll. Würde der evaluative Aspekt von Wünschen ein Reflex ihres stellungnehmenden Moments sein, lautete die Antwort: unsere optativischen Einstellungen und Stellungnahmen. Aber diese Antwort erscheint, wie gesagt, allenfalls als Rückfallposition plausibel. Was könnten dann alternative Antworten sein? Zwei Antworten drängen sich auf: Daß uns etwas aufgrund bestimmter Eigenschaften als attraktiv oder gut erscheint und es *deswegen* Gegenstand unserer Neigungen und Wünsche qua optativische Einstellungen und Stellungnahmen ist, könnte einmal von bestimmten positiven (bzw. im negativen Fall: negativen) *Gefühlen* herrühren und sodann daher, daß wir es als (in irgendeiner Hinsicht) gut beurteilen, also von *Werturteilen*. Ich kann mir wünschen, meinen nächsten Urlaub in Schweden zu verbringen, weil ich es angenehm finde, in komfortablen Hotels zu übernachten, und ich die Unberührtheit der Natur genieße oder sie mir Anlaß ist für bestimmte, im weiten Sinn ästhetische Gefühle wie die Empfindung des Erhabenen. Ich kann das Schiff statt des Flugzeugs wählen, weil mir Schiffsreisen ein Gefühl von Abenteuer und Freiheit vermitteln. Ich kann Antonia zu besuchen wünschen, weil ich in sie verliebt bin. Ich kann aber nach Schweden zu fahren auch beabsichtigen, weil ich glaube, daß es keine großartigere Landschaft als die schwedische gibt. Ich kann das Schiff statt des Flugzeugs nehmen, weil ich das Fliegen für ein Symptom kulturellen Verfalls halte. Und ich kann Antonia zu besuchen wünschen, weil ich dies für moralisch geboten halte und deswegen als moralisch gut beurteile. Die These wäre mithin, daß sich der evaluative Gehalt von Neigungen und Wünschen, der – von Grenzfällen abgesehen – allererst erklärt, daß und warum unsere Neigungen und Wünsche als Gründe für unsere Zwecke fungieren können, aus bestimmten Gefühlen oder aus Werturteilen speist und daß es *diese* sind, die unsere Zwecke im Normalfall rationalisieren oder legitimieren helfen und ihnen so einen Sinn verleihen.

Auch das ist erst einmal nur eine These. Wieweit sie uns tatsächlich über den Kreis unserer Neigungen und Wünsche hinausführt, entscheidet sich in erster Linie daran, inwieweit wir Gefühle und Werturteile unabhängig von Neigungen und Wünschen (zumindest qua rein motivationale Antriebe oder qua optativische Einstellungen und Stellungnahmen) analysieren können. Sollte das grundsätzlich gelingen, so wird des weiteren zu fragen sein, inwieweit Gefühle und Werturteile so als Gründe für unsere Absichten und Zwecke begriffen werden können, daß sie sich auch in Motive für unsere Entscheidungen und Handlungen verwandeln lassen. Ich möchte mich im nächsten Kapitel zunächst der möglichen evaluativen Dimension von Gefühlen zuwenden. Werturteile werden erst im sechsten Kapitel näher erörtert werden.

4. Gefühle und Wertungen

Wir setzen zumindest einen Großteil unserer Zwecke vor dem Hintergrund unserer Neigungen und Wünsche, die sich nicht – jedenfalls nicht unmittelbar – unseren Entscheidungen verdanken. Neigungen und Wünsche sind Instanzen, auf die wir in praktischen Überlegungen zur Klärung und Bildung unserer Absichten und Zwecke zurückgehen können. Aber wenn die bisherige Argumentation richtig war, fundieren sie unsere Absichten und Zwecke und all die Entwürfe, durch die wir unserem Handeln und unserem Leben eine Richtung zu geben versuchen, selten als solche, d.h. als rein optativische Stellungnahmen oder Einstellungen (geschweige denn als rein motivationale Antriebe). Normalerweise haben sie einen evaluativen Aspekt, aufgrund dessen wir das von uns Gewünschte als in irgendeiner Hinsicht gut erachten. Die Frage ist nun, wie wir diesen Aspekt, der nicht zum Kern des Wünschens gehört, genauer analysieren können. Da wir auf der Suche nach einem evaluativen Fundament sind, das außerhalb des Bereichs der von uns gesetzten Zwecke liegt, muß es sich bei dem fraglichen Aspekt um einen handeln, der erklärt, daß uns etwas nicht (nur) als instrumentell, sondern (auch) als intrinsisch gut erscheint.[1] Die These dieses Kapitels ist, daß der in diesem Sinn intrinsisch evaluative Aspekt von Neigungen und Wünschen nicht immer, aber oft aus ihrer Verbindung mit bestimmten *Gefühlen* herrührt. Viele Gefühle lassen sich als eine basale Form von Wertungen auffassen: Wir betrachten durch sie und erfahren in ihnen etwas als intrinsisch gut.

Die Behauptung eines engen Zusammenhangs zwischen Gefühlen und Wertungen ist nicht neu. Sie hat einen festen Platz in der philosophischen Tradition und findet auch in gegenwärtigen werttheoretischen und metaethischen Diskussionen wieder zunehmend Anhänger.[2] Die dabei anzutreffenden

1 Sofern nicht ausdrücklich anders gesagt oder aus dem Zusammenhang ersichtlich, soll im weiteren von »gut«, »Gutsein«, »wertvoll« u.ä. immer im Sinn von »intrinsisch gut«, »intrinsischem Gutsein«, »intrinsisch wertvoll« u.ä. die Rede sein.

2 Hierher gehören z.B. die verschiedenen Spielarten des Hedonismus (von Aristipp bis zum klassischen Utilitarismus); sodann alle Gefühlstheorien,

Übereinstimmungen sind aber oft oberflächlicher Natur. Je nach Gefühls- und je nach Wertkonzeption kann der Zusammenhang zwischen Gefühlen und Wertungen sehr unterschiedlich gedeutet werden. Wir müssen deswegen schrittweise vorgehen und auf Differenzierungen Nachdruck legen. Daß wir etwas in Gefühlen als gut betrachten, heißt nicht notwendig, daß wir dies in allen Gefühlen und in allen auf die gleiche Weise tun.

Ich möchte zunächst versuchen, eine allgemeine und möglichst umfassende Charakterisierung von Gefühlen überhaupt zu geben. Dabei werde ich das – aus meiner Sicht irreduzible – Moment der Affektivität als zentrales Konstituens aller Gefühle herausstreichen (*4.1*). Mit diesem Ansatz begebe ich mich in wenigstens partielle Opposition zu stark kognitiven und insbesondere epistemischen Gefühlstheorien, die das Feld philosophischer Analysen von Gefühlen dominieren. Deswegen ist eine Auseinandersetzung mit zumindest einigen dieser Theorien geboten (*4.2*). Sie wird mir die Grundlage für die Skizze einer alternativen Theorie von Gefühlen liefern, die über die im ersten Schritt gegebene allgemeine Charakterisierung hinausgeht (*4.3*). Im Durchgang durch diese Schritte sollten dann genügend Differenzierungen gewonnen worden sein, um abschließend den behaupteten Wertungscharakter von (bestimmten) Gefühlen in seinen verschiedenen Facetten explizieren zu können (*4.4*). Auf die Rolle von Gefühlen in praktischen

die Gefühle oder eine bestimmte Klasse von Gefühlen als eine besondere Form von Werturteilen verstehen (von Aristoteles' *Pathe*-Analysen im 2. Buch der *Rhetorik* über die ältere Stoa bis hin zu kognitiv-evaluativen Analysen, wie sie insbes. in der neueren angelsächsischen Literatur vorherrschen [Bedford 1957, Kenny 1963, Pitcher 1965, Solomon 1976, Lyons 1980, Gordon 1987, Greenspan 1988, Nussbaum 1995]); des weiteren Theorien, die ein besonderes emotionales, auf evaluative Sachverhalte oder Eigenschaften gerichtetes Erkenntnisvermögen postulieren (von Pascals »esprit de finesse« über [einige] Moral-sense-Theorien bis zum späten Meinong, zu Scheler und verwandten Vorstellungen bei einigen gegenwärtigen Wertrealisten [vgl. z.B. McDowell 1983 und Nozick 1989, Kap. 9 und 15]); Theorien, die eine bestimmte emotionale Verfassung zumindest als notwendige Voraussetzung zur Erkenntnis des Guten ansehen (von Aristoteles' Verständnis des *phronimos* bis hin zu modernen tugendethischen Ansätzen); sowie schließlich (aber gewiß nicht abschließend) Theorien, die das Gutsein von etwas durch bestimmte emotionale Reaktionen auf es konstituiert sehen (von Hume bis zu Ansätzen wie denen von Wolf 1984, S. 154 ff., Gaus 1990, 1. Teil und (mit Einschränkung) Anderson 1993).

Überlegungen werde ich ausführlicher erst im nächsten Kapitel zu sprechen kommen.

4.1 Gefühle als Weisen des affektiven Involviertseins

4.1.1 Fühlen als In-etwas-Involviertsein

Das Feld der Gefühle kann unterschiedlich weit oder eng gezogen werden. In einem sehr weiten Sinn ließen sich alle bewußtseinsgebundenen Einstellungen und Zustände als Gefühle begreifen, die uns eher gegeben als von uns (direkt) erzeugt sind. In dieser Perspektive würden auch unreflektierte Meinungen und neigungsförmige Wünsche Weisen des Fühlens darstellen.[3]

Die Subsumtion von (unreflektierten) Meinungen und (neigungsförmigen) Wünschen unter ein weites Verständnis von Gefühlen ist jedoch nur begrenzt hilfreich. Sie verstellt den Blick auf wichtige Phänomene, denen besser durch die Dreigliederung des Psychischen in Meinen, Wünschen und Fühlen Rechnung getragen werden kann.[4] Das schließt enge Verbindungen zwischen allen drei Orientierungsformen nicht aus. Meinungen, Wünsche und Gefühle übernehmen innerhalb unseres Welt- und Selbstverhältnisses je spezifische Funktionen, die jedoch auf eine Ergänzung durch die jeweils anderen Funktionen angewiesen sind. In Meinungen machen wir uns ein Bild davon, was der Fall ist. Sie sind intrinsisch auf Wahrheit ausgerichtet und verbürgen so, daß wir den Kontakt zur Welt des Faktischen nicht verlieren. Wünsche sind dagegen als optativische Stellungnahmen und Einstellungen typischerweise auf Handlungen bezogen, so daß ihre Funktion darin besteht, unser Handeln zu leiten. Das ist am deutlichsten im Fall von Ab-

3 So macht J. Cohen 1992, § 2 den Vorschlag, zu meinen, daß p, als ein Fühlen zu analysieren, daß p wahr ist, bzw. als die Disposition zu einem solchen Fühlen. Er kann damit an Überlegungen Humes anschließen (vgl. Hume 1989, S. 614).

4 Eine solche Dreigliederung findet sich z.B. bei Kant; siehe *Kritik der Urteilskraft*, Einleitung(en), 3. Abschnitt. Zu ähnlichen, bis auf Platon zurückgehenden Einteilungen (und deren Kritik) vgl. Brentano 1874, II., 5. Kap.

sichten, gilt vermittelt aber auch für neigungsförmige und reflektiertere Wünsche. Was ist aber die eigenständige Funktion von Gefühlen?

Nicht selten wird implizit (oder sogar explizit) geleugnet, daß Gefühle eine eigene und unverzichtbare Funktion für unsere Orientierung in der Welt haben. Zwar ist unstrittig, daß Meinungen und Wünsche gefühlsmäßig qualifiziert sein können, wobei dies bei Wünschen nicht nur auf passivische Wünsche, sondern auch auf aktivisches Beabsichtigen und Wollen zutrifft. Gerade dieser Umstand kann aber dazu verleiten, in Gefühlen eine bloße Begleiterscheinung, eine Art im Prinzip entbehrliche, wenn auch vielleicht ›schmückende‹ und unser Leben manchmal ›bereichernde‹ Färbung unseres Denkens, Wünschens und Handelns zu sehen. Nichts könnte irreführender sein. Für Wesen unserer Art sind Gefühle unersetzbar. Sie haben, so möchte ich behaupten, *die Funktion, uns etwas als für uns wichtig erlebbar zu machen*, und diese Funktion können weder Meinungen noch Wünsche als solche, d.h. als von Gefühlen unterschiedene Weisen assertorischen bzw. optativischen Stellungnehmens und Quasi-Stellungnehmen übernehmen. Um diese Rolle von Gefühlen klar herauszustellen, ist es allerdings notwendig, sich von der Konzentration auf einige wenige heftige »Affekte« zu lösen, die für das traditionelle Bild von Gefühlen als unser Denken und Handeln störenden und deswegen möglichst begrenzt zu haltenden Unterbrechungen verantwortlich ist.

Die in meinen Augen beste *allgemeine* Charakterisierung des Fühlens, die seiner Ubiquität und Vielfalt gerecht wird, stammt von Agnes Heller. Sie bestimmt Fühlen als *In-etwas-Involviertsein*.[5] In Gefühlen sind wir an etwas beteiligt, wobei dieses »Etwas« alles mögliche sein kann, also z.B. eine andere oder die eigene Person, eine Situation, ein Ereignis, ein Problem oder eine eigene oder fremde mentale Einstellung, bei der es sich auch ihrerseits um ein Gefühl handeln kann. *Negativ* zeigt sich dies daran, daß wir gefühllos sind, wenn wir nichts mehr als unsere Angelegenheit empfinden. Faktisch erreichen wir den Zustand völliger Gefühllosigkeit – gänzlicher A-pathie – nie. Vor allem wenn wir bedenken, daß wir fast immer eine

5 Heller 1981, S. 19 ff.

Antwort auf die auf unser gefühlsmäßiges Befinden gerichtete Frage, wie es uns geht, geben können, spricht viel dafür, daß letztlich alle unsere Lebensäußerungen einen gefühlsmäßigen Hintergrund haben.[6] Aber es gibt viele Annährungen an den Zustand der Gefühllosigkeit: im normalen Leben vor allem in repetitiven Tätigkeiten (vom Zähneputzen bis zur Routinearbeit) und in Augenblicken der Lustlosigkeit und Antriebsschwäche, in klinischen Fällen in Form pathologischer Ausfallerscheinungen.[7] *Positiv* kann man sich, was es heißt, in etwas involviert zu sein, gut an Vorgängen der Informationsaufnahme und -verarbeitung klarmachen. Heller wählt zur Illustration die Lektüre von Todesanzeigen in der Zeitung:

»...einige überfliege ich (bin nicht involviert), bei anderen zögere ich (lese nach); ›Diesen Menschen kannte ich doch, tut mir leid für ihn‹ oder ›Sieh mal, auch Schurken leben nicht ewig‹ oder ›Der war doch in meinem Alter‹, ›Der hatte dieselbe Krankheit wie ich‹ – ich bin involviert, da ich die Information auf mich selbst beziehe. Mit anderen Worten: ich empfinde Mitleid, Schadenfreude, Furcht oder wenigstens Angst«.[8]

6 Vgl. Tugendhat 1979, S. 206 im Anschluß an Heidegger. Die These, daß alle unsere Lebensäußerungen einen gefühlsmäßigen Hintergrund haben, wird vor allem von vielen Psychoanalytikern vertreten. So schreibt Schachtel: »... there is no action without affect, to be sure not always an intense, dramatic affect as in an action of impulsive rage, but more usually a total, sometimes quite marked, sometimes very subtle and hardly noticeable mood, which nevertheless constitutes an essential background of every action.« (Schachtel 1959, S. 20 zit. nach Stocker 1996, S. 8.) Ich glaube allerdings nicht, daß wir, wie Tugendhat und allem Anschein nach auch Schachtel meint, *immer* so oder so gestimmt sind (es sei denn, man möchte von einer »neutral-indifferenten« Stimmung sprechen). Noch basaler als Stimmungen sind jedoch Hintergrundempfindungen, in denen wir unseren Körper, die Lage unserer Gliedmaßen und vielleicht auch so etwas wie unsere Existenz und Lebendigkeit spüren (vgl. Damasio 1994 [1997], S. 207 ff. sowie Tye 1995, S. 123 ff.). Unser Sinn für die Kontinuität unseres Lebens scheint mit diesen Hintergrundempfindungen zusammenzuhängen.

7 Zu letzteren vgl. die Schilderung einer Patientin von Brachet, zit. bei James 1884, S. 200 und die der Patientin Claire von P. Janet, zit. bei Schilder 1914, S. 56. Instruktiv sind auch Deutschs Überlegungen zu »Als-ob«-Affekten bei schizoiden Störungen; Deutsch 1942. Bei Anosognostikern können selbst die in der vorangegangenen Anmerkung erwähnten Hintergrundempfindungen partiell ausfallen, was zur Dissoziation einzelner Körperglieder als nicht mehr zur eigenen Person gehörig führt (vgl. Damasio 1994 [1997], S. 211 f.).

8 Heller 1981, S. 20.

Indem Gefühle etwas als mich betreffend und für mich wichtig erfahrbar machen, fokussieren sie meine Aufmerksamkeit. Solche Aufmerksamkeitsfokussierer sind nicht nur Mitleid, Schadenfreude und Furcht, die allgemein als Gefühle anerkannt werden, sondern z.B. auch (intransitives) Erschrecken, Überraschung und Verwunderung, die von einigen zu bloßen Reflexen herabgestuft werden.[9] Manchmal genügt auch ein ganz unspezifisches Unwohlsein oder Sich-zu-etwas-Hingezogenfühlen. Auch der ganze Bereich des (»warmen«) Interessiertseins an etwas, das in bestimmten Kontexten zu Formen des Sichsorgens um etwas oder jemand werden kann, gehört hierher.[10] Gefühle können auf verschiedene Weisen unsere Aufmerksamkeit lenken und dadurch die uns verfügbare Information so vorselegieren, daß wir nicht Opfer einer totalen Reizüberflutung und Desorientierung werden.[11] Als Weisen des In-etwas-Involviertseins liefern sie uns entscheidende Anhaltspunkte sowohl für unsere theoretischen als auch für unsere praktischen Überlegungen.

Ronald de Sousa hat in diesem Zusammenhang die interessante Hypothese aufgestellt, die »Funktion der Gefühle besteh(e) darin, die Lücken zu füllen, die (bloße Wünsche plus) ›reine Vernunft‹ bei der Festlegung von Handlung und Überzeugung läßt ...«.[12] Bei »reiner Vernunft« denkt er an die Operationen der (deduktiven und induktiven) Logik, die uns zwar helfen können, Inkonsistenzen in unserer Meinungsgewinnung zu vermeiden, aber nicht in der Lage sind, »Dringlichkeit« (salience) zu determinieren, uns also zu sagen, »was beachtenswert ist, worauf man sich konzentrieren sollte, was zu fragen ist«.[13] Dringlichkeit zu markieren sei Aufgabe von Ge-

9 Zu Schreck/Erschrecken als Gefühl vgl. Robinson 1995; zu Überraschung Tomkins 1962, 13. Kap. und Izard 1977, 11. Kap.; zu Verwunderung schon Descartes 1649, Art. 95, 109, 111-121, 151, 237, 251-255, 259, 279, 301.

10 Zu »Interesse« als Gefühl vgl. Stocker 1996, S. 46 f., S. 71 und bes. Izard 1977, 9. Kap., für den »Interesse« nicht nur zu den »basalen« und anthropologisch universalen »Emotionen« gehört, sondern unter diesen auch die funktional bedeutsamste Emotion ist.

11 Vgl. Damasio 1994 und Panksepp 1982, der u.a. hervorhebt, daß Gefühle entscheidenden Einfluß auf die Sensibilität und Reaktionsfähigkeit sensorischer Systeme, also auf Wahrnehmungen nehmen.

12 De Sousa 1987 [1997], S. 319.

13 De Sousa 1987 [1997], S. 313.

fühlen. Auf der kognitiv-epistemischen Ebene könnte dies für die Auswahl der richtigen Information aus der Menge des riesigen Wissensvorrats, über den wir als Hintergrundwissen verfügen, relevant sein. Man denke nur an unsere Fähigkeit, in der täglichen sprachlichen Verständigung mit anderen grammatisch unklare Bezüge ohne deliberative Durchmusterung gleichsam instinktiv richtig aufzufassen. Gefühle könnten hier eine instantane Filterungsfunktion erfüllen.[14] Im Bereich der praktischen Vernunft sind wir mit ähnlichen Problemen konfrontiert. De Sousa macht auf die ausschlaggebende Rolle von emotionalen Dispositionen wie Waghalsigkeit und Ängstlichkeit bei der Wahl zwischen Maximin- und Maximax-Strategien im Rahmen der Bayesschen Entscheidungstheorie aufmerksam.[15] Aber auch schon unterhalb der Wahl von Entscheidungsstrategien müssen wir in der Lage sein, ohne ausführlichere Überlegungen einen Relevanzrahmen zu bestimmen, innerhalb dessen wir allererst zwischen verschiedenen Wünschen sinnvoll abwägen können. Ohne einen solchen Rahmen würden wir ständig Gefahr laufen, in eine desaströse Überlegungsspirale zu stürzen. Daß es Gefühle sind, die ihn abzustecken helfen, ist eine Hypothese. Neuere neurophysiologische Forschungen scheinen sie aber in den Bereich empirischer Überprüfbarkeit zu rücken.[16]

Bei alledem bleibt entscheidend, daß uns Gefühle nicht auf irgendeine Weise etwas als »dringlich« signalisieren, sondern so, daß wir davon unmittelbar als für uns wichtig betroffen werden. In Gefühlen werden wir von etwas in unserem eigenen Sein affiziert. Natürlich lernen wir im Laufe unseres Lebens, etwas auch rein erkennend, mithin ohne spürbare gefühlsmäßige Beteiligung, zu uns in Beziehung zu setzen. So kann ich »nüchtern« feststellen, daß ein bestimmtes Geschehen eine Gefahr für mich, meinen Leib und mein Leben darstellt. Aber erst in der Furcht oder auch im prickelnden Gefühl des Herausge-

14 De Sousa 1987 [1997], S. 314 ff. De Sousa spricht in diesem Zusammenhang im Anschluß an Schwierigkeiten, auf die die KI-Forschung gestoßen ist, vom »Rahmenproblem der Philosophen«, das dadurch entstehe, »daß wir wissen müssen, ob sich eine Folgerung als relevant erweisen wird, *bevor wir sie gezogen haben*« (S. 317).

15 De Sousa 1987 [1997], S. 317 f.

16 Vgl. Damasio 1994 [1997], 7. und 8. Kap., insbes. S. 233 ff.

fordertseins wird die Gefahr zu etwas mich unmittelbar Angehendem, mich sozusagen in meinem Innersten Ergreifendem. In einem emphatischen Sinn wird sie erst durch das Gefühl zu einer Gefahr *für mich*, zu *meiner* Gefahr. Ich glaube, daß Gleiches auch für die Aneignung von Meinungen und Wünschen gilt; in einem emphatischen Sinn *meine* Meinungen und *meine* Wünsche sind sie erst bei entsprechender gefühlsmäßiger Grundierung. Ohne diese können sie uns so gleichgültig und fremd werden, daß wir sie als etwas uns Äußerliches – gleichsam als mechanische Operationen unseres Geistes – erfahren. Von daher liegt die zugegebenermaßen hoch spekulative Vermutung nahe, daß das Fühlen der eigentliche und primäre Ursprung von Bewußtsein (nicht Selbstbewußtsein) und Subjektivität ist. Nicht zufällig bin ich im Fühlen auf eine radikale Weise unvertretbar; wir können Gefühle nicht in der gleichen Weise mit anderen teilen wie beispielsweise Meinungen und sind deswegen zumeist auch nicht in der Lage, unsere Gefühle bruchlos zu versprachlichen.

4.1.2 Affektivität als Grundzug aller Gefühle

Ungeachtet ihrer Fruchtbarkeit ist die allgemeine Charakterisierung von Gefühlen als Weisen des Involviertseins in etwas jedoch noch zu unspezifisch. In gewisser Hinsicht sind wir ja auch in unseren Meinungen und Wünschen an etwas beteiligt. Was Gefühle gegenüber anderen mentalen Einstellungen und Zuständen auszeichnet, ist ihr besonderer phänomenaler Gehalt. Sie haben eine eigene Bewußtseinsqualität, die im Deutschen schon durch den Ausdruck »Gefühl« angesprochen wird. In der englischsprachigen Diskussion wird diese Qualität manchmal als »feeling« bezeichnet und terminologisch so von »emotions« abgehoben, daß ohne Präjudiz gefragt werden kann, ob zu »emotions« notwendig ein »feeling« gehört. Da sich dies im Deutschen nicht nachbilden läßt – es wäre merkwürdig zu fragen, ob zu »Gefühlen« notwendig ein »Fühlen« gehört –, möchte ich die Gefühlen eignende Bewußtseinsqualität »*Affektivität*« nennen. In meinen Augen ist Affektivität der Zug, der allen Gefühlen ungeachtet ihrer Verschiedenheit gemeinsam ist und sie als eine spezifische Klasse des Mentalen kenntlich macht.

Es gibt mehr Gefühle und Gefühlsarten, als wir sprachlich differenzieren können. Ist man nicht von vornherein an der Analyse einer ganz bestimmten Gruppe von Gefühlen interessiert, fallen darunter u.a. sinnliche Empfindungen wie körperliche Schmerzen, sinnliche Lust- und Behagensempfindungen, Empfindungen von Ermattung und Frische (Schelers »Lebensgefühle«) und Hunger- und Durstgefühle, sodann die Freude an und das Gelangweiltsein von Tätigkeiten wie überhaupt alle »geistigeren« Freuden und Betrübnisse, personenbezogene Gefühle wie Achtung, Liebe und Haß, »gerichtete« Gefühle wie Furcht, Zorn und Scham, die meist entweder als »Affekte« oder als »Emotionen« bezeichnet werden,[17] moralische Gefühle wie moralische Empörung und moralische Scham, aber vielleicht auch so etwas wie »Rechtsgefühl«, affektiv besetzte Strebens- und Begehrensformen wie sexuelles Begehren, Sehnsucht und partiell auch Formen des Interessiertseins, Gefühle der Wunschbefriedigung und der Enttäuschung und ästhetische Empfindungen wie ästhetischer Genuß und das Empfinden von etwas als häßlich und schön, Erhabenheits- und Ehrfurchtsgefühle wie vor bestimmten Naturerscheinungen oder in gotischen Kathedralen, die in Heiligkeitsgefühle hinüberspielen können, sowie Stimmungen wie Verzweiflung und Heiterkeit. Bei einigen dieser Phänomene handelt es sich zweifelsohne um sehr komplexe Erscheinungen. Liebe beispielsweise kann in vielen Formen auftreten, und in den meisten ist sie sicherlich nicht nur (und nicht einmal primär) ein Gefühl, sondern ein komplexes Muster des Fühlens, Denkens, Wünschens und Verhaltens. So disparat die angeführten Phänomene aber

17 In der deutschsprachigen Literatur wird meist von »Affekten«, in der englischsprachigen meist von »Emotionen« gesprochen (manchmal wird auch wie bei Heller 1981 zwischen »Affekten« und »Emotionen« unterschieden). Als Kennzeichen von Affekten bzw. Emotionen als einer besonderen Klasse von Gefühlen gilt ihre »Gerichtetheit« oder »Intentionalität«. Ich ziehe den Ausdruck »Emotionen« vor zum einen, weil »Affekte« zu sehr und ausschließlich an Erscheinungen des Überwältigtwerdens von Gefühlen denken lassen (wie in Handlungen »aus Affekt«), und zum anderen, weil ich von »Affektivität« ja als Grundzug aller Gefühle reden möchte. Daß ich die gerichteten Gefühle hier als eine unter mehreren Formen von Gefühlen aufzähle, soll nicht ausschließen, daß auch die anderen aufgezählten Formen einen intentionalen Gegenstand haben und insofern »Emotionen« sind. Wie sich zeigen wird, meine ich, daß sich letztlich *allen* Gefühlen eine Form von Intentionalität zuschreiben läßt.

auch sein mögen: im aktualisierten Zustand sind sie alle Weisen des Involviertseins in etwas, die für die involvierte Person spürbar sind und zu ihrem affektiven Beteiligtsein an etwas führen. Was es heißt, an etwas affektiv beteiligt zu sein, ist uns aus dem persönlichen Erleben vertraut. Es läßt sich an Beispielen erläutern, wir können es auch durch bestimmte begriffliche Unterscheidungen aufhellen und auf seine physiologischen und neuronalen Grundlagen hin untersuchen – aber als solches ist es eine irreduzible Weise des Erlebens. Meiner Meinung nach macht sich fast alles affektive Beteiligtsein an etwas (sei es auch noch so schwach) körperlich bemerkbar. Aber daran hängt nicht viel: Man kann meinen, daß es z.B. eine rein geistige Freude gibt, und doch darauf insistieren, daß diese Freude einen eigenen phänomenalen Gehalt hat. Rein geistige Gefühle, die überhaupt nicht körperlich spürbar sind, sind am ehesten im Bereich ästhetischer Empfindungen anzutreffen, bei denen es sich um affektiv qualifizierte kognitive Tätigkeiten handelt.[18]

Die Art des affektiven Beteiligtseins kann von Gefühlsart zu Gefühlsart, von Gefühl zu Gefühl und auch zwischen den Erscheinungsformen eines Gefühls variieren. So können Gefühle uns mehr oder minder bewußt sein; ihre Affektivität kann stärker im »Vordergrund« oder im »Hintergrund« unseres Erlebens stehen. Im Fall der Freude an Tätigkeiten beispielsweise ist es oft so, daß wir stärker auf die Tätigkeit selbst und ihren Gegenstand als auf das Gefühl der Freude achten; wir »gehen« dann in der von Freude getragenen und beflügelten Tätigkeit »auf«. Die Freude an der Tätigkeit kann uns aber auch so ergreifen, daß wir kaum noch in der Lage sind, die Tätigkeit fortzusetzen. Ebenso können wir so von Entsetzen gepackt werden, daß unsere ganze Aufmerksamkeit von dem, was uns entsetzt, okkupiert wird, während wir vor Furcht erst zittern, wenn das schreckliche Geschehen vorüber ist. Gefühle können ganz unterschiedlich intensiv und von ganz unterschiedlicher Dauer sein. Darüber hinaus gibt es einen Unterschied zwischen direktem und indirektem affektiven Beteiligtsein, wie es sich z.B. im Vergleich von Freude und Mitfreude zeigt:[19] Das sym-

18 Die Existenz rein geistiger Gefühle wird z.B. von Stocker 1983 und Armon-Jones 1991 verteidigt. Beide meinen im Gegensatz zu mir, daß die »feeling«-Komponente von Gefühlen fast immer rein geistiger Natur ist.

19 Vgl. Schmitz 1993, S. 33 f. Schmitz möchte allerdings im Fall von Mitfreude,

pathetische Aufnehmen der Freude anderer geht uns nie in der gleichen, direkten Weise nahe wie die eigene Freude (die natürlich Freude über eine andere Person und ihr Glück sein kann). Alle Sympathiegefühle sind eher indirekte Weisen des affektiven Beteiligtseins; ähnliches gilt für den ästhetischen Genuß. Dagegen gibt es m.E. keine unbewußten Gefühle. Die Rede von einer »unbewußten Affektivität« mutet paradox an.[20] Wie das Beispiel der Freude an einer Tätigkeit demonstriert, kann das bewußte Erleben von Gefühlen ein gleichsam abgeschattetes sein; allemal muß es nicht reflexiv sein, ja Reflektiertheit bringt ein Gefühl oft zum Verschwinden. Aber wer in einer von Freude getragenen Tätigkeit aufgeht, spürt immer noch etwas; andernfalls würde er keinen Unterschied bemerken können, wenn die Freude erlahmt und dem Überdruß an seinem Tun weicht. Gerade das Beispiel der Freude an Tätigkeiten macht schließlich deutlich, daß »Affektivität« dem Ausdruck zum Trotz als Teil einer aktiven Beziehung zur Welt erfahren werden kann. Als Weisen affektiven Beteiligtseins an etwas müssen Gefühle uns nicht wie eine von außen über uns hereinbrechende Macht erscheinen. Dies ist so nur bei bestimmten Gefühlen in bestimmten Situationen. Hellers Rede von »In-etwas-Involviertsein« hat den Vorteil, offen für stärker aktivische und stärker passivische Interpretationen zu sein. Zwar ist Affektivität als (je) spezifische Bewußtseinsqualität immer etwas, das uns widerfährt; aber diese Qualität kann Teil einer Aktivität sein, und außerdem können Gefühle, wie wir noch sehen werden, auch qua affektive Phänomene eigene mentale Akte sein oder enthalten.

Mitleid u.ä. überhaupt nicht mehr von »affektivem Beteiligtsein« bzw., wie er sagt, von »affektiver Betroffenheit« durch ein Gefühl, sondern vom »Wahrnehmen« eines Gefühls sprechen. Instruktiv dazu sind die knappen Bemerkungen bei Duncker 1940, S. 410 f. zur Besonderheit von »empathetical feelings«.

20 Nicht zufällig hatte Freud in »Das Unbewußte« (1915) erhebliche Mühe, sich unbewußte »Affekte« vorzustellen. Die spätere Psychoanalyse ist ihm in diesem Punkt nicht gefolgt; vgl. diese unterstützend Stocker 1996, S. 21 f. Unstrittig ist natürlich, daß uns die mit Gefühlen verbundenen physiologischen und neuronalen Veränderungen nicht bewußt sein müssen und z.T. auch gar nicht bewußt sein können.

4.1.3 Die Relevanz der Charakterisierung von Gefühlen als Weisen des affektiven Involviertseins

Die Charakterisierung von (aktualisierten) Gefühlen nicht nur allgemein als Weisen des Involviertseins in etwas, sondern auch im besonderen als Weisen des affektiven Beteiligtseins an etwas ist aus zwei Gründen wichtig. Zum einen muß sie hervorgehoben werden, weil die Dimension des Affektiven der Zug von Gefühlen ist, der ihrer Reduktion auf andere mentale Einstellungen und Zustände, vorzugsweise auf Meinungen und Wünsche, entgegensteht. Zum anderen ist es gerade der Umstand des an etwas affektiv Beteiligtseins in Gefühlen, durch den die Intuition genährt wird, daß es einen engen Zusammenhang zwischen Gefühlen und Wertungen gibt. Denn einmal erfahren wir nirgends deutlicher als im affektiven Berührtsein durch eine Sache, daß uns diese Sache wichtig ist, und es liegt nahe anzunehmen, daß dies zumindest bedeuten *kann*, sie als gut oder schlecht für uns anzusehen. Und sodann scheint es umgekehrt kaum möglich zu sein, etwas als intrinsisch gut oder schlecht zu erfahren bei gleichzeitiger völliger affektiver Indifferenz. Denken wir uns jede Form affektiver Beteiligung aus unserem Leben entfernt, so ist schwer zu begreifen, wie uns (außer als Erinnerung an ein vormaliges affektives Erleben) überhaupt etwas als in sich gut oder schlecht, wertvoll oder wertlos anmuten würde. Wir könnten weiter konstatieren, daß etwas so oder so ist, sich so oder so verhält. Aber etwas als gut oder schlecht anzusehen scheint letztlich etwas anderes zu sein als ein reines Konstatieren oder Beschreiben, das uns nicht im geringsten nahegeht und betrifft.[21]

21 Santayana 1955, S. 17 f. hat diese Intuition durch ein Gedankenexperiment veranschaulicht: »[A]part from ourselves, and our human bias, we can see in … a mechanical world no element of value whatever. In removing consciousness, we have removed the possibility of worth. But it is not only in the absence of all consciousness that value would be removed from the world; by a less violent abstraction from the totality of human experiences, we might conceive beings of a purely intellectual cast, minds in which the transformations of nature were mirrored without any emotion. … No event would be repulsive, no situation terrible. … In this case, as completely as if consciousness were gone altogether, all value and excellence would be gone.« (Zit. nach Gaus 1990, S. 82.) Eine ähnliche Überlegung findet sich bei James 1901/02 [1997], S. 173.

4.2 Epistemische Gefühlstheorien

Im Gegensatz zur Bestimmung von Gefühlen als Weisen des affektiven Involviertseins in etwas spielt in den bis vor kurzem (sowohl in der Philosophie als auch in der Psychologie) vorherrschenden Gefühlstheorien die affektive Seite von Gefühlen gar keine oder nur eine untergeordnete Rolle.[22] Das gilt auch für solche Theorien, die einen engen Zusammenhang zwischen Gefühlen und Wertungen annehmen. Bevor wir den Gedanken, daß für diesen Zusammenhang gerade die affektive Seite von Gefühlen entscheidend ist, vertiefen können, müssen wir uns deswegen mit einigen dieser zumindest partiell und in ihrer Stoßrichtung konkurrierenden Theorien auseinandersetzen.

Unter den Gefühlstheorien, die Affektivität sozusagen klein schreiben, sind jene Theorien am besten ausgearbeitet, die in der einen oder anderen Weise die *epistemischen* Implikationen von Gefühlen betonen. Ich möchte sie pauschal als »epistemische Gefühlstheorien« bezeichnen. Dies ist genauer als die verbreitetere Rede von »kognitiven Gefühlstheorien«. Epistemische Ansätze bilden eine Untergruppe von kognitiven Konzeptionen, indem sie die für Gefühle als wesentlich behaupteten kognitiven Momente als propositionale Einstellungen mit Wahrheitsanspruch deuten, wozu neben deskriptiven Meinungen auch Werturteile gerechnet werden.[23] Der Bereich des ›Kognitiven‹ kann demgegenüber grundsätzlich so weit gefaßt werden, daß er alle mentalen Zustände und Einstellungen übergreift, in denen etwas irgendwie konzeptualisiert, d.h. begrifflich oder vielleicht auch nur bildhaft verarbeitet wird.[24] In die-

22 Zur philosophischen Diskussion vgl. die Überblicksartikel von Alston 1967a, Farrell 1988 und Deigh 1994; zur psychologischen Diskussion z.B. Izard 1977, 2. Kap., Scherer 1990 und den Sammelband von Davidson/Ekman 1994.

23 Inwieweit Werturteile tatsächlich epistemische, wahrheitsfähige Einstellungen darstellen, wird uns erst im sechsten Kapitel näher beschäftigen.

24 Es fällt auf, daß Psychologen, die ihrem eigenen Verständnis nach eine »kognitive« Gefühlstheorie vertreten, generell einen viel weiteren Begriff vom ›Kognitiven‹ haben als die meisten Philosophen, die für eine kognitive Deutung von Gefühlen plädieren. Die einseitige Fixierung auf epistemische Einstellungen unter philosophischen Anhängern kognitiver Gefühlstheorien ist in den letzten Jahren durch einige Arbeiten wie die von Greenspan 1988,

sem Sinn sind z.B. auch Wünsche (aufgrund ihres propositionalen Gehalts), bloße Gedanken, Weisen, sich etwas gestalthaft vorzustellen, narrative Konstruktionen und Träume etwas Kognitives. Ich werde dies bei der Skizze meines eigenen Verständnisses von Gefühlen berücksichtigen, vorläufig aber weitgehend zurückstellen.

Innerhalb epistemischer Gefühlstheorien lassen sich grob reduktionistische (*4.2.1*) und nicht-reduktionistische (*4.2.2*) Ansätze unterscheiden. *Reduktionistisch* möchte ich Konzeptionen nennen, die die Affektivität nicht als wesentlichen Bestandteil von Gefühlen begreifen, *nicht-reduktionistisch* solche Konzeptionen, die sie als konstitutives Moment von Gefühlen auffassen, jedoch nur als ein Moment unter anderen und als eines von eher nachgeordneter Bedeutung. Nicht-reduktionistische epistemische Gefühlstheorien betrachten Gefühle als aus verschiedenen Komponenten zusammengesetzt, von denen mindestens eine, und zwar eine als besonders wichtig erachtete, epistemischer Art sein soll.[25] Sowohl reduktionistische als auch nicht-reduktionistische epistemische Theorien werden von ihren Vertretern in der Regel nicht als Theorien von Gefühlen überhaupt verstanden, sondern als Theorien speziell von Emotionen, also von »gerichteten« Gefühlen. Der Kreis der Emotionen kann dabei allerdings sehr unterschiedlich weit oder eng gezogen werden. Meine eigenen Überlegungen unterscheiden sich von epistemischen Theorien nicht zuletzt dadurch, daß sie stärker die Kontinuitäten zwischen verschiedenen Gefühlsarten als ihre Differenzen betonen.

Roberts 1988 und insbesondere durch die zu wenig beachtete Arbeit von Armon-Jones 1991 etwas aufgebrochen worden.

25 Es gibt auch nicht-kognitive Komponententheorien, nämlich affektiv-motivationale Theorien. Hobbes' Affektentheorie im 6. Kap. des *Leviathan* kann so verstanden werden. Zur Kritik daran vgl. Alston 1967a, S. 480 f., der sie als »motivational theories« bezeichnet. Auch bei reduktionistischen Theorien handelt es sich häufig um Komponententheorien, nur ist dann keine der angenommenen Komponenten eine affektive Komponente.

4.2.1 Reduktionistische epistemische Ansätze und ihre Kritik

Reduktionistische Ansätze (ich lasse der Einfachheit halber den Zusatz »epistemisch« fallen) interpretieren Gefühle bzw. Emotionen vorzugsweise als eine Form von Werturteilen oder als epistemisch-optativische Strukturen, d.h. als Verbindungen von Meinungen und Wünschen. Im Licht der ersten Deutung wäre z.B. mein Zorn über eine andere Person als Urteil, daß diese Person mir ein Unrecht zugefügt hat, zu verstehen.[26] Analog wäre meine Trauer identisch mit dem Urteil, daß ich einen bedauerlichen Verlust erlitten habe.[27] Im Licht der zweiten Deutung erscheint Trauer als Gewißheit über das Vorliegen eines Sachverhalts verbunden mit dem Wunsch, der Sachverhalt möge nicht gegeben sein. Freude könnte nach dem gleichen Muster als Gewißheit, daß p, + Wunsch, daß p, Furcht als Ungewißheit, daß p, + Wunsch, daß nicht-p, und Hoffnung als Ungewißheit, daß p, + Wunsch, daß p, analysiert werden.[28]

Doch die erste Lesart ist *offensichtlich* verfehlt: Emotionen wie Furcht, Trauer und Zorn sind einfach nicht *dasselbe* wie Werturteile, denn wir können die entsprechenden Urteile auch emotionslos fällen. Es ist versucht worden, diesem Einwand durch die These zu begegnen, Emotionen seien eine besondere Art von Werturteilen, z.B. besonders intensive Werturteile oder Urteile, die Dinge betreffen, die uns besonders wichtig sind.[29] Aber wenn das Besondere an emotionalen Werturteilen nicht in ihrer Affektivität bestehen soll, ist schwer zu sehen, warum sich der Einwand nicht wiederholen lassen sollte: Solange Affektivität ausgespart bleibt, werden sich immer Werturteile finden lassen, die wir ohne Beteiligung von Emotionen fällen können.

Die Identifikation von Emotionen mit epistemisch-optativischen Strukturen ist wegen des Einschlusses von Wünschen nicht ganz so leicht abzuweisen. Wünsche und Gefühle haben

26 So Solomon 1980, S. 258.

27 So Solomon 1976, S. 187. Ähnliche Theorien wie Solomon vertreten z.B. Bedford 1957, (moderater) Pitcher 1965 und (nicht ganz eindeutig) Nussbaum 1995.

28 So Green 1992, S. 82. Ähnlich (allerdings mit skeptischen Einschränkungen) Searle 1983, S. 31ff.

29 Vgl. Solomon 1976, S. 188 und 1980, S. 264.

mehr miteinander gemeinsam als Gefühle und Werturteile.[30] Im Unterschied zu Werturteilen lassen sowohl Wünsche als auch Gefühle Graduierungen zu; wir können von »intensiven Wünschen« und »intensiven Gefühlen«, aber schwerlich von »intensiven Werturteilen« sprechen. Zudem lassen sich Werturteile häufig zu Gesamturteilen summieren, während dies bei Wünschen und Gefühlen nicht ohne weiteres möglich ist: Ein und derselbe Sachverhalt kann mich in einer Hinsicht erfreuen, in einer anderen betrüben, ohne daß ich sagen könnte, daß ich mich insgesamt eher freue, und ebenso kann ich ihn in einer Hinsicht wünschen, in anderer nicht wünschen, ohne daß ich sagen können muß, daß ich ihn insgesamt eher wünsche; weder das eine noch das andere muß mich dagegen daran hindern, zu dem Urteil zu gelangen, daß es insgesamt gesehen am besten ist, daß der Sachverhalt gegeben ist. Auch sind Werturteile weniger tolerant gegenüber Inkonsistenzen und Meinungsänderungen als Wünsche und Gefühle. Und schließlich sind Wünsche zumeist mit Gefühlen verbunden, so daß schwer zu entscheiden sein kann, ob eine epistemisch-optativische Struktur nicht bereits ein affektives Moment einschließt. Trotzdem scheint mir recht klar zu sein, daß auch die Reduktion von Emotionen auf Meinungen und Wünsche zumindest als generelle Theorie von Emotionen versagt.

Erstens entspricht sie nicht dem inneren Erleben von Emotionen. Wird Wünschen als eine optativische Stellungnahme oder Einstellung zu einem Sachverhalt p aufgefaßt, dann ist es schlicht abwegig zu meinen, Freude sei *nichts anderes* als die Gewißheit, daß p, + Wunsch, daß p. Entsprechendes gilt für Trauer, Furcht und Hoffnung. Unsicherheiten können aufgrund bestimmter sprachlicher Wendungen aufkommen, die verbalisierte Emotionsausdrücke mit »daß«-Klausel enthalten: »Es freut mich, daß…«, »Es betrübt mich, daß …« und vor allem »Ich befürchte, daß …« und »Ich erhoffe, daß …«. »Ich befürchte, daß …«, um nur eine dieser Wendungen herauszugreifen, kann tatsächlich so abgeschliffen verwendet werden, daß es nichts anderes meint, als unter Bedingungen epistemischer Unsicherheit zu wünschen, daß nicht-p. Nur liegt in diesem Fall eben keine Furcht und damit keine Emotion vor. Das Para-

30 Dazu Robinson 1983, S. 734 ff.

digma der Furcht ist nicht »befürchten, daß ...«, sondern »Furcht haben vor«.[31]

Zweitens genügt die entsprechende Kombination von Meinung und Wunsch oft nicht, um eine Emotion zu individuieren. Ich kann meinen, ein Freund habe mir ein Buch entwendet, und wünschen, es wäre nicht geschehen, und darauf doch mit einer Reihe verwandter, aber verschiedener Gefühle reagieren: mit ungläubigem Erstaunen, mit Enttäuschung und Bedauern, mit Wut und Ärger, mit moralischer Empörung.[32]

Und drittens gibt es viele Emotionen, von denen in so geringem Maße eine konkrete Handlungsaufforderung oder ein gezielter motivationaler Druck ausgeht, daß es mehr als fraglich ist, ob sie überhaupt ein Wunschelement enthalten. Schon bei Freude scheint mir dies zweifelhaft zu sein. Ebenso bei Bewunderung. Gewiß: In die Bewunderung für eine Person kann der Wunsch eingeschlossen sein, so zu sein wie sie, in die Bewunderung für ein Objekt der Wunsch, es zu besitzen. Aber weder das eine noch das andere ist notwendig gegeben. Ich bewundere Menschen und Dinge, weil ich sie gemessen an bestimmten, von mir gebilligten Standards für außergewöhnlich halte, vielleicht auch weil sie mich positiv überraschen.[33] Andere Beispiele für nicht-optativische und nicht-motivationale Emotionen sind Achtung, Ehrfurcht, Belustigtsein sowie die meisten im engeren Sinn ästhetischen Empfindungen.

31 Es ist eine in der (analytischen) Literatur sehr verbreitete Strategie zu versuchen, das gesamte Feld der Emotionen im Ausgang von Wendungen wie »Ich befürchte, daß ...« aufzuklären. So wird als zentral erklärt, was allenfalls peripher ist. Eine ähnliche Strategie ist der Ausgang von dispositionellen Emotionen. Ich kann einer Person wochenlang grollen, ohne ständig Groll zu spüren. Also können Emotionen, so wird gefolgert, nicht wesentlich etwas mit affektivem Beteiligtsein zu tun haben. Aber zum einen müssen wir, um eine Disposition zu verstehen, wissen, wozu sie disponiert; paradigmatische Emotionen sind deswegen *aktualisierte* Gefühle. Und zum anderen gibt es länger anhaltende Emotionen – z.B. die Trauer über den Verlust eines nahestehenden Menschen –, die keine (reinen) Dispositionen zu aktualisierten Emotionen sind, sondern einen großen Teil unserer Lebensäußerungen dauerhaft affektiv qualifizieren (dazu Oakley 1992, S. 8ff., S. 13).

32 Dieses Argument ist allerdings nicht durchschlagend, weil die Unterscheidung der genannten Emotionen über eine weitere Differenzierung der Meinungskomponente erfolgen könnte.

33 Für Adam Smith 1982, S. 20 u.ö. ist »admiration« »approbation heightened by wonder and surprise«.

4.2.2 Nicht-reduktionistische epistemische Ansätze

Attraktiver sind nicht-reduktionistische epistemische Emotionstheorien, die als Komponententheorien auftreten. Das klassische Beispiel dafür ist Aristoteles' Definition des Zorns im zweiten Buch der *Rhetorik*. Zorn (*orge*) ist danach ein

»mit Unlust verbundenes (1) Streben nach sichtbarer Vergeltung (2) für das, worin man eine unberechtigte Geringschätzung seiner selbst oder einem nahestehender Personen erblickt (3)«.[34]

Die analysierte Emotion wird in diesem Fall in drei Komponenten zerlegt: in eine hedonisch aufgefaßte affektive Komponente (1), in eine motivationale (2) und in eine kognitive und zumindest der äußeren Form nach zugleich epistemische Komponente (3), die die Form eines Werturteils hat. Nach dem gleichen Schema wäre Furcht als ein unlustbetontes Fluchtstreben aufgrund des Glaubens an eine unmittelbar drohende Gefahr für etwas, das einem wichtig ist, transparent zu machen. Wird das Fluchtstreben als Fluchtwunsch verstanden, dürfte es allerdings angemessener sein, das motivationale Element als (vermutlich kausale) Folge statt als konstitutiven Bestandteil der Emotion anzusehen. Man landete dann bei einer Zwei-Komponenten-Analyse,[35] sofern man nicht eine der verbleibenden Komponenten weiter aufspaltet. Letzteres geschieht z.B. dann, wenn die epistemische Komponente nicht als Werturteil (gegebenenfalls auch als deskriptives Urteil) aufgefaßt wird, sondern parallel zu dem, was sich an reduktionistischen Theorien beobachten läßt, als epistemisch-optativische Struktur. Furcht wäre dann nicht das Urteil, daß eine Gefahr für etwas, das einem wichtig ist, droht, verbunden mit einem Affekt (etwa in Form eines Unlustgefühls), sondern dieser Affekt verknüpft mit der Meinung, daß Gefahr droht, und dem Wunsch, dies möge nicht der Fall sein.[36]

34 *Rhetorik* 1378a31 ff.; Übersetzung und Numerierung von mir.
35 Zwei-Komponenten-Analysen geben z.B. Lyons 1980 und Gaus 1990; Aristoteles arbeitet teils mit Zwei-, teils mit Drei-Komponenten-Analysen. Drei-Komponenten-Analysen finden sich z.B. bei Spinoza, *Ethica*, 3. Buch und bei Oakley 1992, 1. Kap.
36 Als affektive Werturteile werden Emotionen z.B. von Lyons 1980 analysiert, als affektive epistemisch-optativische Strukturen von Gordon 1987.

Ein eigenes Problem betrifft die Frage, wie die verschiedenen konstitutiven Komponenten einer Emotion zusammenhängen sollen. Wenn ich simultan etwas als Gefahr erkenne, einen Fluchtwunsch habe und mich unwohl fühle, alles drei aber ganz unterschiedliche Ursachen hat, befinde ich mich sicherlich nicht im Zustand der Furcht. In der Regel wird deswegen angenommen, daß die Elemente einer Emotion kausal zu einem dynamischen Prozeß verbunden sein müssen, und zwar so, daß die affektive Komponente kausale Wirkung der epistemischen oder epistemisch-optativischen Komponente ist.[37]

4.2.3 Kritik nicht-reduktionistischer epistemischer Ansätze

Nicht-reduktionistische epistemische Komponententheorien vermitteln ein recht differenziertes Bild von Emotionen, das im Vergleich zu reduktionistischen Ansätzen zweifellos größere Plausibilität beanspruchen kann. Als generelle Theorie von Emotionen vermögen jedoch auch sie nicht zu überzeugen. Sie erweisen sich als fruchtbar für die Analyse bestimmter Gefühle, tendieren jedoch zu falschen Verallgemeinerungen oder verstellen den Blick auf Gemeinsamkeiten mit Gefühlsphänomenen, die als »bloße« Empfindungen ausgegrenzt werden.

Unbefriedigend wirkt schon die Zerlegung von Emotionen in Komponenten als solche. Ein derartiges Vorgehen ähnelt der Betrachtung von Gemälden als Ansammlung und Aneinanderreihung einzelner Farbsegmente und ist nicht durch unser phänomenales Erleben von Emotionen gedeckt. Sofern wir im Erleben von Emotionen überhaupt verschiedene Seiten differenzieren können, erfahren wir sie *alle* als affektiv qualifiziert. Deswegen mutet auch die Behauptung eindeutiger Kausalfolgen, die Affektivität stets nur als Wirkung gelten läßt, spekulativ an. Aber das ist nicht der entscheidende Einwand.

Indem nicht-reduktionistische Komponententheorien die Affektivität von Emotionen als kausalen Reflex anderer mentaler Einstellungen deuten, provozieren sie zwei kritische Nachfragen: Einerseits fragt sich, ob es wirklich zwingend ist, die unterstellten kausalen Antezedenzien von Affektivität als kon-

37 Vgl. Lyons 1980, Gordon 1987, Oakley 1992, 1. Kap.

stitutive Momente von Emotionen aufzufassen und nicht *lediglich* als kausal notwendige Bedingungen von ihnen (a). Andererseits bedarf der Überprüfung, ob alle Emotionen notwendig die jeweils postulierte kausale Vorgeschichte haben (b).

(a) Dafür, daß Emotionen neben ihrer affektiven Komponente noch andere, primär epistemische Komponenten als *konstitutive* Elemente haben müssen, werden zumeist eines oder mehrere von drei Argumenten angeführt.[38] Erstens wird oft behauptet, Emotionen müßten epistemische Konstituentien haben, um unsere Praxis der Kritik von Emotionen erklären zu können; Emotionen könnten angemessen oder unangemessen, passend oder unpassend, rational oder irrational sein, affektive Reaktionen ohne epistemische Implikationen seien dagegen (so wie etwa körperliche Schmerzen) strikt arational (1). Zweitens wird fast immer darauf abgehoben, daß Emotionen gerichtete Gefühle seien, Intentionalität aber nur über epistemische Einstellungen verständlich gemacht werden könne (2). Und drittens wird argumentiert, daß wir verschiedene Emotionen nur über ihre epistemischen Gehalte voneinander diskriminieren könnten (3).

(1) Von diesen drei Argumenten ist das erste das schwächste. Wie wenig es greift, können wir uns an der Praxis der Kritik von Wünschen klarmachen. Wünsche lassen sich, so hatten wir gesehen, epistemisch kritisieren. Wenn ich mir wünsche, einen bestimmten Beruf zu ergreifen, weil ich in bezug auf ihn bestimmte Überzeugungen hege, so erweist sich dieser Wunsch als uninformiert, wenn meine Überzeugungen falsch sind. Dennoch unterscheiden wir zwischen Wünschen und Überzeugungen, und es ist alles andere als zwingend, die Überzeugung, daß q, als konstitutiven Bestandteil des Wunsches, daß p, aufzufassen, nur weil der Wunsch ohne die Überzeugung nicht zustande gekommen wäre. Warum sollte es bei Emotionen anders sein? Hinzu kommt, daß wir einen Wunsch auch dafür kritisieren können, daß er sich als immun gegenüber jeder Meinungsänderung erweist. Ebenso könnte es sich bei Emotionen verhalten: Strikt irrationale Emotionen könnten gerade diejenigen sein, die durch keine epistemische Kritik mehr zu erreichen sind.

38 Ich verzichte im folgenden auf Einzelnachweise. Statt dessen sei auf die in Anm. 22 genannten philosophischen Überblicksartikel hingewiesen.

(2) Das zweite Argument kann letztlich nur auf dem Boden einer entwickelten Theorie der Intentionalität adäquat behandelt werden, über die ich nicht verfüge. Ich werde auf das Problem der Intentionalität von Gefühlen im nächsten Abschnitt noch einmal zurückkommen (*4.3.3*). Drei Hinweise können aber schon an dieser Stelle gegeben werden.

Erstens läßt sich wieder die Parallele zu Wünschen bemühen. Wünsche sind propositionale Einstellungen, die sich intentional auf Sachverhalte beziehen. Doch wie ist diese Intentionalität zu verstehen? Vermutlich in irgendeinem Sinn von Repräsentation. Dann ist die Frage, ob diese Repräsentation meinungs- oder urteilsförmig und insofern epistemisch sein muß. Wenn ja, wäre die Intentionalität von Wünschen von Meinungen abhängig. Dann wäre wieder zu fragen, ob deswegen Meinungen konstitutiver Bestandteil von Wünschen sein sollen. Wenn nein, wäre Intentionalität nicht an Meinen und Urteilen gebunden, sondern etwa an einen repräsentationalen Inhalt ohne jedes assertorische Moment, der im Fall von Wünschen allerdings immer noch propositionaler und begrifflicher Art wäre.

Zweitens ist aber nicht einmal ausgemacht, daß ein intentionaler Bezug nur als ein propositionaler oder zumindest als ein begrifflicher zu denken ist. Direkte sinnliche Wahrnehmungen äußerer Gegenstände halte ich für ein klares Beispiel für intentionale Einstellungen, die weder propositionaler noch begrifflicher Natur sind. Das ist strittig.[39] Aber da es inzwischen ernstzunehmende Modelle für nicht-propositionale und nicht-begriffliche Auffassungen von direkten Wahrnehmungen gibt,[40] kann der Verweis auf die Intentionalität von Gefühlen nicht mehr als *schlagendes* Argument für ihre notwendig doxastische und konzeptuelle Prägung angeführt werden. Von seiten einer Betrachtung der Emotionen selbst wird dieses Bedenken durch den Umstand gestärkt, daß wir viele Emotionsausdrücke eher auf Einzeldinge und Vorgänge statt auf Sachverhalte beziehen: Wir sagen, jemand sei zornig *auf jemanden*, fürchte sich *vor je-*

39 Vgl. Searle 1983, 2. Kap., der direkte Wahrnehmungen als propositionale Einstellungen deutet und damit die in der Analytischen Philosophie vorherrschende Ansicht formuliert.

40 Vgl. z.B. Dretske 1969 und 1979, Tye 1995, 4. Kap. und Schantz 1998, bes. IV. Abschnitt.

mandem, freue sich *an etwas*. Nicht daß sich Zorn, Furcht und Freude nicht auch auf Sachverhalte beziehen lassen würden. Aber oft mutet uns der Einzeldingbezug als primär gegenüber dem Sachverhaltsbezug an, und in jedem Fall geht jener nicht in diesem auf. Die Furcht vor einem nachts in meine Wohnung eingedrungenen Einbrecher beispielsweise dürfte primär als Furcht vor der Person des Einbrechers und erst sekundär als Furcht davor empfunden werden, daß er mich ermorden wird.[41] Ähnlich scheint mir bei der Freude *an* einer Tätigkeit evident zu sein, daß sie etwas anderes und basaler ist als die Freude *über* den Umstand, daß ich diese Tätigkeit ausübe. Oder nehmen wir Liebe und Haß: Nach allgemeinem Verständnis ist ihr Gegenstand vorzugsweise eine bestimmte andere Person. Das mag den Glauben an die Existenz der geliebten oder gehaßten Person voraussetzen und damit eine propositionale Einstellung.[42] Doch klingt es mehr als merkwürdig zu sagen, Gegenstand meiner Liebe oder meines Hasses sei die Tatsache, daß die von mir geliebte oder gehaßte Person existiert. Und selbst wenn es nicht abwegig ist zu sagen, man liebe jemanden wegen der und der Eigenschaften, so sträuben wir uns in unserer postromantischen Zeit doch dagegen, unsere Liebe darauf zu reduzieren. Natürlich gibt es auch Emotionen, die ausschließlich sachverhaltsbezogen sind; Hoffnung und Reue sind aufgrund ihres nicht-präsentischen Zeitbezugs besonders gute Beispiele dafür. Aber das ändert nichts an der Schwierigkeit, sich den besonderen Einzeldingbezug vieler Emotionen wegzudenken, der keine Parallele im Fall von Meinungen und Wünschen hat.

Drittens schließlich spricht gegen die Erklärung der Intentionalität von Emotionen über Meinungen oder auch über Wünsche die Beobachtung, daß sich die meisten Emotionen zumindest *prima facie* nicht mit Hilfe der Metapher der Passensrichtung (direction of fit) charakterisieren lassen. Sie scheinen weder wahr oder falsch noch erfüllt oder unerfüllt sein zu können. Zwar reden wir von »wahren« und »falschen« Gefühlen, aber damit meinen wir »aufrichtige« bzw. »unaufrichtige« Gefühle. Die Rede von »erfüllten« bzw. »unerfüllten«

41 Gute Beobachtungen dazu finden sich bei Schmitz 1995, S. 67f.

42 Vgl. Tugendhat 1979, S. 20, der auf diese Weise sehr angestrengt zu zeigen versucht, daß alles Bewußtsein propositionales Bewußtsein ist.

Gefühlen kann dagegen bei bestimmten Gefühlen wörtlich genommen werden, nämlich bei solchen, die sich, wie z.B. Sehnsucht und Hoffnung, auch als eine Form von Wünschen betrachten lassen. Bei so zentralen Emotionen wie Freude, Furcht, Zorn und Scham ist dies jedoch nicht möglich. Sie lassen sich nicht, jedenfalls nicht ohne weiteres, als assertorische oder optativische Stellungnahmen, in denen wir ausdrücken, daß etwas der Fall ist oder der Fall sein soll, begreifen. All dies nimmt dem Schluß von der Intentionalität von Emotionen auf ihre notwendig epistemische Verfaßtheit den Schein der Unabweisbarkeit.

(3) Für das gewichtigste der drei angeführten Argumente für den Einschluß epistemischer Elemente in Emotionen halte ich das dritte. Wir verfügen über eine ungleich höhere Zahl von Gefühlsausdrücken, als wir differente Formen von Affektivität im eigenen Erleben sicher ausmachen könnten. Aber das bedeutet nicht, daß alle Unterschiede zwischen Emotionen auf unterschiedliche epistemische oder auch nur kognitive Implikationen zurückzuführen sind. Epistemische Emotionstheorien haben, wie kognitive Theorien insgesamt, die Tendenz, Affektivität zu einem diffusen Behagen oder Unbehagen zu verkürzen. Alle Empfindungsunterschiede erscheinen so reduzierbar auf homogene Lust- und Unlustgefühle.[43] Doch das ist einfach nicht wahr: Trauer, Zorn und Scham beispielsweise sind alle unlustbetonte Emotionen, aber wir erleben sie deutlich unterschiedlich. Trauer kennzeichnet eine eigene Schwere, Zorn eine nach außen gerichtete Aufwallung, in der Scham ist uns, als würden wir durchbohrt werden. Es scheint deswegen nicht von vornherein aussichtslos, zumindest einige Emotionen ohne die Explikation eines epistemischen und u.U. selbst ohne die eines kognitiven Hintergrunds zu individuieren.

(b) Die Aufklärung der Struktur von (einigen) Emotionen ohne Rückgriff auf epistemische Einstellungen, wenigstens auf solche propositionaler Art, schließt nicht aus, daß sie kausal

43 Zur empirischen Bestätigung der These, Emotionen würden von diffusen inneren Regungen begleitet, die erst durch die kognitive Deutung von Situationen zu individuierbaren Emotionen werden, haben sich Philosophen lange auf die Experimente von Schachter und Singer (1962) berufen. Zu deren empirischer Fragwürdigkeit vgl. Izard 1977 [1994], S. 52 f. und ausführlicher Maslach 1979.

von Werturteilen oder Meinungen und Wünschen abhängig sind. Aber ist auch nur dies bei allen Emotionen immer der Fall?

Man könnte meinen, daß eine gerichtete affektive Reaktion zumindest den Glauben an die Existenz ihres Gegenstands voraussetzt. Wenn ich mich vor X fürchte, muß ich dann nicht glauben, daß X existiert? M.E. ist das nicht zwingend so. Es kann Situationen geben, in denen die bloße, direkte Wahrnehmung eines irgendwie unheimlichen Gegenstands genügt, um auf ihn mit Furcht zu reagieren, und wenn Wahrnehmungen, wie ich glaube, nicht meinungs- oder urteilsförmig sind, schließen sie auch keinen Existenzglauben ein. Zudem soll es Spinnenphobien geben, bei denen der Anblick der Fotografie einer Spinne ausreicht, um Furcht auszulösen, so daß diese Furcht zumindest nicht den Glauben an die Existenz *der Spinne* voraussetzt. Auch fiktionale, bloß imaginierte oder geträumte Dinge und Ereignisse lösen Emotionen aus. Die lebhafte Vorstellung von etwas setzt nicht die Meinung, das vorgestellte Etwas sei gegeben, voraus, obwohl zuzugestehen ist, daß *sehr* lebhafte Vorstellungen im subjektiven Empfinden die Grenze zwischen Phantasie und Realität aufheben können.

Dort wiederum, wo eine Existenzpräsupposition wahrscheinlich vorliegt, muß diese keine deskriptiv differenzierte sein. Die Furcht beispielsweise, die mich angesichts eines Abgrunds erfaßt, mag ohne den Glauben an die Existenz des Abgrunds undenkbar sein. Nicht dagegen muß ich glauben, ernsthaft der Gefahr eines Sturzes ausgesetzt zu sein. Mich kann Furcht angesichts eines Abgrunds erfassen, von dem ich mich durch ein sicheres Geländer geschützt weiß. Gegen eine allzu enge Verzahnung von Emotionen und Meinungen spricht allgemein die Erfahrung, daß Emotionen auch noch nach epistemischen Berichtigungen andauern können; sie haben eine Beharrungskraft, die von der der Meinungen, die ihnen anfänglich zugrunde liegen mögen, abweicht.[44]

44 Vgl. Robinson 1995, S. 68 f. sowie Leighton 1985. Von eingefleischten Kognitivisten wird das Beharrungsvermögen von Emotionen bei Meinungsänderungen bestritten. Was nach Aufklärung z.B. über die Ungefährlichkeit eines Hunds bleiben könne, sei nicht Furcht, sondern nur eine diffuse, derivative Körperempfindung. Niemand kann *beweisen*, daß es nicht so ist; aber die Autorität subjektiven Erlebens spricht eine andere Sprache. Kogni-

Im Hinblick auf den uns primär interessierenden Wertungscharakter von Gefühlen ist jedoch die Frage der kausalen Vorgängigkeit von Existenzannahmen und reicheren deskriptiven Meinungen letztlich zweitrangig. Viel wichtiger ist die speziellere Frage, ob (gegebenenfalls mit Meinungen verbundene) *Wünsche* oder *Werturteile* Gefühlen vorangehen müssen.

Bei Gefühlen, die im allgemeinen nicht zu den Emotionen gezählt werden, ist dies jedenfalls nicht der Fall. Sinnliche Lust- und Unlustempfindungen sind vermutlich Reaktionen auf nicht-mentale, physiologische Zustände und Prozesse.[45] Daß sie notwendig Effekte von Wunscherfüllungs- oder Frustrationszuständen oder gar von positiven oder negativen Werturteilen sind, ist dagegen an den Haaren herbeigezogen. Eine angenehme Geschmacksempfindung, das Wohlgefühl, das ein warmes Bad, frische Luft oder ein mildes Klima bereiten können, körperliche Schmerzen, die »Lebensgefühle« (Scheler) der Mattigkeit und Frische sind nicht notwendig von vorgängigen Wünschen oder Werturteilen abhängig, obwohl sie es durchaus sein können. Ähnliches gilt für Stimmungen: Wir *können* in ihnen »den Rückstoß des Erfolgs oder Mißerfolgs unseres Wollens und Wünschens« erleiden.[46] Doch ebensogut können wir mit ihnen auf bestimmte (entweder konstatierte oder sogar bloß vorgestellte) Grundgegebenheiten unseres Lebens wie unsere Sterblichkeit und die Zufälligkeit unserer Lebenssituation

tive Emotionstheorien gehen insgesamt von einem zu harmonischen Verhältnis von Kognition und Emotion aus, das den Dissonanzen, die aller Lebenserfahrung nach zwischen beiden auftauchen können, nicht gerecht wird.

45 Schmerzen beispielsweise könnten Reaktionen auf die Verletzung der Homöostase unseres Organismus sein. Da der Organismus auf den Erhalt der Homöostase programmiert ist, könnte man metaphorisch davon sprechen, daß er sie bewahren »will«, so daß der Schmerz aus der Frustration dieses »Wollens« entspringen würde. Auf diese Weise könnte man versuchen, das gesamte Spektrum der Gefühle als Reaktionen auf »Strebens«-Zustände verständlich zu machen. In der modernen Psychologie hat Frijda 1986 eine entsprechende Theorie der Gefühle, die stark von Spinoza inspiriert ist, entwickelt; vgl. auch Großart 1961. In unserem Zusammenhang ist jedoch entscheidend, daß niemand die Behauptung, Gefühle seien immer auf Wünsche zurückzuführen, auf einen Wunschbegriff gründet (und auch nicht gründen sollte), der jegliche »Strebungen«, auch solche, die nicht mentaler Art sind, umfaßt.

46 Tugendhat 1979, S. 208.

reagieren[47] oder auch – weniger gewichtig – auf die Verfaßtheit unserer unmittelbaren Umwelt: auf einen Nebeltag, auf die Monotonie moderner Vorstädte oder die Verlassenheit eines Platzes.

Da nun aber die Abgrenzung zwischen Emotionen und anderen Gefühlen, insbesondere Stimmungen, nicht immer leichtfällt, wäre es verwunderlich, wenn sie anders als diese stets Reaktionen auf Wünsche oder Werturteile wären. Tatsächlich lassen sich leicht Beispiele von emotionalen Reaktionen finden, die sich häufig nicht oder nur gezwungen nach dem Muster von Wunschbefriedigungs- und Enttäuschungsgefühlen oder als Reaktionen auf Werturteile deuten lassen. Verschiedene Formen von Freude sind vielleicht das beste Beispiel dafür: Man denke an die spontane Freude beim Anblick einer schönen Landschaft oder die Freude an einer zunächst widerwillig aufgenommenen Tätigkeit. Für Überraschung und (bestimmte Formen von) Interesse, läßt man sie denn als Emotionen gelten, ließen sich unschwer ähnliche Beispiele finden. Auch primitive Furcht und primitiver Ärger sind nur künstlich mit entsprechenden Wünschen und Werturteilen zusammenzubringen. Die angeführte Furcht vor einem Abgrund etwa kann sich auch dann einstellen, wenn ich mir durch einen Sprung in die Tiefe das Leben zu nehmen wünsche. Ebenso kann an viele personenbezogene Gefühle und Emotionen gedacht werden: Natürlich kann ich mich in eine andere Person verlieben, sie sympathisch und anziehend finden, weil meine Vorstellungen von ihr zu meinen eventuell uneingestandenen Wünschen passen; aber daß dies notwendig so ist, wird nur behaupten können, wer sich auf exzessive psychoanalytische Annahmen über allseits präsente unbewußte Wünsche einläßt. Auch die Liebe zu den eigenen Kindern muß sich nicht auf vorgängige Wünsche oder Werturteile über sie (oder Kinder überhaupt) gründen. Personenbezogene Gefühle sind oft der Grund für die Ausbildung von Wünschen und Werturteilen, statt selbst in diesen fundiert zu sein.

Somit ergibt sich, daß Emotionen Werturteile und epistemisch-optativische Strukturen weder als konstitutives Element noch als kausales Antezedenz aufweisen *müssen*. Als *generelle*

47 Wolf 1984, S. 160.

Theorie von Emotionen, geschweige denn von Gefühlen überhaupt, ist auch die nicht-reduktionistische epistemische Theorie in ihren verschiedenen Varianten verfehlt. Unmodifiziert ist sie allenfalls um den Preis einer problematischen Eingrenzung des Bereichs der »Emotionen« zu halten.

4.3 Eine alternative Theorie von Gefühlen

Die Einwände, die gegen epistemische Gefühls- bzw. Emotionstheorien zu machen sind, laufen nicht auf deren vollständige Verwerfung hinaus. Insgesamt legen sie dennoch ein deutlich anderes Bild von Gefühlen und Emotionen nahe, und das ist gerade auch für die Beurteilung des Zusammenhangs von Gefühlen und Wertungen von Bedeutung. Da diesem unser vordringliches Interesse gilt, können wir uns mit einer knappen Skizze einer alternativen Sicht von Gefühlen und speziell von Emotionen begnügen. Wir können so die Charakterisierung von Gefühlen als Weisen des affektiven Involviertseins in etwas weiter konkretisieren.

Epistemische Theorien setzen typischerweise bei der Betrachtung von komplexen Emotionen wie z.B. moralischen Gefühlen ein, die ohne höhere kognitive Vermögen nicht denkbar sind, und versuchen dann, im Ausgang von diesen das gesamte Feld der Emotionen theoretisch in den Griff zu bekommen. Es ist jedoch immer gewinnbringender zu versuchen, das Komplexere vor dem Hintergrund des Einfacheren verständlich zu machen, als umgekehrt vorzugehen. Die Aufklärung unseres Gefühlslebens sollte deswegen mit einer Analyse möglichst primitiver Gefühle und Emotionen beginnen.[48]

4.3.1 Primitive Emotionen

Aus dieser Perspektive kann schon die für epistemische wie insgesamt für kognitive Theorien zentrale strikte Trennung von sinnlichen Empfindungen und Emotionen wie Furcht, Freude und Scham überzogen anmuten. Da uns Emotionen zumindest sehr oft körperlich betreffen, können Emotionen und sinnliche

48 Vgl. dazu den instruktiven Aufsatz von Robinson 1995.

Empfindungen ineinander übergehen. Wie schwer es sein kann, zwischen beiden eine scharfe Grenze zu ziehen, läßt sich gut an den Freuden vor Augen führen, die wir an sportlichen, uns körperlich beanspruchenden Betätigungen haben können. Desgleichen lassen sich Emotionen und Stimmungen weniger leicht auseinanderhalten, als oft behauptet wird. So kippt die »Emotion« des Gelangweiltseins von etwas oft ohne deutlichen Bruch in die »Stimmung« der Langeweile um. Allerdings macht die Schwierigkeit, scharfe Grenzen zu ziehen, nicht jede begriffliche Unterscheidung hinfällig. Sinnliche Empfindungen sind in einer Weise körperlich lokalisierbar, wie dies für Gefühle wie Furcht und Freude nicht gilt.[49] Und es bleibt wahr, daß typische Emotionen sich intentional auf äußere Gegenstände beziehen, während ein solcher Bezug bei sinnlichen Empfindungen wie Schmerzen und körperlicher Lust nicht und bei Stimmungen wie Verzweiflung und Heiterkeit zumindest nicht offensichtlich vorhanden ist. Wichtiger als die Berücksichtigung von Übergängen zwischen sinnlichen Empfindungen, Stimmungen und Emotionen ist deswegen die Betonung des Umstands, daß es auch unter den Gefühlen, die allgemein als Emotionen betrachtet werden, ganz unterschiedlich komplexe Phänomene zu berücksichtigen gibt.

Neuere psychologische, psychopathologische, neurophysiologische und biologische Arbeiten haben starke Evidenzen dafür erbracht, daß alle Menschen aufgrund ihrer biologischen Ausstattung einen überschaubaren Satz *primitiver* Emotionen haben.[50] Zu ihnen gehören die Emotionen der Überraschung und des Ekels sowie Furcht, Freude, Kummer, Zorn/Wut, Neugier/Interesse und vielleicht auch Scham.[51] Einige, wenn nicht alle dieser Emotionen teilen wir mit höheren Tieren und mit Kleinstkindern. Sie haben basale biologische Überlebensfunktionen, indem sie uns ohne Nachdenken auf für unseren

49 Der vielleicht ausführlichste und m.E. immer noch beste Versuch einer Abgrenzung der sinnlichen Empfindungen als eigener Gefühlsklasse, der auch dieses Kriterium anführt, findet sich bei Scheler 1913/16 [1980], S. 335 ff.

50 Verwiesen sei insbes. auf folgende Arbeiten: Tomkins 1962, 1963 und 1981, Izard 1977, Plutchik 1980, MacLean 1980, Zajonc 1980 und 1984, Panksepp 1982, Ekman 1982, 1984 und 1992, Shaver/Wu/Schwartz 1992, Damasio 1994, LeDoux 1996.

51 Es gibt unterschiedliche Listen primitiver und universal gegebener Emotionen; die genannten werden aber fast immer aufgeführt.

Organismus wichtige Veränderungen in der äußeren Umgebung aufmerksam machen. Zusätzlich kommt ihnen eine basale soziale Aufgabe zu. Dafür spricht jedenfalls der Umstand, daß sie mit typischen (wenn auch partiell unterdrückbaren und kulturell überformten) Ausdrucksformen, insbesondere im Gesicht, verbunden und damit unmittelbar kommunizierbar sind. Auch bestimmte körperliche Haltungen und Verhaltensweisen lassen sich den primitiven Emotionen relativ leicht zuordnen: Der Traurige läßt Kopf und Schultern hängen, der Freudige hüpft vor Freude usw. Darüber hinaus scheint einiges dafür zu sprechen, daß ihnen je distinkte physiologische Vorgänge und u.U. auch distinkte neuronale Erregungsmuster entsprechen. Noch wichtiger ist der schon angedeutete Umstand, daß wir eine Reihe von Emotionen auch unterschiedlich erleben. Das Problem ist zwar, daß wir nur begrenzt über eine gemeinsame Sprache verfügen, in der wir den je besonderen Erlebnisgehalt einzelner Emotionen ausdrücken könnten. Aber daß wir in der Trauer eine besondere Schwere, in der Freude eine eigentümliche Leichtigkeit verspüren, Zorn von innen nach außen geht, Scham von außen nach innen, sind hilfreiche, obgleich unbeholfene Umschreibungen. Die Diskriminierbarkeit einzelner Emotionen aufgrund ihrer Expressionen, ihrer physiologischen und neuronalen Erregungsmuster und ihres phänomenalen Erlebnisgehalts muß nicht bedeuten, daß ihnen nicht auch spezifische kognitive Gehalte entsprechen. Ohne *irgendeine* Kognition wäre, darin ist epistemischen und anderen kognitiven Emotionstheorien recht zu geben, der intentionale Bezug von primitiven Emotionen auf äußere Gegenstände nicht zu erklären. Entscheidend ist jedoch, daß primitive Emotionen keine epistemischen Annahmen in Form deskriptiver oder evaluativer Urteile oder epistemisch-optativischer Strukturen implizieren oder zum kausalen Antezedenz haben müssen. Häufig genügt einfach die direkte äußere Wahrnehmung eines Gegenstands oder einer Situation. Für einige primitive Emotionen dürfte es spezifische Schlüsselreize geben (so für Ekel und wohl auch für Furcht), die visuell oder akustisch wahrgenommen werden müssen. Mit anderen primitiven Emotionen (z.B. mit Freude und Neugier) können wir auf alles mögliche reagieren, so daß es schwer werden kann, für sie spezifische Wahrnehmungsinhalte anzuführen. So oder so sind

Wahrnehmungsinhalte etwas im weiten Sinn Kognitives. Aber selbst wenn man anders als ich meint, sie seien begrifflicher und womöglich auch propositionaler Art, so hätten wir es bei ihnen doch mit einer Schwundstufe jener Meinungen, Werturteile und epistemisch-optativischen Strukturen zu tun, die epistemische Emotionstheorien als Konstituentien von Emotionen betrachten. Die mit primitiven Emotionen verbundenen kognitiven Prozesse müssen auf einer anderen Ebene als unsere »normalen« (deskriptiven oder evaluativen) Urteile liegen. Andernfalls wäre einerseits rätselhaft, warum Emotionen oft eine eigene Beharrungskraft haben, die sie gegen Meinungsänderungen partiell immunisiert, und es auch strikt irrationale Emotionen gibt. Andererseits wäre aber auch die vergleichsweise hohe Verläßlichkeit spontaner primitiv-emotionaler Reaktionen verwunderlich, die unsere viel fallibleren Urteile nicht aufweisen.

Primitive Emotionen lassen sich m.E. am besten als in je besonderer Weise affektiv qualifizierte, direkte äußere Wahrnehmungen bestimmen, wobei einige primitive Emotionen nur eine recht schmale, andere eine sehr weite Bandbreite von Wahrnehmungsinhalten zulassen.

4.3.2 Komplexe Emotionen

Selbstredend können primitive Emotionen bei Personen in vielfältigen Beziehungen zu epistemischen Annahmen und auch zu Wünschen stehen. Im bewußten Leben erwachsener Menschen interagieren Meinungen, Wünsche und Gefühle ständig. Aber auch beim erwachsenen Menschen brechen primitive Emotionen regelmäßig als relativ selbständige Phänomene durch, und wo sie in Beziehungen zu anderen mentalen Einstellungen und Zuständen stehen, handelt es sich um Beziehungen, die in beide Richtungen gehen können. Unter bestimmten Bedingungen können Meinungen Emotionen auslösen; aber das Umgekehrte ist durchaus auch denkbar.[52] Ebenso können Wünsche bzw. deren Erfüllung oder Vereitelung Emotionen hervorrufen; aber Emotionen können auch zu Wünschen führen, wie Furcht zu einem Fluchtwunsch.

52 Vgl. Tomkins 1981, S. 316 f. und Zajonc 1980.

Im Laufe unserer lebensgeschichtlichen Entwicklung gewinnen primitive Emotionen jedoch nicht nur einen reicheren kausalen Hintergrund, auf den sie ihrerseits zurückwirken. Vielmehr verbinden sie sich vielfach mit epistemischen Annahmen über die Welt, aber auch mit komplexeren kognitiven Tätigkeiten nicht-epistemischer Art zu festeren kognitiv-affektiven Strukturen, die durch bestimmte Wünsche und Verhaltensmuster weiter angereichert werden können. Der Prozeß der individuellen Sozialisation und der kollektiven Kulturalisierung besteht ganz wesentlich in der Kanalisierung und Transformierung primitiver, universal geteilter Emotionen zu individuell und kulturell variierenden kognitiv-affektiven Strukturen, die ich *komplexe* Emotionen nennen möchte.[53] Es sind diese Strukturen, die epistemische wie auch andere kognitive Emotionstheorien in den Mittelpunkt ihrer Analysen stellen und fälschlich verallgemeinern. Gefühle wie Stolz, Neid, Eifersucht, moralische Empörung, ästhetische Bewunderung und religiöse Demut setzen höhere kognitive Leistungen, die vermutlich sprachabhängig sind und nur von menschlichen Personen erbracht werden können, voraus und sind mit mehr oder minder spezifischen Meinungen, Werturteilen, Vorstellungen, Wünschen und eventuell auch Handlungsweisen verknüpft. Dabei ist es zumeist sinnvoll, einen Teil dieser Verknüpfungen als begriffliche Implikation zu betrachten. Zur moralischen Empörung gehört analytisch, daß die sich empörende Person meint, daß die Verletzung einer von ihr geteilten moralischen Norm durch eine andere (zurechnungsfähige) Person vorliegt. Für unser Verständnis von Neid ist wesentlich, daß eine neidische Person meint, jemand anderes habe etwas, das sie in irgendeiner Hinsicht schätzt und von dem sie nicht will, daß der andere es hat. Kognitiv-affektive Strukturen treten in der Regel als Gefühlsdispositionen auf. Aufgrund ihrer kognitiven und optativischen Anteile können sie zudem partiell unbewußt sein. Ich kann eifersüchtig sein, ohne es zu bemerken, erst recht, ohne es wahrhaben zu wollen, obwohl ich untergründig spüre, daß irgend etwas nicht in Ordnung ist. Aus dem gleichen Grund kann es eine Frage der Interpretation sein, ob ich eifer-

53 Für die individuelle Entwicklung vgl. die entwicklungspsychologische Studie von Sroufe 1996. Spekulationen zum kollektiven Kulturalisierungsprozeß stellt Heller 1981 verstreut durch ihre ganze Arbeit an.

süchtig oder neidisch bin oder jemanden verachte, wobei jede Interpretation dazu tendieren wird, mein Gefühl zu modifizieren. In komplexen Emotionen manifestiert sich, wie wir eine Situation deuten, ja zuweilen, wie wir die Welt überhaupt sehen. Sie sind affektiv geprägte gedankliche Prozesse und Konstruktionen, die mit starken epistemischen Ansprüchen verbunden sein können, aber durchaus nicht sein müssen. Da primitive Emotionen nicht auf einen differenzierten Hintergrund anderer mentaler Einstellungen angewiesen sind, erlebt sie vermutlich jede Person auf ähnliche Weise. Komplexe Emotionen, die Ausdruck einer Situationsdeutung und Weltsicht sind, dürften dagegen trotz kultureller Verfestigungen von jeder Person anders erlebt werden. Der vielleicht wichtigste Unterschied zu primitiven Emotionen besteht aber darin, daß wir in unsere komplexen Emotionen auf andere Weise als Person einbezogen sind: Primitive Emotionen wie Furcht und Freude erfahren wir eher als etwas uns von außen Betreffendes, das uns gegebenenfalls als ganze Person ergreifen kann, aber zuweilen auch gleichsam an uns abläuft; komplexe Emotionen sind demgegenüber als gedankliche Prozesse und Konstruktionen mentale Vorgänge, an denen wir stärker – oft auch willentlich – beteiligt sind. Deswegen werden häufig Gefühle wie Neid, Eifersucht, Verachtung usw. eher dem Charakter von Personen zugeschlagen als ihre Empfänglichkeit für Furcht oder Freude. Das heißt allerdings nicht, daß sie nicht mehr Weisen des affektiven Beteiligtseins wären. Ihr affektiver Kern wird sichtbar, sobald sie aktualisiert werden. Das Wechselverhältnis, das zwischen primitiven Emotionen und anderen mentalen Einstellungen bestehen kann, spielt sich bei komplexen Emotionen so innerhalb des Gefühls selbst ab, daß sich seine verschiedenen Momente prozessual durchdringen. Auch komplexe Emotionen sind mit eigenen Empfindungsweisen verbunden, die die primitiven Emotionen, aus denen sie sich vermutlich ursprünglich entwickelt haben, durchscheinen lassen, obwohl ihnen keine distinkten Expressionen und wohl auch keine distinkten physiologischen und neuronalen Erregungsmuster mehr zuzuordnen sind.

Die Differenzierung des Bereichs der Emotionen in primitive und komplexe Emotionen ist nur eine grobe Unterscheidung. Es gibt Übergänge zwischen beiden Bereichen und Gefühle, die sich schwer einordnen lassen. So können mit Ausdrücken wie »Zorn« und »Furcht« sowohl primitive als auch komplexe Emotionen angesprochen werden. Und schwer einzuordnen sind z.B. Sympathiegefühle wie das Mitleid und viele Weisen, in denen man sich von anderen Personen angezogen oder abgestoßen fühlen kann.

4.3.3 Affektive Intentionalität

Wir können diese Skizze einer alternativen Theorie von Gefühlen und speziell von Emotionen mit einigen kurzen Bemerkungen zum Problem der Intentionalität von Gefühlen abschließen, das die philosophische Diskussion von Gefühlen lange beherrscht hat und auch für die Wertungsproblematik von Bedeutung ist. M.E. haben viele, und ich meine sogar: alle Gefühle eine eigene affektive Intentionalität, die sich nicht auf die von Meinungen oder Wünschen zurückführen läßt. Da ich, wie schon erwähnt, über keine ausgearbeitete Theorie der Intentionalität verfüge, kann ich nur versuchen, diese Behauptung so plausibel wie möglich zu machen.

Es erscheint mir sinnvoll, Intentionalität als eine besondere Beziehung zwischen mentaler Repräsentation und Repräsentiertem anzusehen (wobei das Repräsentierte zumeist nicht selbst mental ist, aber sein kann). Ferner gehe ich davon aus, daß es bei intentionalen Zuständen und Einstellungen möglich ist, zwischen ihrem Gehalt und dem psychologischen Modus, in dem dieser Gehalt gegeben ist, zu unterscheiden.[54] Die Rede von einer »eigenen affektiven Intentionalität« wird in meinen Augen dadurch gerechtfertigt, daß wir uns in Gefühlen in einem besonderen, nämlich affektiven psychologischen Modus auf einen intentionalen Gehalt beziehen, wobei sich verschiedene Gefühle bzw. Arten von Gefühlen nicht nur in ihrem intentionalen Gehalt, sondern auch im psychologischen Modus unterscheiden können.

Im Fall von *primitiven* Emotionen scheint mir der intentionale Gehalt der von direkten sinnlichen Wahrnehmungen zu sein. Bei primitiver Furcht beispielsweise liefert uns, so vermute ich, die direkte Wahrnehmung eines irgendwie unheimli-

54 Vgl. Searle 1983.

chen Gegenstands eine Repräsentation dieses Gegenstands, der dann in der affektiven Reaktion der Furcht entsprechend psychologisch modifiziert wird. Dabei unterstelle ich, daß der intentionale Gehalt von direkten sinnlichen Wahrnehmungen weder propositional noch begrifflich verfaßt ist und daß es somit auch nicht der über direkte sinnliche Wahrnehmungen vermittelte Gehalt primitiver Emotionen ist. Die affektive Modifikation dieses nicht-propositionalen und nicht-begrifflichen Gehalts ist als funktionales Äquivalent des assertorischen oder optativischen Stellungnehmens (oder Quasi-Stellungnehmens) zu betrachten, mit dem wir uns im Fall von Meinungen bzw. Wünschen auf einen propositonal gegebenen, repräsentationalen Inhalt beziehen. In gewissen Grenzen halte ich es für möglich, daß wir auf gleiche oder ähnliche intentionale Gehalte bzw. auf das in ihnen Repräsentierte mit unterschiedlichen, auch entgegengesetzten primitiven Emotionen reagieren können, z.B. mit Furcht oder Freude. Das würde besonders deutlich machen, daß sich primitive Emotionen nicht nur in ihrem intentionalen Gehalt, sondern auch im psychologischen Modus unterscheiden können. Da sich die eigentlich affektive Reaktion als funktionales Äquivalent zum assertorischen und optativischen Stellungnehmen (bzw. Quasi-Stellungnehmen) begreifen läßt, könnte man auch sie in einem weiten Sinn als ein »Stellungnehmen« bezeichnen. Nur handelte es sich um ein »Stellungnehmen« eigener, affektiver Art. Im Fall der Furcht könnten wir so von einem »furchtvollen« Stellungnehmen, im Fall der Freude von einem »freudevollen« Stellungnehmen sprechen, und analog bei den anderen Emotionen. Bei vielen, aber nicht allen Emotionen nimmt das »affektive Stellungnehmen« die Form eines Ge- oder Mißfallens an, sofern diese als generische Begriffe genommen werden (Freude ist ein offensichtliches Beispiel für Ge-, Kummer für Mißfallen). Daß uns etwas gefällt, ist etwas anderes, als zu meinen, es sei der Fall, oder zu wünschen, es möge der Fall sein, obwohl es ersteres implizieren und letzteres zur Folge haben kann. Wir werden auf die Möglichkeit, viele Emotionen als Weisen des Ge- bzw. Mißfallens aufzufassen, gleich noch zurückkommen, weil sie für den Wertungscharakter dieser Emotionen entscheidend ist. Sie bietet in meinen Augen die griffigste Erklärung dafür, daß sich viele Gefühle nicht mit Hilfe der Metapher der Passensrichtung charakterisieren lassen.

Im Fall von *komplexen* Emotionen ergibt sich ein komplizierteres Bild, das sich aber in seinen groben Züge mit dem deckt, das sich bei primitiven Emotionen nahelegt. Der intentionale Gehalt komplexer Emotionen kann sowohl nicht-propositionaler als auch propositionaler Natur sein, und häufig ist er beides. Im ersten Fall dürfte er sich wieder direkten sinnlichen Wahrnehmungen verdanken, im zweiten liegen epistemische oder komplexere kognitive Implikationen vor, wie sie von epistemischen und anderen kognitiven Theorien in Anschlag gebracht werden. Wenn ich über die Normverletzung einer anderen Person empört bin, dann ist es die Meinung, eine Normverletzung liege vor, die den Sachverhaltsbezug meiner Empörung sichert. Ein solcher Bezug kann aber auch durch eine bloße Vorstellung zustande kommen, die kein assertorisches Stellungnehmen enthält.[55] Was den psychologischen Modus anbelangt, so sollte er bei komplexen Emotionen ihrer jeweiligen Komplexität entsprechend in verschiedene Komponenten aufgespaltet werden: Komplexe Emotionen werden häufig sowohl assertorische als auch optativische Stellungnahmen (oder Quasi-Stellungnahmen) implizieren, darüber hinaus jedoch immer auch ein eigenes affektives »Stellungnehmen«. In vielen (vielleicht allen) Fällen läßt sich dieses Stellungnehmen wieder als eine je spezifische Form von Ge- bzw. Mißfallen charakterisieren.

Werden Emotionen oft über ihre Intentionalität geradezu definiert, so ist der intentionale Charakter anderer, normalerweise nicht zu den Emotionen gezählter Gefühle umstritten. Beispielsweise wird er *sinnlichen Empfindungen* fast einhellig abgesprochen. Ich halte das für einen Fehler. Richtig ist, daß wir z.B. von einer Schmerzempfindung, die durch die Berührung einer heißen Herdplatte hervorgerufen wird, nicht sagen können, sie sei auf die Herdplatte als ihr intentionales Objekt gerichtet. Schmerzempfindungen repräsentieren keine äußeren Gegenstände. Sie haben m.E. jedoch insofern einen Intentionalität manifestierenden repräsentationalen Gehalt, als sie körperliche Veränderungen widerspiegeln, die durch den

55 Vermutlich lassen sich so viele emotionale Reaktionen auf fiktionale Texte verständlich machen.

Kontakt mit der Welt oder durch körperimmanente Prozesse kausal bewirkt werden.[56] Für diese Sicht spricht u.a., daß wir auch bei Schmerzen von *Miß*repräsentationen sprechen können, wie das Phänomen der Phantomschmerzen zeigt.[57] Aus meiner Sicht liegt es nahe, sinnliche Empfindungen als eine spezielle Form von inneren Wahrnehmungen aufzufassen, deren intentionaler Gehalt wiederum nicht-propositionaler und nicht-begrifflicher Art ist. Ihr psychologischer Modus würde sich dann ganz analog zum Fall primitiver Emotionen nach der jeweiligen Art von sinnlicher Empfindung richten. Handelt es sich bei sinnlichen Empfindungen um Lust- oder Unlustempfindungen, bietet sich abermals an, ihnen ein spezifisches Ge- bzw. Mißfallen als Äquivalent zu assertorischen und optativischen Stellungnahmen zuzuschreiben. Lust- und Unlustempfindungen haben nicht nur einen eigenen phänomenalen Gehalt; vielmehr schließen sie darüber hinaus Pro- bzw. Contra-Gefühle ein, die eine Form des positiven bzw. negativen Stellungnehmens darstellen.[58] Analoges könnte für Stimmungen geltend gemacht werden, die sich je nach Ausprägung entweder stärker sinnlichen Empfindungen oder Emotionen parallelisieren lassen.

4.4 Der Wertungscharakter von Gefühlen

Wir haben jetzt den Punkt erreicht, an dem wir die am Ende von *4.1* formulierte Intuition wieder aufgreifen können. Aufgrund der Affektivität von Gefühlen, die sich gegen alle Einwände als Kern aller Gefühle sichern läßt, schien sich aus zwei Gründen ein enger Zusammenhang zwischen Gefühlen und Wertungen nahezulegen: Zum einen, so hatten wir vermutet, zeigen uns Gefühle an, was in irgendeiner Hinsicht für uns wichtig ist; und zum anderen schien sich die Betrachtung von

56 Dazu ausführlicher Tye 1995, S. 111 ff.

57 Daß auch Schmerzen Intentionalität zukommt, könnte sich im Rahmen einer ausgeführten Theorie der Intentionalität auch über den Nachweis ergeben, daß alles Bewußtsein qua Bewußtsein intentional ist, wie es ja die Phänomenologie seit Brentano behauptet hat.

58 In Grundzügen entspricht dies Brentanos Analyse sinnlicher Lust und Unlust; vgl. dazu Chisholm 1987.

etwas als intrinsisch gut ohne jede gefühlsmäßige Beteiligung zu verflüchtigen. Beide Überlegungen lassen sich auf der Grundlage unserer Auseinandersetzung mit epistemischen Emotionstheorien (*4.2*) und der Skizze einer alternativen Theorie von Gefühlen und Emotionen (*4.3*) substantiieren. Die Vertiefung der ersten Überlegung führt auf den Umstand, daß Gefühle einen *indirekten* Wertungscharakter haben können (*4.4.1*), die Vertiefung der zweiten Überlegung macht sichtbar, daß sie auch einen *direkten* Wertungscharakter haben können (*4.4.2*).

4.4.1 Der indirekte Wertungscharakter von Gefühlen

Gefühle haben, so möchte ich sagen, einen *indirekten* Wertungscharakter, sofern sie aufgrund ihrer Affektivität auf Wertungen verweisen oder diese anzeigen. Das ist offensichtlich überall dort der Fall, wo jene epistemischen und kognitiven Theorien greifen, die (bestimmte) Gefühle mit *Werturteilen* entweder (nur) kausal oder (auch) begrifflich verbunden sehen. Gefühle wie Achtung, Stolz und moralische Empörung indizieren Werturteile und unsere Identifikation mit den hinter ihnen stehenden Wertungsstandards. Das ist am deutlichsten im Fall von moralischen Gefühlen, in denen wir etwas (z.B. eine Person oder eine Tat) anhand von moralischen Normen bewerten, mit denen wir uns (in einem später noch zu präzisierenden Sinn) identifizieren. Die Wertung, um die es hier geht, liegt, so gesehen, nicht im Gefühl qua Weise affektiven Beteiligtseins an etwas, sondern in einem identifikatorischen Werturteil, das der affektiven Reaktion auch dann vorgelagert ist, wenn es als Teil des Gefühls insgesamt fungiert. In dieser Perspektive kommt der affektiven Reaktion Relevanz als *Indikator* für das zugrundeliegende Werturteil zu. Und das ist vor allem insofern von Bedeutung, als wir uns über unsere eigenen Werturteile und identifikatorischen Beziehungen zu Wertungsstandards im unklaren sein können. Sie können unbewußt oder verdeckt sein, und um sie ins Zentrum unseres Bewußtseins zu rücken, können affektive Reaktionen vonnöten sein, die mit ihnen kausal zusammenhängen. Das Nachdenken über unsere Gefühle kann uns deswegen dazu führen, unsere verzerrten Vorstellungen von uns selbst, von dem, was wir für gut oder wichtig halten, zurechtzurücken. Sie haben insofern nicht nur eine Erschließungs-, sondern auch eine Korrekturfunktion.

Statt auf Werturteile können affektive Reaktionen auch auf *Wünsche* verweisen, und sofern sich Wünsche als eine Form von Wertung begreifen lassen, manifestiert sich auch darin der mögliche indirekte Wertungscharakter von Gefühlen. So ist Freude häufig (nur eben nicht immer) ein Zeichen dafür, daß wir etwas erreicht haben, was wir uns gewünscht haben, und mit Kummer und Enttäuschung reagieren wir auf die Vereitelung unserer Wünsche. Als Reaktionen auf vorgängige Werturteile oder Wünsche lassen sich Gefühle allgemein als affektive Reaktionen auf Übereinstimmungs- oder Mißverhältnisse zwischen der Art, wie wir die Welt sehen, und dem, was wir in der einen oder anderen Weise für gut oder wichtig erachten, auffassen. Wenn die Argumentation im vorigen Kapitel richtig war, scheinen wir uns im Fall der affektiven Reaktion auf Wunschzustände allerdings im Kreis zu drehen: Wünsche sollten – zumindest häufig – auf Gefühle verweisen, um ihren evaluativen Zug verständlich zu machen, und jetzt sollen Gefühle auf Wünsche verweisen, um ihren indirekten Wertungscharakter zu plausibilisieren. Dieser Zirkel muß jedoch kein vitiöser sein, denn die Wünsche, die in affektiven Reaktionen angezeigt werden, können mit Werturteilen zusammenhängen oder ihrerseits entweder in emotionalen Erfahrungen wurzeln oder selbst affektiv besetzt sein oder es kann, wie meist, beides der Fall sein. So kann ich die Fortsetzung einer Tätigkeit wünschen, die mir Freude bereitet, und wütend werden, wenn sie mir verwehrt wird. Oder ich kann aus Liebe und Bewunderung für eine andere Person bestimmte Wünsche hegen und mich dann über deren Verwirklichung freuen. Inwiefern durch solche vorgängigen Verbindungen von Gefühlen und Wünschen ein besonderes Wertungsmoment ins Spiel kommt, wird sich gleich bei der Erörterung des direkten Wertungscharakters von Gefühlen zeigen.

Wie steht es mit Gefühlen, die weder auf Werturteile noch auf Wünsche verweisen? Können auch sie einen indirekten Wertungscharakter haben? Das hängt davon ab, wieweit wir die Rede von »Wertungen« fassen wollen. In Wertungen wird etwas als irgendwie gut oder schlecht, positiv oder negativ betrachtet. Gibt es so etwas als Grundlage auch von primitiven

Emotionen oder sinnlichen Empfindungen wie z.B. Schmerzen? Ich meine, nur in einem metaphorischen Sinn. So können wir sagen, daß wir in primitiver Furcht und in Schmerzen affektiv auf Vorgänge reagieren, die unser Organismus als gut oder schlecht »bewertet«. Wir stellen uns dabei unseren Organismus als ein selbständiges Wesen vor, das bestimmte Ziele (seinen Erhalt, sein Gedeihen o.ä.) verfolgt und alles, was ihnen förderlich ist, als gut und alles, was ihnen abträglich ist, als schlecht beurteilt, und zwar als *instrumentell* gut bzw. schlecht.[59] Aber solange sich aus der Idee einer objektiven Teleologie kein Sinn gewinnen läßt, ist diese Redeweise nicht wörtlich zu nehmen; Bewertung im nicht-metaphorischen Sinn ist an mentale Zustände und Einstellungen, die gegebenenfalls unbewußt sind, gebunden.

4.4.2 Der direkte Wertungscharakter von Gefühlen

Wichtiger als der indirekte Wertungscharakter von Gefühlen ist für unsere Belange die These, Gefühle könnten auch einen *direkten* Wertungscharakter haben, denn diese These ist nur eine andere Formulierung der These, deren Verteidigung ich zu Beginn dieses Kapitels als sein zentrales Anliegen hervorgehoben hatte. Gefühle haben, so möchte ich sagen, einen direkten Wertungscharakter, sofern sie *als Weisen affektiven Involviertseins* selbst Wertungen sind. Der kursiv gesetzte Zusatz ist zur Abgrenzung von einigen epistemischen und kognitiven Gefühlstheorien wichtig. Auch diese sehen ja in bestimmten Gefühlen Wertungen, nur soll ihr Wertungsmoment gerade nicht in ihrer affektiven, sondern in ihrer epistemischen oder kognitiven Seite liegen, etwa in Form eines Werturteils. Würden Gefühle allein so Wertungen darstellen, könnten primitive Emotionen, die, als kognitive Prozesse gedeutet, lediglich direkte sinnliche und als solche schwerlich als wertend einstufbare Wahrnehmungen implizieren, von vornherein keinen direkten Wertungscharakter haben, von anderen Gefühlen, die üblicherweise nicht zu den Emotionen gezählt werden, ganz zu schweigen. Ich möchte demgegenüber behaupten, daß Gefühle gerade (auch) in ihrer Eigenschaft als Weisen affektiven Beteiligtseins

59 Vgl. oben Anm. 45.

an etwas eine Form von Wertungen sein können. Was spricht für diese Ansicht?

Der Begriff des Wertens ist in unserer Umgangssprache nicht sehr fest verankert. Ich halte es jedoch für legitim, ihn so weit zu fassen, daß er alle mentalen Einstellungen umgreift, durch die jemand etwas als in irgendeiner Hinsicht gut, attraktiv, schön, nützlich u.ä.m. erfährt oder einstuft. So verstanden, müssen Wertungen nicht in Form verbalisierter Werturteile, in denen einem Wertungsgegenstand ein Wertprädikat zugeschrieben wird, vorgenommen werden. Sich wertend zu etwas zu verhalten kann vielmehr als eine Grundform der Verhaltens zur Welt aufgefaßt werden, an der auch Wesen, die keine Werturteile fällen können, partizipieren. Für die allgemeine Charakterisierung dieses Verhaltens ist vor allem zweierlei zentral: Alles Werten ist erstens auf ein Positiv-negativ-Spektrum bezogen; sich wertend auf etwas zu beziehen heißt immer, es als in irgendeiner Hinsicht positiv oder negativ zu erfahren oder einzustufen. Und zweitens ist alles Werten ein Werten von etwas als etwas, also eine intentionale Einstellung. Diese beiden notwendigen (und m.E. auch hinreichenden) Bedingungen für die Rede von Wertungen erfüllen nun nicht alle Gefühle, aber doch sehr viele. Halten wir uns an die sehr grobe Klassifikation von Gefühlen in sinnliche Empfindungen, Stimmungen und Emotionen, so erfahren wir in vielen sinnlichen Empfindungen etwas als *angenehm* oder *unangenehm* (1), in Stimmungen mutet uns die Welt als *erfüllt* oder *leer* an (2), und in bezug auf Emotionen können wir zwischen *positiven* und *negativen* Emotionen differenzieren, je nachdem ob sie einen positiven oder negativen Affekt enthalten (3).

(1) Die Unterscheidung »angenehm«/»unangenehm« ist eine Positiv-negativ-Unterscheidung im Sinn der ersten notwendigen Bedingung für die Rede von Wertungen. Im Gegensatz zu einer verbreiteten Ansicht sind die Prädikate »gut« und »schlecht«, an denen auch wir uns bisher orientiert haben, nicht die einzigen Wertprädikate. Sie sind nur die allgemeinsten (und damit auch die leersten), die gegenüber konkreteren Wertausdrücken als Gattungsbegriffe fungieren. Wenn wir etwas als »gut«, zumal als »intrinsisch gut«, qualifizieren, geben wir zu verstehen, daß für das so Qualifizierte etwas spricht. Aber genau diese Funktion kann auch die Bestimmung von etwas als

»angenehm« bzw., im negativen Fall, als »unangenehm« erfüllen. »Angenehm« und »unangenehm« können dabei sehr weit verstanden werden, aber ihren primären Ort haben sie im Bereich der sinnlichen Empfindungen.

Unter Zugrundelegung eines sehr weiten Wertungsbegriffs liegt eine Bewertung von etwas als »angenehm« oder »unangenehm« schon in der jeweiligen sinnlichen Empfindung selbst. Auch ein Tier, das über keine Sprache verfügt, erfährt in seinen sinnlichen Empfindungen etwas als im weiten Sinn gut oder schlecht, genauer: als gut oder schlecht für es selbst. Im Unterschied zu ihm können wir unsere sinnlichen Empfindungen sprachlich ausdrücken. Wenn wir dies in wertenden Sätzen wie »X ist angenehm« oder »Y ist unangenehm« tun, so haben diese Sätze einen *expressiven* Charakter. Wir stellen dann in ihnen nicht fest, daß der fragliche Gegenstand so beschaffen ist, daß er eine bestimmte sinnliche Empfindung bei uns oder anderen zu einem bestimmten Zeitpunkt oder normalerweise kausal hervorruft, denn in diesem Fall würden wir keine Wertung vornehmen. Als Expressionen von sinnlichen Empfindungen haben Sätze wie »X ist angenehm« oder »Y ist unangenehm« vielmehr genau die Struktur, die Emotivisten wie Ayer und Stevenson in allen Wertaussagen glaubten erkennen zu können.[60] Sie sind Artikulationen der Wertungen, die schon in den jeweiligen sinnlichen Empfindungen selbst liegen.

Die in wertenden Aussagen mit »angenehm« ausgedrückten Empfindungen können dabei sehr vielfältiger Art sein, so daß die Unterscheidung »angenehm«/»unangenehm«, selbst wenn sie auf den Bereich sinnlicher Empfindungen beschränkt wird, einen ähnlich generischen Charakter hat wie die Unterscheidung »gut«/»schlecht«. Angenehm können der Geschmack von Speisen und Getränken, ein warmes Bad, frische Luft, eine zarte Berührung u.ä.m. sein, aber der Geschmack einer Speise oder eines Getränks ist auf andere Weise angenehm als ein warmes Bad oder das Einatmen frischer Luft. Wir können die verschiedenen Dimensionen angenehmer und unangenehmer Empfindungen nicht gegeneinander verrechnen; wir können nicht sagen, der Geschmack einer Speise sei angenehmer als ein Sonnenbad. Derartige komparative Vergleiche sind nur in-

60 Vgl. Ayer 1936, 6. Kap. und Stevenson 1937.

nerhalb einer bestimmten Empfindungsdimension sinnvoll, wobei die verschiedenen Dimensionen zumindest grob unseren verschiedenen Sinnesorganen und Körperfunktionen entsprechen. Die Erfahrungen von etwas als angenehm oder unangenehm sind also pluraler Art; sofern wir das Angenehme und das Unangenehme als »Werte« bezeichnen wollen, generiert die Vielfalt verschiedener sinnlicher Empfindungen eine Pluralität von Werten.

Ein Problem bleibt jedoch, daß sich gegen die Bestimmung von sinnlichen Empfindungen und ihren Expressionen als einer Form von Wertungen einwenden läßt, daß sie die zweite notwendige Bedingung für die Rede von Wertungen zu verletzen scheint. Was, so kann gefragt werden, soll der Gegenstand sein, der durch sinnliche Empfindungen bewertet wird? Sind es nicht die sinnlichen Empfindungen selbst, die angenehm oder unangenehm sind?

Tatsächlich können wir äußere Gegenstände, die wir aufgrund bestimmter sinnlicher Empfindungen als angenehm oder unangenehm qualifizieren, nur abgeleiteterweise so nennen. Eine Speise oder ein warmes Bad sind angenehm aufgrund der kausalen Eigenschaft, in uns eine angenehme Empfindung hervorzurufen; sie haben zu ihren sonstigen Eigenschaften nicht noch die zusätzliche Eigenschaft des Angenehmseins. Von daher kommen äußere Gegenstände als primäres Bewertungsobjekt sinnlicher Empfindungen nicht in Frage. Um dennoch einen Unterschied zwischen bewertender Einstellung und bewertetem Objekt machen zu können, bieten sich zwei Alternativen an. Ausgehend von meinen tentativen Überlegungen zur Intentionalität auch von sinnlichen Empfindungen, denen zufolge diese bestimmte Körperzustände repräsentieren, erscheint der Gedanke attraktiv, eben diese Zustände als das Objekt anzusehen, das wir in sinnlichen Empfindungen direkt als angenehm oder unangenehm bewerten. Alternativ wäre zu erwägen, zwar die sinnlichen Empfindungen selbst als angenehm bzw. unangenehm zu qualifizieren, dann aber an ihnen einen wertenden und einen bewerteten Aspekt zu unterscheiden. So könnte man bei Schmerzen die Qualität der Schmerzhaftigkeit von ihrer negativen Bewertung abheben, die sich in dem Umstand manifestiert, daß uns Schmerzen Unbehagen bereiten, wir auf sie also negativ affektiv reagieren. Man könnte dann darüber streiten, ob die negative affektive Reaktion analytisch zum Haben von Schmerzen gehört oder eine davon getrennte Emotion ist, die nur in aller Regel mit dem Haben von Schmerzen verbunden ist. Zumindest im Fall der meisten sinnlichen Empfindungen scheint mir die Aspektdifferenzierung angemessener als die Betrachtung von in sinnlichen Empfindungen repräsentierten Körperzuständen als eigentliches Bewertungsobjekt. Entscheidend ist jedoch, daß beide Sichtweisen erlauben, bestimmte sinnliche Empfindungen als eine – wenn auch besonders simple – Form von Wertungen zu begreifen.

(2) Auch bei Stimmungen kann der intentionale Gegenstandsbezug unklar sein. Als »gehoben« oder »lastend« bezeichnen wir die Stimmungen selbst, nicht einen von ihnen verschiedenen Gegenstandsbereich. Aber sofern es sich bei Stimmungen nicht um diffuse sinnliche Empfindungen handelt (die sich dann wieder auf bestimmte [generelle] Körperzustände beziehen oder in einen wertenden und einen bewerteten Aspekt auseinanderlegen ließen), lassen sie sich als »einheitliche Gesamtbefindlichkeiten« (Tugendhat) beschreiben, mit denen wir nicht auf einzelne Aspekte unserer Lebenssituation, sondern auf unsere Lebenssituation insgesamt reagieren.[61] Dann ist es unser Leben als solches oder unsere momentane Gesamtsituation, die im Licht unserer Stimmungen als positiv oder negativ erscheinen. In gehobenen Stimmungen wie Zufriedenheit und Heiterkeit erfahren wir unser Leben und die Welt als »erfüllt« und »sinnvoll«; in lastenden Stimmungen wie Verzweiflung und Langeweile erfahren wir sie als »leer«, »sinnlos«, »öde«. Alle diese Ausdrücke lassen sich wieder als Konkretionen der allgemeinen Wertprädikate »gut« und »schlecht« auffassen, sofern die Qualifizierung von etwas durch sie expressiver Natur ist. Und unter dieser Voraussetzung können wir dann auch sagen, daß Stimmungen selbst eine Form von Wertungen sind.

(3) Am wichtigsten ist das Feld der positiven und negativen Emotionen. Zu ersteren lassen sich Emotionen wie Freude, Bewunderung, Stolz, Liebe, Gefühle der Sympathie (das Jemand-sympathisch-Finden) und positive ästhetische Empfindungen wie ästhetischer Genuß rechnen, zu letzteren Emotionen wie Kummer, Zorn, Furcht, Ekel, Scham, Verachtung, Haß, Ge-

61 Vgl. Tugendhat 1979, S. 206 und Wolf 1984, S. 160.

fühle der Antipathie und negative ästhetische Empfindungen wie der Eindruck des Häßlichen. Einige dieser Emotionen sind primitive Emotionen, so daß ihre Positivität bzw. Negativität nur von ihrer Affektivität herrühren kann. Bei anderen Emotionen handelt es sich um komplexe kognitiv-affektive Strukturen, die auch kognitiv-evaluative Anteile haben können. Doch auch im Fall dieser Emotionen sollte intuitiv einleuchten, daß sie über ihre kognitiven Evaluationen hinaus positive und negative Affekte enthalten, die sich meist als Transformationen primitiver Emotionen deuten lassen. Die Positivität des Stolzes als einer komplexen Emotion etwa ist mit der der Freude als primitiver Emotion verwandt; sie geht nicht in dem positiven Urteil, daß ich eine besondere Leistung vollbracht habe, auf. Entsprechend ist die Negativität der moralischen Scham mit der des Kummers verwandt; sie geht nicht in dem negativen Urteil, daß ich gegen eine moralische Norm verstoßen habe, auf. Und es ist diese genuin affektive Positivität bzw. Negativität, durch die die äußeren Einzeldinge und die Sachverhalte, auf die wir uns in Emotionen durch die Vermittlung direkter Wahrnehmungen und Kognitionen beziehen, ganz ähnlich wie in Stimmungen in ein positiv oder negativ wertendes Licht getaucht werden. Auch das vollzieht sich auf eine plurale Weise: In unseren Emotionen erscheint uns etwas als erfreulich oder betrüblich, interessant oder uninteressant, vertrauenerweckend oder bedrohlich, achtunggebietend oder erbärmlich, sympathisch oder unsympathisch, attraktiv oder unattraktiv, schön oder häßlich, bewunderungswürdig oder empörend usw. Kaum ein Bereich unserer Sprache ist von ähnlichem Reichtum wie das Vokabular emotional getönter Wertausdrücke. Die Wertungen, die wir mit ihrer Hilfe vornehmen, können Werturteile voraussetzen, in denen wir das, was wir mit den genannten Ausdrücken qualifizieren, zu irgendwelchen Wertungsstandards in Beziehung setzen. Doch das reicht nie allein aus und ist vielfach nicht notwendig. Eine Aussage wie »X ist erfreulich« kann die Expression primitiver Freude sein, und auch wenn die ihr zugrunde liegende Emotion eine komplexe Emotion ist, wird sie einen deren Affektivität ausdrückenden expressiven Zug haben.

Eine gewisse Komplikation ergibt sich allerdings dadurch, daß wir Wertaussagen wie »X ist erfreulich« oder »Y ist attraktiv« (und analog Aussagen mit »angenehm« und mit Stimmungsausdrücken) auch dann aufrichtig äußern und mit ihnen zum Ausdruck bringen können, daß wir etwas erfreulich oder attraktiv finden, wenn wir auf X nicht mit Freude reagieren und uns zu Y nicht hingezogen fühlen. Es kann sein, daß wir uns momentan nicht in der richtigen emotionalen Verfassung befinden.

Einmal kann das bedeuten, daß wir mit entsprechenden Aussagen zu verstehen geben, daß wir auf die jeweils werthaft qualifizierten Gegenstände *normalerweise* mit bestimmten Emotionen reagieren. Wir finden dann nicht *jetzt* X erfreulich, Y attraktiv, sondern wir finden es *unter gewöhnlichen Umständen*. Um auch darin noch ein wertendes Verhalten zu sehen, könnte man »werten« so verstehen, daß es nicht nur heißt, auf etwas mit bestimmten Emotionen zu reagieren, sondern auch, dazu *disponiert* zu sein, auf etwas mit bestimmten Emotionen zu reagieren.[62] Dazu paßt, daß uns eine nicht-dispositional verankerte Emotion als zu flüchtig und launenhaft erscheinen kann, um sie als eine Form von »Wertung« aufzufassen.

Sodann können wir mit »X ist erfreulich«, »Y ist attraktiv« jedoch auch ein Werturteil ausdrücken, das mehr und anderes ist als die direkte oder indirekte Expression einer Emotion. In diesem Fall beziehen wir uns auf einen Standard oder eine Norm, die besagen, daß wir auf etwas mit bestimmten Emotionen reagieren *sollten*. Darauf wird im sechsten Kapitel zurückzukommen sein. Schon jetzt läßt sich aber sagen, daß Werturteile mit emotionalen Wertausdrücken auf Wertungen in Form von Emotionsexpressionen zurückverweisen. Wertausdrücke wie »erfreulich«, »attraktiv«, »sympathisch« usw. blieben für uns nämlich unverständlich, würden wir nicht grundsätzlich über die Emotionen verfügen, in denen sie wurzeln und die wir mit ihnen ausdrücken können.

4.4.3 Wertende Gefühle als Weisen des Ge- bzw. Mißfallens

Können wir den direkten Wertungscharakter von (vielen) Gefühlen noch genauer bestimmen? Ich habe weiter oben, in *4.3.3*,

62 So Gaus 1990, bes. S. 109 ff.

den Vorschlag ins Spiel gebracht, Gefühle als Weisen des *Ge-* bzw. *Mißfallens* zu begreifen.[63] Diese Charakterisierung paßt nicht auf alle Gefühle. Sie ist bei Überraschung, Ernst, bestimmten Formen von Interesse und auch sinnlichen Empfindungen, die nicht Empfindungen von etwas als angenehm oder unangenehm sind, fehl am Platz. Aber diese Gefühle sind auch nicht direkt wertend; sie haben allenfalls einen indirekten Wertungscharakter, indem sie anzeigen, daß uns etwas in der einen oder anderen Weise wichtig ist. Insofern kann die Rede von »Ge-« bzw. »Mißfallen« helfen, den Bereich der direkt wertenden Gefühle grob abzustecken. Auch in diesem Bereich paßt sie allerdings nur mehr oder minder gut. Sie paßt gut zu sinnlichen Empfindungen, die uns etwas als angenehm bzw. unangenehm erscheinen lassen, und zu den primitiven Emotionen der Freude und des Kummers. Weniger gut paßt sie zu Gefühlen wie Furcht, Zorn, Stolz, Scham oder Achtung. Deswegen hatte ich gesagt, die Rede von »Ge-« bzw. »Mißfallen« sollte in einem generischen Sinn verstanden werden, der die faktische Pluralität unserer gefühlsmäßigen Reaktionen auf die Welt nicht verkleistert. Mir scheint es sprachlich einigermaßen vertretbar zu sein, z.B. von einer Person zu sagen, sie »mißfalle« einem, und damit so unterschiedliche Gefühle zum Ausdruck zu bringen wie Furcht, Haß, Empörung, Wut, Ekel, Antipathie oder sonst irgendeine Form von Abstoßung.

Was es in diesem weiten Sinn heißt, daß einem etwas ge- oder mißfällt, läßt sich nicht viel weiter erläutern. Die Rede von »Ge-« bzw. »Mißfallen« steht in bewußter Nähe zur traditionellen Klassifikation von Gefühlen als Formen von »Lust« bzw. »Unlust«.[64] Tatsächlich glaube ich, daß zwar nicht alle Gefühle, aber alle wertenden Gefühle entweder positiv oder negativ hedonisch qualifiziert sind (während für nicht-wertende Gefühle wie Überraschung oder Ernst gerade kennzeichnend ist, daß sie normalerweise keine hedonische Färbung haben). Der naheliegende Versuch, die Rede von »Ge-« bzw. »Mißfallen« über die von »Lust« bzw. »Unlust« zu erhellen stößt jedoch auf die Schwierigkeit, daß diese nicht unbedingt klarer ist als jene. Wie am Ende von *4.3.3* angeklungen, meine ich sogar,

63 Vgl. ähnlich Gaus 1990, S. 69.

64 Eine durchgängige Klassifikation von Gefühlen als Lust- bzw. Unlustempfindungen findet sich in der Antike am deutlichsten bei Epikur (vgl. Dioge-

daß wir die Rede von »Ge-« bzw. »Mißfallen« brauchen, um Lust- und Unlustempfindungen adäquat beschreiben zu können.

Von einigen Autoren ist bestritten worden, daß es überhaupt so etwas wie einen »hedonischen Ton« gibt, den Bewußtseinszustände annehmen können.[65] Die eigene, innere Erfahrung spricht m.E. gegen diese Kritik. Nur fällt es schwer, diese Erfahrung genauer zu bestimmen. Sicherlich verfehlt ist die Annahme einer homogenen »Lust«- resp. »Unlust«-Qualität, die so verschiedenen Erfahrungen wie dem Geschmack von Schokolade und dem Sympathischfinden einer anderen Person oder dem Ekel vor einer schleimigen Substanz und der moralischen Empörung über ein Verbrechen gemeinsam wäre. Auch ist der hedonische Ton eines Gefühls nicht einfach mit seiner affektiven Seite gleichzusetzen. Er ist vielmehr ein Aspekt von dieser, der in seiner eigenen phänomenalen Qualität durch die Gesamtqualität des Gefühls in je besonderer Weise geprägt ist. Genau an dieser unlöslichen Verzahnung zwischen hedonischem Ton und dem Bewußtseinszustand, den er qualifiziert, kann sich jedoch der Zweifel an der Existenz einer eigenen Dimension des Hedonischen festmachen.[66] Als Rückzugsposition bleibt dann nur C.D. Broads These, wonach der hedonische Ton diejenige Qualität ist, »which we cannot define but are per-

nes Laertius 1967, X 34), später dann in Spinozas Ethik (3. Buch), sofern man »laetitia« resp. »tristitia« mit »Lust« resp. »Unlust« wiedergeben kann. Aristoteles sagt dagegen lediglich, die Gefühle würden von Lust- bzw. Unlustempfindungen begleitet werden (*Nikomachische Ethik* 1105b23, *Rhetorik* 1378a21). Platon tendiert zu einer Vierteilung der Gefühle in Lust (*hedone*), Unlust (*lype*), Begierde (*epithymia*) und Furcht (*phobos*); s. *Laches* 191d, *Symposium* 207e, *Phaidon* 83b, *Staat* 429c, 430a, *Theaitetos* 156b. Dem ist die Stoa gefolgt; vgl. bes. Cicero, *Tusculanae disputationes*, 4.11-14.

65 Vgl. Alston 1967b, Trigg 1970, S. 119 ff. und Brandt 1979, S. 35 ff.

66 Zur Illustration sei folgende Passage aus Dunckers beeindruckend differenzierter Verteidigung einer eigenen Dimension des Hedonischen zitiert: »The quality of the pleasantness pervading a tickle-sensation is precisely the quality of the tickle-sensation, and the quality of the pleasantness pervading the happy consciousness of an important life is precisely the quality of the happy consciousness of an important life. That is to say, the feeling-tone of pleasantness shares the quality, depth, and dignity of its immediate objective correlate. Being merely the tone of something, it has no properties of its own aside from its ›algedonic‹ character and its intensity ranging from extreme pleasantness through indifference to extreme unpleasantness« (1940, S. 408).

fectly acquainted with«.[67] Vielleicht hilft es, sich den hedonischen Ton von Gefühlen mit Platon in Analogie zur Qualität der Farbigkeit zu denken, die alle Farben trotz ihrer irreduziblen Mannigfaltigkeit gemeinsam haben (wobei es allerdings für Farbigkeit kein Positiv-negativ-Spektrum gibt).[68]

Doch selbst wenn es richtig sein sollte, daß alle wertenden Gefühle positiv oder negativ hedonisch qualifiziert sind, sollten wir die Rede von »Ge-« bzw. »Mißfallen« nicht durch die von »Lust« bzw. »Unlust« ersetzen. Zum einen nämlich wird die Intentionalität der Gefühle besser durch die Rede von »Ge-« und »Mißfallen« als durch die von »Lust« und »Unlust« gewahrt. Da uns sowohl Einzeldinge als auch Sachverhalte gefallen können, gilt dies auch für die Besonderheit, daß der intentionale Bezug von Gefühlen ein propositionaler sein kann, aber nicht muß. Und zum anderen leistet die Rede von »Ge-« bzw. »Mißfallen« weniger leicht hedonistischen Fehlschlüssen Vorschub. Wenn wir an einer Tätigkeit Freude haben oder jemanden lieben, dann geht es uns zumindest primär um die entsprechende Tätigkeit resp. Person und nicht um die Gefühle der Freude oder der Liebe, die mir beide einen hedonischen Ton zu haben scheinen. Was uns in der Freude primär gefällt, ist die Tätigkeit, die uns Freude bereitet, nicht die Freude selbst, und von Liebe kann man nicht mehr sprechen, wenn man sie um des Gefühls der Liebe willen anstrebt. Werden Lust und Unlust als pure Empfindungsqualitäten aufgefaßt, so sind sie nicht nur nicht identisch mit dem Gefallen bzw. Mißfallen von wertenden Gefühlen, sondern vielmehr eines ihrer möglichen Objekte. Am angemessensten dürfte es aber sein, Ge- bzw. Mißfallen als einen Aspekt von Lust- bzw. Unlustempfindungen aufzufassen. Lust und Unlust wären dann Empfindungsqualitäten, für die konstitutiv ist, daß sie uns ge- bzw. mißfallen.[69]

67 Broad 1934, S. 229.
68 Platon, *Philebos* 12e.
69 Statt an dieser Stelle die eigene Analyse weiterzutreiben, verweise ich erneut auf die Darstellung von Brentanos Theorie von Lust und Unlust bei Chisholm 1987. Zu den vielen interessanten Überlegungen, die sich bei Brentano finden, gehört u.a. der Gedanke, daß im Fall »geistiger« Freuden und anderer positiver Gefühle körperlich spürbare Lustempfindungen die kausale Folge der intentionalen Einstellung des Gefallens (bzw. der »Liebe«, wie Brentano irreführenderweise stets sagt) sein können.

Am Ende muß die Charakterisierung von wertenden Gefühlen als Weisen des Ge- bzw. Mißfallens für sich überzeugen, weil sie dafür steht, daß wir uns wie in Gefühlen insgesamt, so auch in wertenden Gefühlen auf eine eigene Weise auf die Welt beziehen, die sich nicht unter andere Weisen, insbesondere die des Meinens und des Wünschens, verrechnen läßt. Das ist im Fall des Meinens sicherlich klarer als im Fall des Wünschens. Es ist nicht nur, wie wir gesehen haben, versucht worden, Gefühle auf Verbindungen von Meinungen und Wünschen zu reduzieren, sondern auch, die Rede von »Lust«, »Freude« u.ä. in die von »Wünschen« aufzulösen, und mit der Rede von »Ge-« bzw. »Mißfallen« mutet das eher noch erfolgversprechender an. Für William Alston und Richard Brandt beispielsweise läuft die Qualifizierung einer Erfahrung als irgendwie lustvoll und Gefallen erregend auf die Behauptung hinaus, daß diese Erfahrung gewünscht wird oder wir dazu disponiert sind, sie zu wünschen.[70] Bei beiden steht hinter dieser Sicht der Gedanke, daß wir die Tatsache, daß wir *ceteris paribus* das Lustvolle oder Gefallenerregende anderem vorziehen, nur erklären können, wenn zum Lustvollen oder Gefallenerregenden bereits analytisch gehört, daß es gewünscht wird oder dazu disponiert.[71] Aber erstens ist es eine dogmatische und auch merkwürdige Behauptung, daß der Grund dafür, etwas zu wünschen, nur sein kann, daß wir es bereits wünschen oder dazu disponiert sind. Zweitens ist zu bedenken, daß selbst wenn es richtig wäre, daß uns die Tatsache, daß uns etwas gefällt, dazu disponiert, es zu wünschen, dies doch nicht *eo ipso* hieße, daß an etwas Gefallen zu finden nichts anderes bedeutet, als disponiert zu sein, es zu wünschen. Die unterstellte Implikationsbeziehung kann auch eine kausale statt eine begriffliche sein, und würden wir von »Gefallen« wirklich nicht ohne Wunschdisposition sprechen können, müßte auch das das Gefallen nicht auf das Vorhandensein einer Wunschdisposition reduzieren. Drittens ist es aber

70 Alston 1967b, S. 345 f. und Brandt 1979, S. 38 ff. Ich muß hier die Unterschiede zwischen Alstons und Brandts Position ebenso vernachlässigen wie den Umstand, daß beide einen verkürzten Wunschbegriff haben.

71 So schreibt Alston zur Erläuterung und Stützung seiner Position: »If to enjoy an experience *is* just to be disposed to choose an experience exactly like it if nothing other than the felt quality is relevant, then it follows trivially that the fact that something involves enjoyment is a reason for choosing it« (1967b, S. 346).

auch fraglich, ob das Gefallen notwendig mit Wünschen verbunden ist. Von dem, was uns gefällt, geht, so möchte ich sagen, eine unspezifische Aufforderung aus, die von uns verschieden ausgelegt werden kann. Wenn mir z.B. ein Bild ästhetisch gefällt, so kann ich mich dadurch in einem entsprechenden Kontext aufgefordert fühlen, es anderen Bildern vorzuziehen oder Schaden von ihm abzuwenden. Aber zunächst einmal steht das Gefallen für sich. Es ist selbst weder ein Vorziehen, weil es auch ohne alle Vergleiche gegeben sein kann, noch sonst irgendeine Handlungsweise. Vielmehr ist es, gegebenenfalls, die Grundlage für beides.

4.4.4 Die Subjektivität gefühlsmäßiger Wertungen

Der Zusammenhang zwischen wertenden Gefühlen als Weisen des Ge- bzw. Mißfallens und Wünschen ist von vielfältiger Art. Der entscheidende Punkt für meine Argumentation ist, daß Gefühle aufgrund ihres Wertungscharakters die Ausbildung von Wünschen fundieren können: Wir wünschen uns etwas, *weil* wir dieses oder ein anderes Etwas in wertenden Gefühlen positiv oder negativ evaluieren (wobei das »weil« ein rechtfertigendes »weil« und nicht [nur] ein kausales ist). Bevor ich diesen Punkt zu Anfang des nächsten Kapitels erneut aufgreife (*5.1*), ist jedoch noch eine weitere Bemerkung zum direkten Wertungscharakter von (einigen) Gefühlen am Platz.

Die Bestimmung von direkt wertenden Gefühlen als Weisen des Ge- bzw. Mißfallens hebt ihren *subjektiven* Zug hervor. Subjektiv sind gefühlsmäßige Evaluationen in dreierlei Hinsicht: Einmal ist, ob etwas angenehm, langweilig, erfreulich usw. ist, *ontologisch* von unseren Gefühlen abhängig. Obwohl sich Gefühle wie sinnliche Empfindungen und primitive Emotionen als eine Form von Wahrnehmungen begreifen lassen, sind Gefühle qua Weisen des Ge- bzw. Mißfallens (und damit des affektiven Beteiligtseins) keine epistemischen Zugänge zu subjektunabhängigen Werten. Die primitive Freude über etwas ist genaugenommen nicht die Wahrnehmung von etwas als erfreulich, sondern die freudevolle Wahrnehmung von etwas. Gäbe es keine Freude, gäbe es nichts Erfreuliches, so wie es auch nichts Langweiliges gäbe ohne die Stimmung der Langeweile. Es sind erst unsere gefühlsmäßigen Reaktionen, die

»Werte« wie das Erfreuliche, Langweilige, Angenehme usw. in die Welt bringen;[72] insofern sind Gefühle nicht werterschließend, sondern wertkonstituierend. Sodann beziehen wir in allen Gefühlen und so auch in direkt wertenden Gefühlen etwas auf uns selbst, auf unser eigenes Leben. Man könnte diesen Zug von Gefühlen ihre »*Selbstbezogenheit*« nennen. Was ich in einem Gefühl positiv oder negativ evaluiere, affiziert mich durch das Gefühl in meinem eigenen Sein. Es gewinnt dadurch, daß es mich gefühlsmäßig berührt, Bedeutung und Wichtigkeit für mich. Man kann das auch so ausdrücken, daß man sagt, wir erführen in direkt wertenden Gefühlen etwas als *für uns* gut bzw. schlecht. Und schließlich sind gefühlsmäßige Reaktionen trivialerweise zunächst einmal Reaktionen einzelner Individuen; sie sind somit subjektiv, weil sie *individuell* sind. Darin ist impliziert, daß das, was einem Individuum gefällt (worüber es sich freut, was es liebt, was es interessiert usw.), nicht automatisch auch anderen gefällt. Diese dreifache Subjektivität gefühlsmäßiger Wertungen provoziert vielleicht den Einwand, sie mache die Rede von »Wertungen« fragwürdig, weil Wertungen notwendig mit Objektivitätsansprüchen verbunden seien. Aber dieser Einwand sticht nicht.

Einerseits läuft er auf einen bloßen Streit um Worte hinaus. Wenn man will, kann man den Begriff des Wertens für Werturteile reservieren, mit denen wir bestimmte Objektivitätsansprüche verbinden, wie in »Foltern ist schlecht«. Aber dann braucht man ein anderes Wort für Expressionen unseres Gefallens. Was drücke ich aus, wenn ich sage, daß mir etwas gefällt, daß ich es angenehm, schön, erfreulich o.ä. finde? Indem mir etwas gefällt und ich auf es mit bestimmten Gefühlen reagiere, verhalte ich mich nicht beschreibend, nicht fordernd, nicht fragend zur Welt, sondern eben – wie ich zu sagen vorschlage – wertend. Statt den Begriff des Wertens für Wertungen mit Objektivitätsansprüchen vorzubehalten, scheint es mir angemessener, von »subjektiven« und »objektiven« Wertungen zu sprechen. Schließlich verwenden wir auch das allgemeine Wertprädikat »gut« mal in objektivierenden, mal in subjektivierenden Wendungen (»X ist gut« vs. »Ich finde X gut«).

Andererseits aber können durchaus auch mit gefühlsmäßigen

72 Vgl. das Santayana-Zitat in Anm. 21.

Wertungen Objektivitätsansprüche verbunden werden. Wenn wir etwas als »angenehm«, »langweilig«, »erfreulich« usw. qualifizieren, benutzen wir nicht immer subjektivierende Wendungen wie »Ich *finde* es angenehm etc.«. Wir können im Gegenteil überzeugt sein, daß etwas »wirklich« angenehm, langweilig usw. ist. Die Frage ist natürlich, ob es dafür irgendeine Berechtigung gibt. Aber erstens kann sich diese Frage auch bei Werturteilen wie »Foltern ist schlecht« stellen. Und zweitens widerspricht die dreifache Subjektivität gefühlsmäßiger Wertungen nicht *eo ipso* jeder Form von Objektivität.

So schließt die ontologische Abhängigkeit von Werten von Gefühlen nicht einmal eine moderate Form von Wertrealismus aus. Strukturell unterscheidet sie sich nicht von der ontologischen Abhängigkeit von Farben von Farbwahrnehmungen, und Farben schreiben wir vortheoretisch auch dann Objekten in der Welt zu, wenn wir sie theoretisch als sekundäre Qualitäten auffassen. Daß einige wertrealistische Positionen zugleich gefühlstheoretische Positionen sind,[73] ist nicht einfach absurd, obwohl diese Positionen in die Irre führen. Sie können sich vor allem auf einen Zug von Gefühlen stützen, der in der Rede von »Ge-« bzw. »Mißfallen« unterbelichtet wird: auf ihren Widerfahrnischarakter. In Furcht und Grauen drängt sich uns die Welt als bedrohlich und schrecklich auf, in der Heiterkeit und der Freude kommt sie uns heiter und erfreulich entgegen, in Kummer und Verzweiflung lastet sie als bedrückend und sinnentleert auf uns. Die Affektivität von Gefühlen verändert und durchdringt unsere gesamte Wirklichkeitswahrnehmung so sehr, daß wir im eigenen Erleben nicht zwischen dem, was wir in die Welt bringen, und dem, was wir in der Welt vorfinden, säuberlich trennen können. Hinzu kommt, daß das, was uns in der Welt begegnet, ob nun in der Natur, in Gegenständen des täglichen Gebrauchs oder in der Kunst, nicht nur bestimmte Gefühle auslösen, sondern auch ausdrücken kann. Eine traurige Melodie oder ein heiterer Landstrich bei-

73 Man denke etwa an Meinong 1923 und Scheler 1913/1916, wobei an Scheler interessant (obwohl im einzelnen schwer nachvollziehbar) ist, daß er sich trotz seiner explizit wertrealistischen Position scharf von einer realistischen Wertontologie, wie sie Nicolai Hartmann in seiner *Ethik* (1926) vertreten hat, abgrenzt (vgl. das Vorwort zur dritten Auflage des *Formalismus*-Buchs).

spielsweise sind traurig und heiter nicht nur, weil sie uns so machen, sondern auch, weil in ihnen diese Gefühle in ›analoger‹ Weise zur Darstellung kommen und von uns »nachgefühlt« werden können.

Zu dem durch den phänomenalen Charakter von Gefühlserlebnissen vermittelten Objektivitätseindruck, der leicht zur Formulierung von Objektivitätsansprüchen führen kann, bilden die Individualität von Gefühlen und die damit verbundene Variabilität ein Gegengewicht. Unsere Gefühle sind sowohl inter- wie intrapersonal viel größeren Schwankungen unterworfen als z.B. Farbwahrnehmungen. Aber dies gilt nicht für alle Gefühle im gleichen Maße: Vor allem bei sinnlichen Empfindungen und primitiven Emotionen gibt es schon aufgrund ihrer biologischen Funktion eine viel größere Übereinstimmung, als manchmal behauptet wird. Könnten wir nicht recht sicher sein, daß andere auf ähnliche Situationen mit ähnlichen Gefühlen wie wir reagieren, könnten wir uns vermutlich gar nicht verständigen. Außerdem sind ja, wie epistemische Gefühlstheoretiker ganz richtig unterstreichen, die meisten Gefühle mit epistemischen Annahmen über die Welt verbunden, so daß die Variabilität gefühlsmäßiger Reaktionen nicht grundsätzlich die Möglichkeit einer begründeten Korrektur verstellt. Darüber hinaus ist zu bedenken, daß es in jeder Gesellschaft soziale Standards gibt, die eine eigene Basis für die Kritik von Gefühlen und Gefühlsausdrücken bereitstellen. Wir werden auf den damit verbundenen Umstand der Bewertung nicht durch, sondern von Gefühlen im nächsten und übernächsten Kapitel noch zurückkommen.

Selbst der Zug von Gefühlen, den ich ihre »Selbstbezogenheit« genannt habe, steht nicht jeder Objektivität entgegen. Ich erfahre in Gefühlen etwas als mich betreffend, und in wertenden Gefühlen erfahre ich es als gut oder schlecht für mich. Was gut oder schlecht für mich ist, muß nicht auch gut oder schlecht für andere sein; aber es kann gleichwohl *wirklich* gut oder schlecht für mich sein. Selbst wenn wir in Wertfragen Antirealisten (oder allenfalls moderate Realisten) sind, können wir die Wertungen, die in (bestimmten) Gefühlen liegen, häufig auch als Wert*erfahrungen* charakterisieren.

Doch mit all dem haben wir schon vorgegriffen. Die Objektivitätsproblematik wird uns ausführlicher erst im achten Kapitel beschäftigen. Jetzt müssen wir zur Rekonstruktion der ›Logik‹ praktischer Überlegungen zurückkehren, wie sie sich aus der Perspektive der ersten Person Singular – und insofern zunächst einmal aus einer ›subjektiven‹ Perspektive – darstellt.

5. Wertende Gefühle und höherstufige Einstellungen

In Gefühlen als Weisen des affektiven Involviertseins in etwas manifestiert sich, so haben wir gesehen, eine eigene, in sich vielfach differenzierte Form des Verhaltens zur Welt. Sofern Gefühle eine in ihrer Affektivität liegende Pro- bzw. Contra-Dimension haben, handelt es sich dabei um ein spezifisches wertendes Verhalten, das sich als ein weit verstandenes Ge- bzw. Mißfallen deuten läßt. Solcherart wertende Gefühle erscheinen geeignet, Wünschen jenen evaluativen Gehalt zu verleihen, von dem wir am Ende des dritten Kapitels annahmen, er sei normalerweise vorausgesetzt, um Wünschen im Rahmen praktischer Überlegungen den Status von (zumindest subjektiven) Gründen zubilligen zu können.

Dies läßt sich nun auch so wenden, daß wertende Gefühle selbst als Gründe in praktische Überlegungen einzugehen vermögen. Wie sie das tun, soll im ersten Abschnitt dieses Kapitels genauer untersucht werden (*5.1*). Ich möchte zeigen, daß wertende Gefühle als Gründe für das Haben und die Ausbildung von Wünschen fungieren können und entweder darüber vermittelt oder unvermittelt auch für die Ausbildung von Absichten und Zwecken. Als Ergebnis läßt sich vorwegnehmen, daß wertende Gefühle in bezug auf Wünsche und Absichten eine ähnlich fundierende Rolle spielen wie direkte sinnliche Wahrnehmungen in bezug auf Meinungen.

Sind uns so wertende Gefühle eine entscheidende Hilfe bei unseren praktischen Orientierungen in der Welt, so bilden sie doch keine ausreichende Grundlage, um die für praktische Überlegungen leitende Frage danach, was für uns zu tun und wie für uns zu leben gut, besser oder am besten ist, beantworten zu können. Die Grenzen einer praktischen Orientierung durch wertende Gefühle sind das Thema des zweiten Abschnitts dieses Kapitels (*5.2*). Es sind, so wird sich herausstellen, insbesondere vier Züge von wertenden Gefühlen, die uns nicht erlauben, bei ihnen stehenzubleiben: ihre mangelnde Handlungsbezogenheit, ihre Auslegungsbedürftigkeit, ihre Konflikthaftigkeit und ihre epistemische Fragwürdigkeit.[1]

1 Als weiterer Grund ließe sich der Umstand nennen, daß es für das Haben

Die Berücksichtigung der Mängel von wertenden Gefühlen führt zu einer weiteren Komplizierung, aber auch zur Präzisierung unserer Konzeption von praktischen Überlegungen, die der Klärung, Bildung und Revision von Zwecken dienen. Im dritten Abschnitt dieses Kapitels werde ich versuchen, diese Konzeption in den allgemeinen Zügen, die sich bis dahin abgezeichnet haben werden, festzuhalten (*5.3*). Ich möchte zeigen, daß wir den für praktische Überlegungen charakteristischen Umgang mit unseren Gefühlen und Wünschen in Anlehnung an Harry Frankfurt als einen Prozeß der »reflektierenden Selbstbewertung« bestimmen können.[2] Mit der genaueren Analyse dieses Prozesses wird eine zentrale Behauptung der Einleitung, wonach es durch praktische Überlegungen zur Ausbildung interpretierender, evaluierender und praktischer Selbstverhältnisse kommt (*1.3*), substantiiert.

Prozesse reflektierender Selbstbewertung manifestieren sich in der Formierung höherstufiger Einstellungen, die sich nicht oder nicht allein auf die Welt, sondern reflexiv auf die eigenen mentalen Einstellungen beziehen. Sie sind kennzeichnend für die Struktur des Geistes von praktisch überlegenden Wesen wie uns. Der letzte Abschnitt dieses Kapitels soll einen Eindruck von ihrer Vielfalt vermitteln, wobei ein besonderes Augenmerk der Struktur bestimmter Entscheidungen gelten wird (*5.4*). Erst im nächsten Kapitel werden wir sehen, daß höherstufige Einstellungen häufig die Form von Werturteilen haben und damit ein ganz neues Element in die ›Logik‹ praktischer Überlegungen einbringen.

5.1 Die begründende Funktion von wertenden Gefühlen gegenüber Wünschen und Absichten

Ich hatte bereits im letzten Kapitel behauptet, daß Gefühle Wünsche und Absichten als Gründe fundieren können (*4.4.4*). Diese Behauptung gilt es jetzt zu sichern und auszufüllen. Dazu wird es nützlich sein, die bisher nur verstreut gemachten

und den Ausdruck von wertenden Gefühlen soziale Standards gibt, anhand deren wertende Gefühle beurteilt werden können. Darauf komme ich vor allem im nächsten Kapitel zu sprechen.

2 Frankfurt 1971 [1988], S. 12.

Bemerkungen zum Zusammenhang von Gefühlen und Wünschen zu bündeln und zu ordnen. Indem wir diesen Zusammenhang nach verschiedenen Aspekten auffächern, können wir der Verwechslung der begründenden Funktion von Gefühlen gegenüber Wünschen mit anderen Funktionen vorbeugen, die sie ihnen gegenüber ebenfalls haben können. Neben dem Aspekt der Begründung (*5.1.4*) lassen sich die Aspekte der Kausalität (*5.1.1*), der Qualifikation (*5.1.2*) und der begrifflichen Implikation (*5.1.3*) herausstreichen. Auf dieser Grundlage werden wir dann, nachdem wir zuvor noch auf zwei wichtige Einwände eingegangen sein werden (*5.1.5*), das liegengebliebene Problem der Gewinnung neuer und der Konkretisierung vorhandener generellerer Zwecke grundsätzlich lösen können, während dies für das Problem der Gewichtung von Zwecken nur sehr partiell gilt (*5.1.6*).

5.1.1 Kausale Beziehungen zwischen Gefühlen und Wünschen

Gefühle und Wünsche können aller Vermutung nach in wechselseitigen *kausalen* Beziehungen zueinander stehen. Wir sind im Verlauf unserer Überlegungen sowohl auf Fälle gestoßen, in denen es zumindest vermutlich so ist, daß Gefühle Wünsche kausal nach sich ziehen, als auch auf Fälle, in denen es zumindest vermutlich so ist, daß Wünsche Gefühle kausal bedingen. Fälle der ersten Art hatte ich schon im zweiten Kapitel angeführt, um die Passivität vieler Wünsche zu unterstreichen (*2.3.2*). So kann Furcht vermutlich kausal bewirken, daß wir uns wünschen, der in der Furcht realisierten Gefahr auszuweichen. Zuallermeist dürfte das Kausalverhältnis zwischen bestimmten Gefühlen und bestimmten Wünschen allerdings komplexer Natur sein, d.h. ein Verhältnis zwischen Gefühlen und bestimmten Randbedingungen einerseits und Wünschen andererseits. Wichtig ist dabei, daß zu den Randbedingungen nicht Entscheidungen oder Willensakte gehören müssen: Der Fluchtwunsch ergibt sich normalerweise unwillkürlich aus der Furcht. Die Vermutung einer Kausalbeziehung speist sich gerade aus dieser Unwillkürlichkeit.

Die unterstellte umgekehrte Kausalbeziehung ist genaugenommen nicht eine zwischen Wünschen und Gefühlen, sondern zwischen diesen und Wunschbefriedigungszuständen, also Zuständen der Wunscherfüllung oder -frustration. Wie schon herausgestellt, reagieren wir auf die Erfüllung unserer Wünsche in der Regel mit positiven Emotionen wie Freude und auf ihre Vereitelung in der Regel mit negativen Emotionen wie Kummer, Wut, Zorn und Haß, zuweilen auch mit negativen Stimmungen wie Verzweiflung und Deprimiertheit. Auch diese gefühlsmäßigen Reaktionen auf Wunschbefriedigungszustände erfolgen unwillkürlich und vermutlich kausal; außer vielleicht in sehr ungewöhnlichen Fällen entscheiden wir uns nicht für sie. Und dennoch erfolgen auch sie nicht unter allen Umständen. Jedenfalls reagieren wir auf die Erfüllung unserer Wünsche nicht immer mit positiven und auf ihre Vereitelung nicht immer mit negativen Gefühlen, und es mag sein, daß es selbst den Grenzfall der Indifferenz gegenüber den Befriedigungszuständen des eigenen Wünschens gibt. Das Phänomen der Enttäuschung bei Erreichen des Gewünschten gehört zur allgemeinen Lebenserfahrung, und als Reflex auf diese Erfahrung können wir manchmal erleichtert sein, daß wir bestimmte Wünsche nicht haben verwirklichen können.

Die Tatsache, daß wir auf Wunschbefriedigungszustände unwillkürlich und vermutlich kausal bewirkt mit Gefühlen reagieren, begründet die im vorigen Kapitel herausgestellte Anzeigefunktion von Gefühlen gegenüber Wünschen (*4.4.1*). Um so wichtiger ist es, noch einmal zu betonen, daß Gefühle nicht immer Reaktionen auf Wunschbefriedigungszustände sind.

5.1.2 Motivational-optativisch qualifizierte Gefühle und affektiv qualifizierte Wünsche

Von der vermuteten Kausalbeziehung zwischen Gefühlen und Wünschen ist eine Beziehung der *Qualifikation* zu unterscheiden. Wünsche können affektiv und Gefühle können motivational und optativisch qualifiziert sein. Bei dieser wechselseitigen Qualifikation handelt es sich um zwei Seiten ein und desselben Phänomens. Deswegen ist es relativ unerheblich, ob wir es als »Wunsch« oder als »Gefühl« bezeichnen. Beispiele für affektiv qualifizierte Wünsche bzw. motivational und optativisch qualifizierte Gefühle sind Sehnsucht, Ehrgeiz und Hoffnung. Einige motivational qualifizierte Gefühle sind allerdings keine Wünsche im Sinn von optativischen Stellungnahmen oder Einstellungen. Dazu zählen alle eher triebhaften Begehrensformen, z.B. der Hungertrieb. Bei vielen triebhaften Strebungen ist zudem unklar, ob sie überhaupt als Gefühle betrachtet werden können, denn triebhafte Strebungen sind oft nicht selbst affektiv qualifiziert, sondern vielmehr mit Gefühlen nur verbunden: Ihre Erfüllung ist typischerweise mit Lust-, ihr Nichterfülltsein mit Unlustgefühlen gekoppelt. Sie kennzeichnet eine stereotype (meist repetitive) Abfolge von Anreiz-Verlangen-Befriedigung, die Wünsche und Gefühle üblicherweise nicht aufweisen.

Schwer zu entscheiden ist, wieweit der Kreis affektiv qualifizierter Wünsche und motivational und gegebenenfalls auch optativisch qualifizierter Gefühle zu ziehen ist. Ich glaube, daß fast alle Wünsche, zumal die neigungsförmig-passivischen, zumindest schwach affektiv qualifiziert sind, auch dann, wenn wir für sie keine eigenen Namen wie »Sehnsucht« und »Ehrgeiz« haben und deswegen von ihnen nur als »Wünsche« sprechen. Ich muß jedoch zugeben, daß sich diese sehr weitgehende Sicht schwer ausweisen läßt. Am stärksten spricht für sie der gerade genannte Umstand, daß wir in der Regel auf Wunschbefriedigungszustände deutlich gefühlsmäßig reagieren. Denn dieser Umstand wäre, so meine ich, kaum verständlich, wenn unsere Wünsche nicht von vornherein affektiv besetzt, wir also nicht schon gefühlsmäßig in sie involviert wären. Typischerweise »hängen« wir affektiv an unseren Wünschen, oft so sehr, daß sie genau wie viele Gefühle relativ resistent gegen das Wegbrechen der epistemischen Annahmen sind, auf denen sie in der Regel beruhen. Nicht affektiv qualifizierte Wünsche sind am ehesten im Bereich des aktivischen Wünschens anzutreffen: bei explizit überlegten Wünschen, bei Absichten und insbesondere bei Folgeabsichten, die sich auf den Einsatz von Mitteln richten.

Dagegen gibt es eine Reihe von Gefühlen, die eindeutig nicht motivational und auch nicht optativisch qualifiziert sind. Ich hatte im letzten Kapitel als Beispiele Bewunderung, Achtung, Ehrfurcht, Belustigtsein und die meisten im engeren Sinn ästhetischen Empfindungen genannt (*4.2.1*). Soweit ich sehe, gilt es aber auch für die meisten sinnlichen Empfindungen, Stimmungen und primitiven Emotionen. Einige Psychologen schreiben primitiven Emotionen sie kennzeichnende »Handlungstendenzen« zu.[3] So soll beispielsweise in der Furcht eine Abwendungstendenz vom Gegenstand der Furcht, in der Freude eine Zuwendungstendenz zu ihrem Gegenstand liegen. Aber die Rede von »Handlungstendenzen« ist hier irreführend. Vermutlich läßt sich sagen, daß mit primitiven Emotionen bestimmte instinktive Verhaltensmuster verknüpft sind, im Fall der Furcht z.B. ein reflexhaftes Zusammenzucken und Sichducken. Von diesen Tendenzen sind Handlungstendenzen bzw. -motivationen im engeren Sinn zu unterscheiden, wie sie gegeben sind, wenn Furcht mit einem Fluchtwunsch und Freude an einer Tätigkeit mit dem Wunsch, diese Tätigkeit fortzusetzen, einhergehen. M.E. sind Handlungstendenzen dieser Art nicht notwendig und immer mit den jeweiligen Gefühlen verbunden; schon deswegen sollten sie eher als Folge denn als Konstituens von Gefühlen betrachtet werden. Ein ähnliches Bild ergibt sich im Fall nicht-emotionaler Gefühle. Das sinnliche Behagen in der Badewanne verstärkt sicherlich die Neigung, sich noch länger in ihr aufzuhalten, diese Neigung ist jedoch nicht Bestandteil des Behagens. Und im Fall negativer Stimmungen ist oft gerade der Verlust von Motivation zu beklagen. Daß Gefühle nicht notwendig motivational oder optativisch qualifiziert sind, heißt allerdings nicht, daß sie in keinerlei Beziehungen zu Handlungen stehen. So haben wir im vorigen Kapitel gesehen, daß sie als Dringlichkeitsanzeigen für Handlungen fungieren können (*4.1.1*).

5.1.3 Begriffliche Implikationsverhältnisse zwischen Gefühlen und Wünschen

Die affektive Qualifikation von Wünschen und die motivational-optativische von Gefühlen können so beschaffen sein, daß man das Verhältnis von Gefühlen und Wünschen auch als eines der *begrifflichen Implikation* betrachten kann. Phänomene wie Sehnsucht, Hoffnung und Ehrgeiz implizieren Gefühle und Wünsche als konstitutive Momente: Sie sind über sie zusammen definiert. Begriffliche Implikationsverhältnisse dieser Art haben wir ausführlicher bei der Erörterung komplexer Emo-

3 Z.B. Arnold 1960 und Frijda 1986.

tionen wie Neid und moralische Empörung kennengelernt (*4.3.2*). Was im einzelnen begriffliches Implikat eines komplexen affektiv qualifizierten Phänomens ist, ist oft schwer zu entscheiden. Nach den Ausführungen des letzten Kapitels müssen wir darauf jetzt nicht mehr eingehen.

Wichtig bleibt jedoch, daß die begriffliche Implikation von Gefühlen und Wünschen in komplexen Phänomenen nicht zu einer unterschiedslosen Verschmelzung von Affektivität und optativischem Stellungnehmen oder Quasi-Stellungnehmen führt. Auch bei komplexen Phänomenen, die sich sowohl als Gefühle als auch als Wünsche fassen lassen oder affektiv-optativische (und außerdem kognitiv-epistemische) Strukturen sind, läßt sich ihr affektiver von ihrem optativischen Kern begrifflich trennen. Für den Fall, daß in der Affektivität eine Pro- bzw. Contra-Dimension liegt, habe ich vorgeschlagen, diese Differenz terminologisch als eine von Ge- bzw. Mißfallen einerseits und optativischem Stellungnehmen oder Quasi-Stellungnehmen andererseits zu fixieren (*4.3.3*). Sofern es sich (was nicht notwendig so ist, aber so sein kann) bei Ge- bzw. Mißfallen um propositionale Einstellungen handelt, manifestiert sich in ihnen ein anderer Bezug auf einen propositional gegebenen Sachverhalt als in optativischen Stellungnahmen (und auch als in assertorischen Stellungnahmen). Ein Sachverhalt, der mir gefällt, erscheint mir, sofern er mir gefällt, als intrinsisch gut; ich heiße ihn gewissermaßen willkommen. Ein von mir gewünschter Sachverhalt erscheint mir, sofern ich ihn wünsche, als seinsollend, was grundsätzlich möglich ist, ohne daß mir dieser Sachverhalt gefällt und ich ihn willkommen heiße. Faktisch ist beides meistens kaum zu trennen: Was mir in sich gut zu sein scheint, von dem meine ich meist auch, daß es der Fall sein soll. Aber ersteres markiert eine wertende, letzteres eine im weiten Sinn befehlende Einstellung, und Evaluationen und Imperative fallen nicht zusammen. Das wird noch deutlicher, wenn wir jetzt zum Begründungsverhältnis zwischen Gefühlen und Wünschen kommen.

5.1.4 Die Begründungsbeziehung zwischen wertenden Gefühlen und Wünschen

Was es heißt, daß Gefühle bzw., wie wir nun wieder sagen müssen, wertende Gefühle Wünsche begründen, d.h. legitimieren, rationalisieren oder sinnhaft machen (vgl. *3.2*), läßt sich am besten an einigen Beispielen klarmachen. Nehmen wir Aussagen wie die folgenden:

(1) »Ich wünsche mir, auch weiterhin täglich Klavier zu spielen, weil ich Freude an dieser Tätigkeit habe.«

(2) »Ich möchte nicht mit dem Flugzeug nach Schweden fliegen, weil ich Angst vorm Fliegen habe.«

(3) »Ich möchte Antonia eine Freude bereiten, weil ich sie liebe.«

(4) »Ich habe den Wunsch, meinen nächsten Urlaub in Spanien zu verbringen, weil ich glaube, daß ich das dortige Klima angenehm finden werde.«

(5) »Ich habe den Wunsch, auf ein Rockkonzert zu gehen, weil mir Freunde versichert haben, daß es mir gefallen wird.«

(6) »Ich möchte den Beruf des Goldschmieds erlernen, weil ich erwarte, daß mich dieser Beruf ausfüllen und glücklich machen wird.«

Diese Beispielsätze zerfallen in zwei Gruppen: In (1) bis (3) wird im jeweiligen »Weil«-Satz auf schon gemachte wertende Gefühlserfahrungen verwiesen; in (4) bis (6) zeigt der jeweilige »Weil«-Satz die epistemische Erwartung einer wertenden Gefühlserfahrung an. In allen Fällen ist jedoch die entscheidende Frage, wie die »weil«-Verknüpfung zu verstehen ist.

Ein Kritiker der Begründungsbehauptung könnte einwenden, daß das jeweilige »weil« keinen begründenden, sondern einen kausalen Sinn hat. Die Beispielsätze würden dann Illustrationen von Kausalbeziehungen zwischen wertenden Gefühlen (bzw. Gefühlserwartungen) und Wünschen sein, wie sie in *5.1.1* thematisiert wurden. Aller Vermutung nach kann es so sein, daß, um nur einen Fall herauszugreifen, mein Wunsch, das Klavierspielen fortzusetzen, kausal von der Freude bewirkt wird, die ich am Klavierspielen habe. Aber das Vorliegen einer Kausalbeziehung schließt nicht das gleichzeitige Vorliegen einer Begründungsbeziehung aus. Und wenn ich sage, daß ich Klavier spielen möchte, weil es mir gefällt, dann dürfte es mir zuallermeist nicht um die Behauptung einer Kausalbeziehung gehen. Ich kann eine Aussage wie (1) treffen, ohne mir je Gedanken über die möglichen kausalen Verflechtungen meiner verschiedenen mentalen Einstellungen und Zustände gemacht zu haben. Ich kann sie statt dessen in rechtfertigender Absicht anderen gegenüber äußern, die nicht recht begreifen, warum ich täglich eine so seltsame Tätigkeit praktiziere. Ich kann sagen: »Mir macht es Spaß – und das allein ist für mich ein guter Grund, mit dem Klavierspielen fortzufahren«. Die Freude am Klavierspielen kann dabei sehr komplexer Art sein, so daß ich, statt nur auf meinen »Spaß« zu verweisen, auch andere Dinge als Begründung für mein Tun anführen kann, wie etwa die Vielfalt der Fähigkeiten, die im Klavierspielen gefordert werden, oder den Reichtum der Musik, mit dem das Klavierspielen bekannt macht. In der Begründung meines Tuns muß nicht einmal explizit auf eine gefühlsmäßige Erfahrung verwiesen werden; wir spezifizieren die Inhalte unserer Handlungsgründe sehr häufig ohne Referenz auf unsere subjektiven Erfahrungen. Doch zehren solche »objektiven« Begründungen zumindest in Fällen wie dem Klavierspielen von den gefühlsmäßigen Erfahrungen (zu denen wir im vorigen Kapitel auch ästhetische Erfahrungen gerechnet hatten) und der generellen Befriedigung, die von ihnen nicht abzulösen ist.

Daß Aussagen wie die genannten normalerweise keine Aussagen über Kausalbeziehungen sind, ergibt sich auch aus dem Umstand, daß sie unabhängig vom Ausweis anderen gegenüber Eingang in praktische Überlegungen finden können, die wir ganz für uns selbst anstellen. Es kann sein, daß ich nicht recht weiß, was ich tun soll. Ich schwanke nicht zwischen verschiedenen Wünschen, sondern bin, in meinem Zimmer stehend, ohne bestimmten Wunsch. Dann fällt mir ein, daß ich ja Klavier spielen könnte; ich sage mir, daß mir dies doch immer Freude bereitet hat, und so wünsche ich mir, genau dies zu tun. Geht es, wie in Aussage (2), um das Fliegen, so überlege ich mir vielleicht zunächst, daß das Fliegen viele Vorzüge hat. Aber dann bedenke ich, wie wenig erfreulich das Fliegen für mich, der unter Flugangst leidet, erfahrungsgemäß ist. Die Furcht vor dem Fliegen spricht gegen den Gedanken, das Flugzeug zu nehmen; sie ist ein Grund dafür, sich nach anderen Transportmitteln umzusehen. Und im Fall der Liebe, Beispiel (3), kann es sein, daß ich mir überlege, was meine Liebe eigentlich fordert, was zu tun ihr am besten entspricht. Solche expliziten Überlegungen entbehren, soviel ist einzuräumen, meist nicht einer gewissen Künstlichkeit: Sehr oft fließen unsere Wünsche gleichsam von selbst aus unseren Gefühlen. Doch dann können wir uns in einer nachträglichen Überlegung klarmachen, was für den jeweiligen Wunsch spricht. Praktische Überlegungen haben nicht nur eine prospektive Steuerungs-, sondern auch eine retrospektive Überprüfungsfunktion.

Wohl am wenigsten vermag die ausschließlich kausale Interpretation der »Weil«-Verknüpfung in Fällen wie (4) bis (6) zu überzeugen, in denen in erster Person Singular für einen bestimmten Wunsch die epistemische Erwartung, daß einem etwas gefallen wird, angeführt wird. Wenn mir, wie im Beispiel (5), Freunde, deren Urteil ich vertraue, sagen, daß ich am Besuch eines Rockkonzerts Gefallen finden werde, so wird dies kaum automatisch den Wunsch, das Konzert zu besuchen, zur Folge haben, so daß eine Kausalitätsvermutung wenig plausibel erscheint. Das Urteil meiner Freunde wird für mich vielmehr ein Grund sein, mir zu überlegen, das Konzert zu besuchen. Ich sage mir gleichsam: »Das Konzert wird mir gefallen, das spricht für einen Besuch – und so sei es der Fall, daß ich es besuche«. Hier ist es ganz deutlich meine Überlegung, die den Wunsch erzeugt. Gewiß muß meine wunschgenerierende Überlegung nicht an diesem Punkt stehenbleiben; andere Gründe mögen gegen den Besuch des Konzerts sprechen, aber daß es mir gefallen wird, ist *ein* Grund für mich, es zu besuchen.

Allerdings können Aussagen wie (4) bis (6) die Frage provozieren, ob die in ihnen statuierte »Weil«-Beziehung nicht eine der begrifflichen Implikation ist. Gehört die epistemische Erwartung, daß uns die Erfüllung eines Wunsches in der einen oder anderen Weise gefallen wird, nicht analytisch zum Wünschen dazu? Da es, wie wir im dritten Kapitel gesehen hatten, nicht einmal klar ist, daß zum Wünschen analytisch der Bezug auf irgendwelche »Wünschbarkeitscharakteristika« (Anscombe) gehört (*3.6.2*), ist dies von vornherein zweifelhaft. Was man allenfalls sagen kann, ist, daß zu jedem Wunsch der Glaube gehört, daß man über seine Erfüllung nicht enttäuscht sein wird. Aber das bedeutet nicht, daß man stets davon ausgeht, daß man *an dem Desideratum* des eigenen Wunsches, wenn ihm dann entsprochen wird, Gefallen finden wird. Jemand kann sich wünschen, eine seiner Meinung nach verdiente Strafe zu erleiden. Die Erfüllung dieses Wunsches mag ihm die Befriedigung verschaffen, daß sein Wunsch erfüllt wurde; aber er wird deswegen, wenn er kein Masochist ist, nicht am Erleiden der Strafe selbst Gefallen finden. Auch wird er die Erwartung, daß ihn die Erfüllung seines Wunsches befriedigen wird, nicht als Grund für seinen Wunsch anführen; zur Begründung seines Wunsches wird er einfach sagen, daß er die Strafe verdient hat. Es ist also keineswegs selbstverständlich, daß in einem »Weil«-Satz, der zur Rechtfertigung eines Wunsches angeführt wird, auf eine gefühlsmäßige Erfahrung verwiesen wird. Beispiele wie (1) bis (6) zeigen nur (und sollen auch nur zeigen), daß der Verweis auf Gefühle als Begründung eines Wünschens fungieren *kann*. Außerdem wird die Betrachtung von Gefühlen als Gründen durch den Hinweis auf die (vorgebliche) Unmöglichkeit eines Wünschens ohne die epistemische Erwartung, bei Erfüllung des Wünschens nicht enttäuscht zu werden, genau besehen nicht geschwächt, sondern gestärkt. Denn wenn uns die Erfüllung unseres Wünschens tatsächlich enttäuscht, wir auf sie also negativ gefühlsmäßig reagieren, so heißt das nicht, daß wir uns gar nicht gewünscht haben, was uns enttäuscht. Daß die epistemische Erwartung, nicht enttäuscht zu werden, zum Wünschen gehört, bedeutet ja nicht, daß das Nichtenttäuschtwerden zum Wünschen gehört: Die Erfahrung der Enttäuschung belehrt uns vielmehr darüber, daß es nicht gut war und wir so nicht hätten wünschen sollen, was wir uns gewünscht haben. Die Enttäuschung – ein wertendes Gefühl – ist der Grund dafür, unseren ehemaligen Wunsch zu kritisieren und in Zukunft anderes zu wünschen.

Die Behauptung, der Verweis auf Gefühle könne das Haben und die Ausbildung eines Wunsches begründen helfen, kann außer über konkrete Beispiele auch über generellere Erwägungen plausibel gemacht werden. So scheint mir die Tatsache, daß einem etwas Freude bereitet, die Frage, was daran gut sein soll, unter *Ceteris-paribus*-Bedingungen unverständlich zu machen. Der Aussage »Ja, es macht Spaß, aber was ist gut daran?« läßt sich ohne weitere Erläuterungen (z.B. derart, daß eine bestimmte Freude oder Freude überhaupt aus moralischen Gründen verwerflich ist) kein Sinn abgewinnen. Ich glaube, daß dies auch für die Frage gilt, warum man sich wünschen soll, was einem Freude bereitet. Wir können uns Situationen vorstellen, in denen diese Frage sinnvoll ist; aber *ceteris paribus* – völlig für sich genommen – bleibt sie rätselhaft. Letztlich erklärt sich dies aus der Phänomenologie von Gefühlserfahrungen, die sich als Weisen des Ge- bzw. Mißfallens verstehen lassen. Wenn uns etwas ge- bzw. mißfällt, wir ihm mit Freude oder Kummer, Liebe oder Haß, Zutrauen oder Furcht etc. begegnen, sind wir *eo ipso* für oder gegen es eingenommen. Wir sind in es positiv oder negativ involviert, und es bedarf eines eigenen Aktes der Distanzierung, um allererst Platz für die Frage »Was ist gut daran?« zu schaffen. Eine solche Distanzierung ist uns möglich, aber sie ist stets in der einen oder anderen Weise motiviert; sie braucht eigene Gründe, die den Gründen, die wertende Gefühle bereitstellen, entgegengesetzt werden können.

5.1.5 Zwei Einwände

Ich sehe wenig Raum für Einwände gegen diese Sicht von wertenden Gefühlen als Gründen für das Haben und die Ausbildung von Wünschen. Es gibt kaum eine einleuchtendere Begründung für den Wunsch, etwas Bestimmtes zu tun, als positive gefühlsmäßige Erfahrungen, die mit einem solchen Tun in Beziehung stehen. Trotzdem sollten wir überlegen, was für eine Gegenposition sprechen könnte. Die gängigste Gegenposition besagt, daß alle Wünsche immer nur im Rekurs auf andere, schon vorhandene Wünsche begründet werden können. Wie ließe sich für diese Position argumentieren?

Der naheliegendste Verteidigungsversuch dürfte darin bestehen, sich den Umstand, daß wir in den meisten positiven Gefühlen nicht nur den Gegenstand des Fühlens, sondern aufgrund der mit ihm verbundenen Lustempfindungen auch das Fühlen selbst positiv evaluieren, in einer aus dem Kontext der Hedonismusdiskussion vertrauten Weise zunutze zu machen. Man würde dann geltend machen, daß ein Gefühl nur dadurch als Grund in unsere praktischen Überlegungen Eingang finden kann, daß wir es selbst wünschen. Daß ich eine Tätigkeit fortzusetzen wünsche, weil ich an ihr Freude habe, würde so gesehen heißen, daß ich sie fortzusetzen wünsche, weil das Ausüben der Tätigkeit mit Freude verbunden ist und ich Freude zu haben wünsche. Ich würde in der Freude nur deshalb etwas als gut erfahren, weil ich den Wunsch habe, mich zu freuen, und die Freude durch meinen Wunsch zu etwas Gutem wird. Aber diese Lesart von Aussagen, in denen wir zur Erklärung von Wünschen auf Gefühle verweisen, wirkt *ad hoc.*

Erstens läuft sie auf die These hinaus, daß das, was wir uns eigentlich wünschen, nicht das Ausüben einer Tätigkeit, sondern das Haben eines Gefühls ist. Dagegen sprechen jedoch die im vorigen Kapitel herausgestellte Intentionalität von Gefühlen und der Umstand, daß wir in vielen Gefühlen spontan etwas von ihnen Verschiedenes als gut bzw. gut für uns erfahren. Und zweitens hilft der Verweis auf das Wünschen von bestimmten Gefühlen, wo es gegeben ist, insofern nicht viel weiter, als der Wunsch, z.B. Freude zu empfinden, seinerseits auf einer positiv-wertigen Erfahrung aufruht, die sich wiederum als eine gefühlsmäßige Erfahrung verstehen läßt. Freude zu empfinden ist etwas, das uns gefällt, also Gegenstand eines positiv wertenden Gefühls. Die Positivität der Freude ist, wenn wir die im letzten Kapitel angestellten Überlegungen ernst nehmen, nicht der Reflex unseres Wünschens, sondern der Grund für dieses Wünschen. Ein Dazwischenschalten eines weiteren, die Positivität der Freudeerfahrung erst begründenden Wunsches würde in einen infiniten Regreß führen. Die einzige Möglichkeit, ihn zu unterbinden, bestünde in der Identifizierung des Gefallens an positiven Empfindungen mit einem Wunsch. Damit würde jedoch die konstatierte begriffliche Differenz zwischen wertenden Gefühlen und quasi-imperativischen Wünschen aufgehoben.

Die Künstlichkeit des Bemühens, Aussagen wie »Ich wünsche X, weil mir X gefällt« (wobei »gefällt« für irgendein positiv wertendes Gefühl steht) in Aussagen der Form »Ich wünsche X, weil X mir gefällt und ich wünsche, Gefallen zu finden« umzulesen, wirft die Frage auf, was überhaupt zu solchen Bemühungen Anlaß gibt. Ich vermute, daß sie sich außer aus einer schlichten Verwechslung von Gefallen und Wünschen aus zwei sehr theoretischen Annahmen speisen, die als zumindest implizite Unterstellungen aus der Handlungstheorie bekannt sind und dort sogenannte »internalistische« Konzeptionen bestimmen.

Die erste Annahme ergibt sich aus dem Gedanken, daß Entscheidungs- und Handlungsgründe eine direkt handlungsleitende Kraft haben müßten, und der Ansicht, daß nur Wünsche eine solche Kraft besäßen, weil sie (und allein sie) aufgrund ihrer Geist-Welt-Passensrichtung einen intrinsischen Handlungsbezug hätten. Diese Annahme kann hintergründig von Überzeugungen zur Sein-Sollens-Differenz und zur Willensfreiheit genährt werden, muß es aber nicht. Die zweite Annahme läßt sich in den Gedanken fassen, daß Begründungs- und Rechtfertigungsbeziehungen immer Beziehungen zwischen strukturell Gleichem sind. Mit dieser Annahme wird nicht nur in der Handlungstheorie, sondern z.B. auch in der Erkenntnistheorie gearbeitet, wo sowohl fundamentalistische als auch kohärentistische Theorien als doxastische Theorien auftreten, die eine Meinung immer nur auf der Basis oder vor dem Hintergrund anderer Meinungen gerechtfertigt oder falsifiziert sehen.[4] Beide Annahmen haben einen wahren Kern, lassen sich jedoch ohne Abstriche nicht halten.

Auf ihren wahren Kern zusammengeschrumpft, besagt die erste Annahme im Prinzip nur, daß etwas, das für uns ein Entscheidungs- oder Handlungsgrund sein kann, unser handlungsleitendes Wünschen und Wollen in einer für Begründungen angemessenen Weise ansprechen können muß. Daß dies selbst nur ein Wünschen und Wollen sein kann, ist eine rein dogmatische Behauptung. Gewiß ist klar, daß nicht alles unser Wünschen und Wollen in begründungsrelevanter Weise anzusprechen vermag. »Ansprechen« kann uns nur, was wir, u.U. erst nach ausführlicher Aufklärung und unter der Bedingung unserer eigenen Vernünftigkeit, als unsere Sache, als uns direkt betreffend anzusehen in der Lage sind. Alles, was ein praktischer Grund ist, muß von einer Art sein, die die Frage »Was hat das mit mir zu tun?« möglichst gar nicht erst aufkommen läßt. Ob etwas von dieser Art ist, ist immer nur am konkreten Fall zu entscheiden. Etwas, das uns gefühlsmäßig betrifft, ist aber zweifelsohne von der geforderten Art, besteht doch die generelle Funktion von Gefühlen gerade darin, etwas als für uns wichtig erlebbar zu machen (*4.1.1*). Gefühle sagen uns gewissermaßen, daß es um unsere Sache geht, und können deswegen allemal unser Wünschen und Wollen in der für Begründungen angemessenen Weise ansprechen.

4 Vgl. dazu Pollock 1986, der selbst eine nicht-doxastische Erkenntnis- bzw. Rechtfertigungskonzeption vertritt.

Der wahre Kern der zweiten Annahme liegt m.E. darin, daß die Beziehung zwischen Grund und Begründetem nicht auf struktureller Gleichheit, aber auf struktureller Ähnlichkeit beruhen muß. Man kann sich das am Fall der Begründung von Meinungen durch direkte sinnliche Wahrnehmungen klarmachen: Viele unserer Meinungen erhalten ihre Rechtfertigung durch direkte sinnliche Wahrnehmungen.[5] Meine Meinung, daß es jetzt draußen regnet, kann durch die Wahrnehmung des Regens gerechtfertigt werden. Wie bereits mehrfach gesagt, gehe ich davon aus, daß diese Wahrnehmung nicht selbst meinungsförmig ist. Aber sie ist der Meinung insofern strukturell ähnlich, als sie ein im weiten Sinn assertorisches (nur nicht propositionales) Moment hat, ein »So ist es!«. Direkte sinnliche Wahrnehmungen können anders als Meinungen weder wahr noch falsch sein, aber sie können zur Wirklichkeit entweder »passen« oder »nicht passen«.[6] (Aufgrund ihrer konträren Passensrichtung haben Wünsche dagegen eine völlig andere Struktur als Meinungen, so daß wir die Begründung von Meinungen – ihrer Wahrheit oder Falschheit – nicht von Wünschen abhängig machen können.) *Cum grano salis* können wir dieses Bild auf das Verhältnis von wertenden Gefühlen und Wünschen übertragen: wertende Gefühle verhalten sich ähnlich fundierend gegenüber Wünschen wie Wahrnehmungen gegenüber Meinungen. Wertende Gefühle, die wir ganz allgemein als Weisen des Ge- bzw. Mißfallens auffassen können, sind als Weisen des affektiven Involviertseins in etwas nicht selbst optativische Stellungnahmen oder Quasi-Stellungnahmen. In der Regel erscheint es deswegen auch nicht angebracht, sie mit Hilfe der Metapher der Passensrichtung oder über Erfüllungsbedingungen zu charakterisieren. Aber in ihrem affektiven Kern sind sie, wie Wünsche, nichtepistemische Pro- oder Contra-Einstel-

5 Eine ausführliche Begründung dieser erkenntnistheoretischen Position findet sich bei Pollock 1986. Für unsere Belange ist es sekundär, ob direkte sinnliche Wahrnehmungen zur Rechtfertigung von Meinungen nur beitragen oder diese gänzlich zu tragen vermögen.

6 Davon, daß die Passens-/Nichtpassensbeziehung von direkten sinnlichen Wahrnehmungen keine Wahr/falsch-Beziehung ist, hat mich Kevin Mulligan durch einen am 11.12.1997 in Konstanz im Kolloquium der Fachgruppe Philosophie gehaltenen Vortrag »Was wir sehen und wie wir darüber sprechen« überzeugt.

lungen. Als solche sind sie Wünschen hinreichend ähnlich, um diese begründen zu können.

Wir können so der Auffassung, daß alle Wünsche immer nur im Rekurs auf andere, schon vorhandene Wünsche begründet werden können, ein Stück weit entgegenkommen, ohne sie zu übernehmen. Aber sollten wir ihr überhaupt auch nur so weit entgegenkommen? Diese Frage führt uns auf eine zweite mögliche Gegenposition zu unserer Darstellung.

Sowohl gegen die Betrachtung von Wünschen als auch gegen die Reklamation von wertenden Gefühlen als Gründen kann sich nämlich der Einwand erheben, daß es nicht Wünsche und Gefühle sind, die als Gründe in praktische Überlegungen eingehen, sondern allenfalls Meinungen über Wünsche und Gefühle. Was die uns interessierenden Gefühle anbelangt, gilt dies, so könnte man argumentieren, schon für Fälle wie den, daß mir die Freude am Klavierspielen als Grund für die Fortsetzung dieser Tätigkeit dient; was hier als Grund fungiert, so ließe sich sagen, ist nicht die Freude selbst, sondern der Gedanke oder die Erinnerung an sie. Noch offensichtlicher aber, so ließe sich dieses Argument fortsetzen, ist der rein epistemische Charakter von Gründen in Fällen, wie wir sie in *5.1.4* durch unsere Beispielsätze (4) bis (6) angeführt haben: In ihnen dient ja der Verweis auf die epistemische Erwartung eines wertenden Gefühls als Grund für die Formulierung eines Wunsches.

Dort nun, wo dieser Einwand schon gegen unsere Deutung von Beispielsätzen wie (1) bis (3) gerichtet ist, können wir ihm mit einer Unterscheidung zwischen dem *Haben* und dem *Geben* von Gründen begegnen.[7] Dazu ist wieder die Parallele zur Begründung von Meinungen instruktiv: Als Grund für meine Meinung, es regne draußen, *habe* ich *die Wahrnehmung des Regens*; meine Meinung *ist* durch diese Wahrnehmung gerechtfertigt. Aber wenn ich ausdrücklich einen Grund für meine Meinung, es regne draußen, *geben* soll, werde ich sagen, *daß ich es regnen sehe*. Während im ersten Fall die Wahrnehmung selbst als Grund fungiert, übernimmt diese Rolle im zweiten Fall die Feststellung, daß ich etwas wahrnehme, also eine Meinung. Ganz analog bei wertenden Gefühlen und Wünschen: Die Freude am Klavierspielen *habe* ich als Grund für den

7 Vgl. Schantz 1998, S. 211.

Wunsch, das Klavierspielen fortzusetzen; mein Wunsch *ist* durch die Freude als wertendes Gefühl gerechtfertigt. Aber im Rahmen einer ausdrücklichen Rechtfertigung werde ich als Grund *angeben*, daß mir das Klavierspielen Freude bereitet.

Für die Beurteilung von Beispielsätzen wie (4), (5) und (6) reicht diese Differenzierung jedoch nicht. Vielmehr ist hier zuzugestehen, daß es tatsächlich die epistemische Erwartung einer wertenden Gefühlserfahrung, also eine Meinung ist, die als Grund für das Haben oder die Ausbildung eines Wunsches fungiert. Die epistemische Erwartung etwa, das Klima in Spanien angenehm zu finden, *gebe* ich als Grund für meinen Wunsch an, dort meinen nächsten Urlaub zu verbringen, aber diese Erwartung *habe* ich auch als Grund für meinen Urlaubswunsch. Das einzuräumen bedeutet jedoch nur einzuräumen, daß wertende Gefühle oft auf vermitteltere Weise in unsere praktischen Überlegungen eingehen, als bisher sichtbar gemacht wurde. Der zweite Einwand zwingt uns mithin zu einer Differenzierung unserer Position, nicht zu ihrer Aufgabe.

Zu bedenken ist einmal, daß die epistemische Erwartung, daß mir etwas gefallen wird, bereits affektiv qualifiziert sein kann. Es kann sich bei ihr um eine Form der Vorfreude, der imaginativen Antizipation des Gefallens, das ich später zu haben erwarte, handeln. Ich male mir dann aus, wie es wäre, dies oder jenes zu erleben, und bin darüber in das vorgestellte Erleben gefühlsmäßig involviert.

Des weiteren ist in Rechnung zu stellen, daß die epistemische Erwartung, in Zukunft bestimmte wertende Gefühlserfahrungen zu machen, zumindest aus der Perspektive der überlegenden Person nur dann als Grund für einen entsprechenden Wunsch herhalten kann, wenn die Person mit diesen Gefühlserfahrungen vertraut ist. Sie muß entweder solche oder hinreichend ähnliche Erfahrungen schon gemacht haben. Die begründende Funktion der epistemischen Erwartung verdankt sich von daher dem, wovon sie Erwartung ist.

Und schließlich können wir durchaus mit Sinn fragen, warum uns kümmern soll, ob wir in Zukunft irgendwelche positiven Gefühlserfahrungen machen werden. Die Meinung beispielsweise, daß mir in Zukunft etwas Freude machen wird, kann mich nur dann zu einer entsprechenden Handlung motivieren, wenn ich mich mit meiner Zukunft affektiv oder volitiv identifiziere. Mir muß an meiner Zukunft liegen – ein Interesse, das sicherlich zuallermeist, aber nicht notwendig gegeben ist. Auch in dieser Hinsicht ist die epistemische Erwartung auf eine nichtepistemische Einstellung in Form eines Gefühls oder auch eines Wunsches, der dann wiederum affektiv fundiert sein kann,[8] angewiesen.

Speziell gegen diesen letzten Punkt könnte allerdings vorgebracht werden, daß ich, selbst wenn ich kein Interesse an meiner Zukunft habe (etwa weil ich zu deprimiert bin), doch immerhin urteilen könnte, daß es gut für mich wäre, z.B. meinen nächsten Urlaub in Spanien zu verbringen. Ich hätte dann, so scheint es, einen Grund ohne jedes affektive Involviertsein und ohne jede Motivation. Dieser Fall wird uns später, bei der Analyse von Werturteilen, noch beschäftigen (*6.3.3*). An dieser Stelle genügt es jedoch, erneut festzuhalten, daß auch das besagte Urteil das Vertrautsein mit einer entsprechenden gefühlsmäßigen Erfahrung – im Beispiel die angenehme Empfindung, die ein mildes Klima bereitet – voraussetzen würde. Mein Urteil würde letztlich auf dieser Erfahrung beruhen.

5.1.6 Wertende Gefühle als Grundlage der Konkretisierung, Ausbildung und Gewichtung von Zwecken

Wie angemerkt, ist der Übergang von einem wertenden Gefühl zu einem Wunsch häufig nicht ein überlegungsgesteuerter Prozeß. Deswegen werden wertende Gefühle in tatsächlich angestellten praktischen Überlegungen oft nur retrospektiv als Gründe eingebracht: Wir können einen Wunsch verständlich machen oder kritisieren mit Verweis auf ein wertendes Gefühl, aber wir sind häufig nicht so Herr über unsere Wünsche, daß wir sie im Rückgriff auf wertende Gefühle überlegt ausbilden. Ich habe diesen Umstand nachdrücklich durch die Rede von »neigungsförmigen« bzw. »passivischen« Wünschen betont. Doch es gibt auch aktivische Wünsche, allen voran unsere zweckekonstituierenden Absichten. Im Fall von Absichten (wie auch von vielen reflektierteren, nicht absichtsförmigen

8 Daß ich etwas von meiner Zukunft will, mir an ihr liegt, ist m.E. affektiv in einem Selbstwertgefühl fundiert (vgl. u. *7.2.3* zu »Selbstliebe«).

Wünschen) ist es angebracht, nicht nur von einer überlegenden *Überprüfung* im Licht von wertenden Gefühlen, sondern auch von einer überlegenden *Formung* im Rückgriff auf solche Gefühle zu sprechen. Wir gelangen damit zur Frage, inwiefern uns wertende Gefühle bei der Konkretisierung vorhandener genereller und bei der Ausbildung neuer Zwecke sowie eventuell auch bei der Gewichtung von Zwecken helfen können. Diese Frage harrt seit Anfang des dritten Kapitels der Beantwortung.

Am einfachsten ist der Fall der *Konkretisierung vorhandener generellerer Zwecke* aufgrund von positiv oder negativ wertenden Gefühlen. Als ein Beispiel für die Notwendigkeit von Zweckkonkretisierungen hatte ich zu Beginn des dritten Kapitels den Fall einer Person angeführt, die die Absicht hat, ein Studium aufzunehmen, ohne schon zu wissen, welches (*3.1*). Um ihre generelle Studienabsicht in eine konkrete zu verwandeln, der sich dann auch mehr oder minder präzise Zweck-Mittel-Überlegungen entnehmen lassen werden, kann die Person so vorgehen, daß sie zunächst einfach verschiedene Studiengänge ausprobiert, um so in einem Verfahren von Versuch und Irrtum herauszufinden, welches Fach ihr am meisten liegt. Genau dabei werden aber wertende Gefühle eine Schlüsselrolle spielen. Die Person wird vielleicht entdecken, daß die Labortätigkeit in Chemie ihr Interesse fesselt und für sie mit einer eigenen intellektuellen Freude verbunden ist. Interesse und Freude sind positiv wertende Gefühle; im vorgestellten Fall werden durch sie das Studium der Chemie oder bestimmte Aspekte an ihm positiv evaluiert. In ihnen erfährt die Person, daß das Fach Chemie, für das diese Tätigkeit essentiell ist, gut bzw. gut für sie ist, daß es ihr liegt, wobei dieses Ihr-Liegen nicht ablösbar ist von ihren positiven gefühlsmäßigen Erfahrungen, sondern durch diese mit konstituiert wird. Auf dieser Grundlage wird die Person dann den Entschluß fassen können, sich fest für das Studium der Chemie einzuschreiben. Die so zustande gekommene Absicht, die einen konkreten Handlungszweck generiert, stützt sich entweder allein auf eine positive gefühlsmäßige Erfahrung oder auf diese Erfahrung und einen aus ihr (vermutlich kausal) resultierenden neigungsförmigen Wunsch. All das mag ohne großen Reflexionsaufwand vonstatten gehen; aber auch dann handelt es sich um einen Überlegungsvorgang, wenn auch vielleicht um einen sehr rudimentären. Es ist zudem ein Überlegungsgang, der nicht mehr zureichend nach dem Zweck-Mittel-Schema analysiert werden kann. Denn die Aufnahme des Chemiestudiums ist nicht ein Mittel zur Realisierung des Zwecks, überhaupt zu studieren, sondern Ausdruck eines konkreten Zwecks, der an die Stelle eines generellen Zwecks tritt und diesen u.U. allererst zu einem Handlungszweck macht. In der gefühlsgestützten Spezifikation genereller und vager Zwecke liegt eine eigene Form des praktischen Überlegens, die Ähnlichkeiten mit Zweck-Mittel-Überlegungen hat, ihnen jedoch vorgelagert ist.[9]

Ist einmal die Möglichkeit der Konkretisierung genereller Zwecke im begründenden Rekurs auf wertende Gefühle zugestanden, sollte es auch nicht mehr schwer sein, Fälle zu benennen, in denen wir aufgrund von wertenden Gefühlen zur *Ausbildung gänzlich neuer Zwecke* gelangen. Ein sehr häufiger Fall dieser Art liegt dort vor, wo wir ursprünglich nur für andere Zwecke eingesetzte Mittel um ihrer selbst willen zu verfolgen beginnen. Beispielsweise kann jemand einer Tätigkeit zunächst nur zur Sicherung seines Lebensunterhalts nachgehen, im Laufe der Zeit aber merken, daß ihm diese Tätigkeit gefällt und daraufhin zu der Auffassung gelangen, daß er sie auch dann weiter verfolgen sollte, wenn es zur Sicherung des Lebensunterhalts nicht mehr erforderlich ist. Eine unerfreuliche Variante solcher Transformationen von Mitteln in Zwecke zeigt sich an geizigen Menschen, die ursprünglich aus Sicherheitserwägungen zu sparen begonnen haben, schließlich aber die Anhäufung von Geld als solche positiv affektiv besetzen. Die wertenden Erfahrungen, die wir in Gefühlen machen, bedürfen jedoch nicht notwendig der Vermittlung von Mitteln, um zu neuen Zwecken zu führen. So können aus der allmählich oder plötzlich entstandenen affektiven Zuneigung zu einer anderen Person ganz neue Absichten und Zwecke erwachsen, etwa die Absicht, mit der geliebten Person zusammen zu verreisen oder ihr Geschenke zu machen. Oder man denke an die überraschende ästhetische Freude an einer zum ersten Mal besuchten Gegend, die zur Absicht führen kann, künftig häufiger in diese Gegend

9 Das ist der richtige Grundgedanke aristotelischer Konzeptionen von praktischen Überlegungen, die diese als Spezifikationen sehr genereller und vager Zwecke begreifen. Vgl. z.B. Kolnai 1961, Wiggins 1975/76 und Richardson 1994.

zu fahren. Umgekehrt werden negative ästhetische Erfahrungen oft Grund für die Ausbildung von Vermeidungsabsichten sein. Wertende Gefühle leisten auf diese Weise eine entscheidende Orientierungshilfe in der Konfrontation mit neuen Erfahrungen. Sie können der Ausbildung neuer Zwecke den Charakter der reinen Dezision nehmen. Sie durchbrechen gewissermaßen den Käfig unserer vorhandenen Wünsche und Absichten und öffnen unseren Blick für die Welt. Trotz der am Ende des letzten Kapitels ausgedrückten Skepsis gegenüber einem ontologischen Wertrealismus sind sie damit ein wichtiges und für Wesen wie uns, die ständig mit neuen Situationen konfrontiert werden, unverzichtbares Medium evaluativer Lernerfahrungen. Bei diesen Erfahrungen handelt es sich um Einzelerfahrungen, die schrittweise verallgemeinert werden können, so daß wir den Prozeß der überlegenden, auf wertende Gefühle rekurrierenden Ausbildung von Zwecken mit Elijah Millgram als einen Prozeß der »*praktischen Induktion*« bezeichnen können.[10]

Können uns wertende Gefühle auch bei der *Gewichtung unserer Zwecke* helfen, also zur Lösung des dritten zu Beginn des dritten Kapitels angesprochenen Problems beitragen? Genau besehen ist dieses Problem weniger ein Problem der Gewichtung von Zwecken als der Gewichtung jener Wünsche, auf die gestützt wir normalerweise unsere Zwecke ausbilden. Zwar können wir, wie wir gesehen hatten, auch gezwungen sein, zwischen verschiedenen Absichten und den ihnen korrespondierenden Zwecken eine Abwägung vorzunehmen. Aber auch dabei werden wir in der Regel auf die Abwägungen zurückgehen müssen, die zuvor in die Bildung der jeweiligen, selbst ja nicht graduierten Absichten eingegangen sind. Die Frage ist deswegen, ob sich das Gewicht, das einzelne Wünsche für uns haben, von hinter ihnen stehenden wertenden Gefühlen herleiten und rechtfertigen läßt. Manchmal ist das sicherlich möglich. Wenn ich an zwei Dingen unterschiedlich großes Gefallen finde, werden auch die auf sie gerichteten Wünsche unterschiedlich stark gewichtet sein, und diese unterschiedliche Gewichtung werde ich mit Verweis auf das unterschiedlich große Gefallen verständlich machen und rechtfertigen können. Bei der Auswahl

10 Millgram 1997.

zwischen mehreren Kuchenstücken beispielsweise kann ich mir zunächst klarmachen, welches mir in der Vergangenheit am besten geschmeckt hat, welches am zweitbesten usw.; sofern nicht noch andere Überlegungen eine Rolle spielen, werden meine Wünsche sich dann nach dieser Einschätzung abstufen, und die Absicht, zu der ich schließlich gelangen werde, wird sich direkt aus dem am höchsten eingestuften Wunsch ergeben. Die meisten Wahlsituationen, mit denen wir konfrontiert werden, sind jedoch komplizierterer Art. Es ist eher die Ausnahme, daß sich unsere Absichten als einfache Resultanten der Intensität unserer Gefühle und der mit ihnen zusammenhängenden Wünsche verstehen lassen. Schon bei einem ausschließlichen Rekurs auf so einfache Gefühle wie Geschmacksempfindungen stoßen wir rasch auf Schwierigkeiten, sobald wir nur von hinreichend diversen Geschmacksempfindungen ausgehen. Dies ist einer der Punkte, deren Vertiefung uns die Grenzen vor Augen führt, die dem Versuch gesetzt sind, unsere praktischen Überlegungen allein in wertenden Gefühlen (qua affektive Einstellungen) zu fundieren.

5.2 Die Grenzen der praktischen Orientierung durch wertende Gefühle

Wir müssen uns nicht das – nicht nur in der Philosophie verbreitete – Bild von Gefühlen als rein irrationalen und blinden Störfaktoren zu eigen machen, um zu erkennen, daß wir uns in unseren praktischen Überlegungen nicht allein auf wertende Gefühle stützen können. Ohne diese Gefühle könnten wir keine Antwort auf die praktische Grundfrage, was zu tun und wie zu leben gut, besser oder am besten ist, finden, weil, ihrer beraubt, »alles in gleichmäßige, neutrale Objektivität abgerückt«[11] wäre und wir somit nichts als wertvoll und in sich gut erfahren könnten. Aber sie können eine Antwort nicht diktieren. Das erhellt ein kurzes Eingehen auf vier Charakteristika der meisten wertenden Gefühle: ihre – bereits in *5.1.2* berührte – nur lose Verbindung mit Handlungsmotivationen (*5.2.1*), ihre damit z.T. zusammenhängende Interpretationsbedürftigkeit

11 Schmitz 1974, S. 325.

(*5.2.2*), ihre oft konflikthafte Vielfalt (*5.2.3*) sowie der Umstand, daß sie sich genauso wie die mit ihnen verknüpften, meist neigungsförmigen Wünsche falschen und in die Irre führenden epistemischen Annahmen verdanken können (*5.2.4*).

5.2.1 Der unzureichende Handlungsbezug von wertenden Gefühlen

Nehmen wir wertende Gefühle rein als (je spezifische) Weisen des Ge- bzw. Mißfallens, so lassen sich ihnen *keine klaren Handlungsvorgaben* abgewinnen. Auf ein bestimmtes Handeln hin orientieren sie uns erst, wenn sie kausal zu Wünschen führen, Wünsche begrifflich implizieren oder Ausdruck eines Ge- oder Mißfallens an Tätigkeiten oder Handlungen sind. Ein gezielter Handlungsdruck geht am ehesten von negativen Gefühlen aus. Furcht z.B. liefert uns vielleicht auch dann einen Grund, das, wovor wir uns fürchten, zu meiden, wenn sie nicht automatisch einen Fluchtwunsch nach sich zieht. Aber positive Gefühle wie die Freude an etwas enthalten, für sich genommen, keine eindeutigen Handlungsanweisungen. Erst wenn es sich bei der Freude um Freude an einem eigenen Tun handelt, wie in den Fällen der Freude am Klavierspielen und der Freude am Chemiestudium, wächst ihr eine konkret orientierende Kraft zu. Desgleichen sagt uns die Bewunderung für eine Leistung nicht, was wir tun sollen, es sei denn, sie geht mit dem Wunsch einher, die bewunderte Leistung selbst zu erbringen. Noch die Liebe für eine andere Person weist – als solche genommen – unser Handeln in keine ganz bestimmte Richtung. Anders verhält es sich erst, wenn zum eigenen Verständnis von Liebe z.B. die Bindung an bestimmte Verhaltensnormen gehört.

Bei Formen des ästhetischen Gefallens kann sogar *jeder* Handlungsbezug entfallen. Ästhetische Erfahrungen wirken häufig gerade handlungsentlastend. Allerdings meine ich, daß selbst von ästhetischen Empfindungen wenigstens ein schwacher Handlungsdruck ausgeht, sobald wir uns überhaupt in einer Handlungssituation befinden (vgl. *4.4.3*). So ist die Zerstörung dessen, was uns ästhetisch gefällt, (*ceteris paribus*) sicherlich nicht mit diesem Gefallen zu vereinbaren. Unter der Voraussetzung, daß Anlaß zum Handeln besteht, richten positive Gefühle (und noch deutlicher negative) *unspezifische*

Handlungsaufforderungen an uns. Sie stecken lose einen sehr weiten Spielraum des Verhaltens ab. Wie dieser Spielraum genutzt wird (oder auch nur genutzt werden sollte), hängt dann von anderen, deutlicher handlungsbezogenen Faktoren ab. So ist es zwar richtig, daß, wie wir in *5.1.6* gesagt haben, die ästhetische Freude an einer Landschaft zu der ganz neuen Absicht führen kann, sie künftig häufiger zu besuchen, und die affektive Zuneigung zu einer anderen Person zu der Absicht, sie zu beschenken. Aber im einen wie im anderen Fall markiert das positive Gefühl das, worauf es sich richtet, zunächst nur als Fokus möglicher Handlungen. Es kann als *potentieller* Grund für eine *Vielzahl* von Handlungen betrachtet werden. Die ästhetische Freude an einer Landschaft muß nicht zur Absicht führen, sie erneut aufzusuchen; ebensogut kann sie den Wunsch fundieren, die Landschaft zu fotografieren, ihren Besuch anderen ans Herz zu legen, einen Verein zur ihrem Schutz zu gründen u.v.m. Nicht minder kann sich die affektive Zuneigung zu einer anderen Person in allen möglichen Wünschen und Absichten niederschlagen. In welcher Weise der potentielle Grund, als der ein wertendes Gefühl betrachtet werden kann, aktualisiert wird, entscheidet sich an den Hintergrundannahmen und den weiteren Interessen der jeweiligen Person. Entkoppelt man wertende Gefühle von spezifischen Wünschen – was zugegebenermaßen oft sehr künstlich ist –, sind sie offen für ein weites Spektrum von Handlungen. Sie sind angewiesen auf Überlegungen, die den schwachen und vagen Handlungsbezug, der in ihnen liegt, in der einen oder anderen Weise vereindeutigen.[12]

5.2.2 Die Auslegungsbedürftigkeit von wertenden Gefühlen

Sofern wertenden Gefühlen als Weisen des Ge- bzw. Mißfallens keine klaren Handlungsvorgaben abzugewinnen sind, sind sie *auslegungsbedürftig*. In bezug auf welche Handlungen sie eine wertend begründende Funktion übernehmen können, ist dann eine Frage der Interpretation.

12 In evolutionsbiologischer Perspektive legt der Umstand, daß die meisten Gefühle einen Überlegungsspielraum öffnen, die Vermutung nahe, daß solche Gefühle erst für Lebewesen wichtig werden, deren Verhalten nicht mehr rein instinkt- und triebhaft gesteuert ist.

Interpretationsbedürftig ist oft jedoch nicht nur, was aus unseren wertenden Gefühlen folgt, sondern auch, welcher Art ein bestimmtes wertendes Gefühl überhaupt ist. Daß wir uns über den Charakter unserer Gefühle im allgemeinen und auch unserer wertenden Gefühle im besonderen unsicher sind, dürfte, obwohl individuell verschieden, eher die Regel als die Ausnahme sein. Häufig zeigt uns nur ein unspezifisches Gefühl des Unwohlseins an, daß irgend etwas nicht in Ordnung ist oder wir irgend etwas nicht gut finden. Um unsere Handlungen anleiten zu können, müssen wir es zuvor vereindeutigt haben; wir müssen herausfinden, was genau seine Ursache, und oft sogar, was genau sein Gegenstand ist. Bei der Erörterung komplexer Emotionen hatten wir gesehen, daß ihre Bestimmung von bestimmten Situationsdeutungen abhängig ist (*4.3.2*). Oft ist es eine Frage der Interpretation, ob wir unser Mißfallen an einer anderen Person als bloßes Unsympathischfinden, als Eifersucht, als Neid oder als moralische Empörung anzusehen haben. Je nach Interpretation werden wir verschiedene Handlungen in Erwägung ziehen, sofern wir uns überhaupt zum Handeln genötigt sehen. Die Interpretation eines anfänglich unförmigen Gefühls als einer bestimmten komplexen Emotion wie dann auch das Aussondern möglicher Handlungen auf dem Fundament des gedeuteten Gefühls sind meist nicht rein dezisionistisch. Aber normalerweise gibt es auch nicht die eine richtige Interpretation, denn das, was wir fühlen, ist in vielen Fällen nicht ein unabhängig von unserer eigenen Sicht unseres Fühlens bestehendes Faktum. Sich über die eigenen Gefühle klarzuwerden ist dann ein Prozeß der »Artikulation«, in dem Entdeckung, Erfindung und Entscheidung unlöslich miteinander verschränkt sind.[13] Als Auslegungsvorgang ist dieser Prozeß die Leistung eines aktiven Subjekts, das jedoch in seiner Willkür durch den Charakter des Auszulegenden beschränkt ist. Der vielfach mißbrauchte Vergleich mit der Auslegung literarischer Texte ist hier durchaus am Platz. Das gilt auch insofern, als wir bei der Interpretation eines zunächst diffusen Gefühls wie dann auch bei der Erwägung möglicher Handlungen auf der Grundlage des gedeuteten Gefühls oft auf sozial vermittelte Deutungsmuster angewiesen sind.

13 Vgl. Ch. Taylor 1977a [1985], S. 35 ff.

In Betracht zu ziehen ist auch, ob von wertenden Gefühlen nicht ein Interpretationsdruck ausgehen kann, der die Erfordernisse konkreter Handlungssituationen übersteigt. Indem wir in ihnen etwas als für uns wichtig und uns betreffend erfahren, verlangt es uns beinahe notwendig danach, ihnen eine Bedeutung zu geben, die über ihren affektiven Gehalt hinausweist. Zumal intensivere Formen des affektiven Betroffenseins von etwas zwingen uns dazu, sie in der einen oder anderen Form interpretativ zu verarbeiten. In diesem Zusammenhang ist, sicherlich etwas vereinseitigend, argumentiert worden, daß die Kunst eine besondere Weise des interpretativ-expressiven Umgangs mit Gefühlen ist,[14] und auch, daß bestimmte existentielle Erfahrungen wie die des Glücks und der Not, die zwar strenggenommen keine Gefühle sind, aber eine affektive Note haben und mit bestimmten Stimmungen verwandt sind, ein metaphysisches Deutungs- und Sinnbedürfnis erzeugen.[15]

5.2.3 Die Vielfalt und Konflikthaftigkeit wertender Gefühle

Bei unserem Bemühen, uns über unsere eigenen Gefühle Klarheit zu verschaffen, werden wir nicht selten feststellen, daß wir einer Person, einem Ding oder einem Sachverhalt nicht mit einem einzigen, sondern mit einer Vielzahl von wertenden Gefühlen begegnen. Des öfteren werden darunter sowohl positiv als auch negativ wertende Gefühle sein. Eine Person etwa kann uns zugleich Furcht und Bewunderung einflößen, und wovor wir uns ekeln, kann uns dennoch (und manchmal gerade deswegen) brennend interessieren. Für unseren Versuch, eine Antwort auf die praktische Frage, was zu tun gut, besser oder am besten ist, zu finden, bedeutet das, daß uns im Licht unserer wertenden Gefühle nicht selten viele Handlungsoptionen attraktiv erscheinen werden und viele ambivalent. Und da diese Gefühle, ob nun direkt kausal oder vermittelter, in der Regel entsprechende Wünsche erzeugen werden, werden wir gleichzeitig zu ganz verschiedenen Handlungen geneigt sein. Die daraus erwachsende Problematik der *Vielfalt* und *Konflikthaftig-*

14 Z.B. von Langer 1957 und Schmitz 1990, 9. Kap.
15 So Henrich 1982, S. 18 f. Henrich grenzt in 1975 Glück und Not deutlicher gegen Stimmungen ab, als ich dies tun würde.

keit unserer Wünsche ist bekannt; sie ist zentraler Gegenstand vieler Theorien praktischer Rationalität. Ebenfalls bekannt ist, wie eine Lösung dieser Problematik grundsätzlich auszusehen hat: Sofern unsere handlungsrelevanten Wünsche sich nur nicht simultan gemeinsam verwirklichen lassen, müssen wir sie in eine nach Dringlichkeitsgesichtspunkten gestaffelte temporäre Ordnung bringen – auf diese Weise werden sie Teil von mehr oder minder umfassenden Plänen. Sofern auch eine sukzessive gemeinsame Realisierung unserer handlungsrelevanten Wünsche aus empirischen oder logischen Gründen ausgeschlossen ist, müssen wir sie in eine nach Wichtigkeitsgesichtspunkten gestaffelte, hierarchische Ordnung bringen. Doch weder das eine noch das andere geschieht von selbst: Es bedarf unserer Anstrengungen als zu praktischen Überlegungen fähigen Personen, um die Mannigfaltigkeit und Konflikthaftigkeit unserer wertenden Gefühle und der mit ihnen verbundenen Wünsche so zu verarbeiten, daß wir aus ihnen konkrete Handlungsabsichten und -zwecke gewinnen können. Und diese Anstrengungen können dadurch erschwert werden, daß die Werterfahrungen, die wir in unseren wertenden Gefühlen machen bzw. die durch diese konstituiert werden, so verschiedener Art sind, daß sie sich nicht rein quantitativ vergleichen lassen. Wir hatten gesehen, daß schon rein sinnliche Empfindungen in sich so differenziert sind, daß sie eine Pluralität von Werten generieren, die nicht mehr ohne weiteres miteinander vergleichbar sind (*4.4.2* [1]).

5.2.4 Die epistemische Fragwürdigkeit wertender Gefühle

Daß unser Leben durch Konflikte zwischen verschiedenen wertenden Gefühlen und den mit ihnen zusammenhängenden, meist neigungsförmigen Wünschen geprägt ist, hat sicherlich auch damit zu tun, daß viele dieser Gefühle und Wünsche mit *falschen Meinungen* über die faktische Verfassung der Welt verknüpft sind. In jedem Fall wird die Mangelhaftigkeit ihrer Orientierungsleistung dadurch verschärft. Um uns in der Welt leidlich zurechtzufinden, müssen wir nicht alle Irrtümer über Faktisches beseitigen. Wenn es uns in unserem Leben um unser Glück geht, sind manche Irrtümer vielleicht sogar von Vorteil;

es gibt keine prästabilierte Harmonie zwischen Glück und Wahrheit. Aber unsere Irrtümer über die Welt dürfen in zentralen Bereichen unseres Lebens ein gewisses Maß nicht überschreiten, wollen wir mit unseren Handlungen nicht Schiffbruch an der Wirklichkeit erleiden. Bei der Aufklärung über unsere Irrtümer können uns unsere wertenden Gefühle und die mit ihnen verbundenen Wünsche aber im Weg stehen. Genau besehen ist das Problem dabei gar nicht so sehr, daß sich unsere wertenden Gefühle und die Wünsche, die sich auf ihnen aufbauen, falschen epistemischen Annahmen verdanken können, wie es etwa der Fall ist, wenn meine Furcht vor einem Ereignis und der daraus resultierende Wunsch, dieses Ereignis zu vermeiden, falschen Einschätzungen über seine tatsächliche Gefährlichkeit geschuldet sind. Dem könnte grundsätzlich durch die Aufklärung über die wahre Lage der Dinge Abhilfe geschaffen werden. Nur haben wir ja gesehen, daß Meinungen nicht nur Gefühle, sondern Gefühle auch Meinungen beeinflussen können (*4.3.2*). So kann die Meinung, etwas sei gefährlich, nicht nur Auslöser von Furcht, sondern durch diese selbst erzeugt sein. Und so wie wir an vielen unserer Wünsche affektiv »hängen«, so auch an vielen unserer Meinungen. Manches glauben wir (nicht), weil es zu schmerzhaft wäre, es (nicht) zu glauben. Die Hartnäckigkeit von Vorurteilen und ideologischen Überzeugungen dürfte sich zu einem gut Teil aus dieser Verquickung von Überzeugung und Affektivität erklären. Außerdem können wertende Gefühle und auch Wünsche gegen jede epistemische Aufklärung immunisiert sein, weil sie gar nicht auf Meinungen beruhen oder mit ihnen verknüpft sind. Die phobische Furcht vor Spinnen und der Wunsch, von ihnen verschont zu bleiben, sind ein Beispiel dafür.

Daraus folgt im übrigen nicht, daß wertende Gefühle nur dann als Gründe für Entscheidungen und Handlungen fungieren können, wenn sie auf richtigen Meinungen beruhen oder die überlegende Person zumindest glaubt, dies sei der Fall. Es gibt wertende Gefühle, von denen wir gar nicht erwarten, daß sie in bestimmter Weise epistemisch fundiert sind. So gibt es so etwas wie grund-, wenn auch nicht ursachelose Formen der Freude, des Interessiertseins und der Liebe, die nicht an bestimmte Meinungen gebunden sind und dennoch selbst als Grund für Wünsche und Absichten dienen können; ähnliches gilt für sinnliche Empfindungen und viele Stimmungen. Nur dort, wo es einen engeren, z.T. sogar konstitutiven Zusammenhang zwischen wertenden Gefühlen und epistemischen Annahmen gibt, führt das Fehlen oder das Verfehltsein letzterer dazu, daß erstere entweder gar keine praktischen Gründe sind oder schlechte. Ein entsprechender Zusammenhang ist allerdings bei sehr vielen wertenden Gefühlen vorhanden. Er ist die Grundlage für viele Formen der intra- wie interpersonalen Kritik von wertenden Gefühlen (s.u. *8.1*; *8.2*).

5.3 Praktisches Überlegen als reflektierende Selbstbewertung

Viele der Beobachtungen, die wir jetzt zur Rolle von wertenden Gefühlen in praktischen Überlegungen zusammengetragen haben, ließen sich sicherlich weiter vertiefen. Wichtiger ist jedoch, daß wir noch mehr Klarheit über die *generelle Struktur* von praktischen Überlegungen gewinnen, die im Rekurs auf Gefühle der Klärung, Bildung und Revision von Zwecken dienen. Ich hatte vorgreifend gesagt, wir könnten diese Überlegungen in Anlehnung an Harry Frankfurt als Prozesse reflektierender Selbstbewertung, die sich in der Formierung höherstufiger Einstellungen manifestieren, analysieren. Das läßt sich nun, gestützt auf das gesammelte Material, genauer erklären. Wir können dabei so vorgehen, daß wir eine reflektierende Selbstbewertung zunächst im Ausgang von Wünschen beschreiben (*5.3.1*) und anschließend im Ausgang von Gefühlen (*5.3.2*). In beiden Fällen zeigt sich, daß sich reflektierende Selbstbewertungen von selbstläufigen Revisionen von Wünschen und Gefühlen unterscheiden (*5.3.3*).

5.3.1 Reflektierende Selbstbewertung im Ausgang von Wünschen

Um eine Antwort auf die Frage, was ich tun soll, zu finden, kann ich versuchen, mich meiner Wünsche zu vergewissern. Ich kann mich fragen, wozu ich überhaupt geneigt bin, wovon ich meine, daß es der Fall sein möge. In der Regel werde ich viele Wünsche haben, und viele von ihnen werden eher diffus sein. Die Vergewisserung meiner Wünsche wird deswegen zumeist nicht nur ein Akt der Aufdeckung dessen, wozu ich faktisch geneigt bin, sondern z.T. auch ein Akt der Festlegung, der Formung des anfänglich Formlosen, sein. Die im Rückgang auf die eigenen Wünsche erfolgende Selbstvergewisserung hat insofern die Gestalt einer Selbstinterpretation. Zugleich wird diese jedoch immer auch Welt- bzw. Situationsdeutung sein. Um herauszufinden, was ich wünsche, nützt es wenig, in mich hineinzustarren oder hineinzuhorchen. Unsere Wünsche können uns dadurch transparenter werden, daß wir darauf achten, wie wir auf unsere jeweilige Situation reagieren und wie wir sie überhaupt sehen. Daß die Suche nach einer Antwort auf die Frage, was ich tun soll, ein *Interpretationsprozeß* ist, in dem Selbst- und Situationsdeutung verschränkt sind, ist der *erste* strukturelle Zug, den ich an Überlegungen dieser Art hervorheben möchte.

Die durch die Frage, was zu tun ist, in Gang gesetzten Überlegungen sind jedoch nicht nur interpretierend, sondern auch *evaluierend*. Das ist der *zweite* strukturelle Zug an ihnen, der unterstrichen zu werden verdient. Normalerweise wünschen wir uns etwas nicht einfach nur so. Vielmehr meinen wir normalerweise, etwas am Gegenstand unseres Wünschens spräche für ihn. Erst wenn sich irgend etwas Gutes an dem, was wir wünschen, ausmachen läßt, haben unsere Wünsche ein evaluatives Fundament, das es rechtfertigt, sie bei der Suche nach einer Antwort auf die Frage, was wir tun sollen, zu berücksichtigen. Zumindest eine Möglichkeit, an etwas etwas Gutes zu sehen, besteht aber darin, daß es Gegenstand (positiv) wertender Gefühle ist oder zu werden verspricht. Etwas am Gegenstand unseres Wünschens muß uns gefallen oder wahrscheinlich machen, daß es uns gefallen wird, wobei »Gefallen« wieder für eine Vielzahl von positiven Gefühlen wie angenehme sinnliche Empfindungen, Freude, Liebe, Bewunderung usw. steht. Die Evaluation, die durch wertende Gefühle vorgenommen wird, ist zunächst Situationsevaluation. Wir fragen uns ja, ob der Gegenstand unseres Wünschens, ein bestimmter Sachverhalt, unser Gefallen findet oder finden wird. Diese sachverhalts- oder, wie ich zu sagen vorziehe, situationsbezogene Bewertung kann jedoch leicht zu einer Selbstbewertung werden. Denn wenn sich herausstellt, daß sich nichts Gutes am

Gegenstand unseres Wünschens ausmachen läßt, verfällt unser Wünschen unserer Kritik. Im Licht unserer wertenden Gefühle bewerten wir dann nicht nur Aspekte unserer Situation, sondern – darüber vermittelt – auch unser eigenes Wünschen und damit Aspekte von uns selbst. Eine explizite Selbstbewertung liegt vor, wenn wir uns fragen, ob das, was wir uns wünschen, auch wert ist, gewünscht zu werden. Aufgrund der Verquickung von Wünschen und wertenden Gefühlen gehen wir jedoch in der Regel davon aus, daß unsere Wünsche ein evaluatives Fundament haben; ich bin geneigt, darin den Ausdruck einer impliziten Selbstbewertung zu sehen.

Unsere Wünsche auf ihr evaluatives Fundament hin zu befragen führt im weiteren dazu, daß wir zu ihnen positiv oder negativ Stellung nehmen. Je nachdem, ob wir sie evaluativ begründet sehen oder nicht, akzeptieren oder verwerfen wir sie. Dieses Akzeptieren und Verwerfen kann selbst als ein Wünschen, ein optativisches Ja- bzw. Neinsagen verstanden werden, nur handelt es sich jetzt um ein höherstufiges Wünschen, das sich reflexiv auf unser direkt auf die Welt gerichtetes Wünschen bezieht. *Höherstufigkeit* ist der *dritte* strukturelle Zug der Überlegungen, die durch die Frage, was zu tun ist, in Gang gesetzt werden. Ein höherstufiges (optativisches) Stellungnehmen ist auch dann im Spiel, wenn wir schließlich einen bestimmten Wunsch zu einer Handlungsabsicht machen. Absichten sind, sofern sie sich auf Wünsche stützen, immer reflexiver Natur: Sie sind als Wunsch, einen bestimmten Wunsch zu realisieren, zu analysieren.[16]

Der *vierte* strukturelle Zug schließlich, den ich herausheben möchte, ist der – von uns von Anfang an betonte – Umstand, daß die Überlegungen, in denen wir eine Antwort auf die Frage, was wir tun sollen, zu finden versuchen, *praktische* Überlegungen sind. Zum einen und vordringlich sind sie praktisch, weil sie letztlich auf die Ausbildung (und gegebenenfalls Revision) von Handlungszwecken zielen. Sie werden von Anfang an von diesem Interesse dirigiert. Schon die Erkundung und Interpretation der eigenen Wünsche erfolgt nicht in theoretisch distanzierter Haltung, sondern geleitet von dem Bemühen, Orientierung im Handeln zu gewinnen. Zum anderen haben die ent-

16 Ähnlich Harman 1976.

sprechenden Überlegungen aber auch insofern einen praktischen Charakter, als wir in ihnen unser eigenes Innenleben, etwa in Form unserer Wünsche, gestalten. Das gilt jedenfalls dann, wenn das optativische Stellungnehmen zu unseren Wünschen auch einen tatsächlichen Effekt hat, d.h. kausal dazu führt, daß wir uns dies oder jenes (nicht) wünschen.

Der Willensbildung dienende Überlegungen erweisen sich somit als Prozesse, in denen sich interpretierende, evaluierende und praktische Selbstverhältnisse herstellen.

5.3.2 Reflektierende Selbstbewertung im Ausgang von Gefühlen

Prima facie verliert das selbstreflexive Moment praktischer Überlegungen etwas an Bedeutung, wenn diese Überlegungen ihren Ausgang nicht von Wünschen, sondern von wertenden Gefühlen nehmen. Konfrontiert mit verschiedenen Handlungsoptionen, können wir uns fragen, was für sie sprechen könnte. Darüber können uns unsere wertenden Gefühle Auskunft geben, und aufgrund einer solchen Auskunft können wir Wünsche und schließlich Absichten ausbilden. So verstanden, würden wir uns an keiner Stelle notwendig selbst bewerten, weil unsere gefühlsmäßige Bewertung ganz Bewertung unserer Situation wäre. Ein selbstreflexives, aber *prima facie* nicht selbstbewertendes Moment würde erst in der ›Übersetzung‹ unserer gefühlsgestützten Wünsche in Absichten zum Tragen kommen. Wir hatten jedoch gesehen, daß wir in der Regel bei unseren Gefühlen nicht stehenbleiben können. Da sie oft nicht direkt handlungsbezogen sind, sie der Ausdeutung bedürfen, miteinander konfligieren und auf falschen epistemischen Annahmen beruhen können (*5.2*), sind wir gezwungen, auch sie überlegend zu verarbeiten. Und dabei kommt es dann wieder zu reflektierenden Selbstbewertungen.

Die Notwendigkeit eines *interpretativen* Umgangs ist in bezug auf unsere Gefühle wohl noch deutlicher gegeben als in bezug auf unsere Wünsche (sofern es sich nicht ohnehin um zwei Seiten eines Phänomens handelt). Ein diffuses Unbehagen beispielsweise muß als Neid, Eifersucht o.ä. entschlüsselt werden. Dabei wird wieder schwer zu trennen sein, was daran bloßes Transparentmachen von etwas Vorhandenem und was

Formung eines anfänglich Formlosen ist. Ebenso verschränken sich gerade auch bei der Deutung der eigenen Gefühle Selbst- und Situationsdeutung. Vor allem komplexere Emotionen gehen aus der Einschätzung der jeweiligen eigenen Gesamtlage hervor und sind deswegen auch nur im Rekurs auf sie zu erhellen. Die Auseinandersetzung mit den eigenen Gefühlen ist keine rein nach innen gewendete Angelegenheit. Aufgrund ihrer Intentionalität sind unsere Gefühle ja stets auf eine Situation (manchmal speziell die unseres Körpers) bezogen. Die Auseinandersetzung mit ihnen ist *eo ipso* eine Auseinandersetzung mit ihrem intentionalen Gehalt, und d.h. eben mit Aspekten unserer Situation.

Davon unbenommen ist die *Selbstbezüglichkeit* der überlegenden Verarbeitung der eigenen affektiven Reaktionen ihr strukturell hervorstechendes Moment. Schon das bloße Auslegen der eigenen Gefühle muß als ein reflexiver und damit *Höherstufigkeit* einschließender Prozeß begriffen werden. Darüber hinaus geht in die Versicherung und Auslegung der eigenen affektiven Reaktionen unweigerlich auch ein optativisches Stellungnehmen zu ihnen ein. Es kommt spätestens bei der ›Übersetzung‹ von Gefallensformen in handlungsbezogene Wünsche und Absichten zum Zuge. Indem wir uns bei der Beantwortung der Frage, was wir tun sollen, auf unsere Gefühle stützen, eignen wir sie uns willentlich an. Wertende Gefühle können, so hatten wir gesehen, als Gründe für Wünsche wie dann auch für Absichten fungieren. Dazu müssen sie jedoch auch von uns als Gründe *akzeptiert* werden. Oder anders ausgedrückt: Wenn von Weisen des affektiven Involviertseins im etwas eine unspezifische ›Aufforderung‹ an uns ergeht, so müssen wir diese Aufforderung nicht nur in ihrem Gehalt spezifizieren, sondern auch annehmen. Dies muß nicht sehr und vielleicht überhaupt nicht bewußt erfolgen. Vielmehr wird es so lange stillschweigend und fraglos geschehen, wie wir keinen Anlaß haben, an der Richtigkeit unserer Gefühle zu zweifeln.

Sobald jedoch solche Zweifel aufkommen – und die in 5.2 angeführten Mängel von Gefühlen geben dazu leicht Anlaß –, werden unsere Gefühle selbst nicht nur zum Gegenstand willentlicher Aneignungen; sie werden darüber hinaus zum Gegenstand eigener *Bewertungen*. Charles Taylor hat ein instruktives Beispiel ersonnen, um den Vorgang der Selbstinterpretation und -bewertung zu erläutern, der für ihn den Kern unseres Personseins ausmacht. Das Beispiel schildert den Umgang mit einem zunächst wenig reflektierten Minderwertigkeitsgefühl, dem Beschämtsein über den eigenen sozialen oder ethnischen Hintergrund. Ein solches Gefühl kann das Selbstverständnis eines Schwarzen in einer von Weißen dominierten Gesellschaft prägen:

»He feels unease, lack of confidence, a vague sense of unworthiness. Then he is brought to reflect on this. He comes to feel that being ashamed for what you are, apologizing for your existence, is senseless. That on the contrary, there is something demeaning precisely about feeling such shame, something degrading, merely supine, craven. So he goes through a revolution like that expressed in the phrase ›black is beautiful‹. Now the shame disappears; or sinks to a merely residual unease like the craving for a cigarette after meals of the ex-smoker; and is judged as merely another such nagging emotional kink, not as a voice telling him something about his predicament. What he can now feel ashamed of is having felt such shame. At the same time, the various features of himself and his background which were formerly objects of shame undergo a transvaluation. They too are seen under different concepts and experienced differently. Let us say there is some property very common in his group, a kind of tenacity. This was formerly seen as a kind of stupid obstinacy, and was one of the objects of shame: Now it is seen as a kind of admirable tenacity, a courage of one's own convictions and right.«[17]

In diesem Prozeß wird das interpretierte Gefühl – die Scham – nicht affirmativ angeeignet, sondern verworfen; ihr wird eine Bedeutung unterlegt, die sie als nicht mehr akzeptabel erscheinen läßt. Sie wird damit zugleich negativ bewertet. Die von Taylor illustrierte Selbstinterpretation ist in eins Selbstbewertung. In unseren wertenden Gefühlen erscheint uns etwas als (intrinsisch) gut oder schlecht (bzw. angenehm, schrecklich, schön, empörend, bewunderungswürdig usw.). Wie Taylors Beispiel vor Augen führt, können wir uns jedoch immer fragen, ob unser wertendes Gefühl auch *angebracht* ist und sein Gegenstand *verdient*, so evaluiert zu werden, wie wir es gefühlsmäßig tun. Ist es angebracht, auf diese Situation mit Freude, auf jene mit Scham zu reagieren? Ist es nicht verfehlt, A zu bewundern und B zu verachten? Sollte ich auf C neidisch und auf D

17 Ch. Taylor 1977b [1985], S. 69. Vgl. zu diesem Beispiel Rosa 1998, S. 89 f.

eifersüchtig sein? Oder genereller: Ist das, was mir im Licht meiner Gefühle wertvoll und gut erscheint, *wirklich* wertvoll und gut? Diesen Fragen nachzugehen kann einfach bedeuten, unsere wertend gefühlsmäßigen Reaktionen daraufhin zu überprüfen, ob sie mit unseren Meinungen, mit unseren Wünschen oder mit anderen Gefühlen zusammenstimmen. Meine Furcht etwa kann unangebracht sein, weil sie auf einer falschen epistemischen Einschätzung meiner Situation beruht; meine Furcht ›sagt‹ mir dann, daß meine Situation bedrohlich und insofern schlecht für mich ist, ›in Wirklichkeit‹ ist sie jedoch gar nicht bedrohlich und schlecht für mich. Wie wir im nächsten Kapitel ausführlicher sehen werden, können wir unsere wertend gefühlsmäßigen Reaktionen jedoch auch im Licht von Werturteilen gut- oder schlechtheißen, die bestimmte Wertungsstandards voraussetzen. Auch das wird schon durch Taylors Beispiel angezeigt.

M.E. ist wieder zu erwägen, ob sich im Ausgang von Prozessen der expliziten Selbstbewertung, wie sie Taylor schildert (wobei der Grad der Explizitheit ein sehr geringer sein kann), nicht doch auch dort von einer wenigstens impliziten Selbstbewertung sprechen läßt, wo wir die in unseren Gefühlen liegenden Wertungen stillschweigend in unsere Überlegungen integrieren und sie handlungsbestimmend werden lassen. Man würde dann sagen, daß die willentliche Aneignung eines Gefühls einschließt, die in ihm ausgedrückte Wertung für richtig zu halten und insofern positiv zu evaluieren.

In jedem Fall aber sind auch Formen der Auseinandersetzung mit den eigenen Gefühlen oder der begründende Rekurs auf sie, die im Zuge der Beantwortung der praktischen Grundfrage erfolgen, Momente eines reflexiven Prozesses *praktischer* Überlegungen. Das gilt wiederum nicht nur, weil der Rückgang auf die eigenen Gefühle letztlich im Dienst der Ausbildung von Handlungszwecken steht, sondern auch, weil ihre Anverwandlung in Überlegungen ein Vorgang der kausal wirksamen Herstellung einer bestimmten mentalen Konstellation ist.

5.3.3 Reflektierende Selbstbewertung und die selbstläufige Revision von mentalen Einstellungen

Dieser letzte Punkt ist mir besonders wichtig. Praktisches Überlegen, das auf die Klärung, Bildung und Revision des eigenen Wollens zielt (wie im übrigen auch rein instrumentelles Überlegen, das zur Formierung von Folgeabsichten führt), ist aktives Umgestalten der eigenen Gefühle und Wünsche sowie der mit ihnen zusammenhängenden Meinungen. Wir formen uns in ihnen selbst, wie bewußt und reflektiert dies im einzelnen auch geschehen mag. Wir reagieren mit ihnen auf den Umstand, daß wir in einer veränderlichen Umwelt leben, in der wir ohne ständige Prüfung und Revision unserer Gefühle, Wünsche und Meinungen nicht überlebensfähig wären.

Gleichwohl muß darauf hingewiesen werden, daß sich auch Vorgänge der Revision von Gefühlen, Wünschen und Meinungen vorstellen lassen, die keine Reflexivität und keine höherstufigen Einstellungen einschließen.

Am deutlichsten ist dies im Fall der Revision von Meinungen. Zu vielen unserer Meinungen kommen wir ohne unser aktives Zutun. Einige dieser Meinungen sind wahr, andere sind es nicht. Wenn wir davon ausgehen dürfen, daß zumindest in zentralen Bereichen unseres Lebens falsche Meinungen (oder zu viele davon) schädlich für uns, unser Leben und Überleben, sind, so ist es wichtig, daß sie revidiert und durch wahre ersetzt werden. Aber eine derartige Revision und Ersetzung könnte im Prinzip genauso ohne unser aktives Zutun verlaufen, wie das Aufkommen der falschen Meinungen. Meine Meinung, daß eine bestimmte Speise genießbar und nahrhaft ist, wird sich durch die gegenteilige Erfahrung bei ihrem Verzehr automatisch erledigen. Ich muß sie nicht zunächst auf höherer Stufe verwerfen, um sie dann durch die richtige Meinung zu ersetzen. Wir können uns so vorstellen, daß das Korpus unserer Meinungen durch die direkte Konfrontation mit der Wirklichkeit an dieser sozusagen abgeglichen wird, ohne daß irgend jemand diesen Abgleichungsprozeß auf einer anderen mentalen Ebene vornehmen und überwachen müßte. Dabei mögen wir ein Bewußtsein von unseren Meinungsänderungen haben; wir können sie für uns »repräsentieren« und insofern eine Repräsentation höherer Stufe unserer Repräsentationen niederer

Stufe haben. Doch das würde kaum die Rede davon, daß wir eigene höherstufige Einstellungen zu unseren Meinungen entwickeln, rechtfertigen; es wäre ein bloß mitlaufender Repräsentationsprozeß ohne eigene kausale Wirksamkeit.

Die Revision von Gefühlen und Wünschen könnte nach dem gleichen Muster gedacht werden. Auch unsere Gefühle und Wünsche könnten durch neue Erfahrungen von selbst hinfällig werden; auch sie könnten sich einem selbstläufigen Prozeß der Abgleichung an der Wirklichkeit verdanken. Und wenn wir die Verwobenheit unserer Gefühle und Wünsche mit unseren Meinungen über die Welt bedenken, könnte dieser Prozeß einfach eine Begleiterscheinung des Vorgangs der Revision und Ersetzung von Meinungen sein. Ich kann mich aufgrund von Berichten anderer vor einem Prüfer fürchten und wünschen, meine Prüfung bei einem anderen Prüfer oder gar nicht machen zu müssen. Die Erfahrung kann mich lehren, daß die Berichte und meine Meinung über den Prüfer, zu der ich wegen dieser Berichte gekommen bin, völlig aus der Luft gegriffen waren. Daraufhin kann meine Furcht von selbst verschwinden und mit ihr der entsprechende Vermeidungswunsch. Ich muß mir nicht sagen, daß ich mich nicht fürchten und etwas anderes wünschen sollte; unter bestimmten Bedingungen wird dies ganz zwangsläufig geschehen. Und selbst wenn sich unsere Gefühle und Wünsche nicht unseren Meinungen verdanken sollten, so würde doch auch das nicht ausschließen, daß sie sich wie von selbst den Veränderungen unserer Situation anpassen. Eine solche Anpassung muß vielleicht keine Verbesserung bedeuten; aber grundsätzlich ist in bezug auf unsere Gefühle und Wünsche genauso wie in bezug auf unsere Meinungen ein automatischer Optimierungsprozeß denkbar, in dessen Folge sich auch unser Verhalten so ausnehmen würde, daß es den Erfordernissen unserer Umwelt gerecht zu werden vermöchte.

Ich will nicht bestreiten, daß es solche Prozesse der – auch optimierenden – automatischen Revision von Meinungen, Gefühlen und Wünschen gibt. Aber wäre unser Leben nichts als eine Kette solcher Prozesse, bräuchten wir weder theoretische noch praktische Überlegungen anzustellen. Sobald wir überlegen, sind m.E. höherstufige Einstellungen im Spiel, die eine eigene Funktion über die bloße Vergegenwärtigung von Vorgängen auf niederer Stufe hinaus haben.

Einen überlegungsgeleiteten Prozeß der Meinungsrevision können wir uns schematisch etwa so vorstellen: Ich kann die unwillkürliche Meinung haben, daß p der Fall ist; bestimmte Erfahrungen, etwa in Form von direkten sinnlichen Wahrnehmungen, lassen mich an der Korrektheit meiner Meinung zweifeln; ich frage mich, ob nicht mehr dafür spricht, daß nicht p, sondern q der Fall ist; ich überprüfe meine Meinung an anderen Meinungen und Erfahrungen; schließlich sage ich mir entweder, daß meine Zweifel verfehlt sind und die ursprüngliche Meinung doch wahr ist, oder ich komme zu dem Ergebnis, daß zu viel gegen meine ursprüngliche Meinung spricht und sie deswegen revidiert werden muß. Die beste Beschreibung für diesen letzten Schritt scheint mir aber die zu sein, daß ich in ihm zu meiner ursprünglichen Meinung positiv oder negativ Stellung nehme; ich akzeptiere oder verwerfe sie. Dieses Stellungnehmen – Akzeptieren oder Verwerfen – ist aber eine höherstufige Einstellung, deren direkter Gegenstand eben die akzeptierte oder verworfene Meinung ist. Ich gehe in diesem Fall sozusagen nicht kommentarlos von einer Meinung zu einer anderen über, sondern sorge aktiv und kausal gestaltend für den Erhalt oder die Revision meiner Meinungen.

Analoges gilt für praktische Überlegungen: Ich kann den unwillkürlichen Wunsch haben, daß p; ich mag diesen Wunsch aufgrund der Erwartung hegen, an p Gefallen zu finden; bestimmte Erfahrungen, z.B. die Erinnerung an frühere Enttäuschungen, lassen mich unsicher werden; ich wünsche, daß p, aber, so sage ich mir, vielleicht wäre es doch besser, daß nicht p; weitere Evidenzen, z.B. Hinweise anderer, verstärken meine Zweifel; schließlich sage ich mir, daß ich p nicht wünschen sollte, oder ich komme im Gegenteil nach einigem Schwanken zu dem Ergebnis, daß an meinem Wunsch nach p nichts auszusetzen ist und ich die Verwirklichung von p nun erst recht anstreben sollte. Auch hier nehme ich im Verlauf meiner Überlegungen positiv oder negativ zu meinen eigenen Einstellungen Stellung, im vorgestellten Fall zu einem direkt auf die Wirklichkeit gerichteten Wunsch erster Stufe, und sorge aktiv für ihren Erhalt oder ihre Revision.

Würden unsere theoretischen und praktischen Überlegungen stets relativ glatt verlaufen, wäre die phänomenale Basis für die Behauptung höherstufiger Einstellungen recht schmal. Wir könnten dann nur an unser Selbstverständnis als Überlegungswesen appellieren, das sich schwer mit einer völligen Determination durch unsere unwillkürlichen Gefühle, Wünsche und Meinungen vereinbaren läßt. In theoretischen und praktischen Überlegungen haben wir den Eindruck, daß wir mehr sind als Beobachter von selbstläufigen Revisions- und Anpassungsvorgängen. Doch seine eigentliche phänomenale Basis hat dieses Selbstverständnis in der Erfahrung von Schwierigkeiten mit unseren Gefühlen, Wünschen und Meinungen. Wir machen unweigerlich die Erfahrung, daß unsere Gefühle, Wünsche und Meinungen ein Eigenleben haben, das häufig quer zu unseren Überlegungen steht. Meine Überlegung, daß für eine bestimmte Meinung von mir wenig spricht, führt nicht automatisch dazu, daß diese Meinung einer anderen Platz macht.[18] Vor allem Meinungen über uns selbst, vorzugsweise Einschätzungen der eigenen Fähigkeiten, können eine Beharrungskraft haben, gegen die unsere Überlegungen relativ machtlos sind. Ich habe die Vermutung geäußert, daß dies in der Regel auf ihre affektive Besetzung zurückzuführen ist (*5.2.4*). Ein Beispiel dafür ist der Umstand, daß sich viele Menschen das Erreichen bestimmter Ziele, z.B. eine berufliche Beförderung, als eigenes Verdienst zurechnen und an dieser Meinung auch dann festhalten, wenn sie sich eingestehen müssen, daß sie einfach Glück gehabt haben (während sie umgekehrt geneigt sind, das Verfehlen ihrer Ziele ungünstigen äußeren Umständen zuzuschreiben, selbst dann, wenn sie sich eingestehen müssen, daß nur sie selbst versagt haben). Das Eingeständnis kommt dann einer Zurückweisung der schmeichelhaften Überzeugung gleich, obwohl dies die Überzeugung nicht zum Verschwinden zu bringen vermag. Noch unabweisbarer machen wir Erf hrungen dieser Art in der Auseinandersetzung mit unseren Gefühlen und Wünschen. Wir können uns sagen, daß es unangebracht ist, auf dies oder jenes mit diesem oder jenem Gefühl zu reagieren, und wir können uns einschärfen, daß dies oder jenes zu wünschen zwecklos oder sogar verwerflich ist – an unserem Fühlen und Wünschen mag sich dennoch nichts Wesentliches ändern. Es sind solche Erfahrungen, die der Rede von »höherstufigen Einstellungen« phänomenale Überzeugungskraft verleihen. Im

18 Für empirische Belege siehe Nisbett/Ross 1980.

verbleibenden Rest dieses Kapitels möchte ich die phänomenale Basis für die Annahme höherstufiger Einstellungen und eines entsprechenden, reflexiven Bildes praktischer Überlegungen noch etwas verbreitern.

5.4 Entscheidungen und andere höherstufige Einstellungen

Im Bereich praktischer Überlegungen läßt sich die Annahme höherstufiger Einstellungen insbesondere mit Blick auf die Struktur bestimmter Entscheidungen rechtfertigen. Dies sind Entscheidungen, die sich nicht als direktes Resultat eines vorgängigen Kräfteverhältnisses zwischen den Gefühlen und den Wünschen, auf die sie sich beziehen, begreifen lassen, weil dieses Kräfteverhältnis, metaphorisch gesprochen, keinen eindeutigen Vektor bildet (*5.4.1*). Daneben gibt es jedoch eine ganze Reihe von höherstufigen Einstellungen, die keinen Entscheidungscharakter haben. Dazu gehören höherstufige Wünsche und Gefühle, die nicht direkt zur Entwicklung von Absichten führen, obwohl sie Teil einer solchen Entwicklung sein können (*5.4.2*). Der Aufweis höherstufiger Einstellungen zeigt nicht zwingend, daß praktische Überlegungen Höherstufigkeit implizieren, weil Höherstufigkeit Reflexivität, aber nicht notwendig Reflektiertheit voraussetzt. Der daraus gegen unser Vorgehen erwachsende Einwand kann jedoch abgewiesen werden. Es gibt zumindest einen *generellen* Zusammenhang zwischen Höherstufigkeit und (praktischem) Überlegen (*5.4.3*).

5.4.1 Die Notwendigkeit von Entscheidungen: Buridanfälle, Präferenzenintransitivität und Wertinkommensurabilität

Daß sich viele unserer Entscheidungen nicht unmittelbar aus dem Kräfteverhältnis unserer uns bewußten Gefühle und Wünsche ergeben, zeigt sich am klarsten in Fällen, die man in Erinnerung an den bekannten Esel, der zwischen zwei gleich attraktiven Heuhaufen verhungert, »*Buridanfälle*« nennen könnte. Wir können in die Lage kommen, uns zwischen zwei Alternativen entscheiden zu müssen, die uns auf der Grundlage der uns verfügbaren Informationen gleich gut zu sein scheinen. Bei der weiter oben erwähnten Auswahl zwischen verschiedenen Kuchenstücken beispielsweise (*5.1.6*) kann es sein, daß uns zwei Stücke gleich gut schmecken und wir uns zu beiden gleich stark hingezogen fühlen. Zu denken ist auch an Kontexte instrumentellen Überlegens, in denen sich aus unserer Sicht zwei Mittel gleich gut zur Realisierung eines Zwecks eignen. Um in Fällen dieser Art zu einer Entscheidung zu kommen und damit eine problematische Handlungslähmung zu vermeiden, können wir eine Münze werfen. Wie immer sie jedoch auch fällt – schwerlich werden wir sagen können, sie würde unsere gleichgewichteten Gefühle und Wünsche ändern; der Wurf der Münze sorgt nicht dafür, daß mir plötzlich das eine Kuchenstück besser schmeckt als das andere. Vielmehr schlagen wir uns je nach Fall der Münze auf die eine oder andere Seite unserer Gefühle und Wünsche. Wir geben einer unserer Neigungen den »Zuschlag«. Dieses »Zuschlaggeben« ist aber nichts anderes als eine höherstufige Einstellung, in der wir zu unseren unmittelbaren Gefühlen und Wünschen Stellung nehmen; wir bestimmen in unserer Entscheidung auf höherer Ebene, daß eine unserer Neigungen für unser Handeln ausschlaggebend sein soll. Im Normalfall wird diese höherstufige Entscheidung auf die erste Stufe durchschlagen und eine unserer Neigungen in eine handlungswirksame Absicht verwandeln. Unsere höherstufige Unterstützung der einen Seite unserer Neigungen bewirkt dann kausal eine entsprechende Handlung.

Buridanfälle, in denen sich auf erster Stufe ein Patt zwischen verschiedenen Gefühlen und Wünschen ergibt, das sich nicht auf der Grundlage der uns verfügbaren Informationen auflösen läßt, sind keine obskure Seltenheit, sondern Ausdruck von Erfahrungen, die viele Menschen vor allem in Bereichen, in denen es ihnen nicht um sehr viel geht, aber dennoch gehandelt werden muß, nahezu permanent machen. Traut man einigen psychologischen Studien, dann gilt das auch für *Intransitivitäten* von Präferenzen auf erster Stufe.[19] Keith Lehrer hat dafür ein instruktives Beispiel konstruiert:[20] Ein Weinkenner hat die

19 Vgl. Shafir/Tversky 1992.

20 Lehrer 1997, S. 80 ff. Ich beschränke mich auf eine grobe Skizze des Beispiels. Grundsätzlich sind noch krassere Fälle als der von Lehrer konstru-

Wahl zwischen drei verschiedenen Weinen A, B und C. Er ist beauftragt, einen dieser Weine für einen Klub von Weinliebhabern zu bestellen, wobei die von ihm festgestellten Geschmacksunterschiede das einzige Bestellkriterium sein sollen. Im direkten Vergleich von A und B und von B und C kann der Weinkenner keinen Qualitätsunterschied bemerken, während er im direkten Vergleich von A und C A den Vorzug gibt. Das Problem ist nun, daß es Situationen geben kann, in denen dem Weinkenner kein direkter Vergleich zwischen A und C möglich ist. Die Weinfirma, an die er sich wendet, mag zum Zeitpunkt seiner Anfrage nicht wissen, welchen Wein sie vorrätig hat. Sie mag ihn bitten, am Montag der kommenden Woche vorbeizukommen, um einen der dann vorrätigen Weine auszuwählen. Und sie mag hinzufügen, er könne gerne auch noch einmal am Dienstag vorbeischauen, um den am Montag gewählten Wein mit den am Dienstag vorrätigen zu vergleichen. Sind am Montag nur A und B vorrätig, wird der Weinkenner eine Münze werfen und sich, sagen wir, für B entscheiden. Am Dienstag sind B und C vorrätig, so daß er wieder eine Münze werfen und sich, sagen wir, für C entscheiden wird. Aufgrund seiner (durch seine Geschmacksempfindungen evaluativ fundierten) Präferenzen auf erster Stufe ist dieses Verfahren gut nachvollziehbar; es führt jedoch zu einem nichtoptimalen Ergebnis: Am Ende wird sich der Weinkenner für C entschieden haben, obwohl er A hätte wählen können. Ein solches Ergebnis läßt sich durch die Formulierung höherstufiger Auswahlstrategien vermeiden. Der Weinkenner kann sich z.B. vornehmen, A immer vorzuziehen, auch wenn er zwischen A und B abwägen muß, oder B immer vorzuziehen oder zwischen A und B zwar die Münze entscheiden zu lassen, aber dem Ergebnis immer den Vorzug vor C zu geben. Er wird so aufgrund der Informationen auf erster Stufe eine Präferenzordnung höherer Stufe ausbilden, die sich nicht automatisch durch die Verhältnisse auf erster Stufe herstellt, sondern seines überlegenden Eingriffs bedarf. Und

ierte denkbar, nämlich solche, wo meine Präferenzen *strikt* intransitiv sind, ich also A B vorziehe, B C und C A. Ich übergehe Fälle dieser Art, weil sie von manchen Autoren so ausgelegt werden, daß sie nicht zeigen, daß eine Person intransitive Präferenzen hat, sondern nur, daß sie nicht weiß, welche Präferenzen sie hat; so etwa Jeffrey 1974 [1983], S. 225 und ähnlich Gauthier 1986, 2. Kap.

aufgrund der so auf höherer Ebene gebildeten Ordnung von Präferenzen wird er dann seine Entscheidung treffen.

Eine dritte Gruppe von Fällen, die höherstufige Einstellungen in Form von Entscheidungen notwendig machen, wird von Fällen von *Wertinkommensurabilität* gebildet. Zum Verständnis dieser Fälle sind unsere Ausführungen zum Wertungscharakter von Gefühlen wichtig. Wir hatten gesehen, daß uns im Licht ganz verschiedener Gefühle etwas als intrinsisch gut oder wertvoll erscheinen kann. So kann uns z.B. das Verfolgen eines Fußballspiels im Fernsehen wertvoll erscheinen, weil es mit Spaß und Spannung verbunden ist, und eine Person kann uns wertvoll erscheinen, weil wir sie lieben oder freundschaftliche Gefühle für sie hegen. Nun kann es aber sein, daß uns im Licht dieser Gefühle unterschiedliche Handlungsoptionen attraktiv erscheinen, die wir faktisch nicht gemeinsam (weder diachron noch synchron) verwirklichen können. Das Anschauen des Fußballspiels kann faktisch mit dem Besuch des Freundes unvereinbar sein, und beides kann uns wertvoll erscheinen, ohne daß uns zu der einen oder anderen Handlung ein stärkeres Verlangen drängen müßte. Da der Spaß am Fußballspiel und die Freundschaft zu einer Person aber ganz unterschiedlichen Gefühlsdimensionen (und Dimensionen des Verhaltens) angehören, können wir auch nicht sagen, daß uns beides gleich gut zu sein scheint. Sofern wir uns allein auf unsere Gefühle verlassen, vermitteln sie uns zwei inkommensurable Werterfahrungen, die wir zumindest quantitativ nicht miteinander vergleichen können.[21] Zwischen beiden Optionen schwankend, sind wir zwischen zwei gegenläufigen Präferenzen hin und her gerissen, die sich unterschiedlichen Wertgesichtspunkten verdanken: Ziehen wir in einer Hinsicht das Anschauen des Fußballspiels dem Besuch des Freundes vor, so ziehen wir in anderer Hinsicht diesen jenem vor. Auch hier können wir uns erst durch die Ausbildung einer höherstufigen Einstellung, eines

21 »Inkommensurabilität« verstehe ich hier in dem von Raz 1986, S. 322 definierten Sinn. Danach gilt: »A and B are incommensurate if it is neither true that one is better than the other nor true that they are of equal value.« Wichtig ist, daß Inkommensurabilität trotz Fehlens eines gemeinsamen Vergleichsmaßes, das quantitative Vergleiche erlauben würde, nicht generelle Unvergleichbarkeit bedeuten muß; vgl. Griffin 1986, 5. Kap. und Stocker 1990, 6. Kap.

Stellungnehmens zu unseren Gefühlen erster Stufe, das die Form einer Präferenz der Präferenz oder Metapräferenz hat, auf die eine oder andere Seite schlagen.[22] Dafür werden wir normalerweise eigene Gründe haben, aber diese Gründe sind nicht direkt den Präferenzen auf der ersten Stufe zu entnehmen. Fälle von Wertinkommensurabilität scheinen mir ebenso charakteristisch für unser Leben zu sein wie Buridanfälle, bei denen Wertgleichheit vorliegt oder vorzuliegen scheint. Sie sind die primäre Erklärung dafür, daß uns unsere wertenden Gefühle bei der Gewichtung unserer Wünsche und Zwecke so wenig zu helfen vermögen (*5.1.6*).

Bei wieder anderen Fällen ist es phänomenal schwer zu entscheiden, ob wir es sind, die eine Gewichtung unserer Gefühle und Wünsche vornehmen, oder ob diese Gewichtung schon vorliegt und uns geneigt macht, uns so oder so zu entscheiden. Gesteht man jedoch einmal klare Fälle von durch uns aktiv und zumindest rudimentär überlegungsgeleitet vorgenommenen höherstufigen Entscheidungen zu – und ich meine, Entscheidungen in Buridanfällen, Fällen von Präferenzenintransitivität und von Wertinkommensurabilität sind Fälle dieser Art –, kann sich die Frage erheben, ob Fälle von vorgängig gewichteten Gefühlen und Wünschen nicht überhaupt eher selten sind. Denn was soll es heißen, daß uns Gefühle und Wünsche als schon gewichtet vorgegeben sind? Sicherlich gibt es motivational besonders wirksame Gefühle und Wünsche. Aber wir hatten im dritten Kapitel gesehen, daß rein motivationale Antriebe nicht als Gründe für unser Handeln fungieren können (*3.4*). Bei einer Handlung, die nur der Ausdruck des motivational stärksten Antriebs ist, kann es sich auch um ein triebhaftes Verhalten handeln, von dem zweifelhaft ist, ob es noch eine »Handlung« genannt zu werden verdient. Die Gefühle und Wünsche, die mit einem starken Verlangen verbunden sind, sind nicht notwendig diejenigen, die für uns das größte Gewicht haben und die wir deswegen zur Grundlage unseres Handelns machen. Die unproblematischsten Fälle einer gewichtet vorliegenden Konstellation von Gefühlen und Wünschen sind meiner Meinung nach Fälle wie die am Ende von *5.1.6* geschilderte Auswahl zwischen Kuchenstücken, in denen wir es mit verschiede-

22 Zu Präferenzen über Präferenzen vgl. Jeffrey 1974.

nen Handlungsoptionen zu tun haben, die wir aufgrund der mit ihnen verbundenen sinnlichen Empfindungen nach dem Grad ihrer Angenehmheit ordnen können. Doch wir hatten ja gesehen, daß selbst Annehmlichkeitsempfindungen nicht nur quantitativ, sondern auch qualitativ verschieden sein können (*4.4.2* (1)), so daß sich bei ihrem Vergleich wieder Wertinkommensurabilitäten ergeben können. Selbst auf der Ebene sinnlicher Empfindungen ergibt sich also nicht ohne weiteres ein klares Kräfteverhältnis zwischen verschiedenen Gefühlen und Wünschen, aus dem sich unser normales Handeln vollständig erklären ließe.

Die Unterbestimmtheit unserer Handlungen durch unsere Gefühle und Wünsche gibt unseren Entscheidungen einen in besonderer Weise handlungsleitenden Charakter. Sofern wir uns in Entscheidungen reflexiv auf unsere Gefühle und Wünsche beziehen, drücken wir nicht nur unsere Zustimmung zu bestimmten unserer Gefühle und Wünsche aus. Entscheidungen sind keine bloße »Unterstützung« oder »Bejahung« jener Einstellungen, gegenüber denen sie als höherstufige Einstellungen fungieren. Qua höherstufige Einstellungen sind sie deswegen auch mehr als höherstufige »Stellungnahmen«. Genauerhin sind sie eine bestimmte Art höherstufiger optativischer Stellungnahmen, nämlich höherstufige Willensakte, in denen wir aktiv den Versuch unternehmen, kausal auf unsere Gefühle und Wünsche Einfluß zu nehmen. Wir versuchen in ihnen, uns ein bestimmtes Gefühl oder einen bestimmten Wunsch so anzueignen, daß es oder er zu einer handlungsbestimmenden Absicht oder zur Basis für die Ausbildung einer solchen Absicht wird. Erst wenn wir uns diese Besonderheit von Entscheidungen bewußtmachen, begreifen wir, was das Setzen einer Absicht, auf das wir im zweiten Kapitel so großen Wert gelegt hatten, eigentlich bedeutet. Zugleich erhält auch eine andere dort angeschnittene Thematik durch die Deutung von Entscheidungen als besonderen höherstufigen Einstellungen ein schärferes Profil: Denn indem wir in Entscheidungen auf höherer Stufe die Konflikte schlichten, die unweigerlich auf der Ebene unserer Gefühle und Wünsche aufbrechen, stellen wir auch synchron die Einheit von uns selbst als Handlungswesen sicher, die diachron durch die Ausbildung von Absichten und Plänen ermöglicht wird. In praktischen Überlegungen, die in Entscheidungen terminieren, stellen wir uns immer wieder aufs neue als einheitliche Personen her; wir versuchen, und sei es nur temporär, jene Formen von Selbstspaltung zu verhindern, die in jedem tieferen Gefühls- und Wunschkonflikt angelegt sind.

Eine eigene Frage ist, ob es nicht auch Entscheidungen und Absichten ohne Gefühls- und Wunschbasis gibt. Können wir uns für etwas entscheiden und eine entsprechende Absicht ausbilden, ohne damit auf unsere Gefühle und Wünsche und die durch sie übermittelten Informationen zu reagieren und uns auf sie reflexiv zu beziehen? Wir werden im nächsten Kapitel sehen, daß wir Einschätzungen von etwas als gut oder schlecht nicht nur durch unsere Gefühle und vermittelt durch unsere Wünsche vornehmen, sondern auch durch Werturteile, die üblicherweise nicht zu den Gefühlen und Wünschen gezählt werden. Statt uns in unseren Entscheidungen auf Gefühle und Wünsche zu stützen, könnten wir uns deswegen in ihnen auch auf Werturteile stützen. Aber auch dann hätten wir es bei ihnen noch mit höherstufigen Einstellungen zu tun. Wäre auch dies nicht gegeben, müßten wir die Existenz *reiner Setzungsakte* annehmen. Wir würden nicht mehr ein Gefühl oder einen Wunsch oder selbst ein Werturteil durch eine höherstufige Einstellung »absegnen« oder »verwerfen«, »verstärken« oder »abschwächen«, sondern ohne jede vorgängige gefühlsmäßige Werterfahrung oder wunschförmige Neigung oder evaluative Beurteilung statuieren, daß dies oder jenes der Fall sein und unser Handeln entsprechend ausfallen soll. Solche Setzungsakte mögen existentialistischen Vorstellungen reiner, radikaler Wahl entsprechen.[23] Ich sehe nicht, warum es sie nicht geben können sollte. Nur ist schwer auszumachen, ob und in welchem Umfang es sie gibt. Am ehesten dürften sie uns aus Situationen großer Unübersichtlichkeit vertraut sein, in denen uns auch unsere eigenen Gefühle und Wünsche nicht transparent sind, wir uns aber gezwungen sehen, irgend etwas zu tun. Davon abgesehen dürften reine Setzungsakte im Leben der meisten Menschen jedoch keine zentrale Rolle spielen. Unsere Entscheidungen und die aus ihnen hervorgehenden Absichten sind immer von uns vorgenommene, aktive Setzungen. Aber wenn wir das Phänomen der Werturteile einmal zurückstellen, so scheint mir

23 Vgl. Sartre 1943 [1993], S. 829.

ebensosehr zu gelten, daß diese Setzungsakte durch Erfahrungen fundiert (nur eben nicht erzwungen) werden, die eher passivischer Natur sind, uns also mehr oder minder widerfahren. Unsere Zwecksetzungen gehen in der Regel aus einem Prozeß der Interpretation und Bewertung von vorgängigen Gefühlen und Wünschen hervor, und zwar von Gefühlen und Wünschen, die kein irgendwie neutrales »Material« sind, sondern bereits eine evaluative Dimension haben.

5.4.2 Nicht-entscheidungsförmige höherstufige Einstellungen

Entscheidungen sind besonders wichtige, aber nicht die einzigen höherstufigen Einstellungen, in denen sich dadurch, daß wir uns in ihnen im Rahmen praktischer Überlegungen zu unseren eigenen mentalen Einstellungen verhalten, ein evaluativ-praktisches Selbstverhältnis konstituiert. Man könnte sogar argumentieren, daß sich in Entscheidungen eine eher *indirekte* Form des Sichzusichverhaltens manifestiert, denn genaugenommen entscheiden wir uns ja nicht zwischen unseren Gefühlen und Wünschen, sondern zwischen verschiedenen Handlungsoptionen. Nur sind diese Handlungsoptionen in der Regel Optionen für uns erst dadurch, daß sie uns im Licht unserer Gefühle und Wünsche attraktiv erscheinen, so daß jede Entscheidung zwischen ihnen immer auch ein Stellungnehmen zu diesen Gefühlen und Wünschen bedeutet.

Um ein *direkteres* Selbstverhältnis in den Blick zu rücken, ist es nützlich, zwischen verschiedenen Arten bzw. Aspekten von Handlungsoptionen zu unterscheiden: Zum einen können wir bei vielen Handlungen zwischen dem, was durch diese Handlungen hervorgebracht wird oder worauf sie sich richten, und den Handlungen als Verrichtungen selbst differenzieren. In diesem Fall können wir uns sowohl fragen, ob wir ein bestimmtes Handlungsergebnis wollen, als auch, ob wir die dazu nötige Handlung ausführen wollen. Wenn man so will, geht es uns im ersten Fall stärker um die Welt, im zweiten stärker um uns selbst. Wir beurteilen einmal die Attraktivität bestimmter Zustände in der Welt und einmal uns selbst als Handelnde, und bei letzterem liegt ein direkteres Selbstverhältnis vor als bei ersterem. Sodann können wir aber auch zwischen dem Inhalt und der Form unseres Handelns unterscheiden. Das läßt sich am besten an Tätigkeiten demonstrieren, die auf kein von ihnen ablösbares Handlungsergebnis abzielen. So können wir die Tätigkeit des Tanzens um ihrer selbst willen vollziehen. Aber auch hier können wir noch einen Unterschied zwischen der Tätigkeit als solcher und der Art und Weise ihrer Ausführung machen. Wir können uns ja nicht nur wünschen zu tanzen, sondern z.B. auch, mit besonderer Leichtigkeit zu tanzen. Hier liegt es ebenfalls nahe, in letzterem, also der Ausrichtung auf die Form unseres Handelns, ein direkteres Selbstverhältnis ausgedrückt zu sehen. Das gilt besonders in solchen Fällen, in denen wir als die Form des Handelns die psychologische Verfassung betrachten können, in der sie vollzogen wird, wie etwa bei galanten und freundlichen Handlungen. Wir werden später sehen, daß diese Unterscheidungen auch für die Differenzierung verschiedener Formen, in denen wir uns nicht nur auf unser eigenes, konkretes Handeln, sondern auf unser Leben als solches beziehen, wichtig sind. Im gegenwärtigen Zusammenhang kann uns die Berücksichtigung nicht nur von Handlungsergebnissen und -inhalten, sondern auch der Form von Handlungen, ihres adverbialen Zugs, helfen, einige Formen nicht-entscheidungsförmiger höherstufiger Einstellungen transparent zu machen. Wir können uns dafür sehr lose an den Fallunterscheidungen orientieren, die Harry Frankfurt in seinem für die neuere Diskussion um höherstufige Einstellungen einschlägigen Aufsatz »Freedom of the Will and the Concept of a Person« getroffen hat. Mehr als ein loses Anknüpfen kann dies allerdings nicht sein, denn einige wichtige Differenzierungen fehlen bei Frankfurt.

Frankfurt ist nur an volitiven Einstellungen interessiert, thematisiert also keine höherstufigen Einstellungen, die sich auf Meinungen beziehen. Außerdem beschränkt er sich, worin wir ihm zunächst folgen können, im wesentlichen auf die Gegenüberstellung von Einstellungen erster und zweiter Stufe, ohne damit die Existenz von Einstellungen noch höherer Stufen bestreiten zu wollen. Auf der ersten Stufe jener Einstellungen, die sich direkt auf die Welt und nicht (auch) auf andere Einstellungen beziehen, unterscheidet er zwischen »Wunsch« (desire) und »Wille« (will). Wünsche werden dabei allgemein (in einer nicht ganz durchsichtigen Weise)[24] als Handlungsmotive oder -neigungen begriffen, während der Wille einer Person als das Motiv bestimmt wird, das sie faktisch zum Handeln bringt.[25] Auf dieser Grundlage werden dann »höherstufige Wünsche« von »höherstufigen Volitionen« abgehoben: Erstere sollen Wünsche über »Wünsche« sein, letztere Wünsche in bezug darauf, welcher Wunsch erster Stufe handlungswirksam und damit zum »Willen« der Person werden soll (S. 14 f.).

In dieser Terminologie würden (die meisten) Entscheidungen »höherstufige Volitionen« sein.[26] Sie sind jedoch eine besondere Art von höherstufigen Volitionen, deren Spezifik Frankfurt nicht Rechnung zu tragen vermag, da er zwar auf erster, nicht aber auf zweiter Stufe zwischen Wunsch und Wille unterscheidet und auch nicht von der Aktiv-passiv-Unterscheidung Gebrauch macht. Entscheidungen sind, wie gesagt, nicht bloße höherstufige Unterstützungen oder Affirmationen von Wünschen erster Stufe und auch nicht ein bloßes Wünschen, daß ein Wunsch handlungswirksam werden möge; sie sind vielmehr aktive Versuche unsererseits, auf unsere Motivationslage Einfluß zu nehmen. (Allerdings muß dies nicht heißen, daß wir dann auch tatsächlich so handeln, denn es können sowohl äußere wie innere Hindernisse die Wirksamkeit unseres entscheidungsförmigen Wollens verhindern; insofern ist Frankfurts definitorische Erläuterung des Willens als handlungswirksames Wünschen nicht nur durch ihre Beschränkung auf die erste Stufe mißlich.)

Von höherstufigen Volitionen, die Entscheidungen sind, lassen sich höherstufige Volitionen abgrenzen, die nicht entscheidungsförmig sind. Unter diesen können wir dann wieder, von Frankfurt geleitet, zwei Fallgruppen auseinanderhalten: solche, in denen wir wünschen, daß ein *schon vorhandener* Wunsch von uns handlungswirksam wird oder nicht handlungswirksam

24 Zur Unklarheit von Frankfurts Wunschbegriff vgl. die sehr instruktive Magisterarbeit von Pfeiffer 1996, S. 6 ff., S. 24 ff.

25 Frankfurt 1971 [1988], S. 13 f. Seitennachweise werden im folgenden im Text in Klammern angegeben.

26 Frankfurt geht in 1971 nicht näher auf die Spezifik von Entscheidungen ein; er thematisiert sie jedoch in 1987 [1988], bes. S. 170 ff., und zwar so, daß sie dort wie höherstufige Volitionen in 1971 charakterisiert werden. Vgl. auch Nerlich 1989, S. 94 f.

geworden wäre (a), und solche, in denen wir wünschen, einen bei uns *noch nicht vorhandenen* Wunsch allererst ausbilden und handlungswirksam werden lassen zu können (b). Abweichend von Frankfurt ist es dabei sehr hilfreich, außer Wünschen auch Gefühle zu beachten, und zwar auf beiden Stufen. Auf diese Weise können wir nämlich unser Interesse an der adverbialen Form unseres Tuns besser begreifen.

(a) Manchmal sind wir nicht in der Lage, uns für eine Handlungsoption, deren Verwirklichung wir uns doch wünschen, zu entscheiden. Wir können einfach zu resigniert und kraftlos sein, unserem Wunsch den nötigen Nachdruck zu verleihen. Wir können uns dann sagen, daß es schön wäre, wenn wir uns aufraffen und nach unserem Wunsch handeln würden. Aber es bleibt bei dem bloßen Wunsch, das eigene Wünschen möge (in Frankfurts Sinn) zum Willen werden. Wir wünschen etwas, möchten es aber auch wollen können. Und manchmal wünschen wir auch, etwas, das wir uns wünschen, mit der rechten Leidenschaft wollen zu können oder überhaupt zu handlungswirksamen Leidenschaften fähig zu sein. Wir wünschen uns nicht nur, den Willen zu bestimmten Handlungen aufbringen zu können, sondern z.B. auch, diese Handlungen getragen von wirklicher Liebe, Freundlichkeit oder auch Wut ausführen zu können. Retrospektiv kommt es dagegen oft vor, daß wir uns wünschen, daß ein bestimmter Wunsch von uns nicht handlungswirksam geworden wäre. Wenn dieses Wünschen stark affektiv qualifiziert ist, wird es zur Reue. In der Reue klagen wir uns dafür an, daß wir dies oder jenes getan (oder auch unterlassen) haben. Jedes »Hätte ich es doch nicht getan!« ist aber immer auch ein Stellungnehmen zu jenem Wunsch bzw. jener Absicht, die uns dazu gebracht hat, das Bedauerte zu tun. Besonders augenfällig ist das in vielen Formen von Scham und Schuldgefühl. Zwar kann ich ein Schuldgefühl auch dann entwickeln, wenn ich völlig absichtslos dazu beigetragen habe, daß etwas Schlimmes passiert ist. Aber häufig bewerten wir in den Gefühlen von Scham und Schuld negativ, daß wir dies oder jenes tatsächlich gewollt haben. Wir schämen uns und fühlen uns schuldig wegen unserer eigenen Absichten, selbst dann, wenn wir aus irgendwelchen Gründen nicht zu ihrer Ausführung gekommen sind. Retrospektiv können wir unser eigenes Wollen natürlich auch positiv bewerten, wie es etwa im Stolz geschieht:

Wir können z.B. stolz darauf sein, daß wir die Willenskraft hatten, dies oder jenes durchzusetzen. Reue, Scham und Stolz sind *selbst*bewertende Gefühle;[27] aber sie sind keine Entscheidungen, sondern können allenfalls Anlaß für Entscheidungen sein. Als affektive Phänomene widerfahren sie uns ähnlich wie Gefühle erster Stufe.

(b) Fälle der zweiten Gruppe nicht entscheidungsförmiger höherstufiger Volitionen, in denen wir uns wünschen, etwas zu wollen, das wir noch nicht einmal wünschen, sind auf den ersten Blick ungewöhnlicher. Frankfurt gibt lediglich anmerkungsweise das Beispiel einer Person, die eine andere so sehr bewundert, daß sie sich wünscht, die gleichen handlungswirksamen Wünsche zu haben wie die bewunderte Person, wie immer diese beschaffen sein mögen (Anm. 4). Ein solches Wünschen kann einem wie die Aufgabe des eigenen Wünschens erscheinen. Es dürfte jedoch häufiger vorkommen, als viele wahrhaben wollen: Man denke nur an religiöse Menschen, die sich gerade auch in ihrem Wollen einer göttlichen Autorität anvertrauen möchten; sie wünschen sich, nichts anderes zu wollen als das, was Gottes Willen entspricht, wie immer dieser ausfallen mag. Zu denken ist auch an Fälle, in denen Menschen sich wünschen, sich willig ins Unabänderliche fügen zu können. Ein Vater kann sich wünschen, die verhaßte Heirat seiner Tochter wünschen und sich dann entsprechend verhalten zu können, wenn er sie schon nicht verhindern kann.[28] Ein Sklave kann sich wünschen, die ungeliebte Arbeit, zu der er gezwungen wird, ausüben zu wollen, um so sein Los erträglicher zu machen. Fälle dieser Art gewinnen wiederum zusätzliche Plausibilität durch die Berücksichtigung von Gefühlen. Im Fall des Vaters etwa, der sich wünscht, die Heirat seiner Tochter wollen zu können, könnte man argumentieren, daß er sich die Heirat eben dadurch ja doch schon ein bißchen wünscht, so daß wir es wieder mit einer Variante unserer ersten Fallgruppe zu tun hätten. Aber der Vater kann sich nicht nur wünschen, einen bestimmten handlungswirksamen Wunsch zu haben, sondern auch, daß sein Wunsch in bestimmter Weise affektiv qualifiziert ist; z.B. mag er sich wünschen, die Heirat seiner Tochter aus ganzem Herzen zu wünschen und freudig zu erwarten, und dies ist

27 Vgl. ausführlicher zu selbstbewertenden Gefühlen G. Taylor 1985.

28 Ich übernehme dieses Beispiel aus Pfeiffer 1996.

nicht schon dadurch gegeben, daß er sich wünscht, die Heirat zu wünschen.

Höherstufige *Volitionen* sind für Frankfurt jener Zug unseres Wünschens, der uns allererst zu Personen macht, während dies für höherstufige Wünsche nicht gelten soll (S. 16). Das ist insofern nachvollziehbar, als Personen zumeist als Handlungswesen betrachtet werden und deswegen die Auszeichnung unmittelbar handlungsbezogener volitiver Einstellungen als Kern von Personsein naheliegt. Hinzu kommt, daß man hoffen kann, über höherstufige Volitionen Licht in das Problem der Willensfreiheit zu bringen, das traditionellerweise ebenfalls mit dem Begriff der Person und auch mit unserem Selbstverständnis als Personen zusammenhängt. Dafür dürften allerdings nicht alle höherstufigen Volitionen, sondern speziell Entscheidungen und Willensakte relevant sein. Ich meine jedoch, daß für unsere praktisch überlegende Orientierung in der Welt auch höherstufige *Wünsche* im Sinn Frankfurts von Bedeutung sind, und sei es nur dadurch, daß auch sie zur Grundlage von Entscheidungen werden können.

Frankfurt wählt zur Illustration seiner Rede von »höherstufigen Wünschen« das Beispiel eines Therapeuten von Drogensüchtigen, der aus Hilfsbereitschaft den Wunsch hegt, selbst einmal den Wunsch nach einer Droge zu verspüren, ohne doch danach zu handeln, um dann hinzuzufügen, daß sich Leute mit höherstufigen Wünschen dieser Art »at the margin of preciosity« bewegten (S. 15). Auch der Wunsch, bestimmte Wünsche als bloße Wünsche zu haben, scheint mir jedoch gar nicht so selten zu sein. Allerdings glaube ich, daß das, was wir uns dabei primär wünschen, nicht so sehr der Wunsch selbst ist als ein bestimmtes Gefühl, das zu diesem Wunsch führt, oder eine bestimmte affektive Qualität des Wunsches selbst. Der Therapeut möchte vermutlich wissen, wie es sich »anfühlt«, ein Verlangen nach der Droge zu haben. Ähnlich ist es, wenn ich mir z.B. wünsche, den mir befremdlichen Wunsch eines Freundes, ständig Bruckner-Symphonien zu hören, auch einmal zu hegen, um so den Freund besser begreifen zu können, obwohl ich hoffe, meine Zeit künftig nicht mit dieser Musik zu verbringen. Ich möchte dann nachempfinden, wie es ist, für eine bestimmte Musik begeistert zu sein, an ihr Gefallen zu finden. Oder ich kann mir aus purer Neugier wünschen, an den Wünschen ehrgeiziger oder abenteuerlustiger Menschen teilzuhaben, auch wenn ich nicht ihr Leben führen möchte. Was ich dann zumindest auch wünsche, ist, etwas von ihrer Leidenschaft nachempfinden zu können. Vermutlich ist ein Motiv für die Lektüre von Romanen und das Anschauen von Filmen und Theaterstücken, vielleicht auch für das Hören von Musik die Möglichkeit, durch sie in fremde Wunsch- und Gefühlswelten hineinversetzt zu werden, ohne den entsprechenden Wünschen und Gefühlen ein größeres Gewicht bei den eigenen Handlungsüberlegungen geben zu müssen.

Frankfurt berücksichtigt bei der Erörterung höherstufiger Wünsche nur Wünsche, Wünsche, die man nicht hat, zu haben. Aber wir können uns auch wünschen, Wünsche, die wir haben, nicht zu haben, und dies dürfte sogar der häufigere Fall sein. So können uns Wünsche auch dann quälen, wenn wir selbstkontrolliert genug sind, um sie nicht – jedenfalls nicht augenfällig – handlungswirksam werden zu lassen. Der Wunsch, mit jemandem zusammen zu sein, mit dem man nicht zusammen sein kann, oder der Wunsch, ein Ziel zu erreichen, das die eigenen Fähigkeiten übersteigt – kurz: Wünsche nach sei es subjektiv, sei es objektiv nicht realisierbaren Dingen können uns in unseren Träumen und Phantasien so bedrängen, daß wir sie gerne los sein würden, obwohl wir keine Anstrengungen unternehmen, nach ihnen zu leben. Wie gegen Ende des zweiten Kapitels zugestanden (*2.5.1*), können wir mit vielen Wunschkonflikten gut leben, aber mit vielen eben auch nicht. Auch können wir Wünsche haben, die wir, obwohl sie nicht handlungswirksam werden, aus moralischen oder religiösen Gründen meinen verwerfen zu müssen. Die Kontrolle der eigenen Wünsche (oder »sündigen Gedanken«) gehört nicht zu den Ambitionen jeder Moral, aber zumindest in der christlichen Moral hat sie eine kaum zu leugnende Realitätsmacht angenommen.[29] Die

29 Inspiriert von Foucault hat Fink-Eitel 1994 Frankfurt deswegen vorgeworfen, mit seinem Modell höherstufiger Wünsche einen durch das Christentum bedingten historischen Sonderfall zur normalen Struktur von Personen erklärt zu haben (was den Bezug zur Religion anbelangt vgl. auch James 1901/02, 8. Vorlesung). Trotz der einschlägigen Behandlung höherstufiger Wünsche durch Augustinus (*Confessiones* V, 10-12 und VII, 20 bis X, 24) scheint mir dieser Vorwurf jedoch abwegig zu sein. Die Konzeption höherstufiger Wünsche schließt historisch gesehen an die antiken Überlegungen zur Affektenkontrolle an. M.E. ließe sie sich gut z.B. mit Platons Hand-

moralische Überprüfung der eigenen Wünsche und Begehrlichkeiten kann, so sehr das meist die Freude am Leben vergiftet, zur Obsession werden; Nietzsche hat für deren Variationen ein feinsinniges Gespür gehabt.[30] Daß uns Wünsche, die wir haben, quälen können, unterstreicht erneut ihren Widerfahrnischarakter, der abermals besonders dann sinnfällig ist, wenn unsere verwünschten Wünsche mit bestimmten Gefühlen zusammenhängen. In bezug auf Gefühle wird niemand bestreiten können, daß wir uns wünschen können, sie loszuwerden; zu denken ist dabei vor allem an negative Gefühle wie Angst, Haß und Neid, die von starken Unlustempfindungen begleitet werden.

Höherstufige Volitionen, die keine Entscheidungen sind, und höherstufige Wünsche können eine Vorstufe zu entscheidungsabhängigen Absichten sein. Besonders höherstufige Gefühle wie viele Formen von Scham und Stolz können dazu einen starken Grund und Anreiz bilden. Von vielen nicht entscheidungsförmigen höherstufigen Volitionen und Wünschen wird man aber sagen müssen, daß sie unser Leben in dem Maße durchziehen, in dem wir entweder nicht fähig sind, unser Handeln nach unseren Entscheidungen und Absichten zu formen, oder wir uns bewußt außerhalb des Bereichs von Handlungsanforderungen bewegen. Welche dieser beiden Möglichkeiten vorliegt, kann unklar sein. In Tagträumen beispielsweise können wir uns wünschen, ein Mensch mit ganz anderen Gefühlen, Wünschen und Willensbekundungen zu sein, und im Sichergehen in Tagträumen kann gleichermaßen eine kreative Phantasieentfaltung wie eine Kompensation für die eigene geringe Handlungsmacht am Werk sein. Und wenn die Diskrepanz

lungs- und Überlegungsmodell vereinbaren (vgl. z.B. *Staat* 437c). Angesichts der Ubiquität des Phänomens höherstufiger Wünsche kann man der christlichen Moral allenfalls eine bestimmte Art des Umgangs mit Wünschen erster Stufe vorwerfen, etwa ihre Verwerfung als »sündig« (oder auch »unmoralisch«) statt etwa als »glückshemmend« oder »gesundheitsschädlich«.

30 Nietzsches Spekulationen zur Herkunft des schlechten Gewissens lesen sich geradezu als Erklärungen zum Ursprung der Fähigkeit zur reflektierenden Selbstbewertung überhaupt; vgl. *Zur Genealogie der Moral*, Kritische Studienausgabe 5, S. 321 ff. Eine interessante (und im übrigen ausgearbeitetere) Parallele bietet Adam Smiths Rekonstruktion der Genese des Gewissens im dritten Teil seines Werkes *The Theory of Moral Sentiments*.

zwischen unseren tatsächlichen Gefühlen, Wünschen und Willensbekundungen auf der einen und höherstufigen, nicht entscheidungsförmigen oder jedenfalls nicht kausal wirksamen Volitionen und Wünschen auf der anderen Seite zu groß wird, dient die Ausbildung höherstufiger Einstellungen nicht mehr wie im Fall wirksamer Entscheidungen der Überwindung von Selbstspaltungen; vielmehr verstärkt sie diese oder schafft sie sogar allererst.

5.4.3 Höherstufige Einstellungen und Reflektiertheit

Im nächsten Kapitel werden wir sehen, daß viele höherstufige Einstellungen den Charakter von Werturteilen haben oder sich aus Werturteilen speisen. Wenn wir unsere Gefühle und Wünsche akzeptieren oder verwerfen, *urteilen* wir über sie; wir sagen dann etwa, dieses Gefühl zu haben sei nicht gut, jenen Wunsch fallenzulassen sei besser. Das Verwerfen von Gefühlen und Wünschen als »sündig« beruht genauso auf Werturteilen wie die Scham über die eigene Scham in Taylors Beispiel der interpretativen Auseinandersetzung mit einem dumpfen Minderwertigkeitsgefühl. Das sollte mögliche Zweifel an der Existenz und Relevanz höherstufiger Einstellungen vollends zerstreuen. Ebenso sollte unstrittig sein, daß höherstufige Einstellungen, die als Werturteile auftreten, Teil von praktischen Überlegungen sind, die der Willensklärung und -bildung dienen.

Aber auch wenn wir die Werturteilsproblematik noch für einen Augenblick zurückstellen, ist der Zusammenhang zwischen höherstufigen Einstellungen und Überlegungen überhaupt sowie praktischen Überlegungen im besonderen schwerlich von der Hand zu weisen. Entscheidungen sind kaum anders denn als reflektierte Abwägungen zwischen verschiedenen Optionen zu denken, Wünsche, in denen wir uns wünschen, andere Wünsche und bestimmte Gefühle nicht zu haben, gehen typischerweise ebenfalls aus einer Form der reflektierten Abwägung hervor, und ähnliches gilt für höherstufige Gefühle wie die selbstbewertenden Emotionen der Scham und des Stolzes. Gewiß ist zuzugestehen, daß manche höherstufigen Wünsche und Gefühle und selbst Entscheidungen nur sehr schwach reflektiert sind. Zumal bei höherstufigen Gefühlen – wie auch bei vielen höherstufigen Wünschen – kommt hinzu, daß sie uns widerfahren. Widerfahrnischarakter und zumindest minimale Reflektiertheit können jedoch durchaus zusammengehen: Selbstbewertende Emotionen etwa setzen einen kognitiven Einschätzungsprozeß voraus, von dem dann nur gilt, daß er zwangsläufig und ohne unser Dazutun in einen bestimmten affektiven Zustand mündet oder von Anfang an affektiv qualifiziert ist. Ein solcher Einschätzungsprozeß kann mehr oder minder bewußt ablaufen, und wenn er unbewußt vonstatten geht, fällt es schwer, von einem Prozeß der »Überlegung« zu sprechen. Eine scharfe Grenze, diesseits deren nicht und jenseits deren sehr wohl von »Überlegung« gesprochen werden kann, wird man aber nicht ziehen können.

Für unsere Belange genügt es, daß sich der reflexive Charakter höherstufiger Einstellungen zumindest recht häufig aus Formen der Überlegung und des Reflektierens ergibt. In der Ausbildung höherstufiger Einstellungen manifestiert sich ein spezifisch normatives Interesse von uns, das sich von Überlegungstätigkeiten nicht ablösen läßt. Wir bejahen oder verneinen höherstufig direkt auf die Welt gerichtete und häufig eher passivische Einstellungen, weil wir uns – stimuliert durch negative Erfahrungen – Klarheit darüber verschaffen möchten, ob die in ihnen liegenden Behauptungen (im Fall von Meinungen) und Wertungen (im Fall von wertenden Gefühlen und vermittelt von Wünschen) berechtigt oder unberechtigt sind. Zumal höherstufige Zurückweisungen haben in der Regel einen Grund darin, daß wir uns überlegend vor Augen führen, daß nicht wahr oder nicht gut ist, was uns unsere Einstellungen niederer Stufe als wahr oder gut vorstellen. Solange dieser *generelle* Zusammenhang zwischen Höherstufigkeit und Überlegung zugestanden wird, kann auch eingeräumt werden, daß er nicht in jedem Einzelfall vorliegt.[31] Es gibt keine zwingende, gar analytische Verbindung zwischen Reflexivität und Reflektiertheit. Warum sollte es nicht z.B. Wünsche geben, die sich so gänzlich unreflektiert auf andere Wünsche oder auf Gefühle beziehen, wie sich Wünsche und Gefühle auf Gegenstände in der Welt beziehen mögen? Auch müssen höherstufige Gefühle nicht notwendig einen so relativ komplexen Charakter haben

31 Zu den Defiziten der Darstellung bei Frankfurt zählt u.a., daß sie ausgerechnet das Moment der Überlegung fast völlig ausblendet.

wie Scham- und Schuldgefühle: Wir können uns ja auch einfach freuen oder ärgern, bestimmte Wünsche, Gefühle oder selbst Meinungen zu haben. Nur sind gänzlich unreflektierte höherstufige Einstellungen, so es sie gibt, die Ausnahme, die die Regel bestätigen.

Daß es zumindest recht häufig einen engen Zusammenhang zwischen höherstufigen Einstellungen und Überlegungen überhaupt sowie praktischen Überlegungen im besonderen gibt, erklärt m.E., daß viele Autoren höherstufigen Einstellungen eine besondere Dignität oder Autorität zuschreiben und in ihnen den Ausdruck dessen sehen, was »wir selbst« fühlen, wünschen oder meinen.[32] Denn diese Sicht lebt von einer impliziten Identifikation unseres ›Selbst‹ mit der Quelle der Tätigkeit des Überlegens oder mit dieser Tätigkeit selbst. Das Selbst wird dann als Ort einer eigenen Aktivität gedacht, eben der Aktivität des Überlegens. Wie das Beispiel höherstufiger Gefühle dokumentiert, kann diese Aktivität mit Weisen der Passivität zusammen auftreten. Aber die Identifikation von Selbst und Überlegungsselbst liegt sowohl vor dem Hintergrund der philosophischen Tradition als auch unseres lebensweltlichen Selbstverständnisses als Personen nahe. Wie wir im neunten Kapitel sehen werden, ist sie zudem wichtig für ein bestimmtes Verständnis von Selbstbestimmung.

Nichts zwingt allerdings dazu, die schillernde Rede von einem »Selbst« auf eine Verbindung mit Überlegungen festzulegen. In jedem Fall wäre es irreführend, unser Selbst nur auf der Ebene der jeweils reflektierenden und nicht auch auf der der jeweils reflektierten Einstellungen zu verorten.

Zum einen ist es so, daß die reflektierte Ebene (die Ebene, auf die wir uns reflexiv beziehen) viel häufiger, als oft gesehen wird, selbst höherstufiger Natur ist und Überlegungen impliziert: Die Gefühle und Wünsche etwa, zu denen wir höherstufig Stellung nehmen, können bereits das Resultat (früherer) reflektierender Selbstbewertungen sein. In Taylors Beispiel für einen Selbstinterpretationsprozeß kam es am Ende zu einem Sichschämen über die eigene, selbstbezogene Scham. Gegenstand von Reue und Schuldgefühlen sind typischerweise eigene Absichten, und Absichten haben unserer Deutung zufolge eine re-

32 Außer in den Arbeiten von Frankfurt ist das z.B. sehr deutlich bei Lehrer 1997.

flexive Struktur. Die Wünsche und Begehrensformen, die der sich sündig Fühlende loswerden möchte, sind oft gerade Wünsche und Begehrensformen, in die alle möglichen Gedanken und Überlegungen investiert wurden. Nach meinem (zugegebenermaßen sehr weitgehenden) Dafürhalten enthalten alle komplexen Emotionen höherstufige Einstellungen, weil sie aus einem – allerdings meist nicht bewußten – Prozeß der Transformation und Aneignung primitiver Emotionen hervorgehen. Das Schmerzhafte von Konflikten zwischen Einstellungen verschiedener Stufen (wie natürlich auch zwischen solchen der gleichen Stufe) rührt meist gerade daher, daß wir sozusagen auf beiden Fronten des Konflikts stehen; es wäre einfacher, könnten wir uns sagen, daß wir das, was wir höherstufig ablehnen, gar nicht sind. Die Phänomene werden schlicht verzerrt, wenn, wie es in einem Teil der philosophischen Literatur geschieht, die Problematik höherstufiger Einstellungen dadurch entschärft zu werden versucht wird, daß die Einstellungen, auf die wir uns reflektierend zurückwenden, zu wie von außen kommenden, gänzlich blinden Impulsen degradiert werden.[33] Oft

33 In jeweils anderer Weise geschieht dies z.B. dann, wenn die Diskrepanz zwischen Wünschen erster und zweiter Stufe als eine Diskrepanz zwischen bloßen »Wünschen« und »Wertungen« (so Watson 1975) oder als ein Auseinanderklaffen von »Motivation« und »Evaluation« (so Kusser 1989) rekonstruiert wird. Dem wird oft durch eine einseitige Beispielwahl Vorschub geleistet. So ist Frankfurts Hauptbeispiel für höherstufige Volitionen ein Drogensüchtiger wider Willen, der vergeblich gegen seine Sucht ankämpft und so – in Frankfurts Terminologie – nicht den Willen hat, den er eigentlich – auf zweiter Stufe – haben möchte (1971 [1988], S. 17 ff.). Hier ist es zumindest nachvollziehbar, wenn die Sucht als ein Trieb beschrieben wird, der die Person wie eine äußere Macht anmutet. Wenn wir den widerwilligen Drogensüchtigen fragten, was er zu tun wünsche: die Drogen zu nehmen oder sich ihrer zu enthalten, würde er wohl antworten, er wünsche, enthaltsam zu sein; m.a.W.: Er wird kaum sagen, er wünsche sowohl das eine wie das andere, wünsche aber nur einen Wunsch zum Willen zu haben. Die Sucht kann von einer Art sein, die die Rede von einem »Wünschen« jedenfalls im Sinn von optativischen Einstellungen verbietet. So gesehen hätten wir es dann in gewisser Hinsicht gar nicht mehr mit einem Fall von höherstufigem Wünschen zu tun: Der Drogensüchtige hätte nur *einen* Wunsch, den, enthaltsam zu sein, nur daß dieser durch eine stärkere Kraft, einen rein motivationalen Antrieb, an der Realisierung gehindert wird; eine höherstufige Einstellung würde sich nur noch in dem Bedauern und der Verzweiflung über die triebhafte Sucht manifestieren, die jedoch nicht mehr ein Wunsch über einen Wunsch wäre (Kusser 1989, S. 139-154 versucht auf diese Weise, die ganze Rede von »höherstufigen Wünschen« und »Volitio-

ist die höherstufige Zurückweisung unserer Gefühle und Wünsche ja auch sehr halbherzig. Vielleicht wollen wir nur nicht wahrhaben, daß das, was wir entgegen einer höherstufigen Einstellung tun, gerade nicht Folge eines blinden Impulses oder eine Zwangshandlung ist. Wir willigen dann gleichsam hinter unserem Rücken so in unsere Gefühle und Wünsche ein, daß wir sie im Zuge einer, u.U. nur sehr rudimentären, praktischen Überlegung als Handlungsgründe anerkennen. Das schließt eine andere höherstufige Einstellung ein, die uns jedoch verdeckt sein kann.

Zum anderen sollten wir aber auch die Einstellungen erster Stufe, die kein reflexives Moment enthalten, nicht vorschnell als nicht zu uns selbst gehörend ausgrenzen. Auch sinnliche Empfindungen, primitive Emotionen und die Wünsche, die sich unwillkürlich und vermutlich kausal aus ihnen ergeben, sind nicht einfach von außen auf uns wirkende Impulse. Sie sind Teil unseres Bewußtseinslebens. Sie stellen an uns Ansprüche und Aufforderungen, die nicht wie Befehle einer anderen Person sind. In der primitiven Freude beispielsweise bin *ich* in etwas involviert. Sinnliche Empfindungen sind ›ichferner‹, weil sie stärker mit rein körperlichen Zuständen zusammenhängen. Aber auch sie erfahren wir meist erst dann als etwas uns Äußerliches, wenn wir sie zuvor durch höherstufige Zurückweisungen von uns abgespalten haben. Wenn wir einmal eine feste höherstufige Einstellung, in der wir uns negativ zu bestimmten unserer Gefühle und Wünsche verhalten, ausgebildet haben und wir zugleich deprimiert feststellen müssen, daß dieses negative Verhalten nichts an der Wirkungsmacht unserer Gefühle und Wünsche ändert, daß wir immer wieder tun, was wir doch ablehnen, *dann* muß es uns in der Tat so anmuten, als wären wir in unserem Tun nicht »wir selbst«. Daß sich unser Tun nach unseren zurückgewiesenen Gefühlen und Wünschen

nen« auszuhebeln). Ähnliche Beschreibungen können sich für die Auseinandersetzung einer Person mit bestimmten Gefühlen anbieten, etwa mit einer heftigen Angst, die sie loszuwerden versucht, oder einem Zorn, der sie in Jähzornanfällen immer wieder überkommt. Aber Fälle dieser Art haben einen zumindest leicht pathologischen Anstrich. Schon bei alltäglicheren »Süchten« wie dem Heißhunger auf Süßigkeiten, der Abhängigkeit vom Fernsehen, Formen erotischen Begehrens u.ä. ist keineswegs klar, daß wir hier nicht von »Wünschen« im Sinn von optativischen Einstellungen und von etwas, das wir wirklich »selbst« wünschen, sprechen würden.

richtet, kann auch wirklich ein Indiz dafür sein, daß wir einem zwanghaften Verhaltensmuster folgen. Aber auch hier gilt wieder, daß unser höherstufiges Stellungnehmen ein halbherziges sein kann und wir uns etwas über uns selbst vormachen können.

6. Werturteile

Daß wir in höherstufigen Einstellungen unsere Gefühle, Wünsche und Meinungen zu bejahen und zu verneinen in der Lage sind und uns somit nicht nur zur Welt, sondern auch zu uns selbst stellungnehmend verhalten können, scheint eine Fähigkeit zu sein, die wir schon sehr früh erwerben und die uns als menschliche Personen von allen oder den meisten (anderen) Tieren unterscheidet. Wir sind auf sie angewiesen, weil uns unsere unmittelbaren Gefühle, Wünsche und Meinungen nicht hinlänglich zu orientieren vermögen. Ich hatte dies insbesondere mit Blick auf jene unverzichtbaren Gefühle demonstriert, die unseren Wünschen und Absichten ein evaluatives Fundament verleihen (*5.2*). Die mangelnde Handlungsbezogenheit, Auslegungsbedürftigkeit, Konflikthaftigkeit und epistemische Fragwürdigkeit dieser Gefühle treiben uns immer wieder in einen Prozeß der reflektierenden Selbstbewertung, in dem es zur Ausbildung höherstufiger Einstellungen kommt (*5.3*). Das Entscheidende an solchen Einstellungen ist dabei gar nicht, so paradox es klingen mag, ihre Höherstufigkeit. Höherstufige Wünsche und Gefühle beispielsweise sind ja zunächst einmal nichts anderes als eben dies: Wünsche und Gefühle. Als solche betrachtet, unterscheiden sie sich von den Wünschen und Gefühlen, auf die sie sich reflexiv beziehen, nicht durch ihre Natur, sondern lediglich durch ihren Gegenstand. Der springende Punkt ist vielmehr, daß ihre Ausbildung normalerweise (wenn auch nicht in jedem Einzelfall) an einen Prozeß des Überlegens gebunden ist, während die Gefühle, Wünsche und Meinungen, die ihr Gegenstand sind, obwohl auch sie sich ursprünglich aus Überlegungen ergeben haben können, in jeder neuen Überlegung als vorgegebene Daten fungieren. Erst dadurch, daß das Anstellen praktischer Überlegungen und die Ausbildung höherstufiger Einstellungen sozusagen Hand in Hand gehen, wächst höherstufigen Einstellungen aus der Sicht der überlegenden Person eine besondere Autorität zu (die dann allerdings in einer weiteren Überlegung ihrerseits in Frage gestellt werden kann).

Aber müssen wir die in die Ausbildung höherstufiger Einstellungen eingehenden Überlegungen, bei denen es sich zumindest im Fall praktischer Überlegungen um Prozesse der reflektierenden Selbstbewertung handelt, nicht noch genauer fassen? Reichen zu ihrer Erklärung die bisher angeführten Phänomene aus? Zu fragen ist vor allem, ob wir in praktischen Überlegungen der geschilderten Art nicht noch auf anderes zurückgreifen müssen als auf unsere Gefühle, Wünsche und Meinungen. Diese Frage kann durch den Verdacht motiviert sein, daß unsere gefühlstheoretische Kritik am Instrumentalismus immer noch zu sehr im Bann einer Humeschen Überlegungskonzeption steht. Der Verdacht ist nicht ganz von der Hand zu weisen. Konzentriert man sich auf werttheoretische Fragen, so stehe ich sowohl im Streit zwischen Antirealisten und Realisten als auch im Streit zwischen Emotivisten und Rationalisten *letztlich* auf der Seite Humes, nicht auf der Moores oder Kants. Nur ist eben entscheidend, was dabei »letztlich« heißt.

Ich werde im ersten Abschnitt dieses Kapitels argumentieren, daß in die Ausbildung höherstufiger Einstellungen nicht mehr eingehen *muß* als die durch unsere Gefühle, Wünsche und Meinungen vermittelten Informationen und hinter höherstufigen Einstellungen selbst Gefühle und Wünsche stehen können, nur eben nicht die, auf die sie sich reflexiv beziehen (*6.1*).

Allerdings *kann* in den skizzierten praktischen Überlegungen mehr im Spiel sein. Wir hatten im vorigen Kapitel gesehen, daß höherstufige Einstellungen Werturteile sein oder sich Werturteilen verdanken können (*5.4.3*). Diese Möglichkeit soll in den Abschnitten zwei bis vier dieses Kapitels vertieft werden. Mit ihrer Analyse wird an den Gedanken angeknüpft, daß Wünsche ihren evaluativen Gehalt außer aus der Verbindung mit Gefühlen auch aus der mit Werturteilen beziehen können (*3.6.3*).

Ich werde zunächst einige Arten von Werturteilen unterscheiden, um dann auseinanderzulegen, welche Struktur Werturteile meiner Meinung nach haben (*6.2*). Dem ersten Anschein nach sind sie keine Gefühle oder Wünsche, sondern assertorische Feststellungen, die genauso wahr oder falsch sein können wie rein deskriptive Aussagen. Praktische Überlegungen scheinen deswegen durch Werturteile einen über die wertneutrale Registrierung von Fakten hinausgehenden epistemischen Zug zu bekommen, der sie wieder in die Nähe theoretischer Überlegungen bringt. Ich werde zu erklären versuchen, woher dieser Anschein kommt und wieso er irreführend ist. Werturteile implizieren, so wird sich herausstellen, eine eigene Art des optativischen Stellungnehmens und haben eine spezifisch normative Funktion, die auf der Basis einer rein epistemischen Deutung nicht erklärt werden kann.

Erst nachdem dies gezeigt worden ist, werde ich genauer erörtern, wie sich Werturteile in praktische Überlegungen, die von der praktischen Grundfrage geleitet werden, einfügen (*6.3*). Mein Interesse wird vordringlich der Frage gelten, wann und in welchem Sinn uns Werturteile Gründe für unser eigenes Tun liefern.

6.1 Quellen höherstufiger Einstellungen

Ich hatte wertenden Gefühlen eine wichtige Rolle bei der Konkretisierung generellerer und der Ausbildung neuer Zwecke, Endzwecke inbegriffen, zugesprochen (*5.1.6*). Eine Person kann merken, daß sie eine Tätigkeit affektiv schätzt, und sie kann so zu der Absicht gelangen, die entsprechende Tätigkeit aufzunehmen oder zu verlängern oder zu variieren. Diese Absicht hat insofern eine reflexive Struktur, als sie mit dem Wollen der Tätigkeit zugleich eine volitive Aneignung des Gefühls (das auch ein affektiver Wunsch sein kann) als Entscheidungsgrund impliziert. In diesem Sinn sind praktische Überlegungen, die der Umsetzung von Zwecken vorausgehen und auf positiven oder negativen affektiven Erfahrungen beruhen, höherstufige Prozesse.

Selbst wenn die Richtigkeit dieser Analyse unterstellt wird, wirft sie einige Anschlußfragen auf. So könnte man fragen, ob die Aneignung einer positiven affektiven Erfahrung als Entscheidungsgrund, ihre ›Übersetzung‹ in ein (reflektierteres) Wünschen und schließlich in ein Wollen diese Erfahrung allererst zu einem Grund macht oder der Entdeckung eines willensvorgängigen Grunds gleichkommt. Die erste Lesart ist eine voluntaristische, die zweite eine emotivistische. Vor dem Hintergrund unserer bisherigen Argumentation sollte klar sein, daß mehr für die zweite Lesart spricht. Ein positiv wertendes Gefühl erschließt bzw. konstituiert etwas als gut für mich; es ist kein evaluativ neutrales Datum, das seine Werthaftigkeit erst durch einen Willensakt verliehen bekommen müßte. Und da in ihm auch eine Art ›Aufforderung‹ an mich liegt, ihm handelnd Rechnung zu tragen, kann ihm sogar ein schwach normativer Zug zugebilligt werden. Das Problem ist nur, daß sowohl die in einem wertenden Gefühl liegende Evaluation als auch die von ihm ausgehende ›Aufforderung‹ oft zu unspezifisch sind, um direkt zu bestimmten Handlungen anzuleiten, und sie außerdem auf falschen epistemischen Annahmen beruhen können. Wenn wertende Gefühle nicht schon mit bestimmten Wünschen verbunden sind, müssen sie interpretativ in sie transformiert werden, und ihre epistemische Fragwürdigkeit kann Korrekturen notwendig machen. Dieser Transformations- und Korrekturvorgang macht das wertende Gefühl aber nicht *überhaupt* zu einem praktischen Grund, sondern zu einem *spezifischen* praktischen Grund. Grundkonstituierend ist insoweit das *Zusammenwirken* von Affektivität und Volitivität im kognitiven Prozeß des Überlegens. Das gilt auch in den häufigen Fällen, in denen wertende Gefühle bereits eine eindeutige motivationale Richtung haben, Gefallen und optativisches Stellungnehmen oder Quasi-Stellungnehmen also schon zusammen vorliegen. Wird in solchen Fällen das optativische Gefühl (oder der affektive Wunsch) zu einer Absicht gemacht, konstituiert es das Fassen der Absicht lediglich noch als *ausschlaggebenden* Grund. Sieht man einmal von reinen Setzungsakten ab (*5.4.1*), werden praktische Gründe nie allein durch unser Wollen konstituiert; vielmehr sind sie zumindest partiell als seine Vorgaben zu betrachten.

Noch wichtiger ist eine andere Anschlußfrage: Wenn wir eine affektive Erfahrung als praktischen Grund akzeptieren und insofern »ja« zu ihr sagen, sind wir dann nicht selbst bei Anerkennung ihres evaluativen Gehalts auf mehr als auf die affektive Erfahrung angewiesen? Bedarf es nicht eigener, weiterer Gründe, um ein wertendes Gefühl als Grund zu akzeptieren? So zu fragen heißt, hinter unseren höherstufigen Einstellungen noch andere sinngebende Ressourcen zu vermuten als diejenigen, die die Einstellungen zur Verfügung stellen, auf die sie sich reflexiv beziehen. Doch an was könnte dabei gedacht werden?

Es ist schwer zu sehen, warum hier etwas hinzukommen

müssen soll. Wenn ich mir vornehme, etwas zu tun, weil es mir (in der einen oder anderen Weise) gefällt, dann nehme ich es mir vor, weil es mir gefällt – Punkt. Was sollte dabei mehr im Spiel sein?

Vielleicht führt die schon sehr früh gemachte Beobachtung weiter, daß zum Haben einer Absicht das Haben eines Spielraums von Möglichkeiten gehört, zwischen denen wir uns entscheiden müssen (*2.1.1*). Von ihr ausgehend, könnte man sagen, in der Absicht, etwas aufgrund einer positiven affektiven Erfahrung zu tun, liege nicht nur die Annahme dieser Erfahrung als Entscheidungsgrund, sondern auch der Ausschluß anderer Handlungsoptionen. Das ist richtig. Nur muß dieser Ausschluß nicht auf mehr beruhen als auf dem Umstand, daß mir ein bestimmtes Tun gefällt und ein anderes nicht oder weniger. Es ist sogar fraglich, inwieweit die Entscheidung für etwas nicht nur der Sache nach eine Ablehnung von etwas anderem ist, sondern auch stets ein bewußter Vorzugsakt; situativ kann mich etwas so attraktiv anmuten, daß ich gar nicht auf die Idee komme, mich anderem zuzuwenden.

Immerhin werden wir in reflektierteren Entscheidungen und ausgreifenderen praktischen Überlegungen bedenken, wie sich das, was wir zu tun erwägen, in das Netz unserer sonstigen Meinungen, Wünsche und Gefühle fügt. Aber dann sind unsere Abwägungsdaten wiederum nur diese Meinungen, Wünsche und Gefühle. Wir hatten bei der Diskussion von Entscheidungen in Buridanfällen, bei Präferenzenintransitivität und bei Wertinkommensurabilität gesehen, daß die Informationen, die in unseren Meinungen, Wünschen und Gefühlen liegen, gegebenenfalls nicht ausreichen, um eine bestimmte Entscheidung rational zu determinieren (*5.4.1*). Aber das heißt eben nur, daß eine bestimmte Entscheidung nicht *erzwungen* wird, nicht, daß für ihr Zustandekommen etwas anderes verantwortlich ist oder sie nicht mehr auf unseren Meinungen, Wünschen und Gefühlen aufruht.

Mehr hinter höherstufigen Einstellungen zu vermuten ist besonders in Fällen höherstufiger Zurückweisungen von Meinungen, Wünschen und Gefühlen verführerisch. Warum sollte ich z.B. ein bestimmtes Gefühl oder einen bestimmten Wunsch nicht haben wollen? Muß ich dafür nicht einen eigenen Grund haben? Ist meine höherstufige Ablehnung überlegt, werde ich für sie einen Grund haben. Aber zum einen kann dieser Grund in der Negativität des abgelehnten Gefühls oder Wunsches liegen; ein Angstgefühl kann mich beklemmen, ein unerfüllbarer Wunsch quälen. Und zum anderen kann unsere höherstufige Ablehnung einfach durch ein anderes Gefühl oder einen anderen Wunsch gestützt sein; ich kann auf der Grundlage bestehender Gefühle und Wünsche zu anderen Gefühlen und Wünschen Stellung nehmen, so wie ich eine meiner Meinungen vor dem Hintergrund meiner anderen Meinungen als falsch beurteilen kann. Beispielsweise kann ich einen kurzfristigen Wunsch im Licht eines längerfristigen Ziels verwerfen; oder ich kann einfach zu einer neuen, andere affektive und volitive Reaktionen provozierenden Situationseinschätzung gelangen, die mir meine bisherigen affektiven und volitiven Reaktionen obsolet erscheinen läßt. So führt uns die negative Stellungnahme zu einer eigenen Einstellung zwar gegebenenfalls über den Kreis der Einstellungen, auf die wir uns reflexiv beziehen, hinaus, aber sie führt damit nicht notwendig über den Kreis unserer Meinungen, Wünsche und Gefühle überhaupt hinaus.

Zumal dann, wenn höherstufige Einstellungen nicht als einfache (rationale oder kausale) Resultanten des Kräfteverhältnisses von passivischen Gefühlen und Wünschen gesehen werden (was sich unserer Darstellung nach zumindest bei Entscheidungen und Absichten nahelegt, ohne daß dies bewiesen wurde), ist ihre Annahme ein Schritt weg von einer eher Humeschen Vorstellung von uns selbst als Orten der selbstläufigen Interaktion von Meinungen, Wünschen und Gefühlen und ein Schritt hin zu einer eher Kantischen Vorstellung von uns selbst als aktiven Gestaltern unseres Handelns und Lebens. Daraus bezieht ein Gedanke seine Attraktivität, den Christine Korsgaard in *The Sources of Normativity*, an Kant anknüpfend, lanciert hat. Ihm zufolge schließt die reflexive Billigung einer Neigung als Entscheidungs- und Handlungsgrund die Billigung – Korsgaard spricht von »endorsement« – eines allgemeinen Prinzips ein. Charakteristisch ist folgende Aussage:

»... if I am to regard *this* act, the one I do now, as the act of my *will*, I must at least make a claim to universality, a claim that the reason for which I act now will be valid on other occasions, or on occasions of this type – *including this one conceived in a general way*...The claim to generality, to universality, is essential to an act's being an act of the will.«[1]

Wäre das richtig, würde durch höherstufige Einstellungen tatsächlich etwas Neues ins Spiel kommen. Was in unserer bisherigen Rekonstruktion praktischer Überlegungen fehlte, wäre, folgten wir Korsgaard, die Subsumtion unserer einzelnen Handlungen unter allgemeine Regeln. Aber warum sollte eine solche Subsumtion erforderlich sein?

Korsgaard stützt ihre von Kant inspirierte Anforderung an reflektierte Handlungssubjekte mit einer Reihe verschiedener Argumente, die ich hier nicht im einzelnen nachzeichnen will.[2] Am interessantesten ist die These, daß die Orientierung an allgemeinen Prinzipien notwendig ist, um Personen als sowohl synchron wie diachron einheitliche und aktive Subjekte denken zu können.[3] Wir werden im nächsten Kapitel sehen, daß Prinzipien tatsächlich eine einheitsstiftende Funktion haben und wir genau deshalb oft darum bemüht sind, unser Handeln ihnen zu unterstellen. Korsgaard behauptet jedoch, daß sich die aktiv hergestellte Einheit eines Subjekts zu einem Zeitpunkt und über die Zeit *gar nicht anders* denken läßt als durch die Formulierung allgemeiner Handlungsmaximen. Das vermag nicht zu überzeugen.

Manchmal helfen sehr triviale Beispiele: Ich möchte jetzt ein Stück Zartbitterschokolade essen, weil ich Appetit darauf habe oder neugierig bin, wie so etwas schmeckt. Ich mache diesen gefallensbasierten Wunsch zu meiner Absicht und finde ein Handeln danach völlig in Ordnung. Es gibt auch keine andere Handlung, die ich jetzt vorziehe, oder irgendeinen Wunsch, der der Realisierung meines Wunsches nach einem Stück Zartbitterschokolade entgegensteht. Trotzdem kann mein höherstufiges Akzeptieren des Wunsches, jetzt Schokolade zu essen, ganz auf diesen Moment beschränkt sein. Es kann die Form eines »singulären Erlasses« annehmen.[4] Und das allein genügt, um

1 Korsgaard 1996, S. 231 f.

2 Nützliche Überblicke geben Bratman 1998 und Skorupski 1998.

3 Im Kern findet sich diese These schon in Korsgaard 1989.

4 G.A. Cohen 1996, S. 176 schreibt völlig zu Recht: »The reflective structure of human consciousness may require ... that ... I endorse the first-order impulses on which I act... But it does not follow, and it is not true, that the

mich von einem bloßen »wanton« (Frankfurt) zu unterscheiden, einem Schauplatz für die selbstläufige Interaktion von Verhaltensimpulsen. Die *synchrone* Einheit meines Tuns ist als eine von mir hergestellte durch meinen Akt der positiven Stellungnahme zu meinem Verlangen nach Zartbitterschokolade gesichert.

Ebensowenig ist die Sicherung der *diachronen* Einheit meiner selbst nur unter Zuhilfenahme allgemeiner Prinzipien zu erklären. Um ein anderes triviales Beispiel zu nehmen: Meine Absicht, nächstes Jahr in Spanien Urlaub zu machen, weil mir das dortige Klima guttut, bezieht sich auf die weitere Zukunft; durch sie gehe ich eine Selbstverpflichtung für die Zukunft ein (vgl. *2.5.3*). Irgendwann werde ich Vorbereitungen für die Ausführung meiner Absicht treffen. Sobald ich damit beginne, beanspruche ich, wie Korsgaard sagt, »that the reason for which I act now will be valid on other occasions«. Aber dies gilt nur unter dem Vorbehalt, daß ich meine Absicht nicht überdenken werde. Und um diesen Vorbehalt zu machen, muß ich nicht in der Lage sein, in Form allgemeiner und auch nur halbwegs substantieller Prinzipien anzugeben, unter welchen Bedingungen ich meine Absicht überdenken sollte. Michael Bratman fragt zu Recht:

> »Why couldn't I reach a decision about the future and trust that I would make a reasonable judgement about reconsideration if the issue arose, without endorsing some non-trivial general principle that says when to reconsider and when not to?«[5]

Auch meine weiter in die Zukunft reichende Absicht, die eine eigene Form der Einheit über die Zeit stiftet (vgl. den Vorspann zum 3. Kap. und die Überlegungen zu »Zielen« im nächsten Kap.), kann ein »singulärer Erlaß« sein.

Strittig sollte nicht sein, daß hinter meinen höherstufigen Einstellungen die Orientierung an allgemeinen Prinzipien stehen *kann*. Doch ist nicht zu sehen, warum sie es stets *müssen* soll. Ähnlich verhält es sich mit einer anderen, an sich interessanten und wichtigen Überlegung Korsgaards, die sich auch bei anderen Autoren findet. Danach verlangt zumindest die konse-

structure of my consciousness requires that I identify myself with some law or principle ... sometimes the commands that I issue will be singular, not universal ... [They will be] singular edicts...«

5 Bratman 1998, S. 708.

quente reflektierte Anerkennung eines Gefühls oder Wunsches (Korsgaard spricht vorzugsweise und in pejorativer Absicht von »impulses« oder »incentives«) als Entscheidungs- und Handlungsgrund, daß die reflektierende Person mit ihr zugleich ein bestimmtes Bild von sich, von der Art von Person, die sie sein möchte, anerkennt. Wenn ich einem bestimmten Gefühl oder einer bestimmten Neigung zu folgen beabsichtige, muß ich mir, so die Idee, immer auch eine bestimmte »praktische Identität« zu eigen machen.[6] Beispiele dafür sind Rollenverständnisse: ich verstehe mich als Mann, Vater, Lehrer usw., sowie das Verständnis von sich als Person: ich verstehe mich als Person von der und der Art.

In einem trivialen Sinn ist diese Überlegung wahr. Wenn ich gemäß dem Wunsch, A zu tun, handele, dann akzeptiere ich damit zumindest implizit, eine Person zu sein, die gemäß dem Wunsch, A zu tun, handelt. Aber sobald die Orientierung an einer »praktischen Identität« enttrivialisiert wird, sobald mit ihr die Ausrichtung an einem inhaltlich bestimmten und vorgängig ausgebildeten Selbstverständnis gemeint sein soll, wird Korsgaards Überlegung falsch. Allemal verfehlt ist die Vorstellung, wir müßten das, was wir zu tun beabsichtigen, stets aus unserem umfassenderen Selbstverständnis herleiten können. Viele unserer Handlungen lassen sich mit vielen verschiedenen Selbstverständnissen vereinbaren, weil Selbstverständnisse einen relativ allgemeinen Charakter haben.[7] Außer in sehr besonderen Fällen sagt mir mein Selbstverständnis als Mensch, Mann, Vater, Lehrer usw. nicht, ob ich jetzt ein Stück Zartbitterschokolade essen oder nächstes Jahr nach Spanien fahren sollte. Es ist zu hoffen, daß niemand eine derart geschlossene »praktische Identität« hat, daß sie sich in allem, was er oder sie tut, manifestiert. Die gegenteilige Überzeugung speist sich aus einer überzogenen Vorstellung von der Einheit der praktischen Orientierung menschlicher Personen. (Sie hat in Freud und Sartre prominente Verfechter gefunden.)

Attraktiver ist demgegenüber der Gedanke, daß unsere praktische Identität als ein Entscheidungsrahmen fungiert, gegen

6 Korsgaard 1996, bes. S. 101 ff.

7 Das gilt auch für konkretere Selbstverständnisse resp. »praktische Identitäten« wie ›Liebhaber von A zu sein‹ oder ›Mitglied der Firma X zu sein‹, die Korsgaard mit im Auge hat.

den wir ungern verstoßen. Oft verlieren Handlungsoptionen alle Attraktivität, wenn sie mit unserem Selbstverständnis als Soundso unverträglich sind. Doch auch dies ist durchaus nicht immer der Fall; schließlich können wir unsere »praktische Identität« aufgrund neuer Erfahrungen, gerade auch affektiver Art, ändern und ändern wollen. Wir können unser Selbstverständnis im Zuge »praktischer Induktionen« (Millgram) umbauen. Und das ist von eminenter Bedeutung: Es macht deutlich, daß praktische Überlegungen, bildlich gesprochen, nicht nur von oben nach unten, sondern auch von unten nach oben verlaufen. Sie können ihren Ausgang von konkreten, einzelnen Erfahrungen nehmen, wie wir sie etwa in unseren Gefühlen machen, ohne bereits *durch und durch* von unserer generellen Sicht auf die Welt bestimmt zu sein.

Damit soll wieder nicht bestritten werden, daß die Rücksicht auf unsere »praktische(n) Identität(en)«, unser(e) Rollen- und Selbstverständnis(se) ein zentrales Moment praktischer Überlegungen sein *kann*. Korsgaard ist nachdrücklich zuzustimmen, wenn sie das, was sie »praktische Identität« nennt, als Quelle eigener Verpflichtungen und tiefreichender Ansprüche an uns selbst ausmacht. Ich werde darauf im nächsten Kapitel selbst Wert legen. Nur gilt es der Gefahr einer allzu schematischen Konzeption praktischen Überlegens vorzubeugen.

Bleibt ein letzter Versuch: Wir hatten im vorigen Kapitel einige Beispiele für höherstufige Einstellungen kennengelernt, die entweder selbst Werturteile sind oder sich Werturteilen verdanken (*5.4.3*). So stellt sich die Frage, ob wenigstens Werturteile ein notwendiger Bestandteil praktischer, der Willensklärung und -bildung dienender Überlegungen sind[8] oder ob auch sie dies nur oftmals sind. Die Antwort hängt von unserem Verständnis von Werturteilen ab.

Ich hatte bereits in der Einleitung die Auffassung vertreten, daß wir im Stellen der praktischen Grundfrage wissen möchten, was für uns zu tun und wie für uns zu leben *wirklich* gut, besser, am besten ist (*1.2*). Dies ist auch der Sinn einer reflektierenden Abstandnahme von unseren unmittelbaren Gefühlen und Wünschen: Wir überprüfen diese daraufhin, ob das, was sie

8 Für entsprechende Argumentationen vgl. Watson 1975 und Nerlich 1989, S. 114.

uns als in irgendeiner Hinsicht gut und wertvoll vorstellen, wirklich gut ist und ob es einen guten, womöglich ausschlaggebenden Entscheidungsgrund abgeben kann. Daß etwas wirklich gut, besser, am besten ist, konstatieren wir aber in Werturteilen. Insofern sind Werturteile tatsächlich integraler Bestandteil praktischer Überlegungen. Jede auch nur halbwegs reflektierte Stellungnahme zu unseren Gefühlen und Wünschen läßt sich als ein Urteilsakt auffassen, in dem wir die Wertungen, die in unseren Gefühlen und – darüber vermittelt – in unseren Wünschen liegen, bestätigen oder revidieren.

Aber auch hier ist ein – in *5.3.2* antizipiertes – *Caveat* angezeigt. Denn wenn wir zu dem Schluß kommen, daß das, was uns im Licht unserer Gefühle, Wünsche und Meinungen (in irgendeiner Hinsicht) gut zu sein scheint, wirklich gut ist, so mag dies einfach nur heißen, daß wir meinen, es würde uns auch unter Berücksichtigung unserer anderen Gefühle und Wünsche sowie einer erweiterten Einschätzung unserer Situation gut erscheinen. ›Wirklich‹ gut wäre dann das, was eine reflektierende und situationssensitive Selbstbewertung übersteht oder überstehen würde. Dies entspricht der Struktur nach einer Vorstellung, wie wir sie im Zusammenhang mit reflektiert subjektivistischen Wunschtheorien des Guten kennengelernt haben (*3.3.1*). Ich hatte angedeutet, daß diese Konzeptionen auf Schwierigkeiten stoßen (vgl. *3.4.1*). Ein Teil dieser Schwierigkeiten läßt sich jedoch durch die Berücksichtigung von Gefühlen einerseits und höherstufigen Einstellungen andererseits beheben; ob das reicht, wird uns im achten Kapitel noch beschäftigen. Zunächst ist wichtig, daß die Rede von »Urteilen« oder »Werturteilen« nicht *ohne weiteres* über den Kreis unserer Gefühle, Wünsche und Meinungen hinausreicht. Sie macht deutlich, daß es sich bei jedem Prozeß praktischen Überlegens um einen kognitiven Vorgang, der eigene kognitive Akte einschließt, handelt, aber die Basis dieser Akte können Gefühle und Wünsche sein, die selbst dann, wenn sie sich bestimmten Meinungen verdanken, im Kern nicht-epistemische Einstellungen sind.

Damit haben wir den Punkt erreicht, an dem wir eine genauere Analyse von Werturteilen nicht weiter aufschieben können. Es empfiehlt sich, sie vorerst von der weiteren Rekonstruktion von in der ersten Person Singular angestellten praktischen Überlegungen zu entkoppeln, denn wir können Werturteile auch außerhalb des Kontextes dieser Überlegungen fällen.

6.2 Arten und Struktur von Werturteilen

Werturteile lassen sich näherungsweise als Aussagen bestimmen, in denen irgendeinem Gegenstand (einer Person, einem Ding, einem Sachverhalt etc.) ein (ein- oder mehrstelliges) Wertprädikat zugesprochen wird.[9] Wertprädikate wiederum sind Prädikate, die sich im Rahmen von Wertaussagen *cum grano salis* als Spezifikationen der Prädikate »gut« oder »schlecht« (bzw. »weniger gut«, »weniger schlecht« u.ä.) begreifen lassen. Wenn wir ein Ereignis in wertender Absicht als »erfreulich« bezeichnen, bewerten wir es als in irgendeiner Hinsicht »gut«. Beurteilen wir ein Verhalten abschätzig als »feige« oder »hinterlistig«, meinen wir, daß es ein »schlechtes« Verhalten ist. Was wir als »nützlich« oder auch als »gesund« auszeichnen, ist in unseren Augen »gut für« etwas. Bei der Übersetzung von wertenden Aussagen mit spezifischen Wertprädikaten in Aussagen mit unspezifischen Ausdrücken wie »gut« und »schlecht« geht zweifelsohne etwas verloren. Aber ob sie grundsätzlich möglich ist oder gänzlich abwegig anmutet, ist zumindest ein grobes Kriterium dafür, ob es sich bei der betreffenden Aussage überhaupt um ein Werturteil handelt.[10] Mit gewissen Einschränkungen halte ich daher den in der philosophischen Literatur verbreiteten Versuch für sinnvoll, die Struktur von Werturteilen über eine Explikation von Funktionsweisen von »gut« als allgemeinstem Wertprädikat (mit »schlecht« als konträrem Gegensatz) durchsichtiger zu machen.

Anhand der verschiedenen Verwendungszusammenhänge von »gut« lassen sich zunächst verschiedene Arten von Werturteilen unterscheiden (*6.2.1*). Wir erhalten damit eine Reihe von

9 An die Stelle von Wertprädikaten können auch Wertoperatoren wie in »Der Ausgang der Wahl ist eine Katastrophe« treten.

10 Umgekehrt bedeutet das jedoch nicht, daß wir immer dann, wenn wir etwas ein »gutes« Soundso nennen, eine Wertung vornehmen. Beispielsweise nehme ich keine Wertung vor, wenn ich jemandem einen »guten Tag« wünsche.

Beispielen für Werturteile, auf deren Grundlage wir den Objektivitätsanspruch ansprechen können, der mit Werturteilen in der Regel verbunden ist (*6.2.2*). Es ist dieser Anspruch, an den sich die Hoffnung knüpft, in der Suche nach dem Guten unsere Wünsche und Gefühle transzendieren zu können. Ich werde argumentieren, daß er sich zumindest partiell durch die deskriptive Seite von Werturteilen erklärt (*6.2.3*). Wie angedeutet, sind Werturteile jedoch keine rein deskriptiven Aussagen; sie schließen ein nichtepistemisches Moment ein und haben eine spezifisch normative Funktion (*6.2.4*).

6.2.1 Einige Arten von Werturteilen

Vornehmlich unter dem Einfluß Kants tendiert ein Teil der philosophischen Diskussion über Werturteile dazu, den Kreis der Werturteile auf *moralische* Urteile einzuschränken. Aber dies ist der Sache nach gleich doppelt irreführend: Erstens ist unsere weit verzweigte Rede vom »Guten« nicht synonym mit unserer Rede vom »moralisch Guten«; »moralisch gut« ist nur eine Variante von »gut«. Und zweitens kann man sich fragen, ob die moralische Bedeutung von »gut« nicht eine derivierte Bedeutung ist, die das Verständnis von anderen Bedeutungen von »gut« voraussetzt.[11] Das ist jedenfalls insoweit der Fall, als die Moral eine Institution ist, die bestimmten außermoralischen Zwecken, nämlich einer bestimmten Form des Zusammenlebens, dient. Ich kann mich hier auf eine ausführliche Analyse moralischer Werturteile nicht einlassen. Es muß nur betont werden, daß moralische Werturteile nur einen Ausschnitt unserer Werturteilspraxis darstellen, die sich letztlich auf alle Bereiche unseres Lebens erstreckt.

Welche Arten von Werturteilen gibt es neben den moralischen? Vor dem Hintergrund unserer Analyse des Zusammenhangs von Gefühlen und Wertungen einerseits und eines Teils der Erörterung von höherstufigen Einstellungen andererseits bietet es sich an, als eine eigene, sehr weit gestreute Art von Werturteilen Urteile anzusehen, in denen wir etwas als »gut« im Sinn von »wert, Gegenstand positiv wertender Gefühle zu sein«, auffassen (bzw. als »schlecht« im Sinn von »wert, Gegen-

11 Vgl. von Wright 1963, S. 1 und auch (weniger deutlich) Ziff 1960, S. 236 f.

stand negativ wertender Gefühle zu sein«). Bei einem entsprechenden Verständnis sind moralische Werturteile eine Teilklasse dieser Urteile. Das ist z.B. dann der Fall, wenn das Urteil, eine Handlung sei moralisch schlecht, als Urteil, daß diese Handlung verdient, Gegenstand von Empörung und Schuldgefühlen zu sein, verstanden wird.[12] Aber moralische Gefühle sind eine recht spezielle Gruppe von Gefühlen. Die positiv oder negativ wertenden Gefühle, deren wir etwas für wert erachten können, umfassen das gesamte Spektrum der wertenden Gefühle, das wir im vierten Kapitel skizziert hatten. Dazu zählen sinnliche Empfindungen, in denen wir etwas als angenehm oder unangenehm erfahren, genauso wie bestimmte Stimmungen, die Vielzahl positiver und negativer Emotionen und ästhetische Empfindungen, aufgrund deren wir etwas als schön oder häßlich erleben. Ich kenne keine wirklich passende Bezeichnung für all die Werturteile, in denen etwas für wert erklärt wird, Gegenstand eines oder mehrerer dieser z.T. ganz verschiedenen Gefühle zu sein. Urteile, die sich auf sinnliche Empfindungen beziehen, könnten »hedonische Werturteile« genannt werden, solche, die sich auf ästhetische Empfindungen beziehen, »im engeren Sinn ästhetische Werturteile«. Doch auch damit wären nur Teilklassen der in Frage stehenden Art von Werturteilen benannt. Mangels einer besseren Alternative möchte ich vorschlagen, *alle* Werturteile, in denen wir etwas als »gut« im Sinn von »wert, Gegenstand positiv wertender Gefühle zu sein«, auffassen, als *»ästhetische* Werturteile« zu bezeichnen, dabei aber einen sehr weiten Begriff des Ästhetischen zugrundezulegen.

Eine weitere Art von Werturteilen, die ebenfalls in sich relativ heterogen ist, könnte man *»funktionale* Werturteile« nennen. In ihnen bewerten wir etwas im Hinblick auf seine Zweckdienlichkeit oder Funktionstüchtigkeit als gut bzw. schlecht. Beispielsweise prüfen wir Gebrauchsgegenstände wie Messer und Uhren auf ihre Tauglichkeit für einen bestimmten Gebrauchszweck. Ähnlich verfahren wir mit Personen, die wir hinsichtlich einer bestimmten sozialen Rolle betrachten, z.B. als Arzt oder Schuster. Und um die Beurteilung der Erfüllung

12 Eine derartige Sicht findet sich bei Gibbard 1990 und Tugendhat 1993. Eine klassische Ausgestaltung hat sie in Adam Smiths *The Theory of Moral Sentiments* gefunden.

einer bestimmten Funktion geht es auch bei der Auszeichnung von Organen des Körpers und Fähigkeiten des Geistes als gut. So schreiben wir jemandem ein im medizinischen Sinn »gutes Herz« oder ein »gutes Gedächtnis« zu, je nachdem, ob sein Herz oder Gedächtnis die Aufgaben erfüllt, die sie im Funktionszusammenhang des Körpers oder Geistes haben. Georg Henrik von Wright hat für dieses Gutsein den Ausdruck »medizinisches Gutsein« (»medical goodness«) geprägt und es als eine eigene Art vom »instrumentellen Gutsein« abgehoben, eine Bezeichnung, die er für die Beurteilung von Gebrauchsgegenständen und sozialen Rollen reserviert.[13] Ich werde von Wright folgen und häufiger von »*instrumentellen* Werturteilen« als einer besonderen Klasse von funktionalen Werturteilen sprechen, die Beurteilung von sozialen Rollen aber nur als »funktionale«, nicht als »instrumentelle« Beurteilung bezeichnen.

Verwandt mit funktionalen Werturteilen sind schließlich Werturteile, die »*performative* Werturteile« genannt werden können.[14] In performativen Werturteilen wird darüber befunden, ob jemand »gut in etwas« ist, und zwar vorzugsweise in der Ausübung einer bestimmten Tätigkeit. In diesem Sinn »performativ« ist z.B. die Auszeichnung einer Person als »guter Philosoph« oder »guter Skifahrer«. Auch die Beurteilung von Schülern als »gut« und »schlecht«, die vom Erbringen bestimmter Leistungen abhängig ist, kann hierher gezählt werden. Zu funktional-performativen Mischurteilen kommt es, wenn wir Personen wie Ärzte und Schuster in bezug auf die Ausübung einer funktionsbestimmten Tätigkeit als »gut« oder »schlecht« qualifizieren.

Moralische, (sehr weit verstandene) ästhetische, funktionale (darunter instrumentelle) und performative Werturteile erschöpfen den Bereich der Werturteile nicht. Es lassen sich leicht wertende Verwendungsweisen von »gut« anführen, die allenfalls mit Mühe unter eine dieser vier Kategorien gebracht werden können (man denke etwa an »gute Manieren« oder »gute

13 Von Wright 1963, S. 50 ff. bzw. 2. Kap.

14 Was bei mir »performatives Gutsein« heißt, entspricht dem, was von Wright 1963, 2. Kap. »technisches Gutsein« nennt. Ich übernehme von Wrights Terminologie nicht, weil heute nur noch wenige bei »technisch« das griechische »*techne*« mithören dürften.

Ideen«). Aber als Basis für eine strukturelle Analyse von Werturteilen sollte diese Aufzählung genügen.

6.2.2 Der Objektivitätsanspruch von Werturteilen

Nun hatte ich im Kapitel über Gefühle und Wertungen behauptet, Wertungen lägen bereits in bestimmten Gefühlen und diese Wertungen könnten wir in Wertaussagen ausdrücken (*4.4.2*). Das Ausdrücken von Gefühlen ist dabei von Behauptungen über die eigenen mentalen Zustände und Einstellungen abzuheben: Wenn ich meiner Freude oder Verärgerung über irgendeinen Vorgang Ausdruck verleihe, treffe ich damit keine Feststellung über meine emotionale Befindlichkeit. Das Ausdrücken des Gefühls, in dem eine Form von Wertung liegt, ist, geschieht es in verbaler Weise, ein besonderer Sprechakt, der vom Sprechakt des Behauptens unterschieden ist; er hat eine andere illokutionäre Kraft. Im Sinn unserer Ausführungen zum Wertungscharakter von Gefühlen können wir ihn allgemein als einen Akt der Ge- bzw. Mißfallensbekundung charakterisieren.

Von diesen Überlegungen gelangt man leicht zu einer radikal emotivistischen Deutung der Struktur von Werturteilen, wonach diese nichts anderes sind als Expressionen bestimmter Gefühle. Werturteile wären dann letztlich nur Bekundungen des Gefallens oder des Mißfallens. Doch diese Sicht, die ihre klarste Formulierung im sechsten Kapitel von Alfred Ayers *Language, Truth and Logic* (1936) gefunden hat, vermag nicht zu überzeugen.

Einmal legt sie sich allenfalls mit Blick auf moralische und ästhetische Werturteile nahe, denn nur in diesen Arten von Werturteilen spielt ein Bezug auf Gefühle überhaupt eine signifikante Rolle. Sodann sind aber auch in diesen Fällen genuine Werturteile nicht mit den Wertungen gleichzusetzen, die in wertenden Gefühlen und ihren unvermittelten Expressionen liegen. Nicht anders als in funktionalen und performativen Werturteilen wollen wir auch in moralischen und ästhetischen Urteilen mehr sagen, als daß uns etwas gefällt oder mißfällt. Wir wollen in ihnen mehr zu verstehen geben, als daß wir – und d.h. zunächst einmal *nur* wir – etwas empörend oder erfreulich oder interessant oder schön finden. Eben deswegen qualifizieren wir in ihnen etwas als *wert*, Gegenstand von Empörung oder Freude oder Interesse oder einer speziellen ästhetischen Empfindung zu sein. Für Werturteile gleich welcher Art ist kennzeichnend, daß diejenigen, die sie fällen, mit ihnen einen *Anspruch auf Objektivität* verbinden. Es ist dieser Anspruch, den eine radikal emotivistische, rein gefühlsexpressivistische Lesart von Werturteilen nicht nachvollziehbar zu machen vermag.

Indem wir mit Werturteilen Objektivitätsansprüche erheben, ergibt sich ein anderes Bild von Differenzen über Wertfragen als dort, wo wir lediglich wertende Gefühle ausdrücken. Finde ich etwas gut, das ein anderer schlecht findet, widersprechen wir uns nicht notwendig; was einer Person gefällt, muß nicht auch einer anderen gefallen. Aber wenn ich etwas als gut beurteile, das ein anderer als schlecht beurteilt, widersprechen wir uns; unsere Werturteile sind in diesem Fall nicht kompatibel. Gerade deswegen meinen wir aber meistens auch, wir könnten – eine gewisse gegenseitige Gutwilligkeit und Vernünftigkeit vorausgesetzt – unseren Wertdisput argumentativ lösen, jedenfalls im Prinzip und bis zu einem bestimmten Punkt. Im Fällen von Werturteilen unterstellen wir, daß wir in Wertfragen grundsätzlich über die Konfrontation bloß subjektiver Vorlieben hinauskommen können. Wir gehen davon aus, daß es hier einen Raum für den Austausch von Argumenten und Gründen gibt, wenn auch vielleicht nur einen mehr oder minder großen. Eine angemessene Deutung der Struktur von Werturteilen muß diesen Präsuppositionen Rechnung tragen; sie muß sie verständlich machen und gegebenenfalls rechtfertigen können.

6.2.3 Die deskriptive Seite von Werturteilen

Ein Vorschlag zur Rekonstruktion des mit Werturteilen verbundenen Objektivitätsanspruchs geht dahin, Werturteile als eine Spezies von Aussagen aufzufassen, die genauso wahr oder falsch sein können wie andere deskriptiv-assertorische Aussagen auch. Eine Variante dieser Sichtweise hat ihren Niederschlag in intuitionistischen Ansätzen gefunden, die die Existenz realer Werteigenschaften unterstellen, die Dinge neben ihren »natürlichen« Eigenschaften besitzen können und uns über ein besonderes Vermögen der Intuition zugänglich sind.[15] In anderen, naturalistischen Varianten werden Werturteile als Aussagen über »natürliche« Eigenschaften und Sachverhalte begriffen. Was dabei als »natürliche« Eigenschaft zählt, ist strittig; in reduktionistischen Ansätzen gelten nur die Eigenschaften als »natürlich«, die Gegenstand der Physik (oder gegebenenfalls auch einer anderen Naturwissenschaft) sind, während nicht-reduktionistische Ansätze z.B. die Übereinstimmung mit einer Artnatur oder mit objektiven Interessen oder die Gegenstände sozialwissenschaftlicher Untersuchungen dem Bereich des Natürlichen zuordnen.[16] Wieder andere Varianten verstehen Werturteile als Behauptungen über hypothetische Wahlsituationen, so daß die Qualifizierung von etwas als »gut« eine Aussage darüber wäre, was wir unter Bedingungen idealer Information wählen würden.[17] Statt die Stärken und Schwächen dieser Varianten im einzelnen durchzugehen, will ich meine eigene Sicht erläutern und darauf setzen, daß sie für sich zu überzeugen vermag.[18]

Bei bestimmten Werturteilen ist leicht zu sehen, daß sie tatsächlich eine deskriptive Seite haben und worin diese besteht. Wenn wir das *instrumentelle* Gutsein von Messern und Uhren beurteilen, schätzen wir ein, inwieweit sie einem bestimmten Zweck genügen. Der relevante Zweck ist dabei der Zweck, über den die jeweilige Klasse von Gebrauchsgegenständen definiert ist. Messer sind zum Zweck des Schneidens, Uhren zum Zweck der Zeitmessung erfunden worden und deswegen über diese Zwecke definiert. Entsprechend bemißt sich das Gutsein eines Messers daran, inwieweit es den Zweck des

15 Die im 20. Jahrhundert prominenteste Version dieser Variante hat Moore in seiner *Principia Ethica* formuliert.

16 Zur Diskussion reduktionistischer naturalistischer Ansätze vgl. Schaber 1997, 3.1. Daß sich das Gutsein von etwas an der Erfüllung seiner Artnatur oder seines immanenten *Telos* bemißt, ist Kennzeichen naturalistischer Ansätze, die in der Nachfolge von Aristoteles stehen; vgl. z.B. Foot 1994. Auf objektive Interessen rekurriert Schaber 1995 (während er in 1997, S. 129 ff. die Rede von »basalen Wünschen« bevorzugt), auf nicht weiter qualifizierte Interessen z.B. Ziff 1960, 6. Kap.

17 Vgl. z.B. Rawls 1971, §§ 61 ff., Darwall 1983 und Railton 1986.

18 Meine Position ähnelt am stärksten den Positionen von Hare (vgl. vor allem Hare 1952, Teil II) und von Gibbard (1990). Außerdem greife ich in diesem Abschnitt stark auf Überlegungen von Urmson 1950 und Nowell-Smith 1954 zurück.

Schneidens erfüllt, und das Gutsein einer Uhr daran, inwieweit sie dem Zweck der Zeitmessung genügt. Aussagen über die Erfüllung von Zwecken sind aber deskriptive Aussagen. Ob ein Gebrauchsgegenstand zweckdienlich ist, ist eine Frage des Gegebenseins bestimmter Fakten wie der, ob man mit einem Messer glatt und mühelos schneiden kann oder eine Uhr die genaue Zeit angibt. Sofern mit Aussagen wie »Dies ist ein gutes Messer« oder »Dies ist eine gute Uhr« nichts anderes gemeint sein soll, als daß der jeweils betrachtete Gegenstand seinen artspezifischen Zwecken genügt und insofern »ein gutes Exemplar seiner Art« ist, können sie auch wahr oder falsch sein, d.h. mit der Wirklichkeit übereinstimmen oder nicht.

Wird diese Einsicht in eine etwas abstraktere Form gebracht, so läßt sich sagen, daß im Fall von Gebrauchsgegenständen ihr artspezifischer Zweck als *Standard* bzw. *Wertungsstandard* fungiert. Die deskriptive Seite von instrumentellen Werturteilen besteht demgemäß in Aussagen über das Verhältnis zwischen dem beurteilten Gegenstand und dem für ihn einschlägigen Wertungsstandard. Der mit diesen Werturteilen verbundene Objektivitätsanspruch kann sich zumindest partiell darauf gründen, daß es nicht von den momentanen subjektiven Gefühlen und Vorlieben des Urteilenden abhängt, inwieweit ein Gebrauchsgegenstand seinem Standard gerecht wird, sondern von bestimmten Tatsachen. Bei diesen Tatsachen wiederum handelt es sich nicht um die Existenz irgendwelcher besonderer Werteigenschaften, sondern um so »natürliche« Sachverhalte wie die Möglichkeit des mühelosen Schneidens und der korrekten Zeitmessung. Im Fall von Gebrauchsgegenständen sind es unproblematisch »natürliche« Eigenschaften, die als gutmachende Eigenschaften fungieren, d.h. als die Eigenschaften, die wir angeben, wenn wir erklären, warum wir etwas für einen guten Gebrauchsgegenstand halten. Dem subjektiven Belieben entzogen sind aber auch die Standards selbst, denn was ein artspezifischer Zweck ist, ergibt sich analytisch aus der Bedeutung der Ausdrücke, mit denen innerhalb einer Sprache Gebrauchsgegenstände benannt werden. Das heißt nicht, daß nicht auch bei Messern und Uhren strittig sein kann, an genau welchem Zweck ihr Gutsein bemessen werden soll. Der Grund dafür ist, daß Zwecke wie die des Schneidens und Zeitmessens relativ allgemeine Zwecke sind, die weiter spezifiziert werden können. Messer können z.B. dazu dienen, Brot zu schneiden oder Fleisch zu schneiden oder Papier zu schneiden, und je nachdem welchem Zweck sie dienen sollen, können verschiedene Anforderungen an sie gestellt werden. Wir beurteilen dann nicht das Gutsein von Messern im allgemeinen, sondern von Brot-, Fleisch- oder Papiermessern. Ob ein bestimmtes Messer ein gutes Messer ist, kann einfach deswegen strittig sein, weil sich die Disputanten an verschiedenen spezifischen Zwecken (und somit auch verschiedenen spezifischen Standards) orientieren.

Ich meine nun, daß sich diese Überlegungen mit mehr oder minder großen Modifikationen nicht nur auf alle *funktionalen* Werturteile übertragen lassen (was unmittelbar einleuchten sollte), sondern auch auf alle anderen Arten von Werturteilen. Wir können uns dies stellvertretend an einigen performativen, moralischen und ästhetischen Werturteilen klarmachen.

Beurteilen wir das *performative* Gutsein von etwas, so haben wir es mit Gegenständen bzw. Gegenstandsklassen zu tun, die durch den Bezug nicht auf einen bestimmten Zweck, sondern auf eine bestimmte Tätigkeit definiert sind. Die Standards, die wir für unsere entsprechenden Werturteile heranziehen, ergeben sich einerseits aus Vergleichen, die sich zwischen verschiedenen Weisen, diese Tätigkeit auszuüben, anstellen lassen, und andererseits aus den Eigentümlichkeiten der jeweiligen Tätigkeit. Ein guter Skifahrer beispielsweise ist einer, der gut in der Tätigkeit des Skifahrens ist. Um zu entscheiden, ob jemand gut Ski fährt, können wir ihn zum einen mit anderen Skifahrern vergleichen; wir würden ihn dann wohl einen »guten« Skifahrer nennen, wenn er besser als der Durchschnitt fährt. Solche Vergleiche und die Anwendung von Standards, die sich wie das Durchschnittskriterium aus ihnen gewinnen lassen, liegen vor allem bei Tätigkeiten nahe, bei denen es ein Gewinnen und Verlieren gibt. Wo diese Voraussetzung, wie beim nicht wettkampfmäßigen Skifahren, nicht gegeben ist, stehen dagegen absolute Kriterien im Vordergrund, die der Art der Tätigkeit angepaßt sind (beim Skifahren z.B. die Fähigkeit, auch schwierige Hänge ohne Stürze zu bewältigen, die Meisterung unterschiedlichster Schneeverhältnisse usw.).[19] Ob jemand diesen sei es

19 Zur Frage, inwiefern Werturteile komparative oder absolute Kriterien erfordern, vgl. Stemmer 1997, bes. Abschnitt X.

komparativen, sei es absoluten Kriterien genügt, ist wiederum eine Frage des Gegebenseins bestimmter »natürlicher« Fakten, die als gutmachende Eigenschaften fungieren. Eine gewisse Komplikation kann sich dadurch einstellen, daß wir, um zu beurteilen, ob jemand gut in einer Tätigkeit ist, zugleich eine ganze Reihe verschiedener Kriterien anwenden können, so daß unsere Wertungsstandards Kriterienbündel sind (z.B. gehören zu einem guten Fußballspieler Ausdauer, Feldübersicht, Zweikampfstärke, Teamgeist usw.). Das ist so natürlich auch schon bei der Beurteilung des instrumentellen Gutseins komplexer Gebrauchsgegenstände. Daraus kann die Schwierigkeit resultieren, wie die verschiedenen standardrelevanten Beurteilungskriterien gegeneinander zu gewichten sind, und das wird vielfach strittig sein. Uneinigkeit kann selbstredend auch darüber bestehen, ob und in welchem Grad einmal festgelegten Kriterien Rechnung getragen wird; die Anwendung von Standards kann ein besonderes Urteilsvermögen verlangen. In dieser Hinsicht sind Wertfragen jedoch nicht von allen etwas komplizierteren Faktenfragen unterschieden.

Man könnte dafür halten, daß instrumentelle (und generell: funktionale) sowie performative Werturteile keine Urteile über das intrinsische Gutsein von etwas sind und deswegen, was für sie gilt, nicht auch für moralische und ästhetische Werturteile gilt. Dem muß jedoch widersprochen werden.

Die Analyse von *moralischen* Werturteilen ist, wie erwähnt, mit dem Problem behaftet, ob es überhaupt ein eigenes, nichtderiviertes moralisches Gutsein gibt. Für einen Utilitaristen ist moralisch gut, was das Glück oder den Nutzen aller maximiert; »moralisch gut« meint dann »glücksfördernd« oder »nützlich«, wodurch die Beurteilung des moralischen Gutseins von etwas zu einem – weit verstandenen – instrumentellen Werturteil wird. Ein ähnliches Bild ergibt sich bei Zugrundelegung kontraktualistischer und eudämonistischer Moralkonzeptionen. Ich muß diese moraltheoretischen Fragen auf sich beruhen lassen. Klammern wir sie ein, so können wir grob zwei Arten von moralischen Werturteilen unterscheiden: Gerechtigkeitsurteile, die die Gerechtigkeit von Handlungen und Institutionen bewerten, und Tugendurteile, die zu ihrem primären Gegenstand Haltungen haben und – darüber vermittelt – Personen.

Bei Gerechtigkeitsurteilen können wir uns an bestimmte Regeln und Grundsätze als Wertungsstandards halten. Jemand, der sich Rawls' Theorie der Gerechtigkeit zu eigen macht, kann die Gerechtigkeit einer gesellschaftlichen Einrichtung anhand von Rawls' beiden Gerechtigkeitsgrundsätzen und der für beide (und ihre Teile) vorgeschlagenen Vorrangregeln prüfen. Dabei kann es natürlich genauso wie bei komplexen instrumentellen und performativen Verhältnissen zu Anwendungsschwierigkeiten kommen. Doch das ändert nichts daran, daß es auch in diesem Fall allein von bestimmten (eventuell interpretationsbedürftigen) Fakten abhängt, ob die Gerechtigkeitsgrundsätze realisiert sind oder nicht, wobei diese Fakten erneut in einem weiten, aber unproblematischen Sinn »natürliche« Fakten sind wie etwa die Gewährung bestimmter Handlungsmöglichkeiten und eine bestimmte Einkommensverteilung.

Auch bei Tugendurteilen können wir uns an Regeln und Grundsätzen orientieren. Jemand verfügt über die Tugend der Gerechtigkeit, wenn er sich in seinen Handlungen habituell an die Gerechtigkeitsgrundsätze hält. Aber wenn wir jemanden einen moralisch guten Menschen nennen, weil er nicht nur Handlungen mit den und den Konsequenzen vollführt, sondern in seinem Tun auch bestimmte Haltungen wie Freundlichkeit und Großzügigkeit zum Ausdruck bringt, stützen wir uns häufig nicht auf klar angebbare Regeln und Grundsätze bzw. nur auf so uninformative wie »Sei freundlich!«. Das bedeutet nicht, daß wir in diesem Fall auf keine Standards zurückgreifen könnten. Ob jemand ein tugendhafter Mensch ist, hängt eben davon ab, ob er freundlich, großzügig, mutig usw. ist. Es sind genau solche Eigenschaften, an denen sich die Tugendhaftigkeit eines Menschen bemißt, so daß sich über sie die Wertungsstandards für Tugendurteile ergeben. Da »freundlich«, »großzügig« usw. jedoch bereits evaluative Begriffe sind, kann der Zweifel aufkommen, ob sich die Erfüllung von Tugendhaftigkeitsstandards noch an unproblematisch »natürlichen« Fakten und Eigenschaften bemißt.

Aus einem etwas anderen Blickwinkel wird dieses Problem von jenen unterstrichen, die meinen, mit Verweis auf inhaltsreiche ethische Begriffe (»thick value concepts«) wie »mutig«, »höflich«, »besonnen« usw. die Unterscheidung zwischen Tatsachen und Werten aus den Angeln heben zu können.[20] Aus meiner Sicht handelt es sich dabei um ein Scheinproblem. Wir können Aussagen, die wertende Ausdrücke wie »mutig«, »freundlich« usw. enthalten, ohne prinzipielle Schwierigkeiten in deskriptive Aussagen über unproblematisch »natürliche« Eigenschaften verwandeln. Wir tun dies etwa, wenn wir einem Kind, das wir moralisch erziehen wollen, ein freundliches oder großzügiges Verhalten beibringen, indem wir ihm sagen, es solle anderen zuhören, sich bedanken, seine Sachen mit anderen teilen u.ä.m. Auch können wir uns einen fremden Beobachter unserer Praxis des Fällens von Tugendurteilen denken, der unsere moralischen Vorstellungen nicht teilt (vielleicht gar keine hat), aber genau registriert, wann wir was als »freundlich« oder »großzügig« und deswegen »moralisch gut« einstufen, und allein aufgrund seiner detaillierten Beobachtungsdaten in der Lage ist, auch neue Fälle richtig in die Rubriken »freundlich« oder »großzügig« und insofern »moralisch gut« einzuordnen. Richard Hare hat darauf hingewiesen, daß selbst dann, wenn wir über kein einzelnes, wertmäßig neutrales Wort verfügen, mit dem wir Verhaltensweisen zu beschreiben vermöchten, die wir mit inhaltsreichen ethischen Begriffen markieren, wir ein solches Wort doch haben *könnten*.[21] Wir könnten einfach dasselbe Wort so benutzen, daß wir uns dabei explizit von seinen wertenden Konnotationen distanzieren (wie in »Er ist freundlich, aber ich kann freundliche Leute nicht ausstehen«). Bestimmte Tugendbegriffe, wie z.B. »demütig«, haben ja im Verlauf ihrer Geschichte für sehr viele Menschen ihre wertenden Elemente verloren (oder einen negativen Wert angenommen), obwohl sie sie weiterhin korrekt für Handlungsbeschreibungen verwenden können. Wir können damit in unserem Zusammenhang als Ergebnis festhalten, daß wir auch in Tugendurteilen wie »X ist freundlich« oder »X ist moralisch gut, weil freundlich« über Standards verfügen, deren Erfüllung vom Gegebensein bestimmter »natürlicher« Fakten und Eigenschaften abhängt, Aussagen über das Verhältnis von Beurteilungsgegenstand und Wertungsstandard mithin auch hier normale deskriptive Aussagen sind.

20 So z.B. Williams 1985, S. 140 ff., McDowell 1979 sowie Hurley 1989, 1. Kap. und S. 290 f. Kritisch dazu Millgram 1995.

21 Hare 1963, 10.1. Auf diesen Punkt geht Millgram in 1995, S. 356 ff. näher ein.

Diese Beobachtungen lassen sich schließlich auch für die Analyse von im weiten wie im engeren Sinn *ästhetischen* Werturteilen fruchtbar machen, die insofern die wichtigsten Werturteile sind, als wir in ihnen – und nur in ihnen – eindeutig etwas als intrinsisch gut bzw. schlecht beurteilen. In dem von mir vorgeschlagenen weiten Sinn ästhetisch sind alle Urteile, in denen wir etwas für (un)wert befinden, Gegenstand von positiven gefühlsmäßigen Reaktionen zu sein. So qualifizieren wir etwas in wertender Absicht als »interessant«, wenn wir meinen, es verdiene mit der Emotion des Interesses aufgenommen zu werden; als »spannend« beurteilen wir, was wert ist, Spannungsgefühle auszulösen, usw. Wenn wir aber erklären sollen, warum wir etwas für in dieser Weise »interessant« oder »spannend« halten, werden wir in letzter Instanz auf bestimmte »natürliche« Eigenschaften rekurrieren, über die wir Interessantheits- oder Spannungsstandards formulieren können. So gilt als interessant, was in irgendeiner Hinsicht neu ist. »Neu« ist etwas natürlich immer nur relativ zu einem besonderen Hintergrund, so daß ein interessantes philosophisches Buch anderen Erfordernissen gerecht werden muß als ein interessanter Comic, und was einmal neu war, kann veralten und damit uninteressant werden. Werden die Hintergrundbedingungen hinreichend ausbuchstabiert, ist es jedoch eine Frage bestimmter »natürlicher« Gegebenheiten, ob etwas neu ist oder nicht. Bei »spannend« und vielen anderen im weiten Sinn ästhetischen Wertprädikaten mag es schwierig sein, sie durch eine Liste unproblematisch »natürlicher« Eigenschaften zu ersetzen. Aber dann bleibt immer noch die Möglichkeit, wie im Fall von Tugendprädikaten zu sagen, daß wir mit »spannend« und ähnlichen Ausdrücken auf jenen Satz von je nach Kontext variierenden »natürlichen« Eigenschaften verweisen, den wir mit ihnen auch dann herausgreifen können, wenn wir uns von ihren wertenden Konnotationen distanzieren.

Im engeren Sinn ästhetisch sind unter anderem Werturteile, in denen wir etwas als »schön« auszeichnen.[22] »Schön« kann als generelle ästhetische Rangbezeichnung fungieren. Zumeist wird es jedoch als konträrer Gegensatz zu »häßlich« genommen. In diesem Fall scheint mir die Erfahrung von etwas als

22 Für das in diesem Absatz Ausgeführte habe ich von Schmitz 1990, S. 490 ff. profitiert.

schön eine bestimmte Form von affektiver oder diffus-leiblicher Betroffenheit vorauszusetzen. Das Schöne erfüllt uns mit einer Art von Freude, es ist eine »promesse du bonheur« (Stendhal), die uns erhebt. Wenn wir etwas als »schön« im Gegensatz zu »häßlich« auszeichnen, werden wir deswegen an Standards appellieren, die Merkmale von Gegenständen anführen, die wir für wert halten, eine besondere affektive Reaktion (u.U. als Resultat einer besonderen geistigen Aktivität) hervorzurufen. Solche Merkmale sind z.B. bestimmte Farbzusammenstellungen oder Klangfolgen, also wiederum Eigenschaften, die sich in normalen deskriptiven Aussagen beschreiben lassen.

Nicht viel anders verhält es sich bei der – ebenfalls im engeren Sinn – ästhetischen Auszeichnung von Kunstwerken als »gut« oder »gelungen«. Ihr liegen meist sehr komplexe Standards zugrunde. Die Beurteilungskriterien, die in ihnen gebündelt werden, sind nicht selten selbst evaluativ gefärbt. So mag zu einem guten Roman gehören, daß er eine Geschichte »dicht« und »fesselnd« erzählt, seinen Figuren psychologische »Tiefe« verleiht, »souverän« mit verschiedenen Stilmitteln experimentiert u.ä.m. Ausdrücke wie »dicht«, »fesselnd« usw. sind aber im weiten Sinn ästhetische Wertprädikate, so daß wir hier einfach über eine weitere Zwischenstufe auf »natürliche« Eigenschaften als gutmachende Eigenschaften stoßen.

6.2.4 Die normative Seite von Werturteilen

Lassen sich Werturteile so als deskriptive Urteile über das Verhältnis zwischen einem Beurteilungsgegenstand und einem Wertungsstandard begreifen – ein Verhältnis, das sich an bestimmten »natürlichen« Fakten und Eigenschaften bemißt – und ist es auf diese Weise möglich, den mit Werturteilen verbundenen Objektivitätsanspruch zumindest partiell verständlich zu machen, so stellt sich nun die Frage, warum diese Analyse von Werturteilen noch unvollständig sein soll. Warum sollen, wie ich eingangs behauptet habe, Werturteile nicht *rein* deskriptive Urteile (wenn auch vielleicht einer besonderen Art) sein?

Ich möchte nicht bestreiten, daß Aussagen, in denen einem Gegenstand ein Wertprädikat zugeschrieben wird, manchmal oder sogar recht häufig nichts anderes sind als Feststellungen über die Erfüllung eines vorgegebenen Wertungsstandards. Als kompetente Sprecher einer Sprache und Kenner einer bestimmten Wertungspraxis können wir Personen, Dinge oder Sachverhalte in rein behauptender Weise unter verfügbare Wertungsschemata subsumieren. Wir neigen dazu in dem Maße, in dem es fest und klar umrissene Konventionen über die Verwendung von Standards gibt. Nur begeben wir uns, wenn wir etwas an konventionalisierten Wertungsstandards so messen, daß wir lediglich feststellen, ob etwas ihnen genügt oder nicht, in eine Beobachterposition, von der aus wir Werturteile nicht mehr in eigener Person, sondern sozusagen »in Anführungsstrichen« fällen.[23] Die bloße Feststellung, daß etwas den und den Standards entspricht, kommt einer Aussage darüber gleich, was *andere* – und sei es eine ganze Sprachgemeinschaft – für gut halten.

Um von einem in eigener Person gefällten Werturteil sprechen zu können, muß demnach noch etwas hinzukommen. Werturteile im Vollsinn scheinen über ihre deskriptive Seite hinaus noch ein besonderes *›nicht-deskriptives Plus‹* zu besitzen.[24] Aber worin könnte dieses bestehen?

Ich hatte die Vermutung zurückgewiesen, daß sich mit Objektivitätsansprüchen verbundene Werturteile auf die Expression von Gefühlen reduzieren lassen, wie es einer radikal emotivistischen Sicht entspräche (*6.2.2*). Das läßt die Möglichkeit offen, daß wir in Werturteilen zwar nicht nur, aber auch einem bestimmten Gefühl Ausdruck verleihen, und so könnte es sein, daß sich eben darin ihre nicht-deskriptive Seite manifestiert. In diesem Sinn könnte man argumentieren, daß in (negativen) moralischen Werturteilen immer auch ein Gefühl der Empörung oder ein Schuldgefühl mitschwingt und zum Ausdruck gebracht wird. Und in standardrelativen ästhetischen Werturteilen könnte ähnliches für Gefühle der Bewunderung oder jene besondere Gefühlslage geltend gemacht werden, die für die Erfahrung von etwas als schön konstitutiv ist. Ich glaube, daß

23 Hare 1952, S. 120, S. 124 u.ö. spricht in diesem Zusammenhang von einem »inverted-commas use« von Wertausdrücken wie »gut«.

24 Stemmer 1997 spricht in diesem Zusammenhang von einem »evaluativen Plus«. Wie sich zeigen wird, meine ich, daß es angemessener ist, von einem »normativen Plus« zu reden.

diese Überlegung in die richtige Richtung weist. Sie stößt jedoch auf Schwierigkeiten.

Zum einen kann auch bei moralischen und ästhetischen Urteilen das Band zwischen Werturteilen und spezifischen Gefühlen ein sehr lockeres sein, und zwar selbst dann, wenn diese Urteile in eigener Person gefällt werden. Der Grad der Empörung bei der moralischen Verurteilung der Taten anderer variiert von Person zu Person und nimmt in der Regel in dem Maße ab, in dem die verurteilte Tat zeitlich und örtlich entfernt ist. Ich sehe auch keine grundsätzliche Schwierigkeit darin, sich Personen vorzustellen, die aufgrund ihrer Lebensgeschichte und ihres Charakters die Fähigkeit, sich zu empören, und selbst die, sich schuldig zu fühlen, gänzlich verloren haben (vielleicht haben sie zu viel Schreckliches erlebt), davon unbenommen aber weiter in der Lage sind, moralische Urteile in eigener Person zu fällen. Ebenso ist es möglich, etwas für im weiten oder engen Sinn ästhetisch schätzenswert zu halten, das einem selbst nicht gefällt. Wer etwas für bewundernswert hält, muß es nicht notwendig bewundern, und wer den Rang eines Kunstwerks anzuerkennen bereit ist, muß keine Vorliebe für es haben. Zum anderen sind bei anderen, weder moralischen noch ästhetischen Arten von Werturteilen, besonders bei solchen instrumenteller Natur, Gefühle wie Empörung und Bewunderung nicht einmal in der Regel im Spiel. Die Beurteilung eines Fleischmessers als ein »gutes Exemplar seiner Art« setzt keine affektive Beziehung zu Fleischmessern voraus; eher irritiert uns, wenn sie vorhanden ist. Dafür kann bei instrumentellen Werturteilen an die Stelle eines Gefühls ein Wunsch oder eine Absicht treten. Ich kann mit dem Urteil, daß etwas gut ist, weil es einem bestimmten Zweck genügt, zum Ausdruck bringen, daß ich diesen Zweck teile und somit etwas von dem als gut beurteilten Gegenstand will. Aber auch das muß nicht der Fall sein; ich kann Fleischmesser nach gut und schlecht einstufen, auch wenn ich Vegetarier bin und mit Fleischmessern nichts anzufangen weiß.[25]

Es sind Beispiele dieser Art, die für viele eine rein deskriptive Analyse von Werturteilen attraktiv machen. Die Schwierigkeiten, die sie Versuchen einer nicht rein deskriptiven Deutung be-

25 Ich übernehme dieses Beispiel von Mackie 1977, S. 55.

reiten, lassen sich jedoch ausräumen. Man darf sich von den angeführten Beispielen nur nicht auf eine falsche Fährte setzen lassen. Dafür ist es einmal wichtig, daß das Spektrum möglicher nichtepistemischer Einstellungen, die in einem Werturteil zum Ausdruck gebracht werden können, nicht von vornherein auf Gefühle, Wünsche und Absichten im üblichen Sinn verengt wird. Und sodann ist zu beachten, daß die in einem Werturteil ausgedrückte Einstellung nicht primär dem beurteilten Gegenstand gelten muß, sondern auch auf den für das Urteil relevanten Standard gerichtet sein kann. Das, was einem rein feststellenden Werturteil fehlt, ist nicht so sehr eine positive (oder negative) Einstellung zum jeweiligen Beurteilungsgegenstand als vielmehr eine positive Einstellung zu dem Wertungsstandard, der ihm zugrunde liegt. Wer sich zu einer Wertungspraxis nur konstatierend verhält, wer sie beobachtet, statt an ihr zu partizipieren, macht sich vor allem nicht die Standards zu eigen, zu denen er Beurteilungsgegenstände korrekt in Beziehung zu setzen vermag. Umgekehrt zeichnet ein in eigener Person gefälltes Werturteil aus, daß derjenige, der es fällt, einen Beurteilungsgegenstand nicht an irgendwelchen Standards mißt, sondern an solchen, die er sich zu eigen gemacht hat.

Doch was heißt es, sich einen Standard »zu eigen zu machen«? Sicherlich müssen wir uns mit Wertungsstandards, die wir teilen, nicht in einem starken Sinn affektiv oder volitiv identifizieren (obwohl wir es können). Wertungsstandards werden entweder relativ blind übernommen und internalisiert oder auf eine reflektierte oder Reflexionen zugängliche Weise akzeptiert.[26] In beiden Fällen liegt eine – sei es implizite, sei es explizite – *Zustimmung* zu den jeweiligen Wertungsstandards vor. Diese Zustimmung ist als solche unterschieden von unseren üblichen Gefühlen und Wünschen. Dessenungeachtet ist sie aber eine im Kern nichtepistemische Einstellung. Ausdrücke wie »übernehmen«, »akzeptieren« und »zustimmen« stehen für eine eigene Form des affirmativen optativischen Stellungnehmens, die in einem weiten Sinn eine Variante des Wünschens oder Wollens ist. Indem ich einem Standard zustimme, drücke ich nämlich aus, es möge der Fall sein, daß etwas in bezug auf ihn nach gut und schlecht beurteilt wird. In der Ex-

26 Zum Gegensatz von »akzeptieren« und »internalisieren« s. Gibbard 1990, 4. Kap.

pression dieser optativischen Zustimmung liegt, so möchte ich behaupten, das gesuchte ›nicht-deskriptive Plus‹ von Werturteilen.

Anhänger eines rein epistemischen Verständnisses von Werturteilen werden sich mit dieser Auskunft nicht zufriedengeben. Sie werden sagen, daß wir zumindest dann, wenn wir einem Standard *überlegt* zustimmen, nicht einfach nur »ja« zu ihm sagen oder ein »Es sei der Fall, daß …« artikulieren. Das ist richtig. Wenn wir von Handlungen überlegterweise meinen, sie seien wirklich moralisch gute Handlungen, von Kunstwerken, sie seien wirklich gelungene Werke, oder von Gebrauchsgegenständen, sie seien wirklich gute Exemplare ihrer Art, meinen wir, daß die für gut befundenen Handlungen, Kunstwerke oder Gebrauchsgegenstände Standards genügen, die wir für *angemessen* halten.[27] Einem Standard überlegt zuzustimmen heißt deswegen, ihn als angemessen zu akzeptieren. Und das wiederum bedeutet, daß unsere überlegte Zustimmung zu einem Standard auf Gründe verweist. Nicht daß solche Gründe stets formulieren können müßte, wer einen Standard als angemessen akzeptiert. Aber wenn wir einem Standard zustimmen, weil wir es für angemessen halten, das jeweilige Gutsein von etwas an ihm zu bemessen, unterstellen wir, daß sich für seine Angemessenheit grundsätzlich argumentieren ließe. Aufgrund dieser Präsupposition können wir von der in überlegte und in eigener Person gefällte Werturteile eingehenden Zustimmung sagen, sie sei auf einen Kontext von Gründe liefernden Argumentationen bezogen. Wir akzeptieren einen Standard als angemessen, indem wir ihm entweder im Rahmen eines tatsächlich stattfindenden Austauschs von Gründen zustimmen oder indem wir dazu disponiert sind, ihn in einem solchen Rahmen zu bejahen.

Das spricht jedoch nicht dagegen, daß auch das zu überlegten Werturteilen gehörende Zustimmen oder Akzeptieren eine im Kern nichtepistemische Einstellung ist, bei der es sich um eine eigene Form des optativischen Stellungnehmens handelt. Indem wir es für angemessen halten, etwas anhand eines bestimmten Standards als in irgendeiner Hinsicht gut oder schlecht zu beurteilen, erklären wir entsprechende Bewertun-

27 Damit greife ich eine Überlegung von Peter Stemmer auf. Vgl. Stemmer 1997, S. 91.

gen für gerechtfertigt. Die damit unterstellte Rechtfertigungsbeziehung ist aber keine epistemische Beziehung der Übereinstimmung mit einer Wirklichkeit, wie wir sie in assertorischen Aussagen behaupten. Vielmehr ist sie eine Beziehung, die auf eigenen, praktischen Gründen aufruht.

Aber vielleicht haben jene, die in Werturteilen rein deskriptive Aussagen sehen, noch etwas anderes im Sinn. Vielleicht möchten sie sagen, daß unser Akzeptieren eines Standards als angemessen, indem es auf Gründe verweist, nicht in unser Belieben gestellt und nicht eine Funktion unserer Gefühle, Wünsche oder Absichten ist. Gebrauchsgegenstände, so hatten wir gesehen, sind über ihren Zweck definiert, und es ist dieser Zweck, an dem sich ihr Gutsein bemißt. Was der angemessene Wertungsstandard von Gebrauchsgegenständen wie Messern ist, ergibt sich aus der Bedeutung der für sie verwendeten sprachlichen Ausdrücke. Wir stimmen nicht dem Zweck, für den Messer erfunden worden sind, aber seiner Verwendung als Wertungsstandard implizit schon dadurch zu, daß wir an der entsprechenden Sprachpraxis teilnehmen. (Wer meint, ein gutes Messer sei eines, das nicht zum Schneiden taugt, versteht den Ausdruck »Messer« nicht.) Die Wertungsstandards von Gebrauchsgegenständen entziehen sich insofern, wie ich bereits zugestanden hatte, tatsächlich dem Belieben des einzelnen. Gleichwohl sind sie *Setzungen*, nur keine individuellen, sondern kollektive, in der Sprache sozusagen sedimentierte. Zudem handelt es sich bei ihnen um Setzungen, die ursprünglich auf bestimmte Absichten (etwa die Absicht, etwas zu schneiden, um es leichter essen zu können) zurückgehen. Andere funktionale Werturteile könnten ähnlich analysiert werden. Auch im Fall von moralischen Werturteilen könnte argumentiert werden, daß die Moral eine von Menschen geschaffene Institution ist, die bestimmten Zwecken (etwa der sozialen Kooperation) dient, die als moralische Standards gesetzt werden und sich auf Absichten und Interessen aufbauen. Selbst wenn man die Moral weniger instrumentalistisch versteht, bleiben die für sie maßgeblichen Standards intersubjektive Setzungen, und es ist zu vermuten, daß auch deren Rechtfertigung an irgendeinem Punkt auf Absichten und Interessen oder auch Gefühle wie Mitleid und Zorn rekurrieren muß. Bei ästhetischen Werturteilen wiederum liegt es nahe, die für sie geltenden

Wertungsstandards in letzter Instanz aus wertenden Gefühlen und den mit ihnen zusammenhängenden Erfahrungen zu erklären. Im Feld des weit wie eng verstandenen Ästhetischen gibt es häufig paradigmatische Gegenstände (Kunstwerke, Naturphänomene, aber z.B. auch Ideen und Ideale), die standardbildend wirken. Sie sind Objekt wertender Gefühle und werden aufgrund dieser Gefühle als Standards aufgerichtet. Deswegen wird ihre Rechtfertigung als angemessene Standards in der Regel auf die Möglichkeit solcher Gefühle verweisen. Unsere Werturteile transzendieren so einerseits unsere Gefühle, Wünsche und Absichten und bleiben andererseits doch an Gefühle, Wünsche und Absichten gebunden, wenn auch nicht notwendig an unsere je individuellen.

Ich kann die Problematik der Begründung und Entwicklung von Wertungsstandards in dieser Arbeit nicht zureichend ausloten. Gleichwohl können wir unsere Analyse von Werturteilen noch einen Schritt weiter treiben. Der Kontrast zu rein epistemischen Deutungen tritt am schärfsten hervor, wenn wir unsere Aufmerksamkeit auf einen Aspekt von Bewertungsstandards lenken, den wir bisher nicht ausdrücklich kenntlich gemacht haben: den Umstand, daß Bewertungsstandards (wie alle Standards) als *Normen*, d.h. als Aufforderungen oder zumindest als Empfehlungen, fungieren. Diese Normen regeln zunächst nur die Praxis des Wertens selbst, indem sie uns sagen, nach welchen Kriterien wir etwas als gut bzw. schlecht einstufen sollen. Aber die Praxis des Wertens ist kein Selbstzweck, sondern hat ihrerseits eine *generelle* normative Funktion. Ein rein epistemisches Verständnis von Werturteilen geht vor allem deshalb in die Irre, weil es den Blick auf die allgemeine Aufgabe verstellt, die Werturteile in unserer Verständigung mit anderen wie auch mit uns selbst haben. Gemeinhin versuchen wir in Werturteilen über den Verweis auf normativ verstandene Standards auf das Verhalten anderer und gegebenenfalls auch auf unser eigenes Verhalten Einfluß zu nehmen. Werturteile haben insofern auch eine generelle *praktische* Funktion.

Allerdings ist die Rede von einer »praktischen« Funktion hier sehr weit zu nehmen. Das »Verhalten«, das wir gemeinhin in den normativen Diskussionen, deren Teil Werturteile sind, zu steuern und zu koordinieren versuchen, ist nicht notwendig ein Handeln im engeren, auf äußere Tätigkeiten bezogenen

Sinn. Anders als Richard Hare und viele andere meinen, haben Werturteile nicht notwendig einen äußere Handlungen und Wahlakte anleitenden Charakter. Am offensichtlichsten ist dies bei im engeren Sinn ästhetischen Werturteilen: Insbesondere die Beurteilung von etwas als »schön« (im Gegensatz zu »häßlich«) hat keine eindeutige Verbindung zu äußeren Handlungen.[28] Aber das heißt andererseits nicht, daß wir in enger verstandenen ästhetischen Werturteilen keine Empfehlungen oder Aufforderungen ausdrücken, die über Vorschriften dazu, wie etwas wertend einzustufen ist, hinausgehen. Wenn wir etwas als »schön« *beurteilen*, halten wir es damit für angemessen, auf es mit jenen Gefühlen zu reagieren, die für die *Erfahrung* von etwas als schön konstitutiv sind. Wir legen so eine Änderung (oder Bewahrung) bestimmter gefühlsmäßiger Einstellungen nahe. Gerade dadurch sind im engeren Sinn ästhetische Werturteile ein Spezialfall von im weiten Sinn ästhetischen Urteilen: Daß wir es in diesen für wert befinden, auf etwas mit bestimmten positiven Gefühlen zu reagieren, heißt nichts anderes, als daß wir eine auf Einstellungsänderung zielende Norm für unsere wertenden Gefühle aufrichten. Dispute über die angemessene Qualifizierung von etwas als »schön«, »interessant«, »bewundernswert« usw. sind im allgemeinen Versuche, die jeweils anderen Disputanten dazu zu bewegen, eine Einstellung einzunehmen, die sie für die entsprechenden gefühlsmäßigen Reaktionen empfänglich macht. Auch sie haben insofern generell eine im weiten Sinn praktische Funktion. Im engeren Sinn praktisch wird diese dagegen erst, wenn von den zu regulierenden wertenden Gefühlen eine – sei es auch schwache und interpretationsbedürftige – Aufforderung zu äußeren Handlungen ausgeht (vgl. *5.2.1*). Die praktische Funktion von Werturteilen, die Hare und andere im Auge haben, ist plausibler anderen Arten von Werturteilen als ästhetischen zuzuschreiben, z.B. instrumentellen und moralischen. Bei diesen Werturteilen sind es in der Regel direkt handlungsbezogene Einstellungen und Überlegungen oder Handlungen selbst, die mit ihrer Hilfe gesteuert und koordiniert werden sollen.

28 Man kann sogar meinen, ästhetische Erfahrungen, auf denen ästhetische Werturteile aufruhen, würden uns aufgrund ihrer reinen Gegenwärtigkeit gerade vom Druck praktischer Überlegungen entlasten, die zukunftsorientiert sind. Vgl. Hampshire 1959, S. 119 f.

Selbst gegen diese Deutung von Werturteilen als Unterstützung von im weiten Sinn praktischen Normen, deren Regelungsbereich von Werturteilsart zu Werturteilsart variiert, können sich Einwände erheben. Ein hartnäckiger Skeptiker wird immer noch sagen wollen, daß sich Werturteile in eigener Person fällen lassen, ohne damit eine Empfehlung oder Aufforderung gleich welcher Art aussprechen zu wollen. Schließlich kann der überzeugte Vegetarier von einem »guten Steak« sprechen, ohne damit andere oder sich selbst zu irgendwelchen Handlungen oder auch nur Einstellungen (ver)leiten zu wollen. Er gibt von daher auch niemandem eine Empfehlung und fordert niemanden zu etwas auf. Desgleichen sprechen wir in der Regel keine Empfehlungen oder Aufforderungen aus, wenn wir Werturteile in bezug auf die Vergangenheit abgeben, also z.B. von Augustus als einem »guten Kaiser« sprechen.[29]

Darauf wird man aber replizieren können, daß es auch in diesen und ähnlichen Fällen nicht schwer ist, sich Situationen zu denken, in denen Werturteile, die vom Urteilenden selbst nicht empfehlend oder auffordernd gemeint sind, als Empfehlung oder Aufforderung fungieren können. Der Vegetarier, der gute von schlechten Steaks unterscheidet, greift auf Standards zurück, die denjenigen, die gerne Steaks essen, eine Entscheidungshilfe bei der Auswahl von Steaks liefern. Wer einen toten Herrscher als »guten Kaiser« qualifiziert, bringt damit Gesichtspunkte in Anschlag, die in der Vergangenheit Thronaspiranten als Vorbild hätten dienen können. In nicht empfehlend oder auffordernd gemeinten Werturteilen steckt sozusagen eine potentielle Empfehlung oder Aufforderung, die unter bestimmten, u.U. kontrafaktischen Bedingungen aktualisiert werden kann. Insofern verhalten sich Werturteile, die nicht mit der Intention, eine Empfehlung oder Aufforderung auszusprechen, abgegeben werden, parasitär zu Werturteilen mit einer solchen Intention. Sie werden erst vor dem Hintergrund einer generellen Wertungspraxis verständlich, die *insgesamt* den Sinn hat, Handlungen und Einstellungen zu steuern und zu koordinieren.[30] Sie sind Teil einer umfassenderen Praxis, die in unse-

29 Ich übernehme dieses Beispiel von Stemmer 1997, S. 69, der es gegen Hare wendet. Zur Problematik auf die Vergangenheit gerichteter Werturteile vgl. auch Nowell-Smith 1954, S. 176 f.

30 Eine ähnliche Argumentation findet sich in Form einer Kritik an »externa-

rem individuellen und sozialen Leben eine andere Funktion hat als die Praxis des Beschreibens und Konstatierens (mit der sie allerdings verbunden ist).

Der genannte Einwand kann also dadurch zurückgewiesen werden, daß die Fixierung auf die Analyse einzelner Werturteilsakte zugunsten einer Beachtung ihrer generellen Funktion gelockert wird. Für jedes einzelne Werturteil gilt außerdem weiterhin, daß es eine Zustimmung zu den als Normen fungierenden Wertungsstandards enthält. Auch meine ich, daß, wer Werturteile ohne Empfehlungs- oder Aufforderungsabsicht fällt, wenigstens eine affirmative optativische Stellungnahme dazu abgeben (oder abzugeben bereit sein) muß, daß unter entsprechenden Bedingungen die in seinen Urteilen implizierten und von ihm gebilligten Standards als (nicht notwendig ausschlaggebende!) Gründe für Handlungen oder Einstellungsänderungen genommen werden. Er muß dies für grundsätzlich *berechtigt* halten. Ich bin geneigt zu sagen, daß er damit einer indirekten Empfehlung oder Aufforderung Ausdruck gibt.

Wir sind damit an das Ende unserer Analyse der allgemeinen Struktur von Werturteilen gelangt. In mit einem Objektivitätsanspruch verbundenen Werturteilen, so lassen sich die Überlegungen dieses und des vorangegangenen Unterabschnitts zusammenfassen, ist normalerweise dreierlei impliziert: erstens die Feststellung, daß ein Beurteilungsgegenstand die und die (in letzter Instanz) »natürlichen« Eigenschaften hat; zweitens die Feststellung, daß er aufgrund dieser Eigenschaften dem und dem Standard entspricht (wobei manchmal die Nennung der Eigenschaften und die des Standards zusammenfallen); sowie drittens eine nichtepistemische Einstellung zum zugrunde gelegten Standard, die im Kern eine affirmative optativische Stellungnahme ist. Im Fall von überlegten Werturteilen können wir sie als ein Akzeptieren des zugrunde gelegten Standards als angemessen qualifizieren. Die darin liegende optativische Stellungnahme verweist auf einen Hintergrund von Gründe liefernden Argumentationen, so daß das Akzeptieren eines Standards als angemessen als eine Zustimmung verstanden werden kann, die wir im Rahmen solcher Argumentationen zu Stan-

listischen« Positionen zum Verhältnis von Normativität und Motivation bei Blackburn 1998, insbes. S. 61.

dards geben oder geben würden. Bei diesen Standards handelt es sich um Normen für die Praxis des Wertens, die ihrerseits eine generelle normative Funktion hat. Werturteile sind Teil von normativen Diskussionen, in denen wir gemeinhin unsere eigenen Handlungen und Einstellungen zu steuern und mit den Handlungen und Einstellungen anderer zu koordinieren versuchen. Die Zustimmung, die in Werturteile, die in eigener Person gefällt werden, eingeht, drückt deswegen direkt oder indirekt eine Empfehlung oder Aufforderung in bezug auf Handlungen oder Einstellungen aus. Werturteile haben generell eine zumindest im weiten Sinn praktische Funktion.

An dieser Analyse mag verwirren, daß sie den normativen Charakter von Werturteilen in einer Weise betont, der ihren evaluativen Charakter zurücktreten läßt. Gerade darin liegt jedoch ihre Pointe. Anders als Wertrealisten meinen, erschließen uns Werturteile keine völlig neue Quelle des Guten. Ihre Analyse führt nicht auf andere wertkonstituierende Faktoren als unsere wertenden Gefühle sowie unsere Wünsche und Absichten. Sind jene Quelle dafür, daß etwas intrinsisch gut ist, so diese dafür, daß etwas instrumentell gut ist. Die evaluative Dimension von Werturteilen leitet sich letztlich von unseren affektiven und volitiven Einstellungen her. Nur ist diese Rückbindung an affektive und volitive Einstellungen damit vereinbar, daß Werturteile normative Standards für eben solche Einstellungen formulieren. Sie beanspruchen, uns sagen zu können, welche Gefühle, Wünsche und Absichten wir haben *sollten*. Werttheoretisch gesehen heißt das, daß etwas intrinsisch gut ist, wenn es *zu Recht* Gegenstand wertender Gefühle ist, und daß etwas instrumentell gut ist, wenn es in der *richtigen* Beziehung zu unseren Zwecken steht.

6.3 Werturteile im Kontext praktischer Überlegungen

Wir müssen uns jetzt der Frage zuwenden, welche Rolle Werturteile in praktischen Überlegungen spielen. Aufgrund ihrer normativen Funktion dienen sie als zumindest im weiten Sinn praktische Empfehlungen und Aufforderungen an andere, aber auch an uns selbst. Wir können die ihnen zugrunde liegenden

Wertungsstandards als Standards für unser eigenes Handeln und Leben sowie für unsere mehr oder minder handlungsbezogenen Einstellungen anerkennen; das erklärt auch, wieso es einen engen Zusammenhang zwischen Werturteilen und höherstufigen Einstellungen gibt (*6.3.1*). Gleichwohl darf nicht übersehen werden, daß uns auch in eigener Person gefällte Werturteile nicht immer Gründe für eigene Handlungen oder auch nur Einstellungsänderungen bereitstellen. Ob sie es tun, hängt von der Art der Werturteile und der Situation, in der wir uns befinden, ab (*6.3.2*). Gegeben eine passende Situation, liefern uns allenfalls unsere eigenen moralischen und ästhetischen Werturteile stets Gründe für das Treffen von Entscheidungen oder die Änderung von Einstellungen. Zweifel daran, ob auch nur dies der Fall ist, können sich an dem unklaren Zusammenhang zwischen Werturteilen und Motivation festmachen (*6.3.3*). Am Schluß dieses Abschnitts werde ich zu der am Ende von *6.1* aufgestellten Behauptung zurückkehren, daß Werturteile in gewisser Hinsicht notwendiger Bestandteil von praktischen Überlegungen sind. Auf der Grundlage unserer Analyse von Werturteilen kann herausgestellt werden, was dies heißt und was es nicht heißt (*6.3.4*).

6.3.1 Die handlungsleitende Funktion von Werturteilen und ihr Zusammenhang mit höherstufigen Einstellungen

Werturteile sind für unsere praktischen Überlegungen von zentraler Bedeutung, weil wir in ihnen nicht nur Standards für die Bewertung irgendwelcher Dinge in der Welt, sondern auch für die Bewertung unseres eigenen Handelns und Lebens formulieren können. Diese Bewertungsstandards fungieren dann zugleich als Normen für unser Handeln und Leben, die leitende Gesichtspunkte für die Beantwortung der praktischen Grundfrage darstellen. Indem wir in Werturteilen über unser eigenes Handeln und Leben der Zustimmung zu Wertungsstandards Ausdruck verleihen, bekunden wir in eins, daß wir bestimmte normative Vorgaben für unser Tun anerkennen. Bewertungsstandards werden so zu direkt handlungsleitenden Standards. Bei solchen Standards ist wieder nicht nur an *moralische* Standards zu denken. Nicht minder wichtig können *ästhetische* und auch *funktionale* und *performative* Standards sein. Ich kann

Handlungen und Tätigkeiten im allgemeinen und meine eigenen im besonderen daraufhin beurteilen, ob sie gerecht oder ungerecht, mutig oder feige, großzügig oder knauserig, sozial oder unsozial sind, und damit meine Orientierung an *moralischen* Normen kenntlich machen. Ebenso jedoch kann ich sie als »bewundernswert«, »stilvoll«, »oberflächlich«, »trivial« u.ä.m. qualifizieren und damit meine Orientierung an im weiten Sinn *ästhetischen* Standards ausdrücken, die zu moralischen nur werden, wenn ich auch andere auf sie verpflichten will oder glaube ihre Verletzung mit bestimmten Sanktionen ahnden zu sollen. Die handlungsleitende Funktion von *funktionalen* und *performativen* Urteilen wiederum ergibt sich aus spezifischen Rollenverständnissen und der Identifikation mit besonderen Tätigkeiten: Ich kann mich als Vater oder Arzt verstehen oder mein Leben dem Philosophieren oder Skifahren widmen und mich dann den Normen verpflichtet fühlen, die für diese Rollen und Tätigkeiten konstitutiv sind und zugleich festlegen, was es heißt, eine Rolle gut zu erfüllen und eine Tätigkeit gut auszuüben. In allen diesen Werturteilen kann ich mich auf Standards beziehen, deren Regelungsautorität ich für große Bereiche meines Lebens als normativ bindend empfinde. Von den meisten *instrumentellen* Werturteilen, die wir als Teilklasse funktionaler Werturteile herausgestellt hatten, kann dies sicherlich nicht gesagt werden. Aber auch sie können mein Handeln anleiten, denn wenn ich einen bestimmten Zweck verfolge, sagt mir ein diesbezügliches instrumentelles Werturteil, welche Mittel für seine Realisierung geeignet oder besonders gut geeignet sind und deswegen von mir eingesetzt werden sollten.

Erkennen wir die für Werturteile maßgeblichen Wertungsstandards als normativ bestimmend für unser eigenes Handeln und Leben an, werden sie in unsere praktischen Überlegungen auch immer wieder in Form höherstufiger Einstellungen eingehen. Wir formulieren in ihnen dann Standards für unsere eigenen Gefühle und Wünsche (und gegebenenfalls auch Meinungen). Partiell kann diese Funktion von Werturteilen vom Bezug auf Handlungen im engeren Sinn entkoppelt sein, so daß sie dann nur in einem weiten Sinn praktisch orientierend wirken.

Moralische Werturteile etwa betreffen häufig die eigenen Absichten. Wenn ich mir moralische Selbstvorwürfe wegen etwas mache, das ich getan habe, dann gelten diese Vorwürfe im allgemeinen nicht nur dem, was ich durch mein Tun in die Welt gebracht habe, sondern auch dem Umstand, daß ich gewollt habe, was ich tat. Schließlich kann ich auch eine von mir gehegte, aber aufgrund äußerer Umstände nicht ausgeführte Absicht als moralisch verwerflich verurteilen. In diesen Fällen bezieht sich mein Werturteil reflexiv auf meine eigenen volitiven Einstellungen und erfüllt so die strukturellen Erfordernisse, die es erlauben, von »höherstufigen Einstellungen« zu sprechen. Moralische Urteile können sich zudem selbst auf bloße Wünsche und Gefühle richten. In vielen Moralen gibt es normative Standards auch für »Regungen des Herzens«, die nicht (direkt) handlungswirksam werden. Hinter dem Wunsch, bestimmte Gefühle, Gefühlsdispositionen oder Wünsche loszuwerden (z.B. mißgünstigen Neid) oder andere zu haben (z.B. Herzensgüte), stehen sehr häufig moralische Werturteile, in denen wir unser eigenes Innenleben an den Standards messen, die es innerhalb der von uns akzeptierten Moral dafür gibt. Ich hatte im vorigen Kapitel angemerkt, daß uns diese Funktion werturteilsförmiger höherstufiger Einstellungen aus der christlichen Moral vertraut ist (*5.4.2*).

Am deutlichsten zeigt sich der zumindest potentiell höherstufige Charakter von Werturteilen im Fall von sehr weit gefaßten *ästhetischen* Werturteilen, die ich ja so definiert habe, daß in ihnen Standards zur Geltung kommen, die Maßstäbe für wertende Gefühle und Gefühlsdispositionen darstellen. Indem wir von etwas meinen, es sei wert, Gegenstand positiv (bzw. negativ) wertender Gefühle zu sein, können wir uns selbst Gründe an die Hand geben, uns so zum Objekt unseres Werturteils ins Verhältnis zu setzen, daß wir ihm auch tatsächlich die entsprechenden Gefühle entgegenbringen. Von unseren im weiten wie im engeren Sinn ästhetischen Werturteilen geht dann ein zumindest schwacher normativer Druck aus, die Kluft zwischen dem, was wir für affektiv schätzenswert erachten, und dem, was wir affektiv zu schätzen in der Lage sind, aufzuheben. Allerdings kann dies in *beiden* Richtungen erfolgen: Sowohl können wir unsere wertenden Gefühle an unseren Werturteilen korrigieren als auch umgekehrt unsere Werturteile im Licht unserer wertenden Gefühle revidieren. Nur stellt auch der zweite Revisionsvorgang in der Regel nicht einfach eine Aufgabe des Werturteils zugunsten eines Gefühls dar; vielmehr führt er über das Ernstnehmen des Gefühls zu einem neuen Werturteil. So wird nicht ein Urteil durch ein Gefühl ersetzt, sondern ein Urteil durch ein anderes, das einen besseren Anhalt im Gefühl hat.

Selbst im Fall von *instrumentellen*, anderen *funktionalen* und *performativen* Werturteilen ist es denkbar, daß sie eine reflexive Form annehmen und so zu höherstufigen Einstellungen werden. Ein instrumentelles Werturteil, das sich auf einen Zweck als Standard bezieht, den ich für angemessen halte und überdies selbst verfolge, ist im Grunde genommen nichts anderes als eine Absicht. Zu ihm gehört es, für geboten zu halten, in einer entsprechenden Handlungssituation die und die als gut befundenen Mittel einzusetzen, und d.h. eine auf den Einsatz dieser Mittel gerichtete und motivational durchschlagende Folgeabsicht zu entwickeln. Unterbleibt dies, so verhalten wir uns im Licht der von uns selbst formulierten normativen Standards irrational (vgl. *2.5.3*). In unserem instrumentellen Werturteil liegt dann eine negative Stellungnahme zu den motivational wirksamen Einstellungen, die seine Umsetzung verhindern. Es dürfte nicht schwerfallen, analoge Beispiele für Bedingungen zu geben, unter denen andere funktionale und performative Werturteile einen reflexiven Bezug auf unsere eigenen Einstellungen gewinnen.

Werturteile können nicht nur selbst höherstufige Einstellungen sein, sondern auch deren Quelle. Vielfach ist kaum zu entscheiden (und auch nicht erheblich), welche Möglichkeit gegeben ist. Schäme ich mich meiner eigenen Gefühle (und habe so ein Gefühl über Gefühle), weil ich sie für moralisch verwerflich halte, dann ist es vermutlich angemessener, meine Scham als Teil meines moralischen Urteils aufzufassen, als in ihr eine Folge von ihm zu sehen. Umgekehrt dürfte eine Folgebeziehung vorliegen, wenn ich mir aufgrund eines ästhetischen Werturteils z.B. wünsche, eine bestimmte Musik affektiv schätzen zu können.

Das Wichtigste an Werturteilen ist, daß sie in unsere praktischen Überlegungen einen objektivierenden und stabilisierenden Zug bringen. Auch dann, wenn wir in ihnen unsere eigenen Gefühle, Wünsche und Absichten zum Ausdruck bringen, sind sie mit deskriptiven Aussagen über die Erfüllung von Standards verknüpft. Diese Standards werden zumindest dazu tendieren, die Form allgemeiner Prinzipien anzunehmen. Damit hängt zusammen, daß mit Werturteilen stärkere Konsistenzerfordernisse verbunden sind als mit den meisten Gefühlen und Wünschen. Im Fällen von Werturteilen werden wir ansprechbar für die Praxis des Gebens und Nehmens von Gründen. Indem wir in ihnen den Anspruch erheben, daß unsere wertkonstituierenden Einstellungen gerechtfertigt sind, öffnen wir uns grundsätzlich für einen Austausch von Argumenten, dessen Ausgang nicht in unser Belieben gestellt ist.

Ein starker Zug zur Objektivierung kommt zusätzlich dadurch ins Spiel, daß viele, wenn nicht die meisten unserer Wertungsstandards soziale Standards sind. Unsere moralischen Standards sind zumeist die Standards der Gemeinschaft, in der wir leben. Sozialen Ursprungs sind auch die Standards, über die sich Rollen und Tätigkeiten definieren. Selbst im engeren wie im weiteren Sinn ästhetische Standards sind selten rein idiosynkratisch. Es sind überwiegend gesellschaftliche Konventionen, die bestimmen, wann was für ein wertendes Gefühl, sein Ausdruck und seine ›Übersetzung‹ in eine Handlung angebracht sind. Auf solche sozialen Standards sind wir angewiesen, um uns mit anderen verständigen und praktisch abstimmen zu können. Werturteile sind aufgrund ihres normativen Charakters Teil einer Praxis, die der Steuerung und Koordinierung von Handlungen und Einstellungen dient, und diese Praxis ist zuvorderst eine mit anderen geteilte. Wir werden von Anfang an in einen Kosmos sozialer Wertungsstandards hineinsozialisiert. Wir übernehmen solche Standards meist unreflektiert infolge entweder von Abrichtungen durch Strafen und Belohnungen oder als Ergebnis der nachahmenden Bewunderung von und affektiven Identifikation mit wichtigen Bezugspersonen. Die ursprünglichen Motive der Vermeidung von Strafe, des Erlangens von Belohnung oder der Bewunderung für andere können sich dann im Laufe der individuellen Entwicklung so verlieren, daß die jeweiligen Wertungsstandards selbst zu direkten Objekten unseres Fühlens, Begehrens oder Akzeptierens werden. Qua soziale Manifestationen treten sie uns als etwas in besonderer Weise ›Objektives‹ entgegen, das sich gegebenenfalls gegen unsere unmittelbaren Gefühle und Wünsche richten läßt. Auch als soziale Manifestationen können Wertungsstandards natürlich unter Rechtfertigungsdruck geraten. Nur wird ihre Rechtfertigung häufig ebenfalls eine soziale oder intersubjektive sein, in der die Perspektiven einer Vielzahl von Personen zu berücksichtigen sind.

Selbst dann jedoch, wenn wir glauben, daß bestimmte Handlungs- und Lebensweisen gut und wertvoll sind, weil wir bestimmten Wertungsstandards einen objektiven, von unseren eigenen Gefühlen und Wünschen unabhängigen Status zubilligen, kann ihr Einfluß auf unser faktisches Handeln gering sein. Zum einen können wir einfach nicht alles, was wir für wert halten, getan zu werden, selbst tun. Wir sind gezwungen, zwischen den Handlungen und Lebensweisen, die wir anhand bestimmter Wertungsstandards als gut beurteilen, eine Auswahl zu treffen. Entsprechende Werturteile liefern uns deswegen zwar Handlungsgründe, aber keine ausschlaggebenden. Zum anderen werden die Standards, die wir für unser eigenes Handeln und Leben anerkennen, indem wir es nach moralischen, ästhetischen oder anderen Gesichtspunkten beurteilen, erst dann in einer wirksamen Weise handlungsleitend sein, wenn wir sie in einer stärker affektiv und volitiv bestimmten Form anerkennen. Wir müssen an ihnen hängen und sie ernsthaft erfüllen wollen, sollen sie unser Handeln und unsere Einstellungen nachdrücklich prägen. Nur dann werden wir auf ihre Erfüllung und besonders auf ihre Verletzung auch mit Gefühlen wie Zorn, Scham oder Stolz reagieren, die uns manchmal erst bewußt machen, daß wir bestimmten Wertungsstandards anhängen (vgl. *4.4.1*).

6.3.2 Werturteile und Handlungsgründe

Damit ist bereits angedeutet, daß Werturteile das eigene Handeln und die eigenen Einstellungen nur unter bestimmten Bedingungen orientieren. Da die normative Funktion von Werturteilen sich auch auf die urteilende Person selbst beziehen kann, ist es beinahe trivial, daß Werturteile jedenfalls dann, wenn sie in eigener Person gefällt werden, eine konstruktive Rolle in praktischen Überlegungen spielen können, die eine Person für sich selbst, ihr eigenes Handeln und Leben, anstellt. Um so mehr muß hervorgehoben werden, daß uns auch die von uns selbst gefällten Werturteile nicht stets Gründe für unser eigenes, selbst weit verstandenes Tun an die Hand geben. Das gilt nicht nur, weil wir Werturteile auch in bezug auf Sachverhalte fällen können, die außerhalb unserer Handlungssphäre liegen, wie es etwa bei Werturteilen in bezug auf längst vergangene historische Ereignisse der Fall ist. Entscheidend ist vielmehr, daß sich der direkt oder indirekt empfehlende oder auffordernde Charakter von Werturteilen, der ihrer Reduktion auf rein deskriptive Aussagen entgegensteht, eben nicht auf das Verhalten des Urteilenden selbst beziehen muß. Allerdings gibt es gerade in dieser Hinsicht wichtige Unterschiede zwischen verschiedenen Arten von Werturteilen.

Aus *instrumentellen* Werturteilen entspringen eindeutig nicht notwendig praktische Gründe für den Urteilenden selbst: Ich kann überzeugt sein, daß dies ein gutes Fleischmesser ist – solange ich nicht die Absicht oder wenigstens den Wunsch habe, Fleisch zu schneiden, gibt mir diese Überzeugung keinen Grund an die Hand, irgend etwas zu tun, das auch nur im Zusammenhang mit Fleischmessern steht. In dem Urteil »Dies ist ein gutes Fleischmesser« liegt eine Empfehlung für diejenigen, die Fleisch schneiden wollen; es ist rein kontingent, ob der Urteilende selbst zu diesen Leuten gehört. Instrumentelle Werturteile verweisen auf bestimmte Zwecke und enthalten deswegen Entscheidungs- und Handlungsgründe nur für diejenigen, die diese Zwecke nicht nur für angemessene Standards halten, sondern selbst verfolgen.

Ähnlich verhält es sich mit anderen *funktionalen* Werturteilen. »Medizinische« Urteile über die Funktionstüchtigkeit von Körperorganen beispielsweise haben eine unmittelbar praktische Bedeutung nur für diejenigen, denen an der Intaktheit eines (vornehmlich ihres eigenen) Organismus liegt. Wenn wertende Urteile darüber, was die (körperliche und geistige) Gesundheit fördert oder ihr abträglich ist, für nahezu jeden Menschen wichtig sind, so liegt das daran, daß sich gesund zu fühlen einerseits ein wesentliches Moment unseres gefühlsmäßigen Wohlbefindens ist und andererseits eine Voraussetzung für das erfolgreiche Verfolgen unserer Ziele, gleich worin sie bestehen. Auch funktionale Werturteile, die der Ausfüllung bestimmter sozialer Rollen gelten, werden mir nur dann Gründe für ein Tun liefern, wenn ich selbst Träger der in Frage stehenden Rollen bin und ich mich mit ihnen in der einen oder anderen Form identifiziere. Was es heißt, ein guter Arzt oder ein guter Vater zu sein, wird für mich, der ich weder Arzt noch Vater bin, nur unter bestimmten Umständen praktische Bedeutung haben (z.B. wenn ich mich einer Operation unterziehen möchte oder mich mit dem Gedanken trage, Vater zu werden).

Die praktische Tragweite *performativer* Werturteile wiederum bemißt sich daran, wie sehr die Tätigkeit, um die es in ihnen geht, für einen selbst zählt. Für jemanden, der nicht gerne oder überhaupt nicht Ski fährt, folgt nichts aus dem Urteil, wonach so und so Ski zu fahren bedeutet, gut Ski zu fahren. Man kann sich sogar fragen, ob notwendig etwas für diejenigen folgt, die gerne Ski fahren. Ich kann Freude am Skifahren haben, obwohl ich, wie ich weiß, sehr schlecht Ski fahre; mir kann der Ehrgeiz fehlen, meine Fahrfähigkeiten zu verbessern. Da ich mit dem wenigen, was ich kann, zufrieden bin, sehe ich keinen Grund, meine Fähigkeiten so zu steigern, daß ich auch nach meinen eigenen Maßstäben ein guter Skifahrer wäre. Dagegen könnte geltend gemacht werden, daß es *ceteris paribus* immer so ist, daß uns mehr Freude bereitet, das, was wir tun, auch gut zu tun.[31] Und man könnte argumentieren, daß wir aufgrund dieser intrinsischen Verknüpfung von Freude und Perfektibilität einen Grund haben, unsere performativen Fähigkeiten zu verbessern. Es ist jedoch schwer zu entscheiden, welchen empirischen Gehalt diese These hat. Dort, wo die Steigerung der eigenen Fähigkeiten mit erheblichen Mühen und Frustrationen verbunden ist, kann man sich fragen, welchen Sinn die Behauptung hat, *ceteris paribus* spreche immer etwas dafür, es in einer Tätigkeit, die man gerne ausübt, zur Perfektion zu bringen.

Daß uns instrumentelle, andere funktionale und performative Werturteile nur dann Gründe für unser eigenes Tun liefern, wenn sie in geeigneter Weise auf unsere eigenen, schon vorhandenen Gefühle, Wünsche und Absichten bezogen sind, rührt daher, daß diese Urteile durch die Art der Wertungsstandards, die ihnen zugrunde liegen, von vornherein als zweck-, funktions- oder tätigkeitsrelative Urteile formuliert sind. Äußern wir sie im Rahmen normativer Diskussionen, so erheben wir mit ihnen nicht den Anspruch, Gesichtspunkte zu benennen, die jeder in seinen praktischen Überlegungen berücksichtigen

31 Rawls 1971, § 65 hat diese These als »Aristotelischen Grundsatz« bezeichnet.

muß. Bei moralischen und ästhetischen Werturteilen könnte sich dies anders verhalten.

Ich habe offengelassen, wie genau *moralische* Werturteile zu verstehen sind. Man kann versuchen, sie instrumentellen Werturteilen anzugleichen, indem man als »moralisch gut« auszeichnet, was bestimmten außermoralischen Zwecken wie einem sicheren Zusammenleben oder der Maximierung des »größten Glücks der größten Zahl« förderlich ist. Dann wäre denkbar, daß jemand ein moralisches Urteil fällt, für sich aber keinen Grund sieht, moralische Gesichtspunkte in seine Handlungsüberlegungen auch nur als eine Art von Gründen neben anderen einzubeziehen, weil die Zwecke, denen die Moral dienen soll, nicht seine eigenen sind. Das entspricht jedoch nicht unserem üblichen Moralverständnis. Zur Phänomenologie von in eigener Person getroffenen moralischen Urteilen gehört, daß von ihnen (sofern eine entsprechende Handlungssituation vorliegt) eine Handlungsaufforderung auch dann ausgeht, wenn die moralisch richtige Handlung nicht mit den eigenen nichtmoralischen Zwecken und Vorlieben vereinbar ist. Das gilt sowohl für Gerechtigkeits- als auch für Tugendurteile. Ich kann mir nicht sagen, so und so zu handeln wäre ungerecht, aber was geht es mich an. Mein Urteil, daß so und so zu handeln ungerecht wäre, liefert mir einen Grund, nicht so und so zu handeln. (Ob dieser Grund in meinen Augen ausschlaggebend sein muß, ist eine andere Frage, deren Beantwortung ich dahingestellt sein lassen möchte.) Desgleichen kann ich nicht wertend urteilen, so und so zu handeln wäre feige, unfreundlich oder undankbar, und darin keinen Grund zu einer entsprechenden Handlung bzw. Unterlassung sehen. Tugendurteile sind letztlich Urteile darüber, was für eine Person zu sein gut ist. Sie formulieren Standards nicht für einen kontingenten Aspekt unseres Lebens, sondern unser Leben und unser Personsein als solches, so daß wir sie, wenn wir sie fällen, immer auch als auf uns selbst bezogen sehen müssen. Daß uns moralische Werturteile, wie es den Anschein hat, unabhängig von unseren nichtmoralischen Gefühlen, Wünschen und Absichten Handlungsgründe liefern, läßt sich außer aus der Perspektive der urteilenden Person auch aus der Perspektive der sozialen Gemeinschaft, der sie angehört, verständlich machen. Die in einer Gemeinschaft geltenden moralischen Standards statuieren generelle Handlungsnormen, die den normativen Rahmen abstecken, innerhalb dessen sich alle anderen Handlungen bewegen sollen. Moralische Urteile haben im Netz der normativen Diskussionen, in denen die Mitglieder einer Gemeinschaft versuchen, ihr Handeln zu steuern und aufeinander abzustimmen, einen anderen Platz als z.B. instrumentelle Werturteile.

Was für moralische Werturteile gilt, gilt *prima facie* aber auch, was überraschen mag, für *ästhetische* Werturteile. Wenn ich urteile, etwas sei bewundernswert, interessant oder schön, liefert mir dieses Urteil sicherlich nicht notwendig einen Grund für eine bestimmte Handlung. Das ist vielleicht nur dann der Fall, wenn ich bestimmte im weiten oder engeren Sinn ästhetische Standards ausdrücklich als Leitlinien für mein eigenes Handeln und Leben anerkenne. Aber in ästhetische Werturteile gehen unserer Analyse zufolge normative Standards für bestimmte Einstellungsänderungen ein, und die Frage ist, ob wir diese nicht immer auch auf uns selbst beziehen müssen. Denn wenn wir etwas als »bewundernswert«, »interessant« oder »schön« beurteilen, formulieren wir damit allem Anschein nach Normen, die zunächst nicht auf einen bestimmten Personenkreis eingeschränkt sind. Ein bewundernswerter Mensch ist ein Mensch, der von allen bewundert zu werden verdient, ein interessantes Buch ist ein Buch, das jedermanns Interesse verdient, eine schöne Landschaft eine Landschaft, die verdient Gegenstand einer in spezifischer Weise erhebenden Erfahrung zu sein. Natürlich empfinden wir solche Urteile oft als anmaßend. Deswegen ziehen wir es häufig vor, ästhetische Urteile in subjektivierende Wendungen einzubetten, also etwa zu sagen, wir *fänden* einen Menschen bewundernswert, ein Buch interessant, eine Landschaft schön. Aber wir tun dies nicht immer, und wo wir es nicht tun, scheinen uns im weiten wie im engeren Sinn ästhetische Urteile ähnlich wie moralische Urteile stets Gründe, wenn nicht für Handlungen im engeren Sinn, so doch für Einstellungsänderungen zu liefern. Dieser Anschein ist jedoch noch zu unfundiert; er verlangt, genauer geprüft zu werden.

6.3.3 Werturteile und Handlungsmotive

Skepsis gegenüber dem Gedanken, daß uns auch nur irgendwelche, in eigener Person gefällte Werturteile – gegeben eine passende Situation – *stets* Gründe entweder für äußere Handlungen oder für Einstellungsänderungen liefern, kann sich vor allem an einem Umstand festmachen: dem unklaren Zusammenhang zwischen Werturteilen und Motivation. Zwar könnte man überlegen, ob Werturteile nicht unabhängig von jeder motivierenden Kraft praktische Gründe für die Person, die sie fällt, zu liefern vermögen. Im Licht eines Grunds, so hatten wir im dritten Kapitel ausgeführt, hat etwas einen Sinn, erscheint es gerechtfertigt (*3.2.1*). Und kann ich nicht finden, daß etwas zu tun für mich einen Sinn hat, ohne auch nur irgendwie motiviert zu sein, danach zu handeln? Aber wir hatten gesagt, daß von praktischen Gründen, die wir als solche anerkennen, eine interne Aufforderung an uns ergeht, in ihrem Sinn tätig zu werden, und diese Aufforderung motivational wirksam sein wird, sofern wir auch nur minimal rational sind (*3.2.2*). Deswegen sollte man unter der Voraussetzung minimaler Rationalität erwarten, daß von praktische Gründe liefernden Werturteilen zumindest irgendein motivationaler Druck ausgeht. Genau das kann jedoch auch im Fall von moralischen und ästhetischen Werturteilen fragwürdig anmuten.

Wer urteilt, eine Handlung sei moralisch gut, ist normalerweise sogar relativ stark motiviert, diese Handlung auszuführen, sofern er sich in einer Handlungssituation befindet. Jede moralische Erziehung zielt von Anfang an darauf ab, nicht nur Zustimmung zu moralischen Standards zu erzeugen, sondern diese Zustimmung auch motivational wirksam zu verankern. Außerdem dürfte zumindest das Akzeptieren einiger moralischer Regeln die Empfänglichkeit für Gefühle wie Mitleid voraussetzen, die motivationale Einstellungen entweder begrifflich implizieren oder kausal damit verbunden sind. Am deutlichsten manifestiert sich die motivationale Verankerung moralischer Orientierungen in der Disposition zu negativen affektiven Reaktionen wie Empörung und Schuldgefühlen, die bei Verletzungen von moralischen Regeln aktualisiert werden.

Nun hatte ich aber gesagt, ich könne mir Personen vorstellen, die die Fähigkeit, sich zu empören, und selbst die, sich schuldig zu fühlen, verloren haben, aber dennoch in der Lage sind, moralische Urteile in eigener Person zu fällen (6.2.4). Fehlt solchen Personen, so könnte man fragen, nicht auch jede Motivation zum moralischen Handeln und damit auch ein Grund für ein solches Tun? Doch moralische Motivation ist nicht zwingend an die Disposition zu Affekten wie Empörung und Schuldgefühle gebunden. Vielleicht verstehen sich die vorgestellten Personen in motivational wirkender Weise als »Pflichtmenschen« oder »Regelbefolger«, die auf die Verletzung von moralischen Regeln lediglich mit Gefühlen reagieren, die schwächer als Empörung und Schuldgefühle sind. Zumindest aber werden sie den – am Ende u.U. wirkungslosen – höherstufigen Wunsch haben müssen, in entsprechenden Situationen einen Wunsch oder einen Willen zum moralischen Handeln zu haben. Andernfalls wäre nämlich nicht mehr zu sehen, was ihre moralischen Urteile noch von Urteilen »in Anführungsstrichen« unterscheiden sollte; wir hätten es dann nur noch mit der Fähigkeit zu tun, Beurteilungsfälle unter vorhandene Wertungsschemata zu subsumieren.

Daß sich dies so verhalten *muß*, ist Implikation unserer Analyse von moralischen Werturteilen. Anders als es moralische Realisten sehen, ist unserer Deutung zufolge ein moralisches Werturteil ja kein rein deskriptives Urteil. Wir müssen moralischen Urteilen deswegen eine praktische Funktion auch nicht erst von außen imputieren, wie es etwa geschieht, wenn ein allgemeiner Wunsch, moralisch zu sein, postuliert wird.[32] Wir können jedoch zugestehen, daß die motivierende Kraft moralischer Urteile gegebenenfalls *sehr* schwach ausfällt, so schwach, wie es oft bei höherstufigen Wünschen zu konstatieren ist. Die Wertungsstandards, die moralischen Urteilen zugrunde liegen, fungieren generell als Handlungsempfehlungen und -aufforderungen. Indem wir ihnen zustimmen, stimmen wir solchen Empfehlungen und Aufforderungen zu. Damit empfehlen wir selbst etwas oder fordern zu etwas auf. Unter der Voraussetzung, daß moralische Standards das Handeln *aller* Personen regeln sollen, müssen wir anerkennen, daß die Empfehlungen

32 Dieser Gedanke findet sich bei Schaber 1997, S. 186. Schaber konstatiert zu Recht, daß moralische Realisten zu einem Externalismus in bezug auf Handlungsgründe gezwungen sind. Dies ist ein hoher Preis, den er jedoch mit anderen Realisten wie Brink (1989) zu zahlen bereit ist.

und Aufforderungen, die wir aussprechen, auch uns selbst gelten, sofern wir uns in einer passenden Handlungssituation befinden. Wir erteilen uns mithin selbst Empfehlungen und Aufforderungen. Wir sagen gleichsam, es solle der Fall sein, daß alle nach den und den Regeln handeln und, da alle, auch wir (obwohl wir u.U. Gegengründe in die Waagschale werfen werden). Dies jedoch ist nichts anderes als ein Wunsch, moralisch zu handeln, der bei der Einsicht in die Schwäche der eigenen moralischen Motivation zu einem höherstufigen Wunsch wird, auch wirklich geneigt zu sein, moralisch zu handeln. In diesem Sinn gibt es einen intrinsischen Zusammenhang zwischen moralischem Urteil und wenigstens schwacher moralischer Motivation. Der diesbezügliche Zweifel, daß moralische Urteile dem moralisch Urteilenden stets praktische Gründe liefern, ist somit unfundiert, sofern moralische Urteile, wie hier unterstellt, als personenneutrale oder -irrelative Urteile aufgefaßt werden.

Bei ästhetischen Werturteilen liegt eine ähnliche Sachlage vor, die gleichwohl komplizierter und letztlich auch anders ist. Komplikationen ergeben sich schon dadurch, daß zumal im engeren Sinn ästhetische Urteile keinen notwendigen Bezug auf Handlungen, wie sie üblicherweise verstanden werden, aufweisen. In ästhetischen Werturteilen geht es, wie gezeigt, um bestimmte Einstellungen, insbesondere um bestimmte wertende Gefühle. Wir drücken in ihnen aus, daß wir es für wert halten, auf die und die Dinge mit den und den wertenden Gefühlen zu reagieren. So wie ich sie auffasse, besagen ästhetische Werturteile, daß etwas affektiv schätzenswert ist. Aber wer etwas für affektiv schätzenswert hält, muß es nicht auch selbst affektiv schätzen. Sein ästhetisches Urteil ist dann ein »impersonales«, kein »personales« ästhetisches Urteil.[33]

Solche Urteile können auf mehreren Wegen zustande kommen. Ein Weg kann darin bestehen, daß ehemals personale Werturteile bei einem Verlust der entsprechenden Gefühle zu impersonalen Urteilen werden: Ich halte etwas für affektiv schätzenswert, das ich früher affektiv schätzen konnte, jetzt aber nicht mehr affektiv schätzen kann. Ein anderer Weg zu impersonalen Werturteilen kann über die Bildung von Analo-

33 Ich übernehme diese Terminologie von Gaus 1990, S. 157.

gien zu personalen Urteilen führen. Ein wieder anderer besteht darin, die Urteile anderer zu übernehmen. Nehmen wir diesen letzten Fall. Stellen wir uns vor, daß ich das impersonale Werturteil fälle, daß Brahms' Erste Symphonie ein musikalisches Meisterwerk ist, weil mir dies Freunde gesagt haben, deren Urteil ich vertraue.[34] Mit diesem Vertrauen kommt eine Art Gefühl ins Spiel, aber es ist kein Gefühl, das dem Gegenstand meines Werturteils gilt. Es kann mir ja trotz meines Urteils widerfahren, daß mich eine Aufführung von Brahms' Erster Symphonie kaltläßt. Da mein Werturteil ein impersonales ist, halte ich Brahms' Musik zwar für affektiv schätzenswert, bin aber nicht in der Lage, sie selbst affektiv zu schätzen.

Auf den ersten Blick können wir auch hier nur dann von einem echten Werturteil sprechen, wenn von ihm irgendein motivationaler Druck ausgeht, ihm durch das eigene Tun oder die eigenen Einstellungen zu entsprechen. Meine ich wirklich, Brahms' Erste Symphonie sei ein musikalisches Meisterwerk, so werde ich mir wünschen, sie so hören zu können, daß ich nachvollziehen kann, was meine Freunde an ihr schätzen. Läßt sie mich kalt, so werde ich darüber enttäuscht sein; ich werde bedauern, nicht über die nötige musikalische Sensibilität zu verfügen. Ohnedies wäre kaum zu sagen, worin sich mein impersonales Werturteil von der Aussage unterscheiden sollte, daß andere Brahms' Erste Symphonie für große Musik halten; es wäre nur ein Werturteil »in Anführungszeichen«.

Allerdings können wir uns im Ausgang von dieser Situation verschiedene Entwicklungen denken. Es kann sein, daß ich auch nach vielen Bemühungen nicht in der Lage sein werde, Brahms' Musik selbst affektiv zu schätzen. Daraus kann ich einmal den Schluß ziehen, daß das Urteil meiner Freunde verfehlt ist. Ich mag es am Anfang im Vertrauen auf ihren Musikgeschmack übernommen haben, dann aber zurückziehen, weil es keinerlei Anhalt in meinen eigenen Gefühlen und sonstigen Erfahrungen hat. Sodann kann ich aber auch zu dem Schluß kommen, daß mir ganz grundsätzlich die nötige musikalische Sensibilität abgeht, während meine Freunde gerade darüber

34 Ich übernehme dieses Beispiel von Gaus 1990, S. 161 ff., der mit ihm seinerseits ein Beispiel von Bond 1983, S. 35 ff. variiert. Ich verzichte auf eine explizite Auseinandersetzung mit den Interpretationen, die Gaus und Bond geben.

verfügen. Ich werde dann weiter ihr Urteil anerkennen. Ich werde es für angemessen halten, weil ich meine, daß sich der Wert von Musik an den Urteilen bestimmter Experten bemißt. Auch daraus kann Verschiedenes folgen.

Wenn sich in meiner jetzigen musikalischen Ansprechbarkeit wirklich keinerlei Anknüpfungspunkte für die Hoffnung finden lassen, eine bestimmte, als gut eingestufte Musik einmal schätzen zu können, werde ich die Motivation verlieren, mich mit dieser Musik zu beschäftigen. Ich kann dessenungeachtet immer noch ein Motiv haben, anderen die für gut gehaltene Musik ans Herz zu legen, mich für die staatliche Förderung dieser Musik einzusetzen, meine Kinder an sie heranzuführen usw. Aber am Ende mag auch all das nicht gegeben sein. Vielleicht ist mir überhaupt alle Musik gleichgültig. Trotzdem mag ich weiterhin an meinem einmal übernommenen impersonalen Werturteil festhalten.

Sofern man nicht doch sagen muß, daß es sich bei diesem Werturteil nur noch um ein Werturteil »in Anführungsstrichen« handelt, ist m.E. zuzugestehen, daß es mir weder einen Grund noch ein Motiv für irgendein Tun oder eine Einstellungsänderung liefert. Mein Urteil wäre dann ähnlich von der Sphäre meiner Praxis entkoppelt wie das Urteil des Vegetariers über die Güte von Fleischmessern. Wie dieser würde ich nur noch dazu disponiert oder motiviert sein, in entsprechenden normativen Diskussionen bestimmte Empfehlungen zu äußern. Die nichtepistemische Einstellung, der ich weiterhin in meinem Urteil Ausdruck verliehe, schrumpfte zu einem bloßen Akzeptieren eines Wertungsstandards als angemessen zusammen. Sollte das richtig sein, wären wir gezwungen, unsere tentative Überlegung aus dem vorangegangenen Unterabschnitt zu revidieren: ästhetische Werturteile würden dem, der sie fällt, *nicht* stets Gründe für ein eigenes Tun oder eine eigene Einstellungsänderung liefern. Ich bin nur nicht sicher, ob diese Analyse richtig ist. Die Differenz zwischen ästhetischen und moralischen Urteilen, die sie unterstellt, könnte einen Sachgrund darin haben, daß ästhetische Urteile eine normative und im weiten Sinn praktische Funktion nur für diejenigen haben können, die ästhetisch ansprechbar sind. Zwar ließe sich ähnliches für moralische Urteile sagen: auch sie können normativ und praktisch orientierend nur für diejenigen sein, die über die nötige Ansprechbarkeit verfügen; aber normalerweise gehen wir davon aus, daß jede Person moralisch ansprechbar ist, nicht hingegen, daß jede Person ästhetisch ansprechbar ist. Allerdings änderte selbst dies nichts daran, daß die Praxis des Fällens ästhetischer Werturteile *insgesamt* den Sinn hat, entsprechende Einstellungs- und auch Verhaltensänderungen zu bewirken, was nur möglich ist, wenn wenigstens für viele Personen von solchen Urteilen ein eigener motivationaler Druck ausgeht. Impersonale ästhetische Werturteile haben die *generelle* Funktion, zur Ausbildung personaler Werturteile anzuleiten, aber diese Funktion greift erfahrungsgemäß nicht immer und bei jeder Person.

Es gibt eine interessante Parallele zwischen moralischen und ästhetischen Werturteilen der geschilderten Art und bestimmten prudentiellen Urteilen, auf die wir noch einen kurzen Blick werfen sollten (ich hatte diesen Punkt am Ende von *5.1.5* gestreift und werde auf ihn noch einmal im nächsten Kapitel zurückkommen). Wir sagen manchmal auch dann, dies oder jenes wäre »gut für uns«, wenn wir nicht die Kraft haben, irgend etwas in diesem Sinn zu tun. Zum Beispiel: »Es wäre gut für mich, jetzt einen Spaziergang zu machen, aber ich kann mich nicht aufraffen, rauszugehen.« Wie ist dieses Urteil zu verstehen? Gibt es mir, wie es zunächst scheinen kann, einen Grund zum Spazierengehen an die Hand, dem keinerlei Motivation entspricht? Das Urteil kann als Vorhersage verstanden werden: Ich gehe davon aus, daß ich mich nach einem Spaziergang wohler fühlen werde. Diese epistemische Erwartung wird mich normalerweise dazu motivieren, Vorbereitungen für einen Spaziergang zu treffen. Dies setzt jedoch voraus, daß mir an meinem späteren Wohlergehen liegt. Ist ein solches Interesse nicht gegeben, gibt mir das angeführte Urteil auch keinen Handlungsgrund an die Hand, jedenfalls keinen subjektiven. Insofern gehen auch hier Grund und Motivation zusammen. Das Urteil, daß mir ein Spaziergang guttun wird, kann aber auch als Ausdruck eines höherstufigen Wunsches verstanden werden: Ich habe jetzt den Wunsch, den motivational durchschlagenden Wunsch zu haben, einen Spaziergang zu machen, weil ich glaube, daß ich mich danach wohler fühlen werde. In diesem Fall gibt mir mein Urteil einen Grund an die Hand. Aber in diesem Fall hat es auch einen motivationalen Zug, nur daß dieser so schwach sein kann, daß er sich gegen stärkere Antriebe nicht durchzusetzen vermag.

6.3.4 Sind Werturteile notwendiger Bestandteil von praktischen Überlegungen?

Es zeigt sich also, daß Werturteile eine wichtige Rolle in praktischen Überlegungen spielen können, daß sie aber zugleich nicht immer praktische Gründe für diejenigen, die sie fällen, bereitstellen. Wie steht es dann mit der am Ende von *6.1* aufgeworfenen Frage, ob Werturteile notwendiger Bestandteil von praktischen Überlegungen sind?

Zumindest willensklärende und -bildende praktische Überlegungen haben den Sinn, zu prüfen, ob das, was uns im Licht unserer Gefühle und Wünsche gut zu sein scheint, auch wirklich gut ist. Und da wir, was wirklich gut ist, in Werturteilen statuieren, gehören Werturteile zur ›Logik‹ praktischer Überlegungen. Aber genau besehen gilt dies doch nur für »Werturteile« in einem sehr weiten und z.T. nur sehr schwachen Sinn.

Wenn ich etwas tun möchte, weil es mein Interesse weckt oder ich Freude an ihm habe, habe ich aus meiner Sicht einen guten Grund und auch ein Motiv, es zu tun. Die Frage, ob es wirklich gut ist, zu tun, was ich tun möchte, hat hier allenfalls den Sinn einer Prüfung der Authentizität meines Interesses oder meiner Freude. Vielleicht sind Interesse und Freude nur vorgespiegelt; vielleicht verdanken sie sich verkürzten Informationen. Aber wenn ich meine, dies ausschließen zu können, hat mein Tun aufgrund von Interesse oder Freude für mich einen Sinn. Deswegen muß ich nicht davon ausgehen, daß mich, was mich jetzt interessiert und erfreut, auch später interessieren und freuen wird, und ich verlange auch nicht, daß andere mein Interesse und meine Freude teilen. Einen allgemeinen, mit Objektivitätsansprüchen verbundenen Wertungsstandard akzeptiere ich in diesem Fall lediglich in dem Sinn, daß ich Interesse und Freude überhaupt als wert- und grundkonstituierende Gefühle anerkenne. Diese Anerkennung wird jedoch von den Gefühlen selbst erzwungen, wenn sonst nichts gegen sie spricht.

In einem weiteren Schritt kann ich auf der Grundlage meiner affektiven Erfahrungen und Wünsche eine Maxime ausbilden, mir z.B. vornehmen, nie etwas zu tun, das mein körperliches

Wohlbefinden beeinträchtigt. Korsgaard hat, wenn auch in vereinseitigender Weise, auf die Relevanz von selbst gesetzten Prinzipien für unsere praktische Orientierung hingewiesen (*6.1*). Maximen und Prinzipien sind regelförmige Standards oder Normen, die wie alle Standards oder Normen in Form von Empfehlungen oder Aufforderungen ausgedrückt werden können. Auch hier könnte man sagen, daß in ihrer Anerkennung die grundsätzliche Anerkennung des Sinns, sich an bestimmten Maximen und Prinzipien zu orientieren, liegt. Nur heißt das erneut nicht, daß ich verlangen muß, daß andere für sich die gleichen Maximen und Prinzipien hegen wie ich. Meine Maximen und Prinzipien können ganz persönliche, auf mich als je besonderes Individuum zugeschnittene Verhaltensregeln sein.

Gleichwohl sind viele unserer Gefühle mit Wertungsstandards verbunden, mit denen stärkere Objektivitätsansprüche einhergehen, und viele unserer Wünsche und Absichten sind von umfassenderen Wertvorstellungen geleitet. Bei Gefühlen wie Freude oder Interesse kann die Frage, ob sie ihrem Gegenstand angemessen sind, abwegig erscheinen. Wir können uns über alles mögliche freuen und Interesse an den verschiedensten Dingen nehmen. Daß diese Gefühle gerechtfertigt sind, steht in der Regel außer Frage. Aber in bestimmten Kontexten werden selbst für Freude und Interesse besondere normative Standards formuliert. Über bestimmte Witze lacht man nicht (sie sind nicht »wirklich« witzig), manches verdient nicht unser Interesse (es ist nicht »wirklich« interessant). Andere Gefühle implizieren schon von sich her bestimmte standardrelative Werturteile. Selbst der Furcht kann ein Werturteil zugrunde liegen: Es besagt, daß es angemessen ist, bei Gefahr für etwas, das einem wichtig ist, mit Furcht zu reagieren, nicht aber, wenn keine solche Gefahr vorhanden ist. Erst recht geht in Scham, Empörung, Bewunderung usw. eine Orientierung an Wertungsstandards ein, die freizulegen eine der wichtigsten Aufgaben reflektierender Selbstbewertungen ist. Unsere Wünsche wiederum können und werden sich oft aus bestimmten Wertannahmen herleiten: aus Annahmen darüber, was bewundernswert, schändlich, mutig usw. ist. Es ist grundsätzlich denkbar, daß die dabei relevanten Wertungsstandards das Produkt unserer eigenen, erfahrungsgestützten Setzungen sind. In der Regel werden wir sie jedoch aus dem Bestand der sozialen oder kulturellen Deutungsmuster entnehmen, die für die Groß- oder Kleingruppe, in der wir aufwachsen, maßgeblich sind. Das gilt natürlich vor allem für moralische Wertungsstandards, in der einen oder anderen Weise gilt es jedoch auch für die meisten anderen Wertungsstandards.

7. Ziele, Ideale und Lebenskonzeptionen

Unsere bisherigen Erörterungen haben uns auf ein relativ komplexes Verweisungsnetz verschiedener mentaler Einstellungen geführt, die Teil unserer Bemühungen sind, Antworten auf die praktische Grundfrage zu finden.

Unsere Absichten und Handlungszwecke weisen auf unsere meist neigungsförmigen Wünsche zurück. Diese wiederum wurzeln häufig in wertenden Gefühlen oder sind selbst auf eine Weise affektiv qualifiziert, durch die sie einen evaluativen Gehalt bekommen. Ohne wertende Gefühle würden wir keine evaluativen Erfahrungen machen können. Aber unsere Gefühle sind oft zu ungestalt und unbeständig, um unser Handeln sicher anleiten zu können, und dort, wo sie aufgrund ihrer Verbindung mit Wünschen eine eindeutige motivationale Richtung gewinnen, können sie mit anderen Gefühlen und Wünschen konfligieren oder auf falschen Meinungen beruhen. Sie bedürfen deswegen der Interpretation, der epistemischen Korrektur und der willentlichen Aneignung.

Bei diesem vielschichtigen Vorgang handelt es sich um einen Prozeß des zumindest rudimentären praktischen Überlegens, der auf die Klärung und Bildung des eigenen Wollens abzielt. Er schließt die Ausbildung höherstufiger Einstellungen ein, in denen wir zu unseren eigenen affektiven, volitiven und auch kognitiven Einstellungen bejahend oder verneinend Stellung nehmen. Dabei kommt es zum Fällen von Werturteilen, denen Wertungsstandards zugrunde liegen, anhand deren das, was uns im Licht unserer Gefühle und Wünsche gut zu sein scheint, daraufhin geprüft wird, ob es auch wert ist, für gut befunden zu werden. Um als Maßstäbe einer internen, von der überlegenden Person selbst angestellten Überprüfung fungieren zu können, müssen diese Wertungsstandards solche sein, die sich die betreffende Person zu eigen gemacht hat. Sie muß sie akzeptieren und oft wird sie sich mit ihnen auch stärker affektiv und volitiv identifizieren müssen. Durch den Bezug auf Wertungsstandards geraten unsere praktischen Überlegungen unter einen eigenen Rechtfertigungs- und Objektivierungsdruck. Dieser wird dadurch noch verstärkt, daß viele Wertungsstandards einen sozialen oder intersubjektiven Charakter haben und sich in von mehreren geteilten Praktiken und Einstellungen materialisieren. Das einzelne Individuum übernimmt sie in der Regel relativ selbstverständlich im Laufe seiner Sozialisation. Auch darin liegt eine Form der Zustimmung und willentlichen Aneignung, aber gegebenenfalls eine sehr unreflektierte. Vielfach sind soziale, aber auch stärker individualisierte Wertungsstandards ja schon Teil unserer gefühlsmäßigen Reaktionen und nichtreflektierten Strebungen. Praktische Überlegungen haben dann die Aufgabe, die in unseren Gefühlen und Wünschen liegenden standardrelativen Wertungen zu artikulieren, sie uns zu vollerem Bewußtsein zu bringen. Dies ist jedoch mehr als ein bloßes Aufdecken von Vorhandenem; indem wir uns bewußter machen, welche Werturteile und Wertungsstandards bereits Teil unserer affektiv-volitiven Orientierungen sind, nehmen wir wieder zu ihnen Stellung und verändern sie. Wir begeben uns damit bereits auf den Weg einer expliziten Auseinandersetzung mit den für uns zunächst leitenden Wertvorstellungen. In deren Rahmen werden wir dann unweigerlich auf unsere sonstigen Gefühle, Wünsche, Absichten, Werturteile und Meinungen zurückgreifen.

Praktisches Überlegen ist ein ergebnisoffenes Abgleichen von und Hin- und Hergehen zwischen allen bisher ins Spiel gebrachten Einstellungen sowie den wechselnden Situationen, die uns zum Überlegen und Entscheiden nötigen. Als prinzipiell unfertige, in einer veränderlichen Welt lebende Wesen müssen wir immer von neuem unsere Gefühle und Wünsche befragen, sie mit unseren Überzeugungen in Einklang bringen und in Werturteilen bestätigen oder verwerfen, wie wir auch umgekehrt unsere Werturteile mit unseren Gefühlen und Wünschen zusammenbringen müssen. Die praktischen Überlegungen, die der Beantwortung der praktischen Grundfrage und im Zuge dessen der Klärung und Bildung des eigenen Wollens dienen, haben insgesamt eine kohärentistische Struktur. Nicht anders als in theoretischen Überlegungen gleichen wir in ihnen Neuraths Schiffern, »die ihr Schiff auf offener See umbauen müssen, ohne es jemals in einem Dock zerlegen und aus besten Bestandteilen neu errichten zu können«.[1]

Gleichwohl gibt es in diesem Prozeß zwei *relativ* fixe An-

1 Neurath 1932/33, S. 206.

kerpunkte: wertende Gefühle einerseits und Wertungsstandards andererseits. Erstere haben eine wahrnehmungsanaloge und insofern fundamentalistische Rolle; sie bilden die Grundlage von praktischen Induktionen, in denen wir generelle Zwecke spezifizieren und neue entwickeln. Letztere geben gleichsam den konzeptuellen Rahmen für unsere praktischen Induktionen ab. Beides zusammengenommen rechtfertigt es, die so weit entwickelte Konzeption praktischen Überlegens als eine nicht rein instrumentalistische zu qualifizieren.

Trotzdem ist unsere Skizze der in praktischen Überlegungen erfolgenden Suche nach Antworten auf die praktische Grundfrage noch nicht abgeschlossen. Wir müssen jetzt die in der Einleitung und am Anfang des zweiten Kapitels gemachte Ankündigung einlösen und die Ebene einzelner, situationsbezogener Handlungsüberlegungen transzendieren. Normalerweise stolpern wir ja nicht einfach von Handlung zu Handlung, sondern treffen unsere Entscheidungen im größeren Kontext unseres Lebens. Wir sind nicht nur handelnde Wesen, wir sind auch Wesen, die ein Leben zu führen haben. Mit der Notwendigkeit, ein Leben zu führen, ergeben sich neue Zwänge, aber auch neue Möglichkeiten für den Umgang mit verschiedenen und oft stark divergierenden Optionen.

Ohne darauf eigens hingewiesen zu haben, sind wir bereits an mehreren Stellen unserer bisherigen Überlegungen auf Orientierungspunkte gestoßen, die über begrenzte Entscheidungs- und Handlungssituationen hinausweisen. So ist im Vorspann und im ersten Abschnitt des dritten Kapitels von Plänen als Absichten »writ large« (Bratman) die Rede gewesen, und im vorigen Kapitel hatten wir die Rolle von »praktischen Identitäten« (Korsgaard) in Form von Rollen- und umfassenderen Selbstverständnissen gestreift. Zu nennen ist auch der Umstand, daß die in Werturteile eingehenden Wertungsstandards Standards nicht nur für einzelne Handlungsweisen, sondern auch für Weisen, sich im Leben überhaupt zu verhalten, sein können. Diese Ansatzpunkte müssen wir zu vertiefen versuchen.

Zunächst sollten wir uns fragen, wie und in welcher Weise die praktische Grundfrage in ihrer umfassenderen, auf das eigene Leben als solches bezogenen Form aufbrechen und welche Gestalt oder welchen Sinn sie dabei annehmen kann (*7.1*). Was bringt uns dazu, uns nicht nur darüber Gedanken zu machen, was in einer jeweils akuten Situation für uns zu tun gut, besser, am besten ist, sondern auch darüber nachzudenken, wie für uns zu leben gut, besser, am besten ist? Und was ist es, worüber wir so nachdenken?

Danach werden wir zu überlegen haben, welcher Art die Orientierungspunkte sein können, die den Rahmen einzelner, situativerer Handlungsentscheidungen übersteigen und gegebenenfalls für eben diese Entscheidungen einen weiteren Überlegungshorizont abstecken. Ich werde zwei Arten solcher Orientierungspunkte unterscheiden: »Ziele« (7.2) und »Ideale« (7.3). Insbesondere meine Verwendung des Ausdrucks »Ideale« entspricht nicht genau dem, wie dieser Ausdruck üblicherweise verstanden wird. »Ziele« sind in meinem Verständnis künftige Zustände, die wir zu erreichen oder zu deren Erreichung wir beizutragen suchen. Vereinfacht gesagt, drückt sich in unseren Zielen aus, was wir für uns oder andere *haben* wollen. »Ideale« in dem von mir gemeinten Sinn beziehen sich dagegen nicht so sehr auf das, was wir erreichen wollen, als auf die Art und Weise, wie wir es erreichen wollen. Vereinfacht gesagt, drückt sich in ihnen aus, wie oder wer wir *sein* wollen. Bei der genaueren Erörterung von Zielen und Idealen wird es mir vordringlich um die Analyse ihrer einheitsstiftenden Funktion gehen.

Im letzten Abschnitt dieses Kapitels werde ich fragen, wie wir versuchen können, die Vielfalt von Zielen und Idealen, von der realistischerweise auszugehen ist, in das besondere Leben, das wir zu führen haben, zu integrieren (7.4). Wir tun dies, indem wir übergreifendere Vorstellungen davon, wie zu leben gut ist, entwickeln, die ich mangels einer besseren Bezeichnung »Lebenskonzeptionen« nennen möchte.

7.1 Sinn und Ursprung der Frage nach dem guten Leben

Die nicht auf einzelne Handlungen, sondern auf unser Leben als solches zielende Frage, wie zu leben gut, besser, am besten ist, setzt keine Neigung zu exzessivem Reflektieren oder zur Philosophie voraus. Sie ist Teil unserer alltäglichen, lebensweltlichen Bemühungen um praktische Orientierung und dürfte nahezu allen erwachsenen Menschen vertraut sein.

Dies hat seinen Grund einmal darin, daß wir ein Wissen von unserer Vergangenheit und Zukunft haben, das über einzelne Handlungskontexte hinausgreift. Wir leben nicht in den Grenzen einer engen, sich sukzessive verschiebenden Gegenwart, sondern im Bewußtsein einer wirksamen Vergangenheit und einer offenen Zukunft.

Sodann machen wir die Erfahrung, daß sich unser Leben nicht von selbst lebt. Als nicht mehr rein instinktgeleitete Wesen, die auf praktische Überlegungen angewiesen sind, *leben* wir unser Leben nicht nur, sondern müssen es *führen*. Unser Leben ist zwar nicht das alleinige Produkt unserer praktischen Überlegungen und der Handlungen, die aus ihnen erwachsen, aber es ist ein Teilprodukt davon.

Die Frage, wie wir leben sollen, wie für uns zu leben gut oder besser oder am besten ist, verdankt ihre Dringlichkeit jedoch noch einem weiteren Umstand: unserer Endlichkeit und unserem Wissens um sie. Endlich zu sein heißt vor allem, sterben zu müssen: Wir wissen um unseren Tod, und deswegen können und müssen wir uns fragen, wie wir insgesamt leben sollten. Die Frage »Wie soll ich leben?« verlöre an Bedeutung, wären wir unsterblich, denn dann könnten wir immer wieder von vorne anfangen. Sie verlöre auch an Bedeutung, wären wir nicht verletzliche, dem Zufall und unerwarteten Verlusten ausgesetzte Wesen, die die Erfahrung und die Gefahr des Scheiterns kennen. Endlich zu sein heißt aber auch, in den eigenen Möglichkeiten während der Lebenszeit, die einem vergönnt ist, begrenzt zu sein. Wir haben mehr Möglichkeiten, unser Leben zu führen, als wir realisieren können, nur deshalb müssen wir Entscheidungen treffen, und diese Entscheidungen können falsch getroffen werden.

Dessenungeachtet können wir uns die auf unser Leben als solches gerichtete praktische Grundfrage in unterschiedlicher Radikalität und Offenheit stellen. Da die Kultur, in die wir hineinwachsen, stets (meist nach sozialer Stellung, Geschlecht, Alter usw. spezifizierte) Leit- und Vorbilder dafür, wie zu leben ist, bereithält, können das Stellen der Frage »Wie soll ich leben?« und ihre Beantwortung mehr oder minder zusammenfallen. Wir können die Orientierung an bestimmten, sozial vermittelten Verhaltens- und Lebensmustern so verinnerlicht haben, daß für uns in gewisser Hinsicht gar kein Zweifel besteht, wie wir leben sollten. In diesem Fall wird die existentielle Frage »Wie soll ich leben?« sogleich in die andere Frage überführt werden, ob ich in meinem Leben bestimmten Anforderungen, die ich selbstverständlich akzeptiere, gerecht werde. Der Zweifel, ob ich gut oder richtig lebe, ist dann ein Zweifel daran, ob ich mich auf ein bestimmtes Ziel zubewege oder einem bestimmten Ideal genüge. Für einen tief religiösen Menschen beispielsweise ist es keine Frage, daß ein gutes Leben ein gottesfürchtiges Leben ist; unsicher mag er sich nur sein, ob er ein solches Leben führt.

Doch zeigt schon dieses Beispiel, daß selbst dann, wenn es feste Vorgaben dafür gibt, wie zu leben gut ist, Auslegungsspielräume bleiben, die die einzelne Person nötigen, sich über das eigene Leben Gedanken zu machen. Fraglich kann nicht nur sein, ob ich bestimmten, von mir anerkannten Vorgaben gerecht werde. Vielmehr wird gerade dies oft fraglich sein, weil fraglich ist, was die jeweiligen Vorgaben genau besagen. Es mag unstrittig sein, daß man ein guter Christ oder eine gute Ehefrau sein muß, aber darüber, was dies heißt, kann es und wird es unterschiedliche Auffassungen geben. Und selbst wenn darüber Einvernehmen herrschen sollte, so kann doch weiterhin fraglich sein, was es für mich in meiner je besonderen Lage heißen kann, ein guter Christ oder eine gute Ehefrau zu sein. Selbst in stark traditionalen Gesellschaften (oder Gesellschaftssegmenten) sind Personen gezwungen, generelle Richtlinien darüber, wie zu leben ist, für sich zu konkretisieren und in ihr eigenes Leben zu integrieren.

In radikaler Form wird die Frage »Wie soll ich leben?« allerdings erst aufbrechen, wenn die herrschenden Verhaltens- und Lebensmuster brüchig geworden sind. Neue Erfahrungen können Zweifel an bisher gültigen Vorgaben säen, der Glaube an das Bestehende kann erschüttert werden. Zugleich können Konkurrenzvorstellungen davon, wie zu leben gut, besser, am besten ist, auftauchen und die einzelne Person zu einer Entscheidung zwingen. Wenn dies der Fall ist, ist zunächst unklar, wonach wir eigentlich fragen, wenn wir fragen, wie zu leben gut, besser, am besten ist. Das Gutsein der praktischen Grundfrage ist ja, wie wir im ersten Kapitel bemerkt hatten, kein spezifisches Gutsein, sondern ein allgemeines praktisches Gutsein (*1.2*).

Nun verstehen viele die Frage nach dem guten Leben gleichwohl auch in ihrer radikalisierten Form in einem bestimmten, wiewohl sehr vagen Sinn. Vornehmlich geschieht dies in der Weise, daß sie als Frage nach dem Glück oder als Frage danach, was der Förderung des eigenen Wohlergehens dient, aufgefaßt wird. Das ist verständlich, weil fast alle Menschen nach dem eigenen Glück und Wohlergehen streben. Dies ist ein so natürliches Streben, daß man meinen kann, eigentlich könne es uns um gar nichts anderes gehen, sobald wir uns einmal von bestimmten metaphysischen oder bloß autoritär vorgegebenen Wertvorstellungen freigemacht haben.

Doch viele Menschen sind in nicht weniger natürlicher Weise um andere Dinge als ihr Glück und Wohlergehen besorgt. So gibt es zumindest *prima facie* Formen von echtem Altruismus, dem Besorgtsein um das Wohl anderer allein um derentwillen. Sicherlich sind es meist nicht irgendwelche anderen, um deren Wohl wir uns kümmern, sondern andere, zu denen wir in einer besonderen Beziehung stehen. Aber das ändert nichts daran, daß es uns in der Sorge um sie nicht um uns, sondern um sie geht. Deswegen braucht uns unser eigenes Glück nicht gleichgültig zu werden. Nur kann uns die Sorge um andere abverlangen, das Streben nach eigenem Wohlergehen und nach dem anderer auszutarieren; das eigene Glück ist dann nur ein Aspekt des gesuchten guten Lebens.[2]

Ich werde im nächsten Kapitel kurz auf die Möglichkeit zu sprechen kommen, das eigene Tun von einem unparteiischen Standpunkt aus zu beurteilen. Auch dies kann sich zu einem natürlichen Bedürfnis auswachsen, so daß man so leben möchte, daß man sein Tun aus einer Perspektive der Unpartei-

2 Dagegen wird des öfteren eingewandt, daß derjenige, der sich um das Wohl anderer sorgt, eben darin sein Glück sieht. Richtig ist, daß eine solche Person das Leiden anderer immer auch als Einbuße des eigenen Glücks erfahren wird und im Umsorgen anderer eine eigene Erfüllung finden kann. Aber erstens ändert das nichts daran, daß ihr primäres Streben auf das Wohl anderer gerichtet ist, nicht auf ihr eigenes. Und zweitens kann sie sich in einer Weise um andere bemühen – im Extrem: sich für sie aufopfern –, die weder sie selbst noch andere als ihrem eigenen Glück förderlich beschreiben würden. Es kann Situationen geben, in denen Menschen sich für den Einsatz für andere entscheiden, obwohl sie wissen, daß dies ihrem persönlichen Wohlergehen abträglich ist, und sie zugleich wissen, daß es sie nicht tief unglücklich machen würde, den Einsatz nicht zu erbringen.

lichkeit zu rechtfertigen vermag. In bestimmten Formen manifestiert sich darin ein Streben nach Gerechtigkeit.

Vielleicht gibt es auch ein eigenständiges Streben nach Wahrheit und Wahrhaftigkeit, danach, keinen Irrtümern in bezug auf das eigene Leben aufzusitzen, sich nichts vorzumachen. Dieses Streben modifiziert unser Glücksverlangen, wenn es der Vermeidung eines auf falschen Annahmen beruhenden illusionären Glücks dient. Aber es kann auch die Hoffnung auf Glück zunichte machen.

Ebensowenig ist die Möglichkeit auszuschließen, daß Menschen ein Leben, in dem ihr eigenes Glück keinen besonderen Stellenwert hat, für erstrebenswert halten, weil für sie eine Sache oder eine Person eine herausragende Bedeutung besitzt, die nichts mit moralischen Erwägungen oder Erwägungen der Redlichkeit zu tun haben muß. Menschen können ihr Leben dem Schutz der Natur, der Kunst, der Wissenschaft oder einer romantischen Passion aufgrund der Bewunderung, des starken Interesses oder der Liebe für den jeweiligen Gegenstand widmen. Dabei können metaphysische oder autoritär vorgegebene Annahmen eine wichtige Rolle spielen, aber sie müssen es nicht, will man nicht behaupten, Haltungen wie Bewunderung, Interessiertsein und Liebe seien ohne problematische Wertzuschreibungen nicht denkbar. Zumeist dürfte hinter ihnen der Wunsch stehen, dem eigenen Leben ein Gewicht zu geben, das gegen das Faktum der eigenen Endlichkeit aufkommt.

Manchmal wird die Rede von einem »sinnvollen« Leben so verstanden, daß sie diese verschiedenen Aspekte zu umgreifen vermag. Tatsächlich ist sie neutraler als die Rede von einem »glücklichen« Leben und erst recht als die von einem »moralisch guten« Leben.[3] Ich werde sie im Laufe dieses Kapitels etwas genauer zu fassen versuchen, am Ende jedoch vorschlagen, einen Unterschied zwischen »Sinn« und »Glück« zu machen,

3 Ähnliche Überlegungen finden sich in U. Wolf 1999, z.B. S. 69. Wolf tendiert jedoch dazu, das Streben nach dem eigenen Glück als basal anzusetzen und die Sorge um andere, das Streben nach Gerechtigkeit und insbesondere den Wunsch, dem eigenen Leben einen Sinn zu geben, als Kompensationen dafür anzusehen, daß wir ein dauerhaftes und vollkommenes Glück nicht erreichen können. Ich halte das für fragwürdig. Vielleicht ist das Streben nach dem *vollkommenen* Glück selbst ein »metaphysisches« Konstrukt.

so daß auch dann mindestens zwei Aspekte eines guten Lebens übrigblieben.

Wenn zugestanden wird, daß die Frage nach dem guten Leben verschiedene fundamentale Aspekte, die nicht aufeinander zu reduzieren sind, hat, dann dürfte es am sinnvollsten sein, die Frage in ihrem umfassendsten Sinn als Frage danach zu verstehen, wie die verschiedenen Aspekte am besten in ein Leben zu integrieren sind. Dabei bliebe zunächst völlig offen, ob es auf dieser Ebene noch Kriterien dafür geben kann, was eine Integration verschiedener Aspekte »besser« oder »schlechter« macht.

Daß uns die radikalisierte Frage, wie zu leben ist, auf unterschiedliche Aspekte eines möglichen guten Lebens führt, könnte selbst ein Grund dafür sein, daß wir sie uns stellen. Sobald sich bisher selbstverständliche Grundorientierungen aufzulösen beginnen oder fraglich werden, drängen sich die verschiedenen Hinsichten eines guten Lebens auf und ziehen uns gleichsam in verschiedene Richtungen. Nicht zufällig sind es meist Konflikterfahrungen, die uns mit der Frage, wie wir leben sollen, in radikalisierter Form konfrontieren. Beispiele dafür sind Konflikte zwischen Beruf und Familie, moralischem Selbstverständnis und eigenen Glücksbedürfnissen, kurz- und langfristigen Zielen.

Auf einer tieferen Ebene sind bestimmte existentielle Grunderfahrungen dafür verantwortlich, daß für uns die Frage, wie wir leben sollen, in ihrer radikalisierten Form etwas Unabweisbares bekommt. Zu nennen sind wieder die Konfrontation mit dem eigenen Tod und der prinzipiellen Begrenztheit der eigenen Möglichkeiten oder auch Erfahrungen von Krankheit, der Hinfälligkeit von Glück und der unaufhebbaren Ungerechtigkeit menschlicher Einrichtungen.[4] Dieter Henrich hat »Glück« und »Not« als Grunderfahrungen ähnlicher Art herausgehoben.[5] Die Erfahrungen tiefen Glücks wie auch tiefer Not treiben ein Bedürfnis nach Sinndeutungen aus sich hervor, die selbst den Horizont unseres eigenen Lebens übersteigen und dann zum Ausgangspunkt für religiöse oder spekulativ-philosophische Welt- und Selbstauslegungen werden können.

4 U. Wolf 1999 spricht in diesem Zusammenhang von der Erfahrung »existentieller Aporien«.

5 Henrich 1975 und 1982.

Zudem machen wir Sinnlosigkeitserfahrungen, zu denen wir ein Gegengewicht brauchen. Selbst wenn uns in dem, was wir uns vorgenommen haben, Erfolg beschieden ist, kann uns das Gefühl überfallen, daß »letztlich« alles sinnlos ist. Wesentlich verantwortlich dafür ist unsere Fähigkeit, uns von uns selbst und den Situationen, in denen wir leben, radikal zu distanzieren. Der Sinn unseres Tuns zerfällt uns, wenn wir zu uns selbst eine reine Beobachterposition einnehmen.

7.2 Ziele

Eine Grundschwierigkeit der Frage, wie zu leben gut, besser, am besten ist, besteht darin, daß wir unser eigenes Leben nie als Ganzes in den Blick nehmen können. Wir leben unser Leben in eine prinzipiell offene Zukunft hinein und aus einer Vergangenheit heraus, die uns immer nur partiell präsent ist. Das »Ganze« unseres Lebens ist für uns, die wir dieses Leben zu führen haben, nur ein Grenzbegriff. Aber wir können versuchen, weiteren Strecken und größeren Bereichen unseres Lebens eine einheitliche praktische Orientierung zu geben. Die offenkundigste Weise, dies zu tun, ist das Entwickeln von *Zielen* für die fernere Zukunft. Solche Ziele können zugleich als Teilantworten auf die Frage nach dem guten Leben verstanden werden. Praktische Überlegungen, die den Kontext einzelner, situativerer Handlungen übersteigen, haben sowohl den Sinn, weiterreichende Ziele zu formulieren, als auch den Sinn, aus diesen, sind sie einmal gesetzt, weitere Folgerungen zu ziehen.

Bei der Analyse von weiterreichenden Zielen und ihrer Rolle im Leben von Personen können wir einiges von dem aufgreifen, was wir bereits an Absichten und Zwecken mit vornehmlich begrenztem Radius beobachtet haben. Es gibt wichtige strukturelle Gemeinsamkeiten zwischen den Zielen, die größeren Einheiten unseres Lebens gelten, und Zielen, die wir in einzelnen Akten zu verwirklichen suchen. Aber im Rahmen dieser Gemeinsamkeiten gibt es ebenso wichtige Unterschiede. Sie betreffen insbesondere die Integrationsleistung und die unmittelbare willentliche Verfügbarkeit der jeweiligen Ziele. Um das zu verdeutlichen, ist es nützlich, einige Differenzierungen im Hinblick auf verschiedene Dimensionen von Zielen vorzunehmen

(*7.2.1*). Auf dieser Grundlage sollen dann zum einen die einheitsstiftende Funktion von weiterreichenden Zielen (*7.2.2*) sowie die Gründe dafür, daß uns an dieser Funktion liegt (*7.2.3*), näher erörtert werden; zum anderen wird es um Fragen der Entstehung und Veränderbarkeit weiterreichender Ziele gehen (*7.2.4*).

7.2.1 Dimensionen von Zielen

Allen Zielen ist gemeinsam, daß sie sich auf die Zukunft beziehen. Sie sind künftige Zustände, die wir zu erreichen oder zu deren Realisierung wir zumindest beizutragen bestrebt sind. Bei *künftigen* Zuständen kann es sich natürlich auch um den (künftigen) Erhalt gegenwärtiger Zustände oder die (künftige) Wiederherstellung von Vergangenem handeln. Auch die Rede von »*Zuständen*« sollte nicht zu eng genommen werden. Ziele müssen nichts Statisches sein; wir können uns vornehmen, eine bestimmte Tätigkeit auszuüben oder einen Prozeß in Gang zu setzen. Es kann mein Ziel sein, an einem Fluß stehend das gegenüberliegende Ufer zu erreichen. Mein Ziel kann es aber auch sein, einfach nur schwimmen zu gehen. Zudem können beide Ziele miteinander verschränkt sein: Ich kann mir zum Ziel setzen, schwimmend das andere Ufer zu erreichen; mein Ziel ist dann die Ausübung einer zielgerichteten Tätigkeit, und diese Tätigkeit kann ich auch als so beschaffene um ihrer selbst willen anstreben. Selbst das Ausüben von ungerichteten Tätigkeiten wie das als Selbstzweck betriebene, ziellose Herumschwimmen wird von uns jedoch, wenn es als Ziel anvisiert wird, nicht als etwas, das wir jetzt vollziehen, gedacht, sondern als künftige Hervorbringung (oder Teilhervorbringung) unseres Tuns. Im Verfolgen von Zielen ist unsere Aufmerksamkeit auf ein Noch-nicht-Seiendes fokussiert, das vom Vollzug der Handlungen, die um seinetwillen erfolgen, verschieden ist. Zu Zielen gehört immer ein zu ihnen führender Weg, der nicht selbst das Ziel ist.

Ziele sind *intendierte* Handlungskonsequenzen. Sie sind, wie im zweiten Kapitel, wo ich vornehmlich von »Zwecken« geredet hatte, zu sehen war, Gegenstand unserer Absichten, unseres aktiven Wollens. Einmal gesetzt, fungieren sie als von uns anerkannte und damit mit normativer Kraft ausgestattete Regulationsinstanzen unseres Tuns. Sie sind deswegen stets mehr als Objekt bloßen Wünschens. Im Verfolgen von Zielen haben wir ein anderes Verhältnis zur Zukunft als im Haben von Wünschen: Während wir uns in diesem nur kontingenterweise als Wesen mit einer Zukunft sehen (dann nämlich, wenn unsere Wünsche Wünsche für unsere eigene Zukunft sind), verstehen wir uns in jenem notwendigerweise als Wesen mit einer Zukunft (selbst dann, wenn unsere Ziele nicht Ziele für unsere eigene Zukunft sind). Damit ist nicht bestritten, daß Ziele zumeist *auch* Gegenstand von Wünschen sind. Zuallermeist stellen wir uns ihr Erreichen als in irgendeiner Hinsicht attraktiv vor, und diese Attraktivität beziehen Ziele wesentlich aus bestimmten Gefühlen oder Gefühlserwartungen, die ihrerseits entsprechende Wünsche nach sich ziehen. Außerdem kann das Erreichen von Zielen von uns positiv beurteilt werden und so zu Wünschen führen.

Nun bestimmen jedoch nicht alle Ziele unser Leben in der gleichen Weise und im gleichen Maße. Ich möchte drei Dimensionen von Zielen unterscheiden: ihre zeitliche Reichweite (1), den Umfang ihres Regelungsbereichs (2) und ihr subjektives Gewicht, den Grad, in dem sie für die Person, die sie verfolgt, zählen (3). Häufig bedeutet ein Mehr in einer dieser Dimensionen auch ein Mehr in den beiden anderen. Der Zusammenhang ist aber kein zwingender, so daß die Dimensionen auch auseinandertreten können.

(1) Die zeitliche Reichweite von Zielen kann beliebig variieren. Ziele können sich auf einen Zeithorizont beziehen, der sich von dem jeweils unmittelbar bevorstehenden Augenblick bis in eine unbestimmt weit entfernte Zukunft erstreckt. Was die fernere Zukunft anbelangt, so können wir uns nicht nur Ziele für unser weiteres Leben und für unseren Tod setzen; wir können auch Ziele verfolgen, die über unseren Tod hinausreichen, etwa indem wir uns vornehmen, zu einer gerechten Gesellschaft beizutragen, die wir selbst nicht zu erleben erwarten. Gleich wie weit in die Zukunft sie ausgreifen, können Ziele mit bestimmten oder unbestimmten Zeitangaben versehen sein: Ich kann das Ziel haben, mich in 25 Jahren noch einmal mit meinen alten Klassenkameraden zu treffen, und ich kann das Ziel haben, vor meinem nicht absehbaren Tod Neapel zu sehen. Je ferner die Zukunft ist, für die das Erreichen eines Ziels projektiert

ist, desto unwägbarer wird, ob es tatsächlich zu erreichen ist. Mit fortschreitender Verschiebung des Zeithorizonts in Richtung Zukunft nimmt unsere Verfügungsgewalt über die Umsetzung von Zielen ab. Wir müssen uns auf mehr oder minder vage Wahrscheinlichkeitsabschätzungen stützen. Entsprechend wächst die Bedeutung des Vertrauens – in sich selbst, in andere, in die Stabilität der Umwelt. Gewiß oder nahezu gewiß ist nur die unmittelbare Zukunft. Unsicher kann dabei nicht nur das Erreichen eines Ziels sein, sondern auch die Vorstellung davon, wie es wirklich wäre, es zu erlangen. Wie sicher wir uns eines Ziels in diesen beiden Hinsichten sein können, läßt sich als ein graduelles Problem, abstufbar nach Graden subjektiver Gewißheit, darstellen. Aber für die meisten Menschen dürfte es einen Punkt geben, an dem Wahrscheinlichkeitsquantifizierungen unsinnig werden oder der quantitative Unterschied in einen qualitativen umschlägt. Dieser Punkt markiert in etwa die unscharfe Grenze zwischen kurz- und mittelfristigen Zielen einerseits und langfristigen Zielen andererseits. Zwischen beiden Arten von Zielen abzuwägen ist eine der Grundschwierigkeiten, mit der wir im Rahmen unserer praktischen Überlegungen konfrontiert sind. Für das, was ich jetzt haben kann, und das, was ich dereinst vielleicht einmal haben werde, gibt es nicht unbedingt ein gemeinsames Maß.

(2) Von der zeitlichen Reichweite ist der Regelungsumfang von Zielen abzuheben. Der Unterschied erhellt daraus, daß auch sehr langfristige Ziele nicht größere Bereiche unseres Lebens prägen müssen. So hat mein Ziel, mich in 25 Jahren mit alten Klassenkameraden zu treffen, unter normalen Umständen nur marginale Auswirkungen auf mein jetziges und all mein künftiges Tun bis zu dem Zeitpunkt, zu dem ich die nötigen Anrufe tätigen, Verabredungen treffen, Zugverbindungen heraussuchen muß. Es legt meinem Tun keine spürbaren Restriktionen auf, weil es kaum eine Handlung gibt, mit der ich es durchkreuzen würde. Deswegen steckt es den Horizont einzelner, sozusagen lokalerer Handlungen nur auf eine sehr lose Weise ab.

Doch woran läßt sich der Regelungsumfang eines Ziels positiv bemessen? Beispiele für Ziele, die größere Bereiche unseres Lebens bestimmen, sind viele berufliche, familiäre und soziale oder politische Ziele, aber auch stärker idiosynkratische Ziele wie die, ein Buch zu schreiben, es in irgendeinem Wissensgebiet zur Kennerschaft zu bringen oder die Welt mit einem Katamaran zu umsegeln. Es bietet sich an, in Fällen dieser Art statt von »Zielen« von »Projekten« zu reden. Projekte wie eine berufliche Karriere oder die Gründung einer Familie greifen in unser Leben in besonderer Weise ein. Sie berühren uns nicht nur marginal, weil sie uns dauerhafte Anstrengungen abverlangen; sie nehmen unser Denken, Wollen und Fühlen immer wieder intensiv in Beschlag. Zumindest partiell kann ihr Regelungsumfang an der Komplexität und Verzweigtheit des Netzes von Plänen, zu denen sie Anlaß geben, festgemacht werden. Will ich einen bestimmten Beruf ausüben, muß ich eine u.U. mehrjährige Ausbildung absolvieren, ich muß überlegen, wie dies zu finanzieren ist, Bewerbungen schreiben, einen Umzug in Kauf nehmen usw. Bei der Absicht, eine Familie zu gründen, werde ich die vielen Umstellungen bedenken, die ein solcher Schritt für meine bisherigen Lebensgewohnheiten mit sich bringen wird. Und selbst wenn ich einen Beruf ergreife oder eine Familie gründe, ohne darüber zuvor viel nachgedacht zu haben, wird mich doch spätestens die Ausübung des Berufs oder die Sorge um die Familie zu einer Reihe von zunächst vagen Planungen bewegen, die nach und nach durch immer mehr ins einzelne gehende Teilpläne und konkrete Handlungsabsichten zu ergänzen sind. In der Folge ergibt sich ein mehr oder minder dicht gewebtes Netz von Plänen, das eine Vielzahl komplexer und weniger komplexer Überlegungen und Handlungen miteinander verknüpft.[6]

Darüber darf allerdings nicht vergessen werden, daß so zentrale Projekte wie Beruf und Familie eine Struktur haben, auf die wir, wenn überhaupt, nur begrenzten Einfluß haben. Die meisten Berufe sind über feste Tätigkeitsformen und berufsspezifische Normen bestimmt, und die Sorge um eine Familie ist von vielen Notwendigkeiten und Kontingenzen gekennzeichnet, die sich unserem planerischen Zugriff entziehen. Umfassendere Ziele beanspruchen unser Denken, Wollen und Fühlen durch ihre eigene Dynamik und die mit ihnen zwangsläufig verbundenen Praktiken, so daß wir sie insoweit als etwas Vorgegebenes erfahren. Unsere Entscheidung für oder gegen

6 Siehe oben *3.1* und die dort gegebenen Hinweise auf Rawls 1971 und Bratman 1987.

ein bestimmtes, größere Bereiche unseres Lebens prägendes Projekt, in das wir zunächst auch einfach nur irgendwie hineingeraten sein können, ist in vielen Fällen eine Entscheidung darüber, sich auf etwas einzulassen, das man in der Folge nur noch partiell beherrschen wird. Wir lassen uns damit zugleich auf Entwicklungen ein, die uns selbst in Weisen verändern werden, die wir *ex ante* nicht wirklich zu überschauen vermögen.[7]

(3) Selbst ein Ziel, das sowohl sehr langfristig als auch sehr umfassend ist, muß deswegen für uns nicht von besonderem Gewicht sein, obwohl es dies in der Regel sicherlich ist. Nehmen wir etwa berufliche Ziele: Wir können uns zwei Personen denken, die beide relativ frei und überlegt den gleichen Beruf gewählt haben und im Rahmen dieses Berufs ähnliche Ziele anstreben. Beider Leben, so läßt sich weiter vorstellen, wird durch ihren Beruf, die mit ihm verbundenen Tätigkeiten, Überlegungen, Pläne usw. stark geprägt. Nichtsdestotrotz kann für die eine Person ihr berufliches Leben einen ganz anderen subjektiven Stellenwert haben als für die andere. Der Beruf kann für beide unterschiedlich stark zählen.

Was heißt es, daß etwas für uns zählt, wichtig für uns ist? Sowohl in der philosophischen Literatur als auch im alltagsweltlichen Verständnis scheinen mir zwei divergierende Auffassungen verbreitet, die beide etwas für sich haben.

Einmal kann sich, wie wichtig uns ein Ziel ist, daran zeigen, für wie wichtig wir es im überlegenden Vergleich mit anderen Zielen (aufrichtig) erklären. Die Wichtigkeit eines Ziels bemißt sich dann an dem Platz, dem wir ihm in der (faktisch nie abgeschlossenen) Ordnung unserer Zielpräferenzen zuweisen. Das Gewicht, das ein Ziel für uns hat, wäre demnach eine Funktion unserer überlegenden Vorzugsakte. Stützen sich diese Akte in aller Regel auf unsere Gefühle, Wünsche und Werturteile, so lassen sie sich aus diesen doch nicht ableiten. Das Wichtignehmen von etwas kann selbst eine überlegungsgestützte Entscheidung sein, durch die eine Ordnung von gewichteten Zielen allererst konstituiert wird (vgl. *5.4.1*).

Wie wichtig uns ein Ziel ist, kann sich sodann aber auch an einer bestimmten Art der affektiven und volitiven Bindung an es oder Identifikation mit ihm zeigen. Zielen und Projekten,

7 Die Probleme, die daraus für Vorstellungen von Selbstbestimmung resultieren, werden im neunten Kapitel ausführlicher behandelt (*9.4*).

mit denen wir uns stärker identifizieren und die deswegen mehr für uns zählen, gehen wir nicht einfach nur nach; wir verschreiben uns ihnen, kümmern und sorgen uns um sie, verfolgen sie mit einer gewissen Hingabe.[8] Darin liegt einerseits ein betont aktivisches Moment: Die Person, die ein Ziel mit Hingabe verfolgt, unternimmt besondere Anstrengungen, um das anvisierte Ziel zu erreichen. Zugleich wird sie aktiv dafür Sorge tragen, daß sie in ihren Bemühungen nicht nachläßt. Sie wird ihren eigenen, widerstrebenden Neigungen entschieden entgegentreten oder deren Aufkommen zu verhindern suchen. Sie wird nicht leicht bereit sein, ihr Ziel oder Projekt aufzugeben. In all dem liegt jedoch andererseits auch ein stark affektives und insoweit eher passivisches Moment: Etwas mit Hingabe zu verfolgen heißt, es mit Leidenschaft zu verfolgen und affektiv mit ihm verbunden zu sein. Indem wir uns stark mit etwas identifizieren, machen wir uns zudem verwundbar. Die Anfälligkeit für Verlusterfahrungen kann geradezu als Maß für die Stärke unserer Identifikation genommen werden. Wie sehr uns an etwas liegt, zeigt sich am deutlichsten daran, wie sehr uns sein Verlust schmerzt, an Emotionen und Stimmungen der Enttäuschung, der Trauer, des Niedergeschlagenseins, die sich einstellen, wenn wir uns von einem Ziel entfernen. Volitivität und Affektivität gehen im engagierten Verfolgen von Zielen und Projekten eine eigentümliche Verbindung ein. Das Wollen eines Ziels und das affektive An-ihm-Hängen können so miteinander verschmelzen, daß sich das Verfolgen des Ziels jedenfalls unserer unmittelbaren willentlichen Kontrolle entzieht. Was uns wirklich wichtig ist, kann zu tief in uns verankert sein, als daß wir es durch einen einfachen, auch überlegten Entscheidungsakt zu ändern oder gar ganz loszuwerden vermöchten.

Die überlegte Zustimmung zu einem Ziel und die affektiv-volitive Identifikation mit ihm müssen sich nicht widersprechen. Sie können zwei Seiten einer Medaille sein. Ja, man kann die Integration beider Seiten als eine der wichtigsten Aufgaben praktischen Überlegens und Sichzusichverhaltens betrachten. Aber beide Seiten können merklich auseinanderklaffen. Auf die

8 Vgl. dazu Frankfurt 1982. Von »Hingabe« spricht Heidegger im Zusammenhang der Erläuterung der Sorgestruktur des Daseins; siehe 1927 [1977], S. 199.

damit verbundenen Probleme komme ich gleich, in *7.2.3*, zurück.

Ziele, die besonders langfristig, umfassend und gewichtig sind, könnte man als »Lebensziele« bezeichnen. Dementsprechend ließe sich die von einigen Philosophen vorgeschlagene Rede von »Lebensplänen« auf Pläne beziehen, die wir im Ausgang von solchen Zielen entwickeln.[9] Beide Ausdrücke können jedoch falsche Vorstellungen wecken. Solange nämlich die Ziele, die wir verfolgen, auch nur halbwegs konkret sind – und das müssen sie sein, wenn sie unser Handeln (direkt) anleiten und zum Ausgangspunkt von Plänen werden sollen –, werden sie immer nur Bereiche unseres Lebens bestimmen, nie unser Leben »als Ganzes«. Ein »Lebensziel« und einen »Lebensplan« im strengen Sinn haben am ehesten die Menschen, die ihr Leben rigide einem einzigen Ziel (dem Beruf, der Familie, der Kunst, der Revolution usw.) unterordnen. Selbst diese Menschen werden jedoch die Erfahrung machen müssen, daß sie auf unvorhergesehene Situationen mit Handlungsschritten reagieren müssen, die außerhalb des Regelungsbereichs ihres letzten Ziels und leitenden Plans liegen. Auch darauf komme ich noch zurück (s.u. *7.4.1*).

7.2.2 Die einheitsstiftende Funktion von weiterreichenden Zielen

Längerfristige und umfassendere Ziele zu verfolgen und einigen dieser Ziele ein besonderes Gewicht zu geben gehört zum Leben von Personen. Niemand lebt nur von Augenblick zu Augenblick, selbst wenn dies manchmal erstrebenswert erscheinen kann. Dennoch sollten wir uns nicht mit der Feststellung begnügen, daß weiterreichende Ziele faktisch ein Bestandteil der Existenz von Personen sind. Sie haben in bezug auf unser Leben eine bestimmte, einheitsstiftende Funktion, und zu fragen ist, worin sich diese manifestiert.

Zunächst ist festzuhalten, daß jedes Setzen eines Ziels (gleich

9 In der neueren Diskussion hat Rawls dem Lebensplangedanken zur Prominenz verholfen; vgl. Rawls 1971, § 63. Er läßt sich jedoch, wenn auch in weniger entwickelter Form, mindestens bis auf Mill 1859, bes. 3. Kap. zurückverfolgen und findet sich der Sache nach schon in der Antike, wie z.B. das unten in Anm. 50 wiedergegebene Aristoteles-Zitat zeigt.

welcher Art) *per se* ein Akt des Herstellens einer inneren Einheit ist. Es ist notwendig mit einer Entscheidung zwischen verschiedenen Handlungsoptionen verbunden, durch die wir die in verschiedene Richtungen weisende Mannigfaltigkeit unseres Fühlens und Wünschens *einem* Wollen unterordnen. Wie wir im zweiten Kapitel gesehen hatten (*2.5.1*), muß darin keine völlige Abkehr von denjenigen unserer Gefühle und Wünsche liegen, die sich nicht dem Ziel dienstbar machen lassen; wir können sie, unter Umständen, weiter hegen, aber indem wir uns für ein bestimmtes Ziel entschieden haben, versuchen wir, ihren Einfluß auf unser Handeln auszuschalten oder wenigstens zurückzudrängen. In dieser Weise impliziert jede Entscheidung eine Strukturierung und Vereinheitlichung unserer inneren Antriebe.[10]

Die Einheit, die das Setzen eines Ziels mit sich bringt, ist zum einen eine *synchrone, statische* Einheit, die Einheit einer Motivationsstruktur, die zu einem fixen Zeitpunkt, dem Augenblick der Entscheidung, besteht. Da Ziele in die Zukunft reichen und uns für eine wie auch immer kurze Zeitspanne Einschränkungen für die Ausbildung neuer Entscheidungen und Absichten auferlegen, sind sie zum anderen Quellen einer *diachronen, dynamischen* Einheit. Welche Gestalt diese Einheit annimmt und welche Auswirkungen sie auf uns hat, zeigt sich nun jedoch erst im Verfolgen weiterreichender Ziele, die unser Handeln über längere Zeit und auf umfassendere Weise regulieren als Ziele, deren vollständige Umsetzung sich direkt an eine Entscheidung anschließt. Drei Facetten der im Verfolgen weiterreichender Ziele entstehenden Einheit über die Zeit sind hervorhebenswert.

Erstens erfordert sowohl das Aufstellen als auch die sukzessive Realisierung weiterreichender Ziele besondere *kognitive* Fähigkeiten und Anstrengungen. Je komplexer das Netz der Pläne ist, die im Ausgang von diesen Zielen zu entwickeln sind, desto mehr Informationsdaten müssen wir verarbeiten und zueinander in Beziehung setzen. Wir müssen uns ein relativ umfassendes Bild von unserer Umwelt, unserer Stellung darin und der möglichen Wandlungen beider machen. Wir sind so gezwungen, die aktuelle wie potentielle Vielfalt unserer Meinun-

10 Vgl. Frankfurt 1987 [1988], bes. S. 170 ff.; außerdem Korsgaard 1989.

gen über die Welt und uns selbst in ein hinlänglich kohärentes Ganzes zu bringen. All das muß sicher nicht immer sehr bewußt erfolgen, und in der Regel wird die kognitive Einheit, die sich im Verfolgen weiterreichender Ziele einstellt, eher in Form eines »Wissens-wie« als eines »Wissens-daß« repräsentiert sein. Aber daß auch die Aneignung eines solchen Know-how eine besondere Leistung ist, läßt sich an der Mühe ermessen, die uns jedes Planen für die fernere Zukunft in der Kindheit macht.

Zweitens verlangen weiterreichende Ziele besondere *volitive* Fähigkeiten und Anstrengungen, so daß die Einheit, die sich im Prozeß ihres Verfolgens herstellt, auch eine Einheit des Wollens ist. Nietzsche kehrt deren diachronen Aspekt prägnant in seiner Analyse des Versprechens hervor, indem er von einem »aktive(n) Nicht-wieder-los-werden-wollen, ein(em) Fort- und Fortwollen des ein Mal Gewollten, ein(em) eigentliche(n) Gedächtniss des Willens« spricht, »so dass zwischen das ursprüngliche ›ich will‹ ›ich werde thun‹ und die eigentliche Entladung des Willens, seinen Akt, unbedenklich eine Welt von neuen fremden Dingen, Umständen, selbst Willensakten dazwischengelegt werden darf, ohne dass die lange Kette des Willens springt«.[11]

Drittens ist für die Strukturierung des eigenen Handelns im Blick auf längerfristige und umfassendere Ziele auch unsere *affektive* Natur gefordert. Das fortgesetzte Wollen, von dem Nietzsche spricht, ist auf stabile affektive Dispositionen und Einstellungen angewiesen. Partiell und temporär mögen wir in der Lage sein, unseren Zielen zuwiderlaufende Gefühle und damit zusammenhängende Wünsche zu unterdrücken oder auf andere Weise klein zu halten. Auf Dauer müßte unsere Willenskraft jedoch erlahmen, die »Kette des Willens« müßte springen, würde sie nicht durch entgegenkommende affektive Haltungen gestützt. Dies ist eine der Einsichten, die vor allem die antiken Tugendlehren nach wie vor bereithalten, denn viele Tugenden sind Weisen des Umgangs mit unseren Gefühlen, die sich u.a. in der Ausbildung stabiler affektiver Dispositionen niederschlagen. Für das Verfolgen weiterreichender Ziele sind dabei zunächst in erster Linie selbstbezogene Tugenden wie Mut und Besonnenheit oder Selbstbeherrschung gefragt. Doch

11 Nietzsche, *Zur Genealogie der Moral*, Kritische Studienausgabe 5, S. 292.

da wir nicht für uns allein leben und viele unserer Ziele einen sozialen Charakter haben, weil sie entweder Ausdruck von auf andere bezogenen Gefühlen und Wünschen sind oder kollektive Ziele darstellen, die wir mit anderen teilen und nur mit ihnen zusammen verwirklichen können, können wir auch auf soziale Tugenden nicht verzichten, wollen wir mit unseren Zielen nicht scheitern.

Das, zumal erfolgreiche, Verfolgen von Zielen, die größere Teile unseres Lebens prägen, bringt eine besondere Form von Einheit in unser Leben, indem es die Ausbildung komplexer Strukturen von kognitiven, volitiven und affektiven Dispositionen und Einstellungen sowohl voraussetzt als auch verstärkt. Es bringt damit zugleich eine gewisse Gleichförmigkeit, Stetigkeit und Berechenbarkeit in unser Tun. Darüber hinaus verleiht es ihm ein individuelles Gepräge; es ist Teil der Formierung unseres je besonderen Charakters, unserer Persönlichkeit.

Eine schwierige Frage, die ich nicht befriedigend zu beantworten vermag, betrifft das Verhältnis der, wie man sagen könnte, *praktischen* Einheit, zu der wir im Streben nach weiterreichenden Zielen gelangen, zu jener eher *theoretischen* Einheit, die darin liegt, daß wir unsere praktischen Überlegungen von einem bestimmten, deliberativen Standpunkt aus anstellen. Einerseits setzt die Herstellung von Einheit über Ziele und Pläne bereits ein einheitliches Subjekt, eben die überlegende Person, voraus. Dieses ist für jenes ähnlich Bedingung, wie es in Kants Erkenntnistheorie die transzendentale Einheit der Apperzeption für die Konstruktion eines einheitlichen Bilds von der äußeren Realität ist.[12] Andererseits scheint sich die Einheit des Standpunkts, von dem aus praktisches Überlegen erfolgt, selbst einem in der frühen Kindheit stattfindenden Bildungsprozeß zu verdanken und auch keineswegs unverlierbar zu sein. Ich halte deswegen den Gedanken für attraktiv, daß die eher theoretische Einheit des Überlegungssubjekts, die der praktischen Einheit vorhergeht, die über weiterreichende Ziele konstituiert wird, Produkt einer unbewußten und unwillkürlichen, vermutlich sowohl genetisch als auch sozial induzierten Vereinheitlichung unserer kognitiven, volitiven und affektiven

12 Darauf macht Darwall 1983, 9. Kap, insbes. S. 111 aufmerksam.

Verfassung ist, die später dann bewußt aufrechterhalten und gesteigert wird. Außerdem halte ich es für wahrscheinlich, daß die massive Unfähigkeit zum Zieleverfolgen und Planen auf Dauer zu einer Zerrüttung der gesamten Überlegungsfähigkeit einer Person und ihres Ichbewußtseins führt. Diese Vermutung müßte sich empirisch bestätigen lassen.

7.2.3 Individuelle und soziale Interessen an weiterreichenden Zielen

Aber was bewegt uns überhaupt dazu, längerfristige, umfassendere und gewichtigere Ziele zu verfolgen und auf diesem Weg unserem Denken, Wollen, Fühlen und Handeln Struktur zu verleihen? Eine Antwort darauf sollte sowohl die Bedürfnisse und Notwendigkeiten berücksichtigen, die für das Leben von Personen qua individuelle Personen charakteristisch sind (1), als auch die Bedürfnisse und Zwänge, die ihrer sozialen Einbettung geschuldet sind (2).

(1) Das Verfolgen von Zielen als solches gehört zur Konstitution von Personen als Handlungswesen. Handeln heißt: sich Ziele setzen und sie zu verwirklichen versuchen. Deswegen ist auch die Herstellung jener Form von innerer Einheit, die durch jedes Sichentscheiden zustande kommt, ein konstitutiver Bestandteil der Existenz von Personen. Sie ist – genauso wie die eher theoretische Einheit des Überlegungssubjekts – nichts Optionales; wir können uns nicht für oder gegen sie entscheiden. Als Bedingung der Möglichkeit von Handeln überhaupt kann sie als *transzendentale* Notwendigkeit begriffen werden.

Dies können wir von weiterreichenden Ziele jedoch nicht sagen. Hinsichtlich der zeitlichen Reichweite und des Regelungsumfangs der Ziele, die Personen verfolgen, gibt es signifikante individuelle und wahrscheinlich auch kulturelle Unterschiede. Selbst wenn niemand nur von Augenblick zu Augenblick oder auch von Tag zu Tag lebt, können wir uns doch eine Person zumindest vorstellen, die lediglich sehr begrenzten Zielen nachgeht. Auch wird häufig und sicherlich nicht ganz zu Unrecht beklagt, daß viele Menschen nicht oder nur sehr eingeschränkt in der Lage sind, sich mit irgendeinem Ziel stark zu identifizieren. Das Interesse an der weiteren Zukunft, auch der eigenen, kann sehr unterschiedlich stark ausgeprägt sein.

Würde es so zu weit führen, weiterreichenden Zielen einen transzendentalen Status zuzusprechen, so haben sie bei allen individuellen und kulturellen Unterschieden doch eine zentrale *existentiell-psychologische* Bedeutung für uns.[13] *Ex negativo* läßt sich dies dem Umstand entnehmen, daß wir unter der Unfähigkeit, für die weitere Zukunft zu planen und an ihr Interesse zu nehmen, leiden.

Es ist wichtig, sich über die Natur der Unfähigkeit zum Planen und zur Identifikation mit Zukünftigem nicht zu täuschen.[14] Nicht planen zu können ist sicherlich Ausdruck eines Mangels an kognitiv-epistemischer Kompetenz. Dieser wird jedoch durch ein mangelndes Interesse an der eigenen Zukunft verstärkt, und dieser weitere Mangel ist nicht kognitiv-epistemischer Art. Eine Person, die selbst gegenüber ihrer eigenen Zukunft gleichgültig ist, die es nicht kümmert, ob es ihr in Zukunft besser oder schlechter gehen wird, muß nicht glauben, daß ihr künftiges Wohlergehen nicht mehr *ihr* Wohlergehen sein wird. Ihr muß nicht das Bewußtsein von der Zukunft und auch nicht das Bewußtsein von einer Zukunft als ihrer eigenen fehlen; was ihr fehlt, ist die affektive und volitive Bindung an die eigene Zukunft. Sie vermag künftige Zustände als ihre eigenen, ihr Leben betreffende kognitiv-epistemisch richtig zu identifizieren; aber sie schafft es nicht, sich mit ihnen affektiv und volitiv zu identifizieren. Mit Joseph Butler könnte man sagen, daß ihr die Selbstliebe und damit die motivationale Voraussetzung abgeht, sich um die weitere Zukunft zu kümmern.[15] Das Unvermögen, sich selbst zu lieben, ist meist temporäre oder (wie in pathologischen Fällen) permanente Folge von seelischen Verletzungen, insbesondere von Erfahrungen des Zurückgewiesenwerdens durch andere.[16] Mit ihm geht das Gefühl einher, das eigene Leben sei wertlos. Wem es unter gewöhnlichen Umständen an jedem Interesse an der eigenen Zu-

13 Vielleicht sollte man diesbezüglich eine Einschränkung machen: Die Wichtigkeit von weiterreichenden Zielen dürfte vom Lebensalter abhängig sein. In fortgeschrittenem Alter könnte an die Stelle der Orientierung an der ferneren Zukunft die Orientierung an der ferneren Vergangenheit treten.

14 Zum folgenden vgl. Deigh 1996 in Abgrenzung von der rationalistischen Position, die in Nagel 1970 vertreten wird.

15 Butler 1983, Sermons I und IV (= XI in der vollständigen Ausgabe). Deigh 1996 schließt sich ebenfalls an Butler an.

16 Deigh 1996, S. 140.

kunft mangelt, dem sind jedes Selbstwertgefühl und die Freude am Leben abhanden gekommen.

Aber woran leiden wir genau, wenn wir unfähig (geworden) sind, uns über weiterreichende Ziele in die Zukunft zu entwerfen? Zum einen, so vermute ich, leiden wir an einem Verlust oder einer erheblichen Einschränkung von Selbstbestimmung und zum anderen an einem Verlust von Sinn. Sollte das richtig sein, hieße das, positiv ausgedrückt, daß es das doppelte Interesse an Selbstbestimmung und Sinnerfahrungen ist, das uns dazu bewegt, weiterreichende Ziele zu verfolgen und dadurch Einheit in unser Leben zu bringen.

Daß weiterreichende Ziele anzustreben und zumindest partiell zu realisieren einen Zuwachs an *Selbstbestimmung* bedeutet, sollte auf der Hand liegen. Sind wir im Verfolgen solcher Ziele einigermaßen erfolgreich, gelingt es uns, unser Leben auch über längere Zeitspannen und in größeren Bereichen nach Maßgabe von durch uns selbst gesetzten und anerkannten Orientierungspunkten zu lenken. Einmal gesetzte Ziele regulieren unser weiteres Tun, und da sie Ziele *von* uns sind, ist die von ihnen ausgehende Verhaltenssteuerung eine Steuerung *durch* uns. Hinzu kommt, daß wir durch weiterreichende Ziele leichter Entscheidungen auch in einzelnen Handlungssituationen treffen können; sie geben uns einen zumindest losen Entscheidungsrahmen für unsere stärker lokalen Handlungen vor und verringern damit die Gefahr eines Hin- und Hergerissenwerdens zwischen verschiedenen Optionen, das als Einschränkung von Selbstbestimmung empfunden wird. Eine Person, die sich nicht entscheiden kann, weiß nicht, was sie will, und kann so *a fortiori* auch nicht handeln und leben, wie sie will.

Das Gefühl zu haben, das eigene Leben über weiterreichende Ziele und ihr erfolgreiches Verfolgen im Griff zu haben, vermittelt normalerweise auch den Eindruck von *Sinnhaftigkeit*. Aber die Erfahrung von Selbstbestimmung und die von Sinnhaftigkeit fallen nicht zusammen; sie verstärken sich nur. Man sollte zwei Bedeutungen der Rede von »Sinn« unterscheiden. Daß etwas sinnvoll ist, kann einmal heißen, daß es überhaupt verständlich, sozusagen lesbar ist und eine im weiten Sinn semantische Bedeutung hat. Sodann kann es auch heißen, daß es einen hohen Wert oder existentielle Wichtigkeit, also Bedeutung im Sinn von Relevanz hat. Das Verfolgen weiterreichender

Ziele kann unserem Leben Sinn in beiden, z.T. miteinander verwobenen Hinsichten verleihen.

Was die erste Hinsicht anbelangt, so werden mit der Einheit, die durch weiterreichende Ziele und die erforderlichen Pläne und Überlegungen in unser Leben kommt, zuvor disparate oder widerstrebige Meinungen, Wünsche und Gefühle zu einem Ganzen verbunden, das unser Tun als verständlich und nachvollziehbar erscheinen läßt. In dem Maße, in dem weiterreichende Ziele unser Handeln bestimmen, werden wir, wie erwähnt, berechenbarer und insofern »lesbarer«, und zwar nicht nur für andere, sondern auch für uns selbst. Auf der diachronen Ebene gewinnt unser Handeln durch die Ausrichtung an weiterreichenden Zielen zudem eine spezifisch narrative Form: Wir erleben das Zustreben auf ein ferneres und umfassenderes Ziel als eine Geschichte, die durch die mit ihm verbundenen Erlebnisse – der Erfolge und Mißerfolge, der Annährungen und Entfernungen, der Verstrickung in die Geschichten anderer usw. – angereichert wird. Die chronologische Ordnung unseres Tuns wird so zu einer logischen, bedeutungsgeladenen Ordnung. Die von Autoren wie MacIntyre und Ricoeur herausgearbeitete narrative Form unseres Tuns ist im Kern nichts anderes als deren durch Ziele bestimmte teleologische Form.[17] Erst das Anstreben von Zielen erlaubt uns, unser Tun zeitlich in eine nicht bloß kausale Abfolge von Anfang, Mitte und Ende zu gliedern. Und erst dies macht uns unser Tun verständlich, denn eine lediglich kausale Abfolge von Ereignissen ist für uns genausowenig sinnbegabt wie eine Folge völlig unverbundener Ereignisse. Sinn und Bedeutung sind insoweit abhängig von zielgerichtetem Handeln; sie kommen durch dieses in die Welt und so auch in unser eigenes Leben. Wie sehr uns daran liegt, unser Handeln durch das Verfolgen weiterreichender Ziele in eine narrative Form zu bringen, zeigt sich u.a. an dem Umstand, daß wir oft an einem Projekt einfach nur deshalb festhalten, weil wir es nun einmal begonnen haben und nicht unabgeschlossen abbrechen möchten.[18] Als Konsequenz davon kön-

17 Vgl. MacIntyre 1981, 15. Kap. und Ricoeur 1990 [1996], 6. Abhandlung; außerdem Bruner 1986, 2. Kap., Taylor 1989, S. 47 und Schechtman 1996, 5. Kap.

18 Etwas einmal Begonnenes zu Ende bringen zu wollen kann natürlich viele Gründe haben. Ein wichtiger Grund ist sicherlich auch, daß ein zu häufiges

nen sich unsere Ziele im – vielleicht nicht einmal seltenen – Extremfall von allen Gründen, die uns ursprünglich dazu bewogen haben, sie zu verfolgen, ablösen.

Durch zielgerichtetes Handeln Sinn und Bedeutung im ersten, weiten Verständnis von Sinn als Verständlichkeit in die Welt und unser eigenes Tun zu bringen kann uns bereits die Erfahrung von Sinn im zweiten Sinne, in dem von Relevanz, vermitteln. Vermutlich rührt das daher, daß das bloße Dem-eigenen-Leben-Gestalt-Geben als ein schöpferischer Akt empfunden und darin etwas Bedeutsames gesehen wird. Ebenfalls wichtig ist, daß das aktive Verfolgen von Zielen eine Betätigung sein kann, die als Tätigkeitsvollzug lustvoll ist.[19] Das-Tätig-einem-Ziel-Nachgehen kann für uns so sehr mit positiven affektiven Erfahrungen verbunden sein, daß das Ziel selbst zu einem Mittel für die Tätigkeiten wird, die seiner Realisierung dienen. Trotzdem scheint die letztlich entscheidende Bedingung für Sinn- bzw. Relevanzerfahrungen durch Ziele die Möglichkeit zu sein, sich mit ihnen stärker affektiv und volitiv zu identifizieren. Dies setzt einerseits, wie wir unterstellt haben, bereits so etwas wie Selbstliebe und ein relativ starkes Selbstwertgefühl voraus. Andererseits sind Selbstliebe und Selbstwertgefühl ihrerseits abhängig von dem (einigermaßen erfolgreichen) Verfolgen von Zielen, die einem selbst als wert, angestrebt zu werden, erscheinen. Dafür kommen vermutlich schon aus anthropologischen Gründen nicht beliebige (obgleich sehr viele) Ziele in Betracht, und welchen Zielen wir im einzelnen einen besonderen Wert zuschreiben können, dürfte nicht unwesentlich durch gesellschaftliche Vorgaben und die Anerkennung unserer Ziele durch andere bedingt sein. Auch deswegen meine ich, daß die starke affektive und volitive Identifikation mit Zielen quer zu einer bestimmten Auffassung von Selbstbestimmung als absoluter Selbstverfügung steht. Es gibt über das Verfolgen von Zielen vermittelte Sinnerfahrungen, die sich gerade aufgrund der partiellen Unverfügbarkeit dieser Ziele einstellen. Die Orientierung an einem Ziel, mit dem wir uns stark

Abbrechen von Projekten uns den Eindruck mangelnder Zielverfolgungskompetenz und damit der Fähigkeit, selbstbestimmt zu handeln, vermitteln kann.

19 Zum Zusammenhang von Lust und Tätigsein s. Aristoteles, *Nikomachische Ethik*, insbes. X, 3-5.

identifizieren, enthebt uns der Fixierung auf uns selbst, und die Erfahrung von Sinnhaftigkeit wird nicht zuletzt durch diese Selbstlosigkeit bewirkt oder jedenfalls verstärkt.[20] Dies ließe sich durch eine Phänomenologie von Erfahrungen von Liebe und Schönheit weiter konkretisieren, aber natürlich auch durch den Hinweis auf weniger erfreuliche Erscheinungen wie Autoritätshörigkeit und religiösen oder ideologischen Fanatismus.

(2) Es wäre nun jedoch auf problematische Weise idealisierend, würden wir zur Erklärung des Verfolgens weiterreichender Ziele und der dadurch bewirkten Einheit allein die inneren Beweggründe von Personen anführen. Daß unser Leben eine gewisse Einheit erhält, ist nicht nur ein Bedürfnis, das wir für uns haben, sondern auch eine Erwartung, die die Gesellschaft an uns heranträgt und durch sozialen Druck einzulösen versucht. Unser Charakter wird nicht nur durch unsere Entscheidungen formiert, sondern auch durch gesellschaftliche Zwänge. Der Mensch muß, mit Nietzsche zu reden, »berechenbar, regelmässig, nothwendig geworden sein«,[21] weil er anders nicht einpaßbar wäre in das System interpersonaler Koordinationen, auf das Gemeinschaften und Individuen zur Selbsterhaltung angewiesen sind. Nicht zufällig sind gerade die umfassenderen Ziele, die wir im Leben verfolgen, zumeist gesellschaftlich in Form von Rollenangeboten und -zwängen vorgegeben, die über eine Vielzahl von eigenen Normen und Zielen bestimmt sind. Bis zu einem gewissen Grad ist noch die rollenübergreifende narrative Einheit unseres Lebens eine gesellschaftlich vermittelte, wenn nicht gar über die Institution des Eigennamens, das Verfassen von Lebensläufen, kulturell vorwaltende Erzählmuster usw. konstruierte.[22] Die Einheit, die weiterreichende Ziele in unser Leben bringen, ist sowohl eine von innen gestaltete als auch eine von außen auferlegte.

20 Dies ist eines der Themen, um das viele Aufsätze von Harry Frankfurt kreisen; vgl. z.B. Frankfurt 1982 und 1994.
21 Nietzsche, *Zur Genealogie der Moral*, Kritische Studienausgabe 5, S. 292.
22 Vgl. dazu Bourdieu 1991.

7.2.4 Die Entstehung und Veränderbarkeit von weiterreichenden Zielen

Werfen wir abschließend einen Blick auf die Entstehung und die Veränderbarkeit weiterreichender Ziele. In diesem Zusammenhang können wir auch das Problem der möglichen beschränkten Verfügbarkeit weiterreichender Ziele vertiefen.

Die Erklärung der Herausbildung weiterreichender Ziele erfordert kein grundsätzlich anderes Instrumentarium als die der Ausbildung begrenzter Absichten und Zwecke. Auch am Anfang der Konturierung eines weiterreichenden Ziels kann ein wertendes Gefühl, ein diffuses oder prägnantes Angezogensein stehen, eine affektive Wertschätzung, der wir irgendwie gerecht werden zu müssen meinen. Das Gefühl kann bestimmtere und unbestimmtere Wünsche nach sich ziehen, die ihrerseits Gegenstand impliziter oder expliziter Werturteile werden, um schließlich im Abwägen gegen und Zusammenstellen mit anderen Wünschen zu einer umfassenderen Absicht zu führen. So mag jemand zunächst Freude an bestimmten Tätigkeiten haben; er möchte sie fortführen, findet sie vielleicht in irgendeinem Sinn wertvoll; er merkt, daß er sie in einem bestimmten Beruf weiter ausbilden könnte; so entsteht der Wunsch und schließlich die Absicht, den Beruf zu ergreifen. Die Unterschiede zwischen der Herausbildung weiterreichender und begrenzterer Ziele liegen eher in der Komplexität der damit jeweils verbundenen Vorgänge als in deren Elementen. Ein gerade bei weiterreichenden Zielen relevantes Element verdient dennoch eine kurze Explikation; ich meine die Rolle, die die Orientierung an bestimmten, sehr allgemeinen Gütern wie »Lust« oder »Wissen« bei der Zielformulierung spielt.

Meine Vermutung ist, daß wir uns zunächst eher begrenzte Ziele setzen. Bald jedoch genügt uns dies nicht mehr. Wir möchten aus den genannten inneren Beweggründen einerseits und gedrängt von gesellschaftlichen Erwartungen andererseits längerfristige und umfassendere Ziele verfolgen. Aber wie können wir den Schritt zu diesen Zielen machen? Genau hierbei erfüllen bestimmte, sehr allgemeine Güter wie »Lust« oder »Wissen« eine wichtige Funktion. Wir merken mit der Zeit, daß unsere konkreten, partikularen Ziele als Ausdruck eines Strebens nach Lust, nach Wissen, nach Macht, nach Anerkennung u.ä.

gedeutet werden können. Bei einigen dieser Güter handelt es sich um jene Güter, die in der philosophischen Tradition als Konkurrenten um den Preis des »höchsten Guts« thematisiert werden. Ob es sinnvoll und möglich ist, eine begrenzte Liste dieser Güter aufzustellen, nach deren Erfüllung alle Menschen streben, ist letztlich eine empirische Frage, die ich offenlassen möchte, obwohl es m.E. in der Tat einige Güter gibt, die faktisch keiner nicht wollen kann (s.u. *8.3.2*). Wichtig ist, daß uns das Umreißen solcher Güter einen Anhaltspunkt für die Formulierung weiterreichender Ziele im Ausgang von begrenzteren liefert.

Allerdings sind das Erlangen von Lust, die Erweiterung von Wissen, der Ausbau von Macht als solche noch zu unkonkret, um selbst als Handlungsziele fungieren zu können (und wo sie doch als Handlungsziele genommen werden, hat dies leicht kontraproduktive Folgen, wie sie aus der Hedonismusdiskussion als »hedonistisches Paradox« bekannt sind[23]). Vielmehr stellen sie »maieutische« Ziele[24] oder besser: Orientierungspunkte dar, über deren Spezifikation wir zu Handlungszielen gelangen, die dann auch als Endziele verfolgt werden können. Bei dieser Spezifikation werden wieder alle von uns angeführten epistemischen wie nichtepistemischen Einstellungen und die durch sie gelieferten Informationen zum Tragen kommen, insbesondere, wie wir früher bemerkt hatten (*5.1.6*), wertende Gefühle einfacher und komplexer Art. Die Spezifikation allgemeiner Güter speziell zu weiterreichenden Zielen dürfte dabei nicht ohne schon vorhandene Zielangebote möglich sein, wie sie etwa in Form von gesellschaftlichen Berufs- und sonstigen Rollenmodellen gegeben sind. Wir können solche Ziele allenfalls begrenzt allein aus uns selbst schöpfen.

Diese Überlegung zeigt, daß das Verhältnis zwischen begrenzteren und weiterreichenden Zielen (und den mit ihnen zusammenhängenden Einstellungen und äußeren Gegebenheiten) ein insgesamt interdependentes ist: Die Reflexion auf begrenztere Ziele führt zu weiterreichenden Zielen, die dann ihrerseits den Rahmen und einen wichtigen Stabilisierungsfaktor für begrenztere Ziele abgeben.

23 Klassisch dazu Butler 1983, Sermon IV (= XI in der vollständigen Ausgabe) sowie Sidgwick 1907 [1981], 1. Buch, 4. Kap., insbes. S. 48 f.

24 Dazu Schmidtz 1995, S. 60 ff.; siehe schon oben *3.1*.

Fallen so die Differenzen zwischen beiden Arten von Zielen im Hinblick auf ihre Entstehung weniger ins Gewicht, so machen sie sich im Hinblick auf ihre Veränderbarkeit deutlicher bemerkbar. Allerdings gilt dies nicht für alle weiterreichenden Ziele, sondern im besonderen für diejenigen, mit denen wir uns stärker affektiv und volitiv identifizieren und die für uns insofern mehr zählen. Von diesen Zielen hatte ich gesagt, sie entzögen sich zumindest unserer unmittelbaren willentlichen Kontrolle. Anders als die Ziele und Absichten, die wir alltäglich in überschaubaren Kontexten umzusetzen trachten, können wir sie nicht ohne weiteres, sozusagen *per fiat* modifizieren und revidieren.

Nun könnte man dafürhalten, daß darin keinerlei Problem liegt, jedenfalls keines theoretischer Art. Denn daß wir von bestimmten weiterreichenden Zielen, sind sie einmal gesetzt, nicht nach Belieben loskommen, könnte sich einfach dem Umstand verdanken, daß sie über längere Zeit zu verfolgen bestimmte Verhaltensdispositionen, habituelle Verhaltensweisen oder kurz: Charakterzüge bedingt, die sich der instantanen Veränderung verweigern. Schon Aristoteles hat darauf hingewiesen, daß wir einen einmal angenommenen Charakter nicht durch einmaligen Willensentschluß ändern können, sondern allenfalls durch ein mühsames, oft indirektes Verfahren der sukzessiven Einübung anderer Routinen, die schließlich zu einem neuen Habitus führen.[25] Könnte man nicht versuchen, seine diesbezüglichen Überlegungen mit seinen Ausführungen zur Willensschwäche so zu verbinden, daß sich ein Nichtrevidierenkönnen bestimmter Ziele selbst angesichts einer gegenteiligen Überlegung als eine Form von Willensschwäche erwiese? Wir würden dann sagen müssen, daß Mühe nicht eigentlich das Revidieren einmal gesetzter Ziele macht (sofern es gute Gründe dafür gibt), sondern die Anpassung unseres Verhaltens an unsere neuen Ziele. Aber diese Sicht ist, obwohl sie auf einige Phänomene paßt, verkürzt.

Oft nämlich ist es so, daß wir die Unmöglichkeit oder Schwierigkeit, Ziele, mit denen wir uns stark identifizieren, angesichts einer neuen Lage zu korrigieren, als eine Nötigung nicht durch verselbständigte Charakterzüge, sondern durch

25 Aristoteles, *Nikomachische Ethik* III 7.

unser Wollen empfinden. Harry Frankfurt hat dafür den treffenden Ausdruck »volitional necessity« geprägt. Sein Hauptbeispiel ist Luthers Diktum »Hier stehe ich und kann nicht anders«.[26] Dieses Beispiel ist nicht sehr glücklich gewählt, weil Luther vermutlich überhaupt keine Zweifel an der Richtigkeit seines Tuns hatte. Auf die Frage, warum er nicht anders könne, hätte er schlicht antworten können, weil er es gar nicht wolle.[27] Für Situationen der »volitional necessity«, wie sie Frankfurt im Auge hat, ist demgegenüber kennzeichnend, daß sie sich von Situationen unterscheiden,

»in which it is clear that he [the agent; H.S.] must reject the possibility of forbearing because he has such a good reason for rejecting it – for instance, because to forbear strikes him as too unappealing or too undesirable a course of action to pursue«.[28]

Die unter dem Eindruck einer willentlichen Nötigung stehende Person

»experiences himself as having no choice but to accede to the force by which he is constrained *even if he thinks it might be better not to do so*«.[29]

Die Frage ist, wie sich diese Erfahrung, von der ich glaube, daß sie den meisten vertraut ist, anders deuten läßt denn entweder als Zwang eines bloßen Habitus oder als besonders nachdrückliches Wollen.

Wir sollten zwei Fälle unterscheiden. Im ersten Fall haben wir es – ganz im Gegensatz zu dem, worum es Frankfurt geht –, mit einer besonderen Form von Willensspaltung zu tun, bei der auf der einen Seite ein affektiv gestütztes und auf der anderen ein kognitiv gestütztes und als schwächer empfundenes Wollen steht. Dieser Fall wäre bei einem Luther gegeben, der sagt, »hier stehe ich und kann nicht anders«, und zugleich einräumt, »eigentlich wäre es besser, zu widerrufen«. Ein solcher Zustand ist notorisch instabil, weswegen die betreffende Person versuchen muß und wird, einen Ausgleich zwischen beiden

26 Frankfurt 1982 [1988], S. 86.

27 Tugendhat 1990 [1992], S. 466. Tugendhat deckt einige Konfusionen in Frankfurts Rede von »Notwendigkeit« auf, auf die ich nicht näher eingehen möchte.

28 Frankfurt 1982 [1988], S. 86.

29 Ebenda; Hervorhebung von mir.

Seiten zu schaffen. In der Regel dürfte dieser zugunsten der affektiv-volitiven Seite ausfallen, weil wir aufgrund der dadurch ermöglichten Sinnerfahrungen ein starkes Interesse an der affektiv-volitiven Identifikation mit Zielen haben. Fälle von Willensspaltung werfen ein besonderes Authentizitätsproblem auf; darauf komme ich im übernächsten Kapitel kurz zurück (*9.3.3*; *9.4.2*).

Im zweiten Fall, der Frankfurts Sicht eher entspricht, ist unser Wollen nicht gespalten. Vielmehr liegt es ganz auf der affektiv gestützten Seite. Folgt man Frankfurts Darstellung, dann ist das möglicherweise Irritierende an diesem Fall, daß es für das eigene Wollen, so unerschütterlich es auch ist, keinerlei Gründe zu geben scheint. Ich will etwas, will es entschieden, aber ich weiß nicht, warum. Nun halte ich den (Frankfurt offensichtlich vorschwebenden) Gedanken eines völlig grundlosen, sozusagen »reinen« Wollens für eher obskur.[30] Aber es gibt ein Phänomen, das etwas von diesem Gedanken einfängt, nämlich die sich selbst genügende, nicht weiter ausweisbare Liebe. Vor allem bei der Liebe zu einer anderen Person, vielleicht am stärksten zu eigenen Kindern, erscheint uns die Frage nach dem – Rechtfertigung verlangenden – Warum unangebracht, wenn nicht unbeantwortbar. Aber in diesem Fall findet das zur Liebe gehörende Wollen seinen Grund in der ihrerseits nicht weiter begründbaren affektiven Seite der Liebe. In der Liebe – wie in vielen anderen Phänomenen – sind Gefühl und Wollen unentwirrbar ineinandergeschoben. In diesem Fall tritt ein Problem der Zielveränderung in Situationen auf, in denen wir unsere Liebe schwinden sehen, aber unbedingt an ihr festhalten wollen, weil wir den mit dem Verlust der Liebe eintretenden Sinnverlust fürchten. Einen Handelnden, dem an seiner Liebe oder allgemeiner: an dem, worum er sich sorgt, liegt, kann diese Furcht dazu führen, daß er, wie Frankfurt schreibt,

»guides himself away from being critically affected by anything – in the outside world or within himself – which might divert him or dissuade him either from following that course [he cares about; H.S.] or from caring as much as he does about following it.«[31]

Frankfurt schreibt dies in einem offenkundig empfehlenden

30 Ähnlich Tugendhat 1990 [1992], S. 467.
31 Frankfurt 1982 [1988], S. 87.

Ton; aber was er phänomengerecht beschreibt, kann Formen eines ängstlichen Fanatismus nicht unähnlich sein.

7.3 Ideale

Im Verfolgen von Zielen integrieren wir unsere inneren Antriebe und verschiedenen mentalen Einstellungen zu einer mehr oder minder stabilen synchronen wie diachronen Einheit. Es geht uns im Leben jedoch nicht nur darum, bestimmte Ziele zu erreichen. Wir möchten auch, daß unser Tun Ausdruck bestimmter Ideale ist. Auch Ideale haben eine integrierende Kraft, und letztlich sind sie für unser Leben bestimmender als unsere auch sehr weit reichenden Ziele. Das bedarf natürlich der Erläuterung. Was sind Ideale, und was für Arten von Idealen gibt es (*7.3.1*)? Welche Rolle spielen sie in unserem Leben, und wie sind sie mit Zielen verschränkt (*7.3.2*)? Schließlich: Woher kommen unsere Ideale, und wieweit können wir selbst über sie bestimmen und sie verändern (*7.3.3*)?

7.3.1 Struktur und Arten von Idealen

In Idealen, so wie ich sie verstehe, manifestiert sich, wie bzw. wer (oder was für eine Person) wir sein wollen.[32] Man könnte sie deswegen auch als von uns geschätzte oder positiv bewertete »Seinsweisen« oder »Weisen zu sein« bezeichnen. Als zieleverfolgende Wesen greifen wir in die Zukunft aus; wir stellen uns künftige Zustände als Ergebnisse oder Teilergebnisse unseres Handelns vor, von denen wir eine künftige Befriedigung für uns oder andere erwarten oder denen wir sonstwie einen künftigen Wert zuschreiben. Ziele verfolgend, fragen wir uns, was uns oder anderen eine bestimmte Gestaltung der Zukunft bringt, welcher Gewinn damit verbunden und wie er am besten einzulösen ist. Zugleich können wir uns jedoch immer auch

32 Dieses Verständnis von Idealen, das enger ist als das allgemein übliche, berührt sich sachlich mit einigen Implikationen der psychoanalytischen Konzeption des »Ichideals«. Ich gehe auf diese Konzeption nicht näher ein, weil sie schon bei Freud selbst verschieden verstanden wird und für meine Zwecke zu sehr mit anderen psychoanalytischen Theorieelementen zusammenhängt.

fragen, was das Verfolgen eines bestimmten Ziels und der Einsatz bestimmter Mittel über uns selbst als Handelnde verrät. Als was für eine Person mit was für Eigenschaften erweise ich mich, wenn ich diesem oder jenem Ziel auf diese oder jene Weise nachgehe? Paßt dieses Tun zu mir, zu der Person, die ich zu sein (und manchmal auch nur zu sein scheinen) möchte? Kann ich mit dem Bild von mir selbst leben, das sich im Vollzug meines Tuns enthüllt? Wir können den Unterschied zwischen diesen beiden Arten von Fragen und damit den Unterschied zwischen Zielen und Idealen an einigen Beispielen veranschaulichen, um ihn dann noch etwas zu vertiefen.

Zwei hilfreiche Beispiele stammen von Arthur O. Lovejoy. Inspiriert insbesondere von Adam Smiths *The Theory of Moral Sentiments*, differenziert Lovejoy zwischen »terminal values« und »adjectival values«, was meiner Rede von »Zielen« resp. »Idealen« entspricht.[33] Sein erstes Beispiel ist das eines Märtyrers, der bereit ist, für seine Überzeugungen auf dem Scheiterhaufen zu sterben, obwohl er nicht an künftige Belohnungen oder Bestrafungen glaubt. Die Vorstellung, verbrannt zu werden, erfüllt ihn mit Horror. Aber ebenso entsetzt ihn, sich als Renegat oder als Feigling zu erweisen und sich selbst so sehen zu müssen.[34] Hier kommt es zu einem Konflikt zwischen dem Ziel (bzw. in Lovejoys Terminologie: dem »terminal value«) der Schmerzvermeidung und dem Ideal (bzw.: dem »adjectival value«) der Standhaftigkeit. Lovejoys zweites, alltäglicheres Beispiel ist das eines Liebhabers von Kaninchenfleisch. Jemand kann einerseits das Fleisch von Kaninchen sehr mögen und versucht sein, es zu verspeisen, und andererseits auf seinen Verzehr verzichten wollen, weil er weiß, daß es ihm schwer im Magen liegen wird. Die Vergegenwärtigung der späteren Unannehmlichkeiten kann ihn vor dem unmittelbaren Genuß zurückschrecken lassen, ohne handlungsbestimmend werden zu müssen. Aber er kann sich zusätzlich sagen, daß, wer den unmittelbaren Essensgenuß über künftiges Wohlbefinden stellt, ein gieriger Schlemmer ist.[35] Hier wird das Ziel der Siche-

33 Lovejoy 1950. Vgl. auch Lovejoy 1961, insbes. Lecture III.
34 Lovejoy 1950, S. 597.
35 Lovejoy 1950, S. 598. An einem ganz ähnlichen Beispiel illustriert Charles Taylor seine einschlägige Unterscheidung zwischen »schwachen« und »starken Wertungen«; vgl. Taylor 1977a [1985], S. 21 ff. Wie diese Unter-

rung künftigen Wohlbefindens durch das Ideal der Enthaltsamkeit gestärkt, während das Ziel des unmittelbaren Genusses durch es konterkariert wird. Ideale können Ziele also sowohl stützen als auch unterminieren. Nach dem Muster von Lovejoys beiden Beispielen lassen sich leicht weitere Beispiele für den anvisierten Unterschied konstruieren: Ich will jemanden anrufen, will aber nicht aufdringlich sein; ich will gute Noten bekommen, aber kein Streber sein; ich habe die Absicht, mich mit wertvollen Bildern zu umgeben, will mich darüber hinaus aber auch als Kunstkenner erweisen; ich möchte jenen Gegenstand an mich nehmen, will aber kein Dieb sein; ich möchte mit einem Geschenk Freude bereiten, aber auch als edler Spender dastehen.

Hält man sich an diese Gegenüberstellungen, so könnte man die Differenzierung zwischen Zielen und Idealen als eine zwischen zwei verschiedenen Arten von Wünschen oder Absichten verstehen. Wir können uns wünschen, etwas Bestimmtes zu erlangen, und wir können uns wünschen, etwas Bestimmtes zu sein oder darzustellen, und beide Wünsche können wir unter entsprechenden Umständen in eine Absicht transformieren. So gesehen könnte es für angemessener gehalten werden, statt zwischen Zielen und Idealen zwischen zwei Typen von Zielen zu unterscheiden, etwa zwischen Zielen, die die Gestaltung der äußeren Welt bezwecken, und Zielen, die uns selbst, der Gestaltung unserer Person und unseres Charakters, gelten. Tatsächlich gibt es ja, was ein wichtiges Merkmal unserer personalen Existenz ist, diese beiden Arten von Zielen. Wir können uns nicht nur darum bemühen, diese oder jene äußeren Güter zu erlangen, sondern auch an uns selbst arbeiten: Wir können versuchen, uns zu einer bestimmten Person zu bilden, oder aus unserem Leben, frei nach Nietzsche und Foucault, ein Kunstwerk zu machen. Mit anderen Worten: Wir können uns die Verwirklichung bestimmter Ideale oder Weisen zu sein selbst zum Ziel setzen. Aber diese Interpretation der Differenzierung zwischen Zielen und Idealen verdeckt eine Reihe wichtiger Phänomene.

scheidung genau zu verstehen ist, ist strittig; vgl. Rosa 1998, Kap. II, 2., d). M.E. läßt sich aus Taylors Rede von »starken Wertungen« am besten ein Sinn gewinnen, wenn man in ihnen (nicht notwendig versprachlichte) Werturteile über Seinsweisen sieht. Ideale ließen sich so als Resultat (positiver) starker Wertungen deuten.

Erstens nämlich sind Ideale selbst dann, wenn sie als Ziele fungieren, oft nur mittelbar Gegenstand von Handlungsabsichten. Faktisch können wir gar nicht anders als über die Verfolgung äußerer Ziele auf die Gestaltung unserer eigenen Person Einfluß nehmen. Heißt das zunächst nur, daß wir äußere Ziele als Mittel für die Verwirklichung von Idealen einsetzen müssen, so kommt im Fall vieler Ideale hinzu, daß sie über äußere Ziele als reine Mittel anzustreben ihrem eigentlichen Sinn zuwiderläuft. Ein moralisch guter Mensch beispielsweise können wir nur werden, indem wir uns bestimmte Handlungen mit bestimmten Konsequenzen vornehmen, um über eine Habitualisierung dieser Handlungen einen moralisch guten Charakter zu erlangen. Dies kann jedoch allenfalls dann zum Erfolg führen, wenn die Handlungen nicht als bloßes Mittel zur Formung des Charakters ausgeführt werden. Und das gilt keinesfalls nur für moralische Seinsweisen. Anders als übliche Ziele sind Ideale in der Regel Objekt einer *intentio obliqua*, nicht einer *intentio recta*.

Zweitens ist die Setzung von Idealen als einer eigenen Art von Zielen so oder so erst ein nachfolgender Prozeß. Zunächst resultieren unsere Ideale aus einer Reflexion auf das Verfolgen auf die äußere Welt gerichteter Ziele. Wir setzen uns ein Ziel und fragen uns dann, was das Verfolgen dieses Ziels aus uns selbst macht. Erst als Ergebnis dieser Rückwendung auf uns selbst können wir in einem weiteren Schritt eine bestimmte Seinsweise selbst zum Ziel machen. Nur so ist es auch plausibel, in der angegebenen Weise zwischen den Konsequenzen unseres Tuns und den Eigenschaften von uns selbst, die sich im Prozeß des Zieleverfolgens manifestieren, zu unterscheiden. Ebenso kommt nur auf diese Weise in den Blick, daß Ziele und Ideale einen jeweils anderen Zeitbezug aufweisen: Beim Verfolgen von Zielen kommt es auf die künftigen Zustände an, die durch unser Handeln (mit)bewirkt werden, beim Einlösen von Idealen auf uns selbst im Handlungsvollzug. Ziele stellen wir uns als etwas später zu Erreichendes vor, Ideale als etwas, dem wir entsprechen oder nicht entsprechen können, *indem* wir diese oder jene Ziele zu erreichen versuchen; vom Standpunkt der Handlung aus sind Ziele futurisch, Ideale präsentisch. Deswegen ist es im Fall von Idealen auch nicht so wichtig, daß unsere weitere Zukunft offen und damit nur eingeschränkt verfügbar ist: Ob wir einem Ideal genügen, entscheidet sich in der Gegenwart unseres Lebens.

Desgleichen ist es drittens erst auf der Grundlage einer deutlichen Trennung von Zielen und Idealen möglich, Ideale als Normen für unser Zieleverfolgen zu begreifen. Ideale fungieren als Regulationsinstanzen für unsere Ziele, die ihrerseits, wie wir gesehen haben, als Regulationsinstanzen für unsere Gefühle und Wünsche operieren können. Die normative Funktion von Idealen läßt sich dabei zumindest annährungsweise in Form von Prinzipien oder Regeln ausbuchstabieren, während Ziele eher in Form ›singulärer Erlasse‹ als Normen fungieren (vgl. *6.1*). Die Normierungsfunktion von Idealen gegenüber Zielen zeigt sich vielleicht am deutlichsten daran, daß wir oft geneigt sind, bei einem Konflikt zwischen Zielen und Idealen zu sagen, wir *möchten* oder *wollten* dies oder jenes tun (nämlich dieses oder jenes Ziel verfolgen), *sollten* es aber nicht (nämlich wegen dieses oder jenes Ideals). Auch bewerten wir Ziele im Licht von Idealen; wir halten Ziele für gut, weil und sofern sie Ausdruck einer bestimmten, von uns für gut befundenen Lebensweise – und d.h. eines bestimmten Ideals – sind. Ideale sind Wertungsstandards für unser Leben, die gegenüber Zielen eine ähnliche Rolle spielen, wie wir sie im vorigen Kapitel für Werturteile gegenüber Gefühlen und Wünschen herausgearbeitet hatten. Allerdings schließt dies auch die Möglichkeit ein, Ideale so im Licht von Zielen zu kritisieren, wie Werturteile im Licht von Gefühlen und Wünschen kritisiert werden können.

Schließlich gibt es noch eine weitere wichtige Differenz zwischen Zielen und Idealen, die bei der Betrachtung von Idealen als Zielen verdeckt wird. Sie zeigt sich in beider unterschiedlicher affektiver Basis. Am leichtesten läßt sich dies an den negativen Gefühlen ablesen, mit denen wir in der Regel auf das Verfehlen unserer Ziele resp. Ideale reagieren. Wenn ich ein Ziel nicht erreiche, reagiere ich mit Enttäuschung, vielleicht auch mit Verärgerung. Wenn ich gegen ein Ideal verstoße, reagiere ich hingegen mit Scham, gegebenenfalls auch mit einem Schuldgefühl.[36] Ähnlich im positiven Fall der Zielerreichung oder Idealerfüllung: Erreiche ich mein Ziel, so befriedigt mich

36 Ideale und Schamgefühle sind enger miteinander verbunden als Ideale und Schuldgefühle. Schuldgefühle entzünden sich primär an dem, was ich getan habe, Schamgefühle an dem, was ich bin; vgl. dazu Williams 1993, S. 92 f.

dies (jedenfalls unter glücklichen Umständen); genüge ich einem Ideal, so erfüllt mich dies mit einer Form von Stolz.[37] Die Gefühle, mit denen wir auf die Übereinstimmung oder Nichtübereinstimmung mit unseren Idealen reagieren, sind anders als die meisten Gefühle, die das Erreichen oder Nichterreichen von Zielen begleiten, zum einen selbstreflexive Gefühle. Scham und Stolz setzen ein Bewußtsein von uns selbst voraus; sie sind das Pendant zu auf andere Personen bezogenen Gefühlen wie Bewunderung und Liebe oder Verachtung und Haß. Zum anderen sind sie Gefühle, die – wenn auch nicht notwendig sprachlich artikulierte – Werturteile enthalten. Scham und Stolz müssen m.E. nicht immer Werturteile implizieren, aber wenn sie Reaktionen auf die Übereinstimmung oder Nichtübereinstimmung mit Idealen sind, ist dies zwangsläufig so, denn Ideale fungieren ja als Wertungsstandards, als von uns (implizit oder explizit) akzeptierte Standards für unser Verhalten und unser Leben. Bei diesen Standards kann es sich sowohl um solche handeln, die wir speziell für uns selbst annehmen, als auch um solche, mit denen wir einen Allgemeinheitsanspruch verbinden.

Vor allem die normierende Funktion von Idealen gegenüber Zielen läßt sich gut an moralischen Idealen demonstrieren. Das Ideal eines gerechten oder sonstwie moralisch-tugendhaften Lebens legt mich nicht notwendig auf ganz bestimmte inhaltliche Ziele fest; aber es dient als Rahmen, als Einschränkung oder Richtlinie, wann immer ich mir überlege, ein Ziel zu verfolgen, das von moralischer Relevanz sein könnte. Moralische Ideale sind jedoch nur eine Art von Idealen, neben der es viele andere gibt. Zu denken ist etwa an religiöse, an ästhetische und an stärker konventionelle Ideale. Ich kann ein gottesfürchtiges Leben führen, einen bestimmten Lebensstil (des Flaneurs, des Gourmets, des Gentleman usw.) kultivieren oder ein höflicher und ordentlicher Mensch sein wollen. Auch die verschiedenen, sozial vermittelten Rollen, die wir uns aneignen können, stellen verschiedene Möglichkeiten zu sein dar, die positiv evaluiert zu

37 Zugegeben: Ich kann auch auf das Erreichen eines Ziels stolz sein und über sein Verfehlen Scham empfinden. Aber das liegt daran, daß ich mir zum Ideal machen kann, ein erfolgreicher Mensch zu sein, der seine Ziele zu erreichen versteht, so daß ich mich im negativen Fall als Versager fühlen werde.

Idealen werden: Ich kann mich als Lehrer oder als Wissenschaftler (mit dem dazugehörigen Ethos), als Vater, als Mann (oder spezifischer: als »reifer«, als »männlicher« usw. Mann), als Bürger, als Deutscher, als Umweltschützer u.v.m. verstehen. Ein Ideal, das ausdrücklich erwähnt zu werden verdient, weil es häufig nicht als solches erkannt wird, ist das Ideal der Rationalität. Selbst der Wunsch, zweckrational zu sein, kann mehr sein als der Wunsch, die eigenen Ziele möglichst effizient zu verwirklichen; er kann Ausdruck der Bewunderung für eine bestimmte Lebensform sein. Ich kann Menschen preisen und beneiden, die sich immer zweckrational verhalten, und auf diejenigen verächtlich herabsehen, die willensschwach und unklug sind. In allen diesen Idealen verhalte ich mich praktisch wertend zu mir selbst, wobei »zu mir selbst« soviel heißt wie »zu meinem Leben«.[38] Allerdings muß »zu meinem Leben« nicht gleich »zu meinem ganzen Leben« heißen. Ideale können ähnlich wie Ziele mehr oder minder umfassend und natürlich auch für uns selbst mehr oder minder wichtig sein. Ideale, die sich in positiven Rollenverständnissen ausdrücken, betreffen typischerweise nur bestimmte, wenn auch z.T. sehr prägende Bereiche unseres Lebens.[39] Mit moralischen Idealen und einem Ideal wie dem der Rationalität können dagegen weitergehende Ansprüche verbunden sein; wir können anstreben, ihnen in allen unseren (mehr oder minder handlungsförmigen) Lebensäußerungen zu entsprechen, so daß sie als »Lebensideale« bezeichnet werden könnten. Dabei wird aber zu bedenken bleiben, daß es nicht nur an sich eine Unzahl von Idealen gibt, sondern es, realistisch gesehen, auch so ist, daß jeder von uns einer Vielzahl von Idealen anhängt.

38 Dazu ausführlich Tugendhat 1979, 7. Vorl. ff.

39 Es wäre die Aufgabe empirischer Untersuchungen, hier weiter zu differenzieren. So liegt das Verständnis, das wir von uns als Mann oder Frau haben, normalerweise schon deshalb nicht auf der gleichen Ebene wie unser berufliches Selbstverständnis, weil wir in es von Kindheit an hineinsozialisiert werden. Ein eigenes Problem ist auch, daß für uns nur schwer zu trennen sein kann, wie wir uns selbst verstehen möchten und wie wir von anderen gesehen werden. Um diese Fragen haben sich in den letzten Jahrzehnten komplexe – meist am Begriff der »Identität« festgemachte – Debatten entzündet.

7.3.2 Das Interesse an Idealen und die Verschränkung von Idealen und Zielen

Personen können Ideale haben, weil sie mit Selbstbewußtsein, der Fähigkeit, sich ihre eigenen mentalen Einstellungen und ihre Lebensvollzüge zu vergegenwärtigen, ausgestattet sind, so wie sie Ziele haben können, weil sie das Vermögen besitzen, sich zukünftige Möglichkeiten vor Augen zu führen.[40] Das bedeutet nicht, daß Selbstbewußtsein begrifflich notwendig die Ausbildung von Idealen impliziert. Aber es ist ein tief verwurzeltes empirisches Faktum, daß wir uns in unserem Handeln ein Bild von uns selbst als Handelnden machen und ein starkes Interesse daran haben, daß dieses Bild nicht zu schlecht ausfällt. Die Notwendigkeit von Idealen ist eine existentiell-psychologische; wenn man so will, sind wir konstitutiv eitle Wesen. Wir können auch hier wieder fragen, worin diese existentiell-psychologische Notwendigkeit genau besteht. M.E. lassen sich zwei (resp. drei) fundamentale Bedürfnisse ausmachen, die die zentrale Rolle von Idealen für unsere Orientierung im Leben erklären helfen.

Zum einen ist da das Bedürfnis nach Anerkennung. Wir wollen von uns selbst ein gutes Bild haben, weil wir in den Augen anderer gut dastehen wollen. Viel häufiger noch als uns selbst beurteilen wir andere in ihren Eigenschaften und in ihrem Personsein insgesamt. Wir beurteilen nicht nur die Schädlichkeit und Nützlichkeit ihres Handelns (für uns und für andere), sondern auch dic Motive und die Haltungen, die sich in ihren Handlungen manifestieren. Wir bewundern und verachten, lieben und hassen Menschen nicht primär wegen dem, was sie bewirken, sondern wegen dem, was sie sind: wegen ihrer psychischen und oft auch wegen ihrer physischen Attribute. Zugleich wissen wir jedoch, daß sie dies ebenso mit uns tun. So wie wir sie aufgrund ihrer Weisen zu sein hoch- oder geringschätzen, so machen sie es mit uns. Der Blick, den wir in unserem Handeln auf uns selbst als Handelnde werfen, ist deswegen ursprünglich der von uns verinnerlichte Blick der anderen, vor

40 Da Ziele aus Absichten resultieren und Absichten in der Regel höherstufigen Entscheidungen entspringen, setzt auch das Verfolgen von Zielen Selbstbewußtsein voraus. Nichtpersonale Tiere haben weder Ideale noch Ziele.

dem wir bestehen oder versagen können. Wir möchten, daß das, was wir an anderen schätzen (oder doch etwas davon), von ihnen an uns geschätzt wird; und vor allem möchten wir, daß das, was wir an anderen nicht schätzen, nicht an uns selbst entdeckt wird. Mit wachsendem Selbstwertgefühl kann sich das Interesse, in den Augen anderer gut dazustehen, von der Abhängigkeit von konkreten anderen zur Abhängigkeit von bloß imaginierten anderen verschieben. Aber auch ein imaginierter anderer (und sei es in der Form der Gemeinschaft aller vernünftigen Wesen) bleibt ein anderer; er ist nicht nur eine Verdoppelung meiner selbst, sondern der vorgestellte Vertreter einer Gemeinschaft, in der ich leben und von der ich meine eigene Lebensweise beurteilt wissen möchte. Außerdem ist jede Person zumindest anfänglich, in ihren ersten Lebensjahren, auf die Anerkennung durch andere – und zwar durch konkrete andere – angewiesen, um überhaupt ein Selbstwertgefühl erlangen zu können. Um uns selbst einen Wert zuschreiben zu können, müssen wir zunächst durch andere valorisiert (oder schlichter: von ihnen geliebt) worden sein. Unser Vertrauen in uns selbst baut sich auf dem vorgängigen Vertrauen anderer in uns auf.[41]

Das zweite Bedürfnis, das die Ausbildung von Idealen befördert, ist analog zu dem, was am Verfolgen von Zielen zu beobachten war, das Bedürfnis, unserem Leben eine Form von Einheit zu geben, zusammen mit den dahinterstehenden Bedürfnissen nach Selbstbestimmung und Sinnerfahrungen. Unser Handeln erhält Struktur nicht nur dadurch, daß es auf bestimmte Ziele gerichtet ist, sondern auch dadurch, daß es bestimmten Prinzipien und Regeln folgt oder Ausdruck bestimmter Verhaltensmuster und -stile ist. Ebenso wie durch die Orientierung an Zielen erhält die häufig chaotische Mannigfaltigkeit unserer Gefühle, Wünsche und Meinungen Kohärenz durch die Unterordnung unter zu Maximen erhobenen Regeln und die Einordnung in normativ regulierende Muster. Daß Ideale für unser Leben letztlich bestimmender sind als bestimmte Ziele, zeigt sich auch daran, daß sie unser Tun oft stär-

41 Zu dieser Thematik gibt es eine reichhaltige, vor allem psychoanalytische Literatur. Stellvertretend sei auf Stern 1985 und Benjamin 1988 hingewiesen. Eine sehr eindringliche Schilderung der Folgen fehlender »Valorisierung« durch andere gibt Sartre am Beispiel des jungen Flaubert in *L'Idiot de la famille*.

ker als diese integrieren. Ideale fungieren, wie gesagt, als Regulierungsinstanzen für unsere Ziele. Sie bilden für diese einen normativen Rahmen, und da dieser Rahmen in der Regel flexibel genug ist, um mit verschiedenen inhaltlichen Zielen kompatibel zu sein, können Ideale die praktische Kontinuität unseres Lebens auch bei einem Wechsel unserer leitenden Ziele sichern helfen. Dies vermögen sie vor allem deshalb, weil wir uns mit ihnen zumeist stärker affektiv und volitiv identifizieren als mit einzelnen Zielen. Die genannten Negativreaktionen bei Erfahrungen des Verfehlens von Idealen und Zielen werden nicht zufällig fast immer stärker und dauerhafter empfunden, wenn sie einem Fehlschlag in bezug auf ein Ideal gelten, als wenn sie vom Nichterreichen eines Ziels herrühren. Zumal Scham ist ein Negativgefühl, das in vielen seiner Manifestationen die Person als Ganzes in Frage stellt,[42] während Enttäuschungen uns eher äußerlich bleiben (sofern sie nicht mit Idealen verbunden sind). Es nimmt daher nicht wunder, daß eine Reihe von Philosophen das, was ich »Ideale« nenne, zum eigentlichen Kern unseres Personseins erklärt haben, an dem sich zeigt, wer wir sind und worin unsere »Identität« besteht. Ein instruktives Beispiel ist John Rawls.[43]

Rawls kontrastiert Ziele nicht mit Idealen, sondern – der Sache nach ähnlich – mit Grundsätzen. Die relevanten Grundsätze sind für ihn natürlich die Grundsätze der Gerechtigkeit. Daß Rawls schließlich diesen einen prinzipiellen Vorrang vor den Zielen der Person einräumt – ein Vorrang, der terminologisch als Vorrang des »Rechten« vor dem »Guten« festgehalten wird –, hat verschiedene Gründe. Für uns ist von Interesse, daß Rawls seine Vorrangbehauptung auch aus der Situation des individuellen praktischen Überlegens in Verbindung mit einem bestimmten Verständnis von Personsein herleitet.[44] Ausgangspunkt ist die realistische Annahme einer Vielzahl oberster Ziele. Die Prinzipien zweckrationaler Abwägung und entscheidungstheoretischer Kalkulation sind zu formal, um die Pluralität von Zielen, an denen wir unseren »Lebensplan« ausrichten

42 Viele würden sagen, daß Scham stets das ganze Selbst betrifft. Das scheint mir nicht richtig zu sein. Wir können uns auch hinsichtlich von Aspekten unserer selbst schämen, die wir als marginal betrachten; vgl. Deigh 1983.

43 Andere Beispiele sind Charles Taylor und Christine Korsgaard.

44 Ich beziehe mich insbes. auf Rawls 1971, §§ 63, 64 und 83-86.

können, auf *ein* letztes Ziel zu reduzieren. Es gibt keine Vernunft, die ein bestimmtes inhaltliches Ziel als *summum bonum* auszeichnen würde. Es gibt nicht ein einziges Ziel, das (wie vermeintlich die utilitaristisch-hedonistische Freude) alle Ziele systematisiert, so daß alle Entscheidungen aus Zweck-Mittel-Abwägungen im Hinblick auf dieses Ziel erfolgen könnten. Und wenn wir den Kreis grundsätzlich attraktiver oberster Ziele für uns einschränken, werden wir immer auf unsere je individuellen Neigungen rekurrieren müssen. Da diese aber wechseln, wechseln auch unsere Ziele, selbst die übergeordneten. Ziele verbürgen deswegen nur unzureichend die praktische Einheit der Person. Um ihrer Pluralität und Veränderlichkeit zu begegnen, bleibt uns nach Rawls nur die Verpflichtung auf bestimmte Grundsätze, die als normativer Rahmen für unsere Ziele dienen, wobei die Gerechtigkeitsgrundsätze den Vorzug haben sollen, so weit rational begründbar zu sein, wie dies überhaupt zu erwarten ist. So wird verständlich, wieso Rawls sagen kann, wir sollten nicht versuchen, »unserem Leben dadurch Form zu verleihen, daß man sich zunächst nach dem unabhängig [über unsere Ziele; H.S.] definierten Wohl umsieht. Nicht unsere Ziele«, so heißt es weiter, »drücken in erster Linie unsere Natur aus, sondern die Grundsätze, die wir als maßgebend für die Rahmenbedingungen annehmen würden, unter denen sich diese Ziele bilden und verfolgt werden sollen.«[45] Zwar gäbe es »kein schematisches Verfahren für die Entscheidung, worin unser Wohl bestehen soll, kein Entscheidungsverfahren für den einzelnen; doch der Vorrang des Rechten und der Gerechtigkeit schränkt die Überlegungen verläßlich ein, so daß sie eher durchführbar werden«.[46] So könne man »im Rahmen der Gerechtigkeit einen Lebensplan aufstellen und befolgen und dadurch die Einheit der Persönlichkeit herstellen«.[47]

Hinter diesem Bild steht nicht nur eine bestimmte (kantische) Vorstellung von unserer »Natur als freie und vernünftige Subjekte«, sondern auch eine bestimmte (stoische) Vorstellung vom guten Leben, die auf die Sicherung der praktischen Einheit der Person vor dem Einbruch des Unverfügbaren abzielt. Daher die erstaunlichen Sätze:

45 Rawls 1971 [1975], S. 607.
46 Rawls 1971 [1975], S. 611.
47 Rawls 1971 [1975], S. 608.

»Es ist nicht möglich, seine Natur zu verwirklichen, indem man einem Plan folgt, der den Gerechtigkeitssinn nur als ein Bedürfnis unter anderen sieht, das gegen diese abgewogen werden muß. Denn diese Gesinnung zeigt, wer einer ist, und wenn man ihr um anderer Dinge willen Abbruch tut, so bringt das der Persönlichkeit keine Freiheit ein, sondern läßt den Zufällen des Weltlaufs freie Bahn.«[48]

Ich will die Attraktivität dieser Vorstellung nicht in Abrede stellen; daß wir uns über moralische Grundsätze zu einer einheitlichen Persönlichkeit integrieren und durch ihre Befolgung den Unbilden äußerer und innerer Kontingenzen zu widerstehen versuchen können, ist ein alter und tiefer Gedanke. Aber die zugrundeliegende Behauptung eines absoluten Vorrangs bestimmter Ideale vor allen Zielen ist so nicht haltbar.

Zum einen gibt es nicht nur eine Pluralität von Zielen, sondern auch eine Pluralität von Idealen. Nun kann man Rawls so verstehen, daß er einen Vorschlag zum Umgang mit dieser Pluralität macht, der auf die Unterordnung aller Ideale unter das Ideal der Gerechtigkeit hinausläuft. Für diese Unterordnung fehlt jedoch die Begründung. Sie kann nicht allein auf der Integrationsleistung speziell moralischer Ideale fußen, denn warum sollten wir unser Leben nicht auch über andere Ideale integrieren können? Zudem werden wir uns noch zu fragen haben, ob die Argumente, die sich Rawls' Ausführungen gegen eine Subordinierung aller Ziele unter ein oberstes Ziel entnehmen lassen, nicht auch gegen die Subordinierung aller Ideale unter ein Ideal sprechen (*7.4.1*).

Zum zweiten verkennt Rawls' Vorrangbehauptung die Verschränktheit von Idealen und Zielen. Richtig ist, daß Ideale Regulierungsinstanzen auch von Zielen sind. Darüber hinaus verdanken sich viele unserer Ziele allererst bestimmten Idealen; Ideale regulieren Ziele nicht nur, sondern vermögen sie auch zu generieren. Aber es gibt auch eine umgekehrte Abhängigkeitsbeziehung. Vielfach stehen Ideale, bewußt oder unbewußt, im Dienst von Zielen. Wir schätzen bestimmte Haltungen, die Ideale verkörpern, nicht zuletzt, weil sie sich in bestimmten Handlungen niederschlagen und diesen eine größere Verläßlichkeit geben. Das dürfte gerade auch auf moralische Ideale zutreffen. Ich habe es unterlassen, eine genaue Bestimmung der

48 Rawls 1971 [1975], S. 623.

Moral zu geben. Doch was immer Moral sein mag, sie ist auch ein System von Regeln, dessen Einhaltung dem Interesse der Menschen an bestimmten Gütern oder Zielerreichungen dienen soll. So wie Ziele ein Mittel sein können, um bestimmte charakterliche Haltungen auszubilden, so kann die Ausbildung bestimmter charakterlicher Haltungen der erfolgreichen Umsetzung bestimmter Ziele dienen.

Da Ideale in den Dienst von Zielen gestellt werden können, können sie zum dritten auch von diesen her kritisiert werden. Ich hatte bereits erwähnt, daß wir nicht nur Ziele im Licht von Idealen, sondern auch Ideale im Licht von Zielen hinterfragen können. Schließlich können wir unsere Ideale überdenken. Wir können dies vor dem Hintergrund anderer Ideale tun, aber auch weil wir merken, daß uns unsere Ideale daran hindern, bestimmte Ziele, an denen uns liegt, zu erreichen. Lovejoys Märtyrer kann sich fragen, ob dem Ideal der Standhaftigkeit zu genügen den eigenen Tod und die Qualen, bei lebendigem Leib verbrannt zu werden, wert ist. Und der Liebhaber von Kaninchenfleisch kann vom Ideal der Enthaltsamkeit Abstand nehmen, weil er dem Sinnengenuß ganz neue Seiten abgewinnt. Dieser Prozeß der Kritik von Idealen führt typischerweise zur Formulierung neuer Ideale; aber er führt dazu auf dem Weg über die Abschätzung von Zielen. Deswegen kann es eine offene Frage sein, wie wir uns angesichts von Konflikten zwischen Idealen und Zielen nicht nur faktisch verhalten, sondern auch verhalten sollten. Auch für die Beantwortung dieser Frage gibt es keine schematische Prozedur.

Unsere »Natur«, von der Rawls redet und mit der eigentlich unsere Verfaßtheit als Personen gemeint ist, drückt sich sowohl in unseren Idealen als auch in unseren Zielen aus. Beide zusammen machen unsere »praktische Identität« (Korsgaard) aus. Und beide sind nochmals unterschieden von unserem überlegenden Selbst, das zwischen beiden zu vermitteln sucht.

7.3.3 Die Entstehung und Veränderbarkeit von Idealen

Sowohl aus der Unterschiedenheit als auch aus der Verschränktheit von Idealen und Zielen lassen sich schließlich wieder Schlußfolgerungen für die Entstehung, Verfügbarkeit und Veränderlichkeit von Idealen ziehen. Vieles verhält sich hier ähnlich, wie es an Zielen zu konstatieren war. Ich will mich deswegen kurz fassen und es bei einigen wenigen, z.T. recht spekulativen Bemerkungen bewenden lassen; sie betreffen in erster Linie die Unterschiede zwischen Idealen und Zielen.

Wenn sich eine wirkliche Differenz zwischen Idealen und Zielen aufrechterhalten läßt, dann dürfte sie sich auch in verschiedenen Entstehungsmechanismen widerspiegeln. Meine Vermutung ist, daß Ideale deutlicher und direkter als Ziele in spezifisch interpersonalen Gefühlen wurzeln. Wahrscheinlich kommen wir zu unseren Idealen über die Identifikation mit anderen, genauer: mit uns wichtigen anderen, Meads »significant others«.[49] Am Ursprung von Idealen dürften Liebe und Bewunderung für andere Personen (unsere Eltern, Freunde, literarische und andere Vorbilder usw.) liegen. Ziele, die nicht über Ideale vermittelt sind, könnten sich demgegenüber stärker aus einfacheren Lust- und Unlusterfahrungen sowie affektiven Begehrensformen speisen, die später dann reflektiert, evaluiert und generalisiert werden können. Diese Vermutung genauer auszuarbeiten wäre Aufgabe empirisch-psychologischer Untersuchungen.

Aus den unterschiedlichen Entstehungsbedingungen von Idealen einerseits und Zielen andererseits könnte sich erklären, daß, wie angesprochen, unsere affektiv-volitive Verbundenheit mit unseren Idealen meist stärker ist als unsere Verhaftetheit bestimmten Zielen gegenüber. Die Fälle, in denen Personen ihr Leben primär an bestimmten Zielen ausrichten, könnten sich aus Prozessen sekundärer affektiver Besetzung erklären lassen. Das Streben nach Reichtum beispielsweise könnte ursprünglich von dem Wunsch, anderen durch eine bestimmte Lebensweise zu imponieren, motiviert sein, um dann später zum Selbstzweck zu werden.

In dem Maße, in dem wir uns mit unseren Idealen affektiv-volitiv identifizieren, entziehen sie sich unserer unmittelbaren voluntativen Kontrolle. Es sind vorzugsweise Ideale, an denen sich Konflikte zwischen Formen kognitiv-volitiver und affektiv-volitiver Identifikation entzünden. Damit hängt zusammen, daß es manchmal nur ein kurzer Weg ist von der Überzeugung, in bestimmten Idealen manifestiere sich das, was man

49 Mead 1934.

eigentlich wolle, das eigene tiefere Selbst, zu dem Eindruck, man sei in bestimmte Ideale entfremdet. Sicherlich: Nichts ist ein Ideal, das wir nicht irgendwie akzeptiert und gutgeheißen hätten; wir müssen uns Ideale genauso wie Ziele von innen her aneignen. Aber dieser Aneignungsprozeß kann ganz unterschiedlich ausfallen; vor allem kann das Ausmaß, in dem er von expliziten praktischen Überlegungen gesteuert wird, sehr stark variieren. Ein guter Indikator für die Schwierigkeiten, die sich in diesem Zusammenhang auftun, sind die Unsicherheiten in bezug auf die Frage, inwieweit Personen für ihren Charakter, für das Gesamt ihrer Seinsweisen, zumindest in dem Sinn verantwortlich sind, daß seine Formation von Formen ihrer Zustimmung begleitet wurde. All das bedeutet nicht, daß Ideale nicht genauso wie Ziele Resultat praktischer Überlegungen sein können. Theoretisch können wir alle unsere Ideale in Überlegungen überprüfen, modifizieren und durch andere ersetzen. Daß dieser Vorgang seinerseits auf Ideale als vorgängige Orientierungspunkte angewiesen sein kann, ist kein Einwand, weil er, statt auf einen Schlag stattzufinden, sukzessive vonstatten gehen kann. Aber was theoretisch möglich ist, ist es praktisch, im wirklichen Leben, oft nur sehr begrenzt.

Eine letzte Bemerkung gilt der sozialen und kulturellen Prägung von Idealen. Daß viele unserer Ideale faktisch ein Produkt der sozialen Zusammenhänge sind, in denen wir stehen, ist unbestreitbar. Psychologisch werden sozial geprägte Ideale über das Bedürfnis nach Anerkennung vermittelt. Von philosophischem Interesse ist jedoch vordringlich die Frage, inwieweit der Wert, den Ideale für uns haben, intersubjektiv konstituiert wird. Ideale, so hatte ich gesagt, fungieren als Bewertungsstandards, und die Frage ist, inwieweit diese Standards nicht nur faktisch, sondern auch notwendig gesellschaftlich vermittelt sind, oder anders formuliert: inwieweit es überhaupt rein individuelle Bewertungsstandards für Lebensweisen geben kann. Die Tatsache, daß wir ein starkes Bedürfnis haben, die von uns akzeptierten Lebensweisen zumindest durch imaginierte andere bestätigt zu bekommen, spricht gegen die Möglichkeit sehr idiosynkratischer Ideale. Andererseits ist es im Zeichen der Pluralität von Idealen durchaus denkbar, daß Menschen Ideale für sich allein formulieren, ohne zu beanspruchen, daß andere sie teilen müßten.

7.4 Lebenskonzeptionen

Ziele und Ideale können als Teilantworten auf die praktische Grundfrage verstanden werden. Diese Antworten müssen nicht explizit formuliert sein; sie können sich einfach in unserem Verhalten niederschlagen, in dem, was wir tun und wie wir mit anderen sprechen. Am deutlichsten treten sie bei bestimmten Grundentscheidungen hervor, die für größere Bereiche unseres Lebens bestimmend werden. Sie orientieren uns jedoch auch in unseren alltäglichen Handlungsvollzügen, in denen sie in Form von Hintergrundannahmen die Gestalt unserer einzelnen Absichten beeinflussen. Unsere Ziele und Ideale halten unser Leben zusammen und geben damit *uns* Halt. Gleichwohl darf ihre Orientierungsleistung auch nicht überschätzt werden.

Erstens nämlich bilden Ziele und Ideale, wie wir gesehen haben, häufig nur einen lockeren Rahmen für unsere situativeren Handlungsentscheidungen. Die Vorgaben, die sich ihnen entnehmen lassen, können relativ unbestimmt sein. Was in einer konkreten Situation zu tun gut ist, kann mehr oder minder ganz von den partikularen Zügen dieser Situation und unseren spezifischen Gefühlen und Wünschen abhängen.

Zweitens hat jeder Mensch eine Vielzahl von Zielen und Idealen. Es kann deswegen auch auf der Ebene von Zielen und Idealen zu Konflikten kommen, mit denen wir irgendwie umgehen müssen.

Mit der Pluralität und potentiellen Konflikthaftigkeit unserer Ziele und Ideale hängt drittens zusammen, daß sie Wandlungen ausgesetzt sein können. Ziele und Ideale fungieren nicht als unerschütterliches Fundament aller unserer praktischen Überlegungen.

Und viertens ist daran zu erinnern, daß auch sehr umfassende Ziele und Ideale in der Regel nur längere Phasen und größere Bereiche unseres Lebens, nicht unser Leben als Ganzes strukturieren. Das wirft die Frage auf, ob und wenn ja, in welcher Weise wir in praktischen Überlegungen noch über unsere grundlegendsten Ziele und Ideale hinausgreifen können (oder sogar müssen).

Ich möchte mich im letzten Abschnitt dieses Kapitels auf den zweiten und den vierten Punkt konzentrieren. In *7.4.1* wird es um die Möglichkeit gehen, dem Problem der Pluralität und

Konflikthaftigkeit unserer Ziele und Ideale durch deren rigorose Unterordnung unter ein einziges Ziel oder Ideal zu begegnen. Ließen sich nicht die meisten unserer praktischen Probleme durch strikte Ziel- und Idealhierarchisierung lösen? Was spricht dafür, was dagegen? In *7.4.2* geht es um Alternativen zu monolithischen Ziel- und Idealhierarchien. Können wir unseren verschiedenen Zielen und Idealen nicht auch eine andere, weniger pyramidale Form von Einheit geben? In diesem Zusammenhang werde ich auf die Möglichkeit und Notwendigkeit eingehen, Grundeinstellungen und Vorstellungen vom zeitlichen Verlauf des eigenen Lebens auszubilden, in die sich auch unsere obersten Ziele und Ideale als Konkretisierungen einpassen lassen. In *7.4.3* wende ich mich dann kurz der Frage zu, wie sich unsere Suche nach Sinn, die uns zum Verfolgen von Zielen, Hegen von Idealen und Ausbilden von Grundeinstellungen und Lebensverlaufsmustern führt, zu unserem Verlangen nach Glück verhält. »Sinn« und »Glück« sind vielleicht die allgemeinsten Kategorien, die als letzte Orientierungspunkte für unsere Suche nach Antworten auf die praktische Grundfrage in Frage kommen. Den Gesamtzusammenhang von Zielen, Idealen, Grundeinstellungen, Lebensverlaufsmustern sowie Vorstellungen von Sinn und Glück könnte man als die »Lebenskonzeption« einer Person bezeichnen.

7.4.1 Die Orientierung an einem einzigen obersten Ziel oder Ideal

Daß jeder Mensch viele Ziele und Ideale hat, ist sowohl der Vielfalt seiner biologisch verankerten und kulturell spezifizierten Bedürfnisse als auch der Vielfalt der sozialen Rollen geschuldet, die er im Laufe seines Lebens übernimmt. Bedürfnisse und Rollen müssen subjektiv angeeignet werden, um als Ziele und Ideale fungieren zu können; aber dies ist ein Vorgang, dem wir uns faktisch kaum verweigern können (der Preis dafür wäre radikale Entfremdung). *Theoretisch* müßte darin kein besonderes Problem liegen. Unsere Ziele und Ideale können mit- und untereinander harmonieren; sie können sich entweder fruchtbar ergänzen oder sich zumindest dadurch nicht in die Quere kommen, daß sie für unterschiedliche Handlungs- und Lebensbereiche zuständig sind. *Praktisch* sind Konflikte zwischen unseren verschiedenen Zielen und Idealen jedoch nicht zu vermeiden. Sie ergeben sich schon dadurch, daß insbesondere gesellschaftliche Rollen, in anderer Weise aber auch bestimmte biologische Bedürfnisse als solche nicht auf unsere je besondere Lage zugeschnitten sind. Unsere Ziele und Ideale fallen nicht von selbst in einen reibungslosen Ergänzungszusammenhang. Vielmehr obliegt ihre Koordinierung wiederum praktischen Überlegungen. Aber wie können wir sie so aufeinander abstimmen, daß wir handlungs- und lebensfähig bleiben?

Die wohl naheliegendste Möglichkeit besteht in dem Versuch der Unterordnung all unserer Ziele und Ideale unter ein einziges Ziel oder Ideal. Die in der ›Logik‹ praktischen Überlegens liegende Vereinheitlichungstendenz scheint uns fast unweigerlich in diese Richtung zu drängen. Das eigene Leben *einem* Ziel oder *einem* Ideal zu unterstellen ist nicht zufällig ein Gedanke, der im Leben vieler Menschen ebenso wie in der philosophischen Tradition eine enorme Anziehungskraft bewiesen hat.[50] Kaum etwas scheint unserem Leben eine festere Struktur, einen klareren Maßstab für unsere Entscheidungen und ein besseres Unterpfand für Sinnerfahrungen zu geben. Aber es fragt sich sowohl, wie realistisch diese Möglichkeit ist, als auch, welche Kosten sie bei allen eventuellen Vorteilen hat.

Wie darauf zu antworten ist, hängt im wesentlichen davon ab, welche Form die Unterordnung aller Ziele und Ideale unter ein Ziel oder Ideal annehmen soll. So macht es einen großen Unterschied, ob der letzte Fluchtpunkt aller unserer Überlegungen und all unseren Tuns ein relativ konkretes Handlungsziel oder Ideal ist oder ein eher vages und flexibles Ziel oder Ideal. Ich kann mir vornehmen, mein Leben ganz in den Dienst einer Sache: den Sturz der korrupten Regierung, der Sorge für meine Familie, einer romantischen Liebe etc., zu stellen, und ich kann mir zur Lebensregel machen, in meinem Tun nie bestimmte moralische Prinzipien oder die Anforderungen eines

50 Sehr deutlich klingt dieser Gedanke u.a. bei Aristoteles an. In der *Eudemischen Ethik* heißt es: »Jeder, der sein Leben nach seiner eigenen Entscheidung zu leben vermag, setzt sich irgendein Ziel für das gute Leben [*kalos zen*]: entweder Ehre oder Ruhm oder Reichtum oder Bildung, – ein Ziel, auf das er in all seinem Tun hinblicken wird (denn es ist ein Zeichen großen Unverstands, sein Leben nicht im Hinblick auf ein bestimmtes Ziel geordnet zu haben).« (*EE* 1214b7-11; Übersetzung von mir.)

bestimmten ästhetischen Lebensstils zu verletzen. Im ersten Fall kann im Extrem jede Handlung als Mittel zur Verwirklichung des einen obersten Ziels betrachtet werden; die Vorgaben, die mir mein Ziel macht, sind dann sehr eng, mit der Folge, daß Entscheidungsprobleme kaum noch auftauchen (obwohl Einschätzungsprobleme bleiben werden). Im zweiten Fall gibt mir mein Ideal vornehmlich bestimmte Grenzen vor, die ich nicht übertreten darf (bzw. will), innerhalb deren aber viele verschiedene Verhaltensweisen denkbar sind.

Die Einwände, die des öfteren gegen den Versuch erhoben werden, die praktische Grundfrage durch die Ausrichtung des eigenen Lebens an einem einzigen Ziel oder Ideal zu beantworten,[51] richten sich üblicherweise gegen das Modell der Orientierung an einem obersten Handlungsziel oder Ideal, das inhaltlich bestimmt genug ist, um unser Tun sehr präzise anzuleiten. Bedenkt man, daß wir in unserem Leben unweigerlich mit immer neuen Situationen konfrontiert werden und stets nur über begrenztes Wissen verfügen, wir also immer wieder um- und dazulernen müssen, ist es eher fraglich, ob die starre Fixierung auf ein einziges, inhaltlich sehr spezifisches Ziel oder Ideal auf Dauer überhaupt möglich ist oder nicht im Gegenteil zur Handlungslähmung führen muß. Auf alle Fälle sind die Kosten eines solchen Unternehmens augenfällig.

Einmal machen wir uns durch es in besonders hohem Maße anfällig für schmerzhafte Verluste. Wer, bildlich gesprochen, alles auf eine Karte setzt, kann eben auch alles verlieren. Das Risiko des Verlustes ist die negative Rückseite der Möglichkeit, Sinnerfahrungen zu machen, und wir können uns immer fragen, ob es uns nicht zu hoch ist.

Sodann wird die Gefahr des Verlustes noch dadurch erhöht, daß die Unterordnung aller Ziele und Ideale unter ein – inhaltlich sehr bestimmtes – Ziel oder Ideal leicht dazu führt, sich gegen viele Aspekte der Welt abzuschotten. Wir machen uns blind nicht nur gegen andere Möglichkeiten, sondern auch gegen die Bedrohungen, die unseren Erfolg bei der Umsetzung unseres Ziels oder Ideals gefährden.

Noch gravierender ist, daß die Tendenz zur Abschottung nicht nur die äußere Welt, sondern auch uns selbst betrifft. Wer

51 Vgl. z.B. Rawls 1971, insbes. §§ 83 ff. und Velleman 1989, S. 284 f.

alles einem Ziel oder Ideal unterordnet, kann vielen seiner eigenen Gefühle und Wünsche keine Entfaltung mehr gewähren. Wir verlieren dadurch an Spontaneität und verarmen affektiv wie volitiv.

Die für das Verfolgen eines einzigen, inhaltlich sehr bestimmten Ziels oder Ideals notwendige Zurückdrängung eigener Gefühle und Wünsche schlägt, auf Dauer gestellt, in deren Verdrängung um. In der Folge verkennen wir uns selbst; unsere Selbstkenntnis wird eingeschränkt und damit auch die Möglichkeit, selbstbestimmt zu handeln. Was ein Zuwachs an Kontrolle über das eigene Leben zu bedeuten schien, wird zum Zwang.

Wie alles Verfolgen speziell von Zielen kann die rigorose Ausrichtung an einem einzigen Ziel schließlich auch vergessen machen, daß wir nicht nur für die Zukunft, sondern auch in der Gegenwart leben. Wir können nicht beständig von Augenblick zu Augenblick leben, aber wer sich ganz dem überraschenden Augenblick verschließt, verschließt sich einer besonderen Glücksmöglichkeit.

Trotz dieser Einwände mag es Menschen geben, für die der Verlust an Spontaneität und innerem Reichtum, den ein Leben, das sich einem einzigen, klar umrissenen Ziel oder Ideal verschreibt, nach sich zieht, durch einen Gewinn an Orientierungssicherheit aufgewogen wird. Vom Schreibtisch aus ist dies schwer zu entscheiden. Allerdings dürfte es zumeist attraktiver sein, die Probleme, die aus der Vielfalt der eigenen Ziele und Ideale erwachsen können, nicht durch Unterordnung unter ein Ziel oder Ideal, das inhaltlich sehr bestimmt ist, zu lindern, sondern durch ihre Einrahmung durch eines, das eher vage und spezifikationsbedürftig ist.

In diesem Sinn läßt sich die schon erwähnte Empfehlung von Rawls verstehen, die Einheit der eigenen Persönlichkeit über die unbedingte Verpflichtung auf das Ideal der Gerechtigkeit zu sichern. Was die Gerechtigkeit von uns verlangt, wird vielfach Interpretationssache sein (ohne deswegen beliebig zu werden). Manchmal wird es bedeuten, etwas ganz Bestimmtes tun zu müssen (besonders bei positiven Pflichten), manchmal lediglich, etwas Bestimmtes nicht zu tun. Gemeinhin läßt das Ideal der Gerechtigkeit einen mehr oder minder großen Spielraum für die individuelle Lebensgestaltung, der auf viele Weisen genutzt werden kann. Insofern gibt es uns einen normativen

Rahmen für unser Tun vor, ohne es im einzelnen zu diktieren. Ähnliches gilt für andere oberste Ideale, wie sie in der philosophischen Tradition in Lehren vom guten Leben anempfohlen worden sind. Das hedonistische Lob der Freude etwa bleibt, weil wir uns an so vielem auf so viele verschiedene Weisen freuen können, relativ leer, wird es nicht durch weitere Ausführungen ergänzt. Die aristotelisch-leibnizsche Propagierung eines Lebens der aktiven Vervollkommnung der eigenen Fähigkeiten ist allenfalls eine grobe Richtungsanweisung. Wer, wie Thomas von Aquin, zur Schau Gottes und unbedingtem Gehorsam ihm gegenüber rät, muß seine Gottesvorstellungen spezifizieren und sagen, was im einzelnen es ist, das Gott befiehlt, und wie wir es erkennen. Alle diese Vorschläge versuchen, die Vorteile der Orientierung an einem einzigen Ziel oder Ideal zu bewahren, ohne ihre Nachteile in Kauf nehmen zu müssen. Dadurch werden sie jedoch instabil: Werden sie stärker inhaltlich konturiert, erzeugen sie die Einschränkungen, die mit der Fixierung auf ein einziges, relativ konkretes Handlungsziel verbunden sind; werden sie dagegen stärker formalisiert, zerfallen sie leicht wieder in die Vielzahl von Zielen und Idealen, die sie zusammenhalten sollten.

Außerdem bleibt ein Problem bestehen, gleich wie substantiell das eine Ziel oder Ideal, hinter das alles andere zumindest im Konfliktfall zurücktreten soll, gefaßt wird: das der Auswahl dieses einen Ziels oder Ideals. Wir können immer fragen, warum es gerade dieses eine Ziel oder Ideal sein soll, dem ein absoluter Rang gebührt, und nicht ein anderes. Warum soll es z.B. das Ideal der Gerechtigkeit sein, wie nicht erst Rawls, sondern schon Platon so entschieden gemeint hat? Für eine ausführliche Auseinandersetzung mit dieser Sicht fehlt mir hier der Raum. Ich kann deswegen nur wiederholen, daß ich sie für verkürzt halte. Gerechtigkeit ist schon innerhalb der Moral nur ein Ideal; wenn sie nicht sehr formal verstanden wird (so daß die Rede von »Gerechtigkeit« synonym mit der von »Moral« wird), ist durchaus denkbar, daß sie mit anderen moralischen Idealen wie dem der Wohltätigkeit in Konflikt gerät. Erst recht kann sie mit anderen nicht-moralischen Zielen und Idealen in Konflikt geraten.[52] Und wie sollte man zeigen, daß in einem sol-

52 Ich sage nicht, daß das Ideal der Gerechtigkeit mit anderen Zielen und Idealen in Konflikt geraten *muß*. Sich stets gerecht zu verhalten ist *strukturell*

chen Fall das Ideal der Gerechtigkeit stets den Vorzug verdient? Glaubt man nicht an eine objektiv vorgegebene, »reale« Wertordnung und hält man auch die Rede von einem »absoluten moralischen Sollen« oder »Müssen« für obskur, bleibt nur der Versuch, nachzuweisen, daß allein ein Leben nach dem Ideal der Gerechtigkeit bestimmten Gefühlen, Wünschen oder Interessen gerecht zu werden vermag (oder in besonderer Weise gerecht zu werden vermag), die für unser Leben zentral sind. So wollte Platon zeigen, daß nur ein gerechtes Leben uns in Übereinstimmung mit uns selbst bringt und unserem Leben Einheit verleiht. Die Stoa meinte, daß uns nur ein moralisch-tugendhaftes Leben vor den Gefährdungen des Zufalls schützt. Für Kant war allein ein moralisch gutes Leben ein selbstbestimmtes Leben. Aber ist das überzeugend? Erfüllt die Moral tatsächlich diese Funktionen? Und wenn ja, könnten sie nicht auch von anderen Idealen gewährleistet werden? Und schneidet uns ein strikt moralisches Leben nicht von Erfahrungen ab, die uns auch wichtig sein könnten?

7.4.2 Grundeinstellungen und die Verlaufsform eines Lebens

Die mehr oder minder rigorose Ausrichtung des eigenen Lebens an *einem* Ziel oder Ideal verlangt eine starke Identifikation mit diesem Ziel oder Ideal. Eine solche Identifikation wird durch metaphysische Annahmen, die den Wert des Ziels oder Ideals betreffen, zumindest erleichtert. Förderlich, wenn nicht vorausgesetzt sind auch feste äußere Strukturen, etwa in Form stabiler Institutionen oder ungebrochener Traditionen. Diese unterstützenden Bedingungen sind für viele Menschen nicht

vereinbar etwa mit der Verfolgung eigener Projekte und mit den Idealen der Freundschaft, der romantischen Liebe oder der künstlerischen Selbstverwirklichung; vgl. dazu Kim 1998 gegen die entgegengesetzten Auffassungen von Williams, McFall und Susan Wolf. Das Ideal der Gerechtigkeit kann den Rahmen für diese anderen Ideale abgeben; es muß mit ihnen nicht auf der gleichen Ebene liegen (jedenfalls dann, wenn es primär um negative Pflichten geht, eine Einschränkung, die Kim übersieht). Mein Punkt ist ein theoretisch viel weniger aufregender: Ich halte es schlicht aus *empirischen* Gründen für illusorisch zu meinen, Konflikte zwischen dem Ideal der Gerechtigkeit und anderen moralischen wie nicht-moralischen Idealen ließen sich vermeiden.

gegeben. Schon deshalb fragt sich, ob wir unserem Leben noch auf andere Weise Gestalt geben können als durch Hinordnung auf ein oberstes Ziel oder Ideal, so relativ flexibel dieses auch sein mag.

Eine radikale Lösung wäre der Verzicht auf jede Form von Einheitsgebung. Können wir nicht doch so leben, daß wir die Dinge auf uns zukommen lassen und immer wieder von neuem rein situativ entscheiden, was zu tun ist? Könnten wir nicht gerade auf diese Weise Raum lassen für die Realisierung der verschiedensten Ziele und Ideale? Etwas davon ist sicherlich möglich und auch wünschenswert, ja Bedingung für an den Augenblick gebundene und eher passivische Glückserfahrungen. Aber ohne weitere Qualifikationen ist nicht klar, wie sich ein solches Leben gegen ein bloßes Dahintreiben abhebt, und ein nicht nur temporäres, sondern permanentes Dahintreiben ist unweigerlich mit dem Gefühl der Fremdbestimmtheit und Sinnlosigkeit verbunden. Dem Bedürfnis, dem eigenen Leben eine Form von Einheit zu verleihen, können andere Bedürfnisse wie das nach Spontaneität entgegengesetzt werden, aber es gänzlich unbefriedigt zu lassen hat einen zu hohen Preis. Ihm in keiner Weise Genüge zu tun ist für uns keine wirkliche, d.h. lebbare Option.[53]

An dieser Stelle wird nun relevant, daß auch Ziele und Ideale nicht die letzten, unhintergehbaren Orientierungspunkte für unsere praktischen Überlegungen abgeben. Unhintergehbar sind sie schon aus dem Grund nicht, daß sie durch unsere stärker unmittelbaren Gefühle, Wünsche und Meinungen korrigiert werden können. Praktisches Überlegen ist nur in seltenen Fällen eine einfache, quasi-deduktive Bewegung von oben nach unten: Ziele und Ideale erlauben uns, von unseren unmittelbaren Gefühlen und Wünschen Abstand zu nehmen, sie zu kritisieren und zu modifizieren; aber es kann Situationen geben, in denen das Gewicht unserer Gefühle und Wünsche bisher verfolgte Ziele und gehegte Ideale in Frage stellt. Darüber hinaus gibt es Bezugspunkte, die Ziele und Ideale nochmals übergrei-

53 Wirklich nicht? Ein Gegenbeispiel könnten buddhistische Vorstellungen und Praktiken sein, die auf Auslöschung eines sich in der Zeit durchhaltenden Selbst zielen. Das dazu erforderliche Maß an Selbstdisziplin scheint aber paradoxerweise gerade einen besonders stabilen Charakter zu erzeugen.

fen, so daß diese auch insofern nicht ein Letztes sind. Ich denke dabei an zweierlei.

(1) Zum einen können – und ich glaube sogar: müssen – wir bestimmte *Grundeinstellungen* ausbilden und überlegen, was zu diesen paßt und was nicht.[54] Mit »Grundeinstellung« meine ich so etwas wie eine generelle Sicht von der Welt und sich selbst, dem eigenen Leben. Grundeinstellungen können in reflexiven oder Metaidealen artikuliert werden (von daher ist die Grenze zwischen Grundeinstellungen und sehr allgemeinen Idealen fließend) und zu philosophischen oder religiösen Überzeugungen ausgebaut werden. Sie können jedoch auch weitgehend unartikuliert bleiben und als nicht weiter reflektierte Hintergrundannahmen und Verhaltensrichtlinien fungieren.

Ein Beispiel für eine artikulierte Grundeinstellung ist Albert Camus' Vorstellung der Revolte angesichts des Absurden.[55] Da das Leben als solches keinen Sinn habe, könnten wir ihm einen eigenen Wert nur im letztlich aussichtslosen Kampf gegen die Unbilden der Wirklichkeit geben. Thomas Nagel hat aus der gleichen Voraussetzung einen anderen Schluß gezogen: Angesichts des Absurden sei einzig eine Grundeinstellung distanzierter Ironie angemessen, die absurden Seiten des Lebens rechtfertigten keine heroische Verzweiflung.[56] Ursula Wolf hat auf die Parallele zwischen solchen Grundeinstellungen und ästhetischen Gebilden aufmerksam gemacht.[57] Camus appelliert ausdrücklich an die ästhetische Wahrnehmung, wenn er behauptet, für einen »Menschen ohne Scheuklappen« gebe es »kein schöneres Schauspiel als die Intelligenz im Kampf mit einer ihr überlegenen Wirklichkeit«.[58] Auch kann man eine Funktion der Kunst in der Artikulation von Grundeinstellungen und in der Bereitstellung von alternativen Grundeinstellungen sehen. Denkt man an einen umfassenden religiösen Glauben oder an den Szientismus als Weltanschauung, können Grundeinstel-

56 Die folgenden Überlegungen zum Charakter von »Grundeinstellungen« stellen einen ersten Versuch dar; mir ist bewußt, daß sie weiterer Konkretisierungen bedürften. Sie sind u.a. von Beschreibungen von »Initialentwürfen« inspiriert, wie sie sich bei Sartre, vor allem in seiner Studie über Flaubert, finden. M.E. zeichnet Sartre jedoch ein viel zu geschlossenes Bild der praktischen Orientierung von Personen.

57 Camus 1959.

58 Nagel 1971.

lungen aber auch einen mehr theoretischen Charakter annehmen, wobei wieder gilt, daß eine solche »Theorie« nicht ausformuliert sein muß, sondern weitgehend implizit sein kann. Von Theorien, wie sie aus den Natur- und Sozialwissenschaften bekannt sind, unterscheiden sich Grundeinstellungen dadurch, daß sie stets eine wertende Komponente haben und diese ihren Kern bildet. Grundeinstellungen strukturieren das, was uns begegnet, in evaluativen Kategorien. Sie stellen den Versuch dar – bzw. haben die Funktion –, unserer eigenen und der menschlichen Existenz überhaupt irgendeinen Sinn im doppelten Sinn von Verständlichkeit und Relevanz zu geben, und sei es eben den, der allgemeinen Sinnlosigkeit standzuhalten.

Mit der Ausbildung von Grundeinstellungen, die meist ein lebenslanger Prozeß ist, reagieren wir auf existentielle Erfahrungen wie Erfahrungen von Unverfügbarkeit, insbesondere der eigenen Sterblichkeit, dem Erleben tiefen »Glücks« und tiefer »Not« (Henrich), irritierenden Stimmungen und einbrechenden Sinnlosigkeitsgefühlen. Als Personen stehen wir unter dem existentiell-psychologischen Zwang, Grundeinstellungen auszubilden, weil wir sinnbedürftige Wesen sind und Sinn nicht einfach als in der Welt gegeben vorfinden. Natürlich findet jede einzelne Person schon Sinnentwürfe in Form von kulturellen Deutungsmustern vor. Aber zum einen sind diese selbst Ausdruck jener *Conditio humana*, die die Existenzphilosophie in die Formel des Vorangehens der »Existenz« vor der »Essenz« des Menschen gebracht hat; sie werden erst durch den Menschen in die Welt gebracht, nicht schon in ihr vorgefunden. Und zum anderen muß sich jede einzelne Person, obwohl sie auf vorhandene Deutungsmuster zurückgreifen kann und muß, diese doch immer erst aneignen und sie mit ihrem eigenen, je besonderen Leben vermitteln. Grundeinstellungen sind insofern ein »individuelles Allgemeines«:[59] Sie tragen sowohl einen untilgbar »persönlichen Index«[60] als auch das Gepräge der Zeit und Gesellschaft, in der die Person lebt.

57 U. Wolf 1984, S. 167 f.
58 Camus 1959, S. 50. Diese Stelle wird von U. Wolf 1984, S. 167 zitiert und interpretiert.
59 Ich lehne mich damit an Sartres Bestimmung des Menschen als ein »einzelnes Allgemeines« an; Sartre 1971 [1986], S. 7.
60 Vgl. dazu Ch. Taylor 1989, S. 492 und S. 481.

Der individuelle, persönliche Zug von Grundeinstellungen spiegelt sich in der affektiven Tönung, die sie annehmen. Subjektiv werden sie in Form von Grundstimmungen erlebt, die sich im Spektrum von Verzweiflung und Zufriedenheit bewegen. Wir können der Welt eher pessimistisch oder eher optimistisch begegnen, ihr ängstlich oder zuversichtlich entgegentreten, und diese Haltung wird einen Großteil unserer Lebensäußerungen prägen. Die Grundstimmungen, in denen sich Grundeinstellungen niederschlagen, haben einen Hintergrund komplexer kognitiver Überzeugungen, die wir sprachlich (etwa in Werturteilen) zu artikulieren und damit zu etwas Allgemeinem zu machen versuchen können; es handelt sich bei ihnen also nicht um primitive Emotionen. Zugleich sind sie aber immer auch Produkte der Verarbeitung der je eigenen Gefühle, Wünsche und sonstigen Erfahrungen.

In gewisser Hinsicht sind Grundeinstellungen unsere fundamentalste Antwort auf die Frage, wie zu leben gut ist. In anderer Hinsicht ist dies allerdings irreführend, denn zu unseren Vorstellungen vom guten Leben gehört mehr als ein vager Sinnentwurf. Dieser liefert nur die Grundkoordinaten, die das Feld markieren, innerhalb dessen wir uns überhaupt ein gutes Leben vorstellen können. Grundeinstellungen stehen für unsere Sicht vom Leben »als Ganzes«, doch diese Sicht muß in einzelnen Gefühlen, Wünschen, Werturteilen, Zielen, Idealen usw. ausbuchstabiert werden. Das wirkt sich auch auf die Orientierungsfunktion von Grundeinstellungen aus.

Auf der einen Seite übergreifen sie noch unsere obersten Ziele und Ideale, sofern diese hinlänglich inhaltlich bestimmt sind. Das läßt sich gut daran ablesen, daß Grundeinstellungen gegebenenfalls auch die Revision oberster Ziele und Ideale überstehen. Der heroische Kampf im Angesicht des Absurden mag sich im Verfolgen verschiedener Ziele und Ideale ausdrücken. Die ironische Distanz zur Welt und zu sich selbst ist, sofern sie überhaupt die Identifikation mit einzelnen Zielen und Idealen erlaubt, mit verschiedenen Zielen und Idealen verträglich. Wir können deswegen versuchen, zu unseren Grundeinstellungen passende Ziele und Ideale zu finden. Auf der anderen Seite können wir aber nicht mit Grundeinstellungen allein leben. Sie müssen zu handlungsselegierenden Zielen und Idealen spezifiziert werden, um unser Leben tatsächlich orientieren zu können. In praktischen Überlegungen überprüfen wir verschiedene Handlungs- und Lebensmöglichkeiten vor dem Hintergrund unserer Grundeinstellungen, doch ist auch dies kein einfacher Weg von oben nach unten, sondern ein ständiges Hin- und Hergehen zwischen Situationswahrnehmungen und mentalen Einstellungen ganz verschiedener Konkretheitsstufe. Das ist auch der Grund, warum selbst Grundeinstellungen Veränderungen ausgesetzt sind. Neue Gefühle, Wünsche, Wahrnehmungen usw. können eine einmal ausgebildete Grundeinstellung sukzessive (und für die Person selbst häufig kaum merklich) verändern. Außerdem kann eine Grundeinstellung mehr oder minder geschlossen sein. Sie muß nicht alle unsere Lebensäußerungen färben, obwohl sie typischerweise sehr viele davon durchdringt. Wie umfassend eine Grundeinstellung ist, ist eine Frage des Grades.

Da die Ausbildung von Grundeinstellungen eine in unserer Sinnbedürftigkeit wurzelnde existentiell-psychologische Notwendigkeit ist, stellt sie nicht einfach eine Alternative zur Orientierung an einem einzigen Ziel oder Ideal dar. Vielmehr wird auch eine solche Orientierung immer Ausdruck einer Grundeinstellung der einen oder anderen Art sein. So kann sich in der Verpflichtung auf ein bestimmtes religiöses Leben eine Grundeinstellung konkretisieren, die von dem Grundgefühl getragen wird, daß letztlich alles gut ist und wir »gerettet« sind. Im Fall von Rawls' Ideal der Gerechtigkeit könnte man argumentieren, daß sich die Grundeinstellung, der sie entspringt, in Rawls' Auffassung von unserer »Natur« als freien und vernünftigen Subjekten zeigt. Grundeinstellungen können sich in bestimmten Zielen und Idealen gleichsam verdichten. Nur eröffnen sie dadurch, daß sie grundsätzlich über einzelne Ziele und Ideale hinausgehen, Möglichkeiten für ein weniger rigoroses Selbstverständnis.

Für Menschen, die sich nicht mehr einem einzigen, inhaltlich mehr oder minder deutlich konturierten Ziel oder Ideal verschreiben können, sind von Ironie und Humor bestimmte Grundeinstellungen vermutlich am naheliegendsten.[61] Sie füh-

61 Zur Ironie vgl. Rorty 1989. Für Rorty ist Ironie eine geistige Verfassung, in der Menschen »nie ganz dazu in der Lage (sind), sich selbst ernst zu nehmen, weil immer dessen gewahr, daß die Begriffe, in denen sie sich selbst beschreiben, Veränderungen unterliegen, immer im Bewußtsein der Kontin-

ren zu Metamaximen wie denen, Spannungen zwischen verschiedenen Zielen und Idealen zuzulassen und mit Ambivalenzen zu leben zu versuchen. William James hat in diesem Zusammenhang vom (Meta-)Ideal der »tolerance of ambiguity« gesprochen.[62] Es manifestiere sich in der Fähigkeit, einmal aufgestellte und befolgte Regeln zu brechen, sobald sie für den aktuellen Fall zu starr geworden sind. Die Souveränität, die darin liegt, kann jedoch auch eine dunklere Note haben und Niederschlag einer eher fatalistischen Grundeinstellung sein. Die weiter oben zurückgewiesene Vorstellung, wir könnten so leben, daß wir einfach die Dinge auf uns zukommen lassen, markiert gewissermaßen die Grenze einer offenen Grundeinstellung. Zur bewußten Maxime gemacht, kann sie einen Schutz gegen bloßes Sichtreibenlassen bilden. Diese Maxime durchhalten zu können, ohne auf Dauer die Fähigkeit zu verlieren, sein Leben wenigstens zeitweilig eigenen Regeln zu unterwerfen, dürfte jedoch eine Illusion sein. Zudem bleibt zu bedenken, daß jede Distanzierung von den eigenen Zielen und Idealen die Gefahr mit sich bringt, so von ihnen entfremdet zu werden, daß sie nicht mehr sinnstiftend wirken können. Der Ironiker wird leicht zum Zyniker.

(2) Bilden Grundeinstellungen den einen Ziele und Ideale übergreifenden Bezugspunkt praktischer Orientierungen, so wird ein zweiter Bezugspunkt durch unser *Bild vom zeitlichen Verlauf unseres Lebens* bereitgestellt, in dem man zur Not auch einen Aspekt unserer jeweiligen Grundeinstellung sehen kann.

Bei der Besprechung des Verfolgens längerfristiger Ziele hatte ich darauf hingewiesen, daß wir ein Interesse daran haben, daß unser Tun auch in der Zeit eine bestimmte Struktur hat (*7.2.3*). Wir möchten nicht, daß unsere Handlungen in ein zusammenhangloses Nacheinander zerfallen oder eine bloß kausale Abfolge darstellen. Durch das Verfolgen von Zielen erhält unser Tun eine bestimmte Richtung, und indem wir es als auf ein bestimmtes Ziel hinführend erleben, erhält es für uns Sinn zumindest im Sinne von Verständlichkeit. In diesem Sinn wird unser Tun als zielgeleitetes zu einer »Erzählung« oder

genz und Hinfälligkeit ihrer abschließenden Vokabulare, also auch ihres eigenen Selbst.« (Rorty 1989 [1992], S. 12.) Humor angesichts von Ambivalenzerfahrungen empfiehlt Frankfurt in 1992 [1999], S. 107.

62 Zit. nach Elster 1979, S. 107.

»Geschichte«; es gewinnt eine eigene »narrative« oder »dramatische« Gestalt. Wir können unser Leben nun jedoch auch so führen, daß es sich als ein in der Zeit erstreckter Sinnzusammenhang entfaltet, der sich über den Wechsel und die Veränderung unserer einzelnen Ziele hinaus erhält. Wir können darauf zu achten versuchen, daß sich unsere maßgeblichen Ziele in einer bestimmten, Verständlichkeit und Relevanz gewährleistenden Weise ablösen. Und wie sich ein Ziel oder auch ein Ideal in den narrativen Gang unseres Lebens fügt, kann zum Kriterium für die Auswahl und Aneignung von Zielen und Idealen werden. Wenn wir viele Ziele und Ideale als grundsätzlich gut anerkennen, nicht alle aber in gleicher Weise wichtig nehmen, so hängt dies eben daran, daß nicht alle in gleicher Weise zu unserem Leben in seiner zeitlichen Erstreckung passen.

Daß sich etwas in den Gang unseres Lebens fügt, ist wiederum keine sehr präzise Richtschnur für die Veränderung und Auswahl von Zielen und Idealen oder auch einfachen Handlungsoptionen. Ein Sinnzusammenhang zwischen den Handlungen und Tätigkeiten, in denen wir unser Leben vollziehen, stellt sich zunächst schon dadurch her, daß wir für unser Tun überhaupt Gründe anführen und es so als Resultat praktischer Überlegungen begreifen können. Und als Gründe können wiederum ganz verschiedene Dinge firmieren, unter anderem auch einzelne, über wertende Gefühle vermittelte und in Werturteilen positiv evaluierte Erfahrungen. Dem Gedanken, daß wir uns durch die Vergewisserung des Gangs unseres Lebens praktisch orientieren, läßt sich jedoch noch ein etwas spezifischerer Gehalt abgewinnen.

Die Überlegung, ob etwas zu unserem Leben paßt und eine sinnvolle Fortsetzung von ihm darstellen würde, hat sowohl eine allgemeine als auch eine besondere Seite.[63]

Zum einen haben wir generelle, nicht speziell auf unser je besonderes Leben bezogene Vorstellungen davon, wie sich ein Leben in der Zeit entfalten sollte, um ein sinnvolles und gutes Leben zu sein. Dabei spielen Geschichten, wie sie uns durch Literatur, durch das Theater oder durch Film und Fernsehen vermittelt werden, eine wichtige Rolle. Sie vermitteln uns Erzähl-

63 Zur Unterscheidung beider Seiten vgl. Chappell 1998, S. 186.

konventionen, die auf unser lebensweltliches Selbstverständnis ebenso zurückwirken, wie sie von ihm abhängig sind.[64] Wir haben gemeinhin eine ungefähre Vorstellung davon, was ein Leben tragisch macht und was zur Farce, was ein schlechtes und was ein glückliches Ende ist. Ebenso haben wir in der Regel eine übergreifende, vage (und natürlich ebenfalls kulturell geprägte und stark von den gesellschaftlichen Möglichkeiten bestimmte) Vorstellung von der Gestalt und der Abfolge verschiedener Lebensphasen. Mit zunehmendem Alter verengen sich unsere Möglichkeiten; wir wissen, daß wir nicht immer wieder von vorne anfangen können, daß es Zeiten gibt, in denen die Gefahr, mit unserem Leben zu scheitern, besonders groß ist, und andere, wo sie verhältnismäßig gering ist. Daß es uns dabei tatsächlich auch um die Verlaufs*form* unseres Lebens und nicht einfach nur um seine Inhalte geht, zeigt sich z.B. daran, daß wir eine aufsteigende einer absteigenden Lebenslinie auch dann vorziehen, wenn die auf der jeweiligen Linie erlangten Güter die gleichen sind. Lange Entbehrungen, die zum Erfolg führen, werden höher bewertet als ein früher Erfolg, dem ein langsamer Abstieg folgt.

Zum anderen ergibt sich ein Bezug auf unser je besonderes Leben aus dem Umstand, daß jeder von uns eine andere Vergangenheit hat und einen anderen Platz in Raum und Zeit einnimmt. Nicht jede Fortsetzung unseres bisherigen Lebens ergibt für uns in der gleichen Weise Sinn. Selbst wenn wir finden, daß dies oder jenes zu tun an sich durchaus sinnvoll ist, kann es doch eine für uns durch unser bisheriges Leben versperrte Option sein. Was wir bisher getan, wie wir bisher gelebt haben, kann dabei für unser weiteres Tun sowohl ein positiver Anschlußpunkt als auch eine Kontrastfolie sein.

Ich hatte bereits auf den Umstand hingewiesen, daß wir

64 Solche Erzählkonventionen betreffen nicht nur allgemeine Muster für den zeitlichen Verlauf eines Lebens. In der Art und Weise, wie wir anderen und uns selbst unser Leben erzählen (was wir immer nur in Bruchstücken tun), spielt eine wichtige Rolle z.B. auch die Verwendung bestimmter Metaphern (etwa von Bewegungsmetaphern) und bestimmter Charakterstereotypen (der Naive, der Zerstreute, der Clown, der Kämpfer usw.), die wir ebenfalls aus dem Repertoire der über verschiedene Medien vermittelten und in einer Kultur gängigen Geschichten entnehmen können. Einen Einblick in diesbezügliche empirische Untersuchungen verschafft McAdams 1997, bes. S. 63 ff.

manchmal Projekte nur deshalb zu Ende führen, weil wir sie nun einmal begonnen haben (7.2.3). Etwas nicht abgeschlossen zu haben kann als Entwertung des eigenen Tuns empfunden werden. Ähnlich können wir das Gefühl haben, daß sich bestimmte Handlungen verbieten, weil sie einen Verrat an Vergangenem bedeuteten. Bestimmte Dinge wie ein langjähriges berufliches oder soziales Engagement oder eine Freundschaft haben für viele einen Wert durch ihre Einmaligkeit; ihre Wiederholung kann diesen Wert zerstören und selbst schal wirken, weil sie den Eindruck der Austauschbarkeit des Gegenstands der jeweiligen Zuwendung erzeugen kann. Sicherlich gibt es auch eine irrationale Angst vor Neuem; viele Menschen fürchten sich davor, sich eingestehen zu müssen, daß ihr bisheriges Leben verfehlt war oder auch nur nicht mehr sinnvoll wie bisher fortsetzbar ist. Aber die Entwertung von Vergangenem durch einen falschen neuen Schritt ist eine wirkliche Gefahr, weil der Sinn des Vergangenen selbst von seinen Fortsetzungen abhängig ist. Umgekehrt kann der Bruch mit der Vergangenheit als Befreiung empfunden werden, vor allem dann, wenn er eine Wende zu einem aktiveren Leben ist, in dem wir uns nicht mehr als Opfer der Umstände, sondern als deren Gestalter sehen.

Auch wenn wir die allgemeine und die besondere Seite der Frage, wie sich was in den Gang unseres Lebens fügt, zusammennehmen, legt sie uns nicht auf ganz bestimmte Antworten fest. Insofern bleibt die Orientierung an der narrativen Verfaßtheit unseres Lebens ähnlich vage wie die Orientierung an einer bestimmten Grundeinstellung, die eher einem statischen Bild vom Leben gleicht. Aber das ist kein ernsthafter Einwand gegen diesen Gedanken als solchen. Wenn wir daran interessiert sind, daß wir unser Leben auf eine Verständlichkeit gewährende Weise fortsetzen, können wir dies auf unendlich viele, nicht aber auf beliebige Weisen tun. Alasdair MacIntyre hat richtig bemerkt:

»The narratives which we live out have both an unpredictable and partially teleological character. If the narrative of our individual and social lives is to continue intelligibly – and either type of narrative may lapse into unintelligibility – it is always both the case that there are constraints on how the story can continue *and* that within those constraints there are indefinitely many ways that it can continue.«[65]

65 MacIntyre 1981, S. 216.

Das, was als verständliche Fortsetzung einer Lebensgeschichte gilt, kann sich ändern; es ist Sache unserer kreativen Ausgestaltung und damit Bedingung unserer Freiheit. Außerdem muß berücksichtigt werden, daß auch die Orientierung an der Verlaufsform unseres Lebens nur ein Gesichtspunkt unter anderen im Rahmen unserer praktischen Überlegungen ist. Ob unser Leben ein kohärentes Ganzes ist, sagt wenig darüber aus, ob es ein gutes oder schlechtes Leben ist. Wie wir unser Leben inhaltlich gestalten, hängt wieder von unseren Gefühlen, Wünschen, Absichten, Werturteilen usw. ab. Und die Versessenheit darauf, eine möglichst lineare und interessante Geschichte zu leben, kann uns gerade von unserem Leben abschneiden; es kann (wie die Fixierung auf Äußerlichkeiten wie Kleidung und Aussehen) zum dürftigen Surrogat von Sinnerfahrungen werden, die wir über unsere konkreten Ziele und Ideale nicht mehr machen können.

7.4.3 Letzte Orientierungspunkte: Sinn und Glück

Das Verfolgen von Zielen, das Hegen von Idealen, die Ausbildung von Grundeinstellungen und die Berücksichtigung der Verlaufsform des eigenen Lebens sind allesamt von der Notwendigkeit und dem Wunsch diktiert, dem eigenen Leben Sinn im doppelten Sinn von Verständlichkeit und Relevanz und Wert zu geben. Sinn im Sinne von Verständlichkeit ist vor allem eine Frage des Zusammenhangs und der Kohärenz. Wir versuchen, unser Leben gegen den Einbruch von Kontingenzen und die Auflösung in unzusammenhängende Fragmente intelligibel zu machen, und wir tun dies, indem wir es in eine Form von Einheit bringen. Ob etwas Sinn im Sinne von Wichtigkeit und Wert hat, ist dagegen stärker eine Frage von Inhalten und unserer affektiven, volitiven und kognitiven Beziehung zu ihnen. Wert hat etwas für uns vor allem dann, wenn wir es um seiner selbst willen bewundern und lieben können. Diese (und verwandte) gefühlsbestimmte Haltungen können durch metaphysische Wertannahmen gestützt werden, müssen es aber nicht. Letztlich sind es Haltungen wie Bewunderung und Liebe selbst, die unserem Leben einen Sinn geben. Nur können sie sich augenscheinlich nicht an beliebigen Gegenständen festmachen; es bleibt deswegen zu fragen, was gegeben sein muß, damit wir etwas so bewundern und lieben können, daß es uns ein Gefühl für den Sinn und Wert unseres Lebens geben kann. Metaphysische Annahmen kommen vor allem deshalb leicht ins Spiel, weil wir als endliche und an unserer Endlichkeit leidende Wesen bestrebt sind, unserem Leben ein Gewicht zu geben, das gegen seine Endlichkeit aufkommt.

Für die Frage nach dem guten Leben ist die Kategorie des Sinns in ihren beiden Seiten zentral. Gut ist ein Leben, wenn es ein halbwegs zusammenhängendes Ganzes bildet und über seine Inhalte als wichtig und wertvoll empfunden werden kann. Kann so die Frage, wie zu leben gut ist, weitgehend als die Frage, wie unserem Leben Sinn zu geben ist, verstanden werden, so geht sie in dieser doch nicht vollständig auf.

Die zweite grundlegende Kategorie ist m.E. die des Glücks. Der Ausdruck »Glück« ist notorisch mehrdeutig.[66] Es gibt das Glück im Sinn des glücklichen Zufalls, es gibt das »episodische Glück« beschwingter Augenblicke und das »übergreifende Glück« eines ganzen Lebens. »Glück« kann einen Gefühlszustand meinen oder eine bestimmte Verfassung eines Lebens. Auch können sich Glück und Sinn gegenseitig bedingen: Ein Leben, das als sinnlos empfunden wird, kann kein glückliches Leben sein. Umgekehrt stellt ein als sinnhaft erlebtes Leben eine Form von glücklichem Leben dar. Dessenungeachtet ist es erhellend, Glück und Sinn auseinanderzuhalten.[67] Glück ist dann am besten als ein positives Grundgefühl, eine Form der Zufriedenheit oder Freude von wechselnder Dauer und Intensität zu begreifen. In diesem Grundgefühl bejahen wir die Welt und unser eigenes Leben, und zwar in einer Weise, die uns selbst in einen positiven hedonischen Zustand versetzt. Als ein positives Grundgefühl ist Glück eine eigene Form des Welt- und Selbstbezugs *und* ein spezifisch hedonischer Zustand. Das so verstandene Glück kann sich als Folge der Wahrnehmung des eigenen Lebens als Sinnzusammenhang einstellen, aber es ist nicht damit gleichzusetzen. Die Erfahrung von Sinn und die von Glück eint, daß sie beide Formen der Affirmation der Welt und des eigenen Lebens sind. Aber als sinnvoll können wir u.U. auch ein sehr und überwiegend leidvolles Leben empfinden, das

66 Vgl. Bien 1995 und Seel 1995, S. 54 ff., von dem die nachfolgend verwendeten Ausdrücke »episodisches« und »übergreifendes Glück« stammen.

67 Eine ähnliche Auffassung findet sich in S. Wolf 1997.

wir allenfalls zögernd als ein glückliches Leben bezeichnen würden. Selbst wenn Glück eine Weise des Sichverhaltens zur Welt und zu sich selbst und damit nicht nur ein Gefühlszustand ist, kann die Rede vom »Glück« nur künstlich von hedonistischen Assoziationen freigehalten werden.[68] Dabei gibt es allerdings einen deutlichen phänomenalen Unterschied zwischen dem Wohlbefinden, der Zufriedenheit oder Heiterkeit, die längere Lebensphasen prägen, und dem emphatischen Glück des Augenblicks.

Das Glück des Augenblicks ist vielleicht die reinste Glückserfahrung, die wir kennen. Es kann zum Ausgangspunkt von Sinnerfahrungen werden, und ohne es dürfte es kein dauerhaftes Wohlbefinden geben. Aber wenn es uns darum geht, unserem Leben einen Sinn zu verleihen und dauerhafteres Wohlbefinden zu erlangen, ist unser Blick primär auf größere Zusammenhänge unseres Lebens gerichtet. Unsere Perspektive ist dann die von Wesen, die ihr Leben in der und über die Zeit zu leben haben, die ein Bewußtsein von Vergangenheit und Zukunft als ihrer Vergangenheit und ihrer Zukunft besitzen. Dies ist eine diachrone Perspektive. Im Glück des Augenblicks kommt dagegen eine eigenständige synchrone Perspektive zum Tragen. In seiner unverfälschtesten Form resultiert es gerade aus der Befreiung von den Zwängen der Zeitlichkeit und der Notwendigkeit, ein Leben zu führen. Es ist Ausdruck der stärker passivischen Seite unserer Existenz und schwerlich mit einem allzu planenden Umgang mit dem eigenen Leben vereinbar. Deswegen können das Interesse an Glück einerseits und das an Sinn und dauerhafterem Wohlbefinden andererseits sogar in Gegensatz zueinander geraten. Der Versuch, ein gutes Leben zu führen, ist auch der Versuch, eine Balance zwischen beiden herzustellen.

Darüber darf nicht vergessen werden, daß weder Sinn noch Glück handlungsleitende Ziele oder Ideale sind. Wir können uns Glück und ein sinnhaftes Leben wünschen, aber wir können uns nicht direkt vornehmen, Glück zu erlangen und Sinn in unser Leben zu bringen. Sowohl Glück als auch Sinn stellen sich gleichsam hinter unserem Rücken her; beide, besonders

68 In der philosophischen Tradition ist dies gleichwohl von Anfang an – besonders in verschiedenen Ausdeutungen des *Eudaimonia*-Begriffs – versucht worden.

aber das Glück, haben ein Moment von Unverfügbarkeit. Ob sie sich einstellen, erschließt sich uns reflexiv, vor allem in der gefühlsmäßigen Reaktion auf unser Leben. Indem wir lernen, was uns glücklich macht und einen Eindruck von Sinnhaftigkeit verleiht, können wir jedoch versuchen, auf dem Weg indirekter Einflußnahmen Bedingungen für Glück und Sinn zu schaffen.

Eine Person, der Glück und Sinn versagt sind, wird leicht alles Interesse am Leben verlieren. Vorstellbar ist aber auch, daß sich ihr Interesse am Leben auf das an purer Selbsterhaltung reduziert. Dieses Interesse scheint mir biologisch bedingt. Es ist kein spezifisches Merkmal von Personen.

8. Objektivität und Kritik von praktischen Überlegungen

Mit dem Einbezug von Orientierungspunkten, die den Horizont situativer Handlungskontexte der Tendenz nach auf das Leben als Ganzes hin übersteigen, sind die wichtigsten Koordinaten, innerhalb deren sich die praktischen Überlegungen von Personen abspielen, benannt und analysiert worden. In praktischen Überlegungen der skizzierten Art werden Gefühle, Wünsche, Absichten, Werturteile, Ziele, Ideale, Grundeinstellungen und Lebensverlaufsmuster sowie die damit zusammenhängenden Meinungen und Situationseinschätzungen verarbeitet, zueinander in Beziehung gebracht, modifiziert, korrigiert und oft allererst entwickelt. Sie dienen so der Klärung und Bildung des Wollens der überlegenden Person und gerade nicht bloß dessen instrumenteller Umsetzung.

Gleichwohl fallen die praktischen Überlegungen von Personen sehr unterschiedlich aus. Ihr Ausmaß und ihre Gestalt variieren sowohl von Person zu Person als auch von einem Zeitpunkt zum nächsten im Leben ein und derselben Person. Personen können unterschiedlich häufig in praktische Überlegungen eintreten, und wenn sie es tun, kann dies mehr oder minder ausdrücklich und bewußt und mehr oder minder kritisch und reflektiert geschehen. Nicht zuletzt können praktische Überlegungen besser oder schlechter angestellt werden. Die Gründe, die wir uns für unser eigenes Tun geben, können gute oder schlechte Gründe sein. Was sich im Licht unserer wertenden Gefühle als in irgendeiner Hinsicht gut ausnimmt, kann sich unseren Überlegungen zum Trotz als schlecht erweisen. Wünsche können, selbst wenn sie überlegt sind, in die Irre führen, so wie ja auch reflektierte Meinungen falsch sein können. Werturteile können auf fragwürdigen Wertungsstandards beruhen. Das Verfolgen bestimmter Ziele und Ideale kann sich verheerend auf unser eigenes Leben wie auf das anderer auswirken, und Gleiches gilt für bestimmte Grundeinstellungen. Praktische Überlegungen können defizitär sein, und so wie Personen in theoretischen Überlegungen unterschiedlich kompetent sind, so sind sie es auch in praktischen Überlegungen.

Wir stoßen damit auf eine Problematik, der wir inzwischen mehrfach kurz begegnet sind. Ich hatte sie vorgreifend als Problem der »Objektivität« in oder von praktischen Überlegungen angesprochen. Das ist zunächst nicht mehr als der Titel für ein Problem, keine Auskunft darüber, worin genau es bestehen soll. »Objektivität« ist ein schillernder Ausdruck, und wenn von der »Objektivität« von Gründen oder der »Objektivität« von Werturteilen die Rede ist, kann damit Verschiedenes gemeint sein. Im Kontext unserer Untersuchung muß es vordringlich um den Wunsch von Personen gehen, in Erfahrung zu bringen, was für sie zu tun und wie für sie zu leben »objektiv« im Sinn von »wirklich« gut ist und wie sie sich aufgrund dessen verhalten sollten. Aus der Sicht der jeweils betroffenen Personen ist es dabei von nachgeordnetem Interesse, ob das wirklich gute und für sie angeratene Handeln und Leben auch für alle anderen gut und angeraten ist. Das wirklich Gute muß nicht ein allgemeingültig Gutes sein. Gleichwohl kann »objektiv« außer »wirklich« auch so viel wie »allgemeingültig« meinen, und es wird nützlich sein, in unseren weiteren Ausführungen diesen Sinn von Objektivität ebenfalls im Auge zu behalten. So ergeben sich zwei Fragen: Zum einen und primär ist zu fragen, woran sich bemessen soll, ob für eine einzelne Person ein Handeln und Leben wirklich gut und angeraten ist. Und zum anderen und sekundär kann gefragt werden, ob es Bedingungen gibt, die jedes Handeln und Leben erfüllen muß, um für wirklich gut und angeraten gelten zu können. In beiden Fällen ist das, was tatsächlich gut ist, dem, was nur scheinbar gut ist, entgegengesetzt.

Aber wie sollen wir das so umrissene Problem der Objektivität angehen? Mein Vorschlag ist, in drei Schritten vorzugehen.

In einem *ersten* Schritt sollten wir erörtern, nach welchen *Hinsichten* sich die praktischen Überlegungen und Orientierungen einer Person *kritisieren* lassen (*8.1*). Dabei sollten wir nur solche Kritikformen berücksichtigen, die zumindest nicht offensichtlich lediglich Ausdruck von partikularen Vorlieben des Kritisierenden sind. Was sind Weisen der praktischen Kritik, denen sich eine halbwegs vernünftige Person nicht – oder doch nicht ohne weiteres – entziehen kann?

In einem *zweiten* Schritt müssen wir dann genauer die

Grundlagen für die zuvor zusammengestellten Kritikformen untersuchen (*8.2*). Wir werden einmal zu diskutieren haben, inwieweit eine Kritik an den praktischen Überlegungen und Orientierungen einer Person zu Recht beanspruchen kann, nicht nur Ausdruck partikularer Vorlieben des Kritisierenden zu sein. Inwieweit ist sie fundiert, inwieweit läßt sie sich objektivieren? Noch dringlicher werden wir darüber nachzudenken haben, warum eine Person die jeweilige Kritik auch annehmen, sich nach ihr richten sollte. Die erste Frage betrifft den *Objektivitätsanspruch* einer Kritik, die zweite ihren *Normativitätsanspruch*. Es ist wichtig, beides zu trennen. Daß beide Ansprüche auseinandertreten können, wird mit einer undifferenzierten Rede von »Objektivität« verdeckt.

In einem dritten Schritt schließlich sollten wir auf der Grundlage der ersten beiden Schritte Betrachtungen zu den Möglichkeiten anstellen, *generelle Bedingungen und Bestandteile* eines guten Lebens zu formulieren (*8.3*). Meine Bemerkungen dazu werden teils zusammenfassender, teils ausblickshafter und insgesamt eher programmatischer Natur sein.

8.1 Hinsichten der Kritik von praktischen Überlegungen und Orientierungen

Die Aufklärung der Objektivitätsproblematik von einer Kritik praktischer Überlegungen und Orientierungen her anzugehen empfiehlt sich, weil es leichter ist anzugeben, was zu tun und wie zu leben *nicht* wirklich gut und angeraten ist, als zu sagen, wann dies positiv der Fall ist. Praktische Überlegungen und Orientierungen wie Gefühle, Wünsche, Absichten, Ziele und Ideale können viele Schwächen haben. Wenn wir eine Person dafür kritisieren, daß sie nicht richtig praktisch überlegt und infolgedessen falsch handelt und lebt, so kann sich unsere Kritik insbesondere auf dreierlei richten: auf das *epistemische Fundament* ihrer praktischen Überlegungen und Orientierungen (*8.1.1*), auf deren *internen Zusammenhang* (*8.1.2*) sowie direkt auf den *Gehalt* der Gefühle, Absichten, Ziele usw. der kritisierten Person (*8.1.3*). Zwischen den Kritikformen, die sich diesen drei Rubriken zuordnen lassen, kann es zu Überschneidungen kommen, und es ist von vornherein ersichtlich, daß sie nicht alle das gleiche Gewicht haben.

8.1.1 Epistemische Kritik

Varianten einer Kritik, die auf das *epistemische Fundament* von praktischen Überlegungen und Orientierungen zielt, hatten wir bereits im zweiten und im dritten Kapitel berührt. Im zweiten Kapitel ging es kurz um die Möglichkeit einer epistemischen Kritik von Zwecken (*2.2.2*), im dritten um die gleiche Art der Kritik an Wünschen (*3.3.1*).

Praktische Überlegungen gehen von nichtepistemischen Einstellungen aus und führen zu ihnen hin. In Zweck-Mittel-Überlegungen gehen wir von Absichten aus und gelangen zur Bildung von instrumentellen Folgeabsichten. Zu den Absichten selbst kommen wir auf dem Weg der Interpretation, Beurteilung und Aneignung unserer Gefühle und der mit ihnen zusammenhängenden Wünsche, wobei dieser Prozeß einer der Spezifikation allgemeinerer Ziele und Ideale sein kann. Noch in die Formulierung von Werturteilen gehen nichtepistemische Einstellungen in Form von optativischen Stellungnahmen ein. Doch alle diese nichtepistemischen Einstellungen können mit epistemischen Annahmen verbunden sein und sind es zuallermeist auch. Zweck-Mittel-Überlegungen sind vor allem mit Annahmen über das Bestehen von Kausalzusammenhängen verknüpft: Um einen bestimmten Zweck erfolgreich umzusetzen, muß ich wissen, welche Mittel dies am besten kausal bewirken können. Gefühle und Wünsche sind von Wahrnehmungen und Situationseinschätzungen abhängig: Wir reagieren auf die Situation, in die wir gestellt sind, mit den und den Gefühlen, weil wir ihr die und die Eigenschaften zuschreiben, und wir wünschen uns etwas, weil wir diese oder jene epistemischen Erwartungen haben. Unsere Ziele, Ideale und Lebenskonzeptionen sind ohne einen Hintergrund einer Vielzahl von Meinungen und Überzeugungen nicht denkbar. Ebenso blieben Werturteile gegenstandslos, würden sie nicht auf bestimmten epistemischen Annahmen fußen; wie wir gesehen hatten, betreffen solche Annahmen vor allem das Verhältnis zwischen dem Gegenstand und dem Standard unserer Wertungen.

Eine epistemische Kritik von praktischen Überlegungen und

Orientierungen setzt an deren epistemischen Implikationen an und versucht, über diese auch ihre nichtepistemische Seite zu treffen. Sie zielt auf den Nachweis, daß eine Person bei dem Bemühen, ihr Entscheiden, Handeln und Leben überlegend zu steuern oder zu überprüfen, epistemisch defizitäre Annahmen über die Welt oder sich selbst macht und daß deswegen auch die Gefühle, Wünsche, Absichten, Ziele usw., die auf diesen Annahmen beruhen, fragwürdig sind. Als praktisch motivierte Kritik wird sie von der Überzeugung getragen, daß die praktischen Orientierungen einer Person nicht *wirklich* gut sind, solange sie auf epistemisch unzureichenden Annahmen beruhen, und sie sie aus diesem Grund ändern *sollte*. So gefaßt, tritt sie mit einem Anspruch auf Objektivität und auf Normativität auf.

Es ist nützlich, zwei Formen der epistemischen Kritik von praktischen Überlegungen und Orientierungen zu unterscheiden. Eine *eng verstandene* epistemische Kritik moniert, daß praktische Überlegungen und Orientierungen auf *falschen* (oder überwiegend falschen) oder auf *widersprüchlichen* Meinungen über die Wirklichkeit beruhen. Zur Wirklichkeit gehört dabei im Prinzip alles, das sich in beschreibender Weise konstatieren läßt. Darunter fallen nicht nur und nicht einmal in erster Linie Fakten, über die die Naturwissenschaften Auskunft geben. Die Wirklichkeit, über die sich Personen in praktischen Überlegungen und Orientierungen im Irrtum befinden können, ist zuvorderst eine soziale Wirklichkeit. Zu ihr zählen Handlungen und deren Auswirkungen, die damit verbundenen Einstellungen, überhaupt die Gefühle, Wünsche, Meinungen usw. von Personen, die die Grunddaten unserer Alltagspsychologie bilden, der Umstand, daß bestimmte normative Erwartungen bestehen, u.v.m. Von großer Bedeutung ist nicht zuletzt, daß der Bereich des Realen, über den im Zuge praktischer Überlegungen falsche epistemische Annahmen gemacht werden können, nicht allein die äußere, sondern auch die innere Wirklichkeit umfaßt, also die eigenen mentalen Einstellungen und Zustände. Wir können uns ja außer über die Welt und andere gerade auch über uns selbst täuschen. In allen diesen Hinsichten können wir zur Zielscheibe einer eng verstandenen epistemischen Kritik werden, die in praktischer Absicht erfolgt.

Eine epistemische Kritik, die selbst darüber noch hinausgeht, kann als *erweiterte* epistemische Kritik bezeichnet werden. Anders als die eng verstandene epistemische Kritik beschränkt sie sich nicht auf den Nachweis manifest falscher und widersprüchlicher Meinungen gleich welchen Inhalts. Wer sich ihrer bedient, hält Personen vielmehr vor, daß ihre praktischen Überlegungen und die Einstellungen und Verhaltensweisen, die damit verbunden sind, auf einer *verkürzten* Sicht der Dinge beruhen.

Sicherlich verdanken sich unsere Gefühle, Wünsche, Absichten usw. und die praktischen Überlegungen, die diese Einstellungen implizieren oder die auf sie bezogen sind, unweigerlich einer selektiven Wahrnehmung der Wirklichkeit. Wir haben nicht einmal einen Begriff davon, was es heißen könnte, die »ganze« Wirklichkeit zu erfassen. Doch können wir eine Wirklichkeitswahrnehmung als *zu* selektiv kritisieren; wir können meinen, jemand hätte bei der Entwicklung seiner mehr oder minder handlungsleitenden Einstellungen *wichtige* Ausschnitte der Wirklichkeit nicht berücksichtigt. An bestimmten Handlungs- und Lebensorientierungen nehmen wir Anstoß, weil sie unseres Erachtens einen Mangel an Kenntnissen und Erfahrungen zeigen. Unser Problem ist dann nicht so sehr, daß jemand das, was er sieht, falsch oder widerspruchsvoll sieht, als vielmehr, daß er nur sieht, was er sieht.

Eine erweiterte epistemische Kritik kann sich auf prudentielle, moralische und ästhetische Überlegungen beziehen, die alle Bestandteil praktischer Überlegungen und Orientierungen sein können.

So kann eine Person unklug handeln, weil sie nur den kurzfristigen Nutzen ihres Tuns im Auge hat und nicht den langfristigen Schaden bedenkt, der aus ihm erwächst. Sie muß nicht glauben, daß ihr Tun ihr auch langfristig von Vorteil sein wird. Vielleicht handelt sie einfach unbedacht; es mag sein, daß sie gar nicht an die fernere Zukunft denkt.[1] Sie hat dann nicht falsche oder widersprüchliche Meinungen hinsichtlich ihrer ferneren Zukunft, sondern gar keine.

Einer anderen Person können bestimmte, moralisch relevante Phänomene verstellt sein. Sie mag rücksichtslos und

1 Es gibt auch den umgekehrten Fall, in dem Personen über die Fixierung auf die Zukunft ihre Gegenwart vernachlässigen. Ein solches Verhalten kann ebenfalls unklug sein.

selbst grausam handeln, nicht weil sie gerade dies will, sondern weil sie nicht gewahr wird, daß sie andere durch ihr Tun schädigt. Vielleicht kann sie sich nicht recht vorstellen, unter was alles andere leiden, was sie als Demütigung und Erniedrigung erfahren. Ein Grund dafür kann sein, daß sie selbst nie in entsprechender Weise gelitten hat. Ihr fehlen dann Sensibilität und Verständnis für die Situation anderer.

Auch im Feld des Ästhetischen können einer Person bestimmte Phänomene, ja ganze Wirklichkeitsbereiche verschlossen sein, weil sie nicht über die nötigen Erfahrungen und die erforderliche Sensibilität verfügt. Das Ästhetische im engeren Sinn hat für unsere praktischen Überlegungen in der Regel kein besonderes Gewicht. Wir hatten jedoch gesehen, daß sich das Feld des Ästhetischen sehr weit ziehen läßt und dann in erheblichem Maße unsere praktischen Orientierungen bestimmen kann. Man denke nur daran, wie wichtig für unsere praktische Stellung in der Welt ist, was oder wen wir bewundern, und Bewunderung ist eine im weiten Sinn ästhetische Haltung. So können wir die für eine Person bestimmenden Ideale kritisieren, weil sie sich einer Bewunderung verdanken, die bestimmte Züge des Bewunderten nicht beachtet. Wir können jemanden von der Bewunderung für eine Sache oder eine Person in ähnlicher Weise abzubringen versuchen, wie wir jemanden zur Revision seines ästhetischen Urteils über ein Musikstück oder ein Gemälde bewegen können, indem wir ihm bisher übersehene Eigenschaften der Musik oder des Gemäldes beachten helfen. Ebenso können wir jemandem anempfehlen, für etwas Bewunderung (oder eine andere, im weiten Sinn ästhetische Haltung) zu zeigen, das ihm bislang aus Unkenntnis keine solche Haltung abverlangt hat.

Die Kritik an einer verkürzten Sicht der Dinge kann eine »epistemische« genannt werden, weil und sofern diejenigen, denen sie zu Recht vorgehalten wird, etwas in der einen oder anderen Hinsicht nicht *wissen*. In den genannten Fällen weiß eine Person nicht, daß ihr Tun ihr langfristig schadet, daß andere leiden oder daß etwas, das sie bewundert, Eigenschaften hat, deren Beachtung ihrer Bewunderung abträglich sein könnte, und etwas anderes Eigenschaften besitzt, aufgrund deren sie es bewundern würde. Nicht selten beruht ein solches Nichtwissen darum, *daß* sich etwas so und so verhält, auf einem

Nichtwissen darum, *wie* sich etwas im eigenen Erleben ausnimmt oder ausnähme.

8.1.2 Intern-formale Kritik

Auch unabhängig von ihrem epistemischen Fundament können die praktischen Orientierungen einer Person dafür kritisiert werden, wie sie zusammenhängen. Die Frage nach dem *internen Zusammenhang* stellt sich insonderheit für direkt handlungsrelevante Einstellungen. Das betrifft einmal konkrete Handlungsabsichten, sodann aber auch umfassendere Ziele und Ideale, Gefühle und neigungsförmige Wünsche dagegen meist nur vermittelt. Absichten, Ziele und Ideale können, so hatten wir gesehen, konfligieren; es kann sein, daß sie sich nicht oder nur schwer gemeinsam verwirklichen lassen. Eine auf diesen Zusammenhang zielende Kritik kann das Fehlen einer Ordnung von praktischen Orientierungen monieren, die einer Person die größtmögliche Befriedigung dessen, was sie will, ermöglichen würde.

Verschiedene *Theorien der praktischen Rationalität* haben sich zur Aufgabe gesetzt, Kriterien für den internen Zusammenhang – bzw., wie es meist heißt, die Konsistenz oder Kohärenz – der praktischen Orientierungen einzelner Personen zu entwickeln. Die ausgearbeitetste dieser Theorien ist die Entscheidungstheorie, die für Kontexte strategischer Interaktion zur Spieltheorie erweitert worden ist. Wird sie als eine normative Theorie verstanden, formuliert sie mit Axiomen wie dem der Transitivität und der Substitution Empfehlungen oder Gebote für die Ordnung von Präferenzen und ähnlichen Einstellungen.[2] Eine Kritik an den praktischen Überlegungen und Orientierungen einer Person, die sich darauf stützt, ist eine *formale*, keine *substantielle* Kritik: Sie gilt dem *Wie*, nicht dem *Was* der Einstellungen, von denen sich eine Person in ihrem Handeln und Leben leiten läßt. Nicht anders verhält es sich bei

2 Es gibt verschiedene Axiomatisierungsvorschläge. Die bekanntesten sind der Vorschlag von v. Neumann und Morgenstern 1944, der von objektiven Wahrscheinlichkeiten ausgeht, und der von Savage 1954, der auf der Basis subjektiver Wahrscheinlichkeitsannahmen arbeitet. Die Details sind für meine Belange unwichtig. Zur Frage, um die Ordnung welcher praktischen Einstellungen es in der Entscheidungstheorie gehen soll, s.o. 3. Kap., Anm. 12.

Rationalitätskriterien, die speziell für Pläne entwickelt worden sind.[3] Während die Entscheidungstheorie in erster Linie Kriterien für den Zusammenhang von praktischen Orientierungen zu einem Zeitpunkt aufstellt, betonen Planungstheorien ihre temporale, dynamische Seite. Ersterer geht es in der Regel um die synchrone, letzteren um die diachrone Kohärenz von handlungsrelevanten Einstellungen.[4]

Verwandt mit Gedanken, wie sie sich in Entscheidungs- und Planungstheorien finden, sind Gesichtspunkte der *Verallgemeinerbarkeit*. Wir erwarten von Personen, daß sie gleiche Fälle gleich behandeln, und wenn sie allgemeine Maximen für ihr Handeln formulieren, sollten sie deren Gültigkeit für alle Fälle anerkennen, die sich als ihre Instantiierungen interpretieren lassen. Auch eine Verletzung dieser Forderungen provoziert eine Kritik des internen Zusammenhangs oder der internen Ordnung der praktischen Überlegungen und Orientierungen einer Person.

In einigen Theorien praktischer Rationalität wird die Forderung nach Verallgemeinerbarkeit zur Forderung nach *Unparteilichkeit* verschärft. Wir können unser eigenes Tun wie das anderer daraufhin beurteilen, ob es sich aus einer Perspektive der Wohlinformiertheit und Unparteilichkeit gutheißen ließe. Eine sich daraus ergebende Kritik ist in gewisser Hinsicht ebenfalls eine formale, keine substantielle, denn was es inhaltlich ist, das aus einer Unparteilichkeitsperspektive gebilligt werden kann, ist zunächst völlig offen. Aber so formal sie sein mag: sie betrifft nicht mehr nur den *internen* Zusammenhang der praktischen Orientierungen einer Person. Der Zusammenhang, um den es ihr geht, ist letztlich der zwischen den praktischen Orientierungen einer *Mehrzahl* von Personen.[5]

Wenn wir den internen Zusammenhang der Absichten, Ziele und Ideale einer Person, u.U. aber auch den ihrer Gefühle und Wünsche, kritisch betrachten, stehen uns vornehmlich die in

3 Vgl. Rawls 1971, § 63, Bratman 1987, 4.-6. Kapitel, und Gosepath 1992, S. 262 ff.

4 Vgl. zu dieser Gegenüberstellung McClennen 1990.

5 Allerdings gibt es den Sonderfall einer unparteiischen Gewichtung verschiedener Phasen des eigenen Lebens. Klugheitserwägungen lassen sich so als Bemühen um einen Ausgleich zwischen den Ansprüchen der eigenen Gegenwart (des ›jetzigen Selbst‹) und denen der eigenen Zukunft (des ›künftigen Selbst‹) begreifen.

Theorien der praktischen Rationalität erarbeiteten Konsistenzkriterien zur Verfügung. Vor dem Hintergrund unserer Ausführungen zu Lebenskonzeptionen (7.4) sind darüber hinaus Formen der *hermeneutischen* und *ästhetischen* Kritik in Betracht zu ziehen, deren primärer Gegenstand ebenfalls der interne Zusammenhang von praktischen Orientierungen ist. Viele der Lebensäußerungen einer Person kennzeichnet ein mehr oder minder einheitlicher Stil. Man kann ihr deswegen gegebenenfalls zu bedenken geben, daß bestimmte ihrer Vorlieben, Absichten, Ziele, Ideale nicht zu dem Stil, der ihr Leben am meisten kennzeichnet, passen. Ähnlich könnte argumentiert werden, daß bestimmte Fortsetzungen der eigenen Lebensgeschichte deren narrative Verständlichkeit gefährden. Pierre Bourdieu hat in *Die feinen Unterschiede* am Beispiel von Frankreich in den 1970er Jahren gezeigt, daß Individuen je nach Einkommen und Bildung dazu neigen, einen bestimmten Geschmack und einen Lebensstil auszubilden, die u.a. ihren kulturellen Interessen, ihren Freizeitbeschäftigungen, ihrem Konsumverhalten und ihren politischen Tendenzen ein relativ einheitliches Gepräge verleihen. Aus der Perspektive einer bestimmten sozialen Positionierung passen dann z.B. das Interesse für Klaviermusik, Schachspiel und Whisky einerseits und das für Akkordeonmusik, Angeln und Pernod andererseits zusammen.[6] Vermutlich sind es ähnliche – mal mehr, mal weniger skurrile – Vorstellungen, die uns jenseits von Erwägungen gemeinsamer (simultaner oder sukzessiver) Realisierbarkeit den Eindruck verschaffen, bestimmte praktische Orientierungen paßten besser zueinander als andere. Wir sind in solchen Urteilen, deren Stellenwert für unsere eigenen praktischen Überlegungen nicht niedrig zu veranschlagen ist, stark abhängig von gesellschaftlichen Deutungsmustern, die, wie wir gesehen hatten, auch für die Erzählkonventionen bestimmend sind, nach denen wir die narrative Schlüssigkeit von Lebensentwicklungen beurteilen. Gleichwohl können mit einer hermeneutisch-ästhetischen Kritik genauso Objektivitäts- und Normativitätsansprüche erhoben werden wie mit einer formalen Rationalitätskritik.

6 Bourdieu 1987; s. dort insbes. die Tabelle auf S. 212 f.

8.1.3 Substantielle Kritik

Angesichts der recht großen Vagheit einer überwiegend formalen Kritik am internen Zusammenhang von praktischen Orientierungen gewinnt eine substantielle Kritik an den *Gehalten* dessen, was Personen wollen, zusätzliche Attraktivität. Natürlich stellt sich gerade bei dieser Kritik die Frage, inwieweit sie mit Recht beanspruchen kann, Personen nicht lediglich von außen imputiert zu werden. Diese Frage müssen wir noch einen Moment zurückstellen. Es ist ratsam, zunächst verschiedene Varianten dieser dritten Kritikform zu unterscheiden.

Eine auf die Inhalte der praktischen Orientierungen einer Person zielende Kritik kann *erstens* eine *moralische* Kritik sein. Wir können die Gefühle, Wünsche, Absichten und Handlungen von Personen, aber auch die praktischen Überlegungen, die zu ihnen hinführen oder von ihnen ausgehen, als moralisch verwerflich oder ungenügend verurteilen oder sie ihrer Moralität wegen loben. Dabei greifen wir auf Wertungsstandards zurück, die sich vielleicht nicht immer, aber doch sehr häufig in Form allgemeiner Regeln wiedergeben lassen. In der modernen Moral werden diese Regeln als universell gültig aufgefaßt und zumindest dann, wenn es sich um Regeln der Gerechtigkeit handelt, als streng verpflichtend begriffen, d.h. als Regeln, an die sich jeder nicht nur halten *sollte*, sondern halten *muß*.

Außer an moralischen können die praktischen Überlegungen, Einstellungen und Verhaltensweisen von Personen *zweitens* auch an anderen inhaltlichen Standards und Normen gemessen werden. Zu denken ist dabei z.B. an die Normen, über die speziellere soziale Rollen – etwa Geschlechter-, Familien- und Berufsrollen – definiert sind, des weiteren an Normen der Etikette und der Mode, in wieder anderer Weise auch an Bestimmungen des positiven Rechts. Dort, wo eine praktische Kritik auf diese Normen Bezug nimmt, könnte man von einer »*standardrelativen* Kritik« sprechen.

Formen der moralischen und der standardrelativen Kritik halten sich an relativ klar umrissene Wertungsstandards. Einen viel offeneren Charakter hat dagegen eine *dritte* Form der substantiellen Kritik, die ich als »*Glückskritik*« bezeichnen möchte. Wir können meinen, so und so zu handeln, und so und so zu leben mache nicht glücklich oder weniger glücklich, als anders zu handeln und zu leben. Wir können Absichten, Ziele und Ideale kritisieren, weil wir glauben, sie verstellten einer Person Erfahrungen der Freude und der Lust oder seien ihrem langfristigen Wohlbefinden abträglich. Auch bei dieser Kritik geht es um den Gehalt von praktischen Orientierungen, nicht einfach nur um ihre Form oder ihr epistemisches Fundament. Allerdings kann man eine Glückskritik fast immer in die Form einer epistemischen oder erweitert epistemischen Kritik kleiden, denn eine Person kann ja einfach falsche, widersprüchliche oder unzureichende Überzeugungen im Hinblick darauf haben, was sie glücklich machen kann.

Ich hatte im letzten Kapitel vorgeschlagen, zwischen Glück und Sinn zu unterscheiden (*7.4.3*). Daran anknüpfend, wäre zu überlegen, ob es nicht eine eigenständige *Sinnkritik* als *vierte* Variante einer substantiellen Kritik von praktischen Überlegungen und Orientierungen gibt. Gemäß der doppelten Bedeutung von Sinn: Sinn qua Verständlichkeit und Sinn qua Wert und Wichtigkeit, könnte eine Sinnkritik entweder den Zusammenhang der Ziele, Ideale und anderen Orientierungen einer Person oder deren Wert und Relevanz hinterfragen. Letzteres geschieht, wenn wir Lebensweisen als »wertlos«, »oberflächlich«, »trivial« o.ä. kritisieren und so mit im weiten Sinn ästhetischen (und oft moralisch konnotierten) Prädikaten qualifizieren. Hinter dieser Kritik stehen allgemeine Vorstellungen davon, was für eine Art Mensch man sein sollte. In ihrem Licht können bestimmte Lebensweisen deswegen als unserem Menschsein nicht angemessen erscheinen, als bloß noch »animalisch«, als »unwürdig«, als »unernst«, »verschwendet« u.ä.m. Eine Sinnkritik tritt typischerweise mit einem starken Anspruch auf Objektivität und Normativität auf. Wer sie äußert, glaubt in der Regel, bestimmte Lebensformen seien »wirklich« sinnentleert und wertlos, selbst dann, wenn diejenigen, die sie praktizieren, mit ihnen ganz zufrieden sind. Aber so wie sich inhaltliche Kritikformen generell leicht dem Verdacht aussetzen, doch lediglich Ausdruck partikularer Vorlieben zu sein, so heftet sich dieser Verdacht gerade auch an eine Sinnkritik.

8.2 Objektivität und Normativität von Formen praktischer Kritik

Somit müssen wir jetzt sehen, auf wie festen Füßen die angeführten Formen der Kritik an den praktischen Überlegungen und Orientierungen von Personen stehen. Ich hatte eingangs gesagt, dabei sollten zwei Fragen unterschieden werden: Die erste Frage betrifft den *Objektivitätsanspruch* der jeweiligen Kritik. Inwiefern kann eine Kritik (bei der es sich auch um eine Selbstkritik handeln kann) zu Recht beanspruchen, mehr zu sein als der Ausdruck partikularer Vorlieben? Die zweite Frage betrifft die *normative Autorität* einer Kritik. Inwiefern können wir sagen, eine in der angegebenen Weise kritisierte Person *sollte* der Kritik folgen. Inwiefern könnte dies *geboten* oder wenigstens *empfehlenswert* sein? Daß diese beiden Fragen tatsächlich auseinanderzuhalten sind, zeigt ein nochmaliger Durchgang durch die zusammengestellten Varianten einer praktischen Kritik. Er wird uns an einigen Punkten erneut in eine Auseinandersetzung mit dem Instrumentalismus verwickeln. Ich beginne wieder mit den Formen der Kritik, die das *epistemische Fundament* praktischer Orientierungen betreffen (*8.2.1*), handele dann diejenigen Kritikformen, die auf deren *internen Zusammenhang* zielen, ab (*8.2.3*), um mich schließlich den Formen der substantiellen Kritik, die die *Gehalte* von Absichten, Zielen, Idealen usw. monieren, zuzuwenden (*8.2.3*). In diesem Zusammenhang werde ich die Möglichkeiten einer objektiven und normativ gerechtfertigten Glücks- und Sinnkritik nur kurz ansprechen; sie werden dann im nächsten und letzten Abschnitt dieses Kapitels ein wenig vertieft.

8.2.1 Objektivität und Normativität einer epistemischen Kritik

Unsere Analyse von Werturteilen hatte ergeben, daß Werturteile keine rein deskriptiven Aussagen sind (*6.2.4*). Sie können deswegen auch nicht im strikten Sinn wahr oder falsch sein. Aber das bedeutet nicht, daß es bei unserer Suche nach Antworten auf die praktische Grundfrage gar nicht um Deskription und um Wahrheit und Falschheit geht. Im Gegenteil: Auch bei Wertdisputen und Problemen der praktischen Orientierung dürften in der Regel Auseinandersetzungen um die Einschätzung von Fakten im Vordergrund stehen. Seinen Grund hat dies in dem Umstand, daß unsere praktischen Überlegungen und Orientierungen fast immer unlöslich mit Annahmen über die Verfassung der Welt und von uns selbst verbunden sind. Dem wird in einer *Kritik am epistemischen Fundament* der Gefühle, Wünsche, Absichten, Werturteile, Ziele oder Ideale von Personen Rechnung getragen.

Wieweit eine solche Kritik wirksam ist, ob sie eine Person tatsächlich erreicht oder an ihr abprallt, hängt von einer Reihe kontingenter Faktoren ab, z.B. davon, ob die Person über die nötigen kognitiven Fähigkeiten verfügt und wie sehr ihre Urteile und Vorurteile in affektiven Strukturen verwurzelt sind, die sie für eine einfache Irrtumsaufklärung unzugänglich machen. Aber eine epistemische Kritik kann davon unbenommen mit einem wohlbegründeten *Anspruch auf Objektivität* auftreten. Epistemische Annahmen können wahr oder falsch sein, und bei Unterstellung eines realistischen, korrespondenztheoretischen Wahrheitsbegriffs bedeutet dies, daß sie mit der Wirklichkeit übereinstimmen können oder nicht. Ebenso hat die Behauptung der Widersprüchlichkeit von Meinungen einen festen Anhalt in der Logik, der deduktiven wie der induktiven.

Gleichwohl sollten wir noch etwas genauer fragen, welche Auswirkungen die Verquickung von praktischen Orientierungen und epistemischen Überzeugungen auf die Frage hat, ob etwas – in dem uns primär interessierenden Fall: Handlungen und Lebensweisen – »wirklich« und in diesem Sinn »objektiv« gut ist.

Etwas kann instrumentell-extrinsisch oder intrinsisch gut sein.[7] *Instrumentell-extrinsisch gut* ist etwas als Mittel zum Zweck. Ob etwas in diesem Sinn »wirklich« gut ist, bemißt sich einfach daran, ob und wieweit es der Realisierung des Zwecks

7 Die umständliche Rede von einem »instrumentell-extrinsischen« Gutsein ist nötig, weil etwas – ein Mittel – sowohl instrumentell gut sein kann (im Hinblick auf einen Zweck) als auch intrinsisch gut (wenn wir das Mittel um seiner selbst willen schätzen). Zudem kann etwas auch extrinsisch gut sein, ohne instrumentell gut zu sein. Beispielsweise kann ich ein Geschenk als Ausdruck der Freundschaft schätzen, obwohl es mir als solches – also intrinsisch – überhaupt nicht gefällt. Vgl. dazu Gaus 1990, S. 126 ff.

dienlich ist, und das ist eine Frage des Gegebenseins bestimmter Sachverhalte, insbesondere von Kausalverhältnissen. *Intrinsisch gut* ist etwas unserer Analyse nach dagegen, wenn es zu Recht Gegenstand bestimmter wertender Gefühle bzw. allgemein der Einstellung des (generisch verstandenen) Gefallens ist, wir es also zu Recht affektiv schätzen. Normalerweise resultiert unser Gefallen jedoch aus bestimmten deskriptiven Situationseinschätzungen, und d.h. wieder: aus Meinungen über das Gegebensein bestimmter Sachverhalte. Es hat deswegen einen guten Sinn zu sagen, etwas sei »wirklich« intrinsisch gut nur, wenn es uns aufgrund wahrer epistemischer Annahmen gefällt.

Bei genauerem Zusehen erweist sich diese Analyse jedoch als zu schlicht. Zum einen können sich wertende Gefühle – wie dann auch die mit ihnen zusammenhängenden neigungsförmigen Wünsche und zuweilen selbst Werturteile – als immun gegen jede epistemische Aufklärung erweisen. Wir können uns fürchten, wo wir keine Gefahr sehen, Schuldgefühle eines Geschehens wegen haben, für das wir, wie wir wissen, nicht verantwortlich sind, jemanden lieben, den wir nicht liebenswert finden. Anders als epistemische Gefühlstheorien behaupten (*4.2*), müssen wir in Fällen dieser Art nicht falschen Meinungen anhängen. Vielmehr können wir gespalten sein: In unseren Gefühlen kann eine Wertung liegen, die wir höherstufig zurückweisen. Wenn wir derartige Konflikte zugunsten unseres höherstufigen Urteils entscheiden, greifen wir auf bestimmte Standards zurück, in denen wir anerkennen, daß Gefühle wie Furcht, Schuldgefühle und selbst Liebe nur angebracht sind, wenn bestimmte Sachverhalte gegeben sind (Furcht z.B. nur dann, wenn unkontrollierbare Gefahr für etwas, das einem wichtig ist, droht, wobei die Wichtigkeit von etwas sich wieder an affektiven Wertschätzungen bemessen kann). Solche Standards gehen über das Erfordernis epistemischer Korrektheit hinaus, so daß sich fragt, woher sie ihre Berechtigung beziehen. Es ist dies einer der Punkte, an denen wir auf die Problematik einer substantiellen Kritik an praktischen Überlegungen und Orientierungen verwiesen werden.

Zum zweiten ist zu bedenken, daß wir nicht nur Dinge und Sachverhalte in der Welt positiv (oder negativ) bewerten können, sondern auch unsere mentalen Einstellungen und Zustände. Wir hängen affektiv an vielen unserer Wünsche, und vor allem sind positive hedonische Zustände Gegenstand unseres Gefallens. Uns liegt daran, zufrieden zu sein, uns freuen zu können, und von bestimmten Leidenschaften (Liebe, Bewunderung, Engagement etc.) meinen wir, sie verliehen unserem Leben einen eigenen, von ihrem jeweiligen Gegenstand wenigstens partiell unabhängigen Wert und Glanz. Zwar hängt die Möglichkeit, zufrieden zu sein, sich zu freuen, sich für etwas zu begeistern etc., in der Regel von bestimmten epistemischen Annahmen ab, die wahr oder falsch sein können. Aber das Problem ist, daß uns an unseren Gefühlen selbst so sehr liegen kann, daß wir über ihre epistemischen Grundlagen lieber nicht aufgeklärt werden möchten, wenn damit die Gefahr eines Verlustes dieser Gefühle verbunden ist. Zugespitzt kann dies dazu führen, daß wir getäuscht werden wollen; wir wollen dann unsere Irrtümer und Illusionen nicht loswerden, weil an ihnen unser Glück und die Erfahrung von Sinn hängen.

Genau an diesem Punkt können der *Objektivitätsanspruch* einer epistemischen Kritik praktischer Überlegungen und Orientierungen und ihr *Normativitätsanspruch* auseinanderlaufen. Daß bestimmte meiner wertenden Gefühle und meiner Werturteile auf falschen Meinungen beruhen, mag unabweisbar sein; es ist *objektiv* so, daß ich mich täusche und daß das, was sich im Licht meiner wertenden Gefühle und Werturteile als gut ausnimmt, aufgrund ihres epistemischen Defizits nicht wirklich gut ist. Aber warum *sollte* – oder gar: *muß* – mich das kümmern, wenn gleichzeitig gilt, daß eben diese epistemisch unfundierten Gefühle und Werturteile Bedingungen meines Glücks und meiner Sinnerfahrungen sind?

Eine verbreitete instrumentalistische Argumentation stößt hier auf Grenzen. Aus instrumentalistischer Sicht sollen wir das tun, was am besten unseren Zwecken dient. Dieses Sollen erklärt sich aus dem zweckkonstituierenden Wollen einer Person, das aufgrund seines Selbstverpflichtungscharakters Quelle von Normativität ist (vgl. *2.5.3*). Eine epistemische Kritik kann dann ihre normative Autorität aus dem Umstand beziehen, daß wir unsere Zwecke am besten umsetzen können, wenn wir wissen, welche Mittel zu ihrer Verwirklichung am meisten geeignet sind. Daran ist sicherlich nichts zu beanstanden. Die instrumentalistische Sicht ist dort plausibel, wo sie Welt- und Selbstkenntnis als Voraussetzung für die Wahl geeigneter Mittel einfordert. Schwerer zu sehen ist hingegen, warum unsere Zwecke selbst auf richtigen Annahmen über die Welt und uns selbst beruhen sollen. Der Instrumentalist empfiehlt uns dies zumeist als Mittel zur Vermeidung von Enttäuschungen. Doch diese Empfehlung ist nicht immer stichhaltig.

Im Sinn früherer Überlegungen könnte darauf hingewiesen werden, daß das Schlimme an Enttäuschungen nicht ist, daß sie nicht gewollt werden, sondern daß umgekehrt die Negativität der Enttäuschungserfahrung der Grund dafür ist, sie nicht zu wollen (vgl. *5.1.4*). Wichtiger ist im gegenwärtigen Zusammenhang jedoch, daß wir das Glück haben können, nie so über unsere Irrtümer aufgeklärt zu werden, daß aus Täuschungen Enttäuschungen werden. Epistemische Aufklärung könnte dann immer noch sinnvoll sein, um *sicherzugehen*, nicht enttäuscht zu werden. Aber wirkliche Sicherheit vor Enttäuschungen kann es für endliche Wesen wie uns nicht geben, und manchmal belastet uns gerade zu viel Wissen.[8] Die meisten von uns (wenn nicht wir alle) verdrängen bewußt und mit Gründen temporär oder permanent unangenehme Aspekte der Welt und von sich selbst; sie vermeiden es, sich ihnen auszusetzen, gerade um nicht enttäuscht zu werden.

Manchmal schlagen Instrumentalisten deswegen eine andere Strategie ein. Sie läuft auf die These hinaus, eine Person wolle nicht »eigentlich«, was sie aufgrund falscher epistemischer Annahmen über die Welt oder sich selbst will; auf falschen Meinungen beruhende Zwecke seien nicht die »wahren« Zwecke der Person.[9] Aber mit welchem Recht kann solches behauptet werden? Was wir aufgrund von Irrtümern wollen, wollen wir aufgrund von Irrtümern, aber wir wollen es. Würden wir über unsere Irrtümer in Kenntnis gesetzt, würden wir (u.U.) anderes wollen, so wie wir auch anderes wollen würden, hätten wir andere Erfahrungen gemacht. Außerdem können wir eben auch

8 Kant merkt an, viel Erkenntnis und Einsicht könnte für einen »ein nur um desto schärferes Auge werden, um die Übel, die sich für ihn jetzt noch verbergen und doch nicht vermieden werden können, ihm nur um desto schrecklicher zu zeigen, oder seinen Begierden, die ihm schon genug zu schaffen machen, noch mehr Bedürfnisse aufzubürden« (*Grundlegung zur Metaphysik der Sitten*, Akademie-Ausgabe, Band IV, S. 418).

9 Für eine zumindest ähnliche Sicht vgl. Stemmer 1998.

getäuscht werden wollen. Wir können ein scheinhaftes Glück und scheinhafte Sinnerfahrungen wirklichem Unglück und wirklicher Sinnlosigkeit vorziehen. Ein täuschungsfreies (und insofern »wirkliches«) Glück und fundierte Sinnerfahrungen wollen vielleicht alle, wenn sie zu haben sind, nur sind sie nun einmal nicht immer zu haben. Es gibt keine prästabilierte Harmonie zwischen Wahrheit einerseits und Glück und Sinnerfahrungen andererseits (vgl. *5.2.4*).

Die bei Instrumentalisten – und nicht nur bei ihnen – verbreitete Forderung, wir sollten nur solche Gefühle, Wünsche, Absichten, Ideale usw. haben, zu denen wir auch noch im Licht umfassender oder wenigstens weitgehender Welt- und Selbstkenntnis stehen könnten, ist in Wirklichkeit nicht instrumentalistisch motiviert. Hinter ihr steht ein bestimmtes Ideal eines wahrheitsorientierten und selbstbestimmten Lebens. Dieses Ideal ist tief in unserem Selbstverständnis als Personen verankert. Doch zu behaupten, alle Menschen strebten faktisch diesem Ideal nach, ist wirklichkeitsfremd.

M.E. ist daraus der Schluß zu ziehen, daß es unabhängig von einem eigenen Wollen zur Wahrheit (und gegebenenfalls zur Selbstbestimmung)[10] keine *zwingenden* Gründe für ein gesteigertes Interesse an der Makellosigkeit des epistemischen Fundaments der eigenen praktischen Überlegungen und Orientierungen gibt. Wer aufgrund von Gefühlen, Absichten, Zielen usw., die sich falschen Meinungen verdanken, ein bestimmtes Handeln und Leben für gut hält, dem kann vorgehalten werden, daß er sich insoweit nicht am wirklich Guten orientiert. Aber grundsätzlich kann er auf der Ebene einer Reflexion über sein Leben oder das anderer Personen zu der Auffassung gelangen, daß ein mit bestimmten Irrtümern belastetes Leben positive Erfahrungen bereitstellt, die ein illusionsloses Dasein (überhaupt oder in seiner Situation) nicht bietet. Darin kann er sich täuschen, und aller Erfahrung nach wird er es oft auch. Zudem tendieren die mit dieser Sicht einhergehenden Selbsttäuschungen zur Instabilität. Trotzdem läßt sich nicht prinzipiell ausschließen, daß eine derartige Sicht richtig und lebbar ist, und wäre sie es, wäre nicht mehr zu sehen, warum jede Person um

10 Wie Selbstbestimmung und Wahrheitsorientierung zusammenhängen, wird Gegenstand des nächsten Kapitels sein.

maximale epistemische Aufklärung ihrer praktischen Überlegungen und Orientierungen bemüht sein sollte. Insoweit erschöpft sich das normative Potential einer epistemischen Kritik an praktischen Überlegungen und Orientierungen.

In anderer Hinsicht bleibt ihre normative Autorität jedoch uneingeschränkt erhalten: Niemand von uns kann nämlich bestreiten, daß er einen (womöglich nicht ausschlaggebenden) Grund hat, seine Gefühle, Wünsche usw. zu ändern, *wenn ihm gezeigt wird*, daß sie falschen epistemischen Annahmen geschuldet sind. Der Grund dafür ist nicht, daß wir Enttäuschungen fürchten, und auch nicht, daß wir dem Ideal eines wahrheitsorientierten Lebens nachstreben. Der Grund ist einfach, daß wir uns im Haben einer Meinung bereits auf ihre Wahrheit verpflichtet haben, nicht unbedingt explizit, aber wenigstens implizit.[11] Zumindest zu überlegten Meinungen gehört der Anspruch, daß der Fall ist, was sie in ihrem propositionalen Gehalt repräsentieren. Eine epistemische Kritik packt uns gleichsam bei diesem Anspruch, einem Anspruch, der nicht zweckförmig ist. Die Überprüfung von Wahrheitsansprüchen ist wesentlicher Teil, wenn nicht Kern unserer Praxis des Gebens und Nehmens auch von praktischen Gründen, in der wir uns gegenseitig als Personen anerkennen. Wer von einer epistemischen Kritik prinzipiell nicht erreichbar ist, wer ihr keinerlei normative Autorität zubilligt, fällt aus dieser Praxis heraus und kann insofern nicht mehr als Person betrachtet werden. Ist er in seinem Verhalten grundsätzlich nicht mehr beeinflußbar durch die Erkenntnis dessen, was wahr und was falsch ist, ist er nur noch manipulativ zu steuern. Aus einer generellen *Ansprechbarkeit* für eine epistemische Kritik an den eigenen praktischen Orientierungen folgt jedoch nicht ein eigenes (faktisches oder rationales) *Interesse* an deren epistemischer Korrektheit. Formelhaft ausgedrückt: Werden wir mit der Wahrheit konfrontiert, können wir uns ihr nicht oder doch nur schwer entziehen, aber wir müssen sie nicht auch aktiv suchen.

Die so weit entwickelten Überlegungen betreffen vor allem Formen einer *eng verstandenen* epistemischen Kritik, die gegen eine Person in der Annahme gerichtet wird, sie hänge falschen

11 Die – ausarbeitungsbedürftige – Konzeption impliziter Verpflichtungen ist von Brandom 1994 inspiriert.

oder widersprüchlichen Meinungen an. *Mutatis mutandis* gelten sie jedoch auch für Formen einer *erweiterten* epistemischen Kritik, die unterstellt, Personen hätten eine verkürzte Sicht der Dinge.

Indem wir bisher unbeachtete Ausschnitte der Wirklichkeit kennenlernen, ändern sich unsere nichtepistemischen Einstellungen und darüber vermittelt oder in eins damit unsere praktischen Überlegungen und Verhaltensweisen. Vordringlich aufgrund der Hinweise anderer können wir etwas in einem neuen Licht sehen lernen, beispielsweise eine Landschaft schön finden, die uns bisher kaltließ, jemanden bewundern, den wir bislang nur merkwürdig fanden, eine Tätigkeit als sinnvoll erachten, die uns zuvor belanglos schien. Diese Erfahrungen lassen sich als evaluative Lernerfahrungen bestimmen. Instrumentalistisch gewendet, begreifen wir durch sie, daß etwas entgegen unserer ursprünglichen Auffassung unseren (schon vorhandenen) Zwecken oder dem, was wir wollen, entspricht. Das ist jedoch lediglich *eine* Möglichkeit. Genausogut können wir, indem wir sehen, was wir zuvor nicht sahen, neue wertende Gefühle entwickeln und zu neuen Werturteilen gelangen, die zum Anlaß für die Ausbildung neuer Zwecke werden und allenfalls einen lockeren Bezug zu unseren schon bestehenden Zwecken haben. Aufgrund solcher Gefühle und Urteile können wir die Erfahrung machen, daß der Einbezug bisher abgeblendeter Seiten von mit unserem Leben verknüpften Dingen und Sachverhalten einen Gewinn für unser Leben darstellt. Und das kann uns retrospektiv sagen lassen, daß wir Grund und guten Grund hatten, unsere verkürzte Sicht zu erweitern. Wir erkennen so die diesbezüglichen Empfehlungen und Aufforderungen anderer als grundsätzlich berechtigt an. Will man darin nicht eine nachträgliche Projektion sehen, muß man eingestehen, daß wir von Anfang an einen guten Grund hatten, zunächst unbeachtete Seiten der Wirklichkeit zu berücksichtigen und ihnen in unseren praktischen Überlegungen Rechnung zu tragen. Eine erweiterte epistemische Kritik kann so eine *normative Autorität* beanspruchen, die nicht notwendig auf bereits bestehenden Zwecken der kritisierten Person basiert. Und *Objektivität* kommt ihr nicht anders als der epistemischen Kritik im engen Sinn zu, denn ob jemand etwas sieht oder nicht, ist eine Frage von wahr und falsch.

Dieses Ergebnis ist jedoch in einer wichtigen Hinsicht zu präzisieren: Die normative Autorität einer erweiterten epistemischen Kritik hängt nämlich entscheidend davon ab, daß die jeweils kritisierte oder beratene Person die Relevanz jener Aspekte der Wirklichkeit, auf die sie zusätzlich hingewiesen wird, in ihren eigenen Gefühlen und Urteilen zu bestätigen in der Lage ist. Niemand hat einen Grund dafür, eine Landschaft aufzusuchen und zu bestaunen, die er aufgrund seiner emotionalen und kognitiven Verfaßtheit nicht schön finden kann, eine Person zu bewundern, für deren Leistungen er gefühlsmäßig nicht empfänglich ist, eine Tätigkeit sinnvoll zu finden und u.U. aufzugreifen, die ihm prinzipiell nicht liegt. Eine erweiterte epistemische Kritik lebt von der Unterstellung, daß die kritisierte Person Bereiche der Wirklichkeit unbeachtet gelassen hat, die sie selbst als für sie wichtig erleben kann. Wir hatten diesen Punkt von einer etwas anderen Seite schon im sechsten Kapitel angesprochen; dort hieß es in bezug auf ästhetische Werturteile, sie könnten eine normative und im weiten Sinn praktische Funktion nur für diejenigen haben, die ästhetisch ansprechbar sind (*6.3.3*). Wird dies nicht beachtet, wird eine erweiterte epistemische Kritik unterderhand zu einer von außen kommenden substantiellen Kritik.

8.2.2 Objektivität und Normativität einer intern-formalen Kritik

Ein in mancherlei Hinsichten ähnliches Bild ergibt sich für jene Weisen der Kritik an praktischen Überlegungen und Orientierungen, die auf den *internen Zusammenhang* insbesondere der Absichten, Ziele und Ideale von Personen gerichtet sind.

Nimmt man die relativ *schwachen* formalen Rationalitätskriterien, die von der Entscheidungstheorie und ähnlichen *Theorien der praktischen Rationalität* erörtert und anempfohlen werden, so ist es zunächst wieder eine Frage von wahr und falsch, ob eine Person in ihren Überlegungen, Einstellungen und Verhaltensweisen diesen Kriterien genügt oder nicht. Insofern kann auch diese Kritik mit einem unstrittigen *Objektivitätsanspruch* auftreten. Der Zusammenhang zum Guten ergibt sich dadurch, daß jede Person es – *ceteris paribus* – als schlecht empfindet, wenn sie ihre Absichten, Ziele und Ideale aufgrund interner Inkonsistenzen nicht oder nur begrenzt verwirklichen kann.

Auch die *normative Autorität* einer formalen Rationalitätskritik versteht sich normalerweise von selbst. Wir hatten im zweiten Kapitel gesehen, daß das Bemühen um eine Vermeidung von Inkonsistenzen zur ›Logik‹ der Entwicklung von Absichten gehört (*2.5.1*), und was für begrenzte Absichten gilt, gilt auch für umfassendere Ziele und Ideale (*7.2*; *7.3*). In die Ausbildung von Absichten, Zielen und Idealen geht bereits die Orientierung an vagen Konsistenz- oder Kohärenzregeln ein. Wer sie verfolgt, verpflichtet sich explizit oder implizit auf die Einhaltung dieser Regeln und ist daher notwendig ansprechbar für eine Kritik, die sie einklagt. Dagegen hat es wenig Sinn, von einer solchen Verpflichtung schon beim Haben von neigungsförmigen Wünschen zu sprechen. Es kann u.U. ratsam sein, bestimmte Wünsche loszuwerden oder auf andere abzustimmen. An sich aber ist es kein Gebot der Rationalität, alle eigenen Wünsche in eine konsistente Ordnung zu bringen.[12]

Statt mit expliziten oder impliziten Verpflichtungen zu argumentieren (oder um den Appell an sie verständlich zu machen), könnte man versuchen, die normative Autorität von formalen Rationalitäts- oder Konsistenzkriterien rein instrumentalistisch, mit Blick auf die Zwecke, die eine Person hat, zu rechtfertigen.[13] Allem Anschein nach sind entsprechende Bemühungen jedoch nur begrenzt erfolgreich. Eine rein instrumentalistische Rechtfertigung kohärenter Präferenzen etwa kann nur gegenüber Personen greifen, die schon über einen Satz solcher Präferenzen verfügen.[14] Einer Person, deren Präferenzen sich in völliger Unordnung befinden, kann kein instrumenteller Grund zur Einhaltung von Ordnungsprinzipien wie dem Transitivitätsgebot geliefert werden, weil ein solcher Grund als instrumenteller sich nur auf eben jene Präferenzen stützen könnte, die in völliger Unordnung sind.[15] Konsistenz- oder Kohärenzaxiome, wie sie die Entscheidungstheorie aufzustellen unternimmt, liefern Kriterien dafür, an der Erfüllung welcher Präferenzen einer Person sich bemißt, was für sie gut

12 S.o. 2. Kap., Abschnitt *2.5.1* mit Anm. 41.
13 Zur Literatur s. McClennen 1990 und Hampton 1994.
14 Siehe dazu und zu den folgenden Sätzen Hampton 1994, S. 213 ff.
15 Selbst das in diesem Kontext beliebte »Geldpumpen«-Argument setzt be-

ist, und es ist nicht zu sehen, wie sich diese Kriterien aus dem, wofür sie Kriterien sind, rechtfertigen lassen sollen. Aus diesem Dilemma ist nur herauszukommen, wenn ein Minimum an formaler Rationalität als notwendiger Ausstattung von Personen, die Absichten fassen und Pläne entwickeln und über Ziele und Ideale Einheit und Verständlichkeit in ihr Leben zu bringen versuchen, angenommen wird.[16]

In der Einsicht, daß sich die normativen Restriktionen, die mit formalen Konsistenzkriterien wie dem der Transitivität praktischer Orientierungen verbunden sind, nicht strikt und sozusagen von Grund auf instrumentalistisch rechtfertigen lassen, liegt, wie Robert Nozick sagt, ein »tiny step beyond Hume«.[17] Mit ihm wird die Existenz von nichtinstrumentalistischen ›Filtern‹ anerkannt, mit deren Hilfe sich auch die normative Zulässigkeit von Endzwecken prüfen läßt. Sehr viel läßt sich mit diesen Filtern allerdings nicht aussondern; sie wirken nur schwach restringierend und bleiben hoch formal.

Daher wird immer wieder versucht, die explizite oder implizite Verpflichtung auf noch *stärkere* Rationalitätsprinzipien als notwendige Präsupposition des Verfolgens von Absichten, Zielen und Idealen zu erweisen. Kantianerinnen wie Jean Hampton und Christine Korsgaard beispielsweise sind bestrebt, das Zugeständnis, daß sich schwache Rationalitätsstandards nicht strikt instrumentalistisch begründen lassen, zur Rehabilitierung eines starken Vernunftbegriffs zu nutzen, wie er sich im kategorischen Imperativ als Rationalitätsnorm niederschlägt.[18] Ähnlich gehen Apel und Habermas davon aus, daß wir uns im Sprechen und Handeln bereits auf Vernunftregeln festlegen, die mehr enthalten als schwache Prinzipien der theoretischen und der praktischen Rationalität.[19] Für eine detaillierte Auseinandersetzung mit diesen Versuchen ist hier nicht der Ort. Wir hatten jedoch gegen Korsgaard gezeigt, daß nicht

reits voraus, daß die Präferenzen einer Person wenigstens in bezug auf ihre Geldwünsche konsistent sind.

16 Das ist der wahre Kern von Überlegungen, wie sie Davidson (1980 und 1984) und Dennett (1987) in ihren ansonsten überzogenen Argumentationen zur notwendigen Rationalität von Personen und der Identität mentaler Einstellungen angestellt haben.

17 Nozick 1993, S. 140.

18 Hampton 1994, 1996, 1998; Korsgaard 1996, 1997.

19 Apel 1973; Habermas 1981.

einmal die Verpflichtung auf irgendwelche (halbwegs substantiellen) allgemeinen Maximen notwendig zum praktischen Überlegen und absichtlichen Handeln gehört (*6.1*), und so erscheint es von vornherein verfehlt, in dem bloßen Umstand überlegten Handelns noch mehr – etwa eine Bindung an den kategorischen Imperativ und die Verpflichtung auf Grundprinzipien der Moral – angelegt zu sehen. Eine Person, die massiv schwache Rationalitätsstandards verletzt, wird uns unverständlich. Werden ihre Meinungen und Präferenzen sehr inkohärent, können wir sogar daran zweifeln, ob sie überhaupt Meinungen und Präferenzen hat. Letztlich zweifeln wir dann an ihrem Personenstatus. Menschen, die dem kategorischen Imperativ keine normative Autorität zubilligen und sich selbst wichtiger nehmen als alle anderen, sind uns dagegen nicht (jedenfalls nicht in der gleichen Weise) unverständlich.

Damit soll nicht geleugnet werden, daß die meisten Menschen ansprechbar sind für eine Kritik an ihren praktischen Überlegungen und Orientierungen, die mit Gesichtspunkten der *Unparteilichkeit* arbeitet. Wir lernen sehr früh, unser Handeln und Leben aus einer neutraleren Perspektive zu betrachten, in der wir selbst nur einer unter vielen sind. Ich hatte zur Begründung der Relevanz von Idealen auf unser Bedürfnis nach Anerkennung verwiesen, das uns dazu animiert, uns selbst mit den Augen anderer zu sehen (*7.3.2*). Damit wird ein sozialpsychologischer Mechanismus des imaginativen Rollenwechsels in Gang gesetzt, der unter günstigen Bedingungen zur Entwicklung eines – zumindest einigermaßen – unparteiischen Standpunkts führt. Nur sind solche Bedingungen nicht immer gegeben. Außerdem ist zu bedenken, daß Unparteilichkeitsurteile irgendwoher ihre Inhalte beziehen müssen. Da Unparteilichkeit als solche lediglich einen formalen Maßstab für unsere praktischen Überlegungen darstellt, ist durchaus denkbar, daß sie in unterschiedlichen Situationen und in divergierenden kulturellen Kontexten jeweils anderes zu tun oder zu unterlassen nahelegt.

Neben schwachen Restriktionen praktischer Rationalität und Gesichtspunkten der Unparteilichkeit hatte ich Möglichkeiten angesprochen, den Zusammenhang der praktischen Orientierungen einer Person nach Maßgabe *hermeneutischer* und *ästhetischer* Kriterien zu beurteilen. Eine hermeneutische oder ästhetische Einheit gewinnen die praktischen Orientierungen von Personen relativ zu einem kulturell erzeugten Symbolzusammenhang, in dem bestimmte Einstellungen und Lebensvollzüge mit spezifischen Bedeutungen konnotiert werden. Ein solcher Zusammenhang stellt ein Reservoir von Gründen bereit, auf die Personen in ihren praktischen Überlegungen zurückgreifen können. Es kann dann durchaus berechtigt sein, in ihren so gearteten Überlegungen mehr als den Ausdruck individueller Vorlieben zu sehen und ihnen insofern einen objektiven Status zuzubilligen. Ein einmal angenommener Lebensstil läßt sich in verschiedenste Richtungen und doch nicht völlig beliebig verändern, soll er seinen internen Zusammenhang nicht verlieren. Doch zum einen ist zu bedenken, daß bestimmte Lebensstile ihre Einheit nicht nur relativ zu einem kulturell kontingenten Bedeutungshintergrund erhalten, sondern auch, worauf Bourdieu aufmerksam gemacht hat, relativ zu sozialen Positionierungen und ihrer kontingenten Relation zu anderen Positionierungen. Die jeweilige Einheit bestimmt sich dann rein relational, in keiner Weise substantiell.[20] Daß z.B. Segeln, Reiten und Tennis in den Augen vieler ›zusammenpassen‹, hat seinen Grund nicht in intrinsischen Ähnlichkeiten dieser Tätigkeiten; vielmehr findet es seine Erklärung in sozialen Differenzierungsprozessen, hinter denen der Wunsch von Personen steht, sich von anderen abzugrenzen und allein dadurch ihrem Leben eine Form von Einheit und einen Sinn zu geben. Zum anderen aber ist nicht zu sehen, warum jemand nicht bewußt gegen die Gebote eines bestimmten Lebensstils verstoßen sollte. Z.B. kann jemand, der ernsthaft Kunstgeschichte betreibt, gleichzeitig eine Vorliebe für Schlagermusik entwickeln, so ›unpassend‹ das von anderen empfunden werden mag. U.U. bekommt sein Tun sogar gerade dadurch eine gewisse Originalität, durch die es in seinen Augen einen besonderen internen Zusammenhang erhält. Wir sind in unseren praktischen Überlegungen mit der Schwierigkeit konfrontiert, daß wir einerseits ein Bedürfnis haben, unserem Tun ein einheitliches Gepräge, das nicht schon durch die Einhaltung minimaler Rationalitätsstandards gegeben ist, zu verleihen, wir dabei aber andererseits

20 Bourdieu betont den relationalen Charakter sozial bedingter Lebensstilmerkmale sehr deutlich in 1998, S. 15 ff.

zumindest auch auf Sinnkriterien zurückgreifen müssen, deren manchmal sehr persönlicher Charakter bei nüchterner Betrachtung nicht abzuweisen ist.

8.2.3 Objektivität und Normativität einer substantiellen Kritik

Unsere praktischen Überlegungen und Orientierungen können epistemisch defizitär sein, und sie können Inkonsistenzen und einen Mangel an Zusammenhang aufweisen. Das eröffnet Möglichkeiten für eine Kritik – und damit immer auch für eine Selbstkritik – von Handlungen und Lebensweisen, die in ihrer Tragweite nicht unterschätzt werden sollten. Aber wenn wir uns fragen, was für uns zu tun und wie für uns zu leben gut ist, möchten wir zweifelsohne auch wissen, ob wir nicht doch mehr über das Gut- und Schlechtsein bestimmter *inhaltlicher* Orientierungen in Erfahrung bringen können. Wir üben immer wieder Kritik an den *Gehalten* der Gefühle, Wünsche, Absichten, Ziele, Ideale, Lebenskonzeptionen von anderen – oder auch von uns selbst –, und so fragt sich, wieweit an diese Kritik berechtigte Ansprüche auf Objektivität und Normativität geknüpft werden können.

In einem großen Teil der philosophischen Literatur werden Objektivitäts- und Normativitätsansprüche speziell auf *moralische* Urteile bezogen. Da ich in dieser Arbeit keine eigene moralphilosophische Sicht profiliert habe, muß ich mich erneut auf einige wenige und tentative Bemerkungen zu den Aussichten einer moralischen Kritik beschränken.

Hat man eine mehr oder minder *instrumentalistische* Auffassung von Moral, also eine Auffassung, wonach die Moral eine Institution ist, die der Realisierung bestimmter – individueller oder kollektiver – außermoralischer Zwecke dient, dann kann eine moralische Kritik in dem Maße mit einem berechtigten Anspruch auf *Objektivität* auftreten, in dem sie nachzuweisen vermag, daß das, was moralisch geboten oder anempfohlen wird, zur Verwirklichung der jeweiligen außermoralischen Zwecke geeignet oder sogar unabdingbar ist. Moralisch gut – bzw. »wirklich« moralisch gut – wäre das, was der Verwirklichung der relevanten außermoralischen Zwecke dient. Und eine nicht bloß von außen auferlegte *Normativität* hätte die

Moral für all diejenigen, die sich die entsprechenden Zwecke zu eigen gemacht haben. Die Gebote der Moral würden sich in rein hypothetische Imperative verwandeln. Moralische Urteile wären so einerseits in einer unproblematischen Weise wahrheitsfähig und andererseits in letzter Instanz doch von einem Wollen abhängig. Sieht man in der Moral eine Schutzeinrichtung für bestimmte basale Interessen, könnte das sie stützende Wollen zudem eines sein, das mehr oder minder allen Menschen unterstellt werden kann. Aus einer instrumentalistischen Perspektive, die im Fall der Moralbegründung zu einer kontraktualistischen werden dürfte, könnte der Moral Objektivität so auch im Sinn von Allgemeingültigkeit zukommen.

Die instrumentalistische Erklärung des Objektivitäts- und Normativitätsanspruchs einer moralischen Kritik ist überzeugender als traditionalistisch-autoritäre und auch als wertrealistische Alternativen. Im Rahmen einer *traditionellen, autoritär vorgegebenen* Moral kommt moralischen Urteilen Objektivität zu, weil es eine Frage des Gegebenseins bestimmter natürlicher Fakten ist, ob die für diese Moral einschlägigen Wertungsstandards erfüllt sind oder nicht. Aber die normative Autorität dieser Standards beschränkt sich von vornherein auf diejenigen, die sie teilen, sowie extern auf diejenigen, für die es die Furcht vor äußeren Sanktionen angeraten erscheinen läßt, ihnen gemäß zu handeln und zu leben. Sie ist keiner weiteren, rationalen Rechtfertigung fähig. Und *wertrealistische* Ansätze sind gleich aus zwei Gründen unattraktiv: Zum einen kann der moralische Realismus in seinen plausibleren Versionen nicht die normative Autorität moralischer Urteile erklären; von der Erkenntnis dessen, was im wertrealistischen Sinn moralisch gut ist, muß in keiner Weise ein normativer Handlungsdruck ausgehen.[21] Und zum anderen ist unklar, welchen ontologischen Status moralische Werte haben und wie sie erkannt werden können sollen.[22] Vor dem Hintergrund unserer Analyse zum Zusammenhang von Gefühlen und Wertungen besitzt ein gefühlstheoretisch begründeter moralischer Realismus, wie er in der älteren Wertethik vertreten wird,[23] die vergleichsweise

21 Das wird von moralischen Realisten wie Schaber und Brink eingeräumt; s.o. 6. Kap., Anm. 32.

22 Dazu Mackie 1977, 1. Kap.

23 Scheler 1913/16; Meinong 1923.

größte Attraktivität, weil er dem Einwand der »epistemologischen Absonderlichkeit«[24] nicht ausgesetzt ist; er betrachtet Gefühle als Erkenntnisorgane, und da Gefühle zu unserer gewöhnlichen Ausstattung gehören, muß er nicht ein obskures Vermögen der Intuition reklamieren.[25] Nur sollten unserer Deutung nach Gefühle Werte (mit) *konstituieren*, nicht von ihnen unabhängige Werte *erfassen* (4.4.4).

Dessenungeachtet bin ich unsicher, wie weit man mit einer instrumentalistischen und speziell kontraktualistischen Begründung der Moral kommt. Einmal könnte man argumentieren, daß bestimmte, moralisch relevante Gefühle wie z.B. Mitleid für diejenigen, die zu ihnen fähig sind, eine eigene Autorität haben, die nicht von irgendwelchen mehr oder minder persönlichen Zwecken abhängig ist. Im Mitleiden bewerte ich das Leiden anderer als etwas Schlechtes und als etwas, dem Linderung verschafft werden sollte. Und sodann gilt allgemein, daß diejenigen, die sich Moralitätsstandards verpflichtet fühlen, dies normalerweise nicht instrumentalistisch rechtfertigen. Für sie haben solche Standards eine von ihren eigenen, außermoralischen Zwecken unabhängige normative Autorität (wenn auch vielleicht nicht notwendig eine stets ausschlaggebende). Dies gilt vor allem dann, wenn diese Standards Ausdruck von Unparteilichkeit zu sein beanspruchen. Ein Deliberieren vom Standpunkt der Unparteilichkeit mag sich *genetisch* aus dem Wunsch nach Anerkennung oder – weniger erhebend – aus dem Wunsch, Strafen zu vermeiden und Belohnungen zu erhalten, erklären. Aber einmal eingeübt, wird es (wenigstens der Tendenz nach) *strukturell* unabhängig von der faktischen Anerkennung anderer und ihren Strafen und Belohnungen. Einer in dieser Weise überlegenden Person eröffnet sich ein neuer Raum von Gründen, die auf eigenen Füßen stehen. Der Instrumentalist versucht zu zeigen, daß es für das Betreten dieses Raums zwingende Gründe gibt und es insofern rational ist, moralisch zu sein. Unter Zugrundelegung eines anderen Rationalitätsbegriffs haben sich auch Nichtinstrumentalisten, vor al-

24 Mackie 1977, S. 38 ff.

25 Faktisch gilt dies allerdings nur *cum grano salis*. Schelers »Wertfühlen« beispielsweise hat mit unseren üblichen Gefühlen nur noch wenig gemein und wirkt so kaum weniger »absonderlich« als eine Intuition, wie sie z.B. Moore für seinen Wertrealismus annehmen muß.

lem solche in der Tradition Kants, um einen entsprechenden Nachweis bemüht. Aus meiner Sicht vermögen alle diese Vorschläge nicht zu überzeugen. Es gibt, soweit ich sehe, keine *zwingenden* Gründe, warum jemand, der nicht schon moralisch empfindet und denkt, moralisch werden sollte. Der moralische Standpunkt läßt sich nur mit schwachen Gründen anempfehlen. Es ist für Personen im allgemeinen und insgesamt günstiger, in moralischen Verhältnissen zu leben. Aber in unmoralischen Verhältnissen ist es für viele günstiger, nicht (zu) moralisch zu sein, und oft mit (zu) hohen Kosten verbunden, sich für die Schaffung moralischer Verhältnisse einzusetzen. Zur zwingenden Rechtfertigung der Moral müssen wir bereits eine Perspektive einnehmen, die die Perspektive um ihr »aufgeklärtes Eigeninteresse« besorgter Individuen übersteigt. Für die faktische Implementation und Ordnungsfunktion einer Moral muß dann auf die Wirksamkeit sozialer Anerkennungs- und Sanktionsmechanismen vertraut werden. Dort, wo dieses Vertrauen berechtigt ist, kann die Objektivität und Normativität der Moral in einem sehr weiten und ausgedünnten Sinn »instrumentalistisch« erklärt werden, nämlich nicht mehr im Rekurs auf außermoralische Zwecke, sondern im Rekurs auf ein schon bestehendes moralisches Selbstverständnis.

Als zweites hatte ich in *8.1.3* Formen einer (nicht moralischen) *standardrelativen* Kritik als Beispiel für eine Kritik angeführt, deren primärer Gegenstand der Gehalt der praktischen Orientierungen der kritisierten Person ist. Ich habe dies in erster Linie aus Gründen der Vollständigkeit getan. Für unser Leben können rollenspezifische Normen, Normen, die besagen, wie man sich als Soundso verhalten soll, ja auch Standards der Etikette und der Mode wichtiger sein als moralische Standards, so bedauerlich das sein mag. Gerade in modernen Gesellschaften, die durch einen nie gekannten Pluralismus der Lebensformen gekennzeichnet sind, identifizieren sich viele Menschen stark affektiv und volitiv nicht nur mit bestimmten sozialen Rollen, sondern auch mit im weiten Sinn ästhetisch definierten Lebensstilen, und zwar zuweilen so, daß diejenigen, die diesen Stilen nichts abzugewinnen wissen, wenn nicht mit moralischer Empörung, so doch mit milder oder aggressiver Verachtung gestraft werden. Und wer nicht zur Verachtung neigt, zieht sich häufig von den Menschen zurück, die sein partikulares, nicht moralisch bestimmtes Selbstverständnis nicht teilen. Er straft sie dann mit Nichtachtung.[26]

Was die *Objektivität* und *Normativität* einer standardrelativen Kritik anbelangt, so können wir hier im wesentlichen wiederholen, was wir zur Grundlage von hermeneutischen und ästhetischen Kritikformen ausgeführt haben, denn diese können auch als eine Variante der standardrelativen Kritik betrachtet werden. Zunächst ist es eine Frage von wahr und falsch, ob etwas einem Standard entspricht. Und (interne) normative Autorität entfaltet ein Standard für diejenigen, die ihn akzeptieren und sich mit ihm identifizieren. Nur fragt sich natürlich, was für die Standards selbst spricht. Allgemein formuliert zweierlei: Auch Standards unterhalb der Moral sind zur Regelung des Zusammenlebens von Menschen unverzichtbar, und für den einzelnen sind sie wichtig, weil rollenspezifische und andere Normen Medien für Sinnerfahrungen sind. Wir sind darauf angewiesen, unser generelles Selbstverständnis als Personen in Form konkreter praktischer Identitäten zu substantialisieren. Wie wir dies tun, wird uns häufig nicht beliebig erscheinen, weil Einstellungen, Handlungen und Lebensvollzüge für uns meist nur vor dem Hintergrund eines kulturell erzeugten Symbolzusammenhangs einen Sinn erhalten. Normalerweise sehen wir uns jedoch selbst dann mit einer Pluralität von Sinnangeboten konfrontiert, aus denen wir für unser Leben eine Auswahl treffen müssen. Deren Angemessenheit oder Unangemessenheit bemißt sich an unserer Individualität und unserem je besonderen Lebenskontext. Auf dieser Ebene ist eine Rechtfertigung von Wertungsstandards nur noch auf der Basis unserer je individuellen Gefühle, Wünsche und Fähigkeiten zu leisten.

Wie ist es dann um die Objektivität und Normativität von so umfassenden Formen der substantiellen Kritik wie der Glücks- und der Sinnkritik bestellt? Können wir wenigstens in ihnen – ähnlich wie vielleicht in einer Moralkritik – die Grenzen individueller und kultureller Besonderheiten überschreiten?

26 Meiner Kenntnis nach gibt es wenige philosophische Arbeiten, die sich um eine Phänomenologie nicht (oder jedenfalls nicht strikt) moralischer Sanktionen, die bei im weiten Sinn ästhetischen Lebensstildifferenzen greifen, bemühen würden. Ansätze dazu finden sich bei Mill 1859, 4. Kap.; vgl. Ryan 1965.

Eine *Glückskritik* kann *Objektivität* insoweit beanspruchen, als es wahr oder falsch ist, daß ein bestimmtes Handeln und Leben eine Person glücklich oder glücklicher bzw. im negativen Fall unglücklich oder weniger glücklich macht. Dabei wird in Rechnung zu stellen sein, daß das Glück im Sinn der Freude und des Wohlbefindens einer Person stark von den jeweiligen Zwecken und Zielen der Person abhängt, weil die Realisierung dessen, was eine Person will, sie in der Regel befriedigt und im erfolgreichen Vollzug zielgerichteter Tätigkeiten eine eigene Lust liegt.[27] Aber nicht jede Zweckrealisierung und nicht jeder erfolgreiche Tätigkeitsvollzug macht glücklich, und Glück ist nicht allein von der Verwirklichung vorgängiger Wünsche und Absichten abhängig. Was eine Person glücklich macht, lernt sie – häufig angestoßen durch die Kritik anderer – auf dem Weg praktischer, gefühlsgestützter Induktionen. Sie kann so die in Fragen des dauerhafteren Glücks nötige Lebenserfahrung gewinnen, und Lebenserfahrung ist eine Form von Wissen. Nur ändert das nichts daran, daß Glück letztlich eine Funktion der affektiven, volitiven und kognitiven Verfassung der jeweiligen Person ist. *Normative Autorität* wächst einer Glückskritik deswegen in dem Maße zu, in dem eine Person glücksfähig ist und glücklich sein will. Glück ist zwar kein normaler Handlungszweck, aber in reflexiver Einstellung ist es etwas, an dem fast jedem liegt, weil glücklich zu sein nicht ablösbar ist von dem Gefallen daran, das es zu etwas intrinsisch Gutem macht.

Ist eine Glückskritik am Ende nur als eine personenrelative denkbar, so scheint eine Sinnkritik, die bestimmte Lebensweisen als »sinnvoll«, »wertvoll«, »bewundernswert« u.ä. auszeichnet und andere als »sinnlos«, »wertlos«, »oberflächlich«, »trivial« u.ä. brandmarkt, mit einem stärkeren Objektivitätsanspruch aufzutreten. Aber läßt sich dieser Anspruch einlösen? Aus instrumentalistischer Sicht geben wir unserem Leben Sinn durch unsere Zwecke. Daran ist richtig, daß uns ein Tun – unser eigenes eingeschlossen – verständlich wird, wenn es auf ein

27 Daß Glück im erfolgreichen Vollzug von zielgerichteten oder rein selbstzweckhaften Tätigkeiten liegt, ist die Grundüberzeugung aristotelischer Glückstheorien. Sie betonen zu Recht und doch vereinseitigend unseren *aktiven* Welt- und Selbstbezug. Vernachlässigt wird darüber, daß Glück auch in stärker *passivischen* Erfahrungen liegen kann.

bestimmtes Ziel zuläuft (vgl. *7.2.3*), und wir unserem Leben im Verfolgen von Zwecken und Zielen ein Gewicht verleihen können, das es uns als wertvoll erleben läßt. Nur kann eine Sinnkritik sich auch am Inhalt bestimmter Zwecke und Ziele entzünden. Wir können meinen, bestimmte Zwecke und Ziele zu verfolgen sei selbst sinn- oder wertlos. Die Frage ist dann, worauf sich diese Art der Sinnkritik stützen kann. Im Prinzip auf alles, was wir im Zusammenhang der anderen Kritikformen schon angeführt haben. In eine Sinnkritik gehen umfassende Deutungen der menschlichen Existenz ein; bei diesen handelt es sich um interpretative Ausgestaltungen von individuellen und kollektiven Erfahrungen, die sich epistemisch, anhand formaler Rationalitätskriterien, hermeneutisch, ästhetisch und moralisch kritisieren lassen. Doch wird auch eine Sinnkritik, soll sie einer Person nicht einfach von außen übergestülpt werden, letztlich auf den tatsächlichen oder möglichen Erfahrungen und Erlebensweisen der kritisierten Personen selbst fußen müssen. Aus meiner Sicht sind diese Erfahrungen und Erlebensweisen erneut vornehmlich affektiver Natur. Sie stellen sich vor allem im Zuge der starken affektiv-volitiven Identifikation mit Zielen und Idealen ein. Diese wiederum kann und wird häufig von den Werturteilen der Person bezüglich der betreffenden Ziele und Ideale abhängen, die in der Regel auf einen Hintergrund sozialer Normen verweisen. Aber abgesehen davon, daß solche Urteile wie alle Werturteile selbst ein nichtepistemisches Moment haben, sind sie ihrerseits affektiv verwurzelt, z.B. in der Liebe und Bewunderung für bestimmte Personen (vgl. *7.3.3*). Am Ende kann auch eine Sinnkritik ihre normative Autorität nur aus nichtepistemischen Einstellungen gewinnen, die eine Pro- oder Contra-Dimension haben. Die Alternative wäre ein Wertrealismus, für den wir nirgendwo gute Gründe gefunden haben.

Wir sollten diese Überlegungen zu den Möglichkeiten einer Glücks- und einer Sinnkritik jedoch noch ein wenig vertiefen. Haben sie nicht einen zu »subjektivistischen« Anstrich? Läßt sich nicht doch Verbindlicheres zu den Bedingungen und Bestandteilen eines glücklichen und sinnerfüllten und insofern guten Lebens sagen?

8.3 Generelle Bedingungen und Bestandteile eines guten Lebens

Es kann kein glückliches und sinnerfülltes und insofern gutes Leben geben, ohne daß die je individuelle Person, die es lebt, es als glücklich und sinnvoll bewerten und erfahren würde. Diese Feststellung ist offen für zwei verschiedene Lesarten: Interpretiert man sie grundsätzlich *subjektivistisch*, so gilt zum einen, daß ein Leben dadurch gut *wird*, daß eine Person es als glücklich und sinnvoll bewertet und erfährt, und zum anderen, daß es letztlich eine Frage ihrer nichtepistemischen Einstellungen ist, ob sie dies tut. Interpretiert man die Feststellung grundsätzlich *objektivistisch*, so *erkennt* eine Person, indem sie ihr Leben als glücklich und sinnvoll bewertet und erfährt, daß ihr Leben gut ist, wobei diese Erkenntnis naturgemäß epistemischer Art ist.[28] Die in dieser Arbeit entwickelten werttheoretischen Analysen laufen auf eine grundsätzlich subjektivistische Theorie des Guten hinaus. Wie andere Theorien dieser Art auch, ist sie jedoch eine *qualifiziert* subjektivistische Theorie. Es dürfte hilfreich sein, dies noch einmal kurz zu erläutern, selbst wenn dafür ein paar Wiederholungen in Kauf zu nehmen sind (*8.3.1*). Wer in Fragen des guten Lebens auf der Stufe metaethischer bzw. werttheoretischer Reflexion Subjektivist ist, muß jedoch nicht die Möglichkeit objektivierbarer Aussagen darüber, wie für eine bestimmte Person oder für Personen überhaupt zu leben gut ist, bestreiten. Diese Aussagen sind normale empirische Aussagen. Beziehen sie sich auf *generelle* Bedingungen und Bestandteile eines guten im Sinne eines glücklichen und sinnvollen Lebens, ergeben sie sich aus empirischen Verallgemeinerungen (*8.3.2*). Da die Philosophie für rein empirische Fragen meistens nicht für zuständig gehalten wird, fragt sich, was sie zur Beantwortung der Frage nach dem guten Leben beitragen kann (*8.3.3*).

28 Zur genaueren Klassifikation von Theorien des guten Lebens als »subjektivistisch« bzw. »objektivistisch« vgl. Steinfath 1998a.

8.3.1 Qualifizierter Subjektivismus und gutes Leben

In einem Aufsatz mit dem Titel »Was es heißt, ein gutes Leben zu leben« hat Peter Stemmer folgende Auskunft erteilt:

»Ein Leben ist gut, wenn es uns gibt, was wir von einem Leben in möglichst aufgeklärter Weise wollen, was immer es sei, *und* wenn wir das Glück haben, daß sich das so weit wie möglich aufgeklärte Wollen mit dem Wollen deckt, das wir hätten, wenn wir alle nötigen Informationen hätten.«[29]

Damit wird *eine* Variante einer qualifiziert subjektivistischen Theorie des guten Lebens umrissen. Es ist jedoch nicht die Variante, die ich vertrete. Wie im dritten Kapitel kurz angedeutet (*3.4.1*), habe ich Schwierigkeiten mit der Idee idealer Information, die bei Stemmer anklingt. Darauf komme ich im nächsten Kapitel – allerdings aus einer etwas anderen Perspektive – kurz zurück (*9.2.3*). Mein Hauptproblem mit Formulierungen wie derjenigen Stemmers betrifft aber den Umstand, daß sie die Reflexion darauf, wie wir dazu kommen, dies oder jenes vom Leben zu wollen, abschneiden. Die Willensbildung wird allein als ein von wertneutralen epistemischen Erwägungen getragener Vorgang vorgestellt, so daß alles Evaluative und Normative erst durch das Wollen in die Welt kommt.

Demgegenüber ist zu unterstreichen, daß wir auch von unserem Leben dies oder jenes nur wollen, weil wir es in dieser oder jener Hinsicht für gut erachten. Wir tun dies einmal aufgrund verschiedener wertender Gefühle und sodann, weil wir diesen oder jenen Wertungsstandards anhängen. Ob wir damit richtig liegen, erschließt sich uns reflexiv in Glücks- und Sinnerfahrungen. Dabei erscheint es mir sinnvoll, Glückserfahrungen stärker als Gefühlserfahrungen zu begreifen und Sinnerfahrungen stärker als mit bestimmten Werturteilen verbundene Erfahrungen, obwohl dies nur eine Frage der Gewichtung ist.

Im Glück bejahen wir die Welt und unser Leben, und zwar auf eine primär affektive Weise. Da ich Glück auch als positiv hedonischen Zustand – im Glück des Augenblicks als Freude, über längere Phasen des Lebens als Wohlbefinden und Zufrie-

29 Stemmer 1998, S. 69.

denheit – begreife, vertrete ich insoweit eine hedonistische Theorie des guten Lebens. Der Hedonismus kann jedoch sowohl als subjektivistische wie als objektivistische Theorie des Guten verstanden werden. Im klassischen Utilitarismus beispielsweise, am klarsten bei Sidgwick, wird er objektivistisch formuliert, während z.B. Hume zu einem subjektivistischen Hedonismus tendiert.[30] Aufgrund der Art und Weise, wie ich das wertende Moment in Gefühlen begreife, folge ich Hume: Positive hedonische Erfahrungen sind danach etwas Gutes, weil sie uns gefallen; dieses Gefallen ist eine intentionale affektive Einstellung, die eventuell als analytischer Bestandteil der positiven hedonischen Erfahrungen aufzufassen ist (was Hume nicht so zu sehen scheint). Für einen objektivistischen Hedonisten begreifen wir dagegen intuitiv, daß positiv hedonische Erfahrungen an und für sich gut sind. Der Unterschied zwischen beiden Sichtweisen läßt sich leichter in bezug auf Schmerzen erklären: M.E. haben Schmerzen eine eigene phänomenale Qualität, auf die wir nicht notwendig mit Mißfallen reagieren;[31] zu etwas Schlechtem werden sie erst, wenn sie uns mißfallen, was unzweifelhaft die Regel ist. Ein Objektivist würde dagegen sagen, daß Schmerzen als solche schlecht sind und wir dies intuitiv erkennen, und zwar gleichgültig, ob es unsere eigenen Schmerzen sind oder die anderer.[32] Die von ihm postulierte »Intuition« ist aus meiner Sicht eine Fiktion.

Von den gängigen hedonistischen Positionen weiche ich einmal dadurch ab, daß Glück m.E. nicht nur ein Gefühlszustand, der gefällt, ist, sondern darüber hinaus eine Weise des Welt- und Selbstbezugs. Wir affirmieren im Glück, wie gesagt, die Welt und unser eigenes Leben. Wir tun dies z.B., indem wir uns über die Welt und unser Leben freuen. Nur ist es auch dann ein Gefühl – die Freude –, die etwas zu etwas Gutem macht. Es bringt einen eigenen Glanz in die Welt und findet ihn nicht in ihr vor. Wertende Gefühle wie Freude sind, um ein Wort von William James aufzugreifen, unsere Gaben an die Welt.[33] Da sie mit epi-

30 Sehr erhellend dazu ist Broad 1934, S. 90.

31 Ähnlich Broad 1985, S. 35 ff. und Trigg 1970.

32 Eine solche Position vertritt Nagel 1986, S. 156 ff., sofern sich aus seinen diesbezüglichen Ausführungen überhaupt ein klarer Sinn gewinnen läßt.

33 James 1901/02 [1997], S. 173.

stemischen Annahmen über die Welt verbunden sind, lassen sie sich gleichwohl an dieser korrigieren. Wertende Gefühle, die sich intentional auf die Welt richten, konstituieren etwas als gut erst auf der Grundlage eines ausreichenden epistemischen Fundamentes. Nicht zuletzt die Berücksichtigung dieser Möglichkeit macht meinen gefühlstheoretischen Subjektivismus zu einem qualifizierten Subjektivismus.

Die andere Differenz zum Hedonismus ergibt sich dadurch, daß Personen nicht nur ein glückliches, sondern auch ein sinnerfülltes Leben führen wollen, ja Glückserfahrungen vielfach von Sinnerfahrungen abhängig sind, und »Sinn« eine Kategorie ist, die sich gegen eine hedonistische Ausdeutung sperrt.

Ich hatte am Ende des letzten Kapitels in Erläuterung des Sinnbegriffs gesagt, gut sei ein Leben, wenn es ein halbwegs zusammenhängendes Ganzes bildet und über seine Inhalte als wichtig und wertvoll empfunden werden kann (*7.4.3*). Aber wann empfinden wir die Inhalte unseres Lebens als wichtig und wertvoll?

Ich meine, daß hier zweierlei zusammenkommt: Wir müssen unser Leben tatsächlich als wichtig und wertvoll *empfinden* können. Ich bin geneigt, darin wieder eine affektive Einstellung zu sehen, nur eine, die nicht deutlich hedonisch getönt sein muß, denn wir können auch ein sehr leidvolles Leben als sinnvoll empfinden. Gleichzeitig liegt in der Betrachtung eines Lebens als wichtig und wertvoll aber ein Werturteil, hinter dem bestimmte Standards für Lebensweisen stehen. Das wirft die Frage nach der Herkunft dieser Standards auf. In der Regel handelt es sich bei ihnen um intersubjektive Setzungen, die wir als etwas Gegebenes erfahren und dann identifikatorisch übernehmen. Sie sind das Produkt intersubjektiver Verständigungsprozesse, in die individuelle Prozesse der reflektierenden Selbstdeutung eingehen. Wie dieser Vorgang genau zu denken ist, darüber habe ich keine Theorie. Doch selbst wenn ich sie hätte, bliebe zu fragen, wie sich sozial vermittelte Standards für Lebensweisen gegenüber dem einzelnen Individuum legitimieren lassen.

Eine Antwort darauf verweist auf ihre Funktion: Standards, die sagen, wie zu leben gut ist, sollen uns im Leben orientieren; sie sollen uns das Gefühl oder den Eindruck verschaffen, unser Leben hätte einen Zusammenhalt und einen Wert. Letztlich sollen sie uns mit unserer Endlichkeit versöhnen. Sie sind dann gerechtfertigt, wenn sie diese Funktion erfüllen.

Diese Antwort ist richtig, so weit wie sie reicht, und doch unbefriedigend. Wenn wir uns an bestimmte Standards halten, glauben wir normalerweise, daß sie über ihre Funktion hinaus einen Anhalt in der Sache haben. Wir beurteilen die Angemessenheit von Wertungsstandards im allgemeinen und von Standards für das Gutsein oder den Wert eines Lebens im besonderen nicht nur nach ihren Effekten.

Nun sind viele Menschen in ihrem lebensweltlichen Welt- und Selbstverständnis Objektivisten: Sie glauben, daß so und so zu leben *an sich* sinn- oder wertvoll bzw. – im negativen Fall – *an sich* sinn- oder wertlos ist. Meist wird davon ausgegangen, ein Leben erhalte einen objektiven Sinn durch den Dienst an einer Sache: der Moral, der Nation, der Kunst, der Familie usw. Dieser Objektivismus ist verständlich. Er resultiert zum einen daraus, daß wir in unseren wertenden Gefühlen den Eindruck haben können, die Welt dränge sich uns als in der einen oder anderen Hinsicht werthaft auf; in diesem Fall ist es der Widerfahrnischarakter von wertenden Gefühlen, der uns zu einem Wertrealismus geneigt macht (s. *4.4.4*). Zum anderen sind Wertungsstandards als intersubjektiv konstituierte in sozialen Praktiken und Institutionen gleichsam materialisiert und gewinnen dadurch eine Eigenständigkeit, die sie uns als etwas Objektives, von den Einstellungen von Personen Unabhängiges, erscheinen lassen. Doch ohne Rückgriff auf fragwürdige metaphysische oder theologische Prämissen läßt sich auch der alltagsweltliche Objektivismus nicht ausweisen. Kein Leben ist *an sich* sinnvoll.[34] Ein Leben ist sinnvoll nur durch den Sinn, den wir ihm geben, und es ist sinnvoll immer nur für jemanden. Spätestens seit Nietzsche wird gefragt, ob ein solcher Akt der Sinngebung des Sinnlosen ohne objektivistische Vorurteile überhaupt möglich ist. Ich sehe nicht, warum dies nicht möglich sein sollte. Aber der Akt der Sinngebung ist kein einzelner Akt, wie ein Willensentschluß ein einzelner Akt ist, sondern ein komplexer Prozeß der reflektierenden Selbstbewertung, und als ein solcher Prozeß ist er kein beliebiger, rein dezisionistischer Akt.

34 Es ließe sich hinzufügen: nichts ist *an sich* schön, *an sich* bewundernswert, *an sich* oberflächlich usw.

Ich hatte die Vermutung geäußert, daß wir unser Leben am ehesten dann als sinnvoll erfahren, wenn wir es Zielen und Idealen widmen können, für die wir Bewunderung oder Liebe hegen, und daß dafür nicht beliebige Ziele und Ideale in Frage kommen. Ob wir zu Bewunderung, Liebe, tiefem Engagement u.ä. fähig sind, hängt von einem Geflecht *psychologischer* Bedingungen ab, in dem sich Verfügbares und Unverfügbares mischen. Bewunderung, Liebe, Engagement usw. ergeben sich im Zuge reflektierender Selbstbewertungen, in die alle Einstellungen hineinspielen, die wir in dieser Arbeit zu analysieren versucht haben. Zu diesen Einstellungen, das sei ausdrücklich betont, gehört selbstverständlich auch das Wollen von Personen. Für unser Wollen gibt es affektive und sozial standardisierte Vorgaben; aber Gefühle bedürfen der Interpretation und der willentlichen Aneignung, und sozial vermittelte Orientierungsvorgaben müssen ebenfalls willentlich in unser je besonderes Leben integriert werden. Für die Wertungsstandards, an denen wir uns im Leben orientieren, bedeutet dies, daß sie letztlich an unsere je individuelle affektive, volitive und kognitive Verfaßtheit zurückgebunden sein müssen, obwohl sie dieser ihrerseits eine eigene Stabilität zu gewähren vermögen. Was als sinn- und was als wertvoll empfunden werden kann, unterliegt deswegen neben kulturellen auch individuellen Wandlungen.

8.3.2 Die Möglichkeit objektivierbarer Aussagen über ein gutes Leben

Damit ist der Rahmen für die Möglichkeit objektivierbarer Aussagen über Bedingungen und Bestandteile eines glücklichen und sinnerfüllten und insofern guten Lebens vorgezeichnet.

Was Personen glücklich macht und ihnen Sinnerfahrungen vermittelt, ist eine *empirische* Frage. Wären Glück und Sinn allein vom Wollen von Personen abhängig, dann müßten wir unsere empirischen Aussagen darüber, wie eine bestimmte Person zu Glück und Sinn gelangen kann, auf die Kenntnis ihres Wollens stützen. Wir würden ihr sagen, sie müsse, da sie dies und jenes wolle, so und so handeln und leben, um zu bekommen, was sie wolle. Wir würden uns dabei nicht auf alle ihre Wünsche und Absichten beziehen, sondern speziell auf jene, die sie für ihr Leben hat. Ein solches Verfahren kann zu einem extremen Pluralismus von Lebensratschlägen führen, denn es ist nicht *a priori* auszuschließen, daß jede Person etwas anderes, ja gänzlich anderes von ihrem Leben will als jede andere. Aber das ist nur eine theoretische Möglichkeit. Die Erfahrung spricht eher dafür, daß die meisten Menschen ähnliches vom Leben wollen, wenn man die Gegenstände ihres Wollens nur hinlänglich allgemein formuliert. Im Rahmen einer auf Grundgüter konzentrierten Theorie des guten Lebens landete man dann vermutlich bei jenen Gütern, die in philosophischen Lehren vom guten Leben seit der Antike immer wieder angeführt werden: Gesundheit, Wissen, Lusterfahrungen, Freundschaft, Schönheit u.ä.m. Die Verständigung über solche Grundgüter ist von großer moralischer und politischer Bedeutung, denn man kann u.a. hoffen, auf ihrer Grundlage einen Satz basaler Menschenrechte zu formulieren, die überall beachtet werden sollten.

Die empirische Vergewisserung dessen, was Menschen im allgemeinen wollen (vor allem dann, wenn sie über ihre Umstände und Alternativen hinlänglich aufgeklärt worden sind), ist tatsächlich ein gangbarer Weg, um relativ allgemeine, aber nicht leere generelle Bedingungen und Bestandteile für ein gutes Leben namhaft zu machen. Er widerspricht auch nicht unseren die Willensbildung betreffenden Analysen, sondern greift einfach deren Endpunkt heraus. Er unterstellt, daß das, was alle wollen, nicht Gegenstand jener Formen berechtigter praktischer Kritik sein kann, die wir in diesem Kapitel herausgearbeitet haben. Ein anderer, komplementärer Weg könnte über eine empirische Untersuchung der für menschliches Leben im allgemeinen charakteristischen Gefühle sowie der verschiedenen umfassenderen Wertungsstandards führen, die z.B. in philosophischen, religiösen und literarischen Deutungen des menschlichen Lebens ihren Niederschlag gefunden haben.[35] Auf diese Weise würde deutlicher werden, warum Menschen dies oder jenes vom Leben wollen. Ich hatte im vierten Kapitel darauf hingewiesen, daß es vermutlich eine begrenzte Anzahl primitiver Emotionen gibt, die alle Menschen

35 Auf beides stützt sich Martha Nussbaum bei ihrer Verteidigung eines »aristotelischen Essentialismus«; vgl. Nussbaum 1992, für die Relevanz von Gefühlen speziell Nussbaum 1995. Nützlich sind auch einige der Aufsätze in Nussbaum/ Sen 1993.

aufgrund ihrer biologischen Ausstattung teilen (*4.3.1*), und ich nehme an, daß diese Emotionen sich bei den allermeisten Menschen auf ähnliche Dinge und Sachverhalte richten. Hinzu kommt, daß alle Menschen aufgrund ihrer biologischen Natur für ähnliche Leid- und Lusterfahrungen empfänglich sind. Alle Menschen leiden unter Durst und Hunger, Gesundheit ist für alle Quelle von Wohlbefinden, jeder ist auf Freundschaft, Liebe und soziale Anerkennung affektiv angewiesen, es ist selten, daß sich Menschen nicht am Anblick einer unzerstörten Natur erfreuen, daß sie nicht den Tod und den Verlust ihnen nahestehender Menschen fürchten usw. Entsprechende Untersuchungen können kultur- und zeitenübergreifend geführt werden. Sie können aber auch zeitdiagnostisch zugespitzt werden und nach generellen Bedingungen für ein glückliches und sinnerfülltes Leben im Rahmen bestimmter gesellschaftlicher Verhältnisse fragen. Je basaler und sozusagen naturaler die Erfahrungen sind, an denen diese Untersuchungen ansetzen, desto mehr werden sie allerdings mit dem Problem konfrontiert sein, daß alle diese Erfahrungen durch kulturelle und persönliche Sinnentwürfe überformt werden können. Dies gilt gerade auch für basale Leiderfahrungen, denn Leiderfahrungen können durch sinnstiftende Deutungen affirmiert werden. Schon deswegen wird die empirische Zusammenstellung menschlicher Grunderfahrungen durch eine Kritik fragwürdiger epistemischer Annahmen, wie sie etwa in die religiös motivierte Aufwertung des Leidens eingehen, ergänzt werden müssen.

Generelle Bedingungen und Bestandteile eines guten Lebens zu kennen ist natürlich auch für jeden einzelnen, der sich fragt, wie er handeln und leben soll, wichtig. Aber es ist nicht hinreichend. Zum einen werden solche Bedingungen und Bestandteile meistens auf der Basis empirischer Verallgemeinerungen gewonnen, die Durchschnittswerte ermitteln, von denen es individuelle Abweichungen geben kann. Sie stellen dann Regeln dar, von denen es Ausnahmen gibt, und im Prinzip kann jede Person eine Ausnahme sein. Zum zweiten ist die Bereitstellung bestimmter Grundgüter nur notwendige Bedingung für ein gutes Leben. Ein gewisses Maß an Gesundheit, Sicherheit, Freiheit, sozialer Anerkennung u.ä.m. ist sicherlich unverzichtbar für die Erfahrung von Glück und Sinn. Aber ein Leben mag zuweilen selbst dort gelingen, wo Voraussetzungen dieser Art nur in sehr geringem Umfang gegeben sind, und in jedem Fall kann es selbst dort mißlingen, wo sie in hohem Grad vorhanden sind. Zum dritten schließlich entscheidet sich alles Wesentliche im Leben daran, in welcher Weise Grundgüter im Vollzug eines Lebens konkretisiert und positive wie negative Grunderfahrungen verarbeitet werden. Dies ist nur auf dem Weg individueller reflektierender Selbstbewertungen möglich, in denen jede Person für ihr eigenes Leben abzuschätzen hat, wie in ihrer Situation vor dem Hintergrund ihrer Gefühle, Wünsche, Meinungen, Fähigkeiten, Beschränkungen usw. am besten zu leben ist. Sie muß herausfinden, was es für sie heißen könnte, Gesundheit, Sicherheit, soziale Anerkennung, Freundschaft usw. zu erlangen. Während es dabei für die Pflege der eigenen Gesundheit nur eine begrenzte Zahl von Möglichkeiten geben mag, kann soziale Anerkennung auf sehr verschiedenen Wegen erreicht werden, und Freundschaften können diverser Art sein. Außerdem muß jeder aufgrund der Begrenztheit seines Lebens und seiner Möglichkeiten eine Auswahl aus den Handlungs- und Lebensoptionen treffen, die er für grundsätzlich wertvoll erachtet. Im Zuge solcher Gewichtungen ist dann auch die gänzliche Vernachlässigung bestimmter, allgemein anerkannter Grundgüter denkbar, etwa das bewußte Ruinieren der eigenen Gesundheit zugunsten eines wichtigen Projekts oder einer anderen Person. Nicht anders als schon bei der Ausgestaltung einzelner Optionen wird es hierbei zu zwar evaluativ fundierten, aber nicht determinierten Setzungen kommen. Bei aller Kritik an einem überzogenen Voluntarismus bleibt wahr, daß wir unserem Leben einen Sinn nur geben und dauerhafteres Glück nur erlangen können, indem wir uns auf etwas hin entwerfen, nur eben nicht *ex nihilo*. Da dies eine Kreativität verlangt, die bei jeder Person ihre eigene Prägung empfängt, haben Sinn und Glück ein untilgbar individuelles Moment.

8.3.3 Die Rolle der Philosophie bei der Bestimmung eines guten Lebens

In aller Konkretion, so hatte ich bereits in der Einleitung konstatiert, kann die Antwort auf die Frage »Wie soll ich leben?« nur eine sein, die auf die jeweils aus der Gegenwart ihres Lebens heraus fragende Person zugeschnitten ist (*1.2*). Die Philosophie kann diese Antwort aufgrund ihrer Bindung an allgemeine Begriffe nicht geben. Aber auch die Formulierung genereller Bedingungen und Bestandteile eines guten Lebens scheint als eine empirische Aufgabe nicht in die Kompetenz der Philosophie, sondern verschiedener empirischer Einzelwissenschaften zu fallen. Was vermag die Philosophie dann in Fragen des guten, d.h. glücklichen und sinnvollen Lebens noch zu leisten? Es würde den Rahmen dieser Arbeit sprengen, darauf ausführlich zu antworten. Einige wenige programmatische Bemerkungen müssen genügen.

Eine philosophische Verständigung über Bedingungen und Bestandteile eines guten Lebens kann auf drei Ebenen operieren, die nach Stufen unterschiedlich hoher Allgemeinheit geordnet sind und an ihren Rändern fließend ineinander übergehen.

Auf der ersten und abstraktesten Ebene kann sich die Philosophie um die begrifflich kontrollierte Artikulation von Grundzügen unseres Selbstverständnisses als Personen bemühen. Dies ist die Ebene, auf der sich die Untersuchungen bewegen, die ich in dieser Arbeit anstelle. Die philosophische Klärung der Grundzüge unseres Personseins steht dabei in natürlicher Verlängerung unserer lebensweltlichen Bemühungen um Selbstklärung. Sie führt zur Formulierung von Vorschlägen, die jeder für sich überprüfen kann und die außerdem, wo dies möglich ist, an den Erträgen empirischer Wissenschaften gemessen werden sollten. Mit Blick auf die Frage nach dem guten Leben läuft das Bemühen um philosophische Selbstdeutung auf die begriffliche Explikation der für unser Leben zentralen generellen praktischen Orientierungen hinaus, also etwa von Gefühlen, Wünschen, Absichten, Werturteilen, Zielen und Idealen. Möglicherweise ließen sich diese Explikationen durch eine philosophische Anthropologie vertiefen, die noch deutlicher und detaillierter, als es in dieser Arbeit geschieht, die Grundstruktur des Welt- und Selbstverhältnisses von menschlichen Personen nachzeichnen würde. Nur dürfte dies ohne stärkeren Anschluß an empirische Einzelwissenschaften kaum zu leisten sein.

Auf einer zweiten Ebene lägen begriffsanalytische und phänomenologische Einzelstudien zu Grundphänomenen menschlichen Lebens. Geleitet vom Interesse an Fragen des guten Lebens, könnten auf dieser Ebene Phänomene wie Freundschaft, Anerkennung, bestimmte Tugenden, einzelne zentrale Gefühle, Spiel, Kontemplation, das Interesse an Kunst und dem Naturschönen transparenter gemacht werden. Auch solche Untersuchungen werden einerseits in der Verlängerung unserer alltäglichen Auffassungen von den entsprechenden Phänomenen liegen und andererseits den Anschluß an die jeweils zuständigen Einzelwissenschaften suchen.

Auf einer dritten Ebene schließlich kann die Philosophie versuchen, Überlegungen der ersten beiden Ebenen zu konkreteren, wenn auch immer noch recht allgemeinen Vorschlägen zur Lebensführung zu synthetisieren. Eine Philosophie, die dies versucht, wird zu einer Individualethik, die Ratschläge für typische Lebenssituationen zu geben versucht und in Formen individuell zugeschnittener Lebensberatung münden kann.[36] Sie wird so zu einer Systematisierung eigener und fremder Lebenserfahrung, die mehr oder minder starke Anleihen bei der empirisch-psychologischen Erforschung des menschlichen Lebens und bei der soziologischen Zeitdiagnose machen müssen wird. Sie ist am Ende gezwungen, den Rahmen der akademischen, theorieförmigen Philosophie zu verlassen, was als solches weder für noch gegen sie spricht. Allerdings kann man eine Aufgabe der Philosophie auch darin sehen, Ratschläge der Lebensweisheit dort in ihre Schranken zu weisen, wo sie prätentiös werden und sich den Anstrich der Wissenschaftlichkeit geben.

36 Den bislang geschlossensten Entwurf einer Individualethik hat Hans Krämer in mehreren Arbeiten vorgelegt, insbesondere in seinem Buch *Integrative Ethik* (1992). Für einen weniger systematischen und stärker ästhetisch gewendeten Ansatz vgl. Schmid 1998. Einen Überblick über verschiedene Konzeptionen »Philosophischer Beratung« gibt Ruschmann 1999.

9. Selbstkonstitution und Selbstbestimmung

Unsere bisherigen Ausführungen galten der Analyse der Struktur praktischer Überlegungen. Ihr zentrales Anliegen war der Nachweis, daß praktische Überlegungen nicht nur instrumenteller Natur sind, sondern auch und gerade der Klärung und Bildung des eigenen Wollens dienen. Auf dieser Grundlage können wir uns nun der zweiten Aufgabe zuwenden, die wir uns im einleitenden Kapitel gesetzt hatten: der Aufklärung der Art und Weise, wie, und des Umfangs, in dem sich Personen im Vollzug praktischer Überlegungen zu dem machen, was und wer sie als je einzelne sind (vgl. *1.3*).

Zur Lösung dieser Aufgabe müssen wir keinen völlig neuen Anlauf nehmen. Denn in welchem Sinn sich überhaupt sagen läßt, Personen konstituierten sich in ihren praktischen Überlegungen als diejenigen, die sie sind, ergibt sich zwanglos aus unseren bisherigen Erörterungen. Personen verhalten sich ja, wie wir gesehen hatten, praktisch überlegend immer auch zu sich selbst. In praktischen Überlegungen legen sie die für ihr Handeln und Leben maßgeblichen Orientierungen fest, und diese Orientierungen geben in einem bestimmten Sinn darüber Auskunft, was und wer sie jeweils sind. Wir müssen das dazu in den vorangegangenen Kapiteln Gesagte nur noch einmal etwas deutlicher herausheben (*9.1*).

Doch selbst wenn plausibilisiert werden kann, daß Personen als praktisch überlegende Wesen immer an der Konstitution der für ihr Handeln und Leben maßgeblichen praktischen Orientierungen, etwa in Form von Zielen, Idealen und Grundeinstellungen, beteiligt sind, so geschieht dies auf unterschiedliche Weisen. Ich hatte schon am Anfang des letzten Kapitels konstatiert, daß Personen mehr oder minder oft in praktische Überlegungen eintreten und daß diese Überlegungen mehr oder minder kritisch und reflektiert ausfallen können. In diesem Kapitel möchte ich dafür argumentieren, daß an der *Reflektiertheit* der praktischen Überlegungen von Personen wesentlich hängt, ob und inwieweit sie *selbstbestimmt* handeln und leben. Dies zu zeigen ist für die Einlösung des zweiten Anliegens dieser Arbeit zentral, weil wir im Grunde genommen erst von hinreichend selbstbestimmten Personen sagen können, *sie selbst* würden sich praktisch überlegend zu dem machen, was und wer sie als je einzelne sind, und zwar in eben dem Maße, in dem sie selbstbestimmt sind.

Es sollte nicht schwer zu sehen sein, daß sich vor dem Hintergrund unserer Analysen zur Struktur praktischer Überlegungen geradezu aufdrängt, individuelle Selbstbestimmung an die Bedingung der Reflektiertheit praktischen Überlegens zu binden. Grob gesprochen, ist eine Person dann selbstbestimmt, wenn sie so handelt und lebt, wie sie es will, und sich ihr Wollen keinen problematischen Einflüssen und Einschränkungen, sondern ihr selbst verdankt. Individuelle Selbstbestimmung umfaßt Handlungs- und Willensfreiheit. Da Handlungsfreiheit, verstanden als Ungehindertsein im Tun dessen, was man will, keine ernsthaften analytischen Schwierigkeiten aufwirft, ist das Schlüsselproblem, wie das Wollen einer selbstbestimmten Person verfaßt sein muß.[1] Nun hatte sich aber gezeigt, daß das, was eine Person in einzelnen Handlungen wie auch im Leben überhaupt will, Ergebnis praktischer Überlegungen ist oder jedenfalls sein kann. Daher liegt es nahe, die Selbstbestimmtheit einer Person im Kern an der *Art und Weise* ihres praktischen, willensklärenden und -bildenden Überlegens festzumachen, und Reflektiertheit bietet sich dabei als entscheidende Variable an.

Um diese Grundidee weiter zu substantiieren, werde ich mich im zweiten Abschnitt dieses Kapitels zunächst auf die *welt*bezogene Seite von praktischen Überlegungen konzentrieren und fragen, wie sie verfaßt sein muß, um ein selbstbestimmtes Handeln und Leben zu ermöglichen und zu befördern (9.2). Ich behaupte, daß Selbstbestimmung ermöglichende und fördernde Überlegungen in einer *realitätsoffenen Einstellung* verankert sein müssen. Im Sinn der Analysen des vorangegangenen Kapitels heißt das, daß die praktischen Überlegungen einer selbstbestimmten Person nicht auf einem unzureichenden epistemischen Fundament beruhen dürfen; es gibt eine enge Verbindung zwischen Selbstbestimmung und Wahrheit sowie Erfahrung.

Anschließend wende ich mich dann der *selbst*bezogenen Seite praktischen Überlegens zu und frage, wie das in ihm lie-

1 Ähnlich sieht es z.B. Christman 1989, S. 13 f.

gende Selbstverhältnis beschaffen sein muß, um das Selbstbestimmungspotential von Personen zu sichern und zu vergrößern (9.3). Dabei wird es vor allem um das Verhältnis von Selbstbestimmung und *Selbstinterpretation* einerseits und das von Selbstbestimmung und *Authentizität* andererseits gehen. Am Ende von *9.3* formuliere ich meinen Vorschlag dazu, was unter individueller Selbstbestimmung verstanden werden sollte.

Der letzte Abschnitt dieses Kapitels bildet insofern ein Gegengewicht zu den anderen Abschnitten, als er auf mögliche *Grenzen* von und *Schwierigkeiten* für Selbstbestimmung aufmerksam machen soll (9.4). In diesem Zusammenhang greife ich das im siebenten Kapitel gestreifte Problem auf (s. bes. *7.2.4* und *7.3.3*), ob und inwieweit sich unserem voluntativ-deliberierenden Zugriff nicht gerade das entzieht, was uns im Leben am wichtigsten ist, womit wir uns stark identifizieren und was uns über längere Strecken unseres Lebens Halt zu geben vermag. Der Abschnitt wird mit wenigen knappen und tentativen Betrachtungen zum manchmal als »metaphysisch« qualifizierten (und oft disqualifizierten) Willensfreiheitsproblem beschlossen.

Auf zwei wichtige Fragen werde ich erst im nächsten und letzten Kapitel dieser Arbeit kurz eingehen: auf die Frage nach dem *Wert* von Selbstbestimmung sowie auf die Frage nach dem Zusammenhang von Selbstbestimmung und *Personsein*.

9.1 Praktisches Überlegen und Selbstkonstitution

9.1.1 Selbstkonstitution und Selbstbestimmung

Unsere Analysen zur Struktur praktischer Überlegungen können so gewendet werden, daß sie eine enge Beziehung zwischen praktischem Überlegen und *Selbstkonstitution* demonstrieren. Von »Selbstkonstitution« zu reden ist aber vielleicht unnötig dunkel. Der Ausdruck ist – wie dann auch der Ausdruck »Selbstbestimmung« – unklar, weil die Rede von einem »Selbst« mit unterschiedlichen Bedeutungen verknüpft werden kann.

Wenn ich von »Selbstkonstitution« spreche, meine ich zunächst, daß das »Selbst« das *Konstituierte* und nicht notwendig auch das Konstituierende ist. Statt von »Selbst« als Konstitutionsgegenstand könnte eindeutiger auch von einem »praktischen Selbst« oder, wie bei Korsgaard u.a., von »praktischer Identität« gesprochen werden, wobei sich diese wiederum an den praktischen Orientierungen einer Person festmachen.[2] In einem bestimmten, umgangssprachlich durchaus vertrauten Sinn können wir sagen, was oder wer eine Person ist, zeige sich daran, woran sie sich in ihrem Handeln und Leben hält, was sie für gut erachtet und wichtig nimmt. Unsere Vorschläge zur Explikation praktischer Überlegungen laufen auf die These hinaus, daß Personen ihre praktischen Orientierungen in Prozessen praktischen Überlegens ausbilden können. Und sofern dies der Fall ist, können wir auch relativ unverfänglich davon sprechen, daß sich Personen selbst als sie selbst konstituieren, also sowohl Objekt als auch Subjekt von Selbstkonstitution sind, nur nicht beide Male im gleichen Sinn (vgl. *7.2.2*). Das konstituierte Selbst ist das »praktische Selbst«, das konstituierende das Subjekt des praktischen Überlegens.

Für das »praktische Selbst« oder die »praktische Identität« einer Person ist grundsätzlich alles von Belang, was für sie in irgendeiner Hinsicht zählt und für ihr Handeln und Leben bestimmend ist. Wir könnten deswegen an dieser Stelle insbesondere alle nichtepistemischen Einstellungen noch einmal anführen, die wir in den vorangegangenen Kapiteln angesprochen und auf ihre Rolle für praktische Überlegungen hin befragt hatten. Es erscheint jedoch vernünftig, den Kern der »praktischen Identität« einer Person durch ihre grundlegenderen Ziele und Ideale gebildet zu sehen, denn an ihnen bemißt sich, was ihr im Leben am wichtigsten ist, und im Verfolgen dieser stellt sich eine besondere Einheit der affektiven, volitiven und kognitiven Verfassung der Person ein (s. bes. *7.2.2*). Nur hatten wir schon mehrfach gesehen, daß dabei einige Qualifizierungen zu berücksichtigen sind (vgl. *6.1*; *7.2-7.4*). Erstens ist daran zu erinnern, daß auch gewichtigere Ziele und Ideale oft nur einen sehr lockeren und grundsätzlich veränderlichen Rahmen für

2 Die fragliche »Identität« ist deswegen eine qualitative, nicht eine numerische Identität. Siehe dazu Tugendhat 1979, S. 282-291.

die praktischen Überlegungen und Orientierungen bereitstellen, die in der Konfrontation mit konkreten Handlungsoptionen wirksam werden. In der Regel sind die Ziele und Ideale, die eine Person hat, zu unspezifisch, um ihr im einzelnen sagen zu können, was sie tun sollte. Zweitens verfügen fast alle Personen über einen mehr oder minder großen Satz verschiedener Ziele und Ideale, der auch durch ihre Grundeinstellungen und Lebensverlaufsmuster nur lose integriert wird. Es ist selten so, daß das Selbstverständnis einer Person derart an einem einzigen Ziel oder Ideal hängt, daß ihre »praktische Identität« bei seiner Mißachtung oder Revision *in toto* zerbrechen oder sich gänzlich wandeln würde. Realistischerweise ist im Gegenteil davon auszugehen, daß die meisten von uns in ihrem Handeln des öfteren und auch durchaus bewußt und gewollt von einzelnen ihrer Ziele und Ideale abweichen, ohne deswegen gleich in eine »Identitätskrise« zu stürzen.[3] Auch sind wirkliche Identitätsbrüche zumeist langandauernden Prozessen geschuldet; nur in dramatischen Ausnahmefällen verlaufen sie nach dem Muster schlagartiger Konversionen. Drittens schließlich ist zu bedenken, daß Ziele und Ideale im Leben einer Person unterschiedlich fest verankert sein können. Die affektiv-volitive Identifikation mit ihnen, die wir als eine entscheidende Bedingung für Sinnerfahrungen ausgemacht hatten (vgl. *7.2.3*), kann unterschiedlich stark und auch unterschiedlich bewußt sein. Damit hängt zusammen, daß auseinanderfallen kann, was wir in unseren expliziten praktischen Überlegungen als wichtig und wertvoll erachten und was unser tatsächliches Handeln bestimmt. Die dadurch aufbrechende Authentizitätsproblematik wird uns weiter unten noch beschäftigen (*9.3.3*).

Nun wäre es sicherlich übertrieben zu behaupten, alle oder auch nur alle zentralen praktischen Orientierungen einer Person würden durch ihre praktischen Überlegungen erzeugt. Per-

3 Autoren wie Ch. Taylor, die grundsätzlich zu Recht einen engen und konstitutiven Zusammenhang zwischen dem »Selbst« oder der »Identität« einer Person und ihren Werten und Idealen behaupten (s. z.B. Taylor 1989, S. 3), sind häufig an Charaktertypen und Personen orientiert, für die wenige, meist moralische Wertvorstellungen so wichtig sind, daß eine handelnde Abweichung von ihnen mit massiven internen Sanktionen in Form von Schuldgefühlen u.ä. geahndet wird oder schwere »Identitätskrisen« zeitigt (vgl. z.B. Taylor 1977a, S. 34 f.). Es gibt solche Menschen, aber vielleicht doch weniger zahlreich, als oft unterstellt wird.

sonen sind auf vielfältige Weise an ihren praktischen Orientierungen und der Ausbildung ihrer »praktischen Identität« beteiligt.

Es gibt einen Sinn, in dem jede Person für ihre unmittelbar handlungsleitenden Absichten und Pläne verantwortlich ist. Absichten und Pläne verdanken sich ja typischerweise der Aneignung von Gefühlen und Wünschen und deren ›Übersetzung‹ in Absichten und Pläne, und dieser Vorgang ist kaum anders vorstellbar denn als ein Prozeß des in eine Entscheidung bzw. einen Wahlakt mündenden praktischen Überlegens. Es handelt sich nicht um einen Vorgang, der Personen ohne ihr Zutun widerfährt. Ohne Unterstellung einer zumindest minimalen praktischen Überlegung würden wir kaum im prägnanten Sinn von »Handlungen« sprechen können. Sobald wir mit Gründen handeln – und von wenigen Ausnahmen abgesehen, tun wir dies stets (s. *2.1*) –, stellen wir wenigstens rudimentäre praktische Überlegungen an, in denen wir unsere praktisch relevanten Zustände und Einstellungen so stellungnehmend verarbeiten, daß wir sie in wirksamer – u.z. kausal wirksamer – Weise in Absichten und Pläne transformieren und diese dadurch allererst hervorbringen.

Die damit unterstellte grundsätzliche Verantwortlichkeit von Personen für ihre Handlungszwecke darf jedoch zum einen nicht vergessen lassen, daß jedes praktische Überlegen und Entscheiden Ausgangspunkte braucht, die es nicht selbst erzeugt hat. Unsere Erörterungen hatten als solche Ausgangspunkte vor allem unsere nicht-reflektierten Gefühle und Wünsche, die uns eher widerfahren, als daß wir sie hervorbrächten, und gesellschaftlich oder kulturell vorgegebene Wertvorstellungen herausgehoben. Ersteren verdankt sich maßgeblich das unverwechselbar individuelle Gepräge unseres praktischen Selbst, während letztere ihnen stärker überindividuelle Züge verleihen.

Zum anderen ist zu bedenken, daß die praktischen Überlegungen von Personen, in denen sie ihre Handlungszwecke setzen, u.U. *sehr* rudimentär sind. Die in praktische Überlegungen eingehenden optativischen Stellungnahmen können relativ blind und ohne Rekurs auf wenigstens einigermaßen haltbare Gründe erfolgen, und selbst wo sie sich solchen Gründen verdanken, können sie Ausdruck von Gefühlen, Wünschen oder anderen motivationalen Faktoren sein, die die überlegende Person nicht durchschaut und die ihr gegebenenfalls gänzlich unbewußt sind. Oft wissen Personen nicht, wie und warum sie dazu gelangt sind, etwas für wichtig und wertvoll zu halten. Auch wenn es richtig sein sollte, daß alle Personen im Zuge der Formung von Absichten von ihren unmittelbaren Gefühlen und Wünschen reflexiv Abstand nehmen, daß sie zu den Wertungsstandards, die ihren Werturteilen zugrunde liegen, Stellung beziehen, längerfristigen Zielen nachgehen, umfassendere Ideale hegen und sich wie immer brüchige und vage Grundeinstellungen und narrative Deutungsmuster aneignen, dürfte es doch eher selten vorkommen, daß sie all dies in besonders reflektierter Weise tun. Vielleicht wird in modernen Gesellschaften Personen zunehmend gleichermaßen abverlangt wie ermöglicht, explizit darüber nachzudenken und Entscheidungen darüber zu treffen, wie sie überhaupt leben wollen. Aber noch ein solches Nachdenken und Entscheiden muß nicht sonderlich artikuliert und kritisch vonstatten gehen. Vor allem kann es zentrale Wertorientierungen, wie sie sich in Zielen, Idealen und Grundeinstellungen niederschlagen, weitgehend unhinterfragt lassen. Daß wir auch diese nicht einfach in uns vorfinden, daß auch ihre Integration in unser je individuelles Handeln und Leben kaum ohne jede Form der überlegten und insofern aktiven Aneignung durch uns selbst zu denken ist, verträgt sich mit der Möglichkeit einer mehr oder minder stillschweigenden Internalisierung. Auch muß ein sehr rudimentäres und unkritisches Überlegen (das immer noch ein Überlegen ist) nicht gewollt rudimentär und unkritisch sein, so daß Personen auch dafür noch verantwortlich zu machen wären.

Dies muß niemanden daran hindern, ein in vielen Hinsichten gutes Leben zu führen. Ein lediglich schwach reflektiertes und überwiegend unkritisches Leben kann ein moralisch tadelloses und auch ein aus der Sicht der Person, die es führt, glückliches und sinnerfülltes Leben sein. Es ist nicht einmal gesagt, daß es den meisten Formen der Kritik an praktischen Überlegungen und Orientierungen, die wir im letzten Kapitel diskutiert hatten, nicht standhalten könnte; wenigstens spricht nichts *a priori* dagegen, daß, wer nicht viel nachdenkt, dennoch richtig mit seinen Überlegungen liegt. Defizitär ist ein lediglich schwach reflektiertes und überwiegend unkritisches Leben demgegenüber in einer anderen Hinsicht: *Ceteris paribus* bedeutet es eine Einbuße an individueller Selbstbestimmung, sein Leben aufgrund von praktischen Überlegungen zu führen, die sich größtenteils im Rahmen ungeprüfter Vorgaben bewegen. Das jedenfalls gilt, wenn eine bestimmte Auffassung von individueller Selbstbestimmung als prinzipiell richtig unterstellt wird.

9.1.2 Selbstbestimmung und Reflektiertheit

Eine solche Auffassung ist in verschiedenen Varianten in der weit gefaßten Tradition der Aufklärung immer wieder propagiert worden. Ihr zufolge ist ein selbstbestimmtes Leben nur in Form eines *reflektierten* Lebens denkbar. Dies kann in der Forderung zum Ausdruck gebracht werden, daß sich eine selbstbestimmte Person die praktische Grundfrage, wie sie handeln und leben soll, *grundsätzlich* stellen muß, d.h. so, daß sie dabei alles, was ihr im Leben wichtig und wertvoll zu sein scheint, kritisch in Frage zu stellen bereit ist, um es dann bewußt zu übernehmen.[4] Reflektiertheit und Kritik sind natürlich keine Garanten für ein selbstbestimmtes Handeln und Leben, denn zur Selbstbestimmung gehört auch, in der Lage zu sein, das, was man reflektierterweise will, realisieren zu können. Aber auch bei Unterstellung der Wirksamkeit des eigenen Wollens ist es eine ausführlichere Diskussion wert, inwieweit sich die Idee der individuellen Selbstbestimmung tatsächlich sinnvoll über die Forderung nach Reflektiertheit explizieren läßt. Obgleich ein derartiger Gedanke sich gut in unsere bisherigen Ausführungen fügt, bedarf er einer eigenen Plausibilisierung.

Ein Problem, mit dem alle Konzeptionen von Selbstbestimmung (der Einfachheit halber lasse ich im folgenden den Zusatz »individuell« meist fallen) zu tun haben, will ich allerdings ausdrücklich hintanstellen: Wie bereits in der Einleitung eingestanden (*1.3*), habe ich wenig zur *ontologischen* Verfaßtheit des »Selbst«, das in »Selbstbestimmung« als Bestimmungs*subjekt* verstanden wird, zu sagen. Meint man, Selbstbestimmung erfordere Reflektiertheit, so liegt es nahe, das fragliche Selbst mit dem Subjekt des praktischen Überlegens gleichzusetzen.

4 So Tugendhat 1979, S. 194.

(Wir werden noch sehen, daß dies ein wenig zu modifizieren ist.) Das Problem der ontologischen Verfaßtheit des Selbst qua Bestimmungssubjekt ist damit aber noch gar nicht berührt, denn zu fragen wäre ja, wie der Träger praktischen Überlegens und Reflektierens seinerseits zu bestimmen wäre. M.E. ist die Annahme einer geistigen *Substanz* als Träger praktischen Überlegens entbehrlich, da das Selbst des Überlegens ohne sachlichen Verlust als der *Prozeß* des Überlegens selbst gedacht werden kann. Doch im Rahmen dieser Arbeit muß dies eine unbewiesene Behauptung bleiben.

Es fragt sich aber auch, ob eine Vertiefung der ontologischen Problematik überhaupt von größerem Interesse für die Ausarbeitung einer tragfähigen Selbstbestimmungskonzeption ist. Wenn wir nämlich das in »Selbstbestimmung« angesprochene »Selbst« (sei es auch mit notwendigen Kautelen) als Überlegungsselbst fassen, dann hängt der entscheidende Unterschied zwischen selbst- und fremdbestimmten Personen gar nicht daran, ob ihr jeweiliges Selbst an ihrem Handeln und Leben beteiligt ist, sondern allein an der Art und Weise dieser Beteiligung. Überlegungen und speziell praktische Überlegungen stellen alle Personen schon an, indem sie handeln. Ein zumindest rudimentäres Überlegen und ein zumindest rudimentär überlegtes Wollen gehören zum Handeln als solchem. Da Personen in jedem Fall Handlungswesen sind, sind Selbstheit und überlegtes Wollen Bestimmungen von Personen überhaupt. Sie sind nicht Kennzeichen allein von selbstbestimmten Personen. Gewiß: Man könnte jedes erfolgreiche Handeln aufgrund rudimentär überlegten Wollens als selbstbestimmtes Handeln qualifizieren. Aber dann hätte man einen sehr schwachen Begriff von individueller Selbstbestimmung, der bei Personen nur in Fällen von Willensschwäche oder starker Irrationalität nicht erfüllt wäre. Selbstbestimmte Handlungen wären in diesem Fall nichts anderes als zurechenbare, in der Verantwortung der Person liegende Handlungen. Der stärkere Sinn von Selbstbestimmung, der mir vorschwebt und auch im Zentrum der meisten Arbeiten über individuelle Selbstbestimmung steht, baut auf diesem schwachen Begriff auf, geht aber darüber hinaus. Soll selbstbestimmt handeln und leben mehr heißen, als sich überhaupt Gedanken darüber zu machen, was man will, und aufgrund dessen dann tatsächlich etwas zu wollen und zu tun, muß sich alles Nähere aus den *Besonderheiten* von Selbstbestimmung ermöglichenden Überlegungen ergeben. Eine Theorie der Selbstbestimmung, die an der *Art und Weise* des praktischen Überlegens von Personen ansetzt, wird daher weitgehend die Gestalt einer im weiten Sinn *psychologischen* Theorie annehmen. Die ontologische Problematik ist für sie nicht mehr und nicht weniger dringlich als für jede Theorie menschlichen Handelns und Überlegens.

Die eigentlichen Schwierigkeiten für die aus der Tradition der Aufklärung bekannte Idee eines selbstbestimmten Lebens qua reflektiertes Leben liegen woanders.

Erstens würde nie ein Mensch selbstbestimmt handeln und leben, würde er dafür von *allen* seinen praktischen Orientierungen sagen können müssen, sie verdankten sich einer umfassenden Selbstreflexion und -kritik. Noch unsere wichtigsten Ziele, Ideale und Wertvorstellungen können schon aufgrund unserer Endlichkeit und unserer begrenzten Überlegungszeit immer nur partiell und temporär kritisch durchleuchtet werden. Übertrieben wäre es aber auch, Selbstbestimmtheit nur einem Leben attestieren zu wollen, wie es von Sokrates vorgelebt worden ist. Wir unterstellen gemeinhin, daß es ein selbstbestimmtes Leben auch außerhalb der Mauern einer philosophischen Existenz gibt, die sich dem Projekt einer radikalen Selbsterforschung verschreibt.

Auf diese Schwierigkeit ist sinnvollerweise mit der Betonung der *Gradierbarkeit* von Selbstbestimmung zu reagieren: Selbstbestimmung ist eine Frage des Mehr oder Minder, nicht des Alles oder Nichts. Wie reflektiert und selbstkritisch ein Leben geführt werden muß, um auch nur für einigermaßen selbstbestimmt gelten zu können, ist letztlich eine Sache der Setzung, die vom jeweiligen Fragekontext und Interessenhintergrund abhängt.

Eine andere Reaktion besteht in der Einführung der Unterscheidung zwischen *aktualer* und *hypothetischer* Selbstreflexion.[5] Es ist sicherlich sinnvoll, Selbstbestimmung öfters schon gegeben zu sehen, wenn eine Person ohne viel Nachdenken nach bestimmten Zielen, Idealen und Grundeinstellungen lebt, sich von ihr aber zugleich vermuten läßt, daß sie an diesen Ori-

5 So z.B. Christman 1999.

entierungen auch dann festhielte, würde sie sie einer kritischen Bewertung unterziehen. Häufig gibt es einfach keine Veranlassung, das, was einem im Leben wichtig ist, kritisch zu durchmustern. Es genügt dann hypothetische, kontrafaktische Reflektiertheit. Im allgemeinen ist dies jedoch zu wenig. Eine Person, die sich nie ernsthaft fragt, wie sie insgesamt leben soll, gilt auch dann nicht als selbstbestimmt, wenn sie auch bei weiterem Nachdenken nicht anders leben wollen würde. Andernfalls wäre die völlig blinde Übernahme zentraler Wertvorstellungen mit Selbstbestimmung prinzipiell vereinbar.

Ist so ungefähr absehbar, wie mit der ersten Schwierigkeit für eine Konzeption von Selbstbestimmung, die Reflektiertheit als deren Kern reklamiert, umgegangen werden kann, so stellt sich noch eine zweite Schwierigkeit, die tiefer reicht. Denn nicht nur kann man mit (dem frühen) Nietzsche gegen Sokrates fragen, ob ein selbstbestimmtes qua reflektiertes Leben sehr erstrebenswert ist und gar um so erstrebenswerter, je reflektierter es ist. Diese Frage betrifft den Wert von Selbstbestimmung, zu dem ich erst im nächsten Kapitel etwas sagen wollte. Vielmehr kann auch gefragt werden, ob Reflektiertheit nicht ein selbstbestimmtes Handeln und Leben *verhindern* kann. Zum einen kann zu viel Überlegen zu Formen der Selbstbefangenheit führen, die für ein erfolgreiches Handeln und Leben hinderlich sind. Exzessives Deliberieren über das Fundament des eigenen Lebens kann Abstürze in Reflexionsspiralen zeitigen, die im Extrem Personen lebensunfähig machen. Zum anderen kann ein Handeln und Leben, das ganz nach Maßgabe dessen abläuft, was eine Person in ihren expliziten praktischen Überlegungen für richtig hält, Formen der Entfremdung von den eigenen Gefühlen und Wünschen nach sich ziehen, die im Extrem eine Person ihr eigenes Leben als sinnlos erfahren lassen. Beides ist schwer mit der Idee der Selbstbestimmung vereinbar.

Wir werden sehen müssen, ob und wie wir dieser zweiten Schwierigkeit Rechnung tragen können, ohne deswegen die Idee eines selbstbestimmten Lebens als reflektierten Lebens ganz preiszugeben. Aber auch zur ersten Schwierigkeit wird noch etwas zu sagen sein. Dazu sollten wir jetzt genauer betrachten, von welcher Art und Weise die praktischen, willensklärenden und -bildenden Überlegungen einer selbstbestimmten Person sein müssen. Wie weit wir damit kommen, hängt letztlich davon ab, inwiefern es uns gelingen wird, die Intuitionen, die sich in der weit gefaßten Kultur der Aufklärung mit Selbstbestimmung als Leitwert verbinden, fruchtbar zu machen und zu einer attraktiven Konzeption zu synthetisieren. Denn genau besehen gibt es gar keine andere Idee der Selbstbestimmung als diejenige, die mit dem Selbstverständnis der Aufklärungstradition unlöslich verbunden ist. Ohne eine wenigstens lose Orientierung an dieser Idee wäre überhaupt nicht klar, wonach wir bei einer Analyse von Selbstbestimmung suchten.[6]

9.2 Selbstbestimmung und Wirklichkeitswahrnehmung

Wie angekündigt, möchte ich zunächst fragen, wie der in praktischen Überlegungen liegende *Welt*bezug von Personen, d.h. ihre Wahrnehmung der äußeren Wirklichkeit, aussehen muß, um einen möglichst hohen Grad von Selbstbestimmung zu gewährleisten. Ich gehe so vor, weil es leichter und insgesamt unkontroverser ist, anzugeben, wie sich eine selbstbestimmte Person zu ihrer äußeren Situation verhalten muß, als zu bestimmen, wie sie sich zu sich selbst zu verhalten hat. Welt- und Selbstbezug in dieser Weise zu trennen ist jedoch nur für heuristische Zwecke sinnvoll, denn an sich sind die Einschätzung und Bewertung der eigenen Situation einerseits und die der eigenen Verfaßtheit andererseits zwei Seiten eines einzigen Prozesses (vgl. *5.3*).

M.E. müssen Selbstbestimmung ermöglichende und fördernde praktische Überlegungen auf richtigen oder überwiegend richtigen Informationen über die Welt beruhen und diese angemessen verarbeiten (*9.2.1*). Überdies müssen sie Ausdruck einer Aktivität der überlegenden Person sein, in der sich ihre

6 Mein Vorgehen gleicht in diesem Fall deswegen eher dem Herstellen eines »reflektierten Überlegungsgleichgewichts« (Rawls) als einem rein begriffsanalytischen Verfahren, das die Komponenten von Selbstbestimmung (›Selbst‹, ›Bestimmung‹ und ›Bestimmtes‹) der Reihe nach durchzugehen und in ihrem Verhältnis zu bestimmen hätte. »Selbstbestimmung« ist kein scharf geschnittener Begriff, sondern bezeichnet ein Lebensideal, in dem über die Zeit (aber keineswegs, wie meist unterstellt wird, nur in der »Moderne«) verschiedene Elemente zu einem mehr oder minder einheitlichen Ganzen verschmolzen worden sind.

geistige Unabhängigkeit zeigt (*9.2.2*). Spezielle Fragen werfen die Möglichkeit der selbstbestimmten Informations- und Optionsbegrenzung auf (*9.2.3*). Anschließend kann in wenigen Bemerkungen erläutert werden, was die Behauptung, selbstbestimmungsermöglichende und -fördernde Überlegungen müßten in einer realitätsoffenen Einstellung verwurzelt sein, besagen soll (*9.2.4*).

9.2.1 Das Erfordernis genügend relevanter Informationen über die Welt

Bei Unterstellung von Handlungsfreiheit hängt die Selbstbestimmtheit einer Person von den Faktoren ab, die die Ausbildung ihres Wollens beeinflussen.[7] An erster Stelle sind dabei die *Informationen* zu nennen, die sie über ihre Handlungs- und Lebensmöglichkeiten hat. Was wir wollen, ist zu einem nicht geringen Teil eine Funktion dessen, was wir wissen oder zu wissen meinen. Viele Projekte verfolgen wir gar nicht erst, weil wir sie für unrealistisch halten oder nicht einmal eine Vorstellung von ihnen besitzen, und anderen gehen wir nach, weil wir uns über ihre Realisierbarkeit und die mit ihnen verbundenen Vorteile bestimmte, informationsgestützte Hoffnungen machen. Die selektive Versorgung mit Informationen ist eines der wichtigsten Mittel von Manipulationen und Täuschungen, die auf die Einschränkung individueller Selbstbestimmung zielen. Methoden der unterschwelligen Beeinflussung durch Werbung und Propaganda beispielsweise sind auf eine Steuerung unseres Willens ausgerichtet, die unser eigenes Überlegen entweder ganz umgeht oder durch Vorenthaltung oder Verfälschung von

7 Die damit vorausgesetzte Separierbarkeit von Handlungs- und Willensfreiheit ist nicht ganz unproblematisch. Unsere Handlungsfreiheit wird vor allem durch die Begrenzung der Möglichkeiten, die wir handelnd verwirklichen können, eingeschränkt. Ich bin handlungsunfrei in dem Maße, in dem mir Möglichkeiten, die ich realisieren möchte, verschlossen sind oder mir bestimmte Entscheidungen aufgezwungen werden (etwa die Alternative ›Geld oder Leben‹ bei einem Raubüberfall oder die Wahl zwischen einer ungeliebten Arbeit und dem Verhungern). Aber die Begrenztheit meiner Optionen hat auch Rückwirkungen auf meine Willensbildung, da ich das Interesse an Dingen verlieren kann, die ich nicht zu erlangen vermag, und zwar selbst dann, wenn dies der gewaltsamen Behinderung durch andere zuzuschreiben ist. Ich kann diesen Punkt hier leider nicht vertiefen.

Informationen kanalisiert. Sofern einmal zugestanden wird, daß eine selbstbestimmte Person überhaupt Überlegungen im Hinblick auf ihr Tun und Leben anstellen muß, versteht es sich deswegen weitgehend von selbst, daß diese Überlegungen auf *genügend relevanten Informationen über die Welt* beruhen müssen. Was *genügend* und vor allem: was genügend *relevante* Informationen sind, wird natürlich oft strittig sein. Am Ende wird es, fürchte ich, nur über auszuhandelnde und situationssensitive *Common-sense*-Kriterien zu bestimmen sein, die ihrerseits nicht ganz von bestimmten normativen Hintergrundannahmen abzulösen sein werden. (Auf einen alternativen Vorschlag komme ich in 9.2.3 zu sprechen.)

Daß eine Person über genügend relevante Informationen im Hinblick auf ihre Handlungs- und Lebensmöglichkeiten verfügt, wird ihr allerdings nur nützen, wenn sie auch in der Lage ist, diese Informationen *angemessen zu verarbeiten*. Sie muß sich aufgrund wahrer Annahmen ein epistemisch richtiges Bild von für ihr Leben wichtigen Einzelfakten machen, diese interpretierend zu einer möglichst unverzerrten Gesamtsicht ihrer Situation verknüpfen und dann in ein entsprechendes Wollen transformieren können. Auch mit richtigen Informationen kann nur etwas anfangen, wer entsprechende theoretische wie praktische Überlegungskompetenzen besitzt.

Dies ist einer der Gründe, warum der übermäßige Konsum von Drogen wie Alkohol als selbstbestimmungsgefährdend angesehen wird. Sicherlich macht es einen gewichtigen Unterschied, ob die Einnahme von Drogen freiwillig oder ohne Einwilligung erfolgt. Aber Drogen können Selbstbestimmung auch dann bedrohen, wenn sie gewünscht und gewollt werden. Inwieweit sie es tun, hängt von ihren bewußtseinsverändernden Folgen ab. Diese mögen so ausfallen, daß sie das Selbstbestimmungspotential einer Person sogar erhöhen, dann nämlich, wenn sie eine Erweiterung des Überlegungsspielraums und der Überlegungsfähigkeit der Person bewirken. Aber bei übermäßigem Konsum dürften die meisten Drogen zu einer verzerrten Wirklichkeitswahrnehmung führen. Sie begrenzen und verfälschen die der Person zugänglichen Informationen und stören ihr Vermögen, aufgenommene Informationen angemessen zu verarbeiten. Wir sagen dann, die Person wisse nicht mehr richtig zu überlegen; ihr kognitiver Umgang mit der Welt sei durcheinandergeraten. Was immer sie will, ist davon in Mitleidenschaft gezogen. Und genau darin liegt ein wesentlicher Grund dafür, daß wir sie nur noch beschränkt für selbstbestimmt halten. Es kann dann erschwerend hinzukommen, daß sie von den einmal eingenommenen Drogen nicht mehr loskommt, obwohl sie es möchte.[8] Aber selbst wenn sie die Drogen ursprünglich gewollt hätte und auch fortan beim Drogenkonsum bleiben mögen würde, bliebe sie signifikant unfrei; ihre Selbstbestimmung wäre nicht vernichtet, aber mehr oder minder stark eingeschränkt.

Daß Freiwilligkeit nicht notwendig zu einem Mehr an Selbstbestimmung führt, läßt sich auch an anderen, dramatischeren Beispielen klarmachen wie etwa der freiwilligen Entscheidung, sich in die Sklaverei zu begeben, und der freiwilligen und bedingungslosen Unterwerfung unter eine Autorität. Wer sich freiwillig in die Sklaverei begibt, verwirkt vor allem seine *Handlungs*freiheit; seine Überlegungsfähigkeit und Willensfreiheit müssen davon nicht beeinträchtigt werden. Wer sich bedingungslos einer Autorität unterwirft, wird dagegen nicht immer seine Handlungsfreiheit aufgeben. Er verzichtet vielmehr auf alles eigenständige Überlegen und insofern auf einen eigenen Willen. Anknüpfend an unsere Ausführungen zu höherstufigen Einstellungen (*5.4.2*), können wir ihm den höherstufigen Wunsch zuschreiben zu wollen, was eine andere Person will, was immer dies sei. Generell gilt, daß Fremdbestimmung nicht dadurch zur Selbstbestimmung wird, daß sie gewollt, ja u.U. sogar selbstbestimmt gewollt wird; es gibt auch selbstverschuldete Unmündigkeit.

Die für praktische Zwecke relevante Überlegungsfähigkeit von Personen kann durch viele Faktoren beeinträchtigt werden. Zu nennen sind außer Drogen wie Alkohol z.B. heftige Affekte wie große Angst, heftiger Zorn und übersteigerte Eifersucht oder auch Dummheit und ideologische Scheuklappen. Dies sind psychologische Verfassungen und Mechanismen, die verhindern, daß Personen von Formen einer epistemischen, erweitert epistemischen oder mit Rationalitätskriterien arbeitenden Kritik an ihren praktischen Überlegungen und Orientierungen erreicht werden, wie wir sie im vorigen Kapitel be-

8 Diesen Fall des Drogensüchtigen wider Willen stellt Frankfurt 1971 in den Mittelpunkt seiner Überlegungen zur Willensfreiheit.

sprochen hatten. Wenn wir die Selbstbestimmtheit von Personen von den Informationen abhängig machen, die sie haben, und von ihrem kognitiven Umgang mit ihnen, postulieren wir einen engen Zusammenhang zwischen Selbstbestimmung und Wahrheit sowie Erfahrung, und u.a. um letztere ging es ja auch bei der Frage nach Möglichkeiten einer praktischen Kritik mit berechtigtem Anspruch auf Objektivität und Normativität. Zugespitzt formuliert, hängt Selbstbestimmung nicht einfach nur daran, daß eine Person überlegt, was sie will, und dann danach handelt, sondern daß sie *richtig* überlegt.

Aber was berechtigt zu dieser Aussage? Wieso müssen wir Selbstbestimmung an richtige Informationen und deren angemessene Verarbeitung, an Wahrheit und Erfahrung binden? Daß uns andere durch die Verzerrung von für uns wichtigen Informationen und die Störung unserer Überlegungsfähigkeit manipulieren können und dies unzweifelhaft einen negativen Einfluß auf unsere Selbstbestimmung hat, reicht als Begründung nicht aus. Daß unsere praktischen, willensklärenden und -bildenden Überlegungen auf epistemisch gesichertem Fundament beruhen und erfahrungsgestützt sein müssen, um Selbstbestimmung zu ermöglichen, gilt ja unabhängig von eventuellen manipulativen Eingriffen anderer.

In meinen Augen ist der wesentliche Punkt der, daß wir als in der Wirklichkeit lebende Wesen von dieser so oder so bestimmt werden, daß wir von ihr aber, wenn sie uns in wesentlichen Aspekten verstellt ist, *hinterrücks* bestimmt – und das heißt: fremdbestimmt – werden. Wenn wir aufgrund von falschen oder unzureichenden Meinungen über unsere tatsächlichen Möglichkeiten entscheiden und handeln, agieren wir aufgrund von mentalen Einstellungen, deren Quellen uns verborgen sind und die sich so unserer Kontrolle entziehen. Einen Einfluß auf unsere Meinungen und darüber vermittelt auf unser Wollen haben wir primär dadurch, daß wir sie geleitet von der Orientierung an Wahrheit korrigieren können. Im Fall von falschen wie auch von unzureichenden Meinungen über unsere Handlungs- und Lebensmöglichkeiten verdankt sich unser Wollen dagegen einem undurchschauten Einfluß. Deswegen muß es uns, nachdem wir über unsere Irrtümer und Verkürzungen aufgeklärt worden sind, wie ein fremdes Wollen anmuten. Es ist dieser Umstand, der dann auch der – an sich eher irreführenden –

Rede von einem »eigenen« Wollen einen greifbaren Sinn verleiht.

Ebenfalls wichtig ist ohne Zweifel, daß Personen, die die Wirklichkeit verzerrt wahrnehmen, in der Regel viel schlechter in der Lage sind, ihre Zwecke umzusetzen, als Personen, die sich an die Tatsachen halten. Ich glaube jedoch, daß dieser Umstand weniger schwer wiegt als die Begrenzung von Selbstbestimmung durch einen Willens- und Zweck*bildungs*prozeß, der nicht von Erkenntnis geleitet wird. Denn auch wer das unwahrscheinliche Glück hat zu bekommen, was er will, obwohl er in einem Netz von Illusionen verfangen ist, handelt und lebt dadurch nicht wirklich selbstbestimmt. Sein Wollen ist insofern nicht sein »eigenes«, als es ohne Wirklichkeitskontrolle kontingent bleibt.

Ich hatte im letzten Kapitel gegen eine rein instrumentalistische Deutung der normativen Autorität einer epistemischen Kritik geltend gemacht, daß es keine prästabilierte Harmonie zwischen Wahrheit und Glück gibt (*8.2.1*), und schon deswegen gibt es auch keine solche Harmonie zwischen Selbstbestimmung und Glück. Gleichwohl bleibt bemerkenswert, daß wir die Entblendung unserer verstellten Wirklichkeitssicht normalerweise und als solche als Befreiung empfinden. Es liegt eine eigene Befriedigung darin, sich sagen zu können, man mache sich nichts vor und handele und entscheide in Kenntnis aller relevanten Umstände. Für viele Menschen dürfte dies nicht Grund genug sein, illusionäres Glück gegen reales Unglück einzutauschen. Aber auch sie dürften reales Glück illusionärem vorziehen, selbst wenn letzteres genauso sicher wäre wie ersteres. Vielleicht haben wir ein ursprüngliches Bedürfnis danach, mit der Wirklichkeit gleichsam Schritt zu halten. Zu spekulativ mutet mich dagegen an, darin, wie es manche tun, ein Bedürfnis nach Selbsttranszendenz zu sehen, so daß die Befreiung, die wir spüren, wenn wir sozusagen wieder Kontakt zur Wirklichkeit aufnehmen, eine Befreiung von uns selbst wäre.[9]

9 Vgl. – mit einer langen philosophischen und theologischen Tradition im Rücken – Frankfurt 1982 [1988], S. 89 f. Ich will nicht bestreiten, daß es die Erfahrung der befreienden Lösung von sich selbst gibt (in *7.2.3* hatte ich selbst auf sie verwiesen); paradigmatisch scheinen mir dafür jedoch eher Erfahrungen der Liebe und der Schönheit zu sein als Erfahrungen der Wirklichkeitserkenntnis.

Selbstredend haben diese Überlegungen nur Sinn auf der Grundlage eines (in der einen oder anderen Form) realistischen Wirklichkeitsverständnisses. Die Idee der Selbstbestimmung erfordert nicht ein stark konstruktivistisches Wirklichkeitsverständnis, sondern wird durch ein solches im Gegenteil *ad absurdum* geführt. Selbstbestimmung ist nur zu haben, wenn es eine Wirklichkeit gibt, an der wir unsere Überlegungen testen können; sie blieben sonst ohne Gehalt.

9.2.2 Das Erfordernis einer aktiven und eigenständigen Wirklichkeitsaneignung

Die Forderung, wir müßten, um selbstbestimmt handeln und leben zu können, unsere praktischen Orientierungen auf der Grundlage von richtigen oder überwiegend richtigen Informationen über die Welt bzw. unsere Situation ausbilden oder übernehmen, greift jedoch zu kurz, wenn sie lediglich die faktische Übereinstimmung mit der Realität einklagt. Mindestens ebenso wichtig wie diese Übereinstimmung selbst ist die Art und Weise, wie eine Person sie erreicht. Zu einem selbstbestimmten Handeln und Leben gehört, daß die ihm zugrunde liegende Wirklichkeitswahrnehmung ein *signifikant aktiver* Vorgang ist, in dem sich die *geistige Unabhängigkeit* der Person zeigt. Eine selbstbestimmte Person muß sich eine unverzerrte Sicht der Dinge von sich her aneignen. Sie muß mehr sein als ein zwar korrekt, aber passiv reflektierender Spiegel der Wirklichkeit. Daß sie die Dinge im richtigen Licht sieht, muß sich ihren eigenen Überlegungen verdanken. Eine Person ist nicht selbstbestimmt, wenn ihre wahren Annahmen über die Welt der blinden Übernahme der Überzeugungen anderer geschuldet sind. Selbstbestimmung kann nicht auf bloßem Glaubenschenken beruhen.

Es ist nicht ganz leicht, diese Intuition weiter auszuarbeiten. Wann sind die Überlegungen einer Person ihre eigenen, wann hat sie sich selbst und aktiv ein Bild von der Wirklichkeit, ihrer jeweiligen Lage gemacht? Es könnte sein, daß sich hier ein Ansatzpunkt für inkompatibilistische, libertaristische Konzeptionen von Willensfreiheit bietet (s.u. *9.4.3*). Davon unbenommen und unverfänglicher wird man sagen können, daß zu selbstbestimmtem Überlegen gehört, daß die überlegende Person überhaupt Beobachtungen anstellt, Vergleiche vornimmt, Fragen aufwirft, Schlußfolgerungen zieht, Urteile fällt. Sie muß über hinlängliche kritische Kompetenz verfügen und diese zumindest bei wichtigen Lebensentscheidungen auch zur Geltung bringen.[10]

Thomas Scanlon hat dem in seiner Diskussion der Begründung von Meinungsfreiheit Rechnung zu tragen versucht. Er schreibt:

»An autonomous person cannot accept without independent consideration the judgement of others, but when he does so he must be prepared to advance independent reasons for thinking their judgement likely to be correct, and to weigh the evidential value of their opinion against contrary evidence.«[11]

Auch an dieser Überlegung bleibt manches klärungsbedürftig. Gerald Dworkin hat an ihr zu Recht eine Zweideutigkeit ausgemacht. Sie lasse offen, ob die Gründe, die einer für die Annahme hat, das Urteil eines anderen sei wahrscheinlich korrekt, Gründe dafür sind, zu denken, sein *Urteil* sei korrekt, »that is, for believing the content of his judgment correct«.[12] Oder ob es Gründe sind, zu denken, *sein* Urteil sei korrekt, »that is for thinking *him* likely to be right«.[13] Es wäre zu stark, immer ersteres zu fordern. Zumal in hoch arbeitsteiligen Gesellschaften sind Personen allerorten darauf angewiesen, sich auf die Kompetenz anderer zu verlassen, ohne deren Meinungen einer unabhängigen Überprüfung unterziehen zu können. Doch zum einen macht es eben einen Unterschied, ob ich mich auf jemandes Urteil einfach so verlasse oder ob ich wenigstens einige Anhaltspunkte dafür habe, daß er ein verläßlich Urteilender ist. Und zum anderen werden immer Bereiche bleiben, in denen wir uns, gewiß anfänglich angeleitet durch andere, unser eigenes Urteil nicht nur über die Verläßlichkeit anderer, sondern auch direkt über Meinungsinhalte bilden können und, sofern wir selbstbestimmt sein wollen, auch bilden müssen.

Formulierungen wie die von Scanlon sind noch in einer anderen Hinsicht zu präzisieren: Die kritische Kompetenz, mit der sich Personen der Wirklichkeit stellen müssen, um selbst-

10 Vgl. dazu Berofsky 1995 unter dem Index-Stichwort »competence, critical«.
11 Scanlon 1972, S. 217.
12 G. Dworkin 1988, S. 27.
13 Ebenda.

bestimmt handeln und leben zu können, ist nicht allein eine in einem engen Sinn theoretische Kompetenz. Eine selbstbestimmte Person muß neben perzeptiven und logischen Fähigkeiten beispielsweise auch über imaginative und hermeneutische Fähigkeiten verfügen, um relevante Ausschnitte zumal der sozialen Realität nicht in einem schiefen Licht zu sehen. Sie muß sich in andere Lebensformen einfühlen können, um sie als Alternativen zu den ihr vertrauten Lebensformen erwägen zu können. Sie muß eine Vorstellung davon haben, wie es sich »anfühlt«, so und so zu sein. Sie muß begreifen können, welchen Sinn es haben könnte, Zusammenhänge ungewohnt zu interpretieren. Jedenfalls muß sie all dies in einem bestimmten Maße vermögen, und sie muß es so zu leisten imstande sein, daß es sich als wirksam für die Klärung und Bildung ihres Wollens erweist. Die Selbstbestimmungsfähigkeit einer Person wächst in dem Maße, in dem sie eine Vielzahl von Möglichkeiten gleichsam von innen heraus in ihrer Wichtigkeit für sie selbst abzuschätzen vermag. Umgekehrt wird die Selbstbestimmungsfähigkeit einer Person oft wirksamer durch Tabuisierungen und Einschüchterungen, die ihre Vorstellungskraft verringern oder Formen der Selbstzensur zeitigen, beschnitten als durch das Vorenthalten oder Verfälschen von wichtigen Informationen. Einige der Vermögen, die dadurch eine Beeinträchtigung erfahren, werden manchmal als Bestandteile einer »positiven Freiheit« aufgeführt.[14] Ich finde es erhellender, allgemein von einem »Können« zu sprechen, das sich dann in eine Vielzahl von eher theoretischen und eher praktischen Fähigkeiten differenzieren läßt.

9.2.3 Die Möglichkeit einer selbstbestimmten Einschränkung von Informationen und Optionen

Sind Wissen und Erfahrung sowie entsprechende Überlegungskompetenzen für Selbstbestimmung unerläßlich und ist eine Person im allgemeinen um so selbstbestimmter, je mehr sie davon hat, so ist doch zugleich zu bedenken, daß zu viel zu wissen und zu viel zu erfahren belastend für uns sein kann. Wir können ein Interesse an einer Einschränkung des Umfangs so-

14 Vgl. dazu Berofsky 1995 unter dem Index-Stichwort »freedom, positive« und die dort angeführte Literatur.

wohl von Informationen als auch von Optionen haben. In Grenzen kann eine derartige Einschränkung selbstbestimmt erfolgen.

Es gibt für jeden Menschen eine Linie, jenseits deren ein Zuwachs an Informationen und Optionen mehr Nach- als Vorteile bringt. Nicht nur möchten wir vieles lieber nicht wissen und vielen Optionen lieber nicht ins Auge sehen, weil es für uns unangenehm wäre und uns das Leben schwerer machte. Und nicht nur sind viele Informationen und Optionen für unsere Handlungs- und Lebensentscheidungen völlig belanglos. Zur Belastung kann vielmehr selbst die Konfrontation mit an sich wichtigen Informationen und an sich attraktiven Optionen werden. Die Aufnahme und Sichtung von Informationen und die Prüfung von Optionen kosten Zeit und Anstrengung.[15] Gerade mit reflektierten Überlegungen sind eigene psychische Kosten verbunden. Es kostet uns etwas, zu überlegen, welche von verschiedenen Optionen die beste ist, und häufig kommen zu diesen Kosten jene hinzu, die mit der quälenden Unsicherheit einhergehen, ob am Ende die richtige Wahl getroffen wurde. Auch bedeutet ein Mehr an Optionen ein Mehr an Verantwortung, und Verantwortung kann eine Last sein. Diese Last wird überdies durch den sozialen Druck, eine richtige Entscheidung zu treffen, vergrößert. Gerald Dworkin erinnert daran, daß »[t]he fact that one has new possibilities for choice opens the possibility of social and legal sanctions being brought to bear on the maker of the choice«. Als Beispiel führt er die Möglichkeit an, das Geschlecht der eigenen Kinder vor der Geburt festzulegen.[16] Das Wichtigste ist vielleicht, daß zu viele Informationen und Optionen und zu viel Überlegen eine Einbuße an Spontaneität bedeuten können. Im Durchkalkulieren aller unserer Schritte liegt eine eigene Zwanghaftigkeit; sie beraubt uns des Glücks freudiger Überraschungen, ohne uns doch hinlänglich vor bösen Überraschungen schützen zu können.

So wie wir verfaßt sind, kann unser Leben nur im Rahmen einer Balance von Möglichkeiten und Notwendigkeiten gelingen. Einerseits kann es ohne ein breites Spektrum von attraktiven Handlungs- und Lebensmöglichkeiten kein in einem ho-

15 Vgl. dazu und zum Folgenden G. Dworkin 1982.
16 G. Dworkin 1982 [1988], S. 68.

hen Maß selbstbestimmtes Leben geben. Andererseits müßte die völlige Entgrenzung unseres Möglichkeitsraums zum Selbstverlust führen.[17] Wir können darauf mit Selbsttäuschungen und Verdrängungen reagieren. Wir können jedoch auch mit selbstgewählten Begrenzungen antworten, in denen sich gerade eine realistische Einschätzung der Wirklichkeit zeigt. Die Schwierigkeit besteht darin, zwischen beiden Reaktionsformen eine klare Grenze zu ziehen.

Mit Selbstbestimmung ohne weiteres vereinbar ist die Entscheidung von Personen, sich Erfahrungsmöglichkeiten abzuschneiden, von denen sie zumindest eine ungefähre Vorstellung haben. So mag einer Person die Vollendung eines bestimmten Projekts so wichtig sein, daß sie dafür in Kauf nimmt, für den Reichtum der Natur und der Kunst unempfänglich zu werden. Erfolgt diese Entscheidung in Kenntnis des Ausgeschlossenen, kann sie auch im hohen Maße selbstbestimmt sein. Aber vieles schließen wir für uns aus, ohne es zu kennen. Wir haben manchmal gar keine andere Wahl, weil nicht selten die einzige Möglichkeit, das Ausgeschlossene kennenzulernen, darin besteht, es nicht auszuschließen, sondern zu erleben. Auch ein solcher Schritt kann noch mit Selbstbestimmung vereinbar sein. Er kann in Anerkenntnis der eigenen Endlichkeit, der prinzipiellen Instabilität des eigenen Wollens und des Werts von Spontaneität und Überraschung erfolgen. Doch kann er natürlich genauso ein Zeichen von Unfreiheit sein. Eine Person kann die Konfrontation mit neuen Möglichkeiten aus einer übertriebenen und selbstbestimmungshemmenden Ängstlichkeit scheuen oder aus Abgestumpftheit und Verdruß ablehnen. Jede Selbstbegrenzung birgt die Gefahr der Verstellung von Möglichkeiten, die das eigene Handeln und Leben auch im Sinn eines Zuwachses von Selbstbestimmung bereichern könnten. Akte der Selbstbegrenzung können so sowohl Ausdruck innerer Stärke als auch innerer Schwäche sein.

Ich hatte am Anfang von *9.2.1* gesagt, wir könnten nur mit auszuhandelnden und situationssensitiven *Common-sense*-Kriterien bestimmen, wann die Überlegungen und Entscheidungen von Personen auf genügend relevanten Informationen

17 Dies ist die Einsicht, die hinter Kierkegaards Rede von der »Verzweiflung der Möglichkeit« als »Fehlen der Notwendigkeit« steht. Vgl. *Die Krankheit zum Tode*, S. 34 ff.

beruhen, um selbstbestimmt genannt werden zu können. Ich sehe auch keinen anderen Weg, um selbstbestimmungskompatible oder sogar -fördernde Formen der Selbstbegrenzung von selbstbestimmungseinschränkenden zu unterscheiden. Welchen Informationen und Optionen sich eine Person aussetzen muß, um in signifikantem Maße selbstbestimmt handeln und leben zu können, und welche sie wie abblenden darf, hängt immer von der Person selbst, ihren Gefühlen, Wünschen, Interessen, Fähigkeiten usw. ab. Aber zur Beurteilung dessen bedarf es häufig eines externen Standpunkts, den die Person selbst nicht einzunehmen vermag. Um einzuschätzen, was genügend relevante Informationen sind, was es heißt, sie angemessen zu verarbeiten, wann eine Wirklichkeitswahrnehmung unverzerrt ist usw., gibt es intersubjektive Kriterien. Auch diese stehen jedoch nicht unumstößlich fest, sondern können prinzipiell von jedem Individuum mit Verweis auf seine besonderen Erfahrungen in Frage gestellt und eventuell in daran anschließenden intersubjektiven Verständigungsprozessen verändert werden.

Das ist eine Auskunft, die auf der Linie unserer Überlegungen zur Objektivitätsproblematik liegt, aber zugegebenermaßen vage bleibt. Eine Alternative bietet die Idee vollständiger oder idealer Information, die früher in anderem Zusammenhang berührt wurde (s. *3.4.1*). Denn können wir nicht sagen, eine Person sei selbstbestimmt, wenn sie ihr Leben nach Maßgabe eines Wollens führt, zu dem sie auch noch im Licht vollständiger Information über die Welt und sich selbst stünde?[18] Ich halte diesen Vorschlag aus mehreren Gründen für wenig brauchbar.

Zunächst ist unklar, inwieweit die Selbstbestimmtheit eines Wollens von *kontrafaktischen* Szenarien abhängig gemacht werden sollte. Ganz läßt sich das, wie bereits zugestanden (*9.1.2*), nicht vermeiden. Da ständig reflektierte Überlegungen anzustellen zur Handlungslähmung führen müßte und wir auch Handlungen als selbstbestimmt qualifizieren, die nicht

18 Die oben 3. Kap., Anm. 17 angeführten Autoren, die mit der Figur des idealen Beobachters oder Ratgebers arbeiten, verwenden die Idee vollständiger Information meist, um zu bestimmen, wann etwas für eine Person wirklich *gut* ist oder wann ihr Wünschen *rational* genannt werden kann. Ich vermute jedoch, daß hinter ihren Überlegungen letztlich eine bestimmte Idee von *Selbstbestimmung* steht; am deutlichsten ist dies so im Fall von Rawls.

explizit durchgeführten Überlegungen entspringen, bleibt uns manchmal nur, die Selbstbestimmtheit eines Wollens an *hypothetische* Reflexionen zu binden. Vieles, was Personen habituell und ohne großes Nachdenken tun, tun sie selbstbestimmt, weil sie auch nach ausführlicherem Überlegen nicht anders handeln würden. Dessenungeachtet zählt für Selbstbestimmung weniger, wie jemand unter nicht gegebenen Umständen überlegen und wollen würde, als vielmehr, wie er tatsächlich überlegt und will. Ob und in welchem Maße eine Person selbstbestimmt ist, bemißt sich wesentlich daran, daß sie tatsächlich Überlegungen anstellt und ihr Wollen aufgrund dieser Überlegungen klärt und bildet.

Sodann läßt der besagte Vorschlag offen, wie eine Person die Informationen *verarbeiten* würde, mit denen man sie in dem vorgestellten Szenarium konfrontierte. Es könnte ja sein, daß eine Person im Lichte idealer Information lediglich aus Starrsinn oder einem eklatanten Mangel an Phantasie an ihrem Wollen festhielte, was sicherlich nicht ein Ausweis besonderer Selbstbestimmung wäre.

Noch wichtiger ist der Umstand, daß die Idee einer kontrafaktischen Konfrontation mit idealer Information implizit einen schon gefestigten Willen voraussetzt. Die Frage ist aber, wie wir überhaupt zu einem solchen Wollen *gelangen* können. Unter menschlichen Bedingungen ist für die Phase der Willensbildung eine gewisse Einschränkung von Informationen und Optionen unerläßlich. Da wir unser Wollen aber immer wieder umformen können, stellt sich die Frage, ob nicht auch für die Aufrechterhaltung eines festen Wollens gilt, was für seine Entstehung unvermeidlich ist. Angesichts umfassender Informationen und Optionen könnten wir alle zu entscheidungsunfähigen Hamlets werden.

Die Prüfung des eigenen Wollens im Licht vollständiger Information ist gewiß nur eine regulative Idee. Faktisch können wir eben kein vollständiges Wissen erlangen, und wir können nur begrenzt andere Perspektiven einnehmen, um uns vorzustellen, wie es wäre, ganz anders zu handeln und zu leben, als wir es tun. Die Einnahme einer gottähnlichen Position ist jedoch nicht nur ein praktisch-psychologisches Problem, sondern auch ein theoretisch-begriffliches. Letztlich nämlich dürfte alles Wissen notwendig perspektivisch sein. Von einem

»view from nowhere« (Nagel) gäbe es nichts zu sehen. Ich vermute deswegen, daß die Idee vollständiger Information inkohärent ist.

Schließlich ist an die in der philosophisch-theologischen Tradition geführte und in der modernen Entscheidungstheorie unter anderen Vorzeichen wiederaufgenommene Diskussion um die Vereinbarkeit von Allwissenheit und Freiheit resp. Selbstbestimmung zu erinnern.[19] Insbesondere lückenloses Wissen in bezug auf die eigene Zukunft könnte unserer Freiheit abträglich sein. Unsere Zukunft darf nicht gänzlich unvorhersehbar sein, denn sonst könnten wir gar keine Absichten fassen und Pläne entwickeln, aber sie darf auch nicht gänzlich vorhersehbar sein, denn sonst bliebe uns nichts zu entscheiden.

9.2.4 Das Erfordernis einer realitätsoffenen Einstellung

Die vorangegangenen Überlegungen lassen sich in der Forderung zusammenfassen, daß die praktischen Überlegungen einer selbstbestimmten Person in einer *realitätsoffenen Einstellung* begründet sein müssen. Selbstbestimmte Personen sind bereit und fähig, sich auf die Wirklichkeit und ihre Wandlungen einzulassen und ihr Fühlen, Wünschen und Meinen danach einzurichten. Sie werden deswegen das Extrem eines starken Skeptizismus ebenso zu vermeiden trachten wie das von Formen des Fanatismus. Dem lebenspraktischen Skeptiker fehlt das Vertrauen darein, daß wir uns in unserem Handeln und Leben überhaupt in signifikantem Maße an die Dinge, ›wie sie sind‹, halten können. Er glaubt nicht, daß es den festen Boden einer ›wirklichen‹ Welt gibt. Wird die skeptische Haltung auf die Spitze getrieben, führt sie zu vollständiger Handlungslähmung. Umgekehrt hat der Fanatiker (in welcher Gestalt er auch auftreten mag) keine Schwierigkeiten mit dem Handeln. Er erkauft sich seine Handlungsfähigkeit jedoch um den Preis der systematischen Abschottung von wesentlichen Teilen der Wirklichkeit und eines Mangels an wirklichkeitsnaher Flexibilität. Für den Skeptiker sind alle ›Realisten‹ Fanatiker, für den Fanatiker sind sie Skeptiker. Unser Selbstverständnis als selbst-

19 Für Diskussionen im Kontext der Entscheidungstheorie vgl. z.B. Levi 1986, S. 53-67 und Levi 1994, für Diskussionen in einem weiteren Kontext vgl. den Sammelband Fischer 1989.

bestimmte oder zumindest selbstbestimmungsfähige Personen unterstellt, daß beide unrecht haben, aber es ist fraglich, ob sich dies beweisen läßt. Zumindest die Zurückweisung des Skeptikers dürfte am Ende eine Frage des nicht mehr ausweisbaren Weltvertrauens sein.

Handeln und leben Personen im Modus der Selbstbestimmung, bestimmen sie die Welt, lassen sich aber umgekehrt durch diese auch bestimmen.[20] Das Bestimmen der Welt vollzieht sich im Ausgang von einem bereits gebildeten Wollen, das Sichbestimmenlassen durch sie ergibt sich im Verlauf der Bildung des Wollens. Letzteres ist mit Selbstbestimmung vereinbar, ja Voraussetzung für sie, sofern es ein bewußtes und sozusagen sehendes Sichbestimmenlassen ist.

9.3 Selbstkenntnis, Selbstinterpretation und Authentizität

Zur Wirklichkeit, mit der Personen rechnen müssen, wollen sie selbstbestimmt handeln und leben, gehören auch sie selbst. Eine selbstbestimmte Person wird daher nicht nur über Welt-, sondern auch über Selbstkenntnis verfügen müssen. Soweit es sich bei Selbstkenntnis um ein rein epistemisches Selbstverhältnis handelt, ist sie von Weltkenntnis strukturell nicht unterschieden. Meine diesbezüglichen Bemerkungen fallen deswegen recht kurz aus. Sie konzentrieren sich zudem auf die Kenntnis der eigenen Motive und von deren Genese (*9.3.1*). Wichtiger ist es, jene Momente der selbstbezogenen Seite praktischer Überlegungen, die einen nicht rein epistemischen Charakter haben, für die Analyse von Selbstbestimmung fruchtbar zu machen. Was wir vom Leben in selbstbestimmter Weise wollen, ist durch unsere Welt- und Selbstkenntnis nicht rational determiniert. Es ist aber auch nicht einfach Resultat eines Dezisionsakts, obwohl dezisionistische Elemente eingeschlossen sein werden. Vielmehr geht es aus einem Prozeß der Selbstinterpretation hervor, in dem sich Aufdeckung und Auslegung, Entdeckung und Erfindung unlöslich miteinander verschrän-

20 Zum Wechselverhältnis von Bestimmen und Bestimmenlassen vgl. Seel 1998.

ken. Das entspricht natürlich genau der Art und Weise, wie wir schon in den vorangegangenen Kapiteln praktische Überlegungen charakterisiert hatten, so daß wir auch hierfür auf schon Ausgeführtes zurückgreifen können (*9.3.2*). Selbstbestimmung ist gar nicht denkbar ohne einen Spielraum der Selbstinterpretation und Selbstkreation. Dieser Spielraum kann in praktischen Überlegungen verschieden genutzt werden. Gefahren für Selbstbestimmung resultieren dabei sowohl aus einem Mangel an Authentizität als auch aus einem Übermaß an Ambivalenz (*9.3.3*). Nimmt man all dies zusammen, so läßt sich relativ präzise angeben, was sinnvollerweise unter individueller Selbstbestimmung zu verstehen ist (*9.3.4*).

9.3.1 Selbstkenntnis

Gegenstand von *Selbstkenntnis* ist alles, was zu uns als körperlich-geistigen Wesen gehört. Das betrifft einmal das Vertrautsein mit den eigenen mentalen Einstellungen. Selbstkenntnis umfaßt das eigene Fühlen, Wünschen und Meinen, vor allem auch sofern es sich zu dauerhafteren Dispositionen in Form von Charakterzügen verfestigt hat. Sodann erstreckt sie sich auf die richtige Einschätzung der eigenen Fähigkeiten und Fertigkeiten. Diese können geistiger, aber auch körperlicher Natur sein.

Im Kontext der Selbstbestimmungsproblematik ist von herausgehobener Wichtigkeit die Kenntnis von mentalen Faktoren, die allein oder in Verbindung mit anderen einen motivationalen Zug haben und uns in unserem Willen zu bestimmen vermögen. In praktischen Überlegungen klären und bilden wir unser Wollen insbesondere auf der Grundlage von mit Meinungen und Werturteilen zusammenhängenden Gefühlen und Wünschen, aber dies kann so geschehen, daß Gefühle und Wünsche unerkannt auf unser Wollen einwirken. Wir handeln dann aufgrund undurchschauter Motive.[21]

Die Möglichkeit einer Steuerung oder Beeinflussung unseres Wollens durch mentale Faktoren, von denen wir keine Kenntnis haben, kann für manipulative Eingriffe in unser mentales

21 Fälle von Selbsttäuschung sind davon eine spezielle Variante, auf die ich nicht näher eingehen werde.

Innenleben genutzt werden. Aber selbst wenn wir nicht dem Einfluß anderer unterliegen, sind wir in dem Maße fremdbestimmt, in dem sich motivationale Faktoren unerkannter- und ungeprüfterweise in unsere – durchaus absichtlichen und willentlichen – Handlungen übersetzen. Werden wir darüber retrospektiv aufgeklärt, müssen wir feststellen, daß uns noch anderes zu unserem absichtlichen, willentlichen Handeln bestimmt hat, als wir dachten, und eine solche Feststellung kommt dem Eingeständnis gleich, nur eingeschränkt selbstbestimmt agiert zu haben.

Daraus läßt sich eine wichtige Forderung für Selbstbestimmung gewinnen: In vollem Sinn selbstbestimmt kann eine Person nur sein, wenn sich ihr Handeln Motiven verdankt, die sie in bewußten praktischen Überlegungen zur Kenntnis genommen und gebilligt hat (oder zumindest billigen würde, kennte sie sie). Zur Kenntnis der eigenen Motive gehört dabei auch die Kenntnis ihrer Genese (oder von Teilen davon). Manchmal kommen wir ja zu Entscheidungen und Handlungen aufgrund von Motiven – vordringlich in Form von Wünschen –, die uns zwar oberflächlich vertraut sind, sich aber anderen Motiven und Einstellungen verdanken, bei deren Kenntnis wir unsere vordergründigen Motive ablehnen würden.

John Christman hat aus der Wichtigkeit der Kenntnis der Genese eigener Einstellungen die Schlußfolgerung gezogen, daß eine Person die Genese ihrer Wünsche und Präferenzen billigen können muß, um für selbstbestimmt gelten zu können.[22] Doch damit wird die berechtigte Forderung, eine Person müsse, um in vollem Sinn selbstbestimmt zu sein, zu ihren Wünschen und Präferenzen *angesichts* ihrer Genese stehen können, überdehnt. Vielleicht verdanken sich meine jetzigen Wünsche und Präferenzen Gründen, die ich im nachhinein mißbillige. Z.B. mag sich mein Interesse an Philosophie ursprünglich pubertärer Eitelkeit oder einem fragwürdigen Wunsch nach Anerkennung verdankt haben. Deswegen muß ich aber nicht mein Interesse an Philosophie aufgeben, denn ich kann u.U. von seiner Genese unabhängige Gründe zu seinen Gunsten anführen. Daß ich den *Prozeß* ablehne, der zur For-

22 Christman 1991 und 1993. Kritisch dazu Mele 1993 und Berofsky 1995, S. 212 ff.

mung meines Wollens geführt oder entscheidend beigetragen hat, erzwingt nicht die Ablehnung seines *Resultats*.[23] Das gilt auch dann, wenn dieser Prozeß ein von Fremdbestimmung gezeichneter war. Jede Erziehung ist anfänglich ein solcher Prozeß.[24] Daß ich in meiner Kindheit etwa dazu gezwungen wurde, Bücher zu lesen, muß nicht hindern, daß ich heute froh bin, Bücher lesen zu können, obwohl ich wünschte, ohne Zwang darauf gekommen zu sein. Es gibt nicht nur selbstbestimmte Wege in die Fremdbestimmtheit, sondern auch fremdbestimmte Wege in die Selbstbestimmtheit. Diese Einsicht fällt nur deshalb schwer, weil uns in den meisten lebensnahen Fällen Defizite in der Genese eines überlegten Wollens Aufschluß über seine strukturellen Defizite geben; realiter dürfte es zumeist so sein, daß stark manipulative Eingriffe zu Zuständen führen, die in bezug auf Selbstbestimmung auch strukturell problematisch bleiben.

Allerdings läßt sich daraus nicht der Umkehrschluß ziehen, daß ein Wollen immer dann selbstbestimmt ist, wenn es (auch) in Kenntnis seiner Genese aufrechterhalten wird. Einer Person können im Laufe ihres Lebens so viele Möglichkeiten verstellt und so viele fruchtbare Erfahrungen verwehrt worden sein, daß ihren willensklärenden und -bildenden Überlegungen entscheidende Aspekte der Realität verschlossen bleiben. Sie kann dann nicht (oder nur eingeschränkt) selbstbestimmt agieren, weil ihre praktischen Überlegungen auf einer unzureichenden Weltkenntnis beruhen, die noch ihre nachträgliche Zustimmung dazu, wie sie geworden ist, fragwürdig macht.

Der Gedanke, eine Person könne im vollen Sinn selbstbestimmt nur sein, wenn sich ihr Handeln Motiven verdankt, die sie in praktischen Überlegungen zur Kenntnis genommen und gebilligt hat, ist ein Kerngedanke vieler hierarchischer Konzeptionen von Selbstbestimmung, denen zufolge selbstbestimmt handelt, wer aufgrund von Motiven handelt, die er in höherstufigen Einstellungen akzeptiert oder mit denen er sich höher-

23 Berofsky 1995, S. 212.

24 Gleichwohl können wir selbstbestimmungsförderliche und selbstbestimmungshemmende Methoden der Erziehung gerade im Hinblick darauf unterscheiden, wie stark sie, sobald dies möglich ist, auf die Überlegungen der zu Erziehenden eingehen und wie sehr sie die Fähigkeit, eigene Überlegungen anzustellen, fördern.

stufig »identifiziert« hat.[25] Um so wichtiger ist es festzuhalten, daß die hier vorgeschlagene Explikation von Selbstbestimmung im Ausgang von der Gestalt praktischer Überlegungen nicht zu diesen Konzeptionen verpflichtet. Wir hatten im fünften Kapitel gesehen, daß praktische Überlegungen natürlicherweise zur Ausbildung höherstufiger Einstellungen führen, und von daher ist es richtig, daß sich das Handeln einer selbstbestimmten Person Faktoren verdanken muß, die sie höherstufig billigt. Aber wieder gilt nicht der Umkehrschluß. Aufgrund von überlegungsgestützten, höherstufig akzeptierten Motiven zu handeln ist für Selbstbestimmung in einem auch nur halbwegs emphatischen Sinn nicht ausreichend. Der Grund dafür ist denkbar einfach: Nichts nämlich steht der Möglichkeit im Weg, daß sich die Überlegungen und höherstufigen Einstellungen einer Person selbst undurchschauten Faktoren verdanken. Hinter meinem überlegten und höherstufigen Wollen, einen bestimmten Wunsch (nicht) handlungswirksam werden zu lassen, kann ein unbewußter, hinterrücks wirksamer Wunsch stehen, bei dessen Kenntnis ich womöglich genau jenen Wunsch (nicht) akzeptieren würde, den ich jetzt (nicht) verwerfe. Ich kann so trotz Überlegungen und höherstufiger Einstellungen, die auf die erste Stufe motivational durchschlagen, das Opfer einer von mir nur unzureichend erkannten Motivationslage und insofern fremdbestimmt sein.

Hierarchische Konzeptionen von Selbstbestimmung können nicht ausschließen, daß unerkannte Motivationslagen auf immer höherstufigeren Ebenen reproduziert werden, und drohen daher in einen desaströsen Regreß zu führen. Um ihn zu stoppen, könnte es notwendig sein, am Ende zu inkompatibilistischen, libertaristischen Versionen von Willensfreiheit Zuflucht zu nehmen.[26] Zunächst aber ist entscheidend nicht so sehr der *Ursprung* jener Überlegungen, mit denen eine Person ihre eigenen mentalen Einstellungen mustert, um sie in Handlungsgründe zu transformieren, als vielmehr ihre *Gestalt* und *Qualität*. Überlegungen, die so beschaffen sind, daß sie ohne ausreichende Selbstkenntnis zur Klärung und Bildung eigenen Wollens führen, haben einen blinden Fleck; sie sind kognitiv

25 Vertreter dieser Konzeption sind z.B. Frankfurt 1971 und G. Dworkin 1981.

26 Diesen Weg wählt z.B. Lehrer 1997, 4. Kap.

defizitär und *deswegen* mit voller Selbstbestimmung nicht vereinbar.

Ebenso erscheint mir angeraten, die Rede von einem »eigentlichen Selbst«, die gerade im Zusammenhang hierarchischer Konzeptionen von Selbstbestimmung verbreitet ist, so weit wie möglich mit Blick auf die Gestalt (und nicht so sehr auf den Ursprung) praktischer Überlegungen plausibel zu machen (oder gegebenenfalls auch als irreführend zurückzuweisen). Da die höherstufige Identifikation mit einem Motiv nicht dessen Selbstbestimmtheit garantiert, können wir höherstufige Einstellungen nicht *per se* als Repräsentanten des »eigentlichen Selbst« einer Person ansehen. Vollends unsinnig wird diese Sichtweise, wenn das »eigentliche Selbst« jene Schicht im Innenleben einer Person sein soll, die am meisten ihr Handeln bestimmt und verständlich macht, denn gerade in bezug darauf können wir uns selbst täuschen. Höherstufige Stützungen eigener Motive können unauthentisch sein, und höherstufige Ablehnungen können es ebenfalls sein. Die im Begriff der Selbstbestimmung implizierte Rede von einem »Selbst« kann, so hatte ich gesagt, so verstanden werden, daß sie den Träger des praktischen Überlegens oder die substanzlose Tätigkeit des praktischen Überlegens selbst bezeichnet, denn wir verstehen uns primär als überlegende, mindestens überlegungsfähige Personen, wenn wir unser Leben im Horizont der Möglichkeit von Selbstbestimmung auslegen. Aber praktische Überlegungen können viele Mängel aufweisen. Das »eigentliche Selbst« ist insofern am ehesten jenes Selbst, das Träger von praktischen Überlegungen ist, die nicht zu beanstanden sind, oder der Prozeß eines solchen Überlegens.

All das läßt offen, wie und wieweit wir überhaupt Selbstkenntnis erreichen können. Wir sind uns in unserem Tun immer nur begrenzt durchsichtig, so daß unsere Selbstbestimmtheit insoweit immer eine eingeschränkte ist. Zumal die Forderung, wir müßten, um im vollen Sinn selbstbestimmt zu sein, auch noch über die Genese unserer willensrelevanten Einstellungen informiert sein, ist nur als regulative Idee sinnvoll. Was mögliche Wege zur Selbstkenntnis anbelangt, so meine ich im Gegensatz zu einer bekannten, wittgensteinianischen Kritik, daß wir manches von uns selbst in Form der Introspektion und des inneren Erlebens (das nicht wie ein nach innen gewendeter Blick vorgestellt werden muß) erkennen können, wenn auch nicht irrtumsunanfällig. Aber oft müssen wir auf unsere eigenen inneren Einstellungen von unseren faktischen Handlungen her zurückschließen; wir verhalten uns zu uns selbst nicht nur, aber auch wie zu anderen Personen. Wir tun dies etwa, wenn wir uns vor Augen führen, daß wir trotz bester Absichten immer wieder in bestimmte Handlungsmuster verfallen, was für das Vorhandensein spezifischer Bedürfnisse und Wünsche spricht, die wir lange nicht wahrhaben wollten. Außerdem sind wir zum Erreichen auch nur geringer Selbstkenntnis auf den Spiegel angewiesen, den uns andere in Form ihrer vor allem verbalen Reaktionen auf unser Tun vorhalten. Insonderheit tiefersitzende Motivationsstrukturen und Charakterzüge sind für andere oft leichter erkennbar als für uns selbst.

9.3.2 Selbstinterpretation und Dezision

Welt- und Selbstkenntnis bilden die *epistemische* Basis für Selbstbestimmung. Nur wer über hinreichendes Wissen von der Welt und von sich selbst verfügt, kann auf selbstbestimmte Weise zur Klärung und Bildung seines Wollens beitragen und auf dieser Grundlage selbstbestimmt handeln und leben.

Aber die Kenntnis der Welt und der eigenen Verfassung legt eine Person in ihrem Wollen nicht fest. Was jemand will, auch vernünftigerweise will, ergibt sich nicht vermittlungslos aus seiner Welt- und Selbstkenntnis. Selbstbestimmtes Handeln kann deswegen nicht zureichend als ein Handeln aus Einsicht in das, was ist, oder gar aus Einsicht in »das Wahre und Gute« begriffen werden.[27] Sofern Selbstbestimmung eine möglichst unverzerrte Welt- und Selbstwahrnehmung verlangt, ist ein selbstbestimmtes Tun ein einsichtsvolles Tun. Aber es ist nicht nur dies. Denn auch wenn das Problem der *kausalen* Determination praktischer Überlegungen eingeklammert wird, bleibt zu fragen, ob sich eine selbstbestimmt überlegende Person ihre

27 Darauf laufen die Überlegungen von S. Wolf 1990 hinaus; auch Berofsky 1995 ist von dieser Sicht nicht weit entfernt. Eine Überlegung wert wäre, inwieweit sich die Gleichsetzung von selbstbestimmtem Handeln und Handeln aus Einsicht in das Gute und Wahre nicht als Grundüberzeugung antiker Konzeptionen von Selbstbestimmung entschlüsseln ließe.

Überlegungen und ihr Wollen auch nur *rational* determiniert vorstellen kann.

Es ist durchaus einzuräumen, daß eine Person, die der äußeren und inneren Wirklichkeit Rechnung zu tragen bemüht ist, in vielen Situationen zu der Auffassung gelangen wird, vernünftigerweise bleibe ihr nur *eines* zu tun. Darin wird sie normalerweise keine Einbuße ihrer Freiheit sehen. Auch wird sie sich nicht sagen, ihr bleibe immer noch die Möglichkeit, irrational zu handeln. Für eine Person, die sich fragt, was für sie zu tun gut, besser oder am besten ist und was sie aufgrund dessen tun soll, ist Irrationalität keine Option, weil Irrationalität gerade darin besteht, nicht zu tun, was man für zu tun am besten hält. Irrationalität ist, so gesehen, eine Art Willensschwäche, die immer eine Einbuße von Selbstbestimmung bedeutet.[28] Doch zu der Auffassung, vernünftigerweise bleibe ihr nur *eines* zu tun, kann eine Person immer nur vor dem Hintergrund schon geformter Absichten, Ziele, Ideale oder Wertvorstellungen gelangen. Wird Selbstbestimmung dagegen grundsätzlich gefaßt, geht es in ihr gerade auch um die Prüfung und Herstellung eines solchen evaluativ-normativen Hintergrunds. Eine im starken Sinn selbstbestimmte Person stellt sich die praktische Grundfrage in *prinzipieller* Absicht. Sie muß sich fragen, was es *letztlich* ist, was sie will, wie sie jetzt handeln und künftig leben will, und dabei wird sie nichts als bloß vorgegeben akzeptieren, das sie verändern könnte. Für eine solche Person aber muß der Gedanke befremdlich sein, sie habe die Antwort auf die in prinzipieller Absicht gestellte praktische Grundfrage nur *aufzufinden*. Vielmehr wird sie meinen, es sei an ihr, zu *bestimmen* oder doch *mitzubestimmen*, welche Antwort die richtige ist. Wir würden von »Selbstbestimmung« kaum sprechen wollen, gliche die Lösung praktischer Fragen allzusehr dem Lösen von Aufgaben der Mathematik oder Logik. Wir wären dann durch das, was vernünftig ist, völlig festgelegt, ohne selbst etwas festzulegen. Um aus der Idee der Selbstbestimmung Sinn zu machen, muß es für eine praktisch überlegende Person einen Spielraum für eigene Festlegungen geben, der ihr Wege offenläßt, die jenseits dessen, was rational geboten ist, liegen, ohne in die Irrationalität zu führen.

28 Zur Unattraktivität von Freiheit als Freiheit der Wahl zwischen Rationalität und Irrationalität vgl. S. Wolf 1990, bes. S. 55 ff.

Von hier aus gewinnen Vorstellungen von einer radikalen Wahl, wie sie die Existenzphilosophie prominent gemacht hat, ihre Attraktivität.[29] Man könnte meinen, daß einer Person nach Sichtung aller relevanten Informationen über die Welt und sich selbst nur bliebe, in einem Akt bodenloser Dezision zu bestimmen, wie sie leben will, und daß eben darin das Moment der ›Bestimmung‹ in ›Selbstbestimmung‹ liegt. Sartre hat dafür das oft zitierte Beispiel eines jungen Mannes entworfen, der sich zwischen der Pflege seiner kranken Mutter und dem Kampf in der Résistance entscheiden muß.[30] So wie das Beispiel konstruiert ist, bleibt ihm am Ende nur ein Sprung, eine kriterienlose Wahl: Weder gibt es ausschlaggebende Gründe dafür, den einen oder anderen Lebensgang einzuschlagen, noch fühlt sich der Mann mehr zu einer von beiden Möglichkeiten hingezogen. Alles hängt an einem freien *Fiat*.

Nun scheint mir schwer von der Hand zu weisen, daß es Fälle radikaler Wahl, wie sie Sartres Beispiel illustriert, gibt. Es sind teils Fälle jener Art, die wir früher »Buridanfälle« genannt hatten, teils solche, in denen es zu Wertinkommensurabilitäten kommt (*5.4.1*). Sie können grundsätzlich auf allen Ebenen unseres Entscheidens auftreten, gehe es nun um die Wahl zwischen gleich oder allzu unterschiedlich schmeckenden Kuchenstücken oder die Wahl zwischen gleich attraktiven oder wertmäßig kaum zu vergleichenden Lebensentwürfen. Die in den vorangegangenen Kapiteln entwickelten Gedanken zur Gestalt praktischer Überlegungen sollten jedoch hinlänglich gezeigt haben, daß die Beantwortung der praktischen Grundfrage insgesamt gesehen eher eine Sache der kontinuierlichen Interpretation als eine Sache der instantanen puren Dezision ist, und zwar gerade auch dann, wenn es darum geht, wie man leben will.

Praktische Überlegungen sind, so wie wir sie geschildert haben, mehr oder minder komplexe, von Situation zu Situation fortgeschriebene Deutungsprozesse, in denen sich Aufdeckung

29 Dazu Sartre 1943, bes. Teil IV, 1. Kap. I.

30 Sartre 1946. Ich greife das Beispiel wegen seiner Bekanntheit auf. Dagegen scheint es mir für das, was Sartre selbst will, denkbar ungeeignet zu sein, weil für ihn der radikal freie Initialentwurf einer Person gerade nicht auf der Ebene des explizit abwägenden Überlegens, sondern des präreflexiven, nicht-thetischen Bewußtseins liegt.

und Auslegung, Entdeckung, Erfindung und Entscheidung unlöslich miteinander verschränken. Bemühungen, Antworten auf die praktische Grundfrage zu finden, gleichen zumal dann, wenn sie grundsätzlich ausfallen, eher dem kreativen Zusammenfügen vieler Teile zu einem stimmigen Ganzen als singulären Setzungsakten. *Selbstbestimmte* praktische Überlegungen unterscheiden sich von praktischen Überlegungen, die nicht oder nur in geringem Maße selbstbestimmt sind, in ihrem Umfang und in ihrer Qualität, nicht dagegen in ihrer generellen Struktur. Sie erfolgen im allgemeinen expliziter und reflektierter, sie ziehen mehr Faktoren in Betracht, sie beruhen auf einer unverzerrteren Wahrnehmung der Welt und der eigenen Person. In selbstbestimmten praktischen Überlegungen stellen wir auch noch unsere fundamentalsten Überzeugungen, unsere Ziele, Ideale und Grundeinstellungen in Frage, um sie bewußt zu übernehmen oder zu verwerfen. Nicht nur prüfen wir unsere Gefühle, Wünsche usw. im Licht höherstufiger Einstellungen, sondern wir prüfen diese auch im Licht jener und beides immer im Licht einer sich ständig wandelnden Realität, unserer wechselnden Gesamtsituation. Dieser Vorgang der Welt- und vor allem Selbstinterpretation ist ein Vorgang, in dem wir uns in gewisser Hinsicht selbst kreieren. Wir tun dies jedoch nicht aus dem Nichts, sondern als Folge sukzessiver Schritte der aktiven Aneignung und Umgestaltung jener Orientierungen, die uns in unseren eigenen Gefühlen und Wünschen, in anfänglich relativ blind übernommenen Werturteilen, Zielen, Idealen und Grundeinstellungen, in sozialen Deutungs- und Sinnangeboten mit- und vorgegeben sind.

Im Grunde genommen widerspricht auch Sartres Beispiel einer existentiellen Wahl nicht dieser Sicht von Selbstbestimmung als kreativer Selbstinterpretation oder interpretierender Selbstkreation. Sartre beschreibt nur den letzten Schritt und Grenzfall einer Selbstinterpretation. Denn um überhaupt dem Ernst seiner Situation gerecht zu werden, muß der geschilderte junge Mann das ganze Gewicht der moralischen Ansprüche, die mit seinen beiden Wahlmöglichkeiten verbunden sind, spüren. Er muß sich dazu selbst als moralische Person verstehen. Würde er vor die Wahl gestellt werden, entweder seine kranke Mutter zu pflegen oder sich am Mittelmeer zu erholen, würde er seine Situation wahrscheinlich nicht als dilemmatisch empfinden. Wenn wir uns das moralische Selbstverständnis von Sartres Mann als ein selbstbestimmt angeeignetes vorstellen, dann sind die wichtigsten Stationen seiner Selbstinterpretation schon durchlaufen, bevor er sich vor die beschriebene Wahl gestellt sieht.[31]

In Selbstbestimmung als Selbstinterpretation gehen (ähnlich wie im Fall von Selbstbestimmung und Weltkenntnis) eigenes Bestimmen und Sichbestimmenlassen zusammen. Dies läßt sich gut veranschaulichen, wenn wir uns noch einmal in aller Kürze die wichtigsten Schnittstellen im Prozeß praktischen Überlegens vergegenwärtigen.

Praktische Überlegungen können an verschiedenen Stellen einsetzen, aber einen natürlichen Ausgangspunkt bilden jene Reaktionen auf die Welt und uns selbst, die sich in unseren Gefühlen zeigen. Gefühle sind nicht einfach Objekte von Selbstkenntnis, von denen wir uns dann in Willensakten beliebig distanzieren könnten. Vielmehr sind wir in ihnen immer schon in etwas involviert, und zwar auf eine Weise, in der sich Passivität und Aktivität kaum scheiden lassen. Gefühle sind nicht einfach Material von praktischen Überlegungen, sondern sie grundieren diese und bestimmen sie insofern auch. Aber Gefühle bedürfen ihrerseits der Bestimmung durch praktische Überlegungen: Ihre Unbestimmtheit verlangt nach einer bedeutungsfestlegenden Interpretation, und damit sie handlungsleitend werden können, müssen sie in Wünsche ›übersetzt‹ werden. (Beides *kann* mehr oder minder automatisch und unbewußt ablaufen, aber in selbstbestimmten praktischen Überlegungen wird dies nicht oder nur in geringem Maße der Fall sein.) Die Interpretation von Gefühlen und ihre ›Übersetzung‹ in Wünsche unterliegen bestimmten, in der Regel relativ losen Verständlichkeitskriterien, die einerseits dem eigenen Erleben entspringen und andererseits über die jeweils verwendete Sprache intersubjektiv konstituiert werden. Außerdem ist zu bedenken, daß einzelne Gefühle wie alle anderen mentalen Einstellungen auch in Netzen von anderen mentalen Einstellungen auftreten, die bei ihrer Ausdeutung und Wunschübersetzung mit zu berücksichtigen sein werden. Liegt bereits darin ein Sichzusichverhalten, so können auch schon ausgeformte Gefühle und

31 Ähnlich argumentiert Ch. Taylor 1977a, S. 29 ff.

Wünsche erneuter Gegenstand von interpretierenden, evaluierenden und praktischen Selbstverhältnissen werden. Wir können unsere Gefühle und Wünsche in höherstufigen Einstellungen und Werturteilen kritisch beleuchten. Dabei können wir auf sozial vorgegebene Wertungsstandards zurückgreifen. Aber auch diese Standards können in praktische Überlegungen hineingezogen werden. Wir können uns fragen, ob sie mit unserer Situationswahrnehmung übereinstimmen, und vor allem können wir uns fragen, ob ein Handeln nach ihnen zu unseren Zielen, Idealen und Lebensentwürfen paßt. Diese jedoch bauen ihrerseits auf unseren Gefühlen, Wünschen, Meinungen, Werturteilen etc. auf. Unsere praktischen Überlegungen haben insofern eine Zirkelstruktur. Aber dieser Zirkel ist kein vitiöser. Denn daß sich auch noch unsere umfassendsten Lebensentwürfe auf unseren einzelnen mentalen Einstellungen aufbauen, heißt nicht, daß sie sich darauf reduzieren lassen. In Lebensentwürfen versuchen wir vielmehr aus unseren affektiven, volitiven und kognitiven Erfahrungen so einen Sinn zu gewinnen, daß sich ein Sinnganzes ergibt, das von seinen Teilen abhängig ist, ohne doch von ihnen lückenlos determiniert zu sein. Vielleicht läßt sich praktisches Überlegen in seinen bestimmenden und bestimmten Momenten am besten als eine Form gebundener Kreativität umschreiben. Für das Wollen, das sich in praktischen Überlegungen überhaupt und in reflektierten praktischen Überlegungen im besonderen herstellt, bedeutet dies, daß es einerseits auf Gründen aufruht und andererseits zu diesen doch etwas Eigenes hinzubringt. Wenn wir überlegen, was für uns zu tun und wie für uns zu leben gut ist, werden wir, sobald wir unsere Überlegungen hinreichend radikalisieren, dazu neigen, gestützt auf unsere Gefühle, Wünsche und Werturteile, Verschiedenes zu wollen. Im Grunde genommen wissen wir immer, daß es an sich und auch für uns viele Möglichkeiten gibt, unserem Leben Sinn zu geben. Die handlungsbestimmende Festlegung ist dann eine überlegte Entscheidung, von der wir immer nur im nachhinein wissen können, ob sie zum Guten oder Schlechten führt.

Als praktisch überlegende Wesen sind wir einer doppelten Gefahr ausgesetzt, und nur wenn wir beide Seiten dieser Gefahr vermeiden, können wir hoffen, einigermaßen selbstbestimmt zu handeln und zu leben. Die erste Gefahr besteht in der Verstellung des eigenen *Bestimmens* im praktischen Überlegen, und zwar einer Verstellung gerade auch vor uns selbst. Das Ausmaß, in dem wir in der Lage sind, praktisch überlegend zu bestimmen, wer wir sind und sein wollen, hängt von einer Reihe äußerer und innerer Faktoren ab, aber wir können dazu neigen, uns selbst dort als Opfer äußerer Verhältnisse oder als Spielball unserer eigenen Gefühle, Wünsche und sonstigen Einstellungen zu sehen, wo wir dies nicht oder nicht in dem unterstellten Maße sind. Darin liegt eine Unaufrichtigkeit, die eine Einbuße an Selbstbestimmung bedeutet, weil sie uns hindert, unsere tatsächlichen Bestimmungsmöglichkeiten auszuschöpfen. Die zweite Gefahr besteht dagegen in einer Verstellung des *Bestimmtwerdens* in praktischen Überlegungen. Sie mündet in einem willkürlichen Sichhinwegsetzen über die eigenen Gefühle, Wünsche und sonstigen mentalen Einstellungen, das zur Selbstentfremdung führt. Wenn ein Wollen, das nicht in den eigenen Gefühlen, Wünschen usw. wurzelt, überhaupt vorstellbar ist, dann ist es ein leeres und substanzloses Wollen, das ebenfalls Selbstbestimmung verhindert.

Vor allem dieser letzte Punkt wirft die Frage nach dem Zusammenhang von Selbstbestimmung und Authentizität auf. Wir können sie mit dem Problem der Ambivalenz in unserem Wollen verbinden.

9.3.3 Authentizität und Ambivalenz

Das Verhältnis von Selbstbestimmung und *Authentizität* ist strittig, so wie es strittig ist, was unter »Selbstbestimmung« und »Authentizität« jeweils zu verstehen ist.[32] Alessandro Ferrara

32 Die Literatur zur Authentizitätsproblematik ist aus meiner Sicht insgesamt wenig erhellend. Ch. Taylor 1992 enthält einen kurzen teils historischen, teils systematischen Abriß; vgl. Steinfath 1993 und – mit weiterführenden eigenen Gedanken – Rosa 1998, S. 195 ff. Nützlich ist die Rousseau-Studie von Ferrara 1993, deren systematische Überlegungen in Ferrara 1994 ausgearbeitet werden, jedoch auf eine Weise, in der zu viele Theorieansätze zu einem hybriden Gebilde synthetisiert werden. Ich will mit dem im Text Folgenden nicht sagen, daß man Authentizität so verstehen muß, wie ich es darstelle. Ich mache einen Vorschlag zum Verständnis von Authentizität, dessen Fruchtbarkeit daran zu messen ist, ob und inwieweit er ein relevantes Phänomen einzufangen erlaubt.

hat ein authentisches Verhalten wie folgt einzugrenzen versucht:

»Authentic conduct has the quality of being somehow connected with, and expressive of, the core of the actor's personality.«[33]

Nur ist die Frage, was hier »somehow« und »the core of the actor's personality« heißen sollen.

In der Verlängerung unserer bisherigen Überlegungen steht eine Sichtweise, nach der Authentizität eine Eigenschaft von willensklärenden und -bildenden praktischen Überlegungen sowie des daraus resultierenden Wollens und als eine solche Eigenschaft notwendige, wiewohl nicht hinreichende Bedingung von Selbstbestimmung ist. Grob gesprochen, ist ein authentisches Überlegen und Wollen eines, das in adäquater Weise in jenen mentalen Einstellungen fundiert ist, die die Grundlage praktischen Überlegens und des Wollens bilden. M.E. betrifft dies insbesondere Gefühle und mit Gefühlen verbundene Wünsche. Das Gegenteil von Authentizität: Inauthentizität ist nämlich eine Form von Selbstentfremdung, bei der die eigenen Überlegungen und Willensbekundungen nicht zu dem passen, was einem so wichtig ist, daß es einen affektiv berührt.

Wie aber könnte eine »adäquate Fundierung« des eigenen Überlegens und Wollens in den eigenen Gefühlen und mit Gefühlen verbundenen Wünschen aussehen? Authentisch zu überlegen und zu wollen schließt sicherlich ein, in Kenntnis der eigenen Gefühle und Wünsche zu überlegen und zu wollen. Das reicht jedoch nicht. Vielmehr muß eine authentisch überlegende und wollende Person ihre Gefühle und Wünsche auch *ernst nehmen*.

Einem solchen Ernstnehmen wird nicht mit der Vorstellung Rechnung getragen, daß Authentizität eine bruchlose Entfaltung der eigenen Gefühls- und Wunschnatur verlangt. Diese romantische Idee von Selbstverwirklichung ist, beim Wort genommen, mit Selbstbestimmung nicht (bzw. nur unter sehr besonderen und rein zufälligen Umständen) vereinbar. Schließlich garantiert nichts, daß die eigene Gefühls- und Wunschnatur auf der Basis eines entsprechend informierten prak-

33 Ferrara 1994, S. 243.

tischen Überlegens gebilligt werden würde. Selbst wenn es zu einer Spannung zwischen Selbstverwirklichung qua Gefühls- und Wunschexpression und Selbstbestimmung kommen kann, weil das zur Selbstbestimmung gehörende Überlegen gegebenenfalls zu Formen der Selbstbefangenheit führt, die einen spontanen Gefühls- und Wunschausdruck verhindern, sollte kein grundsätzlicher Gegensatz zwischen Authentizität und Selbstbestimmung aufgemacht werden.

Authentizität im Sinn eines Ernstnehmens der eigenen Gefühle und Wünsche läßt sich so verstehen, daß sie mit der Umbildung und Zurückweisung dieser Gefühle und Wünsche vereinbar ist. Sie ist sogar mit der Umbildung und Zurückweisung *aller* eigenen Gefühle und Wünsche vereinbar, sofern diese *sukzessive* erfolgt. Gefühle und Wünsche können ja selbst in dem Sinn unauthentisch sein, daß sie sich fragwürdigen Fremdbestimmungsprozessen verdanken. Womit Authentizität jedoch nicht zusammenzubringen ist, ist die *völlige* Entkoppelung praktischen Überlegens und Wollens von den Gefühlen und Wünschen, auf denen es basiert, ohne von ihnen abgeleitet zu sein. Wir hatten im vierten Kapitel gesehen, daß wir über Gefühle in etwas involviert sind. Gefühle zeigen uns an, daß etwas *uns* betrifft, und wertende Gefühle sind die Voraussetzung dafür, daß wir überhaupt etwas als werthaft erfahren. Wenn sich unser Überlegen und Wollen zu weit von unserem Fühlen und gefühlsgestützten Wünschen entfernt, sind wir in gewisser Weise nicht mehr selbst an ihnen beteiligt. Wir folgen dann einer abstrakt gewordenen Stimme der ›Vernunft‹ oder der ›Pflicht‹, die für uns keine echte erfahrungsmäßige Bedeutung mehr hat.

Wenn das aber richtig ist, dann müssen wir auch die Aussage, das ›Selbst‹ in ›Selbstbestimmung‹ sei das überlegende (und überlegt wollende) Selbst, korrigieren oder genauer: präzisieren. Ich hatte gesagt, das »eigentliche Selbst«, von dem in Erörterungen der Selbstbestimmungsproblematik so oft die Rede ist, sei am ehesten jenes Selbst, das Träger von praktischen Überlegungen oder der Prozeß praktischer Überlegungen ist, die nicht zu beanstanden sind. Das läßt sich aufrechterhalten. Aber eine Weise, in der praktische Überlegungen zu beanstanden sind, moniert eben ihre mangelnde Fundierung in den Gefühlen und Wünschen der überlegenden Person. Dies stellt eine vertraute Form der Kritik vor allem in Kontexten interpersonaler Ratschläge dar.

Die Vorstellung, wir müßten in unseren praktischen Überlegungen gleichsam in Kontakt mit unseren Gefühlen und affektiv gestützten Wünschen bleiben, um authentisch und selbstbestimmt zu überlegen, verweist auf das Ziel der Bewahrung oder Herstellung einer Einheit der eher reflektierten und der eher un- oder präreflektierten Seiten unseres mentalen Innenlebens. Als Ideal meint Authentizität das Ideal einer Übereinstimmung des reflektierten Selbst- und Weltbilds mit jenem Selbst- und Weltbild, das sich ohne explizite Reflexionen in den eigenen Gefühlen und Wünschen niederschlägt. Tatsächlich ist dieses Ideal jedoch nicht erreichbar, und zwar aus prinzipiellen Gründen. Obwohl wir in unseren reflektierten Überlegungen immer von den Gefühlen und Wünschen, auf die wir uns in ihnen zurückwenden, beeinflußt werden, verändern wir diese doch auch durch jede solche Rückwendung. Vor allem dann, wenn wir zu versprachlichen versuchen, was wir fühlen und wünschen, verleihen wir unseren Gefühlen und Wünschen eine Bedeutung, die sie vor ihrer Verbalisierung so nicht hatten.[34] Das Ideal der Authentizität ist das Ideal einer reflektierten Unmittelbarkeit, das nur als Paradoxon zu denken ist. In einem gewissen Maße sind wir als praktisch überlegende Wesen zur Selbstentfremdung verdammt. Wir können nur versuchen, die Kluft zwischen den verschiedenen Seiten unserer Existenz so weit wie möglich zu verringern.

Zudem ist zu bedenken, daß unser Gefühls- und Wunschleben normalerweise nicht nur zu keiner völligen Deckung mit unseren Überlegungen und reflektierten Willensbekundungen gebracht werden kann, sondern auch in sich mehr oder minder disparat ist. Letzteres ist besser unter dem Stichwort ›*Ambivalenz*‹ als unter dem Stichwort ›Authentizität‹ abzuhandeln. Wir dürfen einerseits nicht vergessen, daß praktische Überlegungen ein Ziel haben: Sie sind darauf angelegt, zur Formierung *eines* handlungswirksamen Wollens zu führen. Wer sich zwischen verschiedenen Optionen hin- und hergerissen fühlt, weiß nicht, was er will, und kann so *a fortiori* auch nicht handeln und leben, wie er will. Aber Einheit auf der Ebene des Wollens – des situa-

34 Hilfreich dazu: Pothast 1998, 14. und 15. Abschnitt.

tiven wie des lebensübergreifenden – herzustellen bedeutet andererseits nicht notwendig, *alle* Ambivalenzen auf der Ebene des Fühlens und Wünschens (und selbst des Urteilens) zu tilgen. Wir haben mehrfach gesehen, daß wir mit solchen Ambivalenzen leben, sogar gut leben können. Wir können sie daher auf einer höheren Ebene bejahen. Auch können wir versuchen, mit ihnen durch Selbstironie und eine Form von Humor umzugehen. Am Ende müssen wir so oder so mit ihnen leben. Die Selbstbestimmungsfähigkeit einer Person zeigt sich nicht zuletzt in ihrem Vermögen, ihre inneren Spannungen auszuhalten.

9.3.4 Die wichtigsten Elemente individueller Selbstbestimmung

Fassen wir zusammen: Nach dem Bisherigen können wir sagen, daß eine Person in dem Maße selbstbestimmt handelt und lebt, in dem ihr Handeln und Leben ihrem eigenen Wollen entsprechen und dieses Wollen sich aus in bestimmter Weise qualifizierten praktischen Überlegungen ergibt. Es wäre überzogen, von einer selbstbestimmten Person zu erwarten, daß sie ihr Wollen ständig in besonders reflektierten Überlegungen prüft und bildet. Manchmal wird es genügen, daß ihr handlungs- und lebenswirksames Wollen so ausfällt, daß es ihren Überlegungen standhalten *würde*. Zumindest in den für ihr Leben wichtigen Bereichen und Situationen wird eine selbstbestimmte Person jedoch *explizite* Überlegungen anstellen müssen, die einen größeren Kreis der für diese Bereiche und Situationen maßgeblichen Faktoren einer kritischen Befragung unterziehen. Sollen diese Überlegungen selbstbestimmungsförderlich sein, müssen sie auf epistemisch einigermaßen sicheren Füßen stehen: Sie müssen Ausdruck von Welt- und Selbstkenntnis sein. Weltkenntnis dürfte dabei insbesondere die Kenntnis der sozialen Welt betreffen, Selbstkenntnis insbesondere die Kenntnis der eigenen Motivationslage. Für beides muß eine selbstbestimmte Person über hinreichend große kritische Kompetenzen verfügen, die auch emotionale, imaginative und hermeneutische Fähigkeiten einschließen. Das Wollen einer selbstbestimmten Person ist jedoch aus ihrer Welt- und Selbstkenntnis nicht rational ableitbar: Im Rahmen einsichtsvollen Handelns und Lebens gibt es einen Spielraum der Interpretation, Kreativität und Entscheidung, in dem sich eine Person durch eigene Festlegungen zu dem machen kann, was sie als je einzelne ist. Voraussetzung dafür ist allerdings, daß ihre praktischen Überlegungen auch tatsächlich zur Bildung eines potentiell handlungswirksamen Wollens führen. Dazu darf eine selbstbestimmte Person nicht von emotionalen und volitiven (aber auch nicht von kognitiven) Ambivalenzen zerrissen werden. Außerdem muß sie in ihren Überlegungen den Kontakt zu ihren weitgehend präreflektierten Gefühlen und Wünschen halten, um nicht Opfer von Inauthentizität und Selbstentfremdung zu werden, die Selbstbestimmung entgegenstehen.

Diese Skizze von Selbstbestimmung läßt eine Reihe von Fragen offen. Sie läßt weitgehend unbestimmt, inwieweit Selbstbestimmung überhaupt möglich ist, an welche Bedingungen sie geknüpft ist und auf welche Grenzen sie stößt. Aufgrund ihres stark *psychologischen* Charakters spart sie bewußt bestimmte *ontologische* Probleme aus. So ist unerörtert geblieben, inwieweit sich Selbstbestimmung mit der *kausalen* Determiniertheit der praktischen Überlegungen und des Wollens von Personen vereinbaren läßt. Meine wenigen Bemerkungen zur Konstitution des ›Selbst‹ in ›Selbstbestimmung‹ und des ›eigentlichen Selbst‹, von dem in vielen Arbeiten zur Selbstbestimmungsthematik zentral die Rede ist, hatten einen eher zerstreuenden Zug; in jedem Fall waren sie nicht konklusiv. Zu diesen verschiedenen Punkten muß sehr weniges zum Abschluß dieses Kapitels genügen.

9.4 Bedingungen und Grenzen von Selbstbestimmung

Ich hatte bereits im Vorbeigehen auf einige Grenzen von Selbstbestimmung aufmerksam gemacht. So ist etwa unsere Weltkenntnis immer begrenzt, und unsere Selbstkenntnis ist es nicht minder. Wir sind endliche Wesen mit begrenztem Wissen und Vorstellungsvermögen. Wir können nur ein gewisses Maß an Informationen verarbeiten und auch das nur fehler- und lückenhaft. Innerhalb dieser allgemeinen Grenzen von Selbstbestimmung gibt es zudem viele individuelle Begrenzungen:

Viele Menschen sind – gleich ob wegen ihrer genetischen Ausstattung oder ihrer sozialen Lage und sozial geprägten Entwicklung – so verfaßt, daß sie auch nach menschlichen Maßstäben nur zu geringer Selbstbestimmung fähig sind; ihr Selbstbestimmungspotential kann durch emotionale, volitive und kognitive Hemmnisse, die sich negativ auf ihre Überlegungs- und Entscheidungsfähigkeit auswirken, stark eingeschränkt sein.

Einige Grenzen von Selbstbestimmung sind allerdings zugleich konstitutive Bedingungen für sie. Das mag selbst für die Beschränktheit unseres Wissens gelten. In jedem Fall gilt es für die Begrenztheit unserer Optionen. Die völlige Entgrenzung unseres Möglichkeitsraums, so hatten wir gesehen, müßte zum Selbstverlust führen. Selbstbestimmung ist nur möglich, weil wir in einer Welt von Notwendigkeiten leben, weil es Dinge gibt, die uns begrenzen. Deswegen ist es auch kein Einwand gegen die Möglichkeit von Selbstbestimmung, daß wir immer schon in einer Welt, an einem Platz, in einer speziellen natürlichen und kulturellen Umgebung leben, die wir uns nicht ausgesucht haben. Ohne dies gäbe es gar keinen Ausgangspunkt und keinerlei Orientierung für unsere selbstbestimmten Entwürfe. Gegen Selbstbestimmung spricht nicht, *daß* wir in einer vorgefertigten Welt leben, sondern immer nur, *wie* diese Welt im Konkreten aussieht.

Im folgenden möchte ich knapp auf drei mögliche Problemkomplexe für Selbstbestimmung eingehen. Ich bringe zunächst in Erinnerung, daß wir, um selbstbestimmt handeln und leben zu können, massiv auf andere und insbesondere auf eine entgegenkommende Kultur angewiesen sind (*9.4.1*). Sodann möchte ich die im siebenten Kapitel gestreifte Frage aufnehmen, wieweit das, was uns im Leben am wichtigsten ist, überhaupt in unserer Hand liegt. Dies scheint mir vor allem im Hinblick auf die notwendige affektive Verankerung zentraler Wertorientierungen eine zu wenig beachtete Schwierigkeit zu sein (*9.4.2*). Ich schließe der Vollständigkeit halber mit rein thetischen Bemerkungen zur Determinismusproblematik (*9.4.3*).

9.4.1 Selbstbestimmung und soziale Situiertheit

Die in dieser Arbeit erörterten praktischen Überlegungen, die zur Klärung und Bildung des Wollens einer Person beitragen, werden in der ersten Person Singular angestellt. Das gilt auch für solche praktischen Überlegungen, die im Modus der Selbstbestimmung durchgeführt werden. Aber dieser ›individualistische‹ Zugang zum Zusammenhang von praktischem Überlegen und Selbstbestimmung muß nicht die *soziale Situiertheit* von Personen im allgemeinen und von selbstbestimmten Personen im besonderen ausblenden.

Folgt man den vorangegangenen Überlegungen, ist Selbstbestimmung im wesentlichen ein komplexes Geflecht bestimmter psychologischer Eigenschaften und Fähigkeiten. Für deren Ausbildung sind Personen in ihrer Kindheit auf eine entsprechende Erziehung angewiesen, und wie Erziehungsprozesse aussehen, hängt wieder stark von der Verfaßtheit einer Gemeinschaft oder Gesellschaft insgesamt ab. Später bedürfen selbstbestimmte Personen des kritischen Rats anderer. Einseitig verzerrende Perspektiven auf die Welt und sich selbst werden erst durch die Integration der Perspektiven anderer aufgebrochen. Wie andere Personen auch, bedürfen selbstbestimmte Personen anderer jedoch nicht nur zu Zwecken der epistemischen Korrektur. Sie sind vielmehr auch mehr oder minder stark auf die Anerkennung durch andere angewiesen, d.h. darauf, daß andere sie und das, was ihnen im Leben wichtig ist, in der einen oder anderen Form wertschätzen. Ohne jede Anerkennung durch andere ist es unmöglich, ein starkes Selbstwertgefühl auszubilden, das seinerseits Voraussetzung für jene emotionale und volitive Sicherheit ist, die für ein eigenständiges und zugleich konklusives Überlegen unverzichtbar sind. Was Personen wichtig ist, wird sich deswegen immer auch dem offenen oder verinnerlichten Dialog mit anderen verdanken. Dies setzt den kreativen Interpretationen selbstbestimmter Personen natürliche Grenzen. Wenn uns an der Wertschätzung anderer in der einen oder anderen Form liegt, können wir nicht mehr Beliebiges wollen.[35] Wir können dies

35 Rosa 1998, S. 181 ff. konstatiert in diesem Zusammenhang sogar eine Spannung zwischen dem Verlangen nach Anerkennung und dem nach Autonomie. Wollte man diesen Punkt vertiefen, müßte man verschiedene Formen

auch nicht, wenn wir mit unseren Urteilen darüber, wie zu handeln und zu leben gut ist, Objektivitätsansprüche verbinden, die nach einer Objektivation in entsprechenden sozialen Normen und Praktiken verlangen.

Das Sicheinlassen auf die Perspektiven anderer und die Annahme ihrer Anerkennung setzt Vertrauen in andere Personen voraus. Vertrauen muß nicht blindes Vertrauen sein, aber es hat notwendig einen blinden Fleck. Anderen – in welcher Hinsicht auch immer – zu vertrauen heißt unumgänglich, ein Stück erkenntnismäßiger oder anderer Kontrolle aus der Hand zu geben. Darin liegt aber nicht unbedingt eine Einbuße an Selbstbestimmung. Vertrauen ist mit Selbstbestimmung vereinbar, solange die vertrauende Person grundsätzlich fähig und bereit ist, ihr Vertrauen zu überprüfen und bei entsprechend veränderten Umständen zurückzuziehen. Zudem ist zu bedenken, daß wir ohne Vertrauen überhaupt nicht überlegen könnten, ist doch jede Überlegung auf nicht hinterfragte Ausgangspunkte angewiesen. Wir können Vertrauen als Basis unseres Weltzu- und Weltumgangs nur temporär und partiell, nie permanent und total durch eigenes Wissen ersetzen. Und sodann ist Vertrauen im Umgang mit anderen eine Weise, *ihre* Selbstbestimmung anzuerkennen, und sofern wir darauf angewiesen sind, daß man uns als selbstbestimmte Personen anerkennt, kann auch *unsere* Selbstbestimmung ohne Vertrauen nicht bestehen.

Am wichtigsten ist vielleicht, daß Selbstbestimmung realistischerweise nur in einer entgegenkommenden Kultur möglich ist. Vor allem bei der Ausbildung der eigenen Rollenverständnisse, von längerfristigen Zielen, umfassenderen Idealen, von Grundeinstellungen und Lebensverlaufsmustern zehren Personen von den Sinn- und Deutungsressourcen ihrer Kultur. Um selbstbestimmt zu leben, müssen sie bereit und in der Lage sein, solche Ressourcen einer kontinuierlichen Prüfung zu unterziehen. Aber das dürfte ihnen in der Regel nur gelingen, wenn es in ihrer Kultur selbst Vorstellungen und Praktiken gibt, die von den vorherrschenden Vorstellungen und Prakti-

von Anerkennung und Anerkennungsstreben unterscheiden. Das Streben nach Anerkennung kann natürlich zu Formen des Opportunismus und der Abhängigkeit von anderen führen, die mit Selbstbestimmung nicht zu vereinbaren sind. Doch kann uns auch daran liegen, *als selbstbestimmte Personen* anerkannt zu werden.

ken abweichen. In einem signifikanten Maße kann es Selbstbestimmung nur in pluralen Gesellschaften geben,[36] die einerseits Raum lassen für das Ausprobieren unterschiedlicher Lebensformen, andererseits aber nicht zu einer Anomie tendieren, die zur Auflösung stabilisierender Orientierungsvorgaben führen müßte. In einem geringen Maße dürften die Voraussetzungen für Selbstbestimmung allerdings in allen Gemeinschaften und Gesellschaften gegeben sein. Es ist kaum vorstellbar, daß es eine menschliche Gemeinschaft gibt, in der nicht eine gewisse Vielfalt von Welt- und Selbstdeutungen anzutreffen ist, zwischen denen Personen eine Wahl zu treffen haben und die sie neu zusammenstellen können. Auch ist zu bedenken, daß sozial vorgegebene Deutungsmuster *generelle* Muster sind, die immer erst *individuell* anzueignen und so in ein je *besonderes* Leben zu integrieren sind, daß sie dabei modelliert und verändert werden. Außerdem verfügen Personen häufig über eine Kreativität, die ihnen zumindest partiell auch die Schöpfung gänzlich neuer Deutungsmuster erlaubt.

Das bedeutet nicht, daß sich eine selbstbestimmte Person nicht einer dominanten Tradition anschließen kann. Sie kann ein völlig konventionelles Leben führen, solange sie es reflektierterweise und auf der Grundlage einer unverzerrten Wirklichkeitswahrnehmung tut. Selbstbestimmt zu handeln und zu leben verpflichtet Personen nicht auf bestimmte Lebensinhalte, sofern sie nur die Bereitschaft und die Fähigkeit zu bewahren vermögen, einmal überlegt akzeptierte Verhaltensformen im Lichte veränderter Gegebenheiten einer kritischen Prüfung zu unterziehen. In diesem Sinn verlangt Selbstbestimmung nur »prozedurale«, nicht »substantielle« Unabhängigkeit.[37] Nur gibt es Formen der substantiellen Abhängigkeit von anderen, die die kritische Kompetenz von Personen und damit ihre prozedurale Unabhängigkeit untergraben oder ihre Handlungsfreiheit so beschneiden, daß sie nicht nach dem handeln und leben können, was sie aufgrund kritisch-reflektierter Überlegungen wollen. Und wenn Selbstbestimmung in signifikantem Maße tatsächlich nur in pluralen Gesellschaften realistisch sein sollte, dann muß auch eine konventionell lebende Person ein

36 So Benn 1988, S. 182.
37 Zu dieser Unterscheidung siehe Haworth 1986, S. 20 f. und Dworkin 1988, S. 18 und S. 21 ff.

Interesse daran haben, daß zumindest andere unkonventionell leben.

9.4.2 Affektiv verankerte Wertorientierungen und Selbstbestimmung

Der Einfluß von sozial vorgegebenen Deutungsmustern zumal auf die grundlegenden Ziele, Ideale und Wertvorstellungen von Personen ist *ein* Grund für Skepsis gegenüber der Möglichkeit von Selbstbestimmung, jedenfalls von Selbstbestimmung in einem starken Sinn, der die kritische Aneignung oder Verwandlung gerade auch fundamentaler Orientierungen verlangt. Ein *anderer*, noch tiefer reichender Grund liegt in der Art und Weise, wie grundlegende Ziele, Ideale und Wertvorstellungen zumeist im Leben von Personen verankert sind.

Vor allem im Zusammenhang mit Idealen hatten wir gesehen, daß sich Personen mit dem, was ihnen wichtig ist, in einer besonderen, nämlich stark affektiv geprägten Weise identifizieren müssen, um sich im Leben sicher orientieren und ihr Sinnbedürfnis halbwegs befriedigen zu können. Es scheint eine empirische Tatsache zu sein, daß Personen ein sinnerfülltes und auch ein glückliches Leben nur führen können, wenn sie etwas nicht einfach nur wollen, sondern es so wollen, daß sie es lieben, sich ihm verschreiben, sich um es sorgen und kümmern. Die Frage ist aber, ob die daraus erwachsenden Bindungen – an eine Person, eine Gemeinschaft, ein Projekt usw. – nicht der Forderung nach einer reflektierten Lebensweise entgegenstehen. Heute dürften die meisten Menschen (und unter ihnen auch die meisten Philosophen) keinen notwendigen Gegensatz zwischen einem selbstbestimmten und einem engagierten und leidenschaftlichen Leben sehen. Aber wenn man an verschiedene stoische (und selbst epikureische) Lehren vom guten Leben denkt, die sich mit der Idee der Selbstbestimmung in Verbindung bringen lassen, ist das nicht immer so gesehen worden.

Gewiß sind affektive Bindungen und Überlegungen nicht *eo ipso* unvereinbar. Wir können zu unseren affektiven Bindungen überlegt stehen, und ohne jede affektive Bindung würden unsere praktischen Orientierungen in der Welt so unsicher werden, daß wir unser Handeln nur noch eingeschränkt steuern könnten. Doch affektive Bindungen haben eine eigene Struktur, die sich als prekär für einen überlegten Welt- und Selbstumgang erweisen kann.

Einmal macht sich eine Person, die etwas sehr liebt, sich sehr um etwas sorgt usw., besonders anfällig für schmerzhafte Verlusterfahrungen. Sie wird deswegen die Auf- und Ablösung ihrer Bindungen und affektiven Identifikationen als Bedrohung empfinden, zumal dann, wenn ihr eigenes Selbstverständnis, ihr Sinn für ihre eigene ›Identität‹, daran hängt. Dies aber wird in der Regel ihre Bereitschaft, sie überlegend in Frage zu stellen, hemmen.

Mehr noch: Oft wird die starke affektive Besetzung eines Ziels, Ideals oder Lebensentwurfs dazu führen, daß sich eine Person *aktiv* von Erfahrungen fernhält, die sie erschüttern könnten. Harry Frankfurt hat dies in seiner Analyse des »Caring« herausgestrichen. Wir hatten bereits seine Feststellung zitiert, wonach von einem Menschen, der sich um etwas sorgt und dies auch wichtig nimmt, gilt:

»... he guides himself away from being critically affected by anything – in the outside world or within himself – which might divert him or dissuade him either from following that course [he cares about; H.S.] or from caring as much as he does about following it.«[38]

Das mag eine phänomengerechte Beschreibung sein, ist aber, wie früher erwähnt, Formen eines ängstlichen Fanatismus nicht unähnlich. In Frankfurts Beschreibung fehlt jede Erwähnung einer kognitiven Distanz zum Gegenstand der Sorge und des Sichkümmerns.

Des weiteren wird man bedenken müssen, daß Personen normalerweise nur weniges sehr wichtig nehmen können. Starke Bindungen und Identifikationen führen daher zur Fokussierung auf nur wenige zentrale Ziele, Ideale, Projekte usw. – eine Neigung, die zudem durch das Bedürfnis, dem eigenen Leben eine bestimmte Form von Einheit zu geben, verstärkt wird. Auch das schränkt unweigerlich die Offenheit gegenüber anderen Möglichkeiten erheblich ein.

Darüber hinaus verschärft sich in dem Fall, in dem die Ziele

38 Frankfurt 1982 [1988], S. 87. Vgl. auch ders. 1998. Dort heißt es auf S. 472, ein Mensch, der sich um etwas sorgt, »will be concerned that the desire for what he cares about be maintained; and, if the desire should threaten to disappear or tend to fade, he will be disposed to support its continuation«.

und Ideale einer Person in ihrem Leben stark affektiv verankert sind, die in *9.3.3* angesprochene Authentizitätsproblematik. Daß eine Person etwas liebt, sich um es sorgt und kümmert, muß nicht verhindern, daß sie zu Überlegungen gelangt, die ihr eine Änderung ihres affektiv geprägten Wollens als besser erscheinen lassen. Nur wird sie unsicher sein, wieweit sie ihren Überlegungen trauen darf. Die Folge ist eine Art Willensspaltung, bei der ein meist stärkeres, affektiv gestütztes Wollen einem meist schwächeren, kognitiv gestützten Wollen gegenübersteht. Wenn die Person dann entgegen ihren Überlegungen an ihren Bindungen festhält, mag dies irrational sein. Es wäre jedoch falsch, sie in Analogie zu einem Suchtkranken als Opfer von Triebimpulsen oder Gefühlen zu sehen, die sie nicht zu beherrschen vermag und als etwas ihr Äußerliches betrachtet. Eher ist sie Opfer dessen, was Frankfurt »volitional necessity« genannt hat.[39] Sie kann die Kraft, der sie sich beugt, als Kraft ihres eigenen Wollens empfinden, die ihr keine Wahl läßt, als etwas Bestimmtes zu tun, selbst wenn sie meint, es wäre besser, es nicht zu tun. Die grundsätzliche Vereinbarkeit von Selbstbestimmung im Sinne eines Handelns aufgrund kritisch-reflektierten Wollens und Authentizität im Sinne eines Handelns als Ausdruck des Kerns der eigenen Persönlichkeit verkehrt sich hier der Tendenz nach in einen Gegensatz.

Schließlich ist auch zu bedenken, daß bei vielen Menschen die starke Identifikation mit Zielen und Idealen von Objektivitätsunterstellungen zehrt, die einer ausführlichen und ins Grundsätzliche gehenden Überlegung nicht standhalten könnten. Nicht daß es unmöglich ist, sich einer Sache oder einem Projekt zu verschreiben und sein Leben darein gleichsam zu investieren, ohne zu glauben, daß diese Sache oder dieses Projekt in einem von den eigenen Gefühlen, Wünschen und Absichten unabhängigen Sinn objektiv wertvoll ist. Aber ein entsprechender Objektivitätsglaube wird durch die Liebe zu einer Sache oder einem Projekt gefördert, wie auch umgekehrt diese Liebe durch jenen Glauben gestärkt wird. Vielen ist der Gedanke kaum erträglich, daß das, was ihnen im Leben am wichtigsten ist, keine Basis in realen Werten, in einer absoluten Vernunft oder in einem göttlichen Willen hat.

39 Frankfurt 1982 [1988], S. 85 ff. Siehe auch schon oben die parallelen Ausführungen in *7.2.4*.

All dies macht deutlich, inwiefern die affektive Besetzung von zentralen Zielen und Idealen, ohne die sich Personen schwerlich über größere Strecken und in größeren Bereichen ihres Lebens orientieren könnten und die vor allem für Sinnerfahrungen unerläßlich sind, den Spielraum für praktische Überlegungen auf eine für Selbstbestimmung prekäre Weise einschnüren kann. Überdies kann fragwürdig erscheinen, inwieweit sich ein affektiv geprägtes Wollen überhaupt Überlegungen *verdanken* kann. Wem oder welcher Sache eine Person mit affektiven Zuwendungen begegnet, liegt normalerweise nicht in ihrer Hand. Dies wird ihr auf schmerzliche Weise bewußt, wenn sie sich wünscht, sie könnte etwas sehr wichtig, ernst usw. nehmen, und sich doch eingestehen muß, daß sie dazu nicht in der Lage ist. Und wenn sie dann doch etwas sehr wichtig nimmt, es liebt und sich um es sorgt, so entzieht sich zumindest ihrem unmittelbaren voluntativen Zugriff, ob sie es auch weiterhin wichtig nimmt, liebt und umsorgt.

Nun glaube ich, daß diese Beobachtungen zur Struktur jener Bindungen und Identifikationen, die im Leben der meisten Menschen eine unverzichtbare Rolle spielen, nicht fatal für die Möglichkeit von Selbstbestimmung im Sinn des in diesem Kapitel skizzierten Überlegungsmodells sein *müssen*. Unsere praktischen Überlegungen hängen von Anfang an mit unseren Gefühlen, Wünschen, Werturteilen usw. zusammen. Es spricht deswegen nichts *grundsätzlich* gegen die Möglichkeit einer überlegten Umbildung auch starker affektiver Bindungen und Identifikationen. Aufgrund der im vierten Kapitel konstatierten eigenen Beharrungskraft von Gefühlen wird eine solche Umbildung nur *sukzessive* Erfolg haben können. Typischerweise sind es *indirekte* Wege, auf denen wir versuchen können, jene Ziele und Ideale, die wir uns anfänglich auf eine unreflektierte Weise angeeignet haben, nach Maßgabe unserer reflektierten praktischen Überlegungen umzugestalten. Wie weit wir auch nur damit kommen, ist jedoch letztlich eine empirische Frage. Es könnte sein, daß identitätsstiftende Orientierungen am Ende entgegen allen Hoffnungen auf Selbstbestimmung in einem starken Sinn doch so fest in psychischen Strukturen verwurzelt sind, daß sie sich außerhalb der Reichweite bewußter Überlegungen befinden. Zumindest wird man zugeben müssen, daß es starke Spannungen zwischen affektiven Bindungen, ja schon der notwendigen dispositionalen Verankerung von Zielen und Idealen und Selbstbestimmung geben kann. Sie erklären m.E. besser als alles andere, warum viele Menschen Angst vor Selbstbestimmung haben und in ihr nur einen Wert unter anderen sehen.

9.4.3 Willensfreiheit und Determinismus

Selbst wenn es möglich sein sollte, noch die für das eigene Leben zentralen Ziele, Ideale, Grundeinstellungen usw. im Zuge einer kritischen Überprüfung entweder bewußt zu übernehmen oder zu verwerfen und durch neue Orientierungspunkte zu ersetzen (und dies gegebenenfalls auch immer wieder von neuem zu tun), bleibt mindestens ein Problem bestehen: das des *Kausaldeterminismus*. Es wäre anmaßend, das große Teile der philosophischen Tradition beherrschende Problem von Willensfreiheit und Determinismus in einem Unterabschnitt zureichend abhandeln zu wollen. Ich will es deswegen bei wenigen thetischen Bemerkungen bewenden lassen.

Es ist wichtig, angeben zu können, was genau sich gegebenenfalls Prozessen kausaler Determination entziehen können soll. Unsere Ausführungen legen darauf eine klare Antwort nahe: Entscheidend ist, ob jene Überlegungen, die der Klärung und Bildung des eigenen Wollens dienen, kausal determiniert sind oder nicht. Wenn es eine Quelle spontaner Freiheit gibt, dann am ehesten hier.

Aber warum soll der Determinismus überhaupt bedrohlich für unser Selbstverständnis als überlegungs- und selbstbestimmungsfähige Wesen sein? Die neuere Willensfreiheitsdiskussion wird von kompatibilistischen Ansätzen dominiert, die zumeist von der Intuition geleitet sind, daß wir alle wünschenswerte Freiheit haben, wenn wir uns aufgrund einsichtsvollen Überlegens zu verhalten in der Lage sind.[40] Wir haben die Wichtigkeit dieses Punkts in unserer Diskussion von Welt- und Selbstkenntnis als Bedingungen für Selbstbestimmung betont. Will man nicht sagen, daß nur einsichtsvolle Überlegungen undeterminierte, spontan-freie Überlegungen sind, zeigt die Einbeziehung von Richtigkeits- und Angemessenheitsge-

40 Vgl. z.B. Dennett 1984, Tugendhat 1984, Wallace 1996 und Smith 1997.

sichtspunkten in die Definition von Selbstbestimmung, daß Selbstbestimmung jedenfalls nicht gänzlich eine Frage spontaner, libertaristischer Freiheit sein kann. Ob libertaristische Freiheit notwendig oder entbehrlich ist, wird ja auch normalerweise in bezug auf die Verantwortung für und Zurechenbarkeit von Handlungen diskutiert, während Selbstbestimmung in dem von mir anvisierten Sinn darüber hinausgeht. Zugleich haben wir jedoch gesehen, daß Selbstbestimmung mit völliger rationaler Determination nicht zu vereinbaren ist. Es bleibt ein Spielraum der Interpretation und Entscheidung. Zumindest auf Überlegungen, die diesen Spielraum nutzen, könnte zutreffen, daß sie sich einer eigenen Spontaneität verdanken. Die Versuche, das Willensfreiheitsproblem auf dem Weg einer entsprechenden Rationalitätstheorie kompatibilistisch zu lösen, zeigen allenfalls, daß libertaristische Willensfreiheit keine hinreichende Bedingung für Selbstbestimmung ist, nicht auch, daß sie keine notwendige Bedingung dafür darstellt.

Das beantwortet noch nicht die Frage, warum uns die mögliche kausale Determiniertheit unseres praktischen Überlegens und so auch unseres überlegten Wollens kümmern sollte. Hier ist es von Belang, an einen Gedanken zu erinnern, den wir im Zusammenhang mit dem Erfordernis der Selbstkenntnis geltend gemacht haben: Zur Selbstbestimmung im emphatischen Sinn gehört, so hatten wir gesehen, daß sich unser Wollen so unseren praktischen Überlegungen verdankt, daß diese nicht undurchschauten Motiven geschuldet sind (*9.3.1*). Für sich genommen heißt das nur: Wir müssen wissen, was uns bestimmt, uns hinlänglich transparent sein. Nur ist dann zu bedenken, daß unsere willensrelevanten Überlegungen *praktische* Überlegungen sein sollen. Es genügt nicht, daß wir uns beobachtend zu uns selbst verhalten, um nüchtern festzustellen, was zu unseren Handlungen führt. Es genügt nicht einmal, daß wir den uns bekannten motivationalen Faktoren unsere Zustimmung geben. Für die hier vorgestellte Konzeption praktischen Überlegens ist wesentlich vielmehr auch die (vor allem im fünften Kapitel herausgestrichene) Idee, daß unsere reflektierten Zustimmungen oder Ablehnungen etwa gegenüber unseren Gefühlen und Wünschen selbst kausal wirksam sein können – und, wie sich jetzt hinzufügen läßt, auch so wirksam sein müssen, soll der Idee der Selbstbestimmung ein Sinn abgewonnen werden. Unsere praktischen Überlegungen sollen auch tatsächlich dazu *führen*, daß wir dies oder jenes wollen. Es ist diese Verbindung von Reflexivität und kausaler Wirksamkeit, die es uns m.E. unmöglich macht, uns aus der Perspektive unseres praktischen Überlegens selbst als kausal determiniert zu sehen. Phänomenal drängt sich dies am deutlichsten dort auf, wo wir gute Gründe für verschiedene Handlungen und Lebensweisen zu haben meinen, aber keiner dieser Gründe uns vor unserer Entscheidung ausschlaggebend anmutet. Letztlich können wir uns im zu einer Entscheidung führenden Überlegen als kausal determiniert nur durch Faktoren vorstellen, die wir im Moment des Überlegens nicht durchschauen. Die Feststellung des Determiniertseins ist stets nur *ex post* möglich; alles, worauf sich unser praktisches Überlegen bewußt wendet, kann im praktischen Überlegen nicht als es determinierend gedacht werden, weil wir andernfalls zu Beobachtern unserer selbst und damit unsere Überlegungen zu rein theoretischen würden. Die Furcht vor dem Determinismus ist insofern gleichbedeutend mit der Furcht vor einer Auslieferung an undurchschaute Mechanismen.

Natürlich könnten wir uns darin täuschen, daß wir in praktischen Überlegungen in einem libertaristischen Sinn frei sind. Aber bisher hat niemand bewiesen, daß wir uns darin täuschen, und wenn es doch eine Täuschung sein sollte, ist es, wie mir scheint, eine notwendige Täuschung. Sie ist mit der Perspektive des praktischen Überlegens in der ersten Person Singular konstitutiv verbunden, und um die Rekonstruktion allein dieser Perspektive ist es mir in dieser Arbeit zu tun gewesen.

Wir gelangen so zu einem zwiespältigen Ergebnis. Einerseits haben wir eine Vorstellung davon gewonnen, was es heißen könnte, sich im Zuge praktischer Überlegungen selbst zu dem zu machen, was man ist, was die eigene praktische Identität ausmacht. Andererseits ist unklar, wieweit wir dieser Vorstellung tatsächlich zu genügen vermögen. Als wie selbstbestimmt oder auch nur selbstbestimmungsfähig wir uns sehen, könnte am Ende selbst eine Frage jener Grundeinstellungen sein, die wir im siebenten Kapitel als unsere allgemeinsten Antworten auf die praktische Grundfrage bestimmt hatten.

10. Schluß: Personsein

Wir sind damit an das Ende unserer Erörterungen gelangt. Es bleibt nur noch, einige Ergebnisse zusammenzufassen, sie an einzelnen Punkten zu vertiefen und in einen etwas weiteren Problemhorizont zu rücken. Ich möchte dies tun, indem ich das Bild von Personen, das sich im Durchgang durch die vorangegangenen Kapitel entfaltet hat, noch etwas schärfer zu konturieren versuche. Dabei können zwei Ebenen unterschieden werden. Auf der ersten Ebene sind Personen einfach als Wesen zu sehen, die praktische Überlegungen anstellen können und müssen. Auf der zweiten Ebene geht es weniger um die Bestimmung von Personen überhaupt als vielmehr um ein bestimmtes Ideal von Personsein, nämlich das Ideal eines selbstbestimmten Handelns und Lebens. Die Erläuterung der ersten Ebene können wir dazu nutzen, unsere Analyse der Struktur praktischen Überlegens noch einmal gegen alternative Konzeptionen abzusetzen (*10.1*). Die Erläuterung der zweiten Ebene wird Gelegenheit bieten, die im letzten Kapitel aufgeworfenen Fragen nach dem Wert von Selbstbestimmung und der Verankerung der Idee der Selbstbestimmung in unserem Selbstverständnis als Personen zu thematisieren (*10.2*). Wir gelangen so einmal zu einem (stärker) deskriptiven und einmal zu einem (stärker) evaluativ-normativen Verständnis von Personsein. Ich schließe das Kapitel mit der Nennung einiger Fragen, zu denen diese Arbeit Anlaß geben mag, ohne sie beantwortet zu haben (*10.3*).

10.1 Personsein und praktisches Überlegen

Im Sinne einer philosophischen Selbstdeutung (*1.1*) laufen unsere Analysen auf einen Vorschlag, wie wir uns selbst als Personen verstehen können, hinaus. Dieser Vorschlag ist zunächst als ein *deskriptiver* Vorschlag zu verstehen. Danach sind wir als Personen Wesen, die ihre Entscheidungen, Handlungen und Lebensvollzüge in praktischen Überlegungen zu steuern und zu überprüfen versuchen. Als nicht – oder allenfalls eingeschränkt – instinktgeleitete Tiere sind wir dazu nicht nur in der

Lage, sondern geradezu genötigt. Praktisch überlegend suchen wir nach Antworten auf die praktische Grundfrage. Wir überlegen uns, wie wir handeln und wie wir leben sollen, was für uns zu tun und wie für uns zu leben gut, besser, am besten ist. Wir könnten uns in unserem Personsein insofern auch als Wesen bestimmen, die sich die praktische Grundfrage stellen können und müssen. M.E. gilt dies nicht nur für die begrenzte Frage danach, was in einer bestimmten Situation zu tun ist, sondern auch für die umfassendere Frage danach, wie insgesamt zu leben ist. Als Personen sind wir Handlungswesen und Wesen, die ein Leben zu führen haben. Aufgrund der Art und Weise, wie wir im siebenten Kapitel die Frage nach dem guten Leben aufgefaßt haben, besteht eine weitere mögliche Bestimmung unserer selbst in der Feststellung, daß wir glücks- und sinnbedürftige Wesen sind, die praktisch überlegend herausfinden müssen, worin sie Glück und Sinn finden können. Wie weit der Kreis derer, auf die diese Bestimmungen deskriptiv zutreffen, zu ziehen ist, ist eine empirische Frage. Ich halte es für ziemlich offensichtlich, daß sie auf die allermeisten erwachsenen Menschen beziehbar sind. Von »Personen« statt von »Menschen« zu reden hat insoweit nur den Sinn, die Möglichkeit offenzuhalten, daß es Menschen gibt, die keine praktischen Überlegungen anstellen und sich nicht mit der praktischen Grundfrage konfrontiert sehen. Menschen und andere Wesen, von denen dies gilt, sind Wesen, mit denen wir prinzipiell keine gemeinsame Praxis des Gebens und Nehmens von praktischen Gründen teilen können, denn diese Praxis ist an das Anstellen praktischer Überlegungen gebunden.

Die Bestimmung von Personen als praktisch überlegende Wesen läßt sich leicht an Kernaussagen der philosophischen Tradition zurückbinden (vgl. *1.3*). So wäre es sicherlich nicht verfehlt, die in dieser Arbeit unterbreiteten Erörterungen als Ausdeutungen der traditionellen Bestimmung des Menschen als *animal rationale* oder auch als mit Vernunft und Willensfreiheit ausgestattetes Wesen zu begreifen. Ebenso ließe sich die These, wir orientierten uns in praktischen Überlegungen am Guten und seien glücks- und sinnbedürftige Wesen, als Wiederbelebung von Selbstverständlichkeiten auffassen, die die philosophische Tradition von den antiken *Eudaimonia*-Lehren bis hin zur modernen Existenzphilosophie geprägt haben.

Wichtiger als der Verweis auf derart allgemeine Anschlußpunkte an die philosophische Tradition ist jedoch die Betonung der Besonderheiten unserer Analysen. Sie treten in den von uns gegebenen Antworten auf die Frage hervor, woran wir uns halten können, wenn wir darüber nachdenken, was für uns zu tun und wie für uns zu leben gut, besser, am besten ist.

Die Antwort, von der wir ausgegangen waren und die wir als verkürzt zurückgewiesen hatten, war die *instrumentalistische*, wonach wir praktisch überlegend nach Mitteln für die Umsetzung unserer Zwecke suchen. Instrumentelle Überlegungen sind ein wesentliches Moment unserer praktischen Orientierung in der Welt, aber nicht alle unsere praktischen Überlegungen haben eine instrumentelle Struktur. Wir können überlegend hinter unsere Zwecke zurückgehen und nach Gründen für unsere Zwecke fragen. Ja, wir müssen dies sogar. Wir müssen es zum einen, weil unsere Zwecke das Resultat unserer Setzungen und Entwürfe, unserer Absichten und unseres Wollens sind, das Hervorbringen von Zwecken aber normalerweise nicht ein rein dezisionistischer, nicht weiter (oder nur epistemisch) fundierter Vorgang ist. Und wir müssen es zum anderen, weil wir ständig neue Erfahrungen machen, die wir nicht allein im Rückgriff auf einmal gesetzte Zwecke bewältigen können. Unsere Kritik am Instrumentalismus ist im Kern eine Kritik an einem zu ausschließlich *voluntaristischen* Bild von uns selbst als Personen, das in seiner reinsten Form in bestimmten Varianten der Existenzphilosophie, besonders in der Philosophie Sartres, in der einen oder anderen Weise aber auch sowohl in Spielarten des Kantianismus wie in subjektivistischen Wunschtheorien des Guten, die sich in der Nachfolge von Hobbes sehen, zu finden ist.

Die im zweiten Kapitel begründete Zurückweisung des Instrumentalismus lebt davon, daß sich die Zwecke und Ziele, die wir handelnd und lebend verfolgen, tatsächlich unseren Setzungen verdanken, etwas am Voluntarismus also richtig ist. Man könnte deswegen versuchen, unsere Argumentation durch die These zu unterlaufen, daß die Zwecke, an denen wir uns orientieren, Endpunkte sind, auf die wir vor allen Überlegungen und Entscheidungen zustreben. In verschiedenen Varianten behaupten dies *teleologische* Konzeptionen aristotelischer Provenienz. Um die praktische Grundfrage zu beantworten, müßten wir, wäre diese Sicht richtig, nicht überlegen, wie wir unsere von uns gesetzten Zwecke am besten realisieren können, sondern überlegen, was zu tun und wie zu leben am besten unserer teleologisch verfaßten Natur als Menschen oder Personen entspricht. So wie etwas am voluntaristischen Instrumentalismus richtig ist, so auch an dieser Auffassung. Es gibt sicherlich so etwas wie eine wenn auch formbare Natur des Menschen, und wenn der Mensch, was Teil seiner Natur ist, gegen seine natürlichen Grenzen und Fähigkeiten zu leben versucht, muß er mit negativen Erfahrungen rechnen. Aber die Rede von einem natürlichen, überlegungs- und wollensvorgängigen *Telos* oder *Ergon* des Menschen ist sachlich nicht haltbar. Ein Zweck ist das, um dessentwillen etwas angestrebt wird, und dieses »um dessentwillen« ist nur unter der Voraussetzung eines setzenden Bewußtseins verständlich. Andernfalls müßte das *Telos* oder *Ergon* als Endpunkt eines rein kausalen Mechanismus gedacht werden. Dann wäre aber zu fragen, warum uns das Erreichen dieses Punktes kümmern sollte. Darauf könnte man antworten, daß sein Verfehlen faktisch mit negativen Erfahrungen des Unbefriedigtseins o.ä. verbunden ist. Doch abgesehen davon, daß dies erst einmal eine bloße Behauptung ist, wären es so die negativen Erfahrungen, die uns kümmern und die wir zu meiden trachten. Letztlich kann nichts für uns gut oder schlecht sein außer dem, was durch unsere bewußten Erfahrungen dazu wird. Das läßt die Möglichkeit offen, daß alle Menschen ähnliche Dinge negativ oder positiv erleben, es also eine begrenzte Anzahl von Handlungs- und Lebensformen gibt, die Menschen glücklich oder unglücklich machen und sie ihr Tun als sinnvoll oder sinnlos erleben lassen. Denkbar wäre ebenso, daß Menschen in ihrem Wollen so festgelegt sind, daß sie notgedrungen bestimmten Zwecken nachstreben. Ich kann der ersten Möglichkeit mehr abgewinnen als der zweiten. Wenn viele Menschen ähnliches von ihrem Leben wollen, so liegt dies daran, daß sie ähnliche Dinge als negativ oder positiv erleben. Ansätze, die ganz vom Wollen ausgehen, würden dagegen sagen, Menschen erlebten ähnliche Dinge negativ oder positiv, weil sie ähnliches vom Leben wollten. Für ein solches, sozusagen erfahrungsvorgängiges und uns ohne unser Zutun eingepflanztes Wollen gibt es jedoch nur wenige phänomenale Anhaltspunkte. Das Wollen würde in diesem Fall zu einer Art angeborenem Trieb, vergleichbar Spinozas *conatus*. Wer auch nur irgend etwas an dem Gedanken der Willensfreiheit retten möchte, kann dies nicht akzeptieren.

Der Instrumentalismus ist sowohl in voluntaristischen als auch in teleologischen Versionen verkürzt. Eine Alternative könnten *intuitionistische* und *rationalistische* Modelle praktischen Überlegens bieten. Ich habe mich mit beiden in dieser Arbeit nicht ausführlicher auseinandergesetzt, weil für sie aus meiner Sicht von vornherein nicht sehr viel spricht.

Der *Intuitionismus* behauptet, wir besäßen als praktisch überlegende Wesen ein Vermögen der Intuition, mit Hilfe dessen wir erkennen könnten, was zu tun und wie zu leben objektiv gut ist. Er ist eine Variante des Wertrealismus. Ich hoffe an mehreren Stellen deutlich gemacht zu haben, daß wertrealistische Auffassungen wenig attraktiv sind. Diskussionen speziell mit Intuitionisten sind schwierig, wenn nicht unmöglich. M.E. ist John Mackies doppelte Argumentation gegen den Wertrealismus zumindest gegenüber intuitionistischen Varianten durchschlagend: Die von diesen reklamierte Intuition ist »epistemologisch absonderlich«, und eigenständige Werteigenschaften, die weder auf mentale Einstellungen zurückzuführen noch auf natürliche Eigenschaften zu reduzieren sind, sind »ontologisch absonderlich«.[1]

Der *Rationalismus* behauptet, wir könnten mit Hilfe der Vernunft erkennen, was gut und schlecht ist. Hinter dieser Behauptung können sich verschiedene Positionen verbergen. Entweder ist »Rationalismus« einfach ein anderer Name für den Intuitionismus. Oder die Vernunft, an die appelliert wird, ist eine instrumentelle Vernunft, so daß der Rationalismus eine Form des Instrumentalismus wäre. Es ist schwer zu sehen, ob es weitere Möglichkeiten gibt und wie sie aussehen könnten. Vielleicht sind Konzeptionen am erfolgversprechendsten, die von der Existenz von Prinzipien oder Regeln der Vernunft ausgehen, die bei der Suche nach geeigneten Zwecken als mehr oder minder formale ›Filter‹ dienen können. Ich hatte im achten Kapitel Sympathien für eine solche Position zu erkennen gegeben. M.E. gibt es schwache Konsistenz- oder Kohärenzprinzipien auch für unsere praktischen Orientierungen, die

1 Mackie 1977, S. 58 ff.

sich nicht rein instrumentalistisch erklären lassen, sondern zur Struktur von Absichten und Plänen gehören (*8.2.2*). Nur sehe ich nicht, wie sich dieses Zugeständnis in den Nachweis noch stärkerer Rationalitätskriterien ummünzen läßt, wie dies in von Kant inspirierten Rationalitätstheorien (etwa in Habermas' Diskurstheorie) unterstellt wird. Mir ist bewußt, daß das dazu im achten (und teilweise im sechsten) Kapitel Gesagte eine detaillierte Auseinandersetzung mit entsprechenden Ansätzen nicht zu ersetzen vermag. Es bleibt hier eine argumentative Lücke, die anderweitig zu schließen wäre.

Wenn wir in praktischen Überlegungen hinter unsere Zwekke zurückgehen müssen, uns dabei aber nicht einfach auf die Intuition oder die Vernunft stützen können, was bleibt dann noch? Wir haben in unseren Analysen *Gefühlen* bzw. *wertenden Gefühlen* eine Schlüsselrolle bei der Durchführung praktischer Überlegungen, die der Klärung und Bildung des eigenen Wollens dienen, zugewiesen. Damit ist zugleich ein anderes Bild von uns selbst als praktisch überlegenden Personen verbunden, als es konkurrierenden Theorien zugrunde liegt.

Wertende Gefühle können im Rahmen praktischer Überlegungen verschiedene Funktionen übernehmen. Indem wir auf unsere gefühlsmäßigen Reaktionen achten, können wir uns bewußter machen, was wir wirklich wünschen und wollen. Gefühle haben insofern eine wichtige Anzeigefunktion. Entscheidend ist jedoch, daß wertende Gefühle Erfahrungen darstellen, in denen etwas nicht nur erschlossen, sondern konstituiert wird, und zwar als intrinsisch gut resp. schlecht. Wertende Gefühle sind Weisen des (generisch verstandenen) Ge- bzw. Mißfallens, in denen wir uns so wertend auf die Welt und uns selbst beziehen, daß wir dem Gegenstand unseres Wertens Wert verleihen. Die Bestimmung von wertenden Gefühlen als wertkonstituierend, nicht werterschließend, rückt meine Position strukturell in die Nähe von Wunschtheorien des Guten, nicht in die eines intuitionistischen Wertrealismus. Gefühle treten in der im vierten und fünften Kapitel umrissenen Konzeption praktischen Überlegens an die Stelle, die in Wunschtheorien Wünsche einnehmen. Aufgrund dieser unleugbaren strukturellen Nähe zu Wunschtheorien war es so wichtig, wertende Gefühle und Wünsche, Weisen des Ge- bzw. Mißfallens einerseits und optativische Stellungnahmen und Einstellungen andererseits analytisch zu trennen, obwohl sie phänomenal oft zwei Seiten einer einzigen mentalen Einstellung sind. Mit der Thematisierung von Gefühlen wird der *passivischen* Seite unseres Welt- und Selbstbezugs das Gewicht gegeben, das ihr realistisch gesehen zukommt. »Passivisch« meint dabei nicht, daß Gefühle etwas uns Fremdes sind, etwas, das uns wie von außen betrifft; es ist durchaus sinnvoll, zu sagen, *wir* seien in Gefühlen in etwas involviert. Gefühle entziehen sich als solche jedoch weitgehend unserem reflektierten Wollen; sie haben ein starkes Moment der Unverfügbarkeit. Indem wir durch unsere Gefühle der Welt und unserem Leben einen eigenen Glanz und Wert verleihen, sind sie, wie William James sagt, unsere Gaben an die Welt. Sie sind, wie James ebenfalls betont, jedoch auch selbst Gaben, d.h. etwas uns Gegebenes.[2] Der Rekurs auf sie markiert deswegen den Punkt der größten Distanz zu einem rein voluntaristisch-aktivischen Verständnis von uns als Personen.

Wir verarbeiten wertende Gefühle in unseren praktischen Überlegungen so, daß sie zu Gründen für die Ausbildung von reflektierteren Wünschen und von zweckkonstituierenden Absichten werden. Ich habe diesen Vorgang im Anschluß an Elijah Millgram als *»praktische Induktion«* bestimmt. Indem wir lernen, was uns ge- und was uns mißfällt, gewinnen wir evaluative Orientierungspunkte, mit Blick auf die wir unseren Handlungen eine Richtung geben können. Im Rahmen gefühlsgestützter praktischer Induktionen können wir sowohl relativ vage allgemeine Zwecke spezifizieren als auch gänzlich neue setzen. Beide Prozeduren haben eine signifikant andere Struktur als Zweck-Mittel-Überlegungen.

Doch Gefühle reichen für unsere praktische Orientierung in der Welt nicht aus. Wir müssen sie in praktischen Überlegungen tatsächlich *verarbeiten*. Dies geschieht in mehr oder minder komplexen Prozessen der *reflektierenden Selbstbewertung*,

2 Bei James heißt es: Wären wir aller Gefühle beraubt, wäre »kein Teil des Universums wichtiger ... als ein anderer... Jeder Wert, jedes Interesse und jede Bedeutung, mit der unsere jeweilige Welt ausgestattet zu sein scheint, sind somit reine Gaben des anschauenden Geistes. ... Und so wie das wache Interesse, das [die] Leidenschaften in die Welt bringen, unsere Gabe an die Welt ist, sind die Leidenschaften selbst *Gaben* – Gaben an uns, aus Quellen, die manchmal niedrig und manchmal hoch sind; aber fast immer ... außerhalb unserer Kontrolle« (James 1901/02 [1997], S. 173 f.).

die immer auch Situationsbewertungen sind und schließlich in der Formung von Entscheidungen und Absichten kulminieren. In ihnen konstituiert sich ein signifikant *aktiver* Welt- und Selbstbezug, so daß in unserer Konzeption praktischen Überlegens sowohl die eher passivische als auch die eher aktivische Seite unseres Personseins zur Geltung gebracht werden.

Zwei Elemente reflektierender Selbstbewertungen verdienen nochmals erwähnt zu werden. Das erste Element ist erst im letzten Kapitel in aller Deutlichkeit zutage getreten: Unsere praktischen Überlegungen implizieren *freie Setzungsakte*. Wir entwerfen uns in praktischen Überlegungen auf Zwecke, Ziele und Ideale hin, die durch unsere gefühlsmäßigen Reaktionen und neigungsförmigen Wünsche weder rational noch kausal determiniert sind. Diese Entwürfe sind in der Regel eingebettet in umfassendere Selbst- und Situationsdeutungen, wodurch ihr dezisionistischer Zug stark abgeschwächt, aber nicht gänzlich getilgt werden kann. Normalerweise sind unsere Entwürfe in vordringlich gefühlsmäßigen Erfahrungen fundiert, zugleich schießen sie jedoch über diese hinaus. In ihrer Realisierung machen wir dann neue affektive Erfahrungen, die uns Gründe für ihre Aufgabe, Änderung oder Beibehaltung bereitstellen. Was für uns zu tun und wie für uns zu leben gut ist, wird uns deswegen, wenn überhaupt, oft erst im nachhinein klar. Aufgrund der Offenheit unserer Zukunft kommen wir nicht umhin, immer wieder auch einfach unser Glück zu versuchen, nicht völlig blind, aber auch nicht sicher angeleitet. Daß wir dies in Entwürfen tun, die nicht nur nicht rational, sondern auch nicht kausal determiniert sind, bleibt letztlich eine Hypothese. Es kann prinzipiell nicht ausgeschlossen werden, daß hinter unseren vermeintlich freien Entscheidungen, in denen wir uns reflexiv auf unsere Gefühle und Wünsche beziehen, andere Gefühle und Wünsche stehen, die uns im Moment des Entscheidens verstellt sind.

Das zweite hervorhebenswerte Element reflektierender Selbstbewertungen ist der Bezug auf *Wertungsstandards*, insbesondere Standards für mentale Einstellungen wie Gefühle und Wünsche und Standards für Handlungen und Lebensweisen. Solche Standards haben eine stabilisierende und objektivierende Funktion für unsere praktischen Orientierungen. Sie können das Produkt individueller reflektierender Selbstbewertungen sein. Es handelt sich bei ihnen um regel- oder prinzipienförmige Normen, und diese Normen kann jede Person für sich selbst in Form von Maximen oder Idealen aufstellen. Zumeist dürften die Standards, die wir als maßgeblich für unsere Einstellungen, Handlungen und Lebensweisen anerkennen, aber sozialen Ursprungs sein. Das gilt sowohl für bereichsspezifische Standards als auch für Standards, die sich in umfassenderen Welt- und Lebensdeutungen manifestieren. Das Individuum wird in einen sozialen Kosmos solcher Standards so hineinsozialisiert, daß es sie normalerweise mehr oder minder stillschweigend internalisiert, was allerdings immer auch ihre Anpassung an das je besondere Leben, das das Individuum zu führen hat, und damit ihre – sei es auch noch so geringe – Veränderung einschließt. Der Bezug auf soziale Standards streicht die *intersubjektive* Seite unseres Welt- und Selbstverhältnisses heraus, die psychologisch vor allem in unserem Bedürfnis nach Anerkennung verankert ist. Das Wichtigste ist aber, daß wir durch den Bezug auf Wertungsstandards und im Fällen von Werturteilen den Anspruch erheben, in dem, was wir für gut halten, gerechtfertigt zu sein. Wir öffnen uns damit grundsätzlich für einen Austausch von Argumenten, dessen Ausgang nicht in unser Belieben gestellt ist.

Mit der Berücksichtigung der passivisch-affektiven, aktivisch-deliberierenden und aktivisch-volitiven sowie der sozialen und normativen Aspekte praktischer Überlegungen ergibt sich ein relativ differenziertes Bild von Personen als praktisch überlegenden Wesen. Trotzdem könnte man fragen, ob unsere Ausführungen nicht weiterhin ein zu rationalistisches Selbstverständnis durchscheinen lassen. Daß wir Überlegungen anstellen müssen, um uns im Leben zurechtzufinden, wird niemand ernsthaft bestreiten können. Aber spielen sich unsere praktischen Orientierungen nicht doch viel häufiger und durchgehender auf einer gänzlich unreflektierten Ebene ab, als ich dies zumindest suggeriert habe? Wieweit kann es uns überhaupt gelingen, unser Handeln und Leben durch Überlegungen zu steuern und wirksam zu überprüfen? Trotz des Einbezugs von Gefühlen und sozial vorgegebenen Deutungsmustern hat sich das Bild von Personen, das wir im Durchgang durch die vorangegangenen Kapitel gezeichnet haben, im Kern nicht sehr weit von traditionellen Subjektkonzeptionen entfernt, die spätestens seit der Romantik immer wieder in die Kritik geraten sind.

Auf solche Bedenken läßt sich dreierlei entgegnen: Erstens kann man tatsächlich darüber streiten, wieweit wir unser Handeln und Leben praktisch überlegend gestalten. Wenn man den Kreis der Überlegungen so weit faßt, daß auch sehr rudimentäre Überlegungen und vielleicht selbst relativ wenig oder gar nicht bewußt ablaufende kognitive Verarbeitungsprozesse dazu gezählt werden, erscheint es mir nicht rationalistisch verzerrt, das Leben der meisten erwachsenen Menschen sehr weitgehend durch praktisches Überlegen gekennzeichnet zu sehen. Nur dürfte ebenso wahr sein, daß dieses Überlegen sich zumeist in einem Rahmen bewegt, der durch nicht weiter hinterfragte Ideale und Grundeinstellungen abgesteckt wird. Die Überlegungen, die auch noch deren Aneignung begleiten, können in stark affektiv und habituell verankerten Aneignungsmechanismen eingebettet sein, die dann eine entscheidende Barriere für individuelle Selbstbestimmung darstellen. Die Frage, wie sehr unser Handeln und Leben ein überlegungsbestimmtes ist, ja wie sehr wir überhaupt im eigentlichen Sinne handeln und unser Leben vollziehen (statt uns bloß irgendwie zu verhalten), ist letztlich aber wieder eine empirische Frage, zu der sich philosophisch nicht viel sagen läßt. Insofern haben unsere diesbezüglichen Ausführungen notgedrungen einen hypothetischen Status.

Zweitens ist daran zu erinnern, daß ich von vornherein nicht beansprucht habe, ein umfassendes Bild von Personen zu entwickeln. Noch in der ja sehr generellen Bestimmung von Personen als Handlungswesen und Wesen, die ein Leben zu führen haben, liegt eine Vereinseitigung. Selbst wenn wir die organische und nicht bewußtseinsförmige Seite unserer Existenz als nicht zu unserem Personsein gehörend ausscheiden würden, wäre unser Leben mehr als das Gesamt unserer Handlungen.[3] Im Rahmen unserer Untersuchung hat sich *eine* Erweiterungsmöglichkeit über den Einbezug im weiten wie im engeren Sinn ästhetischer Einstellungen in die Analyse des wertenden Welt-

3 Bei Tugendhat 1979, S. 168 heißt es dagegen apodiktisch: »Das Leben eines Menschen ist der Gesamtzusammenhang seines Handelns.« Und Sartre 1943 [1993], S. 751 sieht das »Sein des Menschen« in der »Aufeinanderfolge seiner Handlungen« aufgehen.

und Selbstverhältnisses von Personen angedeutet. Auch hatten wir kurz den Umstand erwähnt, daß sich unsere höherstufigen Wünsche in Tagträumen und Phantasien von der Sphäre unseres Handelns entkoppeln können (*5.2.4*); wir können träumend und phantasierend Parallelwelten zur Welt des Handelns entwerfen.

Drittens schließlich soll nicht verhehlt werden, daß in der Betonung der deliberativen Seite unserer Existenz jenseits deskriptiver Ansprüche ein evaluativ-normatives Bekenntnis liegt. Wenn wir uns selbst als praktisch überlegende Wesen sehen, die in ihren Überlegungen (mit) bestimmen, wer sie sind und sein wollen, dann geben wir damit auch zu verstehen, daß wir einer überlegenden und reflektierenden, von der Praxis des Gebens und Nehmens von Gründen geprägten Existenz einen besonderen Wert zuschreiben. In diesem Sinn ist das hier entwickelte Verständnis von uns selbst als Personen nicht nur ein deskriptives, sondern auch ein evaluatives und normatives.

10.2 Personsein und das Ideal eines selbstbestimmten Lebens

So wie der Begriff der Person in einem großen Teil der philosophischen Literatur verwendet wird, ist er offen oder verdeckt auch und nicht selten primär ein *normativer* Begriff. Die traditionelle Bestimmung der Person über Vernunft und Willensfreiheit beispielsweise ist durchweg mit dem Gedanken verbunden, daß dem Menschen qua Person ein besonderer Wert oder eine besondere Würde zukommt und die einzelne Person bestrebt sein sollte, sich ihrem Wert oder ihrer Würde gemäß zu verhalten.[4] Gewiß werden Eigenschaften wie Vernunft und Willensfreiheit als personenkonstitutiv auch deshalb angesehen, weil von ihnen angenommen wird, daß die meisten menschlichen Individuen sich durch sie von anderen Tieren unterscheiden und in ihren Lebensvollzügen durch sie faktisch

4 Die Ideen der Person, der Vernunft, der Willensfreiheit und des Werts oder der Würde werden, ausgehend von Boethius, in der Scholastik, etwa bei Richard von St. Viktor und Alexander von Hales und schließlich bei Thomas von Aquin, zusammengebracht und sind dann bei Kant in eine geschlossene Theorie integriert worden; vgl. dazu Kobusch 1997.

stark bestimmt werden. Aber das allein würde ihre Aussonderung als für das Personsein zentrale Eigenschaften nicht erklären. Diesen Status erhalten sie erst dadurch, daß sie als besonders wertvoll und wichtig angesehen werden. Ich hatte in der Einleitung Harry Frankfurt mit den Worten zitiert, die Kriterien des Personseins seien

»... designed to capture those attributes which are subject to our most humane concern with ourselves and the source of what we regard as most important and most problematical in our lives.«[5]

Damit ist ein wenig gewunden, aber doch deutlich genug ausgesprochen, daß wir dem, was wir als Kern unseres Personseins betrachten, eine besondere Relevanz zuschreiben. Für Frankfurt sind Personen vor allem durch ihre Fähigkeit zur reflektierenden Selbstbewertung, die sich in der Ausbildung höherstufiger Volitionen manifestiert, ausgezeichnet. Dem sind wir grundsätzlich gefolgt, nur haben wir die Struktur reflektierender Selbstbewertungen so ausgestaltet, daß sichtbar wird, wie in ihr unsere affektiven, volitiven und kognitiven Vermögen gemeinsam zum Tragen kommen. Dadurch wurden emotivistische, voluntaristische und rationalistische Vereinseitigungen vermieden.

Trotzdem bleibt die Frage, warum wir unsere Fähigkeit, unser Entscheiden, Handeln und Leben praktisch überlegend zu steuern und zu überprüfen, so wichtig nehmen sollten, daß wir sie als Kern unseres Personseins betrachten. Welchen Sinn soll es haben, das »Wir«, um dessen Ausdeutung es in dieser Arbeit ging, auf diejenigen einzugrenzen, die aufgrund ihrer praktischen Überlegungen in der Lage sind, an der Praxis des Gebens und Nehmens von praktischen Gründen teilzunehmen? Ist nicht auch dies wieder ein rationalistisches Vorurteil?

Zunächst ist zu betonen, daß in der Relevanz, die wir praktischen Überlegungen im Rahmen unseres Selbstverständnisses als Personen zuerkennen, keine Geringschätzung von Wesen liegen muß, die nicht zu praktischen Überlegungen fähig sind. Unser Selbstverständnis als Personen sagt nur, was wir *für uns* wichtig nehmen. Der Wert, den wir einem von praktischen Überlegungen geleiteten Leben zuschreiben, ist kein Wert an sich, sondern ein Wert für uns. Auch hier gibt es keinen Grund,

5 Frankfurt 1971 [1988], S. 12.

in eine überkommene Wertmetaphysik zurückzufallen. Einen Wert kann unsere Existenz qua überlegte nur dadurch bekommen, daß wir ihr einen solchen Wert *verleihen*. Nur ist eben weiterhin zu fragen, warum wir dies tun sollten.

Wenn es darauf überhaupt eine Antwort gibt, kann sie m.E. nur von einer Verbindung unseres Selbstverständnisses als Personen mit dem Ideal eines selbstbestimmten Lebens erhofft werden. Selbstbestimmung, so hatten wir gesehen, ist eine Frage des Grades, und bei einem sehr hohen Anspruch an ein selbstbestimmtes Leben ist fraglich, ob auch nur irgend jemand selbstbestimmt lebt. Gleichwohl liegt die Idee der Selbstbestimmung sozusagen in der natürlichen Verlängerung unseres Selbstverständnisses als praktisch deliberierende Wesen. So wie wir Selbstbestimmung zu fassen vorgeschlagen hatten, ist ein selbstbestimmtes Leben im Kern ja nichts anderes als ein Leben nach Maßgabe umfassender und radikalisierter praktischer Überlegungen. Es liegt deswegen nahe, die Wichtigkeit praktischer Überlegungen für unser Selbstverständnis als Personen in der Möglichkeit zu sehen, aufgrund ihrer ein selbstbestimmtes Leben zu führen. Doch warum soll uns daran liegen?

Ungeachtet der engen strukturellen Verbindung zwischen praktischen Überlegungen und Selbstbestimmung gibt es keine *zwingenden* Argumente dafür, das Ideal eines selbstbestimmten Lebens anzunehmen und es womöglich allen anderen Idealen überzuordnen.

Ich glaube nicht, daß alle Menschen faktisch diesem Ideal nachstreben, daß selbstbestimmt zu leben das ist, was alle wollen oder zumindest wollen würden, wären sie hinlänglich aufgeklärt. Zwar hatten wir in unseren Ausführungen zur Relevanz von Zielen und Idealen ein Bedürfnis nach Selbstbestimmung unterstellt (*7.2.3*; *7.3.2*); aber diesem Bedürfnis können andere entgegenstehen. Mit einem fremdbestimmten Leben können Vorteile verbunden sein. Ein Leben im Rahmen unhinterfragter Vorgaben kann ein Maß an Orientierungssicherheit gewähren, wie dies ein selbstbestimmtes Leben nicht vermag. Es kann von Verantwortung entlasten und die Mühen des Reflektierens vermeiden helfen. Es könnte insgesamt weniger anfällig für Erfahrungen der Sinnlosigkeit sein. Mit Selbstbestimmung sind Kosten verbunden, selbst dann, wenn man Selbstbestimmung nicht als absolute Selbstverfügung denkt und die

Gefahr der Selbstentfremdung durch ein von den eigenen Gefühlen und neigungsförmigen Wünschen abgelöstes Reflektieren als eine Gefahr auch für Selbstbestimmung auffaßt (s. *9.3.3*).

Zugunsten von Selbstbestimmung läßt sich dreierlei anführen. Zum einen sind mit einem Zuwachs an Selbstbestimmung in aller Regel eigene Glücks- und Sinnerfahrungen verbunden. Selbst wenn das Abstreifen von Fremdbestimmung mit Unsicherheiten einhergehen kann, wird es doch oft zugleich als Befreiung empfunden. Wir erleben die Welt und unser eigenes Leben anders und meist positiver, wenn wir uns als ihre aktiven Gestalter sehen können. Ein selbstbestimmtes Leben ist zumindest unter der Voraussetzung einer entgegenkommenden Welt mit einem besonderen Glück der kreativen Selbstentfaltung verbunden. Wie früher erwähnt, liegt eine eigene Befriedigung darin, sich sagen zu können, man mache sich nichts vor. Und eine solche Befriedigung liegt auch in dem Bewußtsein, sich bewußt und ungezwungen für das Leben entschieden zu haben, das man führt.

Zum zweiten ist zu fragen, inwieweit es psychologisch möglich ist, sich rückhaltlos für ein fremdbestimmtes Leben zu entscheiden, wenn man einmal begonnen hat, die eigenen praktischen Orientierungen kritisch zu hinterfragen. Wir mögen aus der Beobachterperspektive zu der Auffassung gelangen, daß z.B. ein tief religiöses Leben eine Orientierungssicherheit zu gewähren in der Lage ist, wie dies ein stärker selbstbestimmtes Leben nicht vermag. Funktionalistische Religionstheorien empfehlen deswegen die Religion zuweilen als Mittel, um eine Gesellschaft zusammenzuhalten oder Individuen eine Stütze für ihr Leben zu geben, obwohl sie den jeweiligen Glaubensinhalten keinerlei epistemische Wahrheit zubilligen. Glaubt man an den Wert von Selbstbestimmung und Wahrheit, muß man sich gegen den darin liegenden Paternalismus verwahren. Aber wenn man sich selbst praktischen Orientierungen unterstellt, deren Fragwürdigkeit man zu erkennen begonnen hat, oder sich ein Glück sichern möchte, das man als illusionär durchschaut, versucht man, sich gewissermaßen selbst zu funktionalisieren. Die Frage ist, wieweit dies gelingen kann. Ich hatte im achten Kapitel gesagt, daß man die Wahrheit nicht aktiv suchen müsse, sich ihr aber kaum entziehen könne, ist man einmal mit ihr konfrontiert (*8.2.1*). Selbstbestimmung und

Wahrheitsorientierung hängen so zusammen, daß ein Zuwachs an Selbstbestimmung eine Dynamik in Gang setzen könnte, die die bewußte Aufgabe von Selbstbestimmung jedenfalls sehr schwer macht.

Zum dritten schließlich ließe sich argumentieren, daß der Gedanke, wir könnten unserem Leben dadurch einen eigenen Wert verleihen, daß wir es selbstbestimmt leben, naheliegt, wenn man den Glauben an metaphysisch oder theologisch begründete Wertzuschreibungen verloren hat. Ist wert- und sinnvoll nichts an sich, sondern immer nur durch uns, dann ist wert- und sinnvoll am ehesten die Quelle von Wert und Sinn, und d.h. unser von falschen epistemischen Annahmen freies, unverzerrtes, in unseren Gefühlen fundiertes und in unser freies Wollen mündendes praktisches Überlegen. Auch dieser Gedanke hat jedoch nichts Zwingendes. Diejenigen, die dem Ideal der Selbstbestimmung etwas abgewinnen können, finden seinen Wert evident, weil das Ideal der Selbstbestimmung Teil von Welt- und Selbstdeutungen ist, die sie insgesamt überzeugend finden. Aber so wie die Glücklichen die Welt anders sehen als die Unglücklichen, so sehen sie diejenigen, die bestimmten Idealen anhängen, anders als jene, die anderen Idealen anhängen. Man kann für das Ideal der Selbstbestimmung mit schwachen Gründen werben; doch wird es immer einen Punkt geben, an dem es ganz vom einzelnen und seinem individuellen, historischen und kulturellen Lebenskontext abhängt, ob er es annimmt oder nicht.

Unser deskriptives wie evaluativ-normatives Selbstverständnis als Personen steht in einem wechselseitigen Abhängigkeitsverhältnis mit unseren Vorstellungen von einem guten Leben. Beide sind Wandlungen ausgesetzt, Wandlungen, die wir in unseren praktischen Überlegungen und den Erfahrungen, die in sie eingehen, vorantreiben.

10.3 Offene Fragen

Ein nicht lediglich deskriptives, sondern auch evaluativ-normatives Verständnis von Personsein könnte sich zur Fundierung der Moral oder von Teilen davon eignen. Wer meint, an unserer Existenz als Personen sei besonders wichtig, daß wir als praktisch überlegende Wesen für Gründe empfänglich und prinzipiell zur Selbstbestimmung fähig sind, wird dazu neigen, Personen einen besonderen moralischen Status zuzuschreiben und eine zentrale Aufgabe von Moral im Schutz und in der Beförderung von Selbstbestimmung zu sehen. Ich bin unsicher, wieviel sich aus dieser Überlegung machen läßt. Sie liefe darauf hinaus, Moral in einem bestimmten Ideal zu verankern, das meiner Vermutung nach nicht von allen geteilt wird. Außerdem möchte ich ausdrücklich darauf hinweisen, daß keine meiner Ausführungen eine Eingrenzung moralischer Rücksichten auf Personen als praktisch überlegenden Wesen impliziert oder einer generellen moralischen Ausgrenzung nichtpersonalen Lebens Vorschub leisten sollte.

Ich habe es in dieser Arbeit bewußt unterlassen, den Personbegriff oder die Analyse der Struktur praktischer Überlegungen enger mit moralphilosophischen Erwägungen zu verzahnen, obwohl der Zusammenhang von Personsein und Moral in der Regel im Mittelpunkt von Erörterungen des Begriffs der Person steht. Das hat seinen Grund darin, daß ich keine Theorie der Moral besitze. Auch meine ich, daß es unter Philosophen eine problematische Tendenz zur Moralisierung unseres Selbstverständnisses als Personen und des Ziels praktischer Überlegungen gibt, der nicht zu schnell nachgegeben werden sollte. So wie die Moral nur ein Teilbereich unseres praktischen Welt- und Selbstbezugs ist, so sollte die Moralphilosophie auch nur ein Teilbereich der Praktischen Philosophie sein. Dessenungeachtet will ich gerne einräumen, daß das Fehlen einer genaueren Analyse von praktischen Überlegungen im Kontext der Moral ein Desiderat der vorliegenden Analysen zum praktischen Welt- und Selbstverhältnis von Personen darstellt. Wie sich unsere Untersuchungen auf das Feld der Moral hin erweitern ließen, ist eine der Fragen, die ich nicht beantwortet habe.

Lose hängt damit ein zweites Feld offener Fragen zusammen. Ich hatte bereits in der Einleitung deutlich gemacht, daß meine Bemerkungen zur intersubjektiven Prägung des praktischen Welt- und Selbstverhältnisses von Personen der Vertiefung bedürften. Genauerhin wäre vor allem zu fragen, auf welche Weise Wertungsstandards und generellere Deutungsmuster intersubjektiv konstituiert werden. Von einer Beantwortung dieser Frage wäre nicht zuletzt eine befriedigendere Klärung des Begriffs des »Sinns« zu erhoffen, als ich sie zu geben in der Lage war. Hier könnten sich kultur- und sprachphilosophische Untersuchungen anschließen.

Ein dritter Komplex von Fragen, die offengeblieben sind, betrifft ontologische Probleme. Ebenfalls schon in der Einleitung hatte ich zugestanden, wenig zur Verfassung jenes »Selbst« sagen zu können, das das Subjekt von praktischen Überlegungen ist. Einige würden darin die primäre Aufgabe einer Philosophie der Person sehen. Ich habe angedeutet, daß ich keinen Grund sehe, das Selbst praktischer Überlegungen als eine geistige Substanz zu denken. Doch dafür bin ich jeden Beweis schuldig geblieben. Dies gilt auch für die These, daß sich das Überlegungsselbst einer vorbewußten Vereinheitlichung unserer affektiven, volitiven und kognitiven Vermögen verdanken könnte (s. 7.2.2). Eine Vertiefung dieser Thematik würde dazu zwingen, sich viel stärker auf Diskussionen einzulassen, die einerseits in der Philosophie des Geistes, insbesondere zur Natur von Selbstbewußtsein, und andererseits im Kontext der Willensfreiheitsproblematik geführt werden.

Eine weitere Frage schließlich ist methodologischer Natur. Unsere Rekonstruktion der ›Logik‹ praktischer Überlegungen erfolgte aus der Teilnehmerperspektive, der Perspektive des in der ersten Person Singular überlegenden Subjekts. Diese Perspektive ließe sich intersubjektiv zur Perspektive gemeinsam überlegender Personen erweitern. Aber selbst dann wäre zu fragen, wie Untersuchungen aus der Teilnehmerperspektive zu solchen aus der Beobachterperspektive stehen. Wie paßt das von uns gezeichnete Bild von Personen etwa zu jenen Vorstellungen, die sich von der beobachtend distanzierten Warte biologischer, psychologischer und soziologischer Erforschungen menschlichen Lebens ergeben?

Literaturverzeichnis

Das Literaturverzeichnis enthält die im Text unter Angabe der Autorennamen und des Publikationsjahres zitierte Literatur. Ausgenommen sind Arbeiten von Platon, Aristoteles und Kant; Platon und Aristoteles werden auf die übliche Weise unter Angabe der Stephanus- bzw. Bekkerpaginierung zitiert, Kant nach der Akademie-Ausgabe.

Ainslie, George, 1992, *Picoeconomics: The Strategic Interaction of Successive Motivational States within the Person*, Cambridge: Cambridge University Press.

Alston, William P., 1967a, »Emotion and Feeling«, S. 479-486, in: P. Edwards, (Hg.), *The Encyclopedia of Philosophy*, Vol. 2, New York: MacMillan.

– 1967b, »Pleasure«, S. 341-347, in: P. Edwards, (Hg.), *The Encyclopedia of Philosophy*, Vol. 6, New York: MacMillan.

Anderson, Elizabeth, 1993, *Value in Ethics and Economics*, Cambridge, Mass.: Harvard University Press.

Anscombe, Gertrude Elizabeth Margaret, 1957, *Intention*, Oxford: Basil Blackwell.

Apel, Karl-Otto, 1973, *Transformation der Philosophie*, Frankfurt a.M.: Suhrkamp.

Armon-Jones, Claire, 1991, *Varieties of Affect*, Hertfordshire: Harvester Wheatsheaf.

Arnold, Magda B., 1960, *Emotion and Personality.* Volume 1: *Psychological Aspects*, New York: Columbia University Press.

Audi, Robert, 1989, *Practical Reasoning*, London: Routledge.

– 1997, »Moral Judgement and Reasons for Action«, S. 125-159, in: G. Cullity/B. Gaut, (Hg.), *Ethics and Practical Reason*, Oxford: Clarendon Press.

Augustinus, Aurelius, 1980, *Confessiones – Bekenntnisse.* Lateinisch und deutsch, eingeleitet, übersetzt und erläutert von J. Bernhart, München: Kösel.

Ayer, Alfred J., 1936, *Language, Truth and Logic*, London: Gollancz. [Deutsch: *Sprache, Wahrheit, Logik*, Stuttgart: Reclam 1970.]

Baier, Kurt, 1995, *The Rational and the Moral Order. The Social Roots of Reason and Morality. (The Paul Carus Lectures)*, Chicago/La Salle, Ill.: Open Court.

Beckermann, Ansgar, 1977, »Handeln und Handlungserklärungen«, S. 7-84, in: Ders., (Hg.), *Analytische Handlungstheorie*, Band 2: *Handlungserklärungen*, Frankfurt a.M.: Suhrkamp.

Bedford, Errol, 1957, »Emotions«, *Proceedings of the Aristotelian Society* 57: S. 281-304.
Benjamin, Jessica, 1988, *The Bonds of Love. Psychoanalysis, Feminism, and the Problem of Domination*, New York: Pantheon Books.
Benn, Stanley I., 1988, *A Theory of Freedom*, Cambridge: Cambridge University Press.
Berofsky, Bernard, 1995, *Liberation from Self. A Theory of Personal Autonomy*, Cambridge: Cambridge University Press.
Bien, Günther, 1995, »Über das Glück«, *Information Philosophie* 1: S. 5-16.
Blackburn, Simon, 1998, *Ruling Passions. A Theory of Practical Reasoning*, Oxford: Clarendon Press.
Bond, Edward J., 1983, *Reason and Value*, Cambridge: Cambridge University Press.
Bourdieu, Pierre, 1987, *Die feinen Unterschiede. Kritik der gesellschaftlichen Urteilskraft*, Frankfurt a.M.: Suhrkamp.
– 1991, »Die Illusion der Biographie. Über die Herstellung von Lebensgeschichten«, *Neue Rundschau* 102, 3: S. 109-115.
– 1998, *Praktische Vernunft. Zur Theorie des Handelns*, Frankfurt a.M.: Suhrkamp.
Brandom, Robert B., 1994, *Making It Explicit. Reasoning, Representing, and Discursive Commitment*, Cambridge, Mass.: Harvard University Press. [Deutsch: *Expressive Vernunft. Begründung, Repräsentation und diskursive Festlegung*, Frankfurt a.M.: Suhrkamp 2000].
Brandt, Richard, 1979, *A Theory of the Good and the Right*, Oxford: Clarendon Press.
Bratman, Michael E., 1987, *Intention, Plans, and Practical Reason*, Cambridge, Mass.: Harvard University Press.
– 1996, »Planning and Temptation«, S. 293-310, in: L. May/M. Friedman/A. Clark, (Hg.), *Mind and Morals. Essays on Ethics and Cognitive Science*, Cambridge, Mass.: MIT Press.
– 1998, »The Sources of Normativity«, (Rezension von Korsgaard 1996), *Philosophy and Phenomenological Research* 58: S. 699-709.
Brentano, Franz von, 1874, *Psychologie vom empirischen Standpunkt. Zweiter Band: Von der Klassifikation der psychischen Phänomene*, Hamburg: Meiner 1971.
Brink, David, 1989, *Moral Realism and the Foundations of Ethics*, Cambridge: Cambridge University Press.
Broad, Charles D., 1934, *Five Types of Ethical Theory*, London: Kegan Paul.
– 1985, *Ethics*, hg. von C. Lewy, Dordrecht: Nijhoff.
Butler, Joseph, 1983, *Five Sermons Preached at the Rolls Chapel and Dissertation upon the Nature of Virtue*, hg. von St. Darwall, Indianapolis: Hackett.

Camus, Albert, 1959, *Der Mythos von Sisyphos. Ein Versuch über das Absurde*, Hamburg: Rowohlt.
Chappell, T.D.J., 1998, *Understanding Human Goods. A Theory of Ethics*, Edinburgh: Edinburgh University Press.
Chisholm, Roderick M., 1987, »Brentano's Theory of Pleasure and Pain«, *Topoi* 6: S. 59-64.
Christman, John, (Hg.), 1989, *The Inner Citadel. Essays on Individual Autonomy*, Oxford: Oxford University Press.
– 1991, »Autonomy and Personal History«, *Canadian Journal of Philosophy* 21: S. 1-24.
– 1993, »Defending Historical Autonomy: A Reply to Professor Mele«, *Canadian Journal of Philosophy* 23: S. 281-290.
– 1999, »Autonomy and Self Reflection«, Manuskript.
Cicero, Marcus Tullius, 1970, *Tusculanae disputationes: Gespräche in Tusculum*; lateinisch-deutsch, hg. von O. Gigon, München: Heimeran.
Cohen, Gerry A., 1996, »Reason, Humanity and the Moral Law«, S. 167-188, in: C. Korsgaard, *The Sources of Normativity*, Cambridge: Cambridge University Press.
Cohen, L. Jonathan, 1992, *An Essay on Belief and Acceptance*, Oxford: Clarendon Press.
Copp, David, 1995, *Morality, Normativity, and Society*, Oxford: Oxford University Press.
Damasio, Antonio R., 1994, *Descartes' Error. Emotion, Reason, and the Human Brain*, New York: Putnam's Son. [Deutsch: *Descartes' Irrtum. Fühlen, Denken und das menschliche Gehirn*, München: dtv 1997.]
Darwall, Stephen, 1983, *Impartial Reason*, Ithaca: Cornell University Press.
Davidson, Donald, 1963, »Action, Reasons, and Causes«, S. 3-19, in: Ders.: *Action and Events*, Oxford: Clarendon Press 1980.
– 1980, *Action and Events*, Oxford: Clarendon Press.
– 1984, *Inquiries into Truth and Interpretation*, Oxford: Clarendon Press.
Davidson, Richard J./Ekman, Paul, (Hg.), 1994, *The Nature of Emotions: Fundamental Questions*, Oxford: Oxford University Press.
Deigh, John, 1983, »Shame and Self-Esteem: A Critique«, *Ethics* 93: S. 225-245.
– 1994, »Cognitivism in the Theory of Emotions«, *Ethics* 104: S. 824-854.
– 1996, »Reason and Motivation«, S. 133-159, in: Ders., *The Sources of Moral Agency. Essays in Moral Psychology and Freudian Theory*, Cambridge: Cambridge University Press.
Dennett, Daniel C., 1984, *Elbow Room. The Varieties of Free Will*,

Worth, Wanting, Oxford: Clarendon Press.
– 1987, *The Intentional Stance*, Cambridge, Mass.: MIT Press.
Descartes, René, 1649, *Les Passions de l'Ame/Die Leidenschaften der Seele*, französisch-deutsche Ausgabe, Hamburg: Meiner 1996.
De Sousa, Ronald, 1987, *The Rationality of Emotion*, Cambridge, Mass.: MIT Press. [Deutsch: *Die Rationalität des Gefühls*, Frankfurt a.M.: Suhrkamp 1997.]
Deutsch, Helene, 1942, »Some Forms of Emotional Disturbance and their Relationship to Schizophrenia«, *Yearbook of Psychoanalysis* 1: S. 121-136.
Dewey, John, 1922, *Human Nature and Conduct*, in: The Middle Works, 1899-1924, Band 14, hg. von J.A. Boydston, Carbondale: Souther Illinois University Press 1983.
Diogenes Laertius, 1967, *De vitis philosophorum: Leben und Meinungen berühmter Philosophen.* Buch 1-10, hg. von K. Reich, Hamburg: Meiner.
Dretske, Fred, 1969, *Seeing and Knowing*, Chicago: University of Chicago Press.
– 1979, »Simple Seeing«, S. 1-16, in: D.F. Gustafson/B.L. Taoscott, (Hg.), *Body, Mind and Method: Essays in Honor of Virgil Aldrich*, Dordrecht: Reidel.
Duncker, Karl, 1940, »On Pleasure, Emotion, and Striving«, *Philosophy and Phenomenological Research* 1: S. 391-430.
Dworkin, Gerald, 1981, »The Concept of Autonomy«, S. 54-62, in: J. Christman, (Hg.), *The Inner Citadel. Essays on Individual Autonomy*, Oxford: Oxford University Press 1989.
– 1982, »Is More Choice Better than Less?«, S. 62-81, in: Ders., *The Theory and Practice of Autonomy*, Cambridge: Cambridge University Press 1988.
– 1988, *The Theory and Practice of Autonomy*, Cambridge: Cambridge University Press.
Ekman, Paul, (Hg.), 1982, *Emotion in the Human Face*, Second Edition, Cambridge: Cambridge University Press.
– 1984, »Expression and the Nature of Emotion«, S. 319-343, in: K.R. Scherer/P. Ekman, (Hg.), *Approaches to Emotion*, Hillsdale, N.J.: Lawrence Erlbaum.
– 1992, »An Argument for Basic Emotions«, *Cognition and Emotion* 6: S. 169-200.
Elster, Jon, 1979, *Ulysses and the Sirens. Studies in Rationality and Irrationality*, Cambridge: Cambridge University Press.
Farrell, Daniel M., 1988, »Recent Work on Emotion«, *Analyse und Kritik* 10: S. 71-103.
Ferrara, Alessandro, 1993, *Modernity and Authenticity. A Study of the Social and Ethical Thought of Jean-Jacques Rousseau*, Albany: SUNY.

– 1994, »Authenticity and the Project of Modernity«, *European Journal of Philosophy* 2: S. 241-273.
Fink-Eitel, Hinrich, 1994, »Buchnotizen« (zu Arbeiten von H. Frankfurt), *Philosophische Rundschau* 41: S. 338-344.
Fischer, John Martin, (Hg.), 1989, *God, Foreknowledge, and Freedom*, Stanford: Stanford University Press.
Foot, Philippa, 1994, »Rationality and Virtue«, S. 205-216, in: H. Pauer-Studer, (Hg.), *Norms, Value, and Society*, Dordrecht: Kluwer.
Frankfurt, Harry G., 1971, »Freedom of the Will and the Concept of a Person«, S. 11-25, in: Ders., *The Importance of What We Care About*, Cambridge: Cambridge University Press 1988.
– 1982, »The Importance of What We Care About«, S. 80-94, in: Ders., *The Importance of What We Care About*, Cambridge: Cambridge University Press 1988.
– 1987, »Identification and Wholeheartedness«, S. 159-176, in: Ders., *The Importance of What We Care About*, Cambridge: Cambridge University Press 1988.
– 1992, »The Faintest Passion«, S. 95-107, in: Ders., *Necessity, Volition, and Love*, Cambridge: CUP 1999.
– 1994, »Autonomy, Necessity, and Love«, S. 129-141, in: Ders., *Necessity, Volition, and Love*, Cambridge: CUP 1999.
– 1998, »On Caring, and a Certain Parallel«, S. 465-475, in: M. Stamm, (Hg.), *Philosophie in synthetischer Absicht – Synthesis in Mind*, Stuttgart: Klett-Cotta.
– 1999, *Necessity, Volition, and Love*, Cambridge: CUP 1999.
Freud, Sigmund, 1915, »Das Unbewußte«, S. 119-162, in: Ders., *Psychologie des Unbewußten*, Studienausgabe, Band III, Frankfurt a.M.: Fischer 1994.
Frijda, Nico H., 1986, *The Emotions*, Cambridge: Cambridge University Press.
Gaus, Gerald F., 1990, *Value and Justification. The Foundations of Liberal Theory*, Cambridge: Cambridge University Press.
Gauthier, David, 1986, *Morals by Agreement*, Oxford: Clarendon Press.
Gibbard, Allan, 1990, *Wise Choices, Apt Feelings. A Theory of Normative Judgment*, Oxford: Clarendon Press.
Goldman, Alvin I., 1970, *A Theory of Human Action*, Englewood Cliffs: Prentice-Hall.
Gordon, Robert M., 1987, *The Structure of Emotions. Investigations in Cognitive Philosophy*, Cambridge: Cambridge University Press.
Gosepath, Stefan, 1992, *Aufgeklärtes Eigeninteresse. Eine Theorie theoretischer und praktischer Rationalität*, Frankfurt a.M.: Suhrkamp.

Green, O.H., 1992, *The Emotions. A Philosophical Theory*, Dordrecht: Kluwer.
Greenspan, Patricia S., 1988, *Emotions and Reasons*, London: Routledge.
Griffin, James, 1986, *Well-Being. Its Meaning, Measurement, and Moral Importance*, Oxford: Oxford University Press.
Großart, Friedrich, 1961, *Gefühl und Strebung. Wesen und Systematik des Gefühls*, München/Basel: E. Reinhardt Verlag.
Habermas, Jürgen, 1981, *Theorie des kommunikativen Handelns*. Band 1: *Handlungsrationalität und gesellschaftliche Rationalisierung*, Frankfurt a.M.: Suhrkamp.
Hampshire, Stuart, 1959, *Thought and Action*, New York: Viking Press.
Hampton, Jean E., 1994, »The Failure of Expected – Utility Theory as a Theory of Reason«, *Economics and Philosophy* 10: S. 195-242.
– 1996, »On Instrumental Rationality«, S. 84-116, in: J.B. Schneewind, (Hg.), *Reason, Ethics, and Society. Themes from Kurt Baier, with His Responses*, Chicago/La Salle, Ill.: Open Court.
– 1998, *The Authority of Reason*, hg. von R. Healey, Cambridge: Cambridge University Press.
Hare, Richard M., 1952, *The Language of Morals*, Oxford: Clarendon Press. [Deutsch: *Die Sprache der Moral*, Frankfurt a.M.: Suhrkamp 1972.]
– 1963, *Freedom and Reason*, Oxford: Clarendon Press. [Deutsch: *Freiheit und Vernunft*, Frankfurt a.M.: Suhrkamp 1983.]
Harman, Gilbert, 1976, »Practical Reasoning«, *Review of Metaphysics* 29: S. 431-463.
Haworth, Lawrence, 1986, *Autonomy: An Essay in Philosophical Psychology and Ethics*, New Haven: Yale University Press.
Heidegger, Martin, 1927, *Sein und Zeit*, 14. Auflage, Tübingen: Niemeyer 1977.
Heller, Agnes, 1981, *Theorie der Gefühle*, Hamburg: VSA.
Henrich, Dieter, 1975, »Glück und Not«, S. 512-518, in: H. Weinrich, (Hg.), *Positionen der Negativät. Poetik und Hermeneutik VI*, München: Fink.
– 1982, »Lebensdeutungen der Zukunft«, S. 11-42, in: Ders., *Fluchtlinien. Philosophische Essays*, Frankfurt a.M.: Suhrkamp.
Hobbes, Thomas, 1991, *Leviathan*, hg. von R. Tuck, Cambridge: Cambridge University Press.
Humberstone, I.L., 1992, »Direction of Fit«, *Mind* 101: S. 59-83.
Hume, David, 1989, *A Treatise of Human Nature*, hg. von L.A. Selby-Bigge, Oxford: Clarendon Press.
Hurley, Susan L., 1989, *Natural Reason. Personality and Polity*, Oxford: Oxford University Press.

Iorio, Marco, 1998, *Echte Gründe, echte Vernunft. Über Handlungen, ihre Erklärung und Begründung*, Dresden/München: Dresden University Press.
Izard, Carroll E., 1977, *Human Emotions*, New York: Plenum Press. [Deutsch: *Die Emotionen des Menschen. Eine Einführung in die Grundlagen der Emotionspsychologie*, Weinheim: Beltz [3]1994.]
James, William, 1884, »What Is an Emotion?«, *Mind* 9: S. 188-205.
– 1901/02, *The Varieties of Religious Experience*, New York: Modern Library [Deutsch: *Die Vielfalt religiöser Erfahrung*, Frankfurt a.M.: Insel 1997.]
Jeffrey, Richard, 1974, »Preference among Preferences«, S. 214-227, in: Ders., *The Logic of Decision*, Second Edition, Chicago: University of Chicago Press 1983.
– 1983, *The Logic of Decision*, Second Edition, Chicago: University of Chicago Press.
Kenny, Anthony, 1963, *Action, Emotion and Will*, London: Routledge.
Kierkegaard, Sören, 1984, *Die Krankheit zum Tode*, Frankfurt a.M.: Syndikat/ EVA.
Kim, Scott, 1998, »Kantische Moral und das gute Leben«, S. 248-274, in: H. Steinfath, (Hg.), *Was ist ein gutes Leben? Philosophische Reflexionen*, Frankfurt a.M.: Suhrkamp.
Kobusch, Theo, 1997, *Die Entdeckung der Person. Metaphysik der Freiheit und modernes Menschenbild*, 2. Auflage, Darmstadt: Wissenschaftliche Buchgesellschaft.
Kolnai, Aurel, 1961, »Deliberation is of Ends«, S. 44-62, in: F. Dunlop/B. Klug, (Hg.), *Ethics, Value and Reality. Selected Papers of Aurel Kolnai*, London: The Athlone Press 1977.
Korsgaard, Christine M., 1989, »Personal Identity and the Unity of Agency: a Kantian Response to Parfit«, *Philosophy and Public Affairs* 18: S. 101-132.
– 1996, *The Sources of Normativity*, Cambridge: Cambridge University Press.
– 1997, »The Normativity of Instrumental Reason«, S. 215-254, in: G. Cullity/B. Gaut, (Hg.), *Ethics and Practical Reason*, Oxford: Clarendon Press.
Krämer, Hans, 1992, *Integrative Ethik*, Frankfurt a.M.: Suhrkamp.
Kusser, Anna, 1989, *Dimensionen der Kritik von Wünschen*, Frankfurt a.M.: Athenäum.
Langer, Susanne K., 1957, *Philosophy in a New Key. A Study in the Symbolism of Reason, Rite, and Art*, Third Edition, Cambridge, Mass.: Harvard University Press.
LeDoux, Joseph, 1996, *The Emotional Brain. The Mysterious Underpinnings of Emotional Life*, New York: Simon and Schuster.

[Deutsch: *Das Netz der Gefühle. Wie Emotionen entstehen*, München: Hanser 1998.]
Lehrer, Keith, 1997, *Selftrust. A Study of Reason, Knowledge, and Autonomy*, Oxford: Clarendon Press.
Leighton, Stephen R., 1985, »A New View of Emotion«, *American Philosophical Quarterly* 22: S. 133-141.
Levi, Isaac, 1986, *Hard Choices: Decision Making under Unresolved Conflict*, Cambridge: Cambridge University Press.
– 1994, »Rationality, Prediction and Autonomous Choice«, *Canadian Journal of Philosophy*, Suppl. Vol. 19: S. 339-363.
Locke, John, 1975, *An Essay concerning Human Understanding*, hg. von P.H. Nidditch, Oxford: Clarendon Press.
Lovejoy, Arthur O., 1950, »Terminal and Adjectival Values«, *The Journal of Philosophy* 47: S. 593-608.
– 1961, *Reflections on Human Nature*, Baltimore: The Johns Hopkins Press.
Lyons, William, 1980, *Emotion*, Cambridge: Cambridge University Press.
MacIntyre, Alasdair, 1981, *After Virtue*, London: Duckworth.
Mackie, John L., 1977, *Ethics. Inventing Right and Wrong*, Harmondsworth: Penguin. [Deutsch: *Ethik. Auf der Suche nach dem Richtigen und Falschen*, Stuttgart: Reclam 1981.]
MacLean, Paul D., 1980, »Sensory and Perceptive Factors in Emotional Functions of the Triune Brain«, S. 9-36, in: A.O. Rorty, (Hg.), *Explaining Emotions*, Berkeley: University of California Press.
Maslach, C., 1979, »The Emotional Consequences of Arousal without Reason«, S. 565-590, in: C.E. Izard,(Hg.), *Emotions in Personality and Psychopathology*, New York: Plenum Press.
McAdams, Dan P., 1997, »The Case for Unity in the (Post)Modern Self: A Modest Proposal«, S. 46-78, in: R.D. Ashmor/L. Jussim, (Hg.), *Self and Identity. Fundamental Issues* (Rudgers Series on Self and Social Identity, Vol. I.), Oxford: Oxford University Press.
McClennen, Edward F., 1990, *Rationality and Dynamic Choice*, Cambridge: Cambridge University Press.
McDowell, John, 1979, »Virtue and Reason«, *The Monist* 62: S. 331-350.
– 1983, »Aesthetic Value, Objectivity, and the Fabric of the World«, S. 1-16, in: E. Schaper, (Hg.), *Pleasure, Preference, and Value*, Cambridge: Cambridge University Press.
Mead, George Herbert, 1934, *Mind, Self, and Society*, Works of G.H. Mead, vol. 1, hg. von Ch. W. Morris, Chicago: University of Chicago Press 1962.
Meinong, Alexius, 1923, *Zur Grundlegung der allgemeinen Werttheorie*, S. 469-656, in: R. Haller/R. Kindinger, (Hg.), Alexius Meinong

Gesamtausgabe, Band III: *Abhandlungen zur Werttheorie*, Graz: Akademische Druck- und Verlagsanstalt 1968.
Mele, Alfred R., 1993, »History and Personal Autonomy«, *Canadian Journal of Philosophy* 23: S. 271-280.
Mill, John Stuart, 1859, *On Liberty*, Harmondsworth: Penguin 1988.
Millgram, Elijah, 1995, »Inhaltsreiche ethische Begriffe und die Unterscheidung zwischen Tatsachen und Werten«, S. 354-388, in: C. Fehige/G. Meggle, (Hg.), *Zum moralischen Denken*, Band 1, Frankfurt a.M.: Suhrkamp.
– 1997, *Practical Induction*, Cambridge, Mass.: Harvard University Press.
Moore, George E., 1903, *Principia Ethica*, Revised Edition, with the Preface to the Second Edition and Other Papers, hg. von T. Baldwin, Cambridge: Cambridge University Press 1993.
Müller, Anselm Winfried, 1982, *Praktisches Folgern und Selbstgestaltung nach Aristoteles*, Freiburg/München: Alber.
Nagel, Thomas, 1970, *The Possibility of Altruism*, Oxford: Clarendon Press.
– 1971, »The Absurd«, *The Journal of Philosophy* 68: S. 716-727.
– 1986, *The View from Nowhere*, Oxford: Oxford University Press.
Nerlich, Graham, 1989, *Values and Valuing. Speculations on the Ethical Life of Persons*, Oxford: Clarendon Press.
Neumann, J.v./Morgenstern, O., 1944, *Theory of Games and Economic Behavior*, Princeton: Princeton University Press 1953.
Neurath, Otto, 1932/33, »Protokollsätze«, *Erkenntnis* 3: S. 204-214.
Nietzsche, Friedrich, 1988, *Zur Genealogie der Moral. Eine Streitschrift*, Kritische Studienausgabe, Band 5, hg. von G. Colli/M. Montinari, München/Berlin: dtv/de Gruyter.
Nisbett, Richard/Ross, Lee, 1980, *Human Inference: Strategies and Shortcomings of Social Judgment*, Englewood Cliffs, N.J.: Prentice Hall.
Nowell-Smith, P.H., 1954, *Ethics*, Harmondsworth: Penguin.
Nozick, Robert, 1989, *The Examined Life*, New York: Simon and Schuster.
– 1993, *The Nature of Rationality*, Princeton: Princeton University Press.
Nussbaum, Martha, 1992, »Human Functioning and Social Justice. In Defence of Aristotelian Essentialism«, *Political Theory* 20: S. 202-246.
– 1995, »Emotions and Women's Capabilities«, S. 360-395, in: Dies./J. Glover, (Hg.), *Women, Culture, and Development. A Study of Human Capabilities*, Oxford: Clarendon Press.
–/Sen, Amartya, (Hg.), 1993, *The Quality of Life*, Oxford: Clarendon Press.

Oakley, Justin, 1992, *Morality and the Emotions*, London: Routledge.
Panksepp, Jaak, 1982, »Toward a General Psychobiological Theory of Emotions«, *The Behavioral and Brain Sciences* 5: S. 407-476
Pfeiffer, Tanja, 1996, *Probleme des höherstufigen Wünschens. Zur Theorie der menschlichen Willensstruktur in Harry Frankfurts »Freedom of the Will and the Concept of a Person«*, Konstanzer Magisterarbeit im Fach Philosophie.
Pitcher, George, 1965, »Emotion«, *Mind* 74: S. 326-346.
Plutchik, Robert, 1980, *Emotion. A Psychoevolutionary Synthesis*, New York: Harper & Row.
Pollock, John, 1986, *Contemporary Theories of Knowledge*, Totowa, N.J.: Rowman & Littlefield.
Pothast, Ulrich, 1998, *Lebendige Vernünftigkeit. Zur Vorbereitung eines menschenangemessenen Konzepts*, Frankfurt a.M.: Suhrkamp.
Quinn, Warren, 1993, »Putting Rationality in its Place«, S. 228-255, in: Ders., *Morality and Action*, Cambridge: Cambridge University Press.
Railton, Peter, 1986, »Facts and Values«, *Philosophical Topics* 14: S. 5-31.
Rawls, John, 1971, *A Theory of Justice*, Cambridge, Mass.: Belknap. [Deutsch: *Eine Theorie der Gerechtigkeit*, Frankfurt a.M.: Suhrkamp 1975.]
Raz, Joseph, 1986, *The Morality of Freedom*, Oxford: Clarendon Press.
Richardson, Henry S., 1994, *Practical Reasoning about Final Ends*, Cambridge: Cambridge University Press.
Ricœur, Paul, 1990, *Soi-même comme un autre*, Paris: Seuil. [Deutsch: *Das Selbst als ein Anderer*, München: Fink 1996.]
Roberts, Robert C., 1988, »What an Emotion Is: a Sketch«, *The Philosophical Review* 97: S. 183-209.
Robinson, Jenefer, 1983, »Emotion, Judgement, and Desire«, *The Journal of Philosophy* 80: S. 731-741.
– 1995, »Startle«, *The Journal of Philosophy* 92: S. 53-74.
Rorty, Richard, 1989, *Contingency, Irony, and Solidarity*, Cambridge: Cambridge University Press. [Deutsch: *Kontingenz, Ironie und Solidarität*, Frankfurt a.M.: Suhrkamp 1992.]
Rosa, Hartmut, 1998, *Identität und kulturelle Praxis. Politische Philosophie nach Charles Taylor*, Frankfurt a.M.: Campus.
Rosati, Connie S., 1995, »Persons, Perspectives, and Full Information Accounts of the Good«, *Ethics* 105: S. 296-325.
Ruschmann, Eckart, 1999, *Philosophische Beratung*, Stuttgart: Kohlhammer.
Ryan, Alan, 1965, »John Stuart Mill's Art of Living«, S. 162-168, in: J. Gray/G.W. Smith, (Hg.), *J.S. Mill. On Liberty in Focus*, London: Routledge 1991.

Santayana, George, 1955, *The Sense of Beauty*, New York: Dover.
Sartre, Jean-Paul, 1943, *L'être et le néant. Essai d'ontologie phénoménologique*, Paris: Gallimard. [Deutsch: *Das Sein und das Nichts. Versuch einer phänomenologischen Ontologie*, Reinbek: Rowohlt 1993.]
– 1946, *L'Existentialisme est un humanisme*, Paris: Nagel.
– 1971, *L'Idiot de la famille. Gustave Flaubert de 1821 à 1857*, Paris: Gallimard. [Deutsch: *Der Idiot der Familie. Gustave Flaubert 1821-1857*, Reinbek: Rowohlt 1986.]
Savage, L., 1954, *The Foundations of Statistics*, New York: Wiley & Sons.
Scanlon, Thomas, 1972, »A Theory of Freedom of Expression«, *Philosophy and Public Affairs* 1: S. 204-226.
Schaber, Peter, 1995, »Moralische Tatsachen«, S. 313-334, in: C. Fehige/G. Meggle, (Hg.), *Zum moralischen Denken*, Band 1, Frankfurt a.M.: Suhrkamp.
– 1997, *Moralischer Realismus*, Freiburg/München: Alber.
Schachtel, Ernest, 1959, *Metamorphosis*, New York: Basic Books.
Schachter, Stanley/Singer, Jerome, 1962, »Cognitive, Social, and Physiological Determinants of Emotional State«, *Psychological Review* 69: S. 379-399.
Schantz, Richard, 1998, »Was ist sinnliche Evidenz?«, *Logos* 5: S. 175-214.
Schechtman, Marya, 1996, *The Constitution of Selves*, Ithaca: Cornell University Press.
Scheler, Max, 1913/16, *Der Formalismus in der Ethik und die materiale Wertethik. Neuer Versuch der Grundlegung eines ethischen Personalismus*, sechste, durchgesehene Auflage, Bern/München: Francke 1980.
Scherer, Klaus R., 1990, »Theorien und aktuelle Probleme der Emotionspsychologie«, S. 1-38, in: Ders., *Psychlogie der Emotion* (= Enzyklopädie der Psychologie C, IV, 3), Göttingen: Verlag für Psychologie Dr. C.J. Hogrefe.
Schilder, Paul, 1914, *Selbstbewußtsein und Persönlichkeitsbewußtsein*, Berlin.
Schilpp Paul A. /Hahn, Lewis E., (Hg.), 1989, *The Philosophy of Georg Henrik von Wright*, The Library of Living Philosophers, Vol. XIX, La Salle, Ill.: Open Court.
Schmid, Wilhelm, 1998, *Philosophie der Lebenskunst. Eine Grundlegung*, Frankfurt a.M.: Suhrkamp.
Schmidtz, David, 1995, *Rational Choice and Moral Agency*, Princeton: Princeton University Press.
Schmitz, Hermann, 1974, »Das leibliche Befinden und die Gefühle«, *Zeitschrift für philosophische Forschung* 28: S. 325-338.

– 1990, *Der unerschöpfliche Gegenstand*, Bonn: Bouvier.
– 1993, *Die Liebe*, Bonn: Bouvier.
– 1995, »Gefühle in philosophischer (neophänomenologischer) Sicht«, S. 47-81, in: H. Petzold, (Hg.), *Die Wiederentdeckung des Gefühls. Emotionen in der Psychotherapie und der menschlichen Entwicklung*, Paderborn: Junfermann.
Searle, John R., 1983, *Intentionality. An Essay in the Philosophy of Mind*, Cambridge: Cambridge University Press.
Seebaß, Gottfried, 1993, *Wollen*, Frankfurt a.M.: Klostermann.
Seel, Martin, 1995, *Versuch über die Form des Glücks*, Frankfurt a.M.: Suhrkamp.
– 1998, »Bestimmen und Bestimmenlassen. Anfänge einer medialen Erkenntnistheorie«, *Deutsche Zeitschrift für Philosophie* 46: S. 351-365.
Shafir, E./Tversky, A., 1992, »Thinking through Uncertainty: Nonconsequential Reasoning and Choice«, *Cognitive Psychology* 24: S. 449-474.
Shaver, P.R./Wu, S./ Schwartz, J.C., 1992, »Cross-cultural Similarities and Differences in Emotion and its Representation«, S. 175-212, in: M.S. Clark, (Hg.), *Review of Personality and Social Psychology*, Vol. 13: *Emotion*, Newbury Park, CA: Sage.
Sidgwick, Henry, 1907, *The Methods of Ethics*, Seventh Edition, Indianapolis: Hackett 1981.
Skorupski, John, 1998, »Rescuing Moral Obligation« (Rezension von Korsgaard 1996.), *European Journal of Philosophy* 6: S. 335-355.
Slote, Michael, 1989, *Beyond Optimizing: A Study of Rational Choice*, Cambridge, Mass.: Harvard University Press.
Smith, Adam, 1982, *The Theory of Moral Sentiments*, hg. von D.D. Raphael/A.L. Macfie, Indianapolis: Liberty Press.
Smith, Michael, 1994, *The Moral Problem*, Oxford: Basil Blackwell.
– 1997, »A Theory of Freedom and Responsibility«, S. 293-319, in: G. Cullity/B. Gaut, (Hg.), *Ethics and Practical Reason*, Oxford: Clarendon Press.
Solomon, Robert, 1976, *The Passions*, New York: Doubleday.
– 1980, »Emotions and Choice«, S. 251-281, in: A.O. Rorty, (Hg.), *Explaining Emotions*, Berkeley: University of California Press.
Spinoza, Benedictus de, 1980, *Ethica*, in: Opera/Werke – lateinisch und deutsch, 2. Band, hg. von K. Blumenstock, Darmstadt: Wissenschaftliche Buchgesellschaft.
Spohn, Wolfgang, 1978, *Grundlagen der Entscheidungstheorie*, Kronberg/Ts.: Scriptor.
– 1993, »Wie kann die Theorie der Rationalität normativ und empirisch zugleich sein?«, S. 151-196, in: L.H. Eckensberger/ U. Gähde, (Hg.), *Ethische Norm und empirische Hypothese*, Frankfurt a.M.: Suhrkamp.

Sroufe, L. Alan, 1996, *Emotional Development: the Organisation of Emotional Life in the Early Years*, Cambridge: Cambridge University Press.

Steinfath, Holmer, 1993, »Authentizität und Anerkennung. Zu Charles Taylors neuen Büchern *The Ethics of Authenticity* und *The Politics of Recognition*«, *Deutsche Zeitschrift für Philosophie* 41: S. 575-584.

– (Hg.), 1998, *Was ist ein gutes Leben? Philosophische Reflexionen*, Frankfurt a.M.: Suhrkamp.

– 1998a, »Einführung: Die Thematik des guten Lebens in der gegenwärtigen philosophischen Diskussion«, S. 7-31, in: Ders., (Hg.), *Was ist ein gutes Leben? Philosophische Reflexionen*, Frankfurt a.M.: Suhrkamp.

Stemmer, Peter, 1997, »Gutsein«, *Zeitschrift für philosophische Forschung* 51: S. 65-92.

– 1998, »Was es heißt, ein gutes Leben zu leben«, S. 47-72, in: H. Steinfath, (Hg.), *Was ist ein gutes Leben? Philosophische Reflexionen*, Frankfurt a.M.: Suhrkamp.

Stern, Daniel, 1985, *The Interpersonal World of the Infant*, New York: Basic Books. [Deutsch: *Die Lebenserfahrung des Säuglings*, Stuttgart: Klett-Cotta 1992.]

Stevenson, Charles L., 1937, »The Emotive Meaning of Ethical Terms«, *Mind* 46: S. 14-31 [Deutsch: »Die emotive Bedeutung ethischer Ausdrücke«, S. 116-139, in: G. Grewendorf/G. Meggle, (Hg.), *Seminar: Sprache und Ethik. Zur Entwicklung der Metaethik*, Frankfurt a.M.: Suhrkamp 1974.]

Stocker, Michael, 1979, »Desiring the Bad: An Essay in Moral Psychology«, *The Journal of Philosophy* 76: S. 738-753.

– 1983, »Psychic Feelings: Their Importance and Irreducibility«, *Australasian Journal of Philosophy* 61: S. 5-26.

– 1990, *Plural and Conflicting Values*, Oxford: Oxford University Press.

– 1996, *Valuing Emotions* (mit E. Hegeman.), Cambridge: Cambridge University Press.

Taylor, Charles, 1977a, »What Is Human Agency?«, S. 15-44, in: Ders., *Human Agency and Language. Philosophical Papers 1*, Cambridge: Cambridge University Press 1985.

– 1977b, »Self-interpreting Animals«, S. 45-76, in: Ders., *Human Agency and Language. Philosophical Papers 1*, Cambridge: Cambridge University Press 1985.

– 1989, *Sources of the Self. The Making of Modern Identity*, Cambridge: Cambridge University Press.

– 1992, *The Ethics of Authenticity*, Cambridge, Mass.: Harvard University Press.

Taylor, Gabriele, 1985, *Pride, Shame, and Guilt. Emotions of Self-Assessment*, Oxford: Clarendon Press.
Thiel, Udo, 1983, *Lockes Theorie personaler Identität*, Bonn: Bouvier.
Tomkins, Silvan S., 1962, *Affect, Imagery, Consciousness.* Vol. I: *The Positive Affects*, New York: Springer.
– 1963, *Affect, Imagery, Consciousness.* Vol. II: *The Negative Affects*, New York: Springer.
– 1981, »The Quest for Primary Motives: Biography and Autobiography of an Idea«, *Journal of Personality and Social Psychology* 41: S. 306-329.
Trigg, Roger, 1970, *Pain and Emotion*, Oxford: Clarendon Press.
Tugendhat, Ernst, 1976, *Vorlesungen zur Einführung in die sprachanalytische Philosophie*, Frankfurt a.M.: Suhrkamp.
– 1979, *Selbstbewußtsein und Selbstbestimmung. Sprachanalytische Interpretationen*, Frankfurt a.M.: Suhrkamp.
– 1984, »Der Begriff der Willensfreiheit«, S. 273-293, in: H.F. Fulda/R.-P. Horstmann/U. Pothast, (Hg.), *Theorie der Subjektivität*, Frankfurt a.M.: Suhrkamp.
– 1989, »Überlegungen zur Methode der Philosophie aus analytischer Sicht«, S. 305-317, in: A. Honneth/T. McCarthy/C. Offe/A. Wellmer, (Hg.), *Zwischenbetrachtungen. Im Prozeß der Aufklärung. Jürgen Habermas zum 60. Geburtstag*, Frankfurt a.M.: Suhrkamp.
– 1990, »Koreferat zu Harry Frankfurt: ›On the Necessity of Ideals‹«, S. 464-467, in: Ders., *Philosophische Aufsätze*, Frankfurt a.M.: Suhrkamp.
– 1993, *Vorlesungen über Ethik*, Frankfurt a.M.: Suhrkamp.
Tversky, A./Kahneman, D., 1990, »Rational Choice and the Framing of Decisions«, S. 60-89, in: Cook, K.S./Levi, M., (Hg.), *The Limits of Rationality*, Chicago: Chicago University Press.
Tye, Michael, 1995, *Ten Problems of Consciousness. A Representational Theory of the Phenomenal Mind*, Cambridge, Mass.: MIT Press.
Urmson, J.O., 1950, »On Grading«, *Mind* 59: S. 145-169. [Deutsch: »Einstufen«, S. 140-174, in: G. Grewendorf/G. Meggle, (Hg.), *Seminar: Sprache und Ethik. Zur Entwicklung der Metaethik*, Frankfurt a.M.: Suhrkamp 1974.]
Velleman, J. David, 1989, *Practical Reflection*, Princeton: Princeton University Press.
– 1992, »The Guise of the Good«, *Nous* 26: S. 3-26.
Wallace, R. Jay, 1996, *Responsibility and the Moral Sentiments*, Cambridge, Mass.: Harvard University Press.
Watson, Gary, 1975, »Free Agency«, *The Journal of Philosophy* 72: S. 205-220.
Weber, Max, 1972, *Wirtschaft und Gesellschaft: Grundriß der verste-*

henden Soziologie, 5. Auflage, hg. von J. Winckelmann, Tübingen: Mohr.

Wiggins, David, 1975/76, »Deliberation and Practical Reason«, S. 215-237, in: Ders., *Needs, Values, Truth*, 3. Edition, Oxford: Clarendon Press 1998.

Williams, Bernard, 1970, »Deciding to Believe«, S. 136-151, in: Ders., *Problems of the Self*, Cambridge: Cambridge University Press 1973.

– 1976, »Persons, Character and Morality«, S. 1-19, in: Ders., *Moral Luck. Philosophical Papers 1973-1980*, Cambridge: Cambridge University Press 1981.

– 1980, »Internal and External Reasons«, S. 101-113, in: Ders., *Moral Luck. Philosophical Papers 1973-1980*, Cambridge: Cambridge University Press 1981.

– 1985, *Ethics and the Limits of Philosophy*, London: Fontana Press/Collins.

– 1993, *Shame and Necessity*, Berkeley: University of California Press.

Wolf, Susan, 1990, *Freedom within Reason*, Oxford: Oxford University Press.

– 1997, »Happiness and Meaning: Two Aspects of the Good Life«, *Social Philosophy and Policy* 14: S. 207-225. [Deutsch: S. 167-195, in: H. Steinfath, (Hg.), *Was ist ein gutes Leben? Philosophische Reflexionen*, Frankfurt a.M.: Suhrkamp 1998.]

Wolf, Ursula, 1984, *Das Problem des moralischen Sollens*, Berlin/New York: de Gruyter.

– 1998, »Zur Struktur der Frage nach dem guten Leben«, S. 32-46, in: H. Steinfath, (Hg.), *Was ist ein gutes Leben? Philosophische Reflexionen*, Frankfurt a.M.: Suhrkamp.

– 1999, *Die Philosophie und die Frage nach dem guten Leben*, Reinbek: Rowohlt.

Wright, Georg Hendrik von, 1963, *The Varieties of Goodness*, London: Routledge.

Zajonc, R.B., 1980, »Feeling and Thinking. Preferences Need No Inferences«, *American Psychologist* 35: S. 151-175.

– 1984, »On the Primacy of Affect«, *American Psychologist* 39: S. 117-123.

Ziff, Paul, 1960, *Semantic Analysis*, Ithaca: Cornell University Press.

Personenregister

Sachregister

Ottfried Höffe
- Ethik und Politik. Grundmodelle und -probleme der praktischen Philosophie. stw 266. 489 Seiten
- Moral als Preis der Moderne. Ein Versuch über Wissenschaft, Technik und Umwelt. stw 1046. 312 Seiten

Norbert Hoerster. Abtreibung im säkularen Staat. Argumente gegen den § 218. stw 929. 166 Seiten

Axel Honneth
- Kampf um Anerkennung. Zur moralischen Grammatik sozialer Konflikte. stw 1129. 301 Seiten
- Kritik der Macht. Reflexionsstufen einer kritischen Gesellschaftstheorie. stw 738. 408 Seiten
- Die zerrissene Welt des Sozialen. Sozialphilosophische Aufsätze. stw 849. 203 Seiten

Axel Honneth/Hans Joas (Hg.). Kommunikatives Handeln. Beiträge zu Jürgen Habermas ›Theorie des kommunikativen Handelns‹. stw 625. 420 Seiten

Hans Joas. Die Entstehung der Werte. stw 1416. 321 Seiten

Immanuel Kant. Die Metaphysik der Sitten. stw 190. 885 Seiten

Matthias Kettner (Hg.). Angewandte Ethik als Politikum. stw 1458. 416 Seiten

Hans Krämer. Integrative Ethik. stw 1204. 430 Seiten

Angelika Krebs (Hg.). Naturethik. Grundtexte der gegenwärtigen tier- und ökoethischen Diskussion. stw 1262. 402 Seiten

NF 133/2/4.01

NF 133/3/4.01

Holmer Steinfath. Orientierung am Guten.
stw 1531. 496 Seiten

Holmer Steinfath (Hg.). Was ist ein gutes Leben? Philosophische Reflexionen. stw 1323. 260 Seiten

Ernst Tugendhat
- Dialog in Leticia. stw 1302. 143 Seiten
- Philosophische Aufsätze. stw 1017. 470 Seiten
- Vorlesungen über Ethik. stw 1100. 399 Seiten

Albrecht Wellmer. Ethik und Dialog. Elemente des moralischen Urteils bei Kant und in der Diskursethik.
stw 578. 224 Seiten

Ludwig Wittgenstein. Vortrag über die Ethik und andere kleine Schriften. Herausgegeben und übersetzt von Joachim Schulte. stw 770. 142 Seiten

NF 133/4/4.01